Reihe Politik und Bildung – Band 70

Michael Krennerich

Soziale Menschenrechte

Reihe Politik und Bildung – Band 70

Michael Krennerich

Soziale Menschenrechte

Zwischen Recht und Politik

WOCHEN
SCHAU
VERLAG

Bibliografische Information der Deutschen Nationalbibliothek
Die Deutsche Nationalbibliothek verzeichnet diese Publikation in der Deutschen Nationalbibliografie; detaillierte bibliografische Daten sind im Internet über http://dnb.d-nb.de abrufbar.

Für Petra und Vincent,
die, so lange schon,
schwere Zeiten mit mir durchleben,
anstatt unbeschwerte zu genießen.

www.wochenschau-verlag.de

Umschlagentwurf: Ohl Design
Gesamtherstellung Wochenschau Verlag

Gedruckt auf chlorfreiem Papier
ISBN 978-3-89974855-0

Inhalt

Einführung

Die vorliegende Schrift handelt von den wirtschaftlichen, sozialen und kulturellen Menschenrechten. Die wirtschaftlichen Rechte umfassen vor allem die Rechte auf Arbeit und auf gerechte Arbeitsbedingungen, die sozialen Rechte etwa die Rechte auf soziale Sicherheit, Gesundheit, Nahrung, angemessene Unterkunft, Wasser und Sanitärversorgung. Die Rechte auf Bildung und auf Teilnahme am kulturellen Leben werden gemeinhin den kulturellen Rechten zugeordnet. Wie etwa das Recht auf Bildung zeigt,[1] sind diese Unterscheidungen allerdings nicht trennscharf und es hat sich eingebürgert, die wirtschaftlichen, sozialen und kulturellen Menschenrechte gemeinsam zu behandeln: als Menschenrechte der „zweiten Generation" (oder: Dimension).[2] In der Menschenrechtsszene sind sie als „wsk-Rechte" bekannt oder werden verkürzt nur „soziale Menschenrechte" genannt – Bezeichnungen, die in der vorliegenden Studie synonym verwandt werden. Wenn im Folgenden also von „sozialen Menschenrechten" die Rede ist, sind immer die wirtschaftlichen, sozialen und kulturellen Rechte gemeint.

Mit den sozialen Menschenrechten nimmt sich die Studie eines Themas an, das im politischen und rechtlichen Diskurs lange Zeit vernachlässigt wurde: Obwohl die wsk-Rechte bereits in der Allgemeinen Erklärung der Menschenrechte von 1948 und später im Internationalen Pakt über wirtschaftliche, soziale und kulturelle Rechte (UN-Sozialpakt) von 1966 sowie in weiteren globalen und regionalen Menschenrechtsabkommen verankert sind, waren sie über Jahrzehnte hinweg dem Vorwurf ausgesetzt, keine „echten" Menschenrechte zu sein; vielmehr galten sie als unverbindliche Absichtserklärungen, für die allenfalls Politiker/innen, nicht aber Jurist/innen und Richter/innen zuständig seien. Abschätzig wurden die sozialen Menschenrechte sogar als „Wunschzettel an den Weihnachtsmann" abgetan (Orwin/Pangle 1984: 15).

Inzwischen ist das Thema politisch hochaktuell: Nachdem bereits die Wiener Menschenrechtskonferenz von 1993 bekräftigt hatte, dass die wirtschaftlichen, sozialen und kulturellen Menschenrechte zum Kanon des internationalen Men-

---

1 Der UN-Ausschuss für wirtschaftliche, soziale und kulturelle Rechte erachtet das Recht auf Bildung als ein wirtschaftliches, soziales und kulturelles Recht; siehe CESCR E/C.12/1999/4, 10. Mai 1999, Ziff. 2.

2 Später wird noch gezeigt werden, dass die weitverbreitete, aber missverständliche Rede von unterschiedlichen „Generationen" der Menschenrechte aufgegeben werden kann und überwunden werden sollte.

schenrechtsregimes gehören und untrennbar mit den bürgerlich-politischen Rechten verbunden sind (Unteilbarkeit der Menschenrechte), erlebten die lange Zeit „vergessenen“ oder „vernachlässigten“ sozialen Menschenrechte vor allem im vergangenen Jahrzehnt einen bemerkenswerten Aufschwung. Mit Verve setzen sich zahlreiche nicht-staatliche wie staatliche Akteure auf lokaler, nationaler, trans- und internationaler Ebene für die sozialen Menschenrechte ein und fordern eindringlich, diese umzusetzen. In der „Menschenrechtsszene“ und aus dem *mainstream* des Menschenrechtsdiskurses sind die wsk-Rechte inzwischen nicht mehr wegzudenken (vgl. Windfuhr 2012: 16).

Allerdings sind die sozialen Menschenrechte einer breiten Öffentlichkeit, vielen Politiker/innen, Politikwissenschaftler/innen und Jurist/innen noch immer weit weniger vertraut als die „klassischen“, bürgerlich-politischen Menschenrechte. Selbst Befürworter/innen verfügen mitunter nur über bruchstückhafte Kenntnisse der rechtlichen Grundlagen, des Inhalts und der Durchsetzungsmöglichkeiten der wsk-Rechte.[3] Hinzu kommt eine Reihe sachlicher Einwände, die gegen die sozialen Menschenrechte vorgebracht werden. Ihnen liegt die Annahme zugrunde, dass die wsk-Rechte nicht hinreichend (oder nur schwierig) bestimmbar und einklagbar seien oder dass ihre Umsetzung hochgradig ressourcenabhängig und, wenn überhaupt, nur schrittweise möglich sei. In der Aufwertung sozialer Menschenrechte wird mitunter auch die Gefahr einer Inflationierung menschenrechtlicher Ansprüche und einer überbordenden Verrechtlichung der Politik gesehen, welche die politischen Entscheidungsspielräume (demokratisch legitimierter) politischer Entscheidungsträger über Gebühr einschränke.[4] In den Chor der Skeptiker stimmen gelegentlich selbst renommierte Völkerrechtler ein. So bezeichnete Christian Tomuschat (2009: 142) den Internationalen Pakt über wirtschaftliche, soziale und kulturelle Rechte jüngst noch als „ein Füllhorn von köstlichen Gaben“, das grundlegende Fragen nach der Umsetzbarkeit, Finanzierbarkeit und dem dahinter stehenden Menschenbild aufwerfe.[5]

---

3 Der Autor beruft sich auf Erfahrungen, die er u.a. in seiner Eigenschaft als Vorsitzender des Nürnberger Menschenrechtszentrums und als langjähriger Sprecher der AG Entwicklung und Menschenrechte im Forum Menschenrechte in den vergangenen Jahren bei öffentlichen Veranstaltungen, politischen Fachgesprächen und internationalen Konferenzen zu den wsk-Rechten gesammelt hat.

4 Entsprechende Literaturhinweise finden sich im Hauptteil der Arbeit. Der nachstehend zitierte Text von Tomuschat (2009) benennt bereits einige dieser Einwände.

5 Der Völkerrechtler Eibe Riedel, seit 1997 Mitglied des UN-Ausschusses für wirtschaftliche, soziale und kulturelle Rechte, kritisiert wiederum Tomuschat scharf; dessen Auffassungen zu den wsk-Rechten seien auf dem Stand der Menschenrechtsdiskussion zu Hochzeiten des Kalten Krieges in den 1960er Jahren, so Riedel (2008: 80).

Mit den sozialen Menschenrechten greift die Studie also ein lange Zeit vernachlässigtes, inzwischen aber hochaktuelles und kontroverses Thema auf, zu dem noch großer Klärungs- und Diskussionsbedarf besteht, und zwar gerade auch im akademischen Bereich. Trotz einer wachsenden Zahl an Studien, Sammelbänden und Beiträgen, die sich aus philosophischer,[6] rechtswissenschaftlicher[7] und politikwissenschaftlicher Sicht[8] dem Thema zuwendet, spielen die sozialen Menschenrechte letztlich in der Philosophie, der Rechtswissenschaft und der Politikwissenschaft bislang nur eine marginale Rolle – und stoßen dort teils noch immer auf große Skepsis. Indem die vorliegende Studie die positiv-rechtlichen und politischen Prozesse der Verankerung, Interpretation und Durchsetzung der sozialen Menschenrechte auf (hoffentlich) verständliche Weise in ihrer Breite darlegt (was so noch nicht geschehen ist)[9] und zugleich zu kontroversen Aspekten Stellung bezieht, möchte sie einen Beitrag zu einem angemessenen, problemorientierten Verständnis der wsk-Rechte leisten und die öffentliche wie akademische Auseinandersetzung mit den wsk-Rechten befördern.

Im Rahmen der vorliegenden Arbeit werden insbesondere rechts- und politikwissenschaftliche Sichtweisen dargelegt und zusammengeführt. Da soziale Menschenrechte im Zusammenspiel von Zivilgesellschaften, Nationalstaaten und der Staatengemeinschaft kodifiziert, ausgelegt und durchgesetzt werden, bietet sich meines Erachtens ein solch interdisziplinärer Zugriff auf das Thema an. Von einer interdisziplinären Herangehensweise kann gerade die Politikwissenschaft profitieren, die bei der Analyse sozial- und entwicklungspolitischer Probleme lange Zeit ohne menschenrechtliche Bezüge auskam und nun einen Perspektivenwech-

---

6 Zeitgleich mit dem Bedeutungsanstieg sozialer Menschenrechte ab Ende der 1990er Jahre setzten sich im deutschsprachigen Raum einzelne philosophische Arbeiten, etwa von Heiner Bielefeldt (1998), Stefan Gosepath (1998, 2001) und Georg Lohmann (2000), mit den wsk-Rechten auseinander.

7 Im deutschsprachigen Raum sind die von Eibe Riedel betreuten juristischen Doktorarbeiten hervorzuheben, welche die progressive Umsetzung der wsk-Rechte (Klee 2000) oder einzelne wsk-Rechte (Groni 2007, Söllner 2007, Engbruch 2008, Suárez Franco 2010) behandeln.

8 Während sich der politikwissenschaftliche Teilbereich der Internationalen Beziehungen regelmäßig mit der Anerkennung und Durchsetzung der bürgerlich-politischen Menschenrechte beschäftigt, sind entsprechende Analysen zu sozialen Menschenrechten eher selten. Implizit werden diese mitunter thematisiert, beispielsweise von Susanne Zwingel (2012), wenn sie die *„translation of global gender norms"* behandelt.

9 Eine so breit und interdisziplinär angelegte Darstellung besteht meines Wissens bislang nicht. Eine umfassende juristische Monographie, die allerdings „nur" auf die Rechte auf Arbeit, Bildung und Gesundheit näher eingeht, stammt beispielsweise von Manisuli Ssenyonjo (2009).

sel vollziehen muss: Der verwehrte oder nicht gewährte Zugang unzähliger Menschen z.B. zu menschenwürdiger Arbeit, angemessener Nahrung, sauberem Trinkwasser, sicheren Unterkünften oder zu Gesundheits- und Bildungseinrichtungen stellt sich aus dieser Sicht eben nicht nur als ein sozial- oder entwicklungspolitisches Problem dar, dessen Lösung im Ermessen der politischen Entscheidungsträger liegt. Es handelt sich auch um ein Problem der Verletzung, des ungenügenden Schutzes und der unzureichenden Umsetzung *völkerrechtlich verbindlicher Rechte*. Im Rahmen eines solchen, rechte-basierten Ansatzes rücken etwaige Rechtsansprüche der einzelnen Menschen (als Rechteinhaber) und die rechtlichen Verpflichtungen vor allem der Staaten (als primäre Pflichtenträger) in den Blickpunkt des Interesses. Ohne die Kenntnis davon, wo die sozialen Menschenrechte positiv-rechtlich garantiert sind, wie sie sich interpretieren lassen, welche völkerrechtlichen Pflichten und Rechtsansprüche sich aus ihnen ergeben und welche rechtliche Instrumente und Verfahren zur Verfügung stehen, um die sozialen Menschenrechte durchzusetzen, läuft jedwede politikwissenschaftliche Beschäftigung mit den wsk-Rechten Gefahr, den Rechtscharakter der sozialen Menschenrechte zu vernachlässigen und die rechtlichen Vorgaben an die Politik nicht angemessen zu berücksichtigen. Indem die vorliegende Studie die rechtlichen Grundlagen, den materiellen Gehalt und die Durchsetzungsmöglichkeiten der wsk-Rechte konkretisiert und zugleich Anknüpfungspunkte an empirische Theorien der Politikwissenschaft aufzeigt, legt sie die Grundlage für weiterführende politikwissenschaftliche Untersuchungen zu den wsk-Rechten und trägt so dazu bei, ein junges Themenfeld im Fach Politikwissenschaft zu etablieren.

Politikwissenschaftliche Erkenntnisse können umgekehrt auch den rechtlichen Diskurs bereichern. Die Rechtswissenschaften beschäftigen sich bislang nur am Rande mit den politischen Prozessen, die zu einem verbesserten Schutz sozialer Menschenrechte auf globaler und regionaler Ebene führen (sollen). Häufig blenden sie die Tatsache aus, dass die Prozesse der Normsetzung (besser: Normbildung)[10], der Norminterpretation und der Normdurchsetzung im Bereich der wsk-Rechte maßgeblich durch gesellschaftliche und politische Akteure mitgeprägt und vorangetrieben werden. Letztlich liegen dem Engagement für die sozialen Menschenrechte aber Problemlagen zugrunde, die von gesellschaftlichen Gruppen als Unrecht erfahren werden und deren Überwindung öffentlich, national wie transnational, eingefordert wird. Entsprechende sozial- und entwicklungspolitische Forderungen werden dabei zusehends in der Sprache der Men-

10 Um das Prozesshafte zu verdeutlichen, ist es m.E. angemessener, statt des in der juristischen Literatur geläufigen Begriffs der „Normsetzung" fortan den Begriff der „Normgenerierung" oder der „Normbildung" zu verwenden.

schenrechte vorgetragen und entfalten durch das organisierte Handeln wirkkräftiger kollektiver Akteure gesellschaftspolitische Wirkungen, die auch das Recht und die Rechtsentwicklung nicht unberührt lassen. Um die politisch (mit)geprägten Prozesse der Entstehung, Weiterentwicklung und Durchsetzung der sozialen Menschenrechte zu verstehen, ist es daher hilfreich, auch politikwissenschaftliche Forschungsansätze zur Kenntnis zu nehmen. Die Berücksichtigung transnationaler Akteure in solchen Prozessen und die gesellschaftspolitische Kontextualisierung des internationalen Rechts tragen zum interdisziplinären Verständnis transnationaler Rechtsprozesse bei.

Wie ist nun die Studie aufgebaut? Der erste Teil der Studie legt die positivrechtlichen Grundlagen sozialer Menschenrechte auf globaler, regionaler und nationaler Ebene dar. Dabei kann gezeigt werden, dass die wsk-Rechte bereits in zahlreichen globalen und regionalen Menschenrechtsabkommen rechtsverbindlich verankert und teils auch als Grundrechte[11] in jüngeren nationalen Verfassungen verbürgt sind. Auf allgemeiner Ebene weist die Studie die Kodifizierung der sozialen Menschenrechte als politischen Prozess aus. Sie zeigt Anknüpfungspunkte an politikwissenschaftliche Theorieansätze auf und hebt die Bedeutung transnationaler Netzwerke, Koalitionen und Bewegungen für die Normbildung hervor.

Der umfassende zweite Teil der Untersuchung behandelt den Charakter und den Inhalt der wsk-Rechte und verleiht den – angeblich nicht hinreichend bestimmbaren – juridischen Rechten auf allgemein verständliche Weise Kontur. Anhand einer Vielzahl empirischer Anwendungsbeispiele veranschaulicht die Studie, wie die jeweiligen Rechte konkretisiert werden (können) und welch große Bedeutung dem sozialen Menschenrechtsschutz angesichts bestehender sozialer Missstände weltweit zukommt. Da ein entsprechendes Grundverständnis der wsk-Rechte erst herausgebildet werden muss, beziehen sich die Anwendungsbeispiele zumeist auf eindeutige Fälle. Bildhaft gesprochen, wird das juristische Profil der einzelnen Rechte also nicht an den Rändern geschärft, sondern in der Mitte verdichtet. Auch kann die für Juristinnen und Juristen wichtige Schrankenproblematik nicht eigens entfaltet werden. Unter Auswertung der Spruchpraxis und der Interpretationsvorgaben globaler und regionaler Menschenrechtsorgane,

---

11 Menschenrechte werden zu Grundrechten, indem sie in den Verfassungen (meist in Grundrechtskatalogen) positiv-rechtlich verankert werden und damit einen besonderen, verfassungsrechtlich abgesicherten Rechtsanspruch der Menschen gegenüber dem Staat verbürgen. Nicht alle Grundrechte sind jedoch national verbürgte Rechte, die allen Menschen (im Geltungsbereich der jeweiligen Verfassung) garantiert sind. Mitunter stehen die Grundrechte lediglich den Bürgerinnen und Bürgern zu; dann handelt es sich um „Bürgerrechte". Einführend in die Diskussion um die Unterscheidung von Menschenrechten, Grundrechten und Bürgerrechten siehe Pollmann (2012).

ausgesuchter Gerichtsurteile einzelner nationaler Gerichte sowie der Sekundärliteratur hält die Studie aber zumindest neuere – international wie transnational vorangetriebene – menschenrechtsdogmatische Entwicklungen nach, die ein Umdenken hinsichtlich des Verständnisses sozialer Menschenrechte erfordern.

So spricht sich die Studie gegen eine verengte Wahrnehmung der sozialen Menschenrechte als lediglich teure „Leistungsrechte" aus und zeigt auf, dass den wsk-Rechten auch ein Abwehr- und Schutzcharakter eigen ist. Sie legt dar, inwieweit sich aus den jeweiligen sozialen Menschenrechten „objektive" Achtungs-, Schutz- und Gewährleistungspflichten für die Staaten ergeben, und inwieweit die sozialen Menschenrechte „subjektive" Rechtsansprüche begründen, die der Sache nach vor Gerichten und Beschwerdeausschüssen geltend gemacht werden können (materielle Justiziabilität). Sie zeigt auf, dass die sozialen Menschenrechte nicht immer unter Ressourcenvorbehalt stehen und in bestimmten Hinsichten unmittelbares Unterlassen oder Handeln des Staates erfordern. Auch werden eindeutige Verletzungen sozialer Menschenrechte benannt. Andererseits verdeutlicht die Studie, dass der inhaltliche Gehalt sozialer Menschenrechte umfassender ist, als die (quasi-)gerichtliche Überprüfung von Klagen und Beschwerden ergeben kann. Unter Rückgriff auf allgemeine Interpretationsvorgaben und Empfehlungen im Rahmen von Monitoring-Verfahren konkretisiert sie nicht nur, ab wann die Vertragsstaaten soziale Menschenrechte verletzen, sondern geht auch darauf ein, was die Staaten und die Staatengemeinschaft tun müssen oder können, um die wsk-Rechte umfänglich umzusetzen und zu fördern.

Der dritte Teil des Buches behandelt die Durchsetzung der sozialen Menschenrechte. Im Vordergrund steht zunächst der staatliche Menschenrechtsschutz. Dabei wird danach gefragt, inwieweit „Staatlichkeit" eine Voraussetzung für den Schutz der wsk-Rechte darstellt, bevor dann die Bedeutung sowohl des gerichtlichen Schutzes als auch der staatlichen Politik für die Achtung, den Schutz und die Gewährleistung der wsk-Rechte dargelegt wird. Anschließend wird untersucht, inwieweit sich die Organe und Verfahren des globalen und regionalen Menschenrechtsschutzes den sozialen Menschenrechten annehmen und inwieweit sie diesen Rechten Geltung verschaffen (können). Dabei zeigt sich, dass die internationalen Kontrollverfahren zum Schutz sozialer Menschenrechte insgesamt schwach ausgestaltet, aber dennoch nicht nutzlos sind: Das regelmäßige Überprüfen und das ständige Anmahnen menschenrechtlicher Staatenpflichten durch globale und regionale Kontrollgremien können Wahrnehmungen verändern und Problembewusstsein wecken. Sie können Diskurse anstoßen und Legitimationsdruck aufbauen. Zugleich wird den Regierungen verdeutlicht, was ein Teil der internationalen Staatengemeinschaft hinsichtlich der Umsetzung der sozialen Menschenrechte erwartet. Darüber hinaus werden die sozialen Menschenrechte auf vielfältige Weise gefördert, etwa im Rahmen der Entwicklungszusammenarbeit, auf die ein gesondertes Kapitel eingeht. Maßgeblich vorangetrieben, unterstützt und ergänzt werden diese Bemühungen durch zivilgesellschaftliche Organisationen und Bewegungen, die sich für die wsk-Rechte einsetzen. Die Arbeit zeigt die Handlungsfelder nicht-staatlicher Menschenrechtsarbeit im Bereich der sozialen Menschenrechte auf und thematisiert das Zusammenspiel zwischen nationalen, transnationalen und internationalen Akteuren unter der Fragestellung, was die Staaten veranlassen kann, die sozialen Menschenrechte auf nationaler und internationaler Ebene umsetzen. Anknüpfend an theoretische Ansätze in den Internationalen Beziehungen (als Teilbereich der Politikwissenschaft) werden argumentativ gestützte Kritik, Proteste und öffentlicher Druck seitens nationaler und transnationaler advokatorischer Netzwerke als besonders wichtig ausgewiesen, um Verletzungen sozialer Menschenrechte zu beenden und deren Umsetzung zu befördern.

Ein abschließender vierter Teil behandelt die Frage, wie weit im Bereich sozialer Menschenrechte die Verrechtlichung nationaler und internationaler Politik vorangeschritten und wie dies zu bewerten ist. Am Ende folgt ein kurzer Ausblick.

Bereits der Aufbau der Studie zeigt, dass diese nicht nur ein rein akademisches Erkenntnisinteresse, sondern auch ein anwendungsorientiertes und didaktisches Anliegen verfolgt. Die Studie ist bewusst breit angelegt, um die vielfältigen Aspekte einzufangen, die für ein zeitgemäßes Verständnis der wsk-Rechte vonnöten sind. So soll auf verständliche Weise ein fundiertes Verständnis der rechtlichen Grundlagen und des Inhalts sozialer Menschenrechte vermittelt und das Bewusstsein über die weltweite Bedeutung dieser Rechte gestärkt werden. Handlungsverpflichtungen und Handlungsmöglichkeiten bezüglich der Umsetzung der sozialen Menschenrechte werden aufgezeigt und in ihrer Wirkkraft bewertet. Von besonderer Bedeutung sind die zahlreichen Anwendungsbeispiele, welche die Relevanz der wsk-Rechte veranschaulichen und die Bezüge zur Rechtsprechung und zur Politik aufzeigen. Im Idealfall kann die Studie zu einer Versachlichung der öffentlichen und politischen Debatte über die wsk-Rechte beitragen und ist zugleich für die akademische Lehre und Forschung von Nutzen, da sie die wissenschaftliche Beschäftigung mit den wsk-Rechten vorantreibt sowie auf kontroverse und offene Fragen eingeht.

Die Studie beschränkt sich weitgehend auf die rechtliche und empirische Anerkennung der sozialen Menschenrechte. Nicht eigens behandelt werden kann die – gerade philosophisch bedeutsame – Frage der moralischen Begründung und Geltung sozialer Menschenrechte, wie sie ausdrücklich beispielsweise Stefan Gosepath (1998, 2001) aufgreift. Doch gehe ich von der Vielbegründbarkeit[12] sozi-

12 Zu verschiedenen Ansätzen der Begründung von Menschenrechten siehe etwa: Alexy (2004) oder auch die entsprechenden, einführenden Beiträge in Pollmann/Lohmann (2012).

aler Menschenrechte aus und sehe in der Begründungsoffenheit und -vielfalt keinen Nachteil für die tatsächliche Anerkennung dieser Rechte. Auch scheint mir die Überzeugungskraft der Menschenrechte weniger auf ausgefeilten moralischen Begründungen zu beruhen als auf der – philosophisch gewiss unbefriedigenden[13] – Evidenz konkreter Erfahrungen von Gewalt, Unterdrückung und Ausbeutung und dem intuitiven Verständnis der Menschen von einem menschenwürdigen Leben. Dies bedeutet wohlgemerkt nicht, dass die Debatte um die moralische Begründung sozialer Menschenrechte obsolet wäre; doch an dieser Stelle kann und soll sie nicht geführt werden.

Danksagung

Mit großem Dank an Heiner Bielefeldt, Inhaber des Lehrstuhls für Menschenrechte und Menschenrechtspolitik an der Universität Erlangen-Nürnberg und UN-Sonderberichterstatter für Religions- und Weltanschauungsfreiheit, für die vielfältigen, anregenden Diskussionen über das Verständnis und die Umsetzung der Menschenrechte, die uns beiden wissenschaftlich wie praktisch ein echtes Anliegen sind.

Für die wohlwollende inter- und intradisziplinäre Offenheit und Expertise möchte ich weiterhin Markus Krajewski, Lehrstuhlinhaber für Öffentliches Recht und Völkerrecht, und Christoph Schumann, Professor für Politik und Zeitgeschichte des Nahen Osten, beide Universität Erlangen-Nürnberg, danken sowie Regina Kreide, Professorin für Politische Theorie und Ideengeschichte an der Universität Gießen. Besonderer Dank gilt auch Eibe Riedel, Professor em. für Deutsches und ausländisches öffentliches Recht, Völkerrecht und Europarecht, Universität Mannheim, der bis Ende 2012 viele Jahre Mitglied des UN-Ausschusses für wirtschaftliche, soziale und kulturelle Menschenrechte war.

Gedankt sei weiterhin Silvia Krönig, Imke Leicht und Michael Heinzelmann am Lehrstuhl für Menschenrechte und Menschenrechtspolitik für die technische Untersützung und das gute Arbeitsklima sowie Birgit Wolter beim Wochenschau Verlag und dem Verleger Bernd Debus.

Besonderer Dank gilt schließlich Petra Bendel für die sorgfältige Lektüre der Arbeit, für unzählige hilfreiche Kommentare und für so mache kritische Nachfrage, ob ich es an einigen Stellen nicht ein wenig übertreibe mit den sozialen Menschenrechten.

---

13 Thomas M. Schmidt (2008: 145) erachtet beispielsweise Begründungsformen, die auf historische Erfahrungen rekurrieren, als „zu niedrig“ angesetzt, da sie auf etwas Partikularem und Kontingentem beruhen.

TEIL I

Die Verankerung sozialer Menschenrechte im internationalen und nationalen Recht

1 Wie haben sich soziale Menschenrechte entwickelt? Ein historisch-rechtlicher Abriss

1.1 Soziale Menschenrechte – Menschenrechte der „zweiten Generation"?

Trotz aller Bemühungen einer natur- oder vernunftrechtlichen Bestimmung gibt es keinen zeitlos gültigen Katalog der Menschenrechte. Menschenrechte sind vielmehr Produkt der Geschichte. Sie wurden erkämpft und erstritten, sind nach und nach aus den Kämpfen der Menschen gegen Unrecht und aus Emanzipationsbestrebungen hervorgegangen, und zwar unter den Bedingungen sich verändernder Lebensumstände und vor dem Hintergrund schlimmer Erfahrungen von Unterdrückung und Not. Menschenrechte entstanden und gewannen somit ihre konkrete Gestalt als spezifische politisch-rechtliche Antworten „auf öffentlich artikulierte Erfahrungen strukturellen Unrechts" (Bielefeldt 2011a: 106). Als solche bleiben sie auch weiterhin „historisch offen" für Änderungen der Lebenswelt, für neue Bedrohungen, Unrechtswahrnehmungen und -erfahrungen sowie für kräftige gesellschaftspolitische Impulse, engagierte Emanzipationsbestrebungen und kollektive Lernprozesse.

Norbert Bobbio (1999: 16) zufolge vollzog sich die historische Entwicklung der Menschenrechte – vereinfacht betrachtet – in drei Phasen: Zunächst seien die Freiheitsrechte eingefordert worden, die auf die Einschränkung der Staatsmacht abzielten und dem Individuum oder besonderen Gruppen eine Sphäre der Freiheit *vom* Staat verschafften. Danach die politischen Rechte, in denen die Freiheit nicht mehr nur negativ als Nicht-Behinderung, sondern auch positiv als Autonomie definiert worden sei. In der Folge seien die Mitglieder einer Gemeinschaft zusehends an der politischen Machtausübung beteiligt worden (Freiheit *im* Staat). Es folgte die Proklamation der sozialen Rechte, „in denen sich neue Bedürfnisse, wir können ruhig auch sagen: Werte, ausdrücken, wie beispielsweise Wohlstand und nicht nur formelle Gleichheit. Hier könnte von Freiheit *durch* oder *mit Hilfe* des Staates sprechen" (ebd.). Der Menschenrechtsbegriff erweiterte sich also im historischen Verlauf – wie Franz Josef Hutter (2003: 9) den Gedankengang Bobbios auf eine Kurzformel bringt – „von der Freiheit vom Staat (Abwehrrechte) über die Freiheit im Staat (Partizipations- und Gestaltungsrechte) zur Freiheit durch den Staat („soziale Menschenrechte")".[14] Aus heutiger Sicht lässt

14 Bereits im Jahre 1949 brachte Thomas H. Marshall (1992: 33 ff.) die Staatsbürgerrechte

sich bereits an dieser Stelle systematisch einwenden, dass auch soziale Menschenrechte vom Staat verletzt und eingeschränkt werden können; historisch gesehen spielte diese Perspektive aber zunächst kaum eine Rolle.

Die einflussreiche, ebenfalls historisch geleitete Unterscheidung dreier „Generationen" von Menschenrechten, die bereits Karel Vasak (1972, 1977) vorgenommen hat, ist nicht identisch mit diesem Dreischritt. Sie fasst die liberalen Abwehrrechte und die politischen Partizipationsrechte zur „ersten Generation" der Menschenrechte zusammen, heute weithin bekannt als bürgerlich-politische Rechte. Die wirtschaftlichen, sozialen und kulturellen Rechte bilden demnach die Menschenrechte der „zweiten Generation" und werden im Sinne sozialer „Teilhaberechte" vielfach als historische Antwort auf die „soziale Frage" des ausgehenden 19. Jahrhunderts verstanden. Menschenrechte der „dritten Generation" hingegen sind jüngeren Datums und bezeichnen noch kaum kodifizierte, stärker kollektive Rechte wie das Recht auf Entwicklung, Frieden und saubere Umwelt, die erst im Zuge der globalen Ausweitung der industriellen Kapitalisierung und nach der Dekolonialisierung weiter Teile der „Dritten Welt" aufkamen und gerade von Vertretern der Entwicklungsländer eingefordert wurden. Vor allem das Recht auf Entwicklung und die Kollektivrechte indigener Völker stehen (bis) heute im Zentrum der Diskussion.

Die gängige Rede von drei „Generationen" ist allerdings in zweifacher Hinsicht problematisch: Zum einen unterstellt sie eine eindeutige zeitgeschichtliche Abfolge der Entstehung von Menschenrechten. Zum anderen begründet sie eine Unterscheidung vermeintlich wesensfremder Arten von Menschenrechten, die zugleich für Hierarchisierungen herhalten muss.[15] Wie noch gezeigt werden wird (vgl. Kap. 6.4), grenzt sich die Studie deutlich von der tradionellen Sichtweise ab, die jahrzehntelang soziale Menschenrechte als andersartig und als nicht gleichrangig mit bürgerlich-politischen Rechten ansah. Auch ist eine „klare chronologische

---

in eine ebensolche historische Abfolge: Zunächst kamen Freiheitsrechte, dann politische Teilnahmerechte und schließlich soziale Leistungsrechte. Georg Lohmann (2000: 355) und Stefan Gosepath (2001: 28) halten Marshalls Argumente nicht nur für Staatsbürgerrechte, sondern auch für Menschenrechte für gültig. Auffälligerweise nahm aber Marshall bei der Begründung der sozialen Rechte an keiner Stelle auf die – seinerzeit bereits verabschiedete – Allgemeine Erklärung der Menschenrechte Bezug, „obwohl sie aus heutiger Sicht eine wesentlich umfassendere Begründung des Rechtscharakters sozialer Ansprüche ermöglicht hätte" (Kaufmann 2003: 42).

15 Um die Gleichzeitigkeit, Wechselbezüglichkeit und das stetige Zusammenwirken der Menschenrechte zu betonen, schlug Eibe Riedel (1989) vor, den Begriff der „Generationen" durch jenen der „Dimensionen" zu ersetzen. Auch die Rede von drei „Dimensionen" der Menschenrechte bleibt jedoch der althergebrachten Unterscheidung verhaftet.

Abfolge der Menschenrechtsgenese ... berechtigten Zweifeln ausgesetzt" (Arend 2008: 18). Sie bezieht sich allenfalls auf die Entwicklung von subjektiven Rechten auf der Ebene des Nationalstaates, nicht aber auf die völkerrechtliche Verankerung universeller Menschenrechte. Selbst auf nationaler Ebene ist die chronologische Abfolge weniger eindeutig als unterstellt wird: So entstanden fixierte soziale Ansprüche an die Obrigkeit nicht erst im 19. Jahrhundert. Auch stellt das Eigentumsrecht, obwohl es als ein „klassisches" Freiheitsrecht der ersten Stunde gilt und gemeinhin den bürgerlichen Rechten zugeordnet wird, inhaltlich betrachtet ein wirtschaftliches Menschenrecht dar. Das Sklavereiverbot, das auf die im ausgehenden 18. Jahrhundert entstehende Anti-Sklaverei-Bewegung zurückgeht (Hoffmann 2012: 106), wiederum weist enge Bezüge mit dem Recht auf (frei gewählte und angenommene) Arbeit auf.

Dennoch trifft es zu, dass auf nationaler Ebene die meisten wirtschaftlichen und sozialen Rechte, historisch gesehen, nicht zu den „klassischen" Abwehr- und Partizipationsrechten gezählt wurden. Dementsprechend finden wir sie auch nicht in den einflussreichen Bürgerrechtsdokumenten des ausgehenden 18. Jahrhunderts. So umfassten etwa die *Virginia Bill of Rights* (1776), die davon beeinflussten Verfassungen weiterer Gründungsstaaten der USA und die ersten zehn Verfassungsgrundsätze *(„Bill of Rights")* der Verfassung der Vereinigten Staaten von Amerika (1789) vornehmlich bürgerlich-politische Rechte und waren „weit davon entfernt, in irgendeiner Weise das Thema wirtschaftlicher und sozialer Rechte anklingen zu lassen" (Tomuschat 2009: 143). Dasselbe gilt für die französische Erklärung der Menschen- und Bürgerrechte (1789) und für etliche davon beeinflusste europäische Verfassungen, die später Grundrechtskataloge aufnahmen. Insofern waren die bürgerlich-politischen Rechte tatsächlich verfassungsrechtlich früher positiv-rechtlich kodifiziert als die meisten wirtschaftlichen, sozialen oder gar kulturellen Rechte.

Ungeachtet der universalistischen Wortwahl, handelte es sich aber für gewöhnlich um Bürgerrechte[16], die an die nationale Zugehörigkeit gebunden waren, und nicht um Menschenrechte im engeren Sinne, die allen Menschen zustehen. Dabei blieben von diesen Bürgerrechten wiederum lange Zeit ganze Bevölkerungsgruppen der jeweiligen Staaten ausgeschlossen, darunter indigene Völker, Afroamerikaner, mittellose Menschen sowie Frauen. Überspitzt formuliert, kam in Nordamerika und Europa zunächst das weiße, männliche Bürgertum in den Genuss bürgerlich-politischer Rechte. „Auch als im Lauf der Geschichte die Bürgerrechte

16 Der Begriff der „Bürgerrechte" wird unterschiedlich verwandt. In der vorliegenden Studie sind darunter solche Grundrechte in nationalen Verfassungen gemeint, die lediglich den jeweiligen Staatsbürgern garantiert sind.

allmählich auf alle Angehörigen der Nation ausgedehnt wurden – was bekanntlich lange und schmerzhafte Kämpfe erforderte – blieb der Menschenrechtsschutz der Form und der Sache nach auf das Verhältnis der Bürger, dann auch der Bürgerinnen, zum Staat beschränkt. Menschenrechte waren Bürgerrechte" (Huhle 2008: 107). Dabei handelte es sich anfänglich meist „nur" um bürgerlich-politische Bürgerrechte. *Soziale* Bürger- oder gar Menschenrechte garantierten die damaligen Verfassungen erst gar nicht. Bei aller bestehenden Armut wurde im ausgehenden 18. und in der ersten Hälfte des 19. Jahrhunderts der – erst allmählich erstarkende – Staat verfassungsrechtlich noch kaum in die Pflicht genommen, die armutsbedingten sozialen Missstände zu beheben. Allenfalls sahen die damaligen Verfassungen (paternalistische) soziale Zielvorgaben des Staates oder der Gesellschaft vor.

1.2 Soziale Menschenrechte als Antwort auf die „soziale Frage"?

Staatlich garantierte soziale Rechte entwickelten sich insbesondere vor dem Problemhintergrund der „sozialen Frage" des ausgehenden 19. Jahrhunderts und infolge des Ausbaus des Staates. Wie in Ausführungen zur deutschen und europäischen Sozialstaatsgeschichte vielfach ausgeführt wurde[17], bildeten die miserablen Arbeits- und Lebensumstände der wachsenden Industriearbeiterschaft seinerzeit den Hintergrund für die Einführung, Entwicklung und Ausgestaltung der *staatlichen* Sozialpolitik – auch in Deutschland, wo diese freilich anfänglich den Aufstieg der Sozialdemokraten hemmen sollte. Damit einher gingen nicht nur eine Institutionalisierung und Ausweitung sozialpolitischer Leistungen, sondern immer auch Prozesse der *Verrechtlichung* (vgl. Lampert/Althammer 2007: 145). Beginnend mit der Sozialgesetzgebung des späten 19. Jahrhunderts fanden diese ihren Niederschlag in einer – im 20. Jahrhundert stark anwachsenden – Zahl arbeits- und sozialrechtlicher Gesetze und Verordnungen in den westlichen Industriestaaten.

Von einem universalistischen Anspruch waren diese Rechte anfänglich noch weit entfernt. Abgesehen davon, dass der Kreis der Nutznießer solcher Rechte ursprünglich sehr beschränkt war und sich erst im Laufe des 20. Jahrhunderts erheblich ausdehnte, waren die einfachgesetzlichen arbeits- und sozialrechtlichen Regelungen nicht mit dem Anspruch verbunden, soziale Menschenrechte ins nationalstaatliche Recht zu gießen bzw. nationale Rechtsansprüche als Ausdruck

17 Siehe das Kapitel zu Sozialpolitik und sozialen Menschenrechten im dritten Teil des Buches.

eines normativen Universalismus' zu fixieren. Im Unterschied zu vielen bürgerlich-politischen Rechten wurde den meisten sozialen Rechten sogar der Bürgerrechtsstatus verwehrt. Das heißt, soziale Rechte bildeten sich zwar als Antwort auf die „soziale Frage" des ausgehenden 19. Jahrhunderts heraus; sie wurden jedoch in den westlichen Industriestaaten für gewöhnlich nicht als verfassungsmäßig garantierte soziale Bürgerrechte ausgestaltet, geschweige denn als soziale Menschenrechte universellen Charakters angesehen, die prinzipiell jedem Menschen *qua* Menschsein zustehen, etwa aufgrund seiner „angeborenen" Menschenwürde.[18] Für gewöhnlich waren die sozialen Rechte sogar nur einfachgesetzlich verankert und wiesen als solche eine national-partikularistische Rechtsqualität meist ohne verfassungsmäßige Absicherung auf.[19] Erst nach Ende des Ersten Weltkrieges fanden wirtschaftliche und soziale Grundrechte Eingang in verschiedene Verfassungen, bekanntlich auch in jene der Weimarer Republik, wo sie von Rechtsprechung und Rechtslehre jedoch „überwiegend zu bloßen Programmsätzen herabgestuft wurden".[20] Aus positiv-rechtlicher Sicht handelte es sich bis *dato* also – ganz im Sinne von Thomas H. Marshall – vor allem um die Entwicklung von Staatsbürgerrechten.

Ganz abgesehen von den weit früher erstarkten internationalen Anti-Sklaverei-Bewegung (Kaye 2005) entstanden in der zweiten Hälfte des 19. Jahrhunderts Internationalisierungs- und Universalisierungsbemühungen im Bereich des Arbeitsschutzes. Als „Geburtsstunde" des internationalen Arbeitsrechts gilt hierbei die Internationale Arbeitsschutzkonferenz von 1890 in Berlin, die jedoch kein verbindliches Völkerrecht schuf (vgl. Brinkmann 1994). Erst in Folge des Ersten Weltkrieges und als Teil des Versailler Friedensvertrages wurden die organisatorischen Grundlagen für die Internationale Arbeitsorganisation (*International Labour Organization*, ILO) gelegt, die nach ihrer Gründung 1919 eine „eindrucksvolle internationale Normsetzung auf dem Gebiet des Arbeits- und Sozialrechts" entfaltete (Seifert 2009: 86). Dabei erweiterte sich der Schutzbereich der Konventionen auf mehr und mehr Arbeitsfelder und Berufs- bzw. Bevölkerungsgruppen – und wies zusehends eine universalistische Ausrichtung auf.

---

18 Die heute selbstverständlich anmutende, enge *völkerrechtliche* Verknüpfung zwischen Menschenwürde und Menschenrechten erfolgte strenggenommen erst als Reaktion auf die Schrecken des Zweiten Weltkrieges und die Barbarei der NS-Verbrechen; vgl. die verschiedenen Beiträge der Schwerpunktausgabe zur Menschenwürde der *zeitschrift für menschenrechte*, Jg. 4, Nr. 1/2010.

19 Zu den verschiedenen Bedeutungsebenen der Universalität der Menschenrechte und ihrer Konzeptionalisierung als Gegenbegriff zu Partikularität siehe: Bielefeldt (2008a).

20 Pieroth/Schlink (2007: 11); siehe auch Blanke (2003) sowie die dort abgedruckte Weimarer Verfassung.

Kaufmann (2003: 21) zufolge handelte es sich bei ILO-Erklärung von Philadelphia (1944) um „die Geburtsstunde einer ausgefächerten wohlfahrtsstaatlichen Programmatik auf der Ebene der internationalen Organisationen". Wenn auch eher im politischen als im streng juristischen Sinn habe diese allen Menschen das Recht zugestanden, „materiellen Wohlstand und geistige Entwicklung in Freiheit und Würde, in wirtschaftlicher Sicherheit und unter gleich günstigen Bedingungen zu erstreben".[21] Als konkrete sozialpolitischen Ziele werden benannt: Förderung von Vollbeschäftigung, Verbesserung der Lebenshaltung, Arbeitsschutz, Gewährleistung von Kollektivverhandlungen, Sicherung eines Mindesteinkommens, umfassender gesundheitlicher Schutz, insbesondere auch für Mutter und Kind, Chancengleichheit in Erziehung und Beruf, angemessene Ernährungs- und Wohnverhältnisse sowie Möglichkeiten zur Erholung und zur Teilnahme am kulturellen Leben (ebd.: 21). Die Menschenrechtsarbeit der ILO nahm letztlich ihren „ideologischen Ausgangspunkt" (Maul 2010: 293) in der Erklärung von Philadelphia und erfuhr in den späten 1940er Jahren den Beginn ihrer ersten Hochphase, erkennbar in den ILO-Konventionen zur Vereinigungsfreiheit (1948), zum Recht auf Kollektivverhandlungen (1949) und zu gleichem Lohnentgelt (1951) (ebd.: 296). Ob die ILO als erste globale Menschenrechtsinstitution angesehen werden kann, wie Oberleitner (2007: 108) meint, mag umstritten sein, nicht jedoch, dass sie die Menschenrechte gerade im Bereich der Arbeit schützt.

1.3 Die Allgemeine Erklärung der Menschenrechte

Eine *umfassende*, international anerkannte Normierung sozialer *Menschenrechte* – wie auch bürgerlich-politischer Menschenrechte – als allen Menschen „angeborene" Rechte erfolgte, aufbauend auf der Charta der Vereinten Nationen, dennoch erst mit der am 10. Dezember 1948 von der UN-Vollversammlung verabschiedeten *Allgemeinen Erklärung der Menschenrechte* (AEMR). Auch in diesem Sinne gilt die AEMR als ein „historisches und völkerrechtliches Novum" (Arend 2008: 19) – und bereitete den Weg für die Verankerung der wirtschaftlichen, sozialen und kulturellen Menschenrechte im Völkerrecht. Der Fairness halber sei jedoch erwähnt, dass im Rahmen des Interamerikanischen Menschenrechtsschutzes bereits am 2. Mai 1948 eine „Amerikanische Erklärung der Rechte und Pflichten des Menschen" verkündet worden war, die ebenfalls sowohl bürgerlich-politische als auch wirtschaftliche, soziale und kulturelle Rechte und Pflichten umfasste.

21 Erklärung von Philadelphia, Teil II a), zitiert nach: Kaufmann (2003: 54).

Da die Allgemeine Erklärung der Menschenrechte – eigentlich besser übersetzt als „Universelle Erklärung der Menschenrechte" (Hessel 2011: 10) – für die Entwicklung des internationalen Menschenrechtsschutzes von überragender Bedeutung ist, soll die Aufnahme der sozialen Menschenrechte in die AEMR etwas näher betrachtet werden.[22] Grundlegend ist Art. 22 der AEMR, der die wsk-Rechte gewissermaßen allgemein einführt und – gemeinsam mit Art. 28 („Jeder hat den Anspruch auf eine soziale und internationale Ordnung, in der die in dieser Erklärung verkündeten Rechte und Freiheiten voll verwirklicht werden") – ihre Umsetzung einfordert. Allerdings werden in der AEMR, wie später auch im UN-Sozialpakt, einige einschränkende Bedingungen genannt, die nahe legen, dass die Verfasserinnen und Verfasser der Allgemeinen Erklärung davon ausgingen, dass die Umsetzung der wsk-Rechte tendenziell mehr materielle Leistungen erfordere als jene der „klassischen", bürgerlich-liberalen Rechte. Wir werden später noch auf dieses Argument eingehen.

Allgemeiner Anspruch auf soziale Menschenrechte in der AEMR

Jeder hat als Mitglied der Gesellschaft das Recht auf soziale Sicherheit und Anspruch darauf, durch innerstaatliche Maßnahmen und internationale Zusammenarbeit sowie unter Berücksichtigung der Organisation und der Mittel eines jeden Staates in den Genuss der wirtschaftlichen, sozialen und kulturellen Rechte zu gelangen, die für seine Würde und die freie Entwicklung seiner Persönlichkeit unentbehrlich sind.

Quelle: AEMR, Art. 22

Obwohl bei der Debatte um Art. 22 und Art. 28 erhebliche Meinungsunterschiede hinsichtlich des Charakters und der Bedeutung vermeintlich „alter" und „neuer" Menschenrechte zutage traten und es seinerzeit Vorbehalte gab, die wirtschaftlichen, sozialen und kulturellen Rechte in einen verbindlichen Vertragstext zu fixieren, sind diese in der AEMR niedergelegt. Wie ist dies zu erklären?

1) Zunächst standen den Verfasserinnen und Verfassern der Erklärung während der gesamten Arbeit am Text die Erfahrungen des NS-Unrechts vor Augen – die „Akte der Barbarei", die „das Gewissen der Menschheit mit Empörung erfüllen", wie es in der Präambel der AEMR heißt. „Die Spuren der intensiven Beschäftigung der Verfasser der AEMR mit den Verbrechen des Nationalsozialismus und mit dem Holocaust sind in fast jedem der 30 Artikel nachzuweisen" (vgl. Huhle/Krennerich 2008: 4). Nicht nur die Aufnahme der bürgerlich-politischen, sondern auch der wirtschaftlichen, sozialen und kulturellen

22 Zur Entstehungsgeschichte der AEMR siehe neben dem *Yearbook of the United Nations* 1948/49 auch Alfredsson/Eide (1999) und Morsink (1999).

Menschenrechte war an die schlimmen Erfahrungen des Dritten Reiches und der Kriegsjahre rückgebunden. Deutlich wird dies etwa beim Recht auf Bildung: Der zweite Absatz des Art. 26 der AEMR sieht vor, dass die Bildung auf die volle Entfaltung der menschlichen Persönlichkeit und auf die Achtung der Menschenrechte gerichtet sein müsse und beizutragen habe zu Verständnis, Toleranz und Freundschaft zwischen den Nationen und Menschen. Der Absatz wurde – u.a. auf Betreiben des *World Jewish Congress* – explizit als Antwort auf die rassistisch-ideologische Erziehungspraxis durch die Nationalsozialisten aufgenommen (vgl. Morsink 1999: 90, 215 f.). Der dritte Absatz, der Eleanor Roosevelt zufolge (gegen ihren Willen) von katholischen Nationen eingefügt worden war, zielte wiederum darauf ab, die Indoktrinierung der Jugend durch die Nationalsozialisten (und die Kommunisten) zu verhindern, indem er das Erziehungsrecht der Eltern betonte (vgl. Roosevelt 1949, in: Fassbender 2009: 44). Selbst das Recht auf Arbeit wurde vor dem Erfahrungshintergrund eingeführt, dass das Nazi-Regime die Rechte der Juden in der Arbeitswelt sukzessive eingeschränkt hatte (Amos 2010: 143), bevor diese dann verfolgt und ermordet wurden. Um ein letztes, wenig beachtetes Beispiel herauszugreifen: Dem Recht auf Teilnahme am kulturellen Leben, das auf Ersuchen der UNESCO und auf Vorschlag der chilenischen Delegation aufgenommen worden war, wurde aufgrund der Erfahrungen mit dem totalitären Zugriff auf die Kultur nachträglich der Zusatz „freie" Teilnahme hinzugefügt (Groni 2007: 120 f.). Insgesamt hatte sich schon während der Kriegsjahre das Bewusstsein verfestigt, dass gravierende sozioökonomische Probleme, gepaart mit rassistischen und religiösen Vorurteilen, auf fatale Weise ein Umfeld für faschistische und nationalsozialistische Ideologien bildeten. Der Schutz sozialer Menschenrechte diente daher auch dem Schutz der Sicherheit und der Vorbeugung weiterer globaler und nationaler Konflikte (Lewis 2009: 104, 106). Zugleich standen die Väter und Mütter der AEMR unter dem Eindruck der wirtschaftlichen Not der Kriegsjahre und der unmittelbaren Nachkriegszeit, welche die Bedeutung einer materiellen Grundsicherung der Menschen unterstrich.

2) Einen wichtigen ideellen Ausgangspunkt für die Aufnahme sozialer Menschenrechte stellten zudem die von US-Präsident Franklin D. Roosevelt in seiner Jahresbotschaft an den Kongress am 6. Januar 1941 formulierten *Vier Freiheiten* dar[23], die nach dem Zweiten Weltkrieg als Grundlage einer neuen Weltordnung dienen sollten und später in der Präambel der AEMR Eingang fanden: Rede- und Meinungsfreiheit, Glaubensfreiheit, Freiheit vor Not sowie

23 Vgl. den Wortlaut in: Friedens-Warte, 1944, Nr. 1, 29 ff. Zur geschichtlichen Einbettung von Roosevelts *Four Freedoms* siehe Borgwart (2009).

Freiheit vor Furcht. Auch hatten sich die Alliierten in der sogenannten Atlantik-Charta, in der sie im Jahre 1941 ihre Ziele für die Nachkriegsordnung öffentlich erklärten, zu ihrer internationalen sozialen Verantwortung bekannt. Die Erklärung, der sich zahlreiche Staaten nachträglich anschlossen, sah u.a. die volle Zusammenarbeit aller Nationen auf wirtschaftlichem Gebiet vor, mit dem Ziel, für alle verbesserte Arbeitsbedingungen, wirtschaftlichen Aufstieg und soziale Sicherheit zu gewährleisten.[24]

An das Ziel einer Freiheit vor Not *(freedom from want)* und an die westlichen Bekenntnisse zur internationalen sozialen Verantwortung konnten die Befürworter sozialer Menschenrechte inhaltlich anknüpfen. Rainer Huhle (2008: 109) zufolge hat Roosevelt damit letztlich „die Anerkennung wirtschaftlicher und sozialer Menschenrechte als Prinzip von Freiheitsrechten, und darüber hinaus die Idee einer sozial gerechten Globalisierung" proklamiert. Bestärkt wird diese Sichtweise durch Roosevelts *State of the Union Message* vom 11. Januar 1944, in der u.a. ausdrücklich Rechte auf entlohnte Arbeit und auf existenzsichernde Löhne zur Bereitstellung von Nahrung, Bekleidung und Erholung, das Recht von Familien auf eine angemessene Unterkunft *(decent housing)*, die Rechte auf angemessene medizinische Versorgung und Gesundheit sowie auf sozialen Schutz im Falle von Alter, Krankheit, Unfällen oder Arbeitslosigkeit aufgelistet sind.[25]

Hatten die USA im Vorfeld der Gründung der Vereinten Nationen den wirtschaftlichen und sozialen Menschenrechten teils explizit, teils implizit Auftrieb verschafft, so änderte sich dies mit Roosevelts Tod und dem Beginn des Kalten Krieges. *„United States official foreign and domestic policy was to become distinctly unfriendly towards socioeconomic rights by beginning of the cold war"*, stellte der Rechtsprofessor Hope Lewis (2009: 105) fest. So tat sich die US-amerikanische Delegation der Truman-Regierung mit den wirtschaftlichen, sozialen und kulturellen Menschenrechten schwer und ging während der Ausarbeitung der AEMR (und der parallelen Arbeit an einem Vertragsentwurf) zusehends auf Distanz zu entsprechenden Forderungen. Die US-Regierung beharrte auf dem prinzipiellen Unterschied zwischen den von ihr vorrangig behandelten bürgerlich-politischen Rechten und den „neuen", sozialen Menschenrechten – und wollte letzteren keine Rechtsverbindlichkeit zugeste-

---

24 Siehe: *Joint Declaration of the United States and the Prime Minister of Great Britain*, August 14, 1941, im Dokumentenanhang von Opitz (2002: 254 f.). Eine deutsche Übersetzung findet sich bei Pohanka (2009: 159 f.).

25 Auszugsweise abgedruckt ist die *State of Union Address* in: Howard-Hassmann/Welch (2006: 213 f.). Siehe auch Weissbrodt (2006: 42).

hen. Bei der Schlussdebatte in der UN-Vollversammlung wies Eleanor Roosevelt, Witwe des 1945 verstorbenen Präsidenten und Vorsitzende der UN-Menschenrechtskommission, demgemäß die Verbindlichkeit dieser Rechte für die US-Regierung zurück: „*(M)y government has made it clear in the course of the development of the Declaration that it does not consider that the economic and social and cultural rights stated in the Declaration imply any obligation on governments to assure the enjoyment of these rights by direct governmental action.*"[26]

3) Der landläufigen Vorstellung zufolge ging die Aufnahme der wsk-Rechte in die AEMR maßgeblich auf die „Ostblockstaaten" unter Führung der Sowjetunion zurück. Tatsächlich trugen die sozialistischen Staaten entsprechende Forderungen vor, unterstützten diese und wirkten so daran mit, dass die sozialen Menschenrechte in die AEMR aufgenommen wurden. Angesichts der Beiträge anderer, gerade auch lateinamerikanischer Staaten darf die Rolle des „Ostblocks" jedoch nicht überschätzt werden. Dies gilt umso mehr, als die wsk-Rechte nicht wirklich in dem Maße oder in der Form niedergelegt wurden, wie es die sozialistischen Staaten gefordert hatten.
Indem auch die sozialen Menschenrechte in der AEMR dem Wortlaut nach als Individualrechte ausgestaltet wurden („Jeder hat das Recht auf …"), entsprachen sie nur bedingt dem sozialistischen, stärker kollektiv ausgerichteten Rechtsverständnis. „Für die Sowjets waren soziale Rechte bereits verwirklichte Errungenschaften des sozialistischen Staates, im Rahmen dessen der Gegensatz zwischen Individuum und Staat programmatisch aufgehoben blieb" (Kaufmann 2003: 29). In diesem Verständnis wurden die Menschenrechte *durch* den und *im* Staat gewährt, nicht aber zugleich immer auch *gegen* den Staat. Abgelehnte Eingaben und Änderungsanträge sozialistischer Delegationen, die darauf abzielten, die nationale Souveränität stärker zu achten, die Rolle des Staates im Verhältnis zu den Individuen zu befördern und den Einzelnen im Interesse der Gemeinschaft umfassender zu verpflichten, trugen maßgeblich dazu bei, dass sich die „Ostblock"-Staaten bei der Schlussabstimmung über die AEMR der Stimme enthielten. Ein weiterer Grund lag darin, dass Faschisten und Nationalsozialisten nicht ausdrücklich von der Gewährung der Menschenrechte, etwa der Meinungs- und Vereinigungsfreiheit, ausgeschlossen wurden.[27]

4) Wenig bekannt ist, dass Delegierte aus Lateinamerika maßgeblich die Allgemeine Erklärung der Menschenrechte beeinflussten und nachhaltig darauf

26 Die Rede ist abgedruckt in: Hinze (2008: 148-151, hier: 150).
27 Vgl. Stillschweig (1949: 13 ff.), Morsink (1999: 21 ff.), Fassbender (2009: 12).

hinwirkten, soziale Menschenrechte in die Erklärung aufzunehmen.[28] Jennifer Amos (2010: 147) zufolge spielten die lateinamerikanischen Staaten bei der Einführung dieser Rechte in die AEMR sogar eine Führungsrolle. Auch deren Verfassungen enthielten damals bereits einzelne soziale Grundrechte und Normen. Zudem verankerte die – parallel zur AEMR entwickelte und bereits im Mai 1948 verabschiedete – „Amerikanische Erklärung der Rechte und Pflichten des Menschen“ soziale Rechte, ohne diese kategorial von klassischen Freiheitsrechten zu unterscheiden. „Während somit sowohl aus sozialistischer wie aus liberaler Perspektive ein (konträr akzentuierter) Unterschied zwischen Freiheitsrechten und Teilhaberechten konstruiert wurde[29], wird dieser Unterschied aus der lateinamerikanischen Perspektive als sekundär gegenüber dem umfassenden Anspruch des Menschen auf Freiheit und ‚soziale Sicherheit‘ angesehen“ (Kaufmann 2003: 29 f.). Aus Sicht der lateinamerikanischen Vertreter galten „Freiheits“- und Sozialrechte als komplementär.

Die lateinamerikanischen Verfassungsbeispiele sowie die Eingaben aus Lateinamerika beeinflussten nachhaltig die Erarbeitung des ersten Arbeitsentwurfs der AEMR, der von dem kanadischen Juristen John Peters Humphrey auf Grundlage einschlägiger Menschenrechtsdokumente, bestehender Grundrechtskataloge in Nationalverfassungen und vorab eingereichter Entwurfsvorschläge erstellt wurde.[30] Unter letzteren waren insbesondere die Entwurfseingaben Panamas und Chiles bedeutsam, erarbeitet vom *American Law Institute* respektive dem *Inter-American Juridical Committee*, die beide sowohl bürgerlich-politische als auch wirtschaftliche, soziale und kulturelle Rechte umfassten. Als günstig erwies sich zudem die Tatsache, dass Humphrey den Gewerkschaften sowie sozialistischen bzw. sozialdemokratischen Ideen nahe stand und gegenüber den lateinamerikanischen Vorschlägen aufgeschlossen war. Morsink (1999: 6, 130 ff., 190 ff.) spricht sogar von einer *„Latin American Connection“*. Gegen den Widerstand etwa Großbritanniens und zunehmend auch der USA setzten sich die Delegierten lateinamerikanischer Staaten, allen voran der chilenische Jurist Hernán Santa Cruz[31], auch in dem nachfolgenden Ausarbeitungsprozess erfolgreich für die Beibehaltung der wsk-Rechte in der Erklärung

28 Vgl. Morsink (1999), Carozzo (2003), Glendon (2003).

29 Vielfach zitiert wurde die Aussage des britischen Vertreters: „Wir wollen freie Menschen – nicht wohlgenährte Sklaven!“ und die Entgegnung des ungarischen Delegierten: „Freie Menschen können auch verhungern“, bereits: Informationen zur politischen Bildung, Folge 129: Die Menschenrechte, Juli/August 1968: 13.

30 Vgl. Humphrey (1984), Morsink (1999), Hobbins (2009).

31 Vgl. das von Huhle erstellte Kurzporträt auf: www.menschenrechte.org (letzter Zugriff: 1. August 2012).

ein; sie fanden dabei die Unterstützung der Delegierten etlicher anderer, nicht nur kommunistischer Staaten, einschließlich des französischen Rechtsgelehrten René Cassin, dem bekanntlich große Verdienste bei der Ausgestaltung der AEMR zukamen. Allerdings hielt selbst Cassin damals die Zeit noch nicht für reif, um diese Rechte in einem völkerrechtlichen Vertrag zu verankern (vgl. Morsink 1999: 227 f.).

Deutlich war der Einfluss lateinamerikanischer Staaten im Einzelnen etwa auf die Aufnahme der Rechte auf Nahrung, Wohnung und medizinische Versorgung in den späteren Artikel 25 der AEMR. Im Unterschied zu den Recht auf medizinische Versorgung und Wohnen, die in etlichen Verfassungen lateinamerikanischer und einiger anderer, nicht-westlicher Staaten bereits verankert waren, stellte die Aufnahme des Rechts auf Nahrung ein Novum dar. Es ging auf den von Panama eingereichten Textentwurf zurück. Dort fand sich ebenfalls bereits das Recht auf soziale Sicherheit, über dessen Formulierung in der Menschenrechtskommission heftig diskutiert wurde; es ist in Artikel 22 und 25 der AEMR verankert (vgl. Morsink 1999: 191 ff.).

Das Recht auf einen angemessenen Lebensstandard in der AEMR

1) Jeder hat das Recht auf einen Lebensstandard, der seine und seiner Familie Gesundheit und Wohl gewährleistet, einschließlich Nahrung, Kleidung, Wohnung, ärztliche Versorgung und notwendige soziale Leistungen, sowie das Recht auf Sicherheit im Falle von Arbeitslosigkeit, Krankheit, Invalidität oder Verwitwung, im Alter sowie bei anderweitigem Verlust seiner Unterhaltsmittel durch unverschuldete Umstände.
2) Mütter und Kinder haben Anspruch auf besondere Fürsorge und Unterstützung. Alle Kinder, eheliche wie außereheliche, genießen den gleichen sozialen Schutz.

Quelle: AEMR, Art. 25

Auch bei der Aufnahme arbeitsbezogener Rechte (Art. 23 und 24 der AEMR), namentlich der Rechte auf Arbeit, freie Berufswahl, gerechte und günstige Arbeitsbedingungen, den Schutz vor Arbeitslosigkeit, auf gleichen Lohn für gleiche Arbeit, gerechte und befriedigende Entlohnung, Gewerkschaftsfreiheit, angemessene Begrenzung der Arbeitszeit und bezahlten Urlaub, spielten lateinamerikanischen Eingaben – gemeinsam mit jenen sozialistischer Staaten, aber gerade auch jenen der ILO und internationaler Gewerkschaftsorganisationen – eine wichtige Rolle (vgl. Morsink 1999: 157 ff.).

5) Im Rahmen des gemeinsamen, inklusiven Ausarbeitungsprozesses der Allgemeinen Erklärung hat weiterhin eine Vielzahl an Vorschlägen und Eingaben weiterer Staaten, Organisationen und Personen dazu beigetragen, dass wirtschaftliche, soziale und kulturelle Menschenrechte in die AEMR aufgenommen wurden. Letztlich sprach sich die Mehrheit der Delegierten für einen umfassenden, die wsk-Rechte einschließenden Menschenrechtskatalog in der

Erklärung (nicht aber unbedingt in einem etwaigen Abkommen) aus, betonte die Interdependenz der Rechte und beteiligte sich konstruktiv an den entsprechenden Beratungen. Als günstig erwies sich hierbei nicht nur, dass soziale Menschenrechte in einzelnen nationalen Verfassungen verankert und von einflussreichen zeitgenössischen Vordenkern propagiert worden waren[32], sondern auch der Umstand, dass sie bereits in die ersten Eingaben und Entwürfe zur AEMR Eingang gefunden hatten. Nicht die Aufnahme, sondern die Streichung der entsprechenden Rechte war daher in späteren Arbeitsschritten begründungsbedürftig. Bei der Ausarbeitung der AEMR kreisten dann die meisten Diskussionen um die konkreten Formulierungen der jeweiligen Artikel, hinter denen sich im Detail unterschiedliche Verfassungstraditionen und Ordnungsvorstellungen verbargen. Am stärksten unterschieden sich hierbei naturgemäß anglo-liberale und sozialistische Positionen, die am deutlichsten von Großbritannien und den USA auf der einen Seite und den Staaten des „Ostblocks", insbesondere der Sowjetunion, auf der anderen Seite formuliert wurden. Aber dazwischen gab es auch eine Reihe vermittelnder Positionen, die maßgeblich zur Kompromissfindung beitrugen.

Schließlich verabschiedete die UN-Vollversammlung am 10. Dezember 1948 die Allgemeine Erklärung der Menschenrechte mit 43 Stimmen, bei acht Enthaltungen. Letztere stammten aus der Sowjetunion, der ukrainischen und der weißrussischen Sowjetrepublik, der CSSR, Polen, Jugoslawien sowie aus Saudi-Arabien und der Republik Südafrika.

Die zeitgenössische Presse kommentierte die Verabschiedung der AEMR unter Hinweis auf ihren rechtlich-unverbindlichen Charakter eher zurückhaltend und skeptisch. Die *Basler Nachrichten* sprachen gar von einer „Maus", die geboren worden sei (zit. nach Deile 1998: 236). Abgewogener hingegen nimmt sich seinerzeit die Bewertung von J. W. Brügel (1949: 2532) aus:

> „Angesichts dieser zahllosen Hürden, die es zu überspringen gab, kann man den Verfassern der Erklärung und jenen, die sie unbeirrt zwischen allen Klippen durchzusteuern wußten, die Anerkennung nicht versagen, dass sie ein höchst wertvolles und bemerkenswertes Dokument zu schaffen verstanden haben, das für alle Zukunft der Ausgangspunkt aller Betrachtungen über das Problem der Menschenrechte sein wird, auch wenn es manche Wünsche offen läßt, und seine unmittelbaren Auswirkungen nur gering sein können. Bei Wer-

---

32 Opitz (2002: 38 ff.), Clapham (2007: 29 ff.) und Whelan (2010: 42 ff.) heben in diesem Zusammenhang den britischen Publizisten Herbert George Wells hervor, Kaufmann (2003: 33 ff.) neben Wells auch den französischen Philosophen Jacques Maritain sowie den russisch-französischen Soziologen Georges Gurvitch.

> tung der Deklaration darf man weder einem an sich nahe liegenden Zynismus noch auch der Illusion verfallen, daß eine wohlformulierte Erklärung politische Entscheidungen ganz oder zum Teil ersetzen könnte, die von den Gesetzgebern der einzelnen Länder zunächst im innerstaatlichen Rahmen zu treffen sind".

Auch die *Neue Zürcher Zeitung* (NZZ) und die *New York Times* (NYT) bewiesen, bei aller Kritik, Weitsicht: „Wenn sie auch im heutigen Zustand der internationalen Beziehungen vorläufig toter Buchstabe bleiben dürften, so sind sie vielleicht berufen, in kommenden Zeiten neue Wege in der Entwicklung des Völkerrechts zu öffnen", hieß es in einem NZZ-Artikel vom 12. Dezember 1948 (zitiert nach Locher 2011: 21). Ein Kommentar vom selben Tag in der NYT sprach von einem möglichen Meilenstein (ebd.).

Im Rückblick kann die historische Bedeutung der Allgemeinen Erklärung der Menschenrechte kaum überschätzt werden, gilt sie doch inzwischen als einer der „wirkungsmächtigsten Deklarationen" (Dicke 2004: 5) der Generalversammlung der Vereinten Nationen. Tatsächlich ist den Verfasserinnen und Verfassern der AEMR „ein großer Wurf gelungen" (Deile 2008: 2). Im Laufe der folgenden Jahrzehnte entfaltete die AEMR, die mittlerweile in mehr als 300 Sprachen übersetzt worden sein soll, tatsächlich eine – damals kaum für möglich gehaltene – moralische, politische und inzwischen auch rechtliche[33] Wirkkraft. Trotz ihres formal-rechtlich (angeblich)[34] „unverbindlichen" Charakters entwickelte sie (zumindest mittelbar) eine große Rechtswirkung, indem sie allgemeine Rechtsprinzipien und völkergewohnheitsrechtlich anerkannte Garantien enthält und als verbindliche Auslegungsregel für die zahlreichen internationale Menschenrechtsabkommen herangezogen wird, die im Geiste der AEMR erarbeitet wurden.[35] Inzwischen ist die AEMR als Teil des Völkergewohnheitsrechtes anzusehen. Zahlreiche Staaten haben sich zudem bei der verfassungsrechtlichen Ausgestaltung des Grundrechtsschutzes von der AEMR inspirieren lassen und nehmen in ihrer Menschenrechtspolitik immer wieder auf die Deklaration Bezug.[36] Vor allem aber entwickelten sich die AEMR und die dort verankerten Rechte zu wichtigen Referenzpunkten für die – allerdings erst Jahrzehnte später – erstarkenden

---

33 Vgl. Nettesheim (2009: 203 ff.).

34 Fassbender (2009: 16) wies darauf hin, dass die in der juristischen Literatur gängige Bezeichnung der AEMR als „rechtlich nicht verbindlich" bzw. „rechtlich unverbindlich" von Anfang an problematisch war. Vertiefend zur Rechtsnatur der AEMR siehe Nettesheim (2009: 216 ff.), aus zeitgenössischer Perspektive auch Stillschweig (1949: 8 ff.).

35 Vgl. Sieghart (1983: 53 ff.), Riedel (2004: 15 ff.), Fassbender (2009: 19), Nettesheim (2009: 222 ff.).

36 Vgl. etwa Hobe (2004), Kunig (2004), Nettesheim (2009).

Menschenrechtsbewegungen weltweit.[37] Man denke hier nur an Osteuropa, wo die Allgemeine Erklärung, erheblich verstärkt durch den KSZE-Prozess, große „Autorität" und „Ausstrahlungskraft" entfaltete (Luchterhand 1983: 12). *„The role of human rights in the struggle against the communist regime was essential, and international human rights documents provided a very useful argumentative support"* (Přibáň 2005: 568). Oder an Lateinamerika, wo eine lebendige Menschenrechtsbewegung als Reaktion auf die brutalen Militärdiktaturen der 1970er Jahren entstand (vgl. Huhle 2009).

Entsprechend euphorisch fallen die vielen Stellungnahmen anlässlich der runden Jubiläen der AEMR aus. Am 60. Jahrestag der Allgemeinen Erklärung bezeichnete die UN-Vollversammlung diese als eine „Quelle der Inspiration, die Frauen und Männer auf der ganzen Welt dazu befähigt hat, ihre angeborene Würde und ihre Rechte ohne jede Diskriminierung geltend zu machen". Die AEMR diene als „wichtiger ethischer Wegweiser" in einer Welt des ständigen Wandels und als „lebendige, treibende Kraft", um die Übel dieser Welt zu beseitigen. Zugleich werden aber auch die anhaltenden Menschenrechtsverletzungen beklagt und die Pflicht der Staaten bekräftigt, stärkere Anstrengungen zu unternehmen, um *alle* Menschenrechte zu fördern und zu schützen und *alle* Menschenrechtsverletzungen zu verhüten, zu beenden oder wieder gut zu machen.[38]

1.4 Die Verankerung der sozialen Menschenrechte im UN-Sozialpakt

Die Menschenrechtskommission war 1946 ursprünglich mit dem Auftrag angetreten, eine *„International Bill of Rights"* zu erstellen und ggf. weitere Deklarationen und Konventionen zu spezifischen Rechten zu erarbeiten. Der damaligen Lesart zufolge umfasste eine solche Internationale Menschenrechtscharta drei zusammenhängende Elemente: „1. eine Erklärung, die in allgemeiner Form die universell anerkannten Menschenrechte formulieren sollte; 2. einen völkerrechtlichen Vertrag, in dem diese Menschenrechte in der Sprache des Völkerrechts rechtsverbindlich festgeschrieben würden; und schließlich 3. ‚Maßnahmen zur Implementierung', worunter alles zu verstehen war, was der tatsächlichen Durchsetzung der Menschenrechte in der ganzen Welt dienen würde" (Huhle/Krennerich 2008: 6).

---

37 Vgl. auch Deile (1998, 2008), Dicke (2004).

38 Eine deutsche Übersetzung der „Erklärung zum sechzigsten Jahrestag der Allgemeinen Erklärung der Menschenrechte" findet sich bei Fassbender (2009: 49 f.).

Während des Ausarbeitungsprozesses der AEMR blieb indes lange Zeit umstritten, ob die Menschenrechte (zunächst) lediglich in einer Erklärung oder auch (und vorrangig) in einem völkerrechtlich verbindlichen Vertrag niedergelegt werden sollten; zeitweise gab es sogar parallele Arbeitsgruppen und Entwürfe zu Erklärung *(Declaration)* und Abkommen *(Covenant)*. Entgegen der Auffassung anderer Staaten opponierten jedoch vor allem die USA und die Sowjetunion damals gegen die Verankerung der Menschenrechte in einem verbindlichen Vertrag mit entsprechenden Implementationsmechanismen (vgl. Morsink 1999: 13, Lewis 2009: 110). Auf das Betreiben nicht zuletzt von Elenor Roosevelt wurde das Anliegen daher aus pragmatischen Gründen zurückgestellt, um wenigstens eine gemeinsame Erklärung zustande zu bringen.

Unmittelbar nach der Verabschiedung der AEMR erließ jedoch die UN-Vollversammlung 1948 eine weitere Resolution, in der die Menschenrechtskommission erneut aufgefordert wurde, eine Menschenrechtskonvention auszuarbeiten und Maßnahmen zur Implementierung zu entwickeln. Obwohl in den folgenden Jahren etliche – heute teilweise in Vergessenheit geratene – spezifische Menschenrechtsabkommen ausgearbeitet wurden[39], dauerte es bekanntlich fast 20 Jahre, ehe die geplante Menschenrechtskonvention in Gestalt des Internationalen Paktes über die wirtschaftlichen, sozialen und kulturellen Rechte (1966) sowie des Internationalen Paktes über die bürgerlichen und politischen Rechte (1966) verabschiedet wurde, und noch weitere zehn Jahre, ehe sie nach der Ratifizierung durch die geforderte Zahl von Staaten 1976 in Kraft trat. Die allermeisten der in der AEMR verbürgten Rechte – mit Ausnahme der Rechte auf Staatsangehörigkeit (AEMR, Art. 15) und Eigentum (Art. 17) sowie des Rechts, in anderen Ländern vor Verfolgung Asyl zu suchen (Art. 14) – wurden damit in zwei für die Vertragsstaaten rechtsverbindliche Abkommen überführt und weiter konkretisiert. Beide Verträge sehen dabei eher schwach ausgeprägte Kontrollverfahren und -organe vor, wobei jene des Sozialpakts, wie wir später noch sehen werden, lange Zeit besonders kraftlos waren.

39 So etwa die Abkommen zur Unterdrückung des Frauen- und Kinderhandels (1947), über die Verhütung und Bestrafung des Völkermords (1948), über die Unterbindung des Menschenhandels und der Ausnutzung der Prostitution anderer (1949/1951), über die Rechtsstellung von Flüchtlingen (1951/54), über die politischen Rechte der Frau (1952/54), über die Rechtsstellung der Staatenlosen (1954/60), über die Abschaffung der Sklaverei, des Sklavenhandels und sklavereiähnlicher Praktiken (1956/57), über die Staatsangehörigkeit verheirateter Frauen (1957/58), zur Verminderung der Staatenlosigkeit (1961/75), über die Erklärung des Ehewillens, das Heiratsmindestalter und die Registrierung von Eheschließungen (1962/64) sowie zur Beseitigung jeder Form von Rassendiskriminierung (1965/69).

Die Entscheidung für zwei getrennte Abkommen traf die UN-Vollversammlung bereits im Februar 1952.[40] Damit trug sie nicht nur (Whelan 2010: 59 ff.), aber auch den unterschiedlichen Menschenrechtsauffassungen im Westen und Osten Rechnung, die bei der Ausarbeitung der AEMR und bei den späteren, letztlich erfolglosen Verhandlungen über den Entwurf eines *einzigen* Paktes zu Tage getreten waren, an dem die Kommission zwischen 1949 und 1951 gearbeitet hatte. Während der Erfahrungshintergrund der NS-Verbrechen als Antriebskraft gemeinsamen menschenrechtlichen Handelns zusehends an Bedeutung verloren hatte, wurden vor dem Hintergrund des sich entfaltenden Kalten Krieges grundlegende Unterschiede zwischen den beiden „Arten" von Rechten immer wieder mit ideologischer Schärfe geltend gemacht. Allerdings verliefen die Menschenrechtsdebatten nicht immer eindeutig entlang der Trennlinie zwischen Ost und West. Zwar führten nunmehr die sowjetischen Vertretern im propagandistischen Stil den Kampf innerhalb der Vereinten Nationen für die bereits in der AEMR verankerten wsk-Rechte an, doch wurden sie hierin beispielsweise von Vertretern lateinamerikanische Staaten unterstützt; selbst das kapitalistische Australien setzte sich mitunter für diese Rechte ein (Amos 2010: 145).

Mit der Entscheidung für zwei Pakte setzten sich letztlich all jene, gerade von westlichen Regierungen vertretenen, Positionen durch, die von der Unterschiedlichkeit der beiden „Arten" von Menschenrechten und der mangelnden Justiziabilität der wsk-Rechte ausgingen (Klee 2000: 66). Selbst im abschließenden Vertragstext des UN-Sozialpaktes sind Zweifel an der rechtlichen Fassbarkeit der wsk-Rechte zu erkennen sowie Vorbehalte dahingehend, dass deren Umsetzung stark ressourcenabhängig und daher nur progressiv zu verwirklichen sei. So stellte sich die Generalklausel des Art. 2 Abs. 1 letztlich als eine Kompromissformel dar, an deren Wortlaut sich bis heute grundlegende Kritik an den sozialen Menschenrechten festmacht (ebd.: 70 ff.). Die „progressive Verwirklichung" unter Ressourcenvorbehalt impliziert hinsichtlich der Gewährleistungsmodalitäten dabei grundlegende Unterschiede zum UN-Zivilpakt, der klar und bündig die Einhaltung der dort verankerten Rechte fordert.

Die Generalklausel des UN-Sozialpaktes

Jeder Vertragsstaat verpflichtet sich, einzeln und durch internationale Hilfe und Zusammenarbeit, insbesondere wirtschaftlicher und technischer Art, *unter Ausschöpfung aller seiner Möglichkeiten* Maßnahmen zu treffen, um *nach und nach* mit allen geeigneten Mitteln, vor allem durch gesetzgeberische Maßnahmen, die volle Verwirklichung der in diesem Pakt anerkannten Rechte zu erreichen.

Quelle: Sozialpakt, Art. 2 (1) (Hervorhebung: M.K)

40 GA Resolution 543(VI), A/2119 (1952).

Auch nach der Verabschiedung des Sozialpaktes bestimmten die konträren Menschenrechtsauffassungen zwischen West und Ost über Jahrzehnte hinweg die völkerrechtlichen und politischen Debatten in den Vereinten Nationen, einschließlich der späteren Diskussion der Staatenberichte zu den jeweiligen Menschenrechtsabkommen. Kurz gefasst, erachteten westliche Staaten vor allem die individuellen bürgerlich-politischen Freiheits- und Beteiligungsrechte für „echte Menschenrechte", die es völkerrechtlich zu schützen gelte – und forderten diese gegenüber sozialistischen Staaten ein.[41] Die Sowjetunion betrachtete wiederum die innerstaatliche Umsetzung von Menschenrechten als souveräne Angelegenheit der Staaten und verwehrte sich gegen jegliche Einmischung von außen. Während sie der eigenen (wie auch der fremden) Bevölkerung grundlegende bürgerlich-politische Rechte vorenthielt, machte sie sich aus ideologischen Gründen, aber auch zu Propagandazwecken international für wirtschaftliche, soziale und kulturelle Rechte stark, ohne dass sich hieraus allerdings „subjektive", einklagbare Rechtspositionen für die einzelnen Menschen gegenüber dem eigenen Staat ergeben hätten. Individuelle Rechtsansprüche ließen sich auch in den sozialistischen Staaten aus den sozialen Menschenrechten nicht ableiten; vielmehr oblag es dem Staat diese Rechte in Form sozialer Leistungen zu gewähren. Letztlich wurde so ein kollektives Menschenrechtsverständnis propagiert, das den individual- und abwehrrechtlichen Kern der Menschenrechte verwässerte (Luchterhand 1983: 15), und zwar auch jenen der sozialen Menschenrechte.

Hinzu kam, dass dekolonisierte oder sich dekolonisierende Staaten in der „Dritten Welt" zwar für die wirtschaftlichen, sozialen und kulturellen Rechte stark machten, diese aber mit dem kollektiven Recht auf Selbstbestimmung, mit der Kritik an einer hochgradig ungerechten Weltwirtschaftsordnung sowie mit internationalen Forderungen nach Zugang zu wirtschaftlichen Entwicklungsressourcen verbanden. Die Rhetorik der Unteilbarkeit der Menschenrechte und die Betonung der wsk-Rechte – etwa auf der ersten internationalen Menschenrechtskonferenz von 1968 in Teheran (Whelan 2010: 144 ff.) – war eingewoben in das überwölbende Thema des Antikolonialismus und einer gerechten Weltordnung. In diesem Sinne war die Diskussion um die Menschenrechte nicht nur durch den Ost-West-Konflikt geprägt, sondern auch vom Nord-Süd-Konflikt beeinflusst. Dies alles hatte Folgen für die Interpretation der wsk-Rechte im Westen, die dort

41 Dessen ungeachtet diskriminierten die USA als westliche Führungsmacht bis in die 1960er Jahre hinein offen Afroamerikaner im eigenen Lande und unterstützten während des Ost-West-Konfliktes verbündete, anti-kommunistische Diktaturen in der „Dritten Welt", welche die bürgerlich-politischen (wie auch die sozialen) Menschenrechte massiv verletzten.

lange Zeit als individuell nicht einklagbare *Kollektivrechte* wahrgenommen wurden – eine heute überholte Sichtweise, die sich aber lange Zeit in Materialien der Menschenrechtsbildung hielt. Zugleich wurde die systematisch nicht überzeugende Dichotomie zwischen bürgerlich-politischen „Abwehrrechten" einerseits und wirtschaftlichen, sozialen und kulturellen „Leistungsrechten" andererseits über Jahrzehnte hinweg politisch verfestigt. Im Schatten des UN-Zivilpakts dämmerte so der UN-Sozialpakt viele Jahre „in Bedeutungslosigkeit vor sich hin" (Söllner 2007: 61).

1.5 Die Wiener Menschenrechtskonferenz von 1993

Trotz der Verabschiedung (1966) und des Inkrafttretens (1976) des für die Vertragsstaaten völkerrechtlich verbindlichen UN-Sozialpaktes haben die wirtschaftlichen, sozialen und kulturellen Menschenrechte erst seit den 1990er Jahren wirklich an Bedeutung gewonnen. Voraussetzung hierfür war das Ende des Ost-West-Konfliktes, der zwar nicht zu einer Entpolitisierung, wohl aber zu einer Endideologisierung der Menschenrechtsdebatte beitrug.

Einen wichtigen Einschnitt bildete – trotz all ihrer Mängel und Widersprüche (Bungarten 1994, Klingebiel 1996) – die *Wiener Menschenrechtskonferenz* von 1993. Bodo von Borries (2011: 29) bezeichnete die Abschlusserklärung der Konferenz von 1993 sogar als den „wichtigsten programmatischen Schritt seit 1948". Sie verteidigte nicht nur die Universalität der Menschenrechte, d.h. deren Anspruch, für jeden Menschen zu gelten, gegen massive kulturrelativistische Angriffe. Sie bekannte sich auch nachdrücklich zur Unteilbarkeit, also der Zusammengehörigkeit der verschiedenen „Generationen" (Dimensionen) der Menschenrechte, und zu ihrer Interdependenz. *„All human rights are universal, indivisible and independent and interrelated"*, heißt es im Schlussdokument der Konferenz.[42] Bürgerliche, politische, wirtschaftliche, soziale und kulturelle Menschenrechte gehören demnach zusammen und sind gemeinsam umzusetzen. Allerdings gingen dem Schlussdokument diesbezüglich konträre Debatten voraus.

In den Folgejahren der Menschenrechtskonferenz erlangten die wsk-Rechte verstärkt Aufmerksamkeit, und zwar aufgrund gleich mehrerer Entwicklungen:

1) Eine wachsende Zahl nationaler und internationaler *Menschenrechtsorganisationen* griff das Thema der wsk-Rechte auf und trieb so die Diskussion um diese Rechte voran. Besondere Bedeutung kam hierbei jenen Organisationen zu, die

---

42 *Vienna Declaration and Programme of Action. Adopted by the World Conference on Human Rights in Vienna on 25 June 1993,* Ziff. 5 (Satz 1). Abrufbar über das Portal des UN-Hochkommissariats für Menschenrechte: www2.ohchr.org.

sich schon frühzeitig auf (einzelne) soziale Rechte spezialisiert und regelrechte Pionierarbeit geleistet hatten. Hier zählen etwa die bereits 1976 gegründete *Habitat International Coalitions* (HRC), ein weltweites Bündnis von NGOs, sozialen Bewegungen und Fachleuten, die sich für das Recht auf Wohnen einsetzten, oder auch das 1986 entstandene *FoodFirst Information Action Network* (FIAN), das sich für das Recht auf Nahrung stark machte (vgl. Windfuhr 2004). Mittlerweile ist eine Vielzahl an Menschenrechtsorganisationen weltweit hinzugekommen, die zu wsk-Rechten arbeiten. Selbst traditionelle Menschenrechtsorganisationen, die sich ursprünglich auf bürgerlich-politische Rechte beschränkten, greifen seit einigen Jahren Verletzungen der wsk-Rechte auf und rücken diese medienwirksam ins öffentliche Bewusstsein. Besonders wichtig ist hierbei, dass sich – mandatiert seit 2003, faktisch erst später – auch *Amnesty International* dieser Rechte annahm.

2) Zudem gab es seit den 1990er Jahren vielfältige politische Bemühungen, die *Entwicklungszusammenarbeit* stärker an den Menschenrechten auszurichten.[43] Zwar lag der ursprüngliche Fokus westlicher Menschenrechtsförderung hierbei zunächst auf den bürgerlich-politischen Rechten, eingebunden in die Förderung von Demokratie, Rechtsstaatlichkeit und *good governance*. Ab Ende der 1990er Jahre erfolgte jedoch eine thematische Ausweitung auf die – eng mit der sozioökonomischen Entwicklungsproblematik verknüpften – wirtschaftlichen, sozialen und kulturellen Menschenrechte. Inzwischen ist die gezielte und ausdrückliche Förderung der wsk-Rechte fester Bestandteil der multilateralen wie bilateralen, staatlichen wie nicht-staatlichen Entwicklungszusammenarbeit. Zahlreiche internationale und nationale Entwicklungsorganisationen vertreten inzwischen einen menschenrechtsbasierten Ansatz oder setzen sich zumindest dafür ein, die wsk-Rechte im Rahmen der Entwicklungszusammenarbeit stärker zur Geltung zu bringen. Entwicklungspolitischen Kampagnen zu den Rechten auf Nahrung, Wasser, Gesundheit, Wohnen oder Bildung sind weithin sichtbarer Ausdruck dieses Bestrebens.

3) Vor allem aber haben vielfältige *UN-Aktivitäten* und neuere völkerrechtliche Entwicklungen die Debatte um die wsk-Rechte vorangetrieben. Von zentraler Bedeutung waren und sind hierbei die Interpretationsvorgaben der entsprechenden UN-Vertragsausschüsse. Unterstützt durch Experten an Universitäten und in Menschenrechtsorganisationen[44], trug vor allem der 1987 einge-

---

43 Vgl. Selchow/Hutter (2004), Lingnau (2003), Krennerich (2003d, 2008).

44 Besonders hervorzuheben sind zwei internationale Fachkonferenzen, die von der Universität Maastricht und der Internationalen Juristenkommission 1987 und 1997 gemeinsam durchgeführt wurden. Aus ihnen gingen die Limburg-Prinzipien zur Natur der Staaten-

richtete UN-Ausschuss für wirtschaftliche, soziale und kulturelle Rechte erheblich zur Konkretisierung des Inhalts der wsk-Rechte und der sich daraus ergebenden Staatenpflichten bei. Teilweise machten sich auch der seit 1982 bestehende Ausschuss für die Beseitigung der Diskriminierung der Frau und der seit 1991 aktive Kinderrechtsausschuss um die Konkretisierung der in den jeweiligen Pakten garantierten sozialen Rechte verdient. Nicht zuletzt von den UN-Sonderberichterstattern zu einzelnen sozialen Menschenrechten und Problembereichen[45] sowie von verschiedenen UN-Sonderorganisationen und UN-Sonderprogrammen gingen wichtige, ergänzende Impulse aus.

Weiterhin bekräftigten jüngere Menschenrechtskonventionen, wie etwa die im Jahr 2006 verabschiedete Behindertenrechtskonvention, die Bedeutung der wsk-Rechte, und belebten internationale Kampagnen zur Einführung von Individualbeschwerdeverfahren für wsk-Rechte die Debatte um deren traditionell bestrittene Justiziabilität. Nachdem ein solches Beschwerdeverfahren bereits im Jahre 2000 für CEDAW eingeführt worden war, verabschiedete die UN-Vollversammlung – nach jahrelangen, mühevollen Verhandlungen und auf massives Drängen transnational vernetzter NGOs – im Dezember 2008 ein entsprechendes Zusatzprotokoll auch für den UN-Sozialpakt. Anschließend wurden entsprechende Forderungen auch in Bezug auf die Kinderrechtskonvention erneut erhoben und inzwischen durchgesetzt.

Insgesamt sind jedoch die Widerstände gegenüber den wsk-Rechten noch lange nicht überwunden. Auf internationaler Ebene tun sich unter den Demokratien hierbei vor allem die USA hervor. *„By the 1990s, the United States had become the chief opponent of economic and social rights on the international stage"* (Albisa 2009: 176). In der offiziellen Innen- und Außenpolitik der USA nehmen wirtschaftliche und soziale Rechte immer noch *„a second-class, ‚outsider' status"* (Lewis 2009: 100) ein, werden, wenn auch immer zaghafter und teils heftig widersprochen von US-Wissenschaftlern, nicht als echte Menschenrechte erachtet (Riedel 2008: 78). So stellen Howard-Hassmann/Welch (2006: 13) enttäuscht fest, dass der einst visionäre Ansatz von Franklin D. Roosevelt nach über 60 Jahren kaum Einfluss auf die politische Kultur in den USA hat.

---

pflichten (1987) und die Maastricht-Leitlinien zur Verletzung von wirtschaftlichen, sozialen und kulturellen Menschenrechten (1997) hervor.

45 So etwa die UN-Sonderberichterstatter/innen zum Recht auf Bildung (seit 1998), zum Recht auf angemessene Unterkunft (seit 2000), zum Recht auf Nahrung (seit 2000), zum Recht auf Gesundheit (seit 2002), zu Binnenvertriebenen (seit 2004), zu modernen Formen der Sklaverei (2007), zum Recht auf Wasser (seit 2008) oder zu kulturellen Rechten (seit 2009).

2 Wo sind soziale Menschenrechte positiv-rechtlich verankert? Orientierungspfade im Dickicht des Rechts

Nachdem die völkerrechtliche Entwicklung der sozialen Menschenrechte in zugegebenermaßen groben Zügen skizziert wurde, gibt das vorliegende Kapitel einen einführenden Überblick über die derzeit bestehenden völker- und verfassungsrechtlichen Grundlagen des sozialen Menschenrechtsschutzes. Dabei liegt der Fokus auf den Menschenrechtsverträgen. Dies ist bereits deswegen angebracht, weil das Vertragsrecht die wichtigste Rechtsquelle des internationalen Menschenrechtsschutzes darstellt und die Zahl der globalen und regionalen Menschenrechtsabkommen, die soziale Rechte beinhalten, in den vergangenen Jahrzehnten erheblich zugenommen hat. Darüber hinaus wurden wsk-Rechte als Grundrechte gerade in jüngere nationalen Verfassungen aufgenommen. Geklärt werden soll also, inwieweit die sozialen Menschenrechte auf globaler, regionaler und nationaler Ebene positiv-rechtlich niedergelegt sind. Um die Sache nicht zu verkomplizieren, wird weder auf die gewohnheitsrechtliche Anerkennung dieser Rechte eigens eingegangen noch auf die – beispielsweise von Ekardt/Hyla (2010) für das Recht auf Nahrung aufgeworfene – Frage, ob „allgemeine Rechtsgrundsätze" möglicherweise als Rechtsquelle für soziale Menschenrechte herangezogen werden können.

2.1 Soziale Menschenrechte in globalen Menschenrechtsabkommen

Die sozialen Menschenrechte gehören, wie gesagt, zum Kanon des „universellen"[46] Menschenrechtsschutzes. Dessen völkerrechtlicher Ausgangspunkt ist die *Charta der Vereinten Nationen* von 1945, die sich u.a. zu dem Ziel bekennt, „die Achtung vor den Menschenrechten und Grundfreiheiten für alle ohne Unterschied der Rasse, des Geschlechts, der Sprache oder der Religion zu fördern und zu festigen" (Art. 1, Ziff. 3). Wie bereits ausgeführt wurde, konkretisierte die *Allgemeine Erklärung der Menschenrechte* dieses Ziel zunächst in einer völkerrechtlich „unver-

46 Da auch die Menschenrechte in regionalen Abkommen, wie etwa der Europäischen Menschenrechtskonvention, universellen Charakter aufweisen (können), die jedem Mensch zustehen, bevorzuge ich, von „globalen" Menschenrechtsabkommen zu sprechen.

bindlichen" Deklaration, der aber – zumindest mittelbar und in Teilen – inzwischen gewohnheitsrechtliche Bindungskraft zugesprochen wird. Knapp 20 Jahre später wurden dann die allermeisten Rechte der AEMR in zwei völkerrechtlich verbindliche Verträge übertragen, den Internationalen Pakt über bürgerliche und politische Rechte (UN-Zivilpakt) und den Internationalen Pakt über wirtschaftliche, soziale und kulturelle Rechte (UN-Sozialpakt). Zur besseren Übersicht seien die Rechte beider Pakte in Kurzform nebeneinander aufgelistet:

Die Rechte des UN-Zivilpaktes und des UN-Sozialpaktes im Überblick	
UN-Zivilpakt: bürgerliche und politische Rechte	**UN-Sozialpakt: wirtschaftliche, soziale und kulturelle Rechte**
• Allgemeines und akzessorisches Diskriminierungsverbot* • Recht auf Leben • Verbot der Folter und grausamer, unmenschlicher oder erniedrigender Behandlung oder Strafe • Verbot der Sklaverei und der Leibeigenschaft • Recht auf persönliche Freiheit und Sicherheit • Recht auf Freizügigkeit • Gleichheit vor dem Gesetz, Unschuldsvermutung, faires Gerichtsverfahren; verfahrensrechtliche Mindestgarantien, Doppelstrafverbot etc. • Rückwirkungsverbot • Anerkennung als Rechtsperson • Schutz vor Eingriffen in die Privatsphäre • Recht auf Gedanken-, Gewissens- und Religionsfreiheit • Recht auf unbehinderte Meinungsfreiheit und freie Meinungsäußerung • Recht auf Versammlungsfreiheit • Recht auf Vereinigungsfreiheit • Recht auf Heirat und Familiengründung; Schutz der Familie • Rechte von Kindern auf Schutz • Recht (von Staatsbürgern) auf Mitwirkung an der Gestaltung öffentlicher Angelegenheiten, auf freie Wahlen und auf Zugang zu öffentlichen Ämtern	• Akzessorisches Diskriminierungsverbot* • Recht auf Arbeit • Recht auf gerechte und günstige Arbeitsbedingungen (angemessener Lohn, gleiches Entgelt für gleiche Arbeit, sichere und gesunde Arbeitsbedingungen, Arbeitspausen, angemessene Begrenzung der Arbeitszeit, bezahlter Urlaub, Vergütung gesetzlicher Feiertage etc.) • Recht auf Bildung und Betätigung von Gewerkschaften • Recht auf soziale Sicherheit (Sozialversicherung) • Schutz von Familien (Gründung, Erziehung), Müttern (Mutterschaftsurlaub) und Kindern (vor wirtschaftlicher und sozialer Ausbeutung) • Recht auf angemessenen Lebensstandard (ausreichende Ernährung, Bekleidung, Unterkunft und Wasser**) und Recht auf Schutz vor Hunger • Recht auf erreichbares Höchstmaß an körperlicher und geistiger Gesundheit • Recht auf Bildung (Grundschulpflicht, offener Zugang zu höheren Bildungseinrichtungen etc.) • Recht auf Teilnahme am kulturellen Leben und auf Teilhabe an den Errungenschaften des wissenschaftlichen Fortschritts sowie Schutz geistiger Urheberrechte
* Akzessorische Diskriminierungsverbote beziehen sich auf die im Vertrag garantierten Rechte. ** Das Recht auf Wasser ist nicht explizit erwähnt, wird aber im Wesentlichen aus dem Recht auf angemessenen Lebensstandard und dem Recht auf Gesundheit hergeleitet.	

Gemeinsam mit der AEMR stellt der UN-Sozialpakt den zentralen Bezugspunkt des globalen Schutzes sozialer Menschenrechte dar. Sieht man von dem schwierig einzuordnenden Recht auf Eigentum ab[47], finden sich alle wirtschaftlichen, sozi-

47 Gegen die Einstufung des Rechts auf Eigentum als ein wsk-Recht spricht vorderhand, dass es zu den bürgerlich-liberalen Rechten der ersten Stunde gezählt wird. Bezeichnen-

alen und kulturellen Rechte der AEMR in dem UN-Sozialpakt, wenn auch teilweise in anderem Wortlaut. Hingegen beinhaltet der UN-Zivilpakt kaum soziale Rechte und wurde bisher allenfalls mittelbar – etwa über das Recht auf Leben, das Diskriminierungsverbot oder das Recht auf ein faires und öffentliches Verfahren – zum Schutz sozialer Menschenrechte genutzt (vgl. Schneider 2004: 29 f.).

Der UN-Sozialpakt (International Covenant on Economic, Social and Cultural Rights, ICESCR)	
Verabschiedung	16. Dezember 1966
Inkrafttreten	3. Januar 1976
Ratifikationsstand	160 Vertragsstaaten (20. Dezember 2012)
Inhalt	wirtschaftliche, soziale und kulturelle Menschenrechte
Organ	UN-Ausschuss für wirtschaftliche, soziale und kulturelle Rechte (mandatiert vom Wirtschafts- und Sozialrat, ECOSOC)
Verfahren	Berichtsverfahren
Besonderheit	Progressive Umsetzung der wsk-Rechte
Fakultativprotokoll	10. Dezember 2008; noch nicht in Kraft, 8 Ratifikationen; ermöglicht Individualbeschwerden und Untersuchungen

Die Vertragsstaaten des UN-Sozialpaktes sind, einzeln und durch internationale Hilfe und Zusammenarbeit, völkerrechtlich verpflichtet, die im Pakt näher ausgeführten wirtschaftlichen, sozialen und kulturellen Menschenrechte umzusetzen, und zwar unter Ausschöpfung all ihrer Möglichkeiten, progressiv und mit geeigneten Mitteln. Welche konkreten staatlichen Verpflichtungen bestehen und inwieweit sich aus dem Abkommen auch subjektive Rechtsansprüche der einzelnen Menschen ergeben, war und ist Teil der juristischen und politischen Auseinandersetzung, auf die wir später noch eingehen werden. Dabei verpflichteten sich die Vertragsstaaten, regelmäßig Berichte über die getroffenen Maßnahmen und die erzielten Fortschritte zu erstellen. Ein im Dezember 2008 verabschiedetes Fakultativprotokoll, das ein Individualbeschwerdeverfahren vorsieht, ist mangels einer ausreichenden Zahl an Ratifikationen noch nicht in Kraft.

derweise wird es in der AEMR, in regionalen Menschenrechtsabkommen und in nationalen Grundrechtskatalogen eher den bürgerlich-liberalen als den wsk-Rechten zugerechnet. Inhaltlich betrachtet, handelt es sich indes um ein wirtschaftliches Menschenrecht (vgl. auch Riedel 1986: 21, Söllner 2007: 42, von Bernstorff 2010: 301).

Doch ist der UN-Sozialpakt nicht das einzige für die Vertragsstaaten verbindliche Menschenrechtsabkommen auf globaler Ebene, das soziale Menschenrechte garantiert. Mittlerweile gibt es eine Reihe weiterer UN-Menschenrechtskernabkommen *(core human rights conventions)*, die aus der Perspektive spezifischer Probleme oder Gruppen sowohl bürgerlich-politische als auch wirtschaftliche, soziale und kulturelle Menschenrechte nochmals eigens ausbuchstabieren.

UN-Antirassismus-Konvention (International Convention on the Elimination of All Forms of Racial Discrimination, CERD)	
Verabschiedung	7. März 1966
Inkrafttreten	4. Januar 1969
Ratifikationsstand	175 Vertragsstaaten (20. Dezember 2012)
Inhalt	Beseitigung von Rassendiskriminierungen im Bereich bürgerlicher, politischer, wirtschaftlicher, sozialer und kultureller Menschenrechte
Organ	Ausschuss für die Beseitigung der Rassendiskriminierung
Verfahren	Berichtsverfahren; Staatenbeschwerde; Individualbeschwerden (bei Zustimmungserklärung gemäß Art. 14)

Bereits das *Internationale Übereinkommen zur Beseitigung jeder Form von Rassendiskriminierung* (UN-Antirassismus-Konvention) von 1966, seit 1969 in Kraft, verpflichtet beispielsweise die Vertragsstaaten, mit allen geeigneten Mitteln unverzüglich Handlungen oder Praktiken der Rassendiskriminierung zu unterlassen und zu unterbinden, und zwar auch mit Blick auf die Nutzung wirtschaftlicher, sozialer und kultureller Rechte. Beispielhaft genannt werden dabei die Rechte auf und in der Arbeit, die Gewerkschaftsfreiheit, die Rechte auf Wohnen, auf öffentliche Gesundheitsversorgung und medizinische Betreuung, auf Bildung und Ausbildung sowie auf eine gleichberechtigte Teilnahme am kulturellen Leben (Art. 5e). Die Konvention sieht ein Staatenberichtsverfahren vor und erlaubt Staatenbeschwerden sowie, bei entsprechender Zustimmungserklärung, Individualbeschwerden.

Das Übereinkommen zur Beseitigung jeder Form der Diskriminierung der Frau (Convention on the Elimination of All Forms of Discrimination against Women, CEDAW)	
Verabschiedung	18. Dezember 1979
Inkrafttreten	3. September 1981
Ratifikationsstand	187 Vertragsstaaten (20. Dezember 2012)
Inhalt	Diskriminierungen im Bereich der bürgerlichen, politischen, wirtschaftlichen, sozialen und kulturelle Menschenrechte aus der Gender-Perspektive von Frauen
Organ	Ausschuss für die Beseitigung der Diskriminierung der Frau
Verfahren	Staatenberichtsverfahren
Besonderheit	Behandlung auch von Diskriminierungen im privaten Bereich
Fakultativprotokoll	6. Oktober 1999, in Kraft seit 22. Dezember 2000; 104 Vertragsparteien; ermöglicht Individualbeschwerden und Untersuchungen

Das *Übereinkommen zur Beseitigung jeder Form der Diskriminierung der Frau*[48] (CEDAW) von 1979, das 1981 in Kraft trat, verpflichtet die inzwischen zahlreichen Vertragsstaaten, jede Form der Diskriminierung der Frau zu unterlassen und „mit allen geeigneten Mitteln unverzüglich eine Politik zur Beseitigung der Diskriminierung der Frau zu verfolgen" (Art. 2). Zu diesem Zweck benennt das Abkommen eine Reihe gesetzgeberischer und anderer Maßnahmen zum Schutz und zur Förderung von Frauen, und zwar auch in der Bildung, im Beruf, im Gesundheitswesen sowie in anderen Bereichen des wirtschaftlichen und sozialen Lebens. Ein solches Abkommen war insofern nötig, als sich die vermeintlich „geschlechtsneutral" formulierten Menschenrechte als unzureichend erwiesen, um die vielfältigen Diskriminierungen der Frau angemessen zu erfassen. Die bestehenden Menschenrechte wurden nunmehr aus einer *gender*-Perspektive konkretisiert, reinterpretiert und ergänzt.

Von großer Bedeutung war hierbei, dass auch nicht-öffentliche, im Privaten stattfindende Diskriminierungen – wie etwa häusliche Gewalt und frauendiskriminierende Traditionen – in den Blick gerieten. „Die neuen Impulse, die eine Frauenrechtsperspektive in den Menschenrechtskanon eingebracht hat, beschränkt sich aber nicht nur auf den privaten Bereich, sondern beinhaltet auch eine egalitäre Reformulierung von politischen Beteiligungsrechten und noch mehr von soziökonomischen Rechten, etwa bezüglich Gleichbehandlung in Erwerbstätigkeit, Erb- und Besitzrechten und der Gesundheitsversorgung" (Zwingel 2007: 97). Das Abkommen trug erheblich zu einem gendersensiblen Verständnis der Menschenrechte bei. Allerdings wurde der Diskriminierungsschutz der Konvention durch Vorbehalte etlicher Vertragsstaaten abgeschwächt. Zur Fortschrittskontrolle bei der Umsetzung des Abkommens dient auch hier ein Staatenberichtsverfahren. Ein Fakultativprotokoll eröffnet die Möglichkeit von Individualbeschwerden („Mitteilungen") und, bei schwerwiegenden oder systematischen Verletzungen, auch von Untersuchungen. Das Zusatzprotokoll wurde aber nur von einem Teil der Vertragsstaaten der Konvention ratifiziert.

Das *Übereinkommen über die Rechte des Kindes* (UN-Kinderrechtskonvention) ist das am schnellsten und häufigsten ratifizierte Menschenrechtsabkommen, das freilich auch einen umfassenden Katalog an Vorbehalten und Interpretationserklärungen durch die Vertragsstaaten enthält. Nach Ansichten mancher Autorinnen und Autoren stellt es einen „Meilenstein" dar, da es nach Ende des Kalten Krieges das erste Abkommen gewesen sei, das im Konsens angenommen wurde

---

48 Im deutschen Sprachgebrauch wird oft die Kurzbezeichnung „UN-Frauenrechtskonvention" verwandt, was insofern nicht ganz korrekt ist, als das Abkommen vorrangig die Diskriminierungsproblematik in den Blick nimmt.

und bis *dato* Getrenntes verband: Ost und West, Nord und Süd, bürgerlich-politische und wsk-Rechte sowie staatliche Rechenschaftspflicht und aktive Einbindung der Zivilgesellschaft (Brett 2009a: 229). Gelobt als *„first truly comprehensive international human rights instrument"* (Besson et al. 2009: 300), anerkennt, schützt und konkretisiert die Konvention die bürgerlichen, politischen, wirtschaftlichen, sozialen und kulturellen Menschenrechte von Kindern und Jugendlichen bis zur Vollendung des 18. Lebensjahres. Es enthält umfangreiche Ausführungen u.a. zu den Rechten auf Gesundheit, einschließlich Nahrung und Wasser, auf soziale Sicherheit, auf Bildung, auf Ruhe und Freizeit sowie auf Teilnahme am kulturellen Leben. Zugleich beinhaltet das Abkommen einige kinderspezifische Rechte, wie etwa das Recht auf Geburtsregistrierung, das Recht auf einen Namen und, sofern möglich, „das Recht, seine Eltern zu kennen und von ihnen betreut zu werden" (Art. 7).

UN-Kinderrechtskonvention (Convention on the Rights of the Child, CRC)	
Verabschiedung	20. November 1989
Inkrafttreten	2. September 1990
Ratifikationsstand	193 Vertragsstaaten (20. Dezember 2012)
Inhalt	bürgerliche, politische, wirtschaftliche, soziale und kulturelle Rechte aus der Perspektive von Kindern und Jugendlichen
Organ	Ausschuss für die Rechte des Kindes
Verfahren	Berichtsverfahren
Fakultativprotokolle	betreffend die Beteiligung von Kindern an bewaffneten Konflikten vom 25. Mai 2000, in Kraft seit 12. Februar 2002; 150 Vertragsstaaten
	betreffend Kinderhandel, Kinderprostitution und Kinderpornografie vom 25. Mai 2000, in Kraft seit 18. Januar 2002; 162 Vertragsstaaten
	verabschiedet am 19. Dezember 2011; ermöglicht Individualbeschwerden

Von großer Bedeutung ist, dass das Abkommen das Kindeswohl *(„best interests")* in den Mittelpunkt rückt und die besonderen Schutzbedürfnisse von Kindern betont. Die Schutzkomponenten sind bei der Konvention besonders ausgeprägt und reichen weit in den privaten Bereich hin, einschließlich des Schutzes vor: Trennung von den Eltern; dem rechtswidrigen Verbringen von Kindern im Ausland; wirtschaftlicher Ausbeutung; sexuellem Missbrauch und Kinderhandel. Eigens geschützt sind zudem von ihren Familien getrennte oder adoptierte Kindern, Flüchtlingskinder, Kinder mit Behinderungen, strafrechtlich verfolgte Kinder sowie Kinder in bewaffneten Konflikten. Zwei Zusatzprotokolle untersagen die Beteiligung von Kindern an bewaffneten Konflikten (2000) und dienen dem gezielten Schutz vor Kinderhandel, Kinderprostitution und Kinderpornographie (2000). Ein drittes Fakultativprotokoll wurde von der UN-Vollversammlung im Dezember 2011 verabschiedet und sieht ein Beschwerdeverfahren vor. Ansonsten besteht für die Vertragsstaaten die gängige Berichtspflicht.

UN-Wanderarbeiterkonvention (International Convention on the Protection of the Rights of All Migrant Workers and Members of their Families, ICRMW)	
Verabschiedung	18. Dezember 1990
Inkrafttreten	1. Juli 2003
Ratifikationsstand	46 Vertragsstaaten (20. Dezember 2012)
Inhalt	bürgerliche, politische, wirtschaftliche, soziale und kulturelle Rechte aus der Sicht der besonderen Problemlagen von Wanderarbeiter/innen
Organ	Ausschuss über die Rechte von Wanderarbeiter/innen
Verfahren	Staatenberichtsverfahren; Individualbeschwerden bei entsprechender Zustimmungserklärung
Besonderheit	Rechte auch von Arbeitsmigrant/innen ohne regulären Aufenthaltstitel

Das *Internationale Übereinkommen zum Schutz der Rechte aller Wanderarbeitnehmer/innen und ihrer Familienangehörigen* (UN-Wanderarbeiterkonvention) von 1990, seit 2003 in Kraft, konkretisiert auf umfassende und detaillierte Weise die bürgerlichen, politischen, wirtschaftlichen, sozialen und kulturellen Menschenrechte für die besonders verletzliche Gruppe der Wanderarbeitnehmer/innen und ihrer Familien, also von Personen, die im Ausland arbeiten. Indem das Abkommen die Rechte von Nicht-Staatsangehörigen schützt und auf deren Gleichbehandlung mit den Staatsangehörigen des Beschäftigungsstaates hinwirkt, betont es, wenn auch mit Abstrichen, den universellen Charakter der Menschenrechte, und zwar selbst der wsk-Rechte. Insbesondere Wanderarbeitnehmer/innen und ihre Familiengehörigen, „die über die erforderlichen Dokumente verfügen oder deren Status geregelt ist" genießen das Recht auf gleiche Behandlung beim Zugang zu Bildung, Berufsberatung und Arbeitsvermittlung, zu beruflicher Weiterbildung und Umschulung, zu Wohnungen, auch Sozialwohnungen, zu Sozial- und Gesundheitsdiensten oder zum kulturellen Leben. Selbst Wanderarbeiter/innen und ihre Familienangehörigen *ohne* regulären Aufenthaltsstatus fallen, teils ausdrücklich, unter die allgemeinen Schutzbestimmungen der Konvention, inklusive einschlägiger Arbeitnehmerrechte und des Rechts auf Zugang zu Bildung und auf ärztliche Grundversorgung. Indem die Konvention auch solche Menschen *expressis verbis* schützt, stellt sie ein Novum dar (so auch Bielefeldt 2011b: 24). Zugleich erklärt dies aber auch den geringen Ratifikationsstand der Konvention. Bis Juni 2012 haben lediglich 46 Staaten – darunter nur drei der insgesamt 34 OECD-Staaten (Chile, Mexiko, Türkei) – die Konvention ratifiziert. Solange aber die Konvention in erster Linie von „klassischen" Entsendestaaten ratifiziert ist, bleibt ihre praktische Bedeutung gering. Bei Ratifikation haben die Vertragsstaaten eine Berichtspflicht, bei entsprechender Zustimmungserklärung können auch Individualbeschwerden gegen den Staat eingereicht werden.

Auch im *Übereinkommen über die Rechte von Menschen mit Behinderungen* (UN-Behindertenrechtskonvention) geht es nicht um „Sonderrechte" für Menschen mit Behinderungen[49], sondern um eine „Präzisierung und Konkretisierung der allgemeinen Menschenrechte mit Bezug auf die besonderen Bedürfnisse und Lebensumstände behinderter Menschen und auf die besonderen Gefährdungen, denen sie ausgesetzt sind" (Graumann 2011: 31 f.). In Form und Inhalt an bereits anerkannte bürgerlich, politische, wirtschaftliche, soziale und kulturelle Menschenrechte rückgebunden (Aichele 2008: 7), soll das Abkommen „den vollen und gleichberechtigten Genuss aller Menschenrechte und Grundfreiheiten durch alle Menschen mit Behinderungen fördern, schützen und gewährleisten und die Achtung der ihnen innewohnenden Würde fördern" (Art. 1). Angesichts von Ausgrenzungen, Bevormundungen und dem erhöhten Unterstützungsbedarf gerade auch in den Bereichen des Wohnens, der Bildung, der Arbeit, der Gesundheitsversorgung und des kulturellen Lebens kommt den wirtschaftlichen, sozialen und kulturellen Menschenrechten in dem Abkommen besonders hohe Bedeutung zu.

Die UN-Behindertenrechtskonvention (Convention on the Rights of Persons with Disabilities, CRPD)	
Verabschiedung	13. Dezember 2006
Inkrafttreten	3. Mai 2008
Ratifikationsstand	127 Vertragsstaaten (20. Dezember 2012)
Inhalt	Bürgerliche, politische, wirtschaftliche, soziale und kulturelle Recht aus der Perspektive von Menschen mit Behinderungen
Organ	Ausschuss für die Rechte von behinderten Menschen
Verfahren	Berichtsverfahren
Besonderheit	Inklusions-Paradigma
Fakultativprotokoll	13. Dezember 2006, in Kraft seit 3. Mai 2008; 76 Vertragsstaaten; sieht Individualbeschwerden und Untersuchungen vor

Von großer gesellschaftspolitischer Tragweite ist hierbei die paradigmatische Forderung nach sozialer Inklusion, die über den traditionellen Integrationsansatz hinausweist und mit dem Anspruch verbunden ist, „die Gesellschaft und ihre Subsysteme so zu verstehen, dass Menschen mit Behinderung von vornherein darin selbstverständlich zugehörig sind" (Bielefeldt 2009: 11). Im Sinne des *diversity*-Ansatzes wird hierbei der wertvolle Beitrag anerkannt, „den Menschen mit

49 Um die soziale Exklusionsmechanismen deutlich zu machen, wird mitunter begrifflich unterschieden zwischen der „Beeinträchtigung" von Menschen durch körperliche, geistige oder psychische Schädigungen einerseits und der „Behinderung" beeinträchtigter Menschen durch gesellschaftliche Barrieren, fehlende Unterstützung und Stereotypen andererseits (Graumann 2011: 40).

Behinderungen zum allgemeinen Wohl und zur Vielfalt ihrer Gemeinschaften leisten und leisten können" (Auszug aus der Präambel). Die Konvention sieht ein Berichtsverfahren vor und ihr Fakultativprotokoll die Möglichkeiten von Beschwerden (Mitteilungen) sowie bei schwerwiegenden und systematischen Rechtsverletzungen auch Untersuchungen durch den Ausschuss.

Die nachfolgende Tabelle gibt einen stark vereinfachten Überblick darüber, welche wsk-Rechte in der AEMR und den genannten Kernabkommen des UN-Menschenrechtsschutzes nieder gelegt sind, wobei der Wortlaut, Inhalt und Schutzbereich der jeweiligen Rechte teils erheblich variieren. Entgegen der gängigen Einteilung wurde das Verbot der Sklaverei und der Zwangsarbeit mit aufgenommen, weil diese drastische Formen der wirtschaftlichen und sexuellen Ausbeutung von Menschen betreffen – und noch heute millionenfach vorkommen. Auch das Recht auf Eigentum wurde in der Übersicht berücksichtigt.

Wirtschaftliche, soziale und kulturelle Menschenrechte auf globaler Ebene (Auswahl)								
Rechte	**AEMR**	**Sozialpakt**	**Zivilpakt**	**CERD****	**CEDAW****	**CRC**	**ICRMW**	**CRPD**
Verbot der Sklaverei	Art. 4	–	Art. 8	–	–	–	Art. 11	Art. 27
Verbot der Zwangsarbeit	–	–	Art. 8	–	–	–	Art. 11	Art. 27
Arbeit	Art. 23	Art. 6	–	Art. 5	Art. 11	–	–	Art. 27
Freie Berufswahl	Art. 23	Art. 6	–	Art. 5	Art. 11	–	Art. 52, 53	Art. 27
Ausbildung/ Beratung	–	Art. 6	–	Art. 5	Art. 10, 11	Art. 28	–	Art. 27
Arbeitsvermittlung/ Maßnahmen bei bzw. gegen Arbeitslosigkeit	Art. 23	Art. 6	–	Art. 5	–	–	Art. 54	Art. 27
Gerechte/günstige Arbeitsbedingungen	Art. 23	Art. 7	–	Art. 5	Art. 11	Art. 32***	Art. 25, 54, 55	Art. 27
Mindestarbeitsalter	–	–	–	–	–	Art. 32	Art. 25	–
Angemessener Lohn/gleiches Entgelt	Art. 23	Art. 7	–	Art. 5	Art. 11		Art. 55	Art. 27
Sichere und gesunde Arbeitsbedingungen	–	Art. 7	–	–	Art. 11	Art. 32	Art. 25	Art. 27
Angemessene Arbeitszeitbegrenzung	Art. 24	Art. 7	–	–	–	Art. 32	Art. 25	–
Pausen/Freizeit/ Erholung/bezahlter Urlaub	Art. 24	Art. 7	–	–	Art. 11	Art. 31/32	Art. 25	–
Gewerkschaften	Art. 23	Art. 8	Art. 22	Art. 5	–	–	Art. 26, 40	Art. 27

Wirtschaftliche, soziale und kulturelle Menschenrechte auf globaler Ebene (Auswahl)								
Rechte	AEMR	Sozialpakt	Zivilpakt	CERD**	CEDAW**	CRC	ICRMW	CRPD
Streik	–	Art. 8	–	–	–	–	–	–
Eigentum	Art. 17	–	–	Art. 5	–	–	Art. 15	–
Soziale Sicherheit	Art. 22, 25	Art. 9	–	Art. 5	Art. 11, 14	Art. 26	Art. 27	Art. 28
Gesundheit	Art. 25	Art. 12	(Art. 6/7)*	Art. 5	Art. 11, 12, 14	Art. 23, 24, 25, 32, 33, 39	Art. (25), 28, 43	Art. (16), 25, 26
Angemessener Lebensstandard	Art. 25	Art. 11	–	–	Art. 14	Art. 27	–	Art. 28
Nahrung	Art. 25	Art. 11	–	–	Art. 14	Art. 27	–	Art. 28
Bekleidung	Art. 25	Art. 11	–	–	–	–	–	Art. 28
Unterkunft	Art. 25	Art. 11	–	Art. 5	Art. 14	Art. 16, 27	Art. 43, 45	Art. 28
Wasser	(Art. 25)	(Art. 11, 12)	–	–	–	–	–	Art. 28
Schutz/Fürsorge: Familien	Art. 16	Art. 10	Art. 23	–	Art. 11, 13, 16	Art. 9	Art. 44	Art. 23
Schutz/Fürsorge: Mütter	Art. 25	Art. 10	–	–	Art. 4, 11, 12	–	–	–
Schutz/Fürsorge: Kinder	Art. 25	Art. 10	Art. 24	–	–	Gesamte CRC, z.B. Art. 19, 20, 22, 32-39***	–	Art. 7
Schutz/Fürsorge: Menschen mit Behinderungen	–	–	–	–	–	Art. 23		Gesamte Konvention, z.B. Art. 16
Bildung	Art. 26	Art. 13, 14	–	Art. 5	Art. 10, 11, 14	Art. 28, 29	Art. 30, 43, 45	Art. 24
Teilnahme am kult. Leben	Art. 27	Art. 15	–	Art. 5	Art. 13	Art. 30, 31	Art. 43, 45	Art. 30
Teilhabe am wiss. Fortschritt	Art. 27	Art. 15	–	–	–	–	–	–
Geistiges Eigentum	Art. 27	Art. 15	–	–	–	–	–	–
Achtung der kulturellen Identität	–	–	Art. 27	–	Art. 13	Art. 30	Art. 31	Art. 30

* Indirekt über das Recht auf Leben (Art. 6) und das Recht auf Schutz vor grausamer, unmenschlicher oder erniedrigender Behandlung und vor medizinischen Versuchen ohne Zustimmung. ** Die Rechte beziehen sich insbesondere auf die Beseitigung von Diskriminierungstatbeständen in den jeweiligen Bereichen. *** Weiterhin u.a. Schutz vor sexueller Ausbeutung und sexuellem Missbrauch (Art. 19 und 34), Schutz vor Kinderhandel (Art. 35), Schutz vor jeglicher anderen Form der Ausbeutung (Art. 36), Schutz in bewaffneten Konflikten (Art. 38/39)

Anmerkung: eigene Zusammenstellung auf Grundlage der AEMR und ausgewählter UN-Menschenrechtsabkommen (ohne Fakultativprotokolle)

Insgesamt ist gut erkennbar, dass die wsk-Rechte inzwischen im UN-Menschenrechtsregime fest verankert sind. Formal sind sie weithin anerkannt, zumal fast alle Staaten zumindest ein UN-Menschenrechtsabkommen ratifiziert haben, das auch wsk-Rechte beinhaltet. Der UN-Sozialpakt als das zentrale Abkommen zu wsk-Rechten wurde – mit Ausnahme der USA – sogar von allen westlichen Industriestaaten ratifiziert. Wie auch für andere Menschenrechtsverträge sind freilich insofern Einschränkungen vonnöten, als etliche Vertragsstaaten mittels Erklärungen und Vorbehalten die Verpflichtungen zur Erfüllung entsprechender Menschenrechtsabkommen in ihrem Sinne auslegen oder einschränken. Die Liste der sog. *reservations* zu den Verträgen ist lang, und die hohe Zahl einseitiger Interpretationserklärungen durch die jeweiligen Vertragsparteien verdeutlicht, dass – trotz bestehender Interpretationsvorgaben durch die Vertragsausschüsse – noch beachtliche Auslegungsunterschiede bezüglich der Menschenrechtsnormen, ihres Verhältnisses zueinander und der menschenrechtlichen Staatenpflichten bestehen.

Geht man über die UN-Menschenrechtsabkommen im engen Sinne hinaus sei – mit Blick auf die UN-Sonderorganisationen – vor allem die Internationale Arbeitsorganisation (*International Labour Organization*, ILO) hervorgehoben. Mit ihren zahlreichen eigenständigen Abkommen leistet sie einen besonderen Beitrag zum sozialen Menschenrechtsschutz, insbesondere auf dem Gebiet der Arbeitsbeziehungen und der sozialen Sicherheit. Während ihres rund 90jährigen Bestehens verabschiedete die ILO bis Januar 2012 insgesamt 189 Konventionen, die – sofern noch gültig – bei Ratifizierung für die Mitgliedsstaaten völkerrechtlich verbindlich sind, sowie 201 unverbindliche Empfehlungen.[50] Bereits die frühen Konventionen enthalten menschenrechtlich bedeutsame Bestimmungen z.B. zu Arbeitszeiten, Mutterschutz, Nachtarbeit, Mindestarbeitsalter oder Sozialversicherungen (Krankheit, Arbeitsunfall, Alter, Invalidität, etc.) einzelner Berufsgruppen. Sukzessive wurden im Laufe der Jahrzehnte die Schutzbereiche und Adressaten ausgeweitet. Jüngere menschenrechtlich relevante Konventionen betreffen etwa indigene Gruppen, Heimarbeiter/innen oder neuerdings auch Hausangestellte.

Unter den ILO-Erklärungen sind – nach der Erklärung von Philadelphia (1944) – vor allem die Erklärung über grundlegende Prinzipien und Rechte bei der Arbeit (1998) und die Erklärung über soziale Gerechtigkeit für eine faire Globalisierung (2008) von grundlegender Bedeutung. Erstere fordert nicht nur jene ILO-Mitgliedstaaten auf, die vier Kernarbeitsnormen *(core labour laws)* voll-

50 Vgl. die Liste und Texte der Übereinkommen und Empfehlungen auf der ILO-Homepage: www.ilo.org.

inhaltlich durchzuführen, welche die entsprechenden Konventionen ratifiziert haben. Sie nimmt darüber hinaus auch alle anderen ILO-Mitgliedstaaten in die Pflicht, die darin verankerten Grundsätze zu berücksichtigen, selbst dann, wenn sie die entsprechenden Konventionen nicht ratifiziert haben. Damit sind mittlerweile alle ILO-Mitgliedsstaaten an die Kernarbeitsnormen gebunden, die heute im „Epizentrum" der ILO-Tätigkeit (Seifert 2009: 87) stehen und zuvor bereits in acht weithin ratifizierten ILO-Übereinkommen niedergelegt wurden: 1) die Vereinigungsfreiheit und die Freiheit zu Kollektivvereinbarungen, 2) die Beseitigung aller Formen der Sklaverei und Zwangsarbeit, 3) die vollständige, effektive Abschaffung der Kinderarbeit, 4) die Beseitigung der Diskriminierung in Beschäftigung und Beruf.

Die Kernübereinkommen der ILO *(core labour laws)*

- ILO-Konvention Nr. 29 über Zwangs- und Pflichtarbeit von 1930
- ILO-Konvention Nr. 87 über die Vereinigungsfreiheit und den Schutz des Vereinigungsrechts von 1948
- ILO-Konvention Nr. 98 über die Anwendung der Grundsätze des Vereinigungsrechts und des Rechts zu Kollektivverhandlungen von 1949
- ILO-Konvention Nr. 100 über die Gleichheit des Entgelts männlicher und weiblicher Arbeitskräfte für gleichwertige Arbeit von 1951
- ILO-Konvention Nr. 105 über die Abschaffung der Zwangsarbeit von 1957
- ILO-Konvention Nr. 111 über die Diskriminierung in Beschäftigung und Beruf von 1958
- ILO-Konvention Nr. 138 über das Mindestalter für die Zulassung der Beschäftigung von 1973
- ILO-Konvention Nr. 182 über die schlimmsten Arten von Kinderarbeit von 1999

Die Erklärung über soziale Gerechtigkeit für eine faire Globalisierung wiederum bekräftigt und institutionalisiert das von der ILO seit 1999 entwickelte Konzept der menschenwürdigen Arbeit *(decent work)*. Alle ILO-Mitgliedsstaaten müssen demnach eine Politik befolgen, die auf vier strategischen Zielen beruht: Beschäftigung, sozialer Schutz, sozialer Dialog und Rechte bei der Arbeit. Das Konzept bringt damit das Recht auf Arbeit, die Rechte bei der Arbeit und das Recht auf soziale Sicherung zusammen, die über die Kernarbeitsnormen hinaus in weiteren ILO-Konventionen verankert sind und den ILO-Kontrollverfahren unterliegen. In diesen Bereichen trägt die ILO erheblich zur Konkretisierung der sozialen Menschenrechte bei.

Eine weitere UN-Sonderorganisationen sei, da sie in Bezug auf die Menschenrechte selten beachtet wird, kurz erwähnt: die *United Nations Educational, Scientific and Cultural Organization* (UNESCO). Bereits die Ziele der UNESCO-Verfassung, die am 16. November 1945 (und damit vor der AEMR) verabschiedet wurden, nehmen auf die Menschenrechte Bezug. Verschiedene, für die Vertragsstaaten rechtsverbindliche UNESCO-Übereinkommen betreffen das Recht auf Bildung und indirekt andere kulturelle Menschenrechte. Hervorzuheben ist die *Convention against Discrimination in Education* von 1960, die 1962 in Kraft trat[51] und inzwischen rund 100 Vertragsparteien aufweist, von denen etwa ein Drittel das dazugehörige Protokoll über die Errichtung einer Schlichtungs- und Vermittlungskommission von 1962, das seit 1968 in Kraft ist, angenommen haben. Zur Überwachung der UNESCO-Konventionen kommen sowohl Staatenberichtsverfahren als auch ein vertrauliches Individualbeschwerdeverfahren zur Anwendung.

2.2 Soziale Menschenrechte in regionalen Menschenrechtsabkommen

Weiterhin sind die wsk-Rechte in einer Reihe regionaler Menschenrechtsabkommen niedergelegt, die im Folgenden – da sie weniger bekannt sein dürften – etwas ausführlicher dargestellt werden.

2.2.1 Europa – Menschenrechtsschutz auf mehreren Pfeilern

Der regionale Menschenrechtsschutz in Europa beruht gleich auf mehreren organisatorischen Pfeilern.[52] Diese sind:

- der 1947 gegründeten Europarat, der inzwischen 47 Mitgliedsstaaten umfasst und eine Reihe wichtiger Menschenrechtsabkommen und -institutionen hervorgebracht hat, allen voran die Europäische Menschenrechtskonvention (EMRK) und den Europäischen Gerichtshof für Menschenrechte (EGMR);
- die *Europäische Union* mit ihren mittlerweile 27 Mitgliedsstaaten, die sich ihrem Selbstverständnis nach auf gemeinsame Werte gründet, namentlich die Achtung der Menschenwürde, Freiheit, Demokratie, Gleichheit, Rechtsstaatlichkeit und die Wahrung der Menschenrechte. Mit dem Inkrafttreten des Lissabonner Vertrags am 1. Dezember 2009 wurde die im Jahre 2000 verabschiedete Charta der Grundrechte der Europäischen Union rechtskräftig;
- die Organisation für Sicherheit und Zusammenarbeit in Europa (OSZE) mit ihren 56 Mitgliedsstaaten (einschließlich der USA und Kanada), die im Rahmen der europäischen Sicherheitsarchitektur wichtige Aufgaben des Men-

51 Auf der Website der Deutschen UNESCO-Kommission (www.unesco.de) ist die Konvention übersetzt mit: Übereinkommen gegen Diskriminierung im Unterrichtswesen.

52 Die Online-Edition des „Handbuch der Menschenrechtsarbeit" (www.fes.de/handbuch-menschenrechte) enthält einführende Beiträge, teilweise des Autors, zur Menschenrechtsarbeit des Europarates, der EU und der KSZE/OSZE. Menschenrechtsdokumente zu diesen drei Organisationen finden sich bei: Hummer/Karl (2009a). Speziell zum Europarat siehe auch Brummer (2008).

schenrechtsschutzes übernommen hat. Da die OSZE allerdings „nur" politisch wirkt und ihre Standards nicht rechtlich verbindlich sind, bleibt sie an dieser Stelle außen vor.

Der Europarat – Hüter auch der sozialen Menschenrechte?

Der Europarat hat sich dem Schutz der Menschenrechte verpflichtet und eine Reihe rechtsverbindlicher Abkommen hervorgebracht. Das Herzstück ist die *Europäische Menschenrechtskonvention* von 1950, die 1953 in Kraft trat, 1998 neu gefasst und von allen Mitgliedsstaaten des Europarates ratifiziert wurde.

Konvention zum Schutz der Menschenrechte und Grundfreiheiten (EMRK)	
Unterzeichnung	4. November 1950
Inkrafttreten	3. September 1953
Ratifikationsstand	47 Staaten (alle Europarats-Mitglieder)
Protokolle (Verabschiedung/ Inkrafttreten) (Ratifikationsstand, 20. Januar 2012)	Nr. 1 (1952/54) (45); Nr. 2 (1963/70) (47); Nr. 3 (1963/70) (47), Nr. 4 (1963/68) (43); Nr. 5 (1966/71) (47); Nr. 6 (1983/85) (46); Nr. 7 (1984/88) (42); Nr. 8 (1985/90) (47); Nr. 9 (1990/94) (24); Nr. 10 (1992/–) (25); Nr. 11 (1994/98) (47); Nr. 12 (2000/05) (18); Nr. 13 (2002/03) (42); Nr. 14 (2004/2010) (47); Nr. 14bis (2009/09) (12).
Inhalt	vornehmlich bürgerlich-politische Rechte
Organ	Europäischer Gerichtshof für Menschenrechte
Verfahren	Individualbeschwerde; Staatenbeschwerde; Gutachten; Anfragen
Besonderheit	rechtsverbindliche Feststellungsurteile

Etwaige Verletzungen der in der EMRK garantierten Rechte werden vom *Europäischen Gerichtshof für Menschenrechte* (EGMR) geprüft, sofern Vertragsstaaten sogenannte Staatenbeschwerden vorbringen oder Einzelpersonen oder Personengruppen entsprechende Individualbeschwerden einreichen. Die Urteile des EGMR sind bindend und haben in den Vertragsstaaten bereits zu erheblichen Änderungen von Gesetzen und Vorschriften geführt. Die umfangreiche Rechtsprechung entfaltete zudem große rechtsdogmatische Bedeutung in Europa (einführend: Council of Europe 2011a).

Allein: Die EMRK umfasst fast ausschließlich bürgerlich-politische Rechte, kaum aber wirtschaftliche, soziale und kulturelle Rechte. Zu den Ausnahmen gehört das Recht auf Bildung, das im ersten Protokoll zur EMRK aufgenommen wurde. Das dort ebenfalls verankerte Verbot der Sklaverei und Zwangsarbeit, das Recht auf Eigentum und das im Protokoll Nr. 3 garantierte Recht, den Wohnsitz frei zu wählen, weisen enge Bezüge zu wsk-Rechten auf bzw. werden teilweise zu diesen gezählt. Für gewöhnlich können aber Verletzungen sozialer Rechte nicht unmittelbar vor den EGMR gebracht werden, da dieser nur etwaige Rechtsverstöße gegen die Normen der EMRK prüft. *Mittelbar* wirksam wurden soziale Rechte etwa über das Recht auf faires Verfahren, das Diskriminierungsverbot (vgl. Schneider 2004: 30 f.) oder auch das Recht auf Schutz des Privat- und Familienlebens, das eine „zunehmende Ausweitung seines Schutzbereiches in den Bereich sozialer Rechte" aufweist (Klein 2010: 604). Wichtig ist in diesem Zusammenhang auch das grundsätzliche Diskriminierungsverbot des Protokolls Nr. 12 der Konvention, das bis Januar 2012 freilich erst 18 Staaten ratifiziert haben. Im Gegensatz zu Österreich und der Schweiz befindet sich Deutschland nicht darunter.

Europäische Sozialcharta	
Unterzeichnung	18. Oktober 1961 in Turin
Inkrafttreten	26. Februar 1965
Ratifikationsstand	27 Staaten (Stand: 12. Juni 2012)
Änderungs-/Zusatzprotokolle (Verabschiedung/ Inkrafttreten)	1. Protokoll (1988/92); 2. Protokoll (1991/–); 3. Protokoll (1995/98)
Revidierte Sozialcharta	3. Mai 1996, in Kraft seit 1. Juli 1999, ratifiziert von 32 Staaten (Stand: 12. Juni 2012)
Inhalt	vornehmlich wirtschaftliche und soziale Rechte
Organ	Europäischer Sozialrechtsausschuss
Verfahren	Berichtsverfahren; Kollektivbeschwerde (bei Ratifizierung des Zusatzprotokolls von 1995)
Besonderheit	nach herrschender Rechtslehre keine subjektiven Rechtsansprüche des Einzelnen, sondern nur objektive Staatenpflichten

Dem direkten, ausdrücklichen Schutz der sozialen Rechte innerhalb des Europarats dient die rechtlich und politisch bislang weit weniger bedeutsame *Europäische Sozialcharta* (ESCh), die 1961 zur Unterzeichnung ausgelegt wurde, 1965 in Kraft trat und vom *Europäischen Sozialrechtsausschuss* überwacht wird. Die strikte Parallelität der UN-Pakte spiegelt sich im Verhältnis der EMRK und der ESCh dabei nicht wider (Riedel 2004: 33). In dem von Hummer/Karl (2009a) herausgegebenen, über 600 Seiten starken, ersten Dokumentationsband zum regionalen Menschenrechtsschutz in Europa taucht die Europäische Sozialcharta – im Gegensatz zur ausführlich behandelten EMRK – bezeichnenderweise nicht einmal auf. Der Völkerrechtler Christian Tomuschat (2009: 142) bezeichnete die Europäische Sozialcharta gar als „Instrument höchster Schwäche", und in journalistischen Beiträgen wird die ESCh schon mal als „reine Deklaration" abgetan (Kaelble 2000: 7).

Konkret benennt die Sozialcharta die Rechte eines jeden, seinen Lebensunterhalt durch frei übernommene Tätigkeit zu verdienen, auf Berufsausbildung und -beratung, auf Gesundheitsmaßnahmen, soziale Dienste und notfalls auf Fürsorge; die Rechte von Arbeitnehmern auf gerechte, sichere und gesunde Arbeitsbedingungen, gerechtes Entgelt, Vereinigungsfreiheit und Kollektivverhandlungen,

Mutterschutz und soziale Sicherheit; das Recht von Behinderten auf berufliche Ausbildung sowie die Rechte von Kindern und Jugendlichen, Müttern und Familien auf angemessenen Schutz.[53]

Im Laufe der Jahre wurde die Charta durch drei Zusatz- bzw. Änderungsprotokolle ergänzt: Protokoll Nr. 1 (von 1988/in Kraft seit 1992) fügte einige neue Rechte hinzu, namentlich die Rechte von Arbeitnehmer/innen auf Chancengleichheit und Gleichbehandlung in Beschäftigung und Beruf ohne Diskriminierung aufgrund des Geschlechts, auf verschiedene Aspekte der betrieblichen Mitbestimmung sowie auf das Recht älterer Menschen auf sozialen Schutz. Protokoll Nr. 2 (1991) änderte das Überwachungssystem und Protokoll Nr. 3 (1995/1998) ermöglicht fortan Kollektivbeschwerden.

Im Jahre 1996 wurde eine revidierte Fassung der Sozialcharta verabschiedet, die 1999 in Kraft trat; sie verbindet in einem einzigen Dokument die von der ursprünglichen Charta und dem Protokoll Nr. 1 garantierten Rechte, änderte zugleich einige Bestimmungen und verankerte neue Rechte. Die Veränderungen bestehender Rechte verstärkten den Grundsatz der Nichtdiskriminierung und der Gleichstellung der Geschlechter sowie den Schutz von Müttern, Kindern und Menschen mit Behinderung. Hinzu gefügt wurden u.a. die Rechte auf Arbeitnehmerschutz bei Beendigung des Arbeitsverhältnisses und bei Zahlungsunfähigkeit des Arbeitgebers, auf Unterrichtung und Anhörung bei Massenentlassungen sowie *„the right of dignity at work"*. Auch bekennt sich die revidierte Sozialcharta nunmehr zu dem Recht eines jeden auf Schutz vor Armut und sozialer Ausgrenzung sowie zum Recht auf Wohnen.

Die Liste der Rechte ist vorderhand imposant. Der herrschenden Rechtsauffassung zufolge sichert die Europäische Sozialcharta diese Rechte aber nur auf unverbindliche Weise und zielt erst gar nicht auf die Schaffung individueller sozialer oder ökonomischer Rechtspositionen ab. Aus dieser Sicht räumt die Sozialcharta den einzelnen Personen also kein *„subjektives"* Recht ein, das sie etwa vor nationalen Gerichten einklagen könnten. Vielmehr gehe es lediglich um die *„objektive"* Verpflichtung der Vertragsstaaten, ihre Rechts- und Sozialordnung so auszurichten, dass die einzelnen Rechte wirksam gewährleistet werden. Die oben genannten sozialen Grundrechte seien diesem Sinne lediglich als eine – allerdings verbindliche – Handlungsaufforderung für die Vertragsstaaten formuliert (so selbst Paech 2003:19). Die herrschende Rechtsauffassung ließe sich aber durchaus hinterfragen, zumal Verletzungen der Europäischen Sozialcharta mitunter von nationalen Gerichten, auch in Deutschland[54], bereits geprüft worden sind.

53 Vgl. BGBl. 1964 II 1262. Einführend: Europarat (2002).

54 Siehe beispielsweise das Urteil des Bundesverwaltungsgerichts vom 25. Juli 2001 zu Studiengebühren (BVerwG 115, 302). Das BVerwG überprüfte, ob das Landeshochschulen-

Bezeichnenderweise ist die Willensbekundung in Teil I der Sozialcharta mit vielen Kautelen versehen und liest sich eher als Beispiel für den verklausulierten Unwillen der Regierungen, sich völkerrechtlich auf justiziable Weise zu verpflichten: „Die Vertragsstaaten sind gewillt, mit allen zweckdienlichen Mitteln staatlicher und zwischenstaatlicher Art eine Politik zu verfolgen, die darauf abzielt, geeignete Voraussetzungen zu schaffen, damit die tatsächliche Ausübung der folgenden Rechte und Grundsätze gewährleistet ist", heißt es dort, bevor die oben genannten sozialen Grundrechte aufgelistet werden. In Teil II der Sozialcharta werden dann in den jeweiligen Artikeln konkrete staatliche Maßnahmen und Verpflichtungen zur Umsetzung der jeweiligen Grundrechte benannt, an die die Vertragsparteien „gebunden" sind, sofern sie die entsprechenden Artikel bei der Ratifikation angenommen haben.

Dabei sind die Vertragsparteien nicht verpflichtet, alle Bestimmungen der Charta anzunehmen. Nötig ist nur die Annahme einer Mindestzahl an Kernbestimmungen und weiteren Artikeln, die jeder Staat – in einem *„choose and pick-Verfahren"* (Riedel 2011: 396) oder wie in einem „Gemischtwarenladen" (Weiß 2002a: 306) – bei Ratifikation selbst auswählen kann.[55] Sofern die Staaten des Europarates überhaupt die ursprüngliche oder revidierte Fassung der Europäischen Sozialcharta ratifiziert haben[56], machten sie fast durchweg von diesem *à la carte*-Ansatz Gebrauch. Die Hoffnung, dass die Vertragsstaaten sukzessive mehr Verpflichtungen annähmen, hat sich bislang nicht erfüllt. Nur ein Staat, namentlich Frankreich, hat (bis Anfang 2012) alle Artikel der revidierten Europäischen Sozialcharta angenommen. Trotz entsprechender Forderungen und Aufrufe steht u.a. in Deutschland die Ratifikation der revidierten Fassung der Charta seit Jahren aus, in der Schweiz sogar jene der ursprünglichen Fassung.[57] Österreich hat am 20. Mai 2011 die revidierte Europäische Sozialcharta ratifiziert.

---

gebührengesetz in Baden-Württemberg u.a. mit dem UN-Sozialpakt und der Europäischen Sozialcharta vereinbar wäre (und bejahte dies).

55 Bei der Sozialcharta sind fünf (der sieben) Kernartikel und mindestens weitere zehn Artikel (oder 45 Absätze) anzunehmen, bei der revidierten Sozialcharta sechs (der neun) Kernartikel und mindestens 16 weitere Artikel (oder 63 Abschnitte).

56 Bis 12. März 2012 hatten 32 Staaten die revidierte Charta ratifiziert und weitere 11 sind lediglich an die ursprüngliche Sozialcharta gebunden. Lediglich Lichtenstein, Monaco, San Marino und die Schweiz haben keines der beiden Dokumente ratifiziert. Der aktuelle Ratifikationsstand ist auf der Homepage des Europarates ausgewiesen (http://conventions.coe.int/).

57 In der Schweiz besteht eine Kampagne „Pro Sozialcharta" zur Ratifizierung der revidierten Europäischen Sozialcharta; die Kampagne wurde von *Avenir Social*, dem Berufsverband der Professionellen der Sozialen Arbeit, lanciert und wird von zahlreichen NGOs und Persönlichkeiten getragen bzw. unterstützt; vgl. die Kampagnen-Website: www.sozialcharta.ch (letzter Zugriff: 12. März 2012).

Soziale Grundrechte in der Europäischen Union

Bis zum Inkrafttreten der Charta der Grundrechte der Europäischen Union im Dezember 2009 verfügte die EU über keinen schriftlich fixierten Grundrechtskatalog. Allerdings hatte sich der Grundrechtsschutz bereits ab Ende der 1960er Jahre allmählich anhand der Rechtsprechung des Europäischen Gerichtshofes (EuGH) entwickelt (Stichwort: Richterrecht). Verschiedene wirtschaftliche und soziale Rechte waren für EU-Bürgerinnen und -Bürger zudem bereits vor dem Inkrafttreten der Grundrechtecharta Bestandteil des Primärrechts (Verträge) und des Sekundärrechts (Verordnungen, Richtlinien) der Europäischen Union, so etwa die Arbeitnehmerfreizügigkeit, das Recht auf freien Zugang zum Arbeitsmarkt, das Recht auf gleichberechtigte Arbeitsvermittlung sowie einzelne Aspekte des Rechts auf gesunde, sichere und würdige Arbeitsbedingungen und des arbeitnehmerbezogenen Rechts auf soziale Sicherheit. Allgemeine und besondere Diskriminierungsverbote wirkten sich unmittelbar oder mittelbar auf das EU-Arbeitsrecht, aber beispielsweise auch auf das EU-Bildungsrecht und die entsprechende Rechtsprechung aus. Man denke hier etwa an das gleiche Zugangsrecht zu Bildungseinrichtungen für Arbeitsmigranten und ihre Kinder sowie allgemein für Unionsbürger. Auch die Rechtsprechung des EuGH bezüglich der Anerkennung von in Mitgliedsstaaten erworbenen Sekundärabschlüssen beim Zugang zum Hochschul- und Universitätsstudium setzte am Diskriminierungsverbot an.[58]

Charta der Grundrechte der Europäischen Union	
Verabschiedet	7. Dezember 2000 in Nizza
Inkrafttreten	1. Dezember 2009
Inhalt	bürgerliche, politische, wirtschaftliche, soziale und kulturelle Rechte, allerdings nur schwacher Minderheitenschutz
Anwendungsbereich	EU-Organe und EU-Mitgliedsstaaten bei Umsetzung von EU-Recht
Organ	Europäischer Gerichtshof (plus „Gericht erster Instanz")
Verfahren	EU-Verfahren des subjektiven Rechtsschutzes und der objektiven Grundrechtskontrolle (Nichtigkeitsklagen, Vertragsverletzungsverfahren etc.)
Besonderheit	rechtsverbindliche Urteile

Die *Charta der Grundrechte der Europäischen Union* beinhaltet eine breite Palette bürgerlich-politischer, aber auch wirtschaftlicher und sozialer Rechte. An der Aufnahme sozialer Rechte entzündeten sich freilich im Vorfeld scharfe Kontroversen und drohte vorübergehend der gesamte Verhandlungsprozess zu schei-

58 Vgl. ausführlich zu Europäischen Grundrechten und zum Europäischen Arbeits- und Sozialrecht: Heselhaus/Nowak (2006), Ehlers (2009), Fuchs (2010), Schrammel/Winkler (2010). Siehe etwa auch die entsprechenden Passagen in: de Búrca/de Witte (2005), Bierweiler (2007), Meyer (2011).

tern.[59] „Die konträren Positionen reichten von völliger Ablehnung einer Verankerung sozialer Rechte in der zu formulierenden GRC über die Aufnahme sozialer Rechte immerhin als Programmsätze oder Zielbestimmungen, bis hin zu einer Ausgestaltung als echte Leistungsrechte gegen die Union und die Mitgliedsstaaten“ (Riedel 2011: 398). Ein Teil der Rechte, die in anderen internationalen Menschenrechtsabkommen als wsk-Rechte verstanden werden, sind in der Grundrechtecharta in Kapitel IV mit der Überschrift „Solidarität“ erfasst, so etliche arbeitsbezogene Rechte sowie die Rechte auf Zugang zu Leistungen der sozialen Sicherheit, der sozialen Dienste und der Gesundheitsversorgung. Andere wirtschaftliche, soziale und kulturelle Rechte finden sich verstreut in verschiedenen Kapiteln der Grundrechtecharta, etwa das Verbot der Sklaverei und Zwangsarbeit, das Recht auf Bildung, die Berufsfreiheit und das Recht zu arbeiten oder auch besondere Schutzrechte von Kindern, älteren Menschen und Menschen mit Behinderungen. Die Tabelle auf der folgenden Seite listet die Rechte nochmals auf.

Zwar ist die Einteilung entlang der Überschriften „Würde des Menschen“, „Freiheiten“, „Gleichheit“ und „Solidarität“ systematisch insofern nicht überzeugend, als letztlich *alle* Menschenrechte auf der Menschenwürde beruhen, Freiheits- *und* Gleichheitsrechte darstellen und immer auch solidarische Komponenten aufweisen. Immerhin bricht aber die Grundrechtecharta mit der allzu schematischen Unterscheidung in bürgerlich-politische Rechte einerseits und wirtschaftliche, soziale und kulturelle Rechte anderseits, was das Verständnis nicht nur der Zusammengehörigkeit, sondern auch der Verwobenheit dieser Rechte stärken kann. „Insgesamt beinhaltet die Charta eine vergleichsweise vollständige Auflistung der gängigen sozialen Rechte“, schrieb Marcus Engels (2001: 85). Allerdings fehlt trotz des Bemühens einiger Delegierter das Recht auf Wohnen. Immerhin stellt aber der „Querschnittsartikel“ der Grundrechtecharta (Art. 53) fest, dass alle von den EU-Mitgliedsstaaten anerkannten internationalen Abkommen – also auch der UN-Sozialpakt und die Europäische Sozialcharta, obwohl diese nicht ausdrücklich erwähnt werden – als Mindestschutzniveau innerhalb der EU fortbestehen. Das Schutzniveau dieser Verträge kann also nicht unterschritten werden und sie können zugleich „als Auslegungsmaßstäbe für den Geltungsumfang der sozialen Grundrechte herangezogen werden“ (Riedel 2011: 406).

---

59 Vgl. Engels (2001: 84). Detailliert zur Diskussion im Konvent um die Aufnahme sozialer Rechte in der Grundrechtecharta siehe Iliopoulos-Strangas (2010a, 2010b) und Riedel (2011).

Wirtschaftliche, soziale und kulturelle Rechte in der EU-Grundrechtecharta		
Kap. I: Würde des Menschen	Verbot der Sklaverei und Zwangsarbeit	Art. 5
Kap. II: Freiheiten	Recht auf Bildung	Art. 14
	Berufsfreiheit und das Recht zu arbeiten	Art. 15
	(Recht auf Eigentum)	Art. 17
Kap. III: Gleichheit	Nichtdiskriminierung (aufgefächert)	Art. 21 Abs. 1
	Gleichheit von Frauen und Männern in allen Bereichen, einschließlich Beschäftigung, Arbeit, Arbeitsentgelt	Art. 23
	Recht von Kindern auf Schutz und Fürsorge	Art. 24 Abs. 1
	Recht älterer Menschen auf würdiges und unabhängiges Leben und auf Teilnahme am sozialen und kulturellen Leben	Art. 25
	Recht von Menschen mit Behinderung auf Eigenständigkeit, soziale und berufliche Eingliederung und Teilnahme am Leben der Gemeinschaft	Art. 26
Kap. IV: Solidarität	Recht auf Unterrichtung und Anhörung von Arbeitnehmer/innen	Art. 27
	Recht auf Kollektivverhandlungen und -maßnahmen, inkl. Streikrecht	Art. 28
	Recht auf Zugang zu Arbeitsvermittlung	Art. 29
	Schutz bei ungerechtfertigter Entlassung	Art. 30
	Gerechte und angemessene Arbeitsbedingungen (gesunde, sichere und würdige Arbeitsbedingungen; Arbeitszeitbegrenzung, Ruhezeiten, bezahlter Jahresurlaub)	Art. 31
	Verbot der Kinderarbeit und Schutz von Jugendlichen am Arbeitsplatz	Art. 32
	Schutz der Familie und der Vereinbarkeit von Familie und Beruf	Art. 33
	Recht auf Zugang zu Leistungen sozialer Sicherheit und zu sozialen Diensten	Art. 34
	Recht auf Zugang zu Gesundheitsvorsorge und -versorgung	Art. 35
	Recht auf Zugang zu Dienstleistungen von allgemeinem wirtschaftlichen Interesse	Art. 36
Kap. VI: Justizielle Rechte	(Prozesskostenhilfe)	Art. 57

Im Unterschied zu einigen anderen Bestimmungen der Grundrechtecharta (etwa zum Minderheiten-, Umwelt- oder Verbraucherschutz) sind bemerkenswerterweise die sozialen Grundrechte dem Wortlaut nach in der Regel als „echte“ Individualrechte und nicht als Zielbestimmungen formuliert worden. Allerdings ist die unmittelbare Einklagbarkeit dieser Rechte durch die Rechtsträger mangels einer europäischen Verfassungsbeschwerde nicht möglich. Auch wurden einige dieser Rechte mit dem Zusatz versehen, dass die jeweiligen Rechte nach „Maßgabe der einzelstaatlichen Gepflogenheiten“ umgesetzt werden. Was als nationalstaatlicher Vorbehalt aufgefasst werden kann, ermöglicht jedoch auch die Bewahrung nationaler Schutzstandards, welche die EU nicht auf ein niedriges Niveau „herunter harmonisieren“ darf (Engels 2001: 86).

Allgemein ist zu beachten, dass die Grundrechtecharta nur die Organe und Einrichtungen der EU sowie die EU-Mitgliedsstaaten (mit Ausnahme von Großbritannien, Polen und Tschechien) bei der Durchführung des Rechts der Union bindet. Die Grundrechtecharta findet also auf nationalstaatliches Handeln, das keine europäischen Rechtsakte vollzieht, auch keine Anwendung. Auch begründet sie keine neuen Zuständigkeiten und Aufgaben. Hier greift die Kompetenzschutzklausel (Art. 51 Abs. 2), die eine „kompetenzansaugende Wirkung“ (Borowsky in: Meyer 2011: 647) der Grundrechtecharta gerade vermeiden soll. So können die Rechte nicht in jenen Bereichen greifen, in denen die EU keine Kompetenzen innehat oder keine Rechtssetzung vornimmt. Hier gehen von der Grundrechtecharta allenfalls „Ausstrahlungseffekte“ auf die Mitgliedsstaaten aus. Der Schutz der sozialen Rechte innerhalb der EU hängt dementsprechend stark davon ab, wie bestehende Rechtssetzungskompetenzen in den Bereichen der Europäischen Sozialpolitik genutzt werden.[60] Sie bestimmen auch die Möglichkeiten, inwieweit Verfahren des subjektiven Rechtsschutzes (individuelle Nichtigkeits- und Untätigkeitsklagen etc.) und der objektiven Rechtskontrolle (Nichtigkeitsklagen, Mitglieds- und Organuntätigkeitsklagen, Vertragsverletzungsverfahren etc.) in diesem Bereich zur Anwendung kommen können. Bliebe abschließend zu erwähnen, dass der Vertrag von Lissabon in Art. 21 (2) EUV die Europäische Union verpflichtet, die Menschenrechte auch in ihren Beziehungen zur übrigen Welt zu festigen und zu fördern.

2.2.2 Die beiden Amerikas: Menschenrechtsschutz mit Schieflage

Ähnlich wie die UN-Charta den Ausgangspunkt für den globalen Menschenrechtsschutz darstellt, ist die am 30. April 1948 unterzeichnete und am 13. Dezember 1951 in Kraft getretene Charta der Organisation Amerikanischer Staaten (OAS) der Ausgangspunkt für den regionalen Menschenrechtsschutz in Amerika.[61] Die OAS dient allerdings vorrangig der völkerrechtlichen Friedenssicherung in Amerika und die OAS-Charta enthält nur an einigen wenigen Stellen ein allgemeines Bekenntnis zu den Menschenrechten, ohne diese näher zu bestimmen oder gar aufzulisten. Konkretisiert wurde jedoch entsprechende Menschenrechtsbestimmungen in der *Amerikanischen Erklärung der Rechte und Pflichten der Menschen*, die nur zwei Tage später, am 2. Mai 1948 verkündet wurde, also noch

60 Vgl. hier vor allem Titel X des Vertrags über die Arbeitsweise der Europäischen Union (AEUV) in der Fassung von Lissabon. Allgemein zur Europäischen Sozialpolitik nach dem Vertrag von Lissabon siehe etwa: Dienel/Overkämping (2010).

61 Siehe einführend zum Interamerikanischen Menschenrechtsschutz den Beitrag des Autors in „Handbuch der Menschenrechtsarbeit“ (www.fes.de/handbuchmenschenrechte).

einige Monate vor der Verabschiedung der Allgemeinen Erklärung der Menschenrechte vom 10. Dezember 1948. Die Erklärung enthält sowohl bürgerlich-politische als auch wirtschaftliche, soziale und kulturelle Rechte und Pflichten – und betrat damit auch auf dem amerikanischen Kontinent *völkerrechtlich* Neuland. Unter die wsk-Rechte fallen hierbei das Recht von Müttern und Kindern auf besonderen Schutz sowie die Rechte eines jeden auf Gesundheit, Bildung, Teilhabe am kulturellen Leben, Arbeit und gerechte Entlohnung, Freizeit sowie auf soziale Sicherheit. Zu den sozialen Pflichten zählen u.a. die Erziehung der Kinder, die Kooperation mit dem Staat und den Gemeinden im Bereich der sozialen Sicherheit und Wohlfahrt sowie die Pflichten, zu arbeiten und Steuern zu zahlen.[62] Der Pflichtenkatalog für die Rechteinhaber hat allerdings keine völkerrechtspraktische Bedeutung entwickelt.

Amerikanische Erklärung der Rechte und Pflichten des Menschen	
Datum der Deklaration	2. Mai 1948
Inhalt	bürgerliche, politische, wirtschaftliche, soziale, kulturelle Rechte und Pflichten
Rechtscharakter	der Form nach völkerrechtlich unverbindlich
Überwachung	In der Konvention nicht vorgesehen. Seit 1960: Interamerikanische Kommission für Menschenrechte: Länderberichte, Vorortuntersuchungen, Annahme von Individualbeschwerden (als Informationsgrundlage)
Besonderheit	Prüfmaßstab für alle Staaten der OAS, auch für jene, welche die Amerikanische Konvention für Menschenrechte von 1969 nicht ratifiziert haben

Da die Amerikanische Erklärung der Rechte und Pflichte der Menschen lediglich eine Deklaration und keinen völkerrechtlichen Vertrag darstellt, ist sie eigentlich rechtlich nicht bindend. Allerdings wurde die Erklärung von OAS-Generalversammlung und dem Interamerikanischen Gerichtshof für Menschenrechte inzwischen als eine Quelle völkerrechtlicher Pflichten der OAS-Staaten anerkannt. Als Kontrollinstanz fungiert die 1959 gegründete Interamerikanische Kommission für Menschenrechte, die, abgestützt durch Statutänderungen, ihre Kompetenzen schon früh ausweitete, seit 1961 Untersuchungen vor Ort durchführte, 1962 den ersten Länderbereicht verfasste und seit 1965 ausdrücklich Individualbeschwerden annehmen darf. Nach Inkrafttreten der Amerikanischen Menschenrechtskonvention stellte die Deklaration jedoch nur noch ein *„default instrument"*

62 Vgl. *American Declaration of the Rights and Duties of Man* vom 2. Mai 1948, in englischer und spanischer Sprache abgedruckt bei Hummer/Karl (2009b: 671-679), oder auch abrufbar unter: www.cidh.oas.org. Dort nicht dokumentiert und heute so gut wie vergessen ist zudem die *Inter-American Charter of Social Gurantees,* die Arbeiterrechte vorsah; vgl. Faúndez Ledesma (2005: 192 f.).

(De Schutter 2010: 26) dar, auf dessen Grundlage die Kommission bis heute prüfen kann, inwieweit jene OAS-Staaten, welche die AMRK *nicht* ratifiziert haben, die Menschenrechte umsetzen (vgl. Faúndez Ledesma 2005: 194, 202 ff.). Dabei behält die Erklärung auch ihre Bindungswirkung gegenüber den Vertragsstaaten der Konvention und kann zudem bei der Konventionsauslegung als Interpretationshilfe herangezogen werden.

Amerikanische Menschenrechtskonvention (Pakt von San José)	
Unterzeichnung	22. November 1969
Inkrafttreten	18. Juli 1978
Ratifikationsstand	25 Vertragsstaaten (12. Juni 2012)
Inhalt	vornehmlich bürgerlich-politische Rechte
Menschenrechtsorgane	Interamerikanische Kommission für Menschenrechte (IAKMR), Interamerikanischer Gerichtshof für Menschenrechte (IAGMR)
Verfahren	Individualbeschwerde (nur bei der Kommission), Staatenbeschwerde, Gutachten
Besonderheit	Entscheidungen des Gerichtshofes sind endgültig und unanfechtbar. Weite Gutachterkompetenz des Gerichtshofes: Alle in der Charta genannten OAS-Organe können Gutachten beim Gerichtshof anfordern.

Unter den völkerrechtlich verbindlichen regionalen Menschenrechtsverträgen in Amerika ist die *Amerikanische Menschenrechtskonvention* (AMRK) von 1969 hervorzuheben, die 1978 in Kraft trat und (bis Juni 2012) von 25 der 35 Mitgliedsstaaten der OAS[63] ratifiziert wurde.[64] Die Vertragsstaaten stammen überwiegend aus Lateinamerika; die USA, Kanada und etliche karibische Staaten gehören nicht dazu. Als Kontrollorgane der AMRK fungiert die Interamerikanische Kommission für Menschenrechte sowie der 1979 gegründete Interamerikanische Gerichtshof für Menschenrechte. Von den 25 Vertragsstaaten der Amerikanischen Menschenrechtskonvention haben sich 22 der streitigen Gerichtsbarkeit des Gerichtshofes unterworfen.

63 Die OAS spricht offiziell von 35 Mitgliedsstaaten, doch Kuba wurde per Resolution im Jahre 1962 von der Mitwirkung in der OAS ausgeschlossen. Gemäß einer Resolution von 2009 kann in einem von Kuba initiierten politischen Dialog die erneute Mitwirkung wieder vereinbart werden.

64 Ein weiterer Staat, Trinidad und Tobago, hatte den Vertrag 1998 aufgekündigt. Am 6. September 2012 teilte zudem die venezolanische Regierung dem Generalsekretär der OAS förmlich mit, aus dem Abkommen auszutreten. Die entsprechende Kündigung tritt ein Jahr nach der Mitteilung in Kraft; bis dahin ist Venezuela noch an die Konvention gebunden.

Nun ist zu beachten, dass die AMRK – ähnlich wie die Europäische Menschenrechtskonvention – vornehmlich bürgerlich-politische Rechte verankert. Allein die Rechte zum Schutz der Familie und des Kindes sowie ggf. das Eigentumsrecht lassen sich als soziale und wirtschaftliche Rechte verstehen. Ansonsten wird die fortschreitende Ausgestaltung der wirtschaftlichen, sozialen und kulturellen Menschenrechte den Vertragsstaaten in der AMRK lediglich empfohlen:

Die wsk-Rechte in der Amerikanischen Menschenrechtskonvention

Art. 26: Die Vertragsstaaten verpflichten sich, sowohl innerstaatlich als auch im Rahmen internationaler Zusammenarbeit Maßnahmen – insbesondere wirtschaftlicher und technischer Art – zu ergreifen, die zum Ziel haben, durch Gesetzgebung oder sonstige geeignete Mittel schrittweise die volle Verwirklichung der Rechte zu erreichen, die in den wirtschaftlichen, sozialen, auf das Bildungswesen bezogenen, wissenschaftlichen und kulturellen Normen der Charta der Organisation Amerikanischer Staaten – in der durch das Protokoll von Buenos Aires geänderten Fassung – mit einbegriffen sind.

Quelle: AMRK, Art. 26

Darüber hinaus schützt die AMRK allenfalls indirekt einzelne Aspekte der wsk-Rechte auf, etwa über die Rechte auf Leben, auf einen fairen Prozess, auf effektiven gerichtlichen Rechtsschutz, ein faires Gerichtsverfahren oder auch das Recht auf Eigentum.[65] Um ein Beispiel zu nennen: So hat etwa der Interamerikanische Gerichtshof für Menschenrechte im Juli 2006 entschieden, dass Vertreibungen und Häuserzerstörungen in Kolumbien das Verbot willkürlicher oder missbräuchlicher Eingriffe in das Privatleben und die Wohnung (Art. 11 Abs. 2) sowie des Eigentumsrechts (Art. 21) darstellten.[66] Über die *evolutive interpretation* des Rechts auf Eigentums wurden zudem traditionelle Landnutzungsrechte geltend gemacht, mittels derer die betreffenden indigenen Völker ihre kulturelle Identität sowie ihre wsk-Rechte (Nahrung, Wasser, Gesundheit etc.) sichern konnten.[67] Unter Rückgriff auf das Recht auf persönliche Freiheit und Sicherheit (Art. 7 Abs. 4) wurde der Anspruch auf ausreichendes und sauberes Trinkwasser für „irregulärer" Migrantinnen und Migranten in staatlichem Gewahrsam geltend gemacht.[68]

65 Vgl. hier etwa verschiedene, von Suárez Franco (2010: 182 ff.) angeführte Fälle.
66 *The Massacres of Ituango vs. Colombia* (2006); vgl. OHCHR/UN-Habitat (2009: 42).
67 Vgl. Melo (2006), Corte Interameriana de Derechos Humanos (2011: 66).
68 Corte Interamericana de Derechos Humanos (2011: 61).

Zusatzprotokoll zur Amerikanische Menschenrechtskonvention (Protokoll von San Salvador)	
Unterzeichnung	17. November 1988 in San Salvador (El Salvador)
Inkrafttreten	16. November 1999
Ratifikationsstand	15 Vertragsstaaten (12. Juni 2012)
Inhalt	wirtschaftliche, soziale und kulturelle Rechte
Organe	Interamerikanischer Wirtschafts- und Sozialrat, Interamerikanischer Rat für Erziehung, Wissenschaft und Kultur
Verfahren	Staatenberichte
Besonderheit	Individualbeschwerden bei Verletzung der Rechte auf Gewerkschaftsfreiheit und auf Bildung möglich (über Interamerikanische Menschenrechtskommission)

Erst mit dem zusätzlichen *Protokoll über die wirtschaftlichen, sozialen und kulturellen Rechte* von San Salvador, das 1988 verabschiedet wurde und 1999 in Kraft trat, wurde jedoch ein verbindlicher Vertrag geschlossen, der die sozialen Menschenrechte umfassend verankert und schützt. Ähnlich wie im UN-Sozialpakt ist die allgemeine Verpflichtungsformel vorsichtig formuliert:

Art. 1 des Protokolls von San Salvador

Die Vertragsstaaten dieses Zusatzprotokolls zum Amerikanischen Übereinkommen über Menschenrechte verpflichten sich, sowohl innerstaatlich als auch durch zwischenstaatliche Zusammenarbeit *im Rahmen der ihnen zur Verfügung stehenden Mittel* sowie *unter Berücksichtigung ihres Entwicklungsstands* die notwendigen Maßnahmen, insbesondere wirtschaftlicher und technischer Art zu treffen, um *schrittweise* und *im Einklang mit ihrem innerstaatlichen Recht* die volle Einhaltung der in diesem Protokoll anerkannten Rechte zu erreichen.“

Hervorhebung: M.K.

Das Zusatzprotokoll gesteht jedem Menschen das Recht auf Arbeit zu und verpflichtet darauf aufbauend die Vertragsstaaten, Maßnahmen zu treffen, um Vollbeschäftigung zu erreichen, Berufsberatung und Ausbildungsprogramme, gerade auch für Menschen mit Behinderungen, durchzuführen sowie mittels einer angemessenen Familienfürsorge zu gewährleisten, dass Frauen eine wirkliche Chance haben, ihr Recht auf Arbeit auszuüben. Ferner soll jeder Mensch das Recht auf gerechte, faire und befriedigende Arbeitsbedingungen genießen können; so verpflichten sich die Staaten im innerstaatlichen Recht, u.a. ein angemessenes und gleiches Arbeitsentgelt, die freie Berufswahl, Schutz vor willkürlichen Entlassungen, die Sicherheit am Arbeitsplatz, eine angemessene Arbeitszeitbegrenzung, Arbeitspausen und bezahlten Urlaub zu gewährleisten sowie bestimmte Schutzvorschriften für Kinder bzw. Jugendliche bei der Arbeit zu erlassen. Weiterhin gewährt sind: die Gewerkschaftsfreiheit, das Streikrecht, das Recht auf soziale Sicherheit, die Rechte auf Gesundheit und auf ein Leben in einer gesunden Umwelt, auf angemessene Ernährung, auf Bildung, auf Teilnahme am kulturellen und künstlerischen Leben, auf Teilhabe an den Errungenschaften des wissenschaftlichen und technischen Fortschritts sowie den Schutz geistiger Urheberrechte. Besondere Schutzrechte kommen Familien, Kindern, älteren Menschen und Menschen mit Behinderungen zu.

Erkennbar orientiert sich das San Salvador-Protokoll am UN-Sozialpakt, geht jedoch in der Konkretisierung und im Umfang stellenweise darüber hinaus, etwa in Bezug auf die Rechte auf Arbeit, auf soziale Sicherheit, auf Leben in einer gesunden Umwelt oder dem Schutz von älteren und behinderten Menschen. Das Recht auf Wohnen findet sich hingegen nicht in dem Text. Die Vertragsstaaten sind verpflichtet über die Maßnahmen zur Umsetzung der Rechte Berichte abzugeben. Doch nur im Falle einer Verletzung der Gewerkschaftsfreiheit (Art. 8a) sowie des Rechts auf Bildung (Art. 13) kann, so der entsprechende Art. 19 (6), durch Beteiligung der Interamerikanischen Menschenrechtskommission und ggf. des Interamerikanischen Menschenrechtsgerichtshofes auch ein Individualbeschwerdeverfahren zur Anwendung kommen.

Bleibt zu erwähnen, dass noch weitere Interamerikanische Menschenrechtsabkommen, etwa jenes zur Verhütung, Bestrafung und Bekämpfung von Gewalt gegen Frauen (1994/1996) oder jenes zur Beseitigung jeder Form der Diskriminierung von Menschen mit Behinderung (1999/2001), stellenweise auch für wsk-Rechte relevant sind. Zudem gibt es eine Reihe subregionaler Menschenrechtsdokumente in Lateinamerika und der Karibik, die auf wsk-Rechte Bezug nehmen (vgl. Hummer/Karl 2009b: 664 ff.).

2.2.3 Afrika: die Banjul-Charta im Fokus

Der regionale Menschenrechtsschutz hat sich in Afrika spät entwickelt und ist nicht stringent ausgestaltet. Ihren Ursprung hat die Idee der Menschenrechte dort im Kampf gegen Kolonialismus und Apartheid. Doch fanden die Menschenrechte in der Charta der 1963 gegründeten *Organisation of African Unity* (OAU) zunächst nur marginal Niederschlag. „Die Einhaltung der Menschenrechte gehörte – im Gegensatz zur Souveränität der Mitgliedsstaaten, dem Nichteinmischungsprinzip und dem Solidarverhalten – jedenfalls nicht zu den primären Zielbestimmungen der OAU“ (Hummer/Karl 2009b: 928). Demgemäß sieht die OAU-Charta auch keine Eingriffskompetenzen bei Menschenrechtsfragen vor und verzichtete auf die Errichtung eines Menschenrechtschutzorgans. Die *„golden rule of non-interference“* (ebd.) verhinderte lange Zeit jedwede Verurteilung von Menschenrechtsverletzungen afrikanischer Potentaten durch die OAU. Anknüpfend an die Analysen von Murray (2004) und Ahmadou (2007) stellt Bience Gawanas (2009: 137) fest: *„(B)y adopting the unconditional position on non-interference, the OAU became ineffective in the promotion and protection of human rights in a decolonised and free Africa“*. Ähnlich auch die Einschätzung von Keetharuth (2009:

167). Erst die spätere Afrikanische Union (AU) rüttelte am Prinzip der Nicht-Einmischung und setzte sich verstärkt für die Menschenrechte ein. Zuvor wurde 1981 immerhin die *Afrikanische Charta der Menschenrechte und der Rechte der Völker* (Banjul-Charta)[69] von den seinerzeit meist autoritär regierenden Staats- und Regierungschefs der OAU angenommen. Fünf Jahre später, nach der Ratifikation durch die einfache Mehrheit der OAU-Staaten, trat die Charta in Kraft.

Afrikanische Charta der Menschenrechte und Rechte der Völker (Banjul-Charta)	
Unterzeichnung	27. Juni 1981 in Nairobi (Kenia)
Inkrafttreten	21. Oktober 1986
Ratifikationsstand	53 Vertragsstaaten (alle Mitgliedsstaaten der Afrikanischen Union)
Inhalt	bürgerliche, politische, wirtschaftliche, soziale und kulturelle Rechte sowie Völker- und Minderheitenrechte
Organe	Afrikanische Kommission für die Menschenrechte und die Rechte der Völker; Afrikanischer Menschenrechtsgerichtshof (Protokoll seit 2004 in Kraft), der jedoch mit dem Gerichtshof der Afrikanischen Union (Protokoll seit 2008 in Kraft) zusammengelegt werden soll zum African Court of Justice and Human Rights (entsprechendes Protokoll noch nicht in Kraft).
Verfahren	Staatenberichte, Individual- und Staatenbeschwerde, Gutachten
Besonderheit	Der Afrikanische Menschenrechtsgerichtshof überwacht nicht nur die Rechte der Banjul-Charta, sondern auch anderer Menschenrechtsabkommen.

In der Banjul-Charta sind neben den bürgerlich-politischen und den wsk-Rechten auch Menschenrechte der sog. „dritten Generation" verankert; demnach genießen die Völker das Recht auf Selbstbestimmung (das bereits im UN-Zivilpakt und dem UN-Sozialpakt verankert ist) sowie die ebenfalls kollektiven Rechte auf Befreiung von Fremdherrschaft und Unterstützung im Befreiungskampf, auf freie Verfügung und ggf. Wiedererlangung ihrer Reichtümer und Bodenschätze, auf eigene wirtschaftliche, soziale und kulturelle Entwicklung, auf nationalen und internationalen Frieden sowie auf eine zufriedenstellende und die Entwicklung fördernde Umwelt. Eine weitere Besonderheit sind die individuellen Pflichten gegenüber Familie, dem Staat, der Staatengemeinschaft und den Mitmenschen.

Die individuell ausgestalteten wirtschaftlichen, sozialen und kulturellen Rechte sind vergleichsweise knapp gefasst und beinhalten die Rechte auf Eigentum, auf gerechte und befriedigende Arbeitsbedingungen und gleiches Arbeitsentgelt, auf Gesundheit, Bildung sowie auf Schutz der Familie, Frauen, Kinder, Alten und Menschen mit Behinderung. Die Rechte auf soziale Sicherheit, Nahrung oder Wohnen befinden sich nicht darunter. Indirekt – über die Rechte auf Eigentum,

---

69 Obwohl die Banjul-Charta letztlich in Nairobi, Kenia, verabschiedet wurde, wurde sie nach dem Ort benannt, an dem die zweite Fassung der Charta im Juni 1980 erarbeitet wurde: Banjul in Gambia.

Gesundheit und Familienleben – wurde aber auf Grundlage der Banjul-Charta beispielsweise das Recht auf Wohnen geltend gemacht und die Zerstörung von Unterkünften als Menschenrechtsverletzung ausgewiesen (vgl. OHCHR/UN-Habitat 2009: 12). In Bezug auf die wsk-Rechte ist auffällig, dass die Charta keine *claw back clauses* und *limitations* vorsieht. Zudem ist auch nicht von der fortschreitenden Umsetzung *(progressive approach)* die Rede, wie im UN-Sozialpakt oder dem San Salvador-Protokoll in Amerika. Überwacht wird die Afrikanische Charta durch die *African Commission on Human and Peoples' Rights* (kurz: Afrikanische Menschenrechtskommission), deren Entscheidungen, so Murray (2009: 14), wichtige Beiträge zu der internationalen Menschenrechtsentwicklung gerade im Bereich der wsk-Rechte geleistet habe. Zusätzlich wurde inzwischen auch ein – durch Deutschland finanziell unterstützter – Afrikanischer Gerichtshof für Menschen- und Völkerrechte (AGMR) errichtet, der ebenfalls für die Banjul-Charta sowie weitere Menschenrechtsabkommen der Sache nach *(ratione materiae)* zuständig ist, aber bisher noch keine Spruchpraxis entwickelt hat (vgl. Zimmermann-Bäumler 2011).

Weitere, spezielle Abkommen und Zusatzprotokolle des afrikanischen Menschenrechtsregimes beinhalten ebenfalls wsk-Rechte. Hier sind zum einen die 1990 verabschiedete und 1999 in Kraft getretene Afrikanische Kinderrechtecharta *(African Charter on the Rights and Welfare of the Child)* hervorzuheben, die sogar noch ein höheres Schutzniveau als die UN-Kinderrechtskonvention vorsieht, etwa den Schutz von Kindern inhaftierter Mütter oder vor schädigenden sozialen und kulturellen Praktiken (siehe die vergleichende Analyse von Mezmur 2008). Zum anderen das Protokoll zur Afrikanischen Charta über die Rechte der Frauen in Afrika *(Protocol to the African Charter on Human and Peoples' Rights on the Rights of Women in Africa)*, das 2003 in Maputo (Mozambique) verabschiedet wurde und 2005 in Kraft trat.[70] Hinzu kommen Gründungsverträge regionaler wirtschaftlicher Integrationszonen, in denen einige wirtschaftliche Menschenrechte zwar nicht als Individualrechte, wohl aber als Staatenpflichten ausgewiesen sind (vgl. Hummer/Karl 2009b: 938 ff.).

2.2.4 Die Arabische Menschenrechtscharta: erster Schritt im Nahen Osten

Die regionalen Menschenrechtsinstrumente im Nahen Osten sind nur sehr rudimentär ausgebildet. Das einzige völkerrechtlich verbindliche Instrument bildet die revidierte Fassung der *Arabische Menschenrechtscharta.* Nachdem der ursprüngliche Text im Jahre 1994 von der Liga der Arabischen Staaten beschlossen

70 Die entsprechenden Verträge finden sich unter: www.achpr.org.

worden war, aber nicht genügend Ratifikationen erhalten hatte, wurde 2004 eine revidierte Fassung verabschiedet, die 2008 in Kraft trat. Formal ist sie damit für die bisher zehn Vertragsparteien verbindlich, namentlich Algerien, Bahrain, Jemen, Jordanien, Katar, Libyen, Saudi Arabien, Syrien, die Vereinigten Arabischen Emirate sowie die Palästinensischen Autonomiegebiete. Sie sieht ein periodisches Berichts-, aber kein Beschwerdeverfahren vor. Obwohl der Arabische Menschenrechtsausschuss im Jahre 2009 seine Arbeit aufgenommen hat (vgl. Rishmawi 2010), kommt der Charta bislang keine nennenswerte rechtspraktische Bedeutung zu. Inhaltlich fällt die Charta an einigen Stellen, etwa in Bezug auf die Todesstrafe[71], deutlich hinter die universellen Menschenrechtsinstrumente zurück. Vor allem das gleichzeitige und gleich gewichtete Verbot von Rassismus und Zionismus ist scharf zu kritisieren.

Arabische Menschenrechtscharta	
Unterzeichnung	22. Mai 2004
Inkrafttreten	15. März 2008
Ratifikationsstand	10 Vertragsparteien (1. Januar 2012)
Inhalt	bürgerliche, politische, wirtschaftliche, soziale und kulturelle Rechte
Organe	Arabisches Menschenrechtskomitee
Verfahren	Staatenberichte
Besonderheit	erstes völkerrechtliches Menschenrechtsabkommen der Arabischen Liga

Neben bürgerlich-politischen Rechten enthält die Charta von 2004 auch wirtschaftliche, soziale und kulturelle Individualrechte.[72] Konkret werden neben dem Verbot der Sklaverei und der Zwangsarbeit u.a. die Rechte auf Arbeit sowie auf faire und günstige Arbeitsbedingungen, die Gewerkschaftsfreiheit und das Streikrecht genannt sowie die Rechte auf soziale Sicherheit, Gesundheit, Bildung und auf angemessenen Lebensstandard, einschließlich der Rechte auf Nahrung, Bekleidung, Wohnen, Dienstleistungen und gesunde Umwelt. Auch verpflichten sich die Staaten dem besonderen Schutz von Familien, Müttern, Kindern, Alten und Menschen mit Behinderungen. Personen, die Minderheiten angehören, wird das Recht auf Ausübung ihrer eigenen Kultur, Sprache und Religion zugesichert. Der Katalog sozialer Menschenrechte ist insgesamt umfassend und geht stellen-

71 Die Todesstrafe wird – wenn auch nur für *„most serious crimes"* und nicht im Falle von Minderjährigen und Schwangeren – in dem Abkommen ausdrücklich erlaubt.

72 Eine englische Übersetzung der Charta von 2004 findet sich im *Boston University International Law Journal*, Vol. 24, 2006, 147-164 sowie in: Hummer/Karl (2009b: 1151-1161). Achtung: In der von der Bundeszentrale für Politische Bildung (2004) herausgegebenen, weit verbreiteten Dokumentensammlung befindet sich noch die Charta in der Fassung von 1994, die niemals in Kraft getreten ist.

weise über den UN-Sozialpakt hinaus. Wie in der afrikanischen Banjul-Charta, wenn auch weniger prominent, findet sich zudem das kollektive Selbstbestimmungsrecht der Völker in der Charta. Das Gleiche gilt für das Recht auf Entwicklung, das hier aber stärker individuelle Züge trägt.[73]

2.2.5 Der asiatisch-pazifische Raum: kein eigenständiger Schutz

Im übrigen Asien und im pazifischen Raum hat sich noch kein eigenständiger regionaler Menschenrechtsschutz entwickelt. Trotz vereinzelter Initiativen und Aktivitäten zwischenstaatlicher (Sub-)Regionalorganisationen wie der *South Asian Association for Regional Cooperation* (SAARC) und der *Association of Southeast Asian Nations* (ASEAN) bestehen – über unverbindliche Deklarationen und einzelne Spezialabkommen zum Schutz von Kindern und vor Menschenhandel hinaus – keine allgemeinen regionalen Menschenrechtsinstrumente. Waldemar Hummer spricht von einem „feindlichen Umfeld" für einen effektiven Menschenrechtsschutz (Hummer/Karl 2009b: 1176). Der Eindruck wird nachhaltig bestärkt durch die in den 1990er Jahren geführte Diskussion um „asiatische Werte", die von dortigen Autokraten gegen die vermeintlich „westlichen", individualistischen Menschenrechte in Stellung gebracht wurden. In keiner Weltregion wurde der Universalitätsanspruch der Menschenrechte so stark kulturrelativistisch zurückgewiesen wie in Asien. Allerdings sind Differenzierungen vonnöten: *„A number of governments are deeply committed to human rights (India and Japan among them); some are ambivalent (e.g., the Maldives and Malaysia) and some are opposed to or severely restrict rights (China, North Korea, Saudi Arabia, Myanmar and Cambodia)"* (Ghai 2009: 548).

Unter den rechtlich nicht-bindenden Menschenrechtsdeklarationen ist die *Kuala Lumpur Declaration on Human Rights* von 1993 hervorzuheben, die im Schoße der ASEAN verabschiedet wurde. Die vergleichsweise knappe Deklaration enthält gängige bürgerliche und politische Menschenrechte und nimmt auch auf wirtschaftliche und soziale Menschenrechte Bezug, letzteres allerdings nur auf allgemeine Weise und als Teil von Staatenpflichten. Ungewöhnlich ist u.a. der Artikel 5, der im Zusammenhang mit dem universellen Menschenrechtsschutz nicht nur das (in der ASEAN-Charta verankerte) Prinzip der Nicht-Einmischung

---

73 Art. 37: „The right to development is a fundamental human right and all States are required to establish the development policies and to take the measures needed to guarantee this right. They have a duty to give effect to the values of solidarity and cooperation among them and at the international level with a view to eradicating poverty and achieving economic, social, cultural and political development. By virtue of this right, every citizen has the right to participate in the realization of development and to enjoy the benefits and fruits thereof".

in die inneren Angelegenheiten der Staaten betont, sondern sogar ausdrücklich jeglicher menschenrechtlicher Konditionierung der Entwicklungszusammenarbeit eine Absage erteilt.

Der nicht-interventionistische Duktus durchzieht auch das Mandat der im Jahre 2009 gegründeten *ASEAN Intergovernmental Commission on Human Rights* (AICHR), die kein unabhängiges Expertengremium ist, sondern ein zwischenstaatliches Konsultativorgan, das die Menschenrechte in den ASEAN-Mitgliedsstaaten (Brunei, Indonesien, Kambodscha, Laos, Malaysia, Myanmar, die Philippinen, Singapur, Thailand und Vietnam) konstruktiv fördern und u.a. regionale Menschenrechtsinstrumente entwickeln soll. Am 19. November 2012 wurde auf dem ASEAN-Gipfel eine neue ASEAN Menschenrechtserklärung verabschiedet. Sie enthält gleichberechtigt bürgerliche, politische, wirtschaftliche, soziale und kulturelle Rechte sowie die Rechte auf Entwicklung und Frieden. Allerdings koppelt die Erklärung die Nutzung der Menschenrechte an gesellschaftliche Pflichten und an gesetzliche Schranken u.a. zur Sicherung der nationalen Sicherheit, der öffentlichen Ordnung, der öffentlichen Moral und der allgemeinen Wohlfahrt. Prompt stieß die Erklärung auf Kritik regionaler Menschenrechtsgruppen.

ASEAN Menschenrechtserklärung	
Datum der Deklaration	19. November 2012
Inhalt	bürgerliche, politische, wirtschaftliche, soziale und kulturelle Rechte; Rechte auf Entwicklung und Frieden
Rechtscharakter	der Form nach völkerrechtlich unverbindlich
Besonderheit	Nutzung der Rechte an gesellschaftliche Pflichten und gesetzliche Schranken gekoppelt

Das Fehlen verbindlicher regionaler Menschenrechtsabkommen im asiatisch-pazifischen Raum bedeutet nicht, dass die dortigen Staaten völkerrechtlich nicht an die Menschenrechte gebunden wären. Zum einen kommt auch in Asien der universelle Menschenrechtschutz zum Tragen. Das heißt, die Allgemeine Erklärung der Menschenrechte entwickelt auch dort ihre völkergewohnheitsrechtliche Kraft; zugleich sind die asiatischen Staaten an jene globalen UN-Menschenrechtsabkommen gebunden, die sie ratifiziert haben. Allerdings weist der asiatische und vor allem der pazifische Raum im weltweiten Vergleich nur niedrige Ratifikationsstände auf.[74] Auch enthalten verschiedene nationalen Verfassungen mitunter soziale Grundrechte, die allerdings häufig den Staatsbürger/innen vorbehalten bleiben und deren verfassungsrechtliche und verfassungspraktische Bedeutung jeweils zu prüfen wäre.

74 Die Ratifikationsstände lassen sich auf der Website des UN-Hochkommissariats für Menschenrechte abrufen (www.ohchr.org).

Wirtschaftliche, soziale und kulturelle Menschenrechte auf regionaler Ebene (Auswahl)								
Rechte	EMRK	Rev. ESCh	EUGC	AEMP	AMRK	San Salvador	Banjul-Charta	Arab. Charta
Leben	Art. 2	–	Art. 2	Art. 1	Art. 4	–	Art. 4	Art. 5
Körperliche und geistige Unversehrtheit	–	–	Art. 3	–	Art. 5	–	Art. 4	–
Verbot der Sklaverei	Art. 4	–	–	–	Art. 6	–	–	Art. 10
Verbot der Zwangsarbeit	Art. 4	–	–	–	Art. 6	–	–	Art. 10
Arbeit	–	Art. 1	Art. 15	Art. 15	–	Art. 6	Art. 15	Art. 34
Freie Berufswahl (freie Berufsausübung)	–	(Art. 18)	Art. 15 (Unionsbürger)	Art. 15	–	Art. 7b	–	Art. 34
Ausbildung/ Beratung	–	Art. 1, 9, 10, 15**, 20	–	–	–	Art. 6	–	–
Arbeitsvermittlung/Maßnahmen bei bzw. gegen Arbeitslosigkeit/ Beschäftigungsprogramme	–	Art. 1, 15**	Art. 29	–	–	Art. 6, 17, 18	–	–
Schutz bei Kündigung/ Massenentlassungen	–	Art. 24, 29	Art. 30	–	–	Art. 7d	–	–
Gerechte/günstige Arbeitsbedingungen	–	Art. 2	Art. 31	–	–	Art. 7	Art. 15	Art. 34
Mindestarbeitsalter/Verbot Kinderarbeit	–	Art. 7	Art. 32	–	–	Art. 7d	–	Art. 34
Angemessener Lohn/ gleiches Entgelt	–	Art. 4, 19***, 20	Art. 23	Art. 14	–	Art. 7a	Art. 15	Art. 34
Sichere und gesunde Arbeitsbedingungen	–	Art. 3	Art. 31	–	–	Art. 7e, f	–	Art. 34
Angemessene Arbeitszeitbegrenzung	–	Art. 2	Art. 31	–	–	Art. 7f, g	–	Art. 34
Pausen/Freizeit/ Erholung/bezahlter Urlaub	–	Art. 2	Art. 31	Art. 15	–	Art. 7h	–	Art. 34
Würde am Arbeitsplatz	–	Art. 26	(Art. 31)	–	–	–	–	–
Gewerkschaften	Art. 11	Art. 5, (19)****	–	(Art. 22: Vereinigung)	–	Art. 8	(Art. 10: Vereinigungsfreiheit)	Art. 35

Wirtschaftliche, soziale und kulturelle Menschenrechte auf regionaler Ebene (Auswahl)								
Rechte	EMRK	Rev. ESCh	EUGC	AEMP	AMRK	San Salvador	Banjul-Charta	Arab. Charta
Kollektivverhandlungen, Streik	–	Art. 6	Art. 28	–	–	Art. 8	–	Art. 35
Schutz der Arbeitnehmervertreter	–	Art. 28	–	–	–	–	–	–
Eigentum	1. Protokoll, Art. 1	–	Art. 17	Art. 23	Art. 21	–	Art. 14	Art. 31
Schutz vor Wucher/ Ausbeutung	–	–	–	–	Art. 21	–	–	–
Soziale Sicherheit	–	Art. 12	Art. 34	Art. 16	–	Art. 9	–	–
Gesundheit	–	Art. 11, (19)***	Art. 35	Art. 11	–	Art. 10, 17	Art. 16	Art. 39
Gesunde Umwelt	–	–	–	–	–	Art. 11	(Art. 24: Völker: zufriedenstellende Umwelt)	Art. 38
Angemessener Lebensstandard	–	–	–	(Art. 11)	–	–	–	Art. 38
Nahrung	–	–	–	(Art. 11)	–	Art. 12, 15(3b), 17	–	Art. 38
Bekleidung	–	–	–	(Art. 11)	–	–	–	Art. 38
Unterkunft	–	Art. 31, (30)	–	(Art. 11)	–	–	–	Art. 38
Wasser	–	–	–	–	–	–	–	–
Fürsorge	–	Art. 13, 14, 30	–	–	–	–	–	–
Schutz/Fürsorge: Familien	–	Art. 16, (27)*****	Art. 33	Art. 6	Art. 17	Art. 15	Art. 18	Art. 33
Schutz/Fürsorge: Mütter	–	Art. 8*	Art. 33	Art. 7	–	Art. 15(3a)	–	Art. 33
Schutz/Fürsorge: Frauen	–	–	–	–	–	–	–	Art. 34
Schutz/Fürsorge: Kinder	–	Art. 17	Art. 24, 32	Art. 7	Art. 19	Art. 16	Art. 18	Art. 33, 34
Schutz/Fürsorge: ältere Menschen	–	Art. 23	Art. 25	–	–	Art. 17	Art. 18	Art. 33, 34
Schutz/Fürsorge: Behinderte	–	Art. 15	Art. 26	–	–	Art. 18	Art. 18	Art. 40, 33, 34
Schutz/Fürsorge: Wanderarbeitnehmer	–	Art. 19	–	–	–	–	–	Art. 34
Bildung	1. Protokoll, Art. 2	Art. 15**, (19)*****, 30******	Art. 14	Art. 12	–	Art. 13, 16	Art. 17	Art. 41

Wirtschaftliche, soziale und kulturelle Menschenrechte auf regionaler Ebene (Auswahl)								
Rechte	EMRK	Rev. ESCh	EUGC	AEMP	AMRK	San Salvador	Banjul-Charta	Arab. Charta
Teilnahme am kult. Leben	–	Art. 30******	Art. 25***, 26**	Art. 13	–	Art. 14	Art. 17	Art. 42
Teilhabe am wiss. Fortschritt	–	–	–	Art. 13	–	Art. 14	–	Art. 42
Geistiges Eigentum	–	–	–	Art. 13	–	Art. 14	–	Art. 42
Achtung der kulturellen Identität	–	–	(Art. 22: kein Individualrecht)	–	–	–	(Art. 22: Völker)	–

* Bezogen auf Arbeitnehmer/innen. ** Bezogen auf Menschen mit Behinderungen. *** Bezogen auf ältere Menschen. ****Bezogen auf Wanderarbeitnehmer/innen und ihre Familien. ***** Chancengleichheit für Arbeitnehmer/innen mit Familienpflichten. ****** Als Teil des Rechts auf Schutz vor Armut und sozialer Ausgrenzung

Anmerkung: eigene Zusammenstellung auf Grundlage der AEMR und ausgewählter UN-Menschenrechtsabkommen (ohne Fakultativprotokolle)

2.3 Soziale Menschenrechte im nationalen Recht

2.3.1 Rechtsvergleichende Bemerkungen

Für die weltweite rechtliche Geltung der Menschenrechte ist die Frage hoch bedeutsam, inwieweit die Menschenrechte in den jeweiligen nationalen Rechtsordnungen verankert sind und ihre Umsetzung innerhalb der Staaten institutionell abgesichert ist. Strenggenommen handelt es sich bereits um den ersten Schritt der Durchsetzung der Menschenrechte[75], der im dritten Kapitel der Studie behandelt wird. Doch scheint es angebracht, bereits an dieser Stelle kurz auf die nationale Rechtslage einzugehen: zum einen, weil ein einführender Überblick über die rechtlichen Grundlagen gegeben werden soll; zum anderen, weil bei der Interpretation der wsk-Rechte, die im zweiten Kapitel behandelt wird, auch nationale Rechtsprechungen berücksichtigt werden; und schließlich, weil es unangemessen wäre, die nationale Normsetzung, etwa im Rahmen von Verfassungsreformen, *lediglich* als Umsetzung internationaler Menschenrechtsnormen, etwa im Sinne einer „Normdiffusion", zu verstehen und nicht *auch* als eigenständige nationale Normbildung, die ihrerseits die internationale Menschenrechtsentwicklung beeinflussen kann. Historisch betrachtet ging immerhin die Verankerung von

75 Kälin/Künzli (2008: 199 f.) behandeln die „Verpflichtung zur Inkorporierung der Menschenrechte und zur Bereitstellung effektiver Rechtsmittel" demgemäß unter dem Kapitel zur Durchsetzung der Menschenrechte.

Grundrechten in nationalen Verfassungen der Erarbeitung internationaler Menschenrechtsabkommen voraus.

Betrachten wir dennoch zunächst die völkerrechtliche Pflicht der Staaten, den Menschenrechten innerstaatliche Rechtswirkung zukommen zu lassen. Die verschiedenen UN-Vertragsausschüsse fordern bezeichnenderweise die Staaten immer wieder auf, die Menschenrechte in nationales Recht umzusetzen und ihre Einhaltung zu garantieren. Grundsätzlich steht es den Staaten dabei frei, ob sie internationale Menschenrechtsverträge ins nationale Recht „einverleiben" und ihnen damit unmittelbare Geltung zusprechen oder ob sie deren Inhalt auf dem Weg der Gesetzgebung, etwa mittels inhaltlich identischer Gesetze oder entsprechender Zustimmungsgesetze, in nationales Recht umwandeln (Kälin/Künzli 2008: 204). Demgemäß legt auch der UN-Sozialpakt nicht genau fest, „wie er in der nationalen Rechtsordnung umzusetzen ist."[76] Im Rahmen des Staatenberichtsverfahrens überprüft der UN-Ausschuss für wsk-Rechte freilich, inwieweit ein Vertragsstaat seinen Verpflichtungen aus dem Pakt nachkommt und den Paktrechten in der nationalen Rechtsordnung Wirkung verleiht – was nicht immer der Fall ist. So forderte der UN-Ausschuss für wsk-Rechte beispielsweise Großbritannien nachdrücklich auf, den UN-Sozialpakt in nationales Recht aufzunehmen (was in diesem Falle der parlamentarischen Gesetzgebung bedürfte).[77] Insgesamt hat sich jedoch noch keine einheitliche oder etablierte Staatenpraxis herausgebildet, ob und wie die Paktrechte im innerstaatlichen Recht zur Anwendung kommen. Gerade die Rechtstraditionen der Staaten spielen hier eine große Rolle und werden als wichtige „intervenierende Variable zwischen Ratifikation und Umsetzung" erachtet (Jetschke 2006: 29).

Auch der Rang, den das Völkerrecht und damit die völkerrechtlichen Verträge in der innerstaatlichen Normenhierarchie einnehmen, kann sich ganz erheblich unterscheiden. Menschenrechtliche Verträge können, wie inzwischen in vielen lateinamerikanischen Staaten, Verfassungsrang einnehmen oder auch nur im Rang eines Gesetzes stehen. Oder sie liegen in der Rechtshierarchie dazwischen, indem sie etwa einfachen Gesetzen vorgehen, aber nicht im Verfassungsrang stehen. Weiterhin verpflichtet das Völkerrecht die Staaten nicht unbedingt dazu, den einzelnen Menschen das Recht einzuräumen, sich vor innerstaatlichen Organen direkt auf die in Menschenrechtsabkommen verankerten Rechte zu berufen. Dies wäre zwar aus menschenrechtlicher Sicht wünschenswert, es reicht aber aus, „wenn sie Verletzungen innerstaatlicher Verfassungsgarantien oder Gesetzesbe-

76 CESCR/E/C.12/1998/24, 3. Dezember 1998, Ziff. 5.

77 E/C.12/1/Add. 19, 4. Dezember 2007; E/C.12/1/Add. 79, 5. Juni 2002; E/C.12/GBR/5, 31. Januar 2008. Siehe auch Ssenyonjo (2009: 156-164).

stimmungen, welche den Menschenrechten analoge Garantien enthalten, geltend machen können" (Kälin/Künzli 2008: 204). Daher ist nicht nur zu prüfen, wie internationale Abkommen in nationales Recht Eingang finden und welchen Rang sie dort haben, sondern auch, ob das nationale Recht insgesamt menschenrechtskonform ausgestaltet ist und ob es entsprechende Rechtsgarantien beinhaltet, die den materiellen Schutzbereich der Menschenrechte abdecken.

Von besonderer Bedeutung ist die positiv-rechtliche Verankerung von sozialen Rechten als Grundrechte in den jeweiligen Verfassungen, da sich dadurch verfassungsrechtlich verbürgte und einklagbare Rechtsansprüche ergeben. Auch wenn sich soziale Rechte im nationalen Verfassungsrecht und jene im Völkerrecht rechtstheoretisch nicht gleichsetzen lassen, können sich nationale und völkerrechtliche Regeln doch rechtspraktisch ergänzen. Allerdings gibt es hinsichtlich der verfassungsmäßigen Verankerung der wirtschaftlichen, sozialen und kulturellen Rechte große Unterschiede zwischen den Nationalstaaten. In den etablierten Demokratien westlicher Industriestaaten, einschließlich des viel gerühmten schwedischen Wohlfahrtsstaats, tauchen soziale Grundrechte nur selten und allenfalls vereinzelt auf. Eine Verfassungsdurchsicht lässt daher die Aussage von Eibe Riedel (2003: 330 f.) relativieren, der zufolge in den meisten EU-Mitgliedsstaaten wirtschaftliche und soziale Grundrechte „integrale Bestandteile" von Verfassungstexten seien oder sich aus Verfassungsgrundsätzen ergäben. Es sind meist nur einzelne Rechte. Zu den Ausnahmen gehören die Verfassungen Belgiens und Finnlands sowie der südeuropäischen Staaten Italien, Spanien und vor allem Portugal, welche die sozialen Rechte umfassender berücksichtigen.[78] Der UN-Ausschuss für wsk-Rechte lobte diesbezüglich auch die 2001 reformierte griechische Verfassung.[79] Zugleich finden sich wsk-Rechte in verschiedenen Verfassungen der Staaten Ost- und Ostmitteleuropas.

Darüber hinaus sind soziale Rechte in Verfassungen von Staaten anderer Weltregionen verankert. Offenkundig ist dies in Lateinamerika, wo, beginnend mit der mexikanischen Verfassung von 1917, gerade arbeitsbezogene Rechte traditionell stärkere verfassungsmäßige Berücksichtigung fanden als in Westeuropa. Vor allem die jüngeren – von gewählten Verfassunggebenden Versammlungen erarbeiteten und in Volksabstimmungen angenommenen – Verfassungen in der Region, namentlich jene in Kolumbien (1991), Venezuela (1999), Ecuador (2008) und Bolivien (2009), enthalten Rechte aller drei „Dimensionen"[80], einschließlich

78 Zu den drei letzt genannten Staaten siehe auch Heselhaus/Nowak (2003: 633 ff.).

79 E/C.12/1/Add. 97, 7. Juni 2004, Ziff. 4.

80 Vgl. Schilling-Vacaflor (2010), Schilling-Vacaflor/Barrera (2011), Suárez Franco (2010: 206 ff.).

einer breiten Palette sozialer und indigener Rechte. Die Anerkennung der Multikulturalität oder gar der Plurinationalität der Staaten und die umfassende Verankerung von wirtschaftlichen, sozialen und kulturellen Menschenrechten sind geradezu Gemeinsamkeiten jüngerer Verfassungsentwicklungen in Lateinamerika, die inzwischen unter dem Schlagwort *„Nuevo Constitucionalismo Latinonamericano"* gefasst werden (Schilling-Vacaflor 2010: 22 f.). Allerdings sehen sich die neuen Verfassungen Lateinamerikas auch dem altbekannten Vorwurf ausgesetzt, sie würden viel „Verfassungslyrik" beinhalten und ähnelten „Wunschzetteln", da sie im Widerspruch zu den gesellschaftspolitischen Realitäten stünden (Nolte/Horn 2009: 5). Abfällig ist bereits von „Verfassungspopulismus" die Rede. Für den Schutz der wsk-Rechte stellen sie jedoch erhebliche Fortschritte dar.

Weithin gelobt wird, um ein afrikanisches Beispiel zu nennen, die 1996 verabschiedete Verfassung der Republik Südafrika, die einen *„excellent framework"* für die Umsetzung der wsk-Rechte abgibt (Govender 2002: 87). Cass R. Sunstein (2001: 261) erachtete sie sogar als *„the most admirable constitution in the history of the world"*. Deren *Bill of Rights* enthält ebenfalls zahlreiche wirtschaftliche, soziale und kulturelle Grundrechte – im Unterschied etwa zu der nur unwesentlich früher entstandenen 1989er Verfassung im benachbarten Namibia, deren Verfassung die wsk-Rechte (mit Ausnahme des Sklavereiverbots und des Rechts auf Bildung) als „politische Prinzipien" vorsieht und allenfalls indirekt schützt (vgl. Nakuta 2007).

Insgesamt unterscheiden sich der Inhalt, die Konkretisierungsdichte sowie der Anspruchs- und Verpflichtungscharakter der sozialen Grundrechte in nationalen Verfassungen ganz erheblich. Mitunter kommen die Grundrechte auch nur Staatsangehörigen zu, stellen also lediglich Bürgerrechte dar. Oder der persönliche Schutzbereich der Grundrechte erfasst nur die Wohnbevölkerung mit Niederlassungserlaubnis *(permanent residents)*. Beide Varianten finden wir beispielsweise in den Verfassungen südostasiatischer Staaten. Nur in wenigen diesen Ländern, wie etwa in Japan, sind die in der Verfassung verankerten wsk-Rechte dem Wortlaut nach allen Menschen garantiert.

Unterschiede und Gemeinsamkeiten im Verfassungsrecht der Staaten wären in einem *systematischen Rechtsvergleich* jeweils herauszuarbeiten, der die einzelnen Bestimmungen gezielt in den Verfassungskontext einordnet und ihre rechtspraktische Bedeutung untersucht. Mitunter beinhalten entsprechende Bestimmungen zwar Verfassungsaufträge, Staatszielbestimmungen oder Staatenpflichten; nicht immer aber begründen sie tatsächlich unmittelbar geltende oder auch nur auf Ausformung durch den Gesetzgeber angelegte subjektive Rechte der einzelnen Menschen. In China, um ein extremes, nicht-demokratisches Beispiel zu wählen, haben die verfassungsmäßigen Rechte (dort der Staatsangehörigen), so Yash Ghai (2009: 554), eher den Charakter von Deklarationen und sind für gewöhnlich nicht direkt einklagbar, obwohl sie der offiziellen englischen Übersetzung zufolge[81] als „echte“ Rechte formuliert sind. Ihre Umsetzung hänge letztlich von dem *good will* des Staates bzw. der herrschenden kommunistischen Partei ab. Aber auch zwischen demokratischen Rechtsstaaten gibt es gewaltige Unterschiede. Unter Berücksichtigung der Justiziabilität unterscheidet Tushet (2004) drei Arten, wie Verfassungen soziale und wirtschaftliche Rechte anerkennen: *„(a) by enumerating them but making them non-justiciable; (b) by making them justiciable but allowing courts to find a violation only when the legislature dramatically departs from the constitutional requirements; or (c) by making them enforceable to the same extent as civil and political rights“* (zitiert nach: Shankar/Mehta 2008: 147).

Mitunter werden „Verfassungslücken“ bezüglich der sozialen Rechte auch durch Gerichte geschlossen, bzw. gelten die in der Verfassung normierten Listen an Rechten nicht als abschließend. Indien ist ein gutes Beispiel dafür, wie der Oberste Gerichtshof *(Supreme Court)* in seiner Rechtsprechung die wsk-Rechte, die in der 1950 in Kraft getretenen Verfassung lediglich unter *„Directive Principles of State Policy“* erwähnt sind, indirekt durch die Auslegung der *„fundamental rights“* schützt (Ssenyonjo 2009: 185-189). So nehmen sich einige Urteile des Obersten Gerichtshofes regelrecht als normbildend aus, und zwar insofern, als sie u.a. die Rechte auf Bildung, Gesundheit, Wasser und Wohnen aus dem in der Verfassung verbrieften subjektiven Recht auf Leben ableiteten. Dahinter steht das Verständnis, dass das Recht auf Leben eben mehr sei als das Recht auf Überleben.[82] Wie in Indien erachtete auch die *Sala Constitucional* in Costa Rica Gesundheit als Teil des Rechts auf (ein menschenwürdiges) Leben (Hestermeyer 2007: 117 f.).

In Kolumbien, um ein weiteres Beispiel zu nennen, hat das Verfassungsgericht *(Corte Constitucional)* das Grundrecht auf Bildung aus der Verfassung abgeleitet, obwohl es nicht im dortigen Grundrechtskatalog garantiert ist (vgl. Defensoría de Pueblo 2003: 34). Ebenso hat es ein Recht auf ein Existenzminimum *(mínimo vital)* umschrieben, auf dessen Grundlage vor Gericht soziale Rechte von Arbeiterinnen und Arbeitern geltend gemacht wurden, die aufgrund ausstehender Lohnzahlungen ihre Einkommensgrundlage verloren, ebenso: von Rentnerinnen und Rentnern, deren Renten ausblieben, von schwangeren Frauen, die entlassen wurden, sowie von Menschen mit Behinderung oder Todkranken, denen die

---

81 Abrufbar über das Web-Portal der chinesischen Regierung: www.gov.cn (letzter Zugriff: 28. Februar 2012).

82 Vgl. etwa Shankar/Metha (2008: 146, 150 f.), Amnesty International India et al. (2008: 5). Siehe auch die Homepage des ESCR-NET *(The International Network for Economic, Social & Cultural Rights)*: www.escr.net. Dort finden sich ausgewählte Gerichtsurteile zu wsk-Rechten.

medizinische Behandlung verwehrt blieb (Krennerich/Góngora 2005: 176). Ohnehin herrscht in Lateinamerika mitunter die Rechtsvorstellung von einem „Verfassungsblock“ *(bloque constitucional)* vor, der neben den verfassungsmäßig verankerten Rechten eben auch völkerrechtliche Normen des Menschenrechtsschutzes umfasst und diese damit einer direkten Überprüfbarkeit durch Verfassungsgerichte zugänglich macht (Suárez Franco 2010: 213 ff.). So werden die Menschenrechte in den meisten lateinamerikanischen Verfassungen als „Völkerrecht“ und als „Gegenstand des nationalen Verfassungsrechts“ betrachtet (Ahrens 2011: 33).

Fehlt der spezielle Grundrechtsschutz, ist zu prüfen, ob weitere Rechtsnormen und Institutionen den Schutzbereich der Menschenrechte abdecken. So kann trotz des Fehlens entsprechender Verfassungsbestimmungen eine umfassende Gesetzgebung bestehen, die den sozialen Menschenrechten gerecht wird und den einzelnen Personen auch ermöglicht, ihre Rechte vor Gerichten geltend zu machen. Auf Grundlage des entwickelten, ausdifferenzierten Arbeits- und Sozialrechts sind in Deutschland beispielsweise viele wirtschaftliche und soziale Rechte einfachgesetzlich geschützt und etwa über Arbeits- und Sozialgerichte einklagbar, obwohl sie nicht als subjektiv einklagbare Grundrechte im Grundgesetz verankert sind.

Wichtig ist schließlich, dass das nationale Recht nicht nur formal besteht, sondern auch rechtspraktische Bedeutung entfaltet. Aus dem „Recht auf dem Papier“ muss also ein „lebendiges Recht“ werden. Hierfür bedarf es eines Mindestmaßes an Rechtsstaatlichkeit, einschließlich einer effektiven unabhängigen Justiz. Autoritäre Willkürherrschaft ist damit nicht vereinbar. Der Zusammenhang zwischen Demokratie, Rechtsstaatlichkeit und Menschenrechten erweist sich als eng. Letztlich ist daher immer zu prüfen, inwieweit das Verfassungsrecht im Rahmen einer demokratischen, rechtsstaatlichen Verfassungspraxis tatsächlich zum Tragen kommt.

2.3.2 Soziale Grundrechte in der Bundesrepublik Deutschland

Das Grundgesetz beinhaltet bekanntlich einen Katalog an Grundrechten und grundrechtsgleichen Rechten, der inhaltlich im Wesentlichen die bürgerlich-politischen Menschenrechte abdeckt, wie sie – bei allen Unterschieden im Detail – in etwa auch im UN-Zivilpakt oder der Europäischen Menschenrechtskonvention verankert sind. Der Grundrechtsabschnitt des Grundgesetzes hat seit 1949 einige Änderungen erfahren, die hier im Einzelnen nicht nachgehalten werden müssen. Jüngere Beispiele sind etwa die Einschränkung des Asylrechts (1993)[83]

83 Die Frage, inwieweit das Asylrecht ein Menschenrecht darstellt, ist nicht eindeutig geklärt. Die Allgemeine Erklärung der Menschenrechte beinhaltet lediglich das Recht, „in anderen Ländern vor Verfolgung Asyl zu suchen und zu genießen“ (Art. 14 Abs. 1).

oder auch die Einführung zusätzlicher Beschränkungen der Unverletzlichkeit der Wohnung (2000), um den sog. „Großen Lauschangriff" zu ermöglichen.

Auf wirtschaftliche, soziale und kulturelle Menschenrechte, wie sie etwa im UN-Sozialpakt verankert sind, verzichtet der Grundrechtskatalog des Grundgesetzes hingegen weitgehend. Entsprechende Forderungen aus den 1970er Jahren und später im Rahmen der Vereinigung Deutschlands, soziale Grundrechte in das Grundgesetz aufzunehmen, blieben letztlich erfolglos. In der Gemeinsamen Verfassungskommission, die nach der Vereinigung die Überarbeitung des Grundgesetzes vorbereitete, herrschte weitgehend Einvernehmen, dass einklagbare soziale Grundrechte in der Verfassung nicht verankert werden sollen (Rüfer 2006: 683). Dies bedeutet nun allerdings nicht, dass in der Bundesrepublik Deutschland keine sozialen Menschenrechte umgesetzt würden. Doch die Verwirklichung dieser Rechte erfolgt vor allem nach Maßgabe und auf Grundlage der einfachen Gesetzgebung, etwa der bereits genannten Arbeits- und Sozialgesetze. Als solche sind soziale Rechte jedoch im Prinzip, so gibt Rosemann (2001: 116) allgemein zu bedenken, der Disposition der politischen Mehrheiten und Machtverhältnisse offen ausgeliefert, da sie keine ausdrückliche Garantie in der Verfassung besäßen.

Ganz ohne verfassungsmäßigen Schutz sind indes die sozialen Menschenrechte auch hierzulande nicht. Dafür sorgen bereits die Menschenwürdegarantie und das Sozialstaatsprinzip des Grundgesetzes. So hat das Grundgesetz in Art. 1 Abs. 1 die Menschenwürde zum grundlegenden Prinzip der Verfassung erhoben: „Die Würde des Menschen ist unantastbar. Sie zu achten und schützen ist Verpflichtung aller staatlichen Gewalt". Die Menschenwürdegarantie ist die Grundlage des grundrechtlichen Wertesystems unserer Verfassung und das tragende Fundament unserer Rechtsordnung. Nun ist umstritten, inwieweit sich aus der Menschenwürde konkrete Rechtsansprüche ableiten lassen. „Als der tragende Grund der Menschenrechte stellt die Würde", so schreibt Heiner Bielefeldt (2011a: 112), „nicht ihrerseits einen konkreten Rechtsanspruch dar, der parataktisch in das Gefüge der Rechte – als ein Recht neben anderen Rechten – eingeordnet werden könnte." Da alle Menschenrechte in der Funktion der Menschenwürde stünden, bedürfe es keines speziellen Menschenrechts auf Würdeschutz; es wäre bestenfalls redundant. Zugleich wendet sich Bielefeldt dagegen, den Würdebegriff auf absolut geltende Normen und Kernbereiche des Menschenrechtsschutzes zu beschränken, denn dies führe zu einer inhaltlichen Marginalisierung des Würdekonzepts. Dahinter

---

Umstritten ist, ob sich daraus auch eine Pflicht für die Staaten ergibt, Asyl zu gewähren. Nach der Genfer Flüchtlingskonvention besteht aber ein Rechtsanspruch auf Schutz (non-refoulement) und menschenwürdige Behandlung im Aufnahmeland (vgl. Bendel 2004: 208 f.).

steht die Auffassung, dass letztlich alle Menschenrechte rechtliche Konkretisierungen der Menschenwürde sind und die ernsthafte Verletzung jedweden Menschenrechtes stets auch einen Angriff auf die Menschenwürde darstellt.

In großen Teilen der rechtswissenschaftlichen Literatur wird hingegen die Menschenwürde auch als ein einklagbares subjektives öffentliches Grundrecht erachtet. Als solches stelle es „ein Abwehrrecht gegen die öffentliche Gewalt dar und bildet einen Schutzauftrag an den Staat, den Einzelnen gegen Angriffe durch Dritte auf seine Würde zu schützen und vor sozialer Missachtung zu bewahren.“[84] Die Verpflichtung des Staates, die Menschenwürde zu achten und zu schützen, korrespondiere demnach mit einem Unterlassungs- und Forderungsanspruch eines jeden, dessen Würde durch den Staat missachtet werde oder ungeschützt bliebe.[85] Einem weiten Verständnis zufolge umfasst die Schutzpflicht des Staates dabei nicht nur die Abwehr, sondern auch die Vorbeugung von Beeinträchtigungen der Menschenwürde. Der entsprechende Schutzanspruch schließt dabei zumindest die Gewährleistung des Existenzminimums ein.[86] Da nicht alle Menschenrechte, insbesondere nicht die sozialen, als Grundrechte im deutschen Grundgesetz verankert sind, ist es hierzulande zumindest rechtspraktisch von Bedeutung, dass sich aus Art. 1 Abs. 1 GG auch unmittelbar Rechtsansprüche auf ein Existenzminimum ergeben können.

Zugleich bekennt sich das Grundgesetz in Art. 20 Abs. 1 (in Verbindung mit Art. 28) verbindlich und unumstößlich zum Sozialstaatsprinzip.[87] Als Staatszielbestimmung gewährt das Sozialstaatsgebot der herrschenden Rechtsmeinung zufolge zwar kein subjektives, also einklagbares Recht, sondern begründet „lediglich“ einen Regelungs- und Gestaltungsauftrag zur Schaffung einer gerechten Sozialordnung. Auch steht es den staatlichen Organen, namentlich dem Gesetzgeber, grundsätzlich frei zu entscheiden, mit welchem Mitteln er das Ziel verfolgt und erreicht.[88] Doch immerhin ist zwingend geboten, dass der Staat die Mindestvoraussetzungen für ein menschenwürdiges Dasein sichert bzw. schafft.[89] Eine justiziable Handlungsverpflichtung des Gesetzgebers entsteht also dann, wenn diese Mindestvoraussetzungen nicht mehr gegeben sind.[90] Sofern sich die einzel-

84 Hofmann in: Schmidt-Bleibtreu/Hofmann/Hopfauf (2008: 109).
85 Vgl. Kunig in: von Münch/Kunig (2001), Art. 1, Rdnr. 29.
86 Vgl. ebd., Rdnr. 30.
87 Vgl. BVerfGE 5, 198; 8, 274 [329]; 40, 133; 52, 348.
88 Vgl. Sommermann in: Mangoldt/Klein/Starck (2005), Art. 20 Abs. 1, Rdnr. 103.
89 Vgl. Hofmann in: Schmidt-Bleibtreu et al. (2008), Art. 20, Rdnr. 29.
90 Vgl. Sommermann, in: Mangoldt/Klein/Starck (2005), Art. 20 Abs. 1, Rdnr.120. Mit steigendem Wohlstandsniveau können sich dabei die Vorstellungen über solche Mindestbedingungen ändern.

ne Person nicht selbst helfen kann, zählen dazu zumindest die Bereitstellung oder Vermittlung der notwendigen Mittel für Ernährung, Kleidung, Wohnung und medizinische Versorgung und Teilhabe an öffentlichen Informationen[91] – übrigens alles staatliche Verpflichtungen, die sich auch aus den sozialen Menschenrechten des UN-Sozialpakts ergeben, insbesondere aus dem Recht auf einen angemessenen Lebensstandard.

Ein verfassungswidriges Verhalten des Gesetzgebers kann sich demnach dann ergeben, wenn durch Belastungen der Bürger oder durch Einschnitte in Sozialleistungen das Existenzminimum unterschritten wird oder wenn der Staat untätig bleibt, obwohl das Minimum nicht (mehr) gewährleistet ist. Zumindest dieser „harte Zielkern" des Sozialstaatsgebots ist der Gestaltungsfreiheit des demokratischen Gesetzgebers hierzulande entzogen und kann auch nicht unter Ressourcenvorbehalt gestellt werden. Die Ausführungen zeigen, wie eng das Sozialstaatsgebot (des Art. 20 Abs. 1 GG) mit der Menschenwürdegarantie (des Art. 1 Abs. 1 GG) verfassungssystematisch verbunden ist. In seinem Urteil vom 9. Februar 2010 hat das Bundesverfassungsgericht die Verbindung der Menschenrechtwürdenorm mit dem Sozialstaatsprinzip nochmals ausdrücklich bestätigt, aus der sich ein „Grundrecht auf Gewährleistung eines menschenwürdigen Existenzminimums" in Form eines Leistungsanspruches von Hilfsbedürftigen gegenüber dem Staat ergibt.

Zu den wenigen spezifischen sozialen Grundrechten im Grundgesetz gehört zudem der Anspruch von Müttern und Familien auf Schutz und Fürsorge der Gemeinschaft (Art. 6 GG), der im Sozialrecht seine eigentliche Bedeutung allerdings nicht als eigenständige verfassungsrechtliche Vorgabe, sondern im Zusammenspiel mit dem Gleichheitssatz (Art. 3 GG) entfaltet.[92] Zudem decken einige Grundrechte abwehrrechtliche Dimensionen sozialer Menschenrechte ab. Die Privatschulfreiheit (Art. 7 Abs. 4 GG) und die Berufsfreiheit (Art. 12 Abs. 1 GG) können beispielsweise als freiheitliche Bestandteile der international verbrieften Menschenrechte auf Arbeit und Bildung angesehen werden oder weisen zumindest enge Bezüge zu diesen Rechten auf, was in der deutschen Diskussion oft übersehen wird. Auch die Unverletzlichkeit der Wohnung (Art. 13 GG) wird in-

---

91 Vgl. ebd., Rdnr. 120, mit Verweis auf § 12 des BSHG und die sozialhilferechtliche Konkretisierung des Existenzminimums; vgl. auch BVerfGE 99, 246, 260 f.

92 Vgl. Papier (2006: 281 ff.). Rüfer (2006: 688) zufolge ergeben sich aus den Bestimmungen des Art. 6 GG keine unmittelbar aus der Verfassung zu realisierenden Ansprüche; sie seien allesamt auf Konkretisierung durch den Gesetzgeber angelegt. Und an anderer Stelle: „Die Rechtswirkung der sozialen Grundrechte aus Art. 6 GG und typischerweise aller sozialen Grundrechte ist begrenzt, weil unmittelbare Leistungsansprüche aus ihnen nicht geltend gemacht werden können. Sie enthalten ihre Wirkung als Anspruchsnomen, wenn überhaupt, erst aus der einfachen Sozialgesetzgebung" (ebd.: 692).

ternational mitunter zusammen mit dem Recht auf angemessene Unterkunft behandelt. Weiterhin deckt die Vereinigungsfreiheit (Art. 9 GG) das Recht ab, Gewerkschaften zu bilden, wie es auch der UN-Sozialpakt fordert. Und dann wäre da noch das Recht auf Eigentum (Art. 14 Abs. 1 GG), das der Sache nach ein wirtschaftliches Recht darstellt.

Mittelbar lassen sich einzelne soziale Ansprüche und Pflichten beispielsweise aus dem Recht auf Leben und körperliche Unversehrtheit (Art. 2 Abs. 2 GG) ableiten, das dem Bundesverfassungsgericht zufolge umfassende Schutzpflichten begründet (vgl. BVerfGE 46, 160 [164]). So ist der Staat beispielsweise verpflichtet, dafür zu sorgen, dass im Notfall, etwa bei Katastrophen, den Menschen geholfen wird oder dass das medizinische Personal angemessen ausgebildet ist – Verpflichtungen also, die sich auch aus dem Menschenrecht auf Gesundheit des UN-Sozialpakts ergeben. Ein Recht auf Bildung wird teilweise dem Recht auf freie Entfaltung der Persönlichkeit (Art. 2 Abs. 1 GG) entnommen. Auch der Gleichheitsgrundsatz und das Diskriminierungsverbot (Art. 3 GG) können den – eigentlich weiten – sozialpolitischen Entscheidungsspielraum des Gesetzgebers einschränken (oder bestätigen); entsprechende Urteile betreffen etwa Detailregelungen der Altersversorgung, der Krankenversicherung oder des Kindergeldes bzw. der Kinderzulagen (vgl. Gubelt in: von Münch/Kunig 2001).

Insgesamt aber waren die Väter und Mütter des Grundgesetzes zurückhaltend gegenüber der expliziten Verankerung sozialer Grundechte und hinsichtlich etwaiger Vorgaben bei der Ausgestaltung des Sozialstaatsprinzips. Der Politik wurde also bewusst ein weiter Entscheidungsspielraum eingeräumt, der durch das Bundesverfassungsgericht und andere nationale Gerichte ggf. überprüft wird. Die globalen oder regionalen Menschenrechtsabkommen wie der UN-Sozialpakt und die Europäische Sozialcharta spielen, ebenso wie die ILO-Konventionen, bei der Auslegung des Verfassungsrechts dabei bislang keine nennenswerte Rolle. Bezeichnenderweise nehmen entsprechende Beiträge in Grundgesetzkommentaren ebenso wie sozialpolitische Standardwerke sehr selten auf internationale Abkommen Bezug, die soziale Menschenrechte beinhalten.

Zu den Ausnahmen gehört u.a. ein Beitrag von Karl-Peter Sommermann, der jedoch zu einer diskussionsbedürftigen Schlussfolgerung kommt: „Bei der Auslegung des Sozialstaatsprinzips im Lichte der internationalen Menschenrechtsinstrumente ist allerdings zu beachten, dass der Grundgesetzgeber durch die Beschränkung auf einige wenige sozialstaatliche Klauseln eine Zurückhaltung gegenüber sozialen Rechten zu erkennen gegeben hat. Keineswegs darf daher ein im Lichte des Völkerrechts interpretiertes Sozialstaatsprinzip zum Vehikel einer mittelbaren Konstitutionalisierung subjektiv-rechtlicher verstandener sozialer

Rechte führen".[93] Abgesehen davon, dass die Durchsetzung der sozialen Rechte die Bereitstellung staatlicher Mittel sowie Regelungen über Umfang und Verteilung der Leistungen voraussetze, so argumentiert Sondermann, füge sich ein solches Verständnis nicht in die Grundrechtskonzeption des Grundgesetzes. Ohnehin würde sich eine subjektiv-rechtliche Interpretation der entsprechenden internationalen Menschenrechtsinstrumente, namentlich der Europäischen Sozialcharta und des UN-Sozialpakts verbieten.

Doch nicht nur rechtsdogmatische Einwände begründen die erkennbare Zurückhaltung gegenüber sozialen Grund- und Menschenrechten. Die lange Zeit expansive *politische* Dynamik des Sozialstaates ließ die Frage nach den sozialen Grund- oder gar Menschenrechten in Deutschland lange Zeit kaum virulent werden, da die Politik von sich aus den Sozialstaat in einem Maße ausbaute, der bei aller möglichen Kritik weit über menschenrechtliche Mindeststandards hinausging. Bei empfindlichen Einschnitten in das Sozialsystem könnte die Sicherung sozialer Mindeststandards allerdings künftig stärker an politischer und rechtlicher Brisanz gewinnen und könnten soziale Menschenrechte wichtige Maßstäbe für die Priorisierung von Staatsaufgaben und -ausgaben unter den Bedingungen von Einsparungen und Kürzungen sein.

Abschließend sei noch erwähnt, dass etliche Landesverfassungen in der Bundesrepublik Deutschland Rechte enthalten, die im Grundgesetz nicht verankert sind bzw. über die dortigen Bestimmungen hinausgehen. Hierzu zählen auch verschiedene wirtschaftliche, soziale und kulturelle Rechte, etwa das Recht auf angemessene Wohnung, wie es beispielsweise in Bayern („Jeder Bewohner Bayerns hat Anspruch auf eine angemessene Wohnung") oder auch in Berlin, Bremen sowie in etlichen ostdeutschen Bundesländern vorgesehen ist.[94] Verschiedene Landesverfassungen enthalten weiterhin ein Recht auf Bildung oder Ausbildung.[95] In den Verfassungen von Berlin und etlichen anderer Ländern findet sich zudem das – hierzulande oft belächelte – Recht auf Arbeit. So heißt es in der Berliner Verfassung: „Jedermann hat das Recht auf Arbeit. Dieses Recht ist durch eine Politik der Vollbeschäftigung und Wirtschaftslenkung zu verwirklichen. Wenn Arbeit nicht nachgewiesen kann, besteht Anspruch auf Unterhalt aus öffentlichen Mitteln".[96]

---

93 Sommermann, in: Mangoldt/Klein/Starck (2005), Art. 20 Abs. 1, Rdnr. 138.

94 BayVerf Art. 106 Abs. 1; BremVerf Ar. 114 Abs. 1 (mit nachfolgender Formulierung einer Staatsaufgabe, die Verwirklichung des Rechts zu fördern); BrandVerf Art. 47 Abs. 1; MeckVorpVerf Art. 17 Abs. 3, VerflSA Art. 40 und – als Staatsziel – in Art. 7 der Verfassung Sachsens.

95 BerlVerf Art. 20: „Jeder Mensch hat das Recht auf Bildung"; siehe auch BremVerf Art. 27 oder ThürVerf Art. 20.

96 BerlVerf Art. 13 Abs. 1; siehe beispielsweise auch: BremVerf (Art. 8 Abs. 1 und 49 Abs. 2)

Nun ist die rechtspraktische Bedeutung entsprechender Bestimmungen in der Regel gering. Zum einen fehlt den Landesgesetzgebern in wichtigen Bereichen des Sozial- und Arbeitsrechts die Gesetzgebungskompetenz. Zum anderen sind die Rechte oft unverbindlich formuliert, werden von der herrschenden Rechtsmeinung als reine Programmsätze abgetan und begründen demzufolge keine subjektiven Leistungsansprüche. Auch der scheinbar strikt formulierte Anspruch auf eine angemessene Wohnung der Bayerischen Verfassung wurde durch das Bayerische Verfassungsgericht „zurückgestutzt" (Rüfer 2006: 689).[97] Unmittelbar geltendes Recht wurde hingegen in Landesverfassungen geschaffen, welche unentgeltlichen Unterricht vorsehen.[98] Bundesrechtlich unbestritten ist der Anspruch auf Sozialhilfe bzw. Fürsorge, wie er sich in den Verfassungen Bayerns und Bremens findet.[99]

sowie die Verfassungen von Hessen (Art. 28, Abs. 2), NRW (Art. 24 Abs. 1), Bayern (Art. 166), Saarland (Art. 45) und Rheinland-Pfalz (Art. 53) oder einiger neuen Bundesländer (Sachsen, Sachsen-Anhalt, Thüringen).

97 Vgl. BayVerfGHE 15, 49 (50 ff.).

98 Vgl. Rüfer (2006: 689). Siehe auch: BaWüVerf Art. 14 Abs. 2 (Unterricht und Lernmittel an öffentlichen Schulen, stufenweise zu verwirklichen), BayVerf Art. 129 Abs. 2 (Unterricht an Volks- und Berufsschulen), HessVerf Art. 59 Abs. 1 (unentgeltlicher Unterricht an allen öffentlichen Grund-, Mittel-, höheren und Hochschulen, Lernmittelfreiheit außer an Hochschulen), NRWVerf Art. 9 Abs. 1 (für Volks- und Berufsschulen, Schulgeldfreiheit für weiterführende Schulen und Lehr- und Lernmittelfreiheit sind nach Abs. 2 gesetzlich zu regeln), ThürVerf Art. 24 Abs. 3 Satz 1 (Unterricht an öffentlichen Schulen, nach Satz 2: gesetzliche Regelung der Finanzierung von Lern- und Lehrmittel).

99 Vgl. Rüfer (2006: 689). Siehe auch BayVerf Art. 168 Abs. 3, BremVerf Art. 58.

3 Die Kodifizierung der Menschenrechte als politischer Prozess und als menschenrechtspolitisches Ziel

Nicht erst die Normumsetzung, sondern bereits die Normbildung im Sinne der Kodifizierung von Menschenrechten ist ein genuin politischer Prozess. Bereits vorderhand handelt es sich bei den Menschenrechtsabkommen um Verträge, welche die Regierungsvertreter der jeweiligen Staaten im Rahmen internationaler Organisationen (wie der UNO, dem Europarat, der OAS oder der OAU) aushandeln und verabschieden. Näher betrachtet, sind die politischen Entstehungsprozesse internationaler Menschenrechtsnormen und -instrumente ausgesprochen komplex, werden mitgeprägt durch eine Vielzahl kollektiver Akteure mit ihren je eigenen Ideen, Sichtweisen, Erfahrungen, Forderungen und Möglichkeiten der Einflussnahme. Im Rahmen der vorliegenden Studie können die komplexen Prozesse der Normbildung weder im Detail nachgehalten noch systematisch an übergreifende rechtstheoretische und politikwissenschaftliche Erklärungsansätze rückgebunden werden. Allenfalls können einige theoretische Anknüpfungspunkte, vornehmlich aus dem Bereich der Politikwissenschaft, kurz benannt werden.

3.1 Anknüpfungspunkte an empirische Theorien

Eingangs der Studie wurde mit Heiner Bielefeldt (2011a: 106) die These vertreten, dass Menschenrechte ihre konkrete Gestalt als politisch-rechtliche Antworten „auf öffentlich artikulierte Erfahrungen strukturellen Unrechts" gewannen. Tatsächlich setzte die Allgemeine Erklärung der Menschenrechte ganz unmittelbar an die seinerzeit allseits präsenten Erfahrungen mit den „Akten der Barbarei" der Nazi-Herrschaft und den Grauen des Zweiten Weltkrieges an (Huhle/Krennerich 2008). Auch spätere Menschenrechtsabkommen lassen sich meist recht deutlich an objektive Missstände und an subjektiv wahrgenommene, öffentlich artikulierte Unrechtserfahrungen rückbinden, ob es sich hierbei nun um die Antirassismus-Konvention handelt oder um die – ebenfalls soziale Menschenrechte umfassenden – Menschenrechtsabkommen speziell zu Frauen, Kindern, Menschen mit Behinderungen oder zu Wanderarbeitnehmer/innen. Bereits die Vertragstexte dieser Abkommen weisen *ex negativo* auf schwerwiegende Probleme hin.

Indes braucht es auch Akteure, welche die „Unrechtserfahrungen" in die Sprache der Menschenrechte „übersetzen" und sich für entsprechende Normen einsetzen. Während die Politikwissenschaft die Bedeutung vor allem kollektiver und weniger individueller Akteure in den Blick nimmt, haben historische Rekonstruktionen der Entstehung der AEMR aufgezeigt, wie wichtig seinerzeit einzelne Personen für die konkrete Normgenerierung waren.[100] Die Erarbeitung der Allgemeinen Erklärung der Menschenrechte war letztlich eine Angelegenheit eines überschaubaren Kreises von Persönlichkeiten, die sensibel für die Probleme ihrer Zeit waren und menschenrechtliche Lehren aus den Schrecken der Vergangenheit zogen. Ihre große Leistung bestand darin, dass sie auf *spezifische*, zeitgebundene Unrechtserfahrungen *allgemeine* Antworten in Gestalt abstrakter Menschenrechtsnormen fanden, die auch künftiges Unrecht vorwegnahmen und darauf Anwendung fanden. Dabei brachten die Verfasserinnen und Verfasser der Allgemeinen Erklärung der Menschenrechte jeweils ihre kulturell und politisch bedingten Sichtweisen und Rechtstraditionen ein, griffen vielfältige Vorschläge und Auffassungen ihrer Zeit auf und diskutierten Ideen, die teilweise weit über die damalige Rechtspraxis in ihren Heimatländern hinausgingen.

Hier können nicht zuletzt „sozialkonstruktivistische" Überlegungen in den Internationalen Beziehungen[101] ansetzen, denen zufolge „Ideen" (im umfassenden Sinn) konstitutiv sind für das Denken und Handeln der Akteure, für die Herausbildung und Veränderung von Institutionen als Träger von Ideen und Normen sowie für soziale Lernprozesse und argumentatives Handeln. Bis zu einem gewissen Grade war die Erarbeitung der AEMR tatsächlich durch den Austausch von Ideen und Argumenten geprägt und lässt „Spuren der Verständigung"[102] und der Einsicht in die moralische Wichtigkeit und Richtigkeit der dann etablierten Menschenrechtsnormen erkennen. Demzufolge wäre es zu kurz gegriffen, die Entstehung der AEMR – etwa aus dem Blickwinkel macht- und interessenorientierter (realistischer oder rationalistischer) Theorieansätze in den Internationalen Beziehungen – nur als Ergebnis außenpolitischer Interessen der Staaten und der Machtverhältnisse auf internationaler Ebene zu interpretie-

100 Statt vieler Morsink (1999); siehe auch Beiträge von Huhle über die Väter und Mütter der AEMR auf der Website des Nürnberger Menschenrechtszentrums; www.menschenrechte.org.

101 Unter den zahlreichen jüngeren Einführungen (samt weiterführender Literaturhinweise) zu den Theorien internationaler Beziehungen siehe im deutschsprachigen Raum etwa: Auth (2008), Filzmaier et al. (2006), Krell (2009), Schieder/Spindler (2010), Masala/Sauer/Wilhelm (2010), Schimmelfennig (2010).

102 Der Begriff ist der lesenswerten Studie von Nicole Deitelhoff (2006) entnommen, die anhand der Entstehung des Internationalen Strafgerichtshofes der Frage nachgeht, ob und, wenn ja, wie Überzeugungen bei der internationalen Normgenerierung zustande kommen.

ren. Bezeichnenderweise fanden selbst solche Normen und Normkonkretisierungen Eingang in die AEMR, die den Interessen mächtiger Staaten entgegenliefen. Allerdings sollten im Umkehrschluss nicht die politischen Interessen der Staaten vernachlässigt werden, welche die Beratungen und Abstimmungen erwartungsgemäß mitprägten.

Im Hinblick auf die späte, zögerliche Entstehung des UN-Zivilpakts und des UN-Sozialpakts entwickeln Ansätze, welche die internationale Politik durch handfeste staatliche Interessen und machtpolitisches Kalkül geprägt sehen, freilich größere Plausibilität und Erklärungskraft. Gerade vor dem Hintergrund des Ost-West-Konflikts können solche Ansätze zur Erklärung beitragen, warum nicht nur einer, sondern zwei getrennte Pakte verabschiedet wurden, warum die Prozesse so langwierig verliefen und warum die internationalen Kontrollinstrumente so schwach ausgestaltet wurden. Machtzentrierte Sichtweisen gestehen dabei völkerrechtlichen Regelungen ohnehin keinen allzu großen Nutzen zu und rationalistische Positionen gehen davon aus, dass sich Staaten nur insofern an völkerrechtlichen Regeln binden, als dies den eigenen Interessen dient bzw. solange sie dadurch ihren Nutzen vergrößern können (oft unter Antizipation des Verhaltens ihrer Interaktionspartner).

Allerdings konnten die Regierungen bei der Ausarbeitung und Beratung der beiden Pakte inhaltlich kaum hinter die in der Allgemeinen Erklärung der Menschenrechte verankerten Rechte zurückgehen. Die Auswahl und Formulierung der in beiden Pakten verankerten Menschenrechte war von der AEMR vielmehr entscheidend vorgeprägt. Hier lassen sich Anknüpfungspunkte an Annahmen des historischen Institutionalismus finden, denen zufolge frühe institutionelle Weichenstellungen die späteren Gestaltungsmöglichkeiten der Akteure begrenzen und mitbestimmen. Damit wird eine gewisse „Pfadabhängigkeit" unterstellt.[103] Soziologisch-institutionell ließe sich argumentieren, dass die AEMR auf internationaler Ebene als weithin akzeptierte, legitime Grundlage weiterer Menschenrechtskodifizierungen angesehen wurde und sich der Rekurs auf die dort verankerten Rechte geradezu routinemäßig, ohne weitere Begründungsnotwendigkeiten, „einspielte". Bezeichnenderweise ist es eine gute, kaum hinterfragte völkerrechtliche Praxis, dass sich die späteren Menschenrechtsabkommen auf die Allgemeine Erklärung der Menschenrechte berufen und die dort verankerten Normen aufgreifen, sie ausbuchstabieren und weiterentwickeln. Auch andere

103 Allerdings sind die ursprünglichen Konzepte der Pfadabhängigkeit spezifischer als dies der heutige sozialwissenschaftliche Sprachgebrauch nahe legt. Letzterer bezieht sich oft nur allgemein auf die Wirkkraft in der Vergangenheit geschaffener Institutionen, Entscheidungen und Denkweisen auf künftige Entwicklungen; einführend: Werle (2007).

globale und regionale Menschenrechtsabkommen knüpften an bestehende Standards an.

Allerdings weichen sie mitunter auch davon ab. So orientierte sich beispielsweise der ursprüngliche (1978 von Polen eingebrachte) Entwurfstext für die UN-Kinderrechtskonvention zwar an der AEMR und der Deklaration der UN-Vollversammlung zu den Rechten von Kindern (1959). In diesem Fall freilich wurde der vorgegebene „Pfad" verlassen, denn die damalige UN-Menschenrechtskommission war der Ansicht, dass der Vorschlag grundlegend und zeitgemäß überarbeitet werden müsste. Nach langjährigen Verhandlungen wurde 1989 der endgültige Entwurf vorgelegt (Besson et al. 2009: 301). So sehr also Kontinuitäten in der Entwicklung der Menschenrechtsstandards seit 1948 erkennbar sind, sichtbar etwa an dem Kernbestand an Normen und der Staatsorientiertheit des internationalen Menschenrechtsschutzes, gibt es eben auch wichtige Veränderungen. Beispielhaft genannt seien hier nur die Erweiterung der Menschenrechtsperspektive auf private Lebensbereiche und damit auch die Thematisierung häuslicher Gewalt in der UN-Frauenrechtskonvention; die gestärkte Rolle von Kindern als Rechteinhaber in der UN-Kinderrechtskonvention; der anspruchsvolle Inklusionsansatz in der UN-Behindertenrechtskonvention; oder die ausdrückliche Verankerung der Menschenrechte von Arbeitsmigrantinnen und Arbeitsmigranten ohne reguläre Aufenthaltstitel in der UN-Wanderarbeiterkonvention. Dabei beförderten solche inhaltlichen Weiterentwicklungen die institutionelle Eigendynamik voranschreitender Normbildung auf globaler und regionaler Ebene, die immer neue Menschenrechtsabkommen hervorbrachte. So stellt das *standard setting* die vielleicht wichtigste Leistung der jahrzehntelangen Arbeit der Menschenrechtskommission dar, bis sie dann im Jahre 2006 vom UN-Menschenrechtsrat ersetzt wurde.

Doch wäre es zu kurz gegriffen, die Normbildung auf internationale Ebene lediglich auf das Handeln von Nationalstaaten und internationalen Organisationen zurückzuführen. Auch das Agieren nicht-staatlicher Akteure spielte eine immer stärker werdende Rolle. Bereits den Entstehungsprozess der Allgemeinen Erklärung der Menschenrechte und früher Menschenrechtsabkommen hatten nicht-staatliche Organisationen beeinflusst. Ab den 1970er und 1980er Jahren wuchs die Zahl der Menschenrechtsorganisationen, die zunächst vor allem für bürgerlich-politische Menschenrechten eintraten, massiv an. Neben den Staaten traten somit verstärkt nicht-staatliche Akteure in Erscheinung, die sich nicht nur mit der Durchsetzung, sondern auch mit der Generierung internationaler Menschenrechtsnormen und -instrumente als Antwort auf globale Probleme und Unrechtserfahrungen befassten. *„NGOs make a major contribution to the standard-setting activities of regional and international bodies"* (Brett 2009: 531). Gut belegt ist beispielsweise, dass *Amnesty International* und die *International Commission of Jurists* an der Ausarbeitung der UN-Folterkonvention beteiligt waren (ebd.) und nicht-staatliche Menschenrechtsorganisationen auch maßgeblich an der Erarbeitung dessen Zusatzprotokolls mitwirkten (Clark 2009).

Mit einer zunehmenden Vernetzung nicht-staatlicher Menschenrechtsakteure stieg die Bedeutung transnationalen kollektiven Handelns. Hier können Theorien transnationaler Rechtsprozesse in den Rechtswissenschaften (Hanschmann 2009) ansetzen, die über die Staaten und die internationalen Organisationen hinaus nicht-staatliche Akteure als direkt Beteiligte bei den Prozessen der Normentstehung und -anwendung in den Blick nehmen und diese als *„critical players in the transnational legal process"* ausmachen.[104] Weit größeren Widerhall fand das Thema aber in der Politikwissenschaft. Ab den 1990er Jahren wiesen zahlreiche politikwissenschaftliche Studien den immensen Bedeutungszuwachs transnationaler advokatorischer Netzwerke, Koalitionen oder sogar Bewegungen auch im Bereich der Menschenrechte nach.[105] Sie betteten sich ein und verstärkten die seinerzeit aufkommenden Diskussionen um *„Global Governance"*[106] und einen „neuen Transnationalismus", die von einer wachsenden Bedeutung nicht-staatlicher Akteure in der internationalen Politik ausgingen und die Grenzen zwischen nationaler und globaler Politikgestaltung im Auflösen begriffen sahen.[107]

Tatsächlich belebten transnationale advokatorische Netzwerken *(transitional advocacy networks)* den nationalen, regionalen und internationalen Menschenrechtsdiskurs. Vielfach bildeten sich regelrechte transnationale Koalitionen *(transitional coalitions)* heraus, die ihr Handeln für die Menschenrechte absprachen und koordinierten. Mitunter entstanden sogar transnationale soziale Bewegungen *(transitional social movements),* die gemeinsame Kampagnen initiierten, um ihre Menschenrechtsanliegen durchzusetzen und die Menschen für menschenrechtliche Belange zu mobilisieren. Selbst dort, wo es nicht zu globalen Bewegungen kam, waren lokale soziale Bewegungen, gelegentlich unter Umgehung der nationalen Ebene, in transnationalen Netzwerken und Koalitionen eingebunden. Diese umfassten eine Vielzahl an Akteuren, die gemeinsame *„collective beliefs"* oder *„collective action frames"* (Khagram et al. 2002: 15) teilten: soziale Bewegungen und nicht-staatliche Menschenrechtsorganisationen als die zentralen Akteure, aber auch akademische Experten sowie einzelne Vertreter/innen staatlicher Institutionen und internationaler Organisationen, die gemeinsam Informationen

---

104 Hanschmann (2009: 387) mit Verweis auf die Arbeiten von Harold Hongju Koh.

105 Siehe hier vor allem die einflussreichen Arbeiten von: Keck/Sikkink (1998), Risse/Ropp/Sikkink (1999), Khagram/Riker/Sikkink (2002).

106 Einführend zu den verschiedenen Ebenen von „Governance" siehe etwa: Benz et al. (2007).

107 Vgl. Jetschke (2006) oder auch Khagram/Riker/Sikkink (2002: 4) und die dort angeführte Literatur.

austauschten, ihr Handeln koordinierten und internationale Foren und Gelegenheitsfenster nutzten, um sich für die Durchsetzung oder mitunter auch für die Schaffung neuer Menschenrechtsverträge einzusetzen.

Institutionelle Reformen begünstigten dabei insofern die Mitwirkung von Menschenrechtsorganisationen und advokatorischen Koalitionen, als der traditionelle *participatory gap* intergouvernamentaler Verhandlungen zu völkerrechtlichen Verträgen in den vergangenen Jahrzehnten verkleinert wurde. Sukzessive wurden die Beteiligungsmöglichkeiten von NGOs innerhalb der globalen und regionalen Menschenrechtsregime ausgeweitet (vgl. Rossi 2010: 175-199). Die Anhörung, Konsultation und Mitwirkung zivilgesellschaftlicher Organisationen etablierte sich als gute menschenrechtliche Praxis auf internationaler Ebene. Angesichts solcher „permanenter Gelegenheitsfenster" (Jetschke 2006: 41) erhöhten sich die Kommunikations- und Einflussmöglichkeiten letztlich auch jener NGOs und Netzwerke, die sich ab den 1990er Jahren für die wsk-Rechte einsetzten – und dabei nicht nur auf die Normdurchsetzung abhoben, sondern auch die Norm(weiter)entwicklung und die Ausarbeitung neuer Rechtsinstrumente vorantrieben. So konnte Michael Windfuhr (2012: 117) als ausgewiesener Kenner der „wsk-Rechte-Szene" feststellen: „Der Einfluss nicht-staatlicher Organisationen auf die Normentwicklung von wsk-Rechten war und ist ausgesprochen groß." Sowohl die Dokumentation von Verletzungen der wsk-Rechte als auch die aktive Lobby- und Advocacy-Arbeit von NGOs hätten einen wichtigen Einfluss auf das *agenda setting*, die Normsetzung und auch die Entwicklung neuer Rechtsinstrumente im Bereich der wsk-Rechte ausgeübt (ebd.: 117 ff.). Als Beispiel nennt er u.a. das Zusatzprotokoll zum UN-Sozialpakt sowie die FAO-Leitlinien zum Recht auf Nahrung (vgl. Kap. 5.8).

Ähnliches gilt für andere UN-Abkommen, die wsk-Rechte enthalten: Die Entstehung des UN-Abkommens zur Beseitigung der Diskriminierung der Frau – und schon gar des Zusatzprotokolls zu dem Abkommen – wurde maßgeblich durch das Wirken lokaler, regionaler und globaler Frauenrechtsnetzwerke beeinflusst. Beate Rudolf zufolge war es seinerzeit gelungen, „Frauen weltweit um das Ziel der Gleichberechtigung zu scharen" und somit eine genügend große „kritische Masse" zu erzeugen, um die Frauenrechtskonvention auf den Weg zu bringen.[108] NGOs waren weiterhin bei der Ausarbeitung der UN-Kinderrechtskon-

108 So Beate Rudolf in ihrer Eröffnungsrede auf einer – vom *Deutschen Frauenrat*, dem *Deutschen Institut für Menschenrechte* und dem *Gunda-Werner-Institut der Heinrich-Böll-Stiftung* durchgeführten – Veranstaltung anlässlich des 30. Jahrestags des Inkrafttretens des Abkommens am 5. September 2011 in Berlin; zitiert nach dem Konferenzbericht von Ulrike Helwerth, abrufbar unter: www.frauenrat.de (Zugriff: 14. September 2011).

vention – und deren späteren Zusatzprotokolle – stark involviert und unterhielten hierbei enge Kommunikations- und Kooperationsbeziehungen untereinander sowie mit Regierungsdelegationen und dem UN-Kinderhilfswerk (UNICEF).[109] *„A significant aspect of the CRC drafting process was that non-governmental organisations (NGOs) were able to participate in the proceedings though not in the actual decision-making, submitting and commenting on proposals to an extend unparalleled until then, with significant influence on the outcome"* (Brett 2009a: 228). Noch größer war möglicherweise der Beitrag zivilgesellschaftlicher Akteure bei der Erarbeitung der UN-Behindertenrechtskonvention, in deren Beratungen NGOs, gerade auch der behinderten Menschen selbst, frühzeitig und effektiv eingebunden waren (Graumann 2011: 26). Die Akteure der „Selbstbestimmt-Leben-Bewegungen" nahmen dadurch maßgeblichen Einfluss auf die Ausgestaltung des Vertragstextes (Degener 2003, 2006). Mitunter schafften es sogar äußerst schwer organisierbare Gruppen ihr Anliegen international zur Geltung zu bringen. Beispielsweise ging die kürzlich verabschiedete ILO-Konvention Nr. 189 für menschenwürdige Arbeitsrechte von Hausangestellten (2011) nicht zuletzt auf Forderungen zurück, welche international organisierte Hausangestellte gemeinsam mit Gewerkschaften erhoben hatten. Entsprechende Beispiele ließen sich auch für regionale Menschenrechtsabkommen anführen, die wsk-Rechte enthalten. Dabei spielten bei der Ausgestaltung des institutionellen und normativen Designs regionaler Menschenrechtsregime zugleich interregionale Diffusionsprozesse eine Rolle, die sowohl durch die Vereinten Nationen als auch durch transnationale Netzwerke von NGOs und Rechtsexperten befördert wurden (vgl. Liese 2011).

Die hilfreichen theoretischen Arbeiten zum Wirken transnationaler Netzwerke, Koalitionen und Bewegungen in den Internationalen Beziehungen lassen sich dabei mit sozialwissenschaftlichen Forschungen verbinden, die stärker auf der nationalen Ebene angesiedelt sind. Schon früh hat beispielsweise die politikwissenschaftliche Policy-Forschung die Bedeutung von *„advocacy coalitions"* für Politikwandel hervorgehoben (Sabatier 1993, 1999). Auch dieser Ansatz geht davon aus, dass sich in Policy-Subsystemen – über verschiedene institutionelle und organisatorische, staatliche wie nicht-staatliche Anbindungen hinweg – gleichgesinnte Akteure zusammenfinden, die über ein gemeinsames Set an politischen Wertvorstellungen, Problemwahrnehmungen und Kausalannahmen *(„belief systems")* verfügen und über eine längere Zeitspanne hinweg ihr Handeln auf gemeinsame Ziele hin koordinieren – Ziele, die sie gegen den Widerstand anderer Advocacy-Koalitionen durchzusetzen versuchen. Die transnationale Perspektive blieb je-

109 Siehe u.a. Cohen (1990), Breen (2003), Besson et al. (2009).

doch in der Policy-Forschung (im Unterschied zu den zuvor genannten Studien der Internationalen Beziehungen) weitgehend unberücksichtigt.

Da die rechtliche Verankerung der Menschenrechte vielfach gegen beharrende Kräfte und gegenläufige Wertvorstellungen und Interessen erstritten werden muss und immer auch auf Skepsis, Ablehnung und Widerstand stößt, lassen sich die Überlegungen zum Wirken nationaler oder transnationaler advokatorischer Netzwerke, Koalitionen und Bewegungen auch mit „konventionellen" macht- und konflikttheoretischen Analysen verbinden, welche die internationalen und nationalen Kräfteverhältnisse in den Blick nehmen und die Genese von Menschenrechts- und Grundrechtsnormen rückbinden an die Machtressourcen miteinander streitender kollektiver Akteure. Allerdings verfügen transnationale Netzwerke, Koalitionen und Bewegungen nicht über Staatsmacht oder Marktmacht, sondern „nur" über „Legitimationsmacht" (Beck 2009: 352), mit der sie ihre Anliegen gegenüber staatlichen und privaten Akteuren geltend machen. Die Organisations-, Mobilisierungs- und Konfliktfähigkeit sowie – mit Blick auf advokatorische Netzwerke – auch der Kommunikations- und Koalitionsfähigkeit kollektiver Menschenrechtsakteure kommen aus dieser Sicht große Bedeutung zu, und zwar sowohl auf internationaler als auch auf nationaler Ebene (die im Sinne transnationaler und *multilevel governance*-Ansätze ohnehin kaum mehr zu trennen sind). Dass dabei soziale Bewegungen eine große Rolle spielen, ist uns auch aus nationalen Untersuchungen zu *social movements* bestens bekannt.

Macht- und konfliktpolitisch argumentiert beispielsweise Anne Tittor (2011: 249), wenn sie die Aufnahme sozialer Grundrechte in die Verfassung Brasiliens auf den Druck sozialer Bewegungen zurückführt. Auch für andere Staaten, wie etwa Bolivien, ist gut belegt, wie soziale und indigene Bewegungen die Aufnahme sozialer und indigener Rechte in die Verfassung erkämpft und erstritten haben. Gerade in Bezug auf die wsk-Rechte erweist sich das Recht, um einen Buchtitel von Almut Schilling-Vacaflor (2010) zu verwenden, als „umkämpftes Terrain". Dies gilt insbesondere in Weltregionen mit einer derart ausgeprägten sozialen Ungleichheit wie eben Lateinamerika. Etliche Verfassungsreformen, die neue soziale und indigene Rechte aufnahmen, entstanden dort vor dem Hintergrund krasser sozialer Missstände, der Problemlösungsunfähigkeit selbst demokratisch gewählter politischer Eliten und erstarkter sozialer Protestbewegungen, die lokal und mitunter global vernetzt waren und sich gegen Gegenkräfte und widerstreitende Koalitionen durchsetzten. Allerdings ist die „von unten" erwirkte, teils auch populistisch instrumentalisierte Entstehung neuer Verfassungen und Normen, nur *ein* Modus der Generierung und Reformierung von Verfassungsnormen unter anderen. Da sich Verlauf und Ergebnis jüngere Verfassungsreformprozesse nach Ländern und Weltregionen ganz erheblich unterscheiden, lassen sich solche Befunde nicht einfach verallgemeinern. Hier bedürfte es gründlicher, qualitativvergleichender Studien, welche die Verankerung (oder Nicht-Verankerung) sozialer Grundrechte in Verfassungen erklären und die jeweiligen Bestimmungsgründe und Hindernisse kontextbezogen herausarbeiten.

3.2 Benötigen wir weitere soziale Menschenrechte?

Alles in allem wird man angesichts von mehr als 60 Jahren *„standard setting"* innerhalb der Vereinten Nationen (und einer inzwischen auch regional fortgeschrittenen Normsetzung in Europa, Amerika und Afrika) feststellen können, dass nicht die Normbildung mehr die vorrangige Aufgabe des internationalen Menschenrechtsschutzes darstellt, sondern vielmehr die Umsetzung und Kontrolle der Menschenrechtsnormen. Es gelte, so der Neunte Menschenrechtsbericht der Bundesregierung, „das Diktum des Übergangs von einer Phase des „Standard Setting" in eine solche der Implementierung bzw. Implementierungskontrolle" (Auswärtiges Amt 2011: 77). Man könnte ergänzen: Eine zeitgemäße und dynamische Auslegung dieser Rechte, auf die wir im zweiten Teil der vorliegenden Studie eingehen, ist ebenfalls eine wichtige, immer wieder erneut zu bewältigende Aufgabe, da neue Probleme und Perspektiven zu Re-Interpretationen des inhaltlichen Gehalts menschenrechtlicher Normen und Prinzipien Anlass geben können. Auch sind die Bemühungen um die weltweite Normierung von Menschenrechten noch nicht abgeschlossen. Zum einen sind mit den Rechten der „dritten Generation", wie etwa das Recht auf Entwicklung oder die Rechte indigener Völker, schon seit längerem stärker kollektive Rechte in Erscheinung getreten, die künftig möglicherweise ins völkerrechtliche *hard law* Eingang finden werden. Zum anderen ist anzunehmen, dass Veränderungen in den menschlichen Lebensbedingungen, Sozialbeziehungen und auch Wertvorstellungen, verbunden mit der Kritik an Unzulänglichkeiten des bestehenden Menschenrechtsschutzes, auch weiterhin neue individuelle und kollektive Menschenrechte hervorbringen können.

Bereits jetzt ist abzusehen, dass die Humangenetik und die Biopolitik, die Verbreitung und Nutzung digitaler Daten[110] oder auch einschneidende Umweltveränderungen[111] neue menschenrechtliche Gefahren bergen und Gegenmaßnahmen erforderlich machen werden. Ähnliches gilt auch für den Umgang mit Hochrisiko-Technologien wie der zivilen Nutzung der Atomkraft, deren enormes

110 Das *Jahrbuch Menschenrechte* 2011 (Bielefeldt et al. 2011) widmete dem Thema einen eigenen Schwerpunkt.

111 Siehe beispielsweise die Themenausgabe „Menschenrechte in der Klimakrise" der *zeitschrift für menschenrechte* (zfmr), Jg. 4, 2010, Nr. 2, oder auch das seit 2010 erscheinende *Journal of Human Rights and the Environment.*

Gefahren- und Schadenspotenzial nicht erst seit der Katastrophe in Japan des Jahres 2011 bekannt ist – und sich menschenrechtlich problematisieren lässt, analog zu den gesundheitsschädigenden Atomversuchen, die laut dem UN-Ausschuss für wsk-Rechte gegen das Recht auf Gesundheit verstoßen. Dabei geht es freilich nicht nur um die heutigen, sondern auch um die künftigen Generationen, deren Schutz das gegenwärtige Menschenrechtsregime noch nicht hinreichend erfasst. Gerade die Umwelt- und Klimaprobleme machen auf eine Leerstelle des internationalen Menschenrechtsschutzes aufmerksam, nämlich auf die „Rechte" künftiger Generationen.

Die historische Entwicklungsoffenheit der Menschenrechte bedeutet wohlgemerkt nicht Beliebigkeit: „So wenig sich die Menschenrechte einerseits zu einem zeitlos gültigen „Kanon" zusammenfügen, so wenig bilden sie anderseits einen bloßen „Katalog", in den auf Zuruf alles aufgenommen werden könnte, was im internationalen Gerechtigkeitsdiskurs gerade *en vogue* ist" (Bielefeldt 2012: 110). Vielmehr sind Forderungen nach neuen Menschenrechten kritisch darauf zu prüfen, wie tragfähig sie sind und inwiefern sie sich inhaltlich-systematisch in das Gefüge der Menschenrechte einbetten (vgl. ebd.: 109 f.).

Dabei ist nicht ausgemacht, dass staatliche wie nicht-staatliche Akteure auch künftig auf Menschenrechte Bezug nehmen werden, wenn es darum geht, gewichtige, länderübergreifende Zukunftsprobleme zu meistern. Bereits die Klimadebatte zeigt, wie schwer es den internationalen Menschenrechtsgremien mitunter fällt, auf bereits bestehende oder vorhergesagte menschenrechtliche Gefahren, in diesem Falle die Folgen des Klimawandels, angemessen zu reagieren. Dies gilt umso mehr, als im Hinblick auf menschenrechtliche Probleme des Klimawandels nicht einzelne Staaten, sondern die gesamte internationale Staatengemeinschaft gefordert ist, so dass die hoch umstrittenen extraterritorialen Staatenpflichten berührt sind (Müller/Franzen 2010: 14 ff.) – und zwar auch auf der völkerrechtlich nur zögerlich anerkannten extraterritorialen Schutz- und Gewährleistungsebene.[112] Noch schwieriger scheint es zu sein, menschenrechtliche Forderungen in die bestehenden Klima- und Migrationsregime zu integrieren (Haase/Bendel 2010). Immerhin werden die Zusammenhänge zusehends thematisiert, sowohl von menschenrechtlicher Seite[113] als auch ansatzweise aus klimapolitischer Sicht. Nicholson/Chong (2011) hoben sogar den strategischen Nutzen des Rekurses auf Menschenrechte

112 Die Unterscheidungen von territorialen und extraterritorialen Staatenpflichten und von Achtungs-, Schutz- und Gewährleistungspflichten werden später noch erläutert werden.

113 Vgl. ICHRP (2008), Rathgeber (2009) sowie Müller/Franzen (2010), die auch die UN-Sonderberichterstattung berücksichtigen. Siehe ferner den diesbezüglichen Bericht des UN-Hochkommissariats von 2009 (A/HRC/10/61).

(*„human rights bandwaggoning“*) für die Klimapolitik hervor. Ob die Menschenrechte bei der Bewältigung globaler Herausforderungen künftig als Referenzpunkte verwandt werden, ist also zumindest noch offen. Letztlich ist die gesellschaftspolitische Bedeutung, die den Menschenrechten beigemessen wird, historisch kontingent und damit veränderbar. Möglicherweise werden die Menschenrechte, so wie sie wir heute kennen, unter veränderten politischen, wirtschaftlichen, sozialen oder auch ökologischen Bedingungen in der Praxis nicht (mehr) die Wirkkraft entwickeln, die ihnen ihrem eigenen Anspruch nach zukommt.

Bereits jetzt macht sich an dem vermeintlichen Ausufern menschenrechtlicher Normen und Abkommen Kritik fest, verbunden mit der Sorge, dass der Schutz „elementarer“ Menschenrechte darunter leide. Bei der oft willkürlichen Unterscheidung zwischen für wichtig und für weniger wichtig erachteten Menschenrechten geraten hierbei selbst die – längst verankerten – sozialen Menschenrechte immer wieder in die Defensive. Deren Bedeutung scheint nicht immer ersichtlich zu sein. So vertrat beispielsweise Günter Nooke, der Menschenrechtsbeauftragte der Bundesregierung im Auswärtigen Amt von 2002 bis 2010, eher eine Position des „Weniger-Ist-Mehr“ und machte in der Anfangszeit seiner Amtszeit aus seiner Skepsis gegenüber den wsk-Rechten ebenso wenig einen Hehl wie am Ende seiner Amtsperiode gegenüber kollektiven Rechten (in Abgrenzung zu individuellen Rechten, zu denen er nun freilich auch die wsk-Rechte zählte).[114] Restriktiv stellt sich vielfach auch die philosophische Diskussion der Menschenrechte dar, kreist diese doch meist um einen „harten Kern“ für gut begründbar erachteter Menschenrechte und erstreckt sich in der Regel nicht auf die Gesamtheit der Menschenrechte, die in derzeit gültigen internationalen Abkommen bereits verankert sind. Die Einwände von Minimalkonzeptionalisten beruhen letztlich auf der Annahme, dass bestimmte Rechte – so erstrebenswert sie auch sein mögen – nicht universell begründbar, nicht global durchsetzbar und/oder sogar kontraproduktiv für den Schutz etablierter Menschenrechte seien (*„cheapening rights“*). Selbst in nicht-staatlichen Menschenrechtsorganisationen gab und gibt es Widerstände gegenüber der Ausweitung der Menschenrechtsarbeit auf wsk-Rechte. Der Tatsache, dass *Amnesty International* im Jahre 2003 den Schutz der wsk-Rechte in ihr Mandat aufgenommen hat und sich inzwischen engagiert einzelner wsk-Rechten annimmt, gingen beispielsweise hitzige interne Debatten an der Basis voraus, die mitunter bis heute anhalten. Auch unter Menschenrechtsaktivistinnen und -aktivisten ist die Diskussion um die Bedeutung, den Rechtscharakter und den Inhalt der wsk-Rechte noch lange nicht abgeschlossen.

114 Der Autor stützt sich hierbei auf Gesprächsbesuche von Günter Nooke beim Forum Menschenrechte zu Beginn und am Ende seiner Amtszeit.

Nun ist an dieser Stelle deutlich zu sagen: Die wirtschaftlichen, sozialen und kulturellen Menschenrechte müssen nicht mehr in internationalen Abkommen verankert werden – sie sind dies bereits seit geraumer Zeit. Auch wurden Menschenrechtsabkommen, welche soziale Menschenrechte beinhalten und diesen völkerrechtliche Verbindlichkeit verleihen, von einem Großteil der Staaten bereits formal anerkannt, wenngleich es noch einige Leerstellen auf der Weltkarte gibt. Gerade in Asien und im Pazifik konnten weder regionale Menschenrechtsnormen etabliert werden noch wurden wichtige globale Menschenrechtsabkommen flächendeckend ratifiziert. Der größte Widerstand gegenüber sozialen Menschenrechten kommt indes aus einer liberalen Demokratie, namentlich aus den USA – auch wenn es zwischen den jeweiligen US-Regierungen in ihrer Haltung gegenüber den wsk-Rechten durchaus Unterschiede gibt (vgl. etwa Weissbrodt 2006). Unter den (vielen) von den USA nicht-ratifizierten Menschenrechtsabkommen hat der UN-Sozialpakt, so glaubt Susanne Zwingel (2011: 161), die geringste Chance jemals ratifiziert zu werden.

TEIL II

Der Inhalt sozialer Menschenrechte – Interpretation und Anwendungsbeispiele

4 Sind soziale Menschenrechte „echte“ Menschenrechte? Rechtsnatur und staatliche Pflichten

4.1 Wer hat soziale Menschenrechte? Der einzelne Mensch im Mittelpunkt

Wem stehen soziale Menschenrechte zu und wen verpflichten sie? Trägerinnen und Träger der Menschenrechte sind zunächst die einzelnen Menschen. Dementsprechend sind die Menschenrechte in der Regel als individuelle Rechte formuliert. Die gängige Formel der Allgemeinen Erklärung der Menschenrechte lautet: „Jeder hat das Recht auf …“. Selbst wenn spezielle Menschenrechtsabkommen beispielsweise auf Frauen und Kinder bezogen sind, stellen Menschenrechte von Frauen oder Kindern doch individuelle Menschenrechte dar, die den einzelnen Frauen und Kindern zustehen. Ebenso wie die bürgerlich-politischen Menschenrechte sind also auch die wirtschaftlichen, sozialen und kulturellen Menschenrechte vornehmlich Individualrechte. Anders lautende Aussagen, die wsk-Rechte als Kollektivrechte ausweisen, sind längst überholt und heute nicht mehr haltbar.

Damit wird freilich nicht verneint, dass soziale Menschenrechte, ebenso wie bürgerlich-politische Rechte, gemeinschaftliche und gesellschaftliche Bezüge aufweisen. Zum einen ist die Umsetzung individueller Menschenrechte ohne das soziale Miteinander und die Unterstützung durch personelle Gemeinschaften und gesellschaftliche Organisationen und Institutionen kaum möglich: Die individuelle Autonomie bedarf immer auch der sozialen Teilhabe, Solidarität und Inklusion. Demgemäß schützen die Menschenrechte gerade auch gegen soziale Ausgrenzungen. Zum anderen wirken soziale Menschenrechte, obgleich sie als Individualrechte ausgestaltet sind, auf die freiheitliche und gleichberechtigte Ausgestaltung des Gemeinwesens als Ganzes hin; ihnen kommt eine „genuin gemeinschaftsprägende Bedeutung“ (Bielefeldt 2008: 155) zu. Indem die einzelnen Menschen ihre Menschenrechte nutzen, jene ihrer Mitmenschen achten und der Staat die entsprechenden Freiräume respektiert, schützt oder schafft, verändert sich auch das Gemeinwesen, in dem die Menschen im Idealfall als sozial und politisch autonome Menschen im Verbund mit anderen leben und handeln. Der Schutz der Individualrechte weist also weit über die einzelnen Menschen hinaus. Auch „klassische“ bürgerliche Freiheitsrechte, wie etwa das Recht auf Meinungs- und Pressefreiheit, schützen nicht nur einzelne Menschen und Journalisten, sondern insgesamt den freien öffentlichen Meinungsaustausch und das Medienwesen. Ein Staat, der die öffentliche Meinung knebelt und Medien zensiert oder gleichschaltet, verstößt eben in ganz umfassender Weise gegen die Meinungs- und Pressefreiheit. Ähnliches gilt für die Achtung des Rechts eines jeden, Gewerkschaften zu bilden und sich darin zu betätigen, das nicht nur die einzelnen Gewerkschaftler, sondern auch unabhängige Gewerkschaften schützt.

Von den Individualrechten, also den Rechten einzelner Personen, sind gleichwohl Gruppen- oder Kollektivrechte zu unterscheiden, mittels derer etwa ganze Völker oder Minderheiten geschützt werden sollen. Wie wir bereits gesehen haben, enthält beispielsweise die afrikanische Banjul-Charta etliche kollektiv verstandene „Rechte der Völker". Individual- wie kollektivrechtliche Schutzdimensionen sind auch indigenen Rechten eigen, die in völkerrechtlich verbindlicher Form etwa in der ILO-Konvention Nr. 169 niedergelegt sind. Der UN-Sozialpakt wiederum sieht (in Art. 1) ein Selbstbestimmungsrecht der Völker vor, das im Berichtsverfahren mitunter geltend gemacht wird.[115] Zudem weist das dort (in Art. 15 Abs. 1) niedergelegte Recht, am kulturellen Leben teilzunehmen, sowohl individuelle als auch kollektive Züge auf.[116]

Kollektivrechte im eigentlichen Sinne sehen wohlgemerkt nicht nur spezielle Rechte für die einzelnen Angehörigen einer Gruppe vor, sondern erheben die Gruppe als solche zum Träger von Rechten (wobei stets die Frage zu klären ist, wie diese Gruppe bestimmt wird und wer sie berechtigterweise repräsentiert). Sie werden teils als Unterkategorie von Menschenrechten angesehen, teils als eigenständige, nicht zu den Menschenrechten gehörende Gemeinschafts- oder Minderheitenrechte behandelt. So vertrat etwa Franz-Josef Hutter (2003: 77) die Ansicht: „Menschenrechte sollten sinnvollerweise auf Rechte, die den Menschen als Individuum meinen, begrenzt bleiben". Indes ist zu beachten, dass auch kollektive Rechte bzw. Rechtsdimensionen der individuellen Selbstbestimmung und Entfaltung der einzelnen Menschen dienen können. Für die Umsetzung einzelner wsk-Rechte, wie etwa der Rechte auf Bildung oder auf Teilnahme am kulturellen Leben, kann die gleichzeitige Gewährung von Gruppen- und Minderheitenrechten Voraussetzung sein: Man denke hier nur an das Erlernen und den Gebrauch von Minderheitensprachen in Schulen und im öffentlichen Leben, die für ein selbstbestimmtes Leben von Individuen in ihrem jeweiligen kulturellen Kontext wichtig sein mag.

---

115 Siehe etwa die Abschließenden Bemerkungen des UN-Ausschusses für wirtschaftliche, soziale und kulturelle Rechte zu Kolumbien: E/C.12/COL/CO/5, 21. Mai 2010, Ziff. 9.

116 Vgl. den entsprechenden Allgemeinen Kommentar Nr. 21 des UN-Ausschusses für wirtschaftliche, soziale und kulturelle Rechte: E/C.12/GC/21, 21. Dezember 2009.

Auch der individualrechtliche Diskriminierungsschutz kann eine Gruppendimension aufweisen, etwa wenn Menschen aufgrund der Zugehörigkeit zu einer benachteiligten Minderheit diskriminiert werden. Allzu schematische Zuweisungen und hermetische Abgrenzungen sind daher zu vermeiden. Gerade im Falle von Angehörigen benachteiligter Minderheiten sind die Grenzen zwischen dem Schutz des Individuums und dem der Gruppe fließend – sowohl in Europa (vgl. Toggenburg/Rautz 2010: 288 f.) als auch etwa in Lateinamerika, wo die Gewährleistung kollektiver Menschenrechte mitunter sogar als „unabdingbare Grundbedingung für die Garantie individueller Menschenrechte" (Schilling-Vacaflor 2010: 29) von Menschen indigener Herkunft angesehen wird (was wiederum zu diskutieren wäre). Dabei haben auch Minderheitenrechte einen individualrechtlichen Gehalt. Selbst die landläufige Einschätzung, dass das Recht auf Entwicklung ein Kollektivrecht sei, trifft nicht ganz zu. „Denn im Kontext der Menschenrechte kann das Recht auf Entwicklung nur eine menschenrechtliche Entwicklung meinen, die die Subjektstellung jedes einzelnen Menschen schon in die Definition angemessener Entwicklung einbezieht" (Bielefeldt 2008b: 163). Das Recht auf Entwicklung trägt mithin sowohl kollektive als auch individuelle Züge.

Kurzum: Wirtschaftliche, soziale und kulturelle Menschenrechte sind zunächst individuelle Menschenrechte, die gemeinschaftliche und gesellschaftliche Bezüge aufweisen und mitunter auch kollektivrechtlich abgestützt werden müssen.

4.2 Wen verpflichten soziale Menschenrechte? Die Staaten in der Verantwortung

Die Hauptverantwortung für die Umsetzung der Menschenrechte tragen die Staaten. Dies ergibt sich bereits daraus, dass das Völkerrecht vornehmlich ein Staatenrecht ist. In Form internationaler Menschenrechtsabkommen verpflichten sich die Staaten gegenseitig dazu, die Menschenrechte der Einzelpersonen unter ihrer Hoheitsgewalt zu achten, zu schützen und zu gewährleisten. Aus völkerrechtlicher Sicht binden die Menschenrechte dabei alle staatlichen Gewalten (Legislative, Exekutive, Judikative) und Organe, und zwar gleich, ob diese auf Bundes-, Landes- oder Kommunalebene angesiedelt sind oder ob es sich um über- oder untergeordnete Behörden handelt. Die staatliche Verpflichtung erstreckt sich sogar auf solche privaten Akteure, denen die Erfüllung öffentlicher Aufgaben übertragen wird oder die im Auftrag, unter Anleitung oder unter Kontrolle des Staates agieren (vgl. Kälin/Künzli 2008: 90 ff.).

Das Verpflichtungsverhältnis umfasst zum einen das – vertikale – Verhältnis zwischen Staat und Individuum. Der Staat ist vor allem denjenigen Menschen gegenüber verpflichtet, die der Hoheitsgewalt des jeweiligen Staates unterliegen. Abgesteckt wird also ein besonders geschützter Freiheitsbereich der Individuen, den der Staat zu achten, zu schützen oder, falls die entsprechenden Bedingungen fehlen, zu schaffen hat. Zum anderen bestehen aber auch zwischenstaatliche – quasi horizontale[117] – Menschenrechtsverpflichtungen gegenüber den übrigen Staaten. Dies kann zum Beispiel dann der Fall sein, wenn die Menschenrechte fremder Staatsangehöriger in einem Staat verletzt werden und diplomatischen Schutz durch den Heimatstaat der Betroffenen notwendig machen. Vor allem aber ergeben sich entsprechende Verpflichtungen dadurch, dass internationale Menschenrechtsabkommen mit Staaten (und nicht mit Individuen) abgeschlossen werden: In solchen Verträgen verpflichten sich die Staaten – *erga omnes partes* – gegenüber den anderen Vertragsstaaten, die Menschenrechte einzuhalten und umzusetzen. Letztere dürfen demnach die Einhaltung von Vertragsverpflichtungen von jenen Staaten einfordern, welche diese verletzen bzw. nicht umsetzen. Hinzu kommen völkergewohnheitsrechtliche Verpflichtungen, welche – *erga omnes* – die Staaten gegenüber allen anderen Staaten der Welt, mithin also der internationalen Staatengemeinschaft, verpflichten.[118] Gewohnheitsrechtliche Verbote, welche auch den Bereich der wsk-Rechte berühren, betreffen beispielsweise „traditionelle“ oder „moderne“ Formen der Sklaverei oder auch die rassistische Diskriminierung.

Menschenrechtliche Staatenpflichten				
Vertragsstaat als Pflichtenträger	↔ vertrags-rechtlich	(Vertrags-)Staat als Pflichtenträger	↔ gewohnheits-rechtlich	Staat als Pflichtenträger
Menschenrechte ↓↓↓ achten, schützen gewährleisten		Menschenrechte ↓↓↓ achten, schützen gewährleisten		Menschenrechte ↓↓↓ achten, schützen gewährleisten
gegenüber Menschen als Rechte-Inhaber		gegenüber Menschen als Rechte-Inhaber		gegenüber Menschen als Rechte-Inhaber
Anmerkung: eigenes Schaubild				

117 Der Begriff „horizontal“ bezieht sich hier nicht, wie in der juristischen Literatur üblich, auf das Rechtsverhältnis zwischen Privaten, sondern zwischen Staaten.

118 Zur verständlichen Einführung in die Rechtsnatur menschenrechtlicher Verpflichtungen empfiehlt sich einmal mehr das Standardwerk von Kälin/Künzli (2008: 107 ff.).

4.3 Welche staatlichen Pflichten ergeben sich aus sozialen Menschenrechten? Achtungs-, Schutz- und Gewährleistungspflichten

Welche Arten staatlicher Pflichten ergeben sich aber aus den sozialen Menschenrechten? Jüngeren völkerrechtsdogmatischen Entwicklungen zufolge begründen die Menschenrechte staatliche Achtungs-, Schutz- und Gewährleistungspflichten. Sie finden in der inzwischen weithin bekannten Trias *„to respect – to protect – to fulfil"* ihren Ausdruck, die von dem damaligen *Special Rapporteur on the Right to Food as a Human Rights of the UN-Sub-Commission on Prevention of Discrimination and Protection of Minorities*, Asbjørn Eide, wenn auch nicht entwickelt[119], so doch in den 1980er Jahren geprägt wurde. In einem Bericht zum Recht auf angemessene Nahrung als Menschenrecht an die Vereinten Nationen unterschied er dort bereits 1984 zwischen der *obligation to respect*, der *obligation to protect* und der *obligation to fulfil*.[120] Später wurde die letztgenannte Kategorie des *fulfil* von Eide noch weiter in die Kategorien *facilitate* (erleichtern), *promote* (fördern) und *provide* (bereitstellen) ausdifferenziert.[121] Damit wollte Eide unterstreichen, dass die Gewährleistungspflicht nicht vom Staat fordert, selbst alle nötigen Leistungen bereit zu stellen, sie ihn aber verpflichtet, generell für deren Gewährleistung zu sorgen und bestimmte Gruppen gezielt zu fördern. Während die letztgenannte Differenzierung nicht immer trennscharf möglich ist und in der Diskussion bislang eine untergeordnete Rolle spielt, ist die Trias aus Achtungs-, Schutz- und Gewährleistungspflichten inzwischen weithin anerkannt.

Achtungspflichten *(obligations to respect)* bilden den Kern einer liberalen Grundrechts- und Menschenrechtstheorie, die den Schutz der Freiheitssphäre des einzelnen Menschen gegenüber Eingriffen des Staates und damit den Abwehrcharakter der Menschenrechte in den Mittelpunkt stellt. Sie verpflichten die Staaten, den Einzelnen nicht direkt oder indirekt an der Ausübung seiner Menschenrechte zu hindern – und dort, wo er es tut, die entsprechenden Verletzungshandlungen zu unterlassen und deren Folgen ggf. zu beheben. Es handelt sich also vor allem um negatorische Unterlassungspflichten, die jeder noch so (finanz)schwache Staat erfüllen kann, gegebenenfalls verbunden mit restitutorischen Beseitigungspflichten.

---

119 So unterschied etwa bereits Henry Shue (1980) bezüglich der *basic rights* drei Verpflichtungsdimensionen: *duties of avoidance, protection and aid.*

120 E/CN.4/Sub.2/1984/22, 3. Juli 1984.

121 E/CN.4/Sub.2/1999/12, 28. Juni 1999.

Für gewöhnlich werden solche Pflichten vorrangig in Bezug auf „klassische Freiheitsrechte" formuliert, die zum Teil die Freiheit schon im Namen tragen. Doch ist nachdrücklich zu betonen, dass wirtschaftliche, soziale und kulturelle Menschenrechte eben auch Freiheitsrechte darstellen, die durch staatliches Handeln verletzt werden können, beispielsweise dann, wenn staatliche Organe willkürliche Zwangsräumungen oder Landvertreibungen vornehmen, staatliche Unternehmen die Gesundheit von Arbeitern oder Anwohnern schädigen oder indem etwa, wie seinerseits unter der Taliban-Herrschaft in Afghanistan oder dem Apartheid-Regime in Südafrika, Frauen oder Angehörige bestimmter Bevölkerungsgruppen staatlicherseits der gleichberechtigte Zugang zur öffentlichen Bildung verwehrt wird – um nur einige wenige, deutliche Beispiele zu nennen. Immer dann also, wenn der Staat Rechtspositionen, Freiräume, Handlungen oder die Lage der Menschen dergestalt beeinträchtigt, dass diese an der Nutzung ihrer wsk-Rechte gehindert oder behindert werden, können die Eingriffe, soweit sie nicht im Sinne der nachstehend genannten Schrankenvorbehalten gerechtfertigt sind, Achtungspflichten der Staaten verletzen.

Verletzungen sozialer Menschenrechte sind dabei freilich von rechtmäßigen Eingriffen in die Rechte zu unterscheiden.[122] Sofern Menschenrechte nicht absolut gelten, wie etwa das Verbot der Folter oder der Sklaverei,[123] können sie auf gesetzlicher Grundlage und unter der Beachtung des Prinzips der Verhältnismäßigkeit und des Diskriminierungsverbots gegebenenfalls aus qualifizierten Gründen eingeschränkt werden, beispielsweise zum Schutz der Rechte anderer Menschen, der nationalen Sicherheit oder des demokratischen Gemeinwohls. Juristen sprechen hier von „Schranken der Menschenrechte". Allerdings unterliegen diese Schranken wiederum selbst Schranken („Schranken-Schranken"). Art. 4 des UN-Sozialpaktes knüpft beispielsweise einen solchen Schrankenvorbehalt für die dort verankerten wsk-Rechte an folgende Bedingungen: „Die Vertragsstaaten erkennen an, dass ein Staat die Ausübung der von ihm gemäß diesem Pakt gewährleisteten Rechte nur solchen Einschränkungen unterwerfen darf, die gesetzlich vorgesehen und mit der Natur dieser Rechte vereinbar sind und deren ausschließlicher Zweck es ist, das allgemein Wohl in einer demokratischen Gesellschaft zu fördern."

---

122 Zur grundrechtsdogmatischen Figur der Grundrechtseingriffe in Deutschland siehe beispielsweise Holoubek (2005), zur Beschränkbarkeit von Grund- und Menschenrechten auch Papier (2007).

123 In diesem Sinne stellt jeder Eingriff in das Folterverbot zwangsläufig eine Menschenrechtsverletzung dar.

Bereits die einflussreichen *Limburg Principles on the Implementation of the International Covenant on Economic, Social and Cultural Rights* (kurz: Limburger Prinzipien), die 1986 von unabhängigen Experten erarbeitet wurden, stellten klar, dass etwaige Beschränkungen nicht die Subsistenz, das Überleben oder die Integrität von Menschen beeinträchtigen und auch nicht diskriminierend wirken dürfen.[124] Aufgrund ihrer fundamentalen Bedeutung für die Menschenrechte, so ließe sich sinngemäß mit Heiner Bielefeldt (2011) ergänzen, ist vor allem die Menschenwürde ein unhintergehbarer Maßstab dafür, inwieweit *und* auf welche Weise Menschenrechte eingeschränkt werden können.[125] Worin nun aber konkret die jeweiligen Achtungspflichten des Staates und der Umfang möglicher rechtmäßiger Eingriffe liegen, ist für jedes Menschenrecht eigens zu konkretisieren und unter den jeweils gegebenen Bedingungen im Einzelfall weiter zu prüfen.

Schutzpflichten *(obligations to protect)* bestehen in der staatlichen Verpflichtung, den Einzelnen gegen tatsächliche oder drohende Eingriffe in seine Rechtspositionen durch Dritte zu schützen. Für gewöhnlich handelt es sich hierbei um Eingriffe durch nicht-staatliche, private Akteure. Die Schutzpflicht erstreckt sich aber ggf. auch auf Menschenrechtsverletzungen durch fremde Staaten sowie auf Übergriffe durch Angehörige der eigenen Staatsorgane, die ihre Kompetenzen überschreiten. Der von Kälin/Künzli (2008: 120) angeführte Schutz vor akuten oder drohenden natürlichen Gefahren, welche die menschenrechtlichen Freiheits- und Schutzräume der Menschen beeinträchtigen, verweist meines Erachtens hingegen auf die weiter unten ausgeführten Gewährleistungspflichten. Schutzpflichten sind teilweise ausdrücklich in den Menschenrechtsabkommen benannt und dem Wortlaut der entsprechenden Artikel zu entnehmen. Vor allem aber ergeben sie sich aus einer zeitgemäßen Interpretation der jeweiligen Menschenrechte. Regelmäßig und deutlich heben die Überwachungsorgane der jeweiligen Menschenrechtsabkommen entsprechende präventive oder kurative Schutzpflichten hervor und tragen damit der Tatsache Rechnung, dass Menschenrechte gerade auch durch nicht-staatliche Akteure beeinträchtigt werden können.

Art und Umfang auch der Schutzpflichten sind anhand der jeweiligen Abkommen und Rechte jeweils zu konkretisieren. Auf Grundlage von Entscheidungen des Europäischen Gerichtshofs für Menschenrechte lassen sich aber einige allge-

124 Abgedruckt in: E/C.12/2000/13, 2. Oktober 2000.

125 Während juristische Argumentationen typischerweise keinerlei Eingriffe in die Menschenrechte zulassen, sobald die Menschenwürde berührt ist, und hier die Argumentation abbrechen, möchte Heiner Bielefeldt die Menschenwürde darüber hinaus auch bei der Beantwortung der Frage, auf welche Art und Weise Eingriffe gerechtfertigt und durchgeführt werden, argumentativ zur Geltung bringen.

meine Prinzipien ausmachen (Kälin/Künzli 2008: 126): Demnach entstehen Schutzpflichten aus Menschenrechten, wenn a) staatliche Behörden Kenntnis von einer aktuellen oder drohenden Gefährdung haben oder bei erforderlicher Sorgfalt haben können, b) sie trotz entsprechender Kenntnis nicht im Rahmen ihrer verfügbaren Mittel geeignete Schutzmaßnahmen ergreifen und c) doch zugleich menschenrechtskonforme Gegenmaßnahmen möglich wären.

Bei den Schutzpflichten handelt es sich also nicht um staatliche Handlungsverbote, sondern um staatliche Handlungsgebote, und damit um „Leistungsrechte im weiteren Sinne."[126] Verletzungen der Schutzpflichten können sich also durch staatliches Unterlassen ergeben. Da es für gewöhnlich jedoch eine komplexe Frage ist, wie eine positive Schutzpflicht, die aus den Menschenrechten hergeleitet wird, durch aktive gesetzgeberische Maßnahmen und durch die vollziehende Gewalt in der jeweiligen Situation zu verwirklichen ist, besteht hier ein weiter politischer Ermessens- und Gestaltungsspielraum *(margin of appreciation/discretion)* bezüglich der Frage, welche Gegenmaßnahmen zu ergreifen sind. Die Auswahl der Mittel liegt also, soweit sie zielführend und menschenrechtskonform ausgestaltet sind, prinzipiell im Ermessen der jeweiligen politischen Entscheidungsträger.

Dies gilt in verstärktem Maße für Gewährleistungspflichten *(obligations to fulfil)*, die gelegentlich auch mit „Erfüllungspflichten“ übersetzt werden und „Leistungsrechte im engeren Sinne“[127] darstellen. Sie verpflichten die Staaten, die möglichst umfassende Ausübung der Menschenrechte durch aktives staatliches Handeln zu ermöglichen. Hierbei geht es also darum, die rechtlichen, institutionellen, prozessualen und auch materiellen Voraussetzungen für die Umsetzung der Rechte überhaupt erst zu schaffen, etwa über entsprechende Gesetze, Einrichtungen, Verfahren oder auch staatliche Leistungen in Form von Geld, Gütern oder Dienstleistungen.[128]

Auch hier verfügen die Staaten über große Handlungsfreiheit. Die sozialen Menschenrechte bezwecken also keineswegs, den – im Idealfall demokratisch legitimierten – politischen Institutionen die Verantwortung über die konkrete Ausgestaltung ihrer Wirtschafts- und Sozialsysteme oder ihrer Wirtschafts- und Sozialpolitiken zu entziehen. Aber die sozialen Menschenrechte nehmen die Staaten in die Pflicht, konkrete Maßnahmen zu ergreifen, um im Rahmen ihrer Möglichkeiten die Voraussetzungen für eine freiheitliche, selbstbestimmte Lebensgestaltung der Menschen auch in wirtschaftlichen, sozialen und kulturellen Bereichen herzustellen, und über die eingeleiteten Schritte Rechenschaft abzulegen.

126 So Söllner (2007: 75) in Anlehnung an Alexy (1995).

127 So Söllner (2007: 76) in Anlehnung an Alexy (1995).

128 Vgl. Kälin/Künzli (2008: 111 f., 127 ff.).

Ganz beliebig sind die staatlichen Maßnahmen dabei nicht, wie die Ausführungen des UN-Ausschusses für wirtschaftliche, soziale und kulturelle Rechte zu den einzelnen Rechten zeigen. Und doch verbleibt den Staaten ein weiter Ermessens- und Gestaltungsspielraum, der eine (quasi-)gerichtliche Feststellung von Verletzungen der Gewährleistungspflichten zugegebenermaßen schwierig, aber auch nicht unmöglich macht. Der gerichtlichen Bewertung am ehesten zugänglich sind hier wohl eindeutige Fälle von Untätigsein und unzureichendem Handeln des Staates sowie das diskriminierende Vorenthalten von Leistungen.

Ungeachtet einer (quasi-)gerichtlichen Überprüfung ist festzuhalten: Die Staaten sind nicht nur verpflichtet, die Menschenrechte nicht selbst zu verletzen, sondern müssen eben auch Maßnahmen ergreifen, um die Menschenrechte zu schützen und allen Menschen die Nutzung ihrer Menschenrechte zu ermöglichen. Unzureichendes Handeln lässt sich, selbst wenn dies juristisch schwer fassbar ist, mit Fug und Recht beanstanden, und aktives Handeln lässt sich menschenrechtlich einfordern. Ein Staat, der die existenzielle Not der Menschen auf seinem Staatsgebiet ignoriert, obwohl er die Mittel hätte, diese zu beheben oder zumindest zu lindern, kann für sich schlechterdings nicht in Anspruch nehmen, die Menschenrechte voll umfänglich umzusetzen, und wird sich die Kritik der Menschenrechtskontrollorgane gefallen lassen müssen, seine Gewährleistungspflichten zu vernachlässigen. Die fortschreitende volle Verwirklichung der sozialen Menschenrechte ist nun einmal verpflichtend, und die Sicherstellung eines Mindestniveaus bei der Nutzung der wsk-Rechte zählt sogar zu den unmittelbar umzusetzenden Kernverpflichtungen der Staaten.[129] In der Gewährleistung der sozialen Bedingungen für ein menschenwürdiges Leben, die hierzulande (noch) als Selbstverständlichkeit empfunden werden mögen, liegt denn auch die große menschenrechtliche Bedeutung der wsk-Rechte als Leistungsrechte begründet.

Die drei Verpflichtungsdimensionen beziehen sich, UN-Interpretationen zufolge, prinzipiell auf alle Menschenrechte. Die Trias trägt dabei insofern zu einem angemessenen Problemverständnis bei, als sie verdeutlicht, dass soziale Menschenrechte – auch wenn sie ein größeres Gewicht auf die Leistungskomponente legen als bürgerlich-politische Rechte – eben *nicht nur* kostspielige Leistungsrechte (im engen Sinne) darstellen. Sie sind immer *auch* Abwehr- und Schutzrechte und begründen als solche staatliche Unterlassungs- und Schutzpflichten – was in der herkömmlichen Debatte um die wsk-Rechte lange Zeit vernachlässigt wurde und selbst heute mitunter noch verkannt wird.[130] Wurden die wsk-Rechte also

129 CESCR/E/1991/23, 14. Dezember 1990, Ziff. 10.

130 So ist selbst in einschlägigen juristischen Fachbüchern noch zu lesen, dass es sich bei bürgerlich-politischen Rechten um „negatorische Abwehrrechte“, bei den wsk-Rechten

ursprünglich lediglich als Leistungsansprüche gegenüber dem Staat verstanden, lassen sich die wsk-Rechte heutzutage nicht mehr nur auf ihre Leistungsdimension reduzieren, sondern dienen gerade auch dem Schutz der Menschen vor staatlichen und privaten Eingriffen.

Zugleich stellt die Verpflichtungstrias die überkommene Sichtweise in Frage, der zufolge die Umsetzung bürgerlich-politischer Rechte keiner staatlichen Leistungen und Ressourcen bedürfe. Axel Herrmann (2000b: 35) etwa ging noch davon aus, dass die „klassischen Menschenrechte" in ihrer Eigenschaft als Abwehrrechte gegenüber sozialen „Leistungsrechten" den Vorteil hätten, „dass sie keine unmittelbare materielle Substanz besitzen, da sie vom Staat grundsätzlich nur Respektierung verlangen, aber keine Ansprüche geben, deren Verwirklichung Geld kostet". Demgegenüber ist einzuwenden, dass selbstredend auch „klassische Freiheitsrechte" erhebliche Kostenfolgen haben, schon allein deshalb, weil der Rechtsstaat erhebliche Kosten verursacht.[131] In vielen Entwicklungs- und Transformationsländern müssen die rechtsstaatlichen und politischen Institutionen erst mit viel Aufwand und erheblichen Ressourcen auf- und ausgebaut werden, bevor die Menschen ihre bürgerlich-politischen Rechte effektiv nutzen können. Oder um mit Katarina Tomaševski (2003: 112) zu sprechen *„No human right is cost-free"*.

Die Pflichtentrias *„respect-protect-fulfil"* hat in den vergangenen Jahren erheblich an Bedeutung gewonnen. Vor allem der UN-Ausschuss für wirtschaftliche, soziale und kulturelle Menschenrechte hat sie aufgegriffen, angewandt und innerhalb der Vereinten Nationen verbreitet. Inzwischen nehmen auch weitere globale und regionale Überwachungsorgane sowie eine Vielzahl an Experten und NGOs auf die drei Verpflichtungsebenen Bezug, wenn sie wirtschaftliche, soziale und kulturelle Menschenrechte behandeln. Auch jüngere Nationalverfassungen, die neben bürgerlich-politischen zugleich soziale Grundrechte verankern, greifen mitunter die Begrifflichkeit auf.[132]

---

hingegen um „positive Anspruchs- und Teilhaberechte" handle (Vedder 2009: 241); paradoxerweise legt derselbe Autor bei einzelnen wsk-Rechten, etwa beim Recht auf Gesundheit, staatliche Unterlassungs- und Schutzpflichten dar (ders.: 280).

131 Dies räumen selbst Staats- und Völkerrechtler ein, die sozialen Grund- und Menschenrechten skeptisch bis ablehnend gegenüber stehen; vgl. etwa Rüfer (2006: 685), Tomuschat (2009: 155 f.). Auf die Ressourcenabhängigkeit auch bürgerlich-politischer Rechte hat in der Vergangenheit eine Vielzahl an Autorinnen und Autoren hingewiesen, statt vieler: Craven (1995: 15), Klee (2000: 87) oder auch Holmes/Sunstein (1999), deren Buch den gerade für US-Amerikaner provokanten Titel trägt: *„The Cost of Rights: Why Liberty Depends on Taxes"*.

132 So heißt es etwa in Art. 7 (2) der südafrikanischen Verfassung von 1996: *„The state must respect, protect, promote and fulfil the rights in the Bill of Rights"*.

Bei der Interpretation der bürgerlichen und politischen Rechte hat sich die Verpflichtungstrias indes terminologisch noch nicht wirklich durchgesetzt, obwohl entsprechende Rechtskommentare neben den mit abwehrrechtlichen Ansprüchen verbundenen Unterlassungspflichten immer wieder Schutz- und selbst Gewährleistungspflichten benennen. So groß ist die Umstellung aber gar nicht: Letztlich knüpfen die Verpflichtungen konzeptionell an die alt bekannte Unterscheidung „negativer" und „positiver" Handlungspflichten und beziehen sich hinsichtlich der Schutzpflichten teilweise auf die – im traditionellen Sprachgebrauch – „Drittwirkung" von Grund- und Menschenrechten. Neu ist allerdings, dass bezüglich der wsk-Rechte nicht nur Gewährleistungs-, sondern gerade auch Unterlassungs- und Schutzpflichten betont und, umgekehrt, auch bei bürgerlich-politischen Rechten über die Achtungspflichten hinaus verstärkt Schutz- und selbst Gewährleistungspflichten geltend gemacht werden.

<table>
<tr><th colspan="2">Menschenrechtliche Verpflichtungen der Staaten
(im Sinne jüngerer rechtsdogmatischer Entwicklungen)</th></tr>
<tr><td colspan="2">Achtung
der Menschenrechte durch den Staat
Der Staat ist verpflichtet, den einzelnen Menschen nicht an der Ausübung seiner Rechte zu hindern.
Beispiele für Achtungs- bzw. Unterlassungspflichten:</td></tr>
<tr><td>Der Staat unterlässt willkürliche Tötungen, unrechtmäßige Verhaftungen und Verurteilungen, Folter, Zensur, Eingriffe in die Versammlungs- und Vereinigungsfreiheit, Wahlfälschungen etc.</td><td>Der Staat unterlässt widerrechtliche Zwangsräumungen und -vertreibungen, Gesundheitsgefährdungen, Trinkwasserverschmutzungen etc. und schließt keine Bevölkerungsgruppen z.B. von öffentlichen Gesundheits- und Bildungseinrichtungen aus.</td></tr>
<tr><td colspan="2">Schutz
vor Eingriffen Dritter in die Menschenrechte
Der Staat ist verpflichtet, den einzelnen Menschen vor Eingriffen Dritter in seine Rechte zu schützen.
Beispiele für Schutzpflichten:</td></tr>
<tr><td>Der Staat ergreift Maßnahmen zum Schutz des einzelnen Menschen bei der Ausübung des Versammlungs-, Demonstrations- oder Wahlrechts etc. vor Störungen durch Dritte.</td><td>Der Staat ergreift Maßnahmen zum Schutz des einzelnen Menschen vor Landvertreibungen, Mietwucher, Gesundheitsgefährdungen, Arbeitssklaverei und Ausbeutung etc. durch Dritte.</td></tr>
<tr><td colspan="2">Gewährleistung
der Menschenrechte durch staatliche Leistungen
Der Staat ist verpflichtet, die Ausübung der Menschenrechte durch pos. Leistungen zu ermöglichen.
Beispiele für Gewährleistungspflichten:</td></tr>
<tr><td>Der Staat schafft und unterhält funktionstüchtige Gerichte und eine demokratische Wahlorganisation, damit der einzelne Mensch seine Justizgrundrechte und sein Wahlrecht nutzen kann.</td><td>Der Staat schafft und unterhält eine ausreichende Zahl an Krankenhäusern und Schulen, damit der einzelne Mensch seine Rechte auf Gesundheit und Bildung nutzen kann. Der Staat ergreift Maßnahmen zur Bekämpfung von Hungersnöten, Seuchen etc.</td></tr>
<tr><td colspan="2">Anmerkung: eigenes Schaubild (Krennerich 2005)</td></tr>
</table>

Zusammenfassend kann somit nicht genug betont werden, dass alle Menschenrechte einen Abwehr-, Schutz- und Leistungscharakter aufweisen können. Allerdings wird es noch eine Weile dauern, bis sich die – auf UN-Ebene und unter wsk-Rechte-Experten zusehends verbreitete – Pflichtentrias flächendeckend durchsetzt. Die menschenrechtsdogmatische Wende wurde aber eingeleitet und hat Fahrt aufgenommen. Die Kenntnis der drei Verpflichtungsebenen ist daher grundlegend für ein angemessenes, zeitgemäßes Verständnis der einzelnen sozialen Menschenrechte und der sich daraus ergebenden Staatenpflichten.

4.4 Soziale Menschenrechte – allgemeine Anforderungen an die Umsetzung

Die drei Verpflichtungsebenen helfen uns auch, die rechtlich wie politisch umstrittenen Bestandteile des Art. 2 (1) des UN-Sozialpaktes besser zu bestehen, wonach sich die Vertragsstaaten verpflichten, unter Ausschöpfung all' ihrer Möglichkeiten Maßnahmen zu treffen, um schrittweise mit allen geeigneten Mitteln die volle Verwirklichung der im UN-Sozialpakt verankerten Rechte zu erreichen.[133]

4.4.1 Soziale Menschenrechte – nur schrittweise zu verwirklichen?

Der UN-Sozialpakt erlaubt den Vertragsstaaten ausdrücklich, ihre Verpflichtungen aus dem Pakt *„progressively"* umzusetzen. In der offiziellen deutschen Übersetzung wird *„progressively"* mit „nach und nach" übersetzt; angemessener ist es jedoch, von einer „fortschreitenden" oder einer „progressiven" Verwirklichung zu sprechen. Eine entsprechende Klausel kennt der UN-Zivilpakt nicht; die dort verankerten Rechte sind dementsprechend sofort umzusetzen.

Mit der Verpflichtung einer nur progressiven Verwirklichung erkennt der UN-Sozialpakt ausdrücklich an, dass eine volle Verwirklichung aller wirtschaftlichen, sozialen und kulturellen Rechte für gewöhnlich nicht binnen kurzer Zeit möglich ist. Dies ist angebracht: Angesichts knapper Ressourcen und nur schwer überwindbarer sozialer Missstände weltweit lassen sich viele Aspekte der sozialen Menschenrechte offensichtlich nicht von heute auf morgen umsetzen, insbesondere nicht jene Rechtskomponenten, deren Umsetzung umfangreiche staatliche Leistungen und langfristiges Handeln erfordern. Im Hinblick auf die oben genannte Verpflichtungstrias trifft dies gerade auf die Gewährleistungspflichten zu, die mit den wsk-Rechten verbunden sind.

---

133 Ähnlich lautet die entsprechende Formulierung der UN-Kinderrechtskonvention.

Hingegen lassen sich Achtungs- und vielfach auch Schutzpflichten für gewöhnlich schneller verwirklichen, zumal erstere kaum Ressourcen bedürfen, vor allem Unterlassungspflichten darstellen und als solche erst gar nicht dem Vorbehalt der progressiven Verwirklichung unterliegen. Besonders das Diskriminierungsverbot ist unverzüglich zu beachten. Dies stellten die Sachverständigen, die an der Ausarbeitung der Limburger Prinzipien zur Umsetzung des UN-Sozialpaktes (1986) und der *Maastricht Guidelines on Violations of Economic, Social and Cultural Rights* (1997)[134] beteiligt waren, ebenso klar wie der UN-Ausschuss für wsk-Rechte in seiner Allgemeinen Bemerkung zur Rechtsnatur der Vertragspflichten (Nr. 3, 1990) und in vielen weiteren Kommentaren, etwa in jenem zur Nicht-Diskriminierung (Nr. 20, 2009), wo es heißt: *„Non-discrimination is an inmediate and cross-cutting obligation in the Covenant"*.[135] Auch Christian Tomuschat (2009: 162 ff.) räumt ein, dass der Gleichheitssatz und das Diskriminierungsverbot in Verbindung mit wirtschaftlichen und sozialen Rechten ihre Wirkung entfalten können und der (quasi-)gerichtlichen Kontrolle zugänglich sind.

Aber auch die Gewährleistungspflichten dürfen nicht „auf die lange Bank" geschoben werden. Unverzüglich muss der Vertragsstaat konkrete, zielgerichtete Maßnahmen einleiten bzw. ergreifen, um die im Pakt anerkannten Menschenrechte, unter Ausschöpfung all seiner Möglichkeiten und der verfügbaren Ressourcen, fortschreitend umzusetzen. So sehr also der UN-Ausschuss für wsk-Rechte wirtschaftliche Zwangslagen anerkennt, können Ressourcenprobleme nicht als Entschuldigung dafür herhalten, inaktiv zu bleiben und die Umsetzung der wsk-Rechte auf unbestimmte Zeit zu verschieben. Vielmehr sind konkrete Maßnahmen zu ergreifen, die unter den jeweils gegebenen Umständen geeignet erscheinen, die sozialen Menschenrechte fortschreitend umzusetzen. Die verschiedenen Allgemeinen Kommentare der UN-Vertragsausschüsse, die sich mit wsk-Rechten beschäftigen, listen diesbezüglich beispielhaft gesetzgeberische, administrative, gerichtliche, wirtschaftliche, soziale und erzieherische Maßnahmen zur Umsetzung der einzelnen Rechte auf.

Es geht also um die sofort anwendbare, *prozedurale* Verpflichtung der Staaten, konkrete und zielführende Politiken zu entwerfen und Maßnahmen durchzuführen, die *im Ergebnis* auf die Umsetzung der sozialen Menschenrechte gerichtet sind. Dabei müssen die Staaten zunächst und unmittelbar vor allem die näher zu bestimmenden Kernverpflichtungen bei der Nutzung der wsk-Rechte (zu) gewährleisten (versuchen). Von dort aus sind dann Fortschritte hin zu einer vollum-

134 Beide abgedruckt in: E/C.12/2000/13, 2. Oktober 2000, oder auszugsweise in De Schutter (2010: 502 ff.).

135 E/C.12/GC/20, 25. Mai 2009, Ziff. 7.

fänglichen Umsetzung der wsk-Rechte zu erzielen – und Rückschritte, wenn vermeidbar, zu vermeiden. Sofern ein Vertragsstaat dabei geltend macht, dass die Nichterfüllung der wsk-Rechte einem Ressourcenmangel geschuldet ist, steht er gewissermaßen in der Beweispflicht. Dies gilt in besonderem Maße dann, wenn er nicht einmal die Kernverpflichtungen erfüllt, zu denen – neben dem Diskriminierungsverbot – regelmäßig ein Mindestniveau der Umsetzung der jeweiligen sozialen Menschenrechte zählt. Lediglich wenn er darlegt, entsprechende Anstrengungen unternommen und alle verfügbaren Ressourcen ausgeschöpft zu haben, gilt die Nichterfüllung der *minimum core obligations* nicht als Menschenrechtsverletzung.[136] Aber auch über die – vom UN-Ausschuss zwar allgemein benannten, aber zu konkretisierenden – Minimalstandards hinaus sind bei der Umsetzung der wsk-Rechte Fortschritte zu erzielen und Rückschritte zu vermeiden (oder aber als unvermeidbar zu begründen). Immer ist dabei das strikte Diskriminierungsverbot zu beachten.

Angesichts der Tatsache, dass der UN-Sozialpakt von den Vertragsstaaten in vielerlei Hinsicht sofortiges, ergebnisorientiertes Handeln fordert, sollten die diesbezüglichen Unterschiede zum UN-Zivilpakt, dessen Verpflichtung mit sofortiger Wirkung umzusetzen sind, also nicht überbetont werden. Dies gilt umso mehr, als sich auch bürgerlich-politische Menschenrechte mitunter nur unter hohen Kosten und nicht von heute auf morgen, sondern *de facto* auch nur *„progressively"* umsetzen lassen. Wer anderes glaubt, der möge sich die schwierigen, langwierigen und kostenintensiven Prozesse des Aufbaus staatlicher und politischer Institutionen und Verfahren in vielen Entwicklungs- und Transformationsländern oder Post-Konfliktstaaten vor Augen führen, die erst die Nutzung einschlägiger bürgerlich-politischer Rechte ermöglichen. Die politikwissenschaftliche Transitionsforschung bietet hinreichend Anschauungsmaterial für solche Schwierigkeiten. Hinzu kommt, dass selbst „klassische" Freiheitsrechte, wie gesagt, mit Leistungspflichten des Staates einhergehen können. Bürgerlich-politische und wsk-Rechte unterscheiden sich hier nicht grundlegend: *„They both impose negative and positive duties which sometimes require significant resources and sometimes do not, and which can sometimes be implemented immediately and sometimes not"* (Felner 2009: 407). Im Übrigen sei daran erinnert, dass die Afrikanische Banjul-Charta der Menschenrechte keinen Unterschied zwischen der Umsetzung von bürgerlich-politischen und wirtschaftlichen, sozialen und kulturellen Rechten vornimmt und für letztere auch keinen Vorbehalt einer nur progressiven Umsetzung vorsieht.

---

136 Siehe bereits den Allgemeinen Kommentar Nr. 3 des UN-Ausschusses für wsk-Rechte, CESCR/E/1991/23, 14. Dezember 1990, Ziff. 10.

4.4.2 Die Ausschöpfung aller Ressourcen

Die Vertragsstaaten des UN-Sozialpaktes sind verpflichtet, all' ihre Möglichkeiten bzw. Ressourcen[137] auszuschöpfen, um die Paktrechte voll umzusetzen. Die Formulierung schützt zum einen die Staaten davor, bei der Verwirklichung der sozialen Menschenrechte über ihre Leistungsfähigkeit hinaus in die Pflicht genommen zu werden. Die Vertragsstaaten können sich also ggf. auf Ressourcenknappheit berufen, wenn diese verhindert, dass sie ihre Vertragspflichten erfüllen. In diesem Fall haben sie freilich den Nachweis zu erbringen, alle verfügbaren Ressourcen eingesetzt zu haben.

Prüfkriterien bei der Berufung auf Ressourcenknappheit

- der allgemeine Entwicklungsstand des Staates;
- die Schwere der Vertragsverletzung, insbesondere hinsichtlich der Kernverpflichtungen;
- die wirtschaftliche Lage des Staates und etwaige Wirtschaftskrisen;
- andere Mittelbindung, etwa infolge von Naturkatastrophen, Bürgerkriegsfolgen etc.;
- das Bemühen um Niedrig-Kosten-Optionen;
- das Bemühen um internationale Hilfe und Kooperationen.

Quelle: Riedel (2008: 84), angelehnt an: Statement on Evaluation of the Obligation to Take Steps to the „Maximum of Available Resources" under an Optional Protocol to the Covenant; E/C.12/2007/1, 10. Mai 2007

Zum anderen ist die Verpflichtung dem Wortlaut nach sehr anspruchsvoll, denn sie fordert nicht weniger als alle verfügbaren Ressourcen für die Umsetzung der sozialen Menschenrechte aufzubringen. Entsprechende Forderungen finden sich auch in den Allgemeinen Kommentaren des UN-Ausschusses zu einzelnen wsk-Rechten, für deren Umsetzung jeweils ein „Höchstmaß an Ressourcen" einzusetzen sei.

Nun liegt es auf der Hand, dass die Staaten nicht all' ihre Ressourcen für die Umsetzung der wirtschaftlichen, sozialen und kulturellen Menschenrechte, geschweige denn für einzelne wsk-Rechte ausgeben können und sollen. Die verfügbaren Ressourcen mussen fur die Umsetzung aller Menschenrechte reichen, einschließlich der bürgerlich-politischen, die eben auch Kosten verursachen. Zudem versteht sich von selbst, dass der Staat noch andere Aufgaben zu bewältigen und zu finanzieren hat als die Umsetzung der Menschenrechte. Dies wissen selbstverständlich die Sachverständigen des UN-Ausschusses für wsk-Rechte. Die Bemes-

137 Im engl. Original: *„to the maximum of its available resources"*. Die deutsche Übersetzung legt sinnvollerweise einen umfassenden Ressourcenbegriff zugrunde, der sich nicht auf finanzielle Ressourcen beschränkt, sondern alle Arten von Ressourcen („Möglichkeiten") umfasst; vgl. auch Klee (2000: 122 ff.), Engbruch (2008: 108).

sung der Leistungsfähigkeit und der für die Verwirklichung der sozialen Menschenrechte verfügbaren Mittel des Staates kann und darf daher nicht die Gesamtheit der zu finanzierenden Staatsaufgaben aus dem Blick verlieren. Selbst eine staatliche Politik, die sich einem strikten Menschenrechtsansatz verpflichtet hat, weist die Menschenrechte zwar als vorrangiges, aber nicht als einziges Ziel aus; gleichzeitig sind immer auch andere Ziele zu verfolgen. Die Verpflichtung, alle Ressourcen auszuschöpfen, erfolgt also immer unter der Prämisse, dass dem Staat genügend Mittel für sein eigenes Fortbestehen und Funktionieren sowie für die Erfüllung anderer Staatsaufgaben verbleiben.

Dementsprechend geht es vor allem um die *Gewichtung* der Ziele und des Ressourceneinsatzes. Dabei wird man in der Praxis freilich rasch feststellen, dass die politische Prioritätensetzung und die Ausgabenpolitik vieler Staaten dringend menschenrechtlicher Korrekturen bedürfen. Salopp ausgedrückt: Wenn man sieht, wofür die Staaten Geld ausgeben, während gleichzeitig Abermillionen Menschen, vielfach noch Kinder, unter menschenunwürdigen Bedingungen dort leben, hungern und sterben müssen, dann wird man unschwer feststellen, dass viele Möglichkeiten und Ressourcen, die sich für soziale Menschenrechte mobilisieren ließen, nicht genutzt, geschweige denn ausgeschöpft werden. In der Forderung, ein Höchstmaß an Ressourcen einzusetzen, liegt also viel kritisches Potenzial begründet, denn es nimmt die Staaten in die Pflicht nachzuweisen, dass sie trotz anhaltender sozialer Notlagen nicht mehr tun können, um die sozialen Menschenrechte zu schützen und zu gewährleisten.

4.4.3 Die volle Verwirklichung der sozialen Menschenrechte als Ziel

Selbst wenn die Umsetzung der sozialen Menschenrechte nur fortschreitend erfolgen muss, verpflichten sich die Vertragsstaaten doch zu einer vollen Verwirklichung der Paktrechte. Es besteht also eine Ergebnisverpflichtung zur umfänglichen Umsetzung der sozialen Menschenrechte. Hier ließe sich einwenden, dass sich der Zustand einer „vollen Verwirklichung“ der sozialen Menschenrechte nicht oder nur schwer erreichen lasse. Zu groß erscheinen die realen Widrigkeiten bei der Umsetzung sozialer Menschenrechte, als dass sich das Recht hier Bahn brechen könne. „Während bürgerliche und politische Rechte von einem Staatsapparat mit geringem Aufwand eingehalten werden können“, meint Tomuschat (2009: 164), „führt der Versuch der Durchsetzung wirtschaftlicher und sozialer Rechte in den Grenzbereich des Rechts hinein, wo sich die Steuerungskraft des Rechts gegenüber der Entwicklung der tatsächlichen Gegebenheiten nur schwer behaupten kann“. Letzteres trifft sicherlich zu: Angesichts der krassen sozialen Missstände weltweit, die nicht oder nur bedingt überwindbar erscheinen, mutet eine Welt voller Staaten, welche die sozialen Menschenrechte vollends verwirklichen, vorderhand utopisch an. Selbst in reichen Wohlfahrtsstaaten, die soziale Menschenrechte in hohem Maße umsetzen, bestehen diesbezüglich noch Probleme und Ressourcenvorbehalte. Allerdings begründen die realen Umsetzungsschwierigkeiten keinen *grundlegenden* Unterschied zu bürgerlich-politischen Menschenrechten.

Auch deren vollumfängliche Umsetzung erscheint in vielen Ländern kaum möglich, und zwar nicht nur wegen des allgegenwärtigen menschenrechtswidrigen Handelns individueller und kollektiver Akteure, das erfahrungsgemäß eben nicht mit „geringem Aufwand" staatlicherseits unterbunden werden kann, sondern auch aufgrund struktureller Beschränkungen bei der Nutzung auch dieser Menschenrechte. Gerade unter den Bedingungen ausgeprägter sozialer Ungleichheiten und Machtkonzentrationen ergeben sich solche strukturellen Beschränkungen aus ungleich verteilten Lebens- und Entfaltungschancen (Macht, Prestige, Status, Ressourcen etc.), die auch in liberalen Demokratien insbesondere in Entwicklungs- und Schwellenländern vorzufinden sind. Hier bedarf es einer *sozialkritischen* Hinterfragung und Ergänzung rechtspositivistischer Annahmen, denen zufolge der Staat garantieren könne, dass sich die bürgerlich-politischen Rechte von jedem Menschen vollumfänglich nutzen lassen. Die Fähigkeiten und Möglichkeiten der Menschen, ihre Rechte allein oder gemeinsam mit anderen zu nutzen, sind immer in einem mehr oder minder starken Maße strukturell beschränkt. Dies zeigten nicht zuletzt die kritischen Menschenrechtsdiskussionen, die aus den Ländern des globalen Südens, aus feministischer Perspektive oder auch aus Sicht ethnischer Minderheiten oder von Menschen mit Behinderungen angestoßen wurden. Dabei besteht auch bei den bürgerlich-politischen Menschenrechten allenthalben Verbesserungs- und Optimierungsbedarf.

Kurzum: *Alle* Menschenrechte enthalten, wenn auch in unterschiedlichem Umfang, immer Normbestandteile, die sich ohne Zeitverzug vollumfänglich umsetzen lassen, während andere unter den gegebenen, realen Bedingungen nur sukzessive und annäherungsweise verwirklicht werden können. Im Falle der wsk-Rechte ist die Umsetzungsproblematik zwar möglicherweise ausgeprägter als bei bürgerlich-politischen Rechten; ein grundlegender Unterschied besteht aber nicht. Ohne den Anspruch auf eine umfängliche Umsetzung der Menschenrechte durch die Vertragsstaaten aufzugeben, ist dann allerdings bei der Bewertung, ob die Staaten ihren menschenrechtlichen Verpflichtungen nachkommen, den tatsächlichen Umsetzungsmöglichkeiten und Beschränkungen Rechnung zu tragen. Bei der Bewertung staatlichen Handels ist also Augenmaß vonnöten: Nicht überall, wo soziale Menschenrechte nicht voll umgesetzt sind, erscheint es angebracht, gleich von einer – schon gar justiziablen – Menschenrechtsverletzung im engeren Sinne zu sprechen, da es den Staaten, selbst wenn sie wollten, mitunter gar nicht möglich ist, die Rechte umfänglich umzusetzen. Menschenrechtlicher Handlungs- und Optimierungsbedarf besteht dort aber für gewöhnlich schon. So sind die vielfältigen Widrigkeiten der Verwirklichung der Menschenrechte nicht einfach hinzunehmen, sondern, soweit wie möglich, zu überwinden. Dadurch, dass die umfängliche Umsetzung der wsk-Rechte völkerrechtlich geboten ist und gesellschaftspolitisch eingefordert wird, gehen von den sozialen Menschenrechten kritische Impulse aus, sich nicht mit etablierten Zuständen leichtfertig zufrieden zu geben, welche die Nutzung dieser Rechte einschränken.

Abschließend sei darauf hingewiesen, dass die Vorstellungen und Bestimmungen von der vollen Verwirklichung der sozialen Menschenrechte auch einem Wandel unterliegen. So hat sich beispielsweise das Verständnis von einem voll verwirklichten Recht auf Bildung, allgemein oder schon gar hinsichtlich von Menschen mit Behinderungen, im Zeitverlauf erheblich verändert. Entsprechendes gilt, was leicht übersehen wird, auch für bürgerlich-politische Rechte: Beispielsweise sind die Ansprüche an eine voll umfängliche Umsetzung selbst des vermeintlich so eindeutig bestimmten Folterverbotes in den vergangenen Jahren erheblich gestiegen; das Verbot erfasst inzwischen nicht nur Tatbestände, die vor einigen Jahrzehnten noch nicht unter Folter gefasst wurden, sondern fordert (im Sinne des Zusatzprotokolls zur UN-Antifolterkonvention) auch umfassende Präventiv-, Kontroll- und Schutzmaßnahmen (statt vieler: DIMR 2007). Besonders deutlich ist auch die Ausweitung des Schutzbereichs des Diskriminierungsverbots. Seit der Verabschiedung der Allgemeinen Erklärung der Menschenrechte hat sich das Bewusstsein um vielfältige direkte, indirekte und strukturelle Diskriminierungen bestimmter „verwundbarer" Gruppen erheblich erweitert. Strenggenommen lässt sich die Frage, wann ein Menschenrecht vollumfänglich umgesetzt ist, nicht wirklich abschließend, sondern lediglich vorläufig klären und muss unter den jeweils gegebenen Umständen immer wieder neu diskutiert und beantwortet werden. Anders ist eine dynamische, kontextsensible und situationsbezogene Interpretation der einzelnen Menschenrechte gar nicht möglich.

4.4.4 Sind soziale Menschenrechte einklagbar? Die Justiziabilität der wsk-Rechte

Es ist unbestritten, dass sich aus internationalen Menschenrechtsabkommen „objektive" Staatenpflichten ergeben, welche die Vertragsstaaten umsetzen müssen. Diese stellen nicht nur unverbindliche politische Handlungsaufforderungen dar, sondern völkerrechtlich verbindliche Verpflichtungen, welche die Staaten eingegangen sind. Stellt sich die Frage, ob und, wenn ja, inwieweit die soziale Menschenrechte auch justiziabel sind und ggf. mit subjektiven, einklagbaren Rechtsansprüchen einhergehen. Im Unterschied zu den bürgerlich-politischen Rechten wurde und wird der subjektive Rechtscharakter der sozialen Menschenrechte oft bestritten. Lange Zeit wurde beispielsweise der UN-Sozialpakt – im Vergleich zum UN-Zivilpakt – „weniger als eine Menschenrechts- denn als eine Staatenpflichtskonvention" (Boekle 1998: 5) angesehen.

Sinnvollerweise sind in der Debatte um die Justiziabilität sozialer Menschenrechte zwei Dimensionen zu unterscheiden: Die *materielle* Dimension der Justiziabilität bezieht sich – ganz unabhängig von konkreten Rechtsordnungen – auf die allgemeine Eignung der Rechtsnorm, gerichtlich einklagbar zu sein. In materieller Hinsicht ist demnach ein Menschenrecht dann justiziabel, wenn eine Verletzung des Rechts *der Sache nach* gerichtlich überprüft werden kann, ganz unabhängig davon, ob entsprechende Klagemöglichkeiten bestehen. Die *prozessuale* Dimension der Justiziabilität hingegen hebt darauf ab, dass solche Klagewege auch wirklich beschritten werden können. In prozessualer Hinsicht ist ein Menschenrecht demnach justiziabel, wenn eine Verletzung des Rechts tatsächlich eingeklagt werden kann. In materieller Hinsicht geht es also um die *grundsätzliche Eignung*, in prozessualer Hinsicht um die *faktische Möglichkeit*, soziale Menschenrechte einzuklagen und gerichtlich zu überprüfen. Während die materielle Justiziabilität die Voraussetzung für die prozessuale Justiziabilität ist, kann aus fehlenden gerichtlichen Klagemöglichkeiten umgekehrt nicht gefolgert werden, dass sich soziale Menschenrechte materiell nicht gerichtlich überprüfen lassen, also ihrer Natur nach nicht gerichtlich überprüfbar sind. Auch ist die *unmittelbare Anwendbarkeit* sozialer Menschenrechte – also die oft bestrittene Möglichkeit nationaler Gerichte, die Menschenrechte, ohne auf nationale Rechtsnormen Bezug zu nehmen, direkt anzuwenden *(self-executing)* – keine notwendige Bedingung der prozessualen Justiziabilität der sozialen Menschenrechte, da die Normen bei entsprechender Verankerung im nationalen Recht mittelbar einklagbar sein können.

Bei der Diskussion um die Justiziabilität sozialer Menschenrechte ist also immer zu klären, auf was sich die Kritik bezieht: auf die grundsätzliche Eignung dieser Rechte, gerichtlich überprüft zu werden; auf das Fehlen gerichtlicher Klage- oder quasi-gerichtlicher Beschwerdemöglichkeiten; oder auf die Frage der unmittelbaren Anwendbarkeit der Normen vor nationalen Gerichten. Im Folgenden sei lediglich kurz auf die die *materielle* Justiziabilität der wsk-Rechte eingegangen, da diese den eigentlichen Kern der – laut Riedel (2008: 77) überbewerteten – Justiziabilitätsdebatte betrifft.

Ein althergebrachter (und wiederholter)[138] Einwand gegen die Justiziabilität der wirtschaftlichen, sozialen und kulturellen Menschenrechte betrifft deren vermeintliche Unbestimmtheit. Bei den Rechten auf Arbeit, Ernährung, Wohnen, Gesundheit, Bildung etc. handle es sich um vage Begriffe, die rechtlich nicht hinreichend bestimmt und auch nicht hinreichend bestimmbar seien, um sie

138 So beispielsweise ein grundlegender Einwand der britischen Regierung in ihrem 5. Staatenbericht zum UN-Sozialpakt: E/C.12/GBR/5, 31. Januar 2008, Ziff. 74.

(unmittelbar) vor Gerichten oder in Beschwerdeverfahren geltend zu machen.[139] Trotz der oben genannten Bestimmungsschwierigkeiten lässt sich der Einwand so nicht halten. Sicherlich, die sozialen Menschenrechte, so wie sie in der Allgemeinen Erklärung oder dem UN-Sozialpakt verankert sind, sind naturgemäß allgemein formuliert (obwohl einzelne Aspekte wie etwa der unentgeltliche, verpflichtende Primarschulunterricht ganz konkret im Sozialpakt benannt werden). Dies ist aber angesichts des grundsätzlichen Charakters dieser Rechte, die immerhin universellen Geltungsanspruch erheben, nicht anders möglich und wohl auch nicht anders sinnvoll. Immerhin müssen sie auf ganz unterschiedliche und sich ändernde wirtschaftliche, soziale, kulturelle und politische Bedingungen angewandt werden. Dementsprechend sind soziale Menschenrechte zwangsläufig konkretisierungs- und interpretationsbedürftig. Hierin besteht aber kein *grundsätzlicher* Unterschied zu anderen Menschenrechten. Ein gewisses Maß an Abstraktheit ist geradezu eines der wesentlichen Merkmale aller Menschenrechte.

Auch bürgerlich-politische Menschenrechte müssen in justiziabler Weise konkretisiert und interpretiert werden, und zwar selbst jene, die als Grundrechte in die nationalen Verfassungen aufgenommen wurden. In Bezug auf die Grundrechte in Deutschland spricht Hans-Christof Kraus (2012: 25) sogar von „abschreckenden Bleiwüsten neuerer Grundgesetzkommentare", in denen einzelne Artikel und Sätze immer aufs Neue hin- und hergewendet werden würden. Tatsächlich füllen Abhandlungen zu bürgerlich-politischen Rechten inzwischen reihenweise Bibliotheksregale, und ihre Interpretation ist keineswegs unumstritten. Die Auslegung und Gewichtung der Meinungs-, Informations- und Pressefreiheit und ihrer Schranken unterscheidet sich beispielsweise erheblich in der europäischen und der US-amerikanischen Rechtsprechung (vgl. Weber 2004: 297 ff.). Selbst so eindeutige und notstandsfeste Menschenrechte wie das Verbot der Folter wurden in den vergangenen Jahren mit juristischen Spitzfindigkeiten zu relativieren versucht[140] – oder mit steigender Sensibilität für Gefährdungslagen in präventiver Hinsicht weiterentwickelt.

Nun hängen die Konkretisierungsdichte einzelner Grund- und Menschenrechte und der damit verbundene Interpretationsaufwand maßgeblich davon ab,

---

139 Vgl. etwa Ssenyonjo (2009: 5 f.), der sich kritisch zu dem Einwand äußert, und die dort angeführte Literatur. Siehe auch De Schutter (2010: 470 f.), der auf zahlreiche andere Autoren Bezug nimmt.

140 Zur umfänglichen Folterdiskussion, die Mitte des vergangenen Jahrzehnts heftig geführt wurde, siehe einführend die Themenausgabe von: *Aus Politik und Zeitgeschichte*, Nr. 36, 2006.

welche Bedeutung sie in nationalen Verfassungen und internationalen Abkommen einnehmen und wie stark sich Gerichte und Beschwerdeausschüsse damit beschäftigen. Bürgerlich-politische Rechte haben hier gewissermaßen einen „Interpretationsvorsprung" vor sozialen Menschenrechten, da sie in den Verfassungen etablierter liberaler Demokratien weit stärker verankert sind und vor Gerichten entsprechend häufig eingeklagt werden. Zudem besteht im Rahmen des Europarates eine langjährige und einflussreiche Auslegung der in der EMRK verankerten bürgerlich-politischen Rechte durch den Europäischen Gerichtshof für Menschenrechte. Die (revidierte) Europäische Sozialcharta und der Europäische Sozialrechtsausschuss weisen nicht annähernd dieselbe rechtsdogmatische und -praktische Bedeutung auf, zumal die dort verankerten sozialen Menschenrechte bislang nicht als einklagbare Rechte angesehen werden. Ähnliches gilt für den Interamerikanischen Menschenrechtsschutz. Auch auf globaler Ebene konnten bislang zwar Individualbeschwerden über Verletzungen der bürgerlich-politischen Rechte, kaum aber der wsk-Rechte vorgebracht werden. Vor allem mit dem Inkrafttreten der Zusatzprotokolle zum UN-Sozialpakt und der UN-Kinderrechtskonvention wird sich dies aber mittelfristig ändern.

Dies alles bedeutet jedoch nicht, dass wirtschaftliche, soziale und kulturelle Menschenrechte *der Sache nach* nicht hinreichend konkretisierbar wären, um sie vor Gerichten oder Beschwerdeinstanzen einzuklagen bzw. einzufordern. Dass solche Konkretisierungen möglich sind, werden, so hoffe ich, die Ausführungen in den folgenden Kapiteln zeigen, selbst wenn diese sich nicht nur auf die justiziablen Bestandteile der Rechte beschränken, sondern deren materiellen Gehalt umfassend (und beispielhaft) zu entfalten suchen. Die Ausführungen stützen sich nicht zuletzt auf die hilfreichen Interpretationsvorgaben des UN-Ausschusses für wirtschaftliche, soziale und kulturelle Rechte, die im Rahmen der Staatenberichtsverfahren entwickelt worden sind. Obwohl ihrer Natur nach nicht rechtsverbindlich, haben die Kommentare des UN-Ausschusses wesentlich zur Konkretisierung der Rechte und Pflichten des Sozialpaktes beigetragen und genießen große Autorität. Dasselbe gilt für die hilfreichen Berichte der UN-Sonderberichterstatter/innen zu einzelnen wsk-Rechten. Mit Inkrafttreten des bereits genannten Fakultativprotokolls zum UN-Sozialpakt bietet sich zudem künftig die Möglichkeit, das juristische Profil der sozialen Menschenrechte in einem Beschwerdeverfahren fallbezogen zu schärfen – zumindest für jene Staaten, die das Zusatzprotokoll ratifizieren.

Ein wichtiger Schlüssel für eine stärkere Konkretisierung der sozialen Menschenrechte liegt zudem in deren Verankerung im nationalen Recht und in der Beschäftigung nationaler Gerichte und Juristen mit diesen Rechten. Immerhin gibt es inzwischen etliche Grundrechtskataloge, welche soziale Menschenrechte garantieren, und wegweisende nationale Gerichtsurteile, die soziale Menschenrechte betreffen bzw. sich auf diese berufen.[141] Mit einer stärkeren verfassungsmäßigen Bedeutung, einer wachsenden Zahl an Gerichtsverfahren und einem anwachsenden Fundus an *case law* wird zwangsläufig der Inhalt sozialer Menschenrechte noch weiter konkretisiert werden. Wie bei bürgerlich-politischen Rechten werden sich dabei nationale Interpretationsunterschiede zwar nicht vermeiden lassen. Solange dadurch aber nicht der Wesensgehalt der jeweiligen Rechtsnorm ausgehöhlt wird, ist dies hinnehmbar, zumal national zugeschnittene Rechtskonkretisierungen dazu beitragen können, den spezifischen Bedingungen vor Ort Rechnung zu tragen. Auch schließt dies nicht aus, dass sich im Zusammenspiel mit regionalen und globalen Menschenrechtsinstitutionen länderübergreifende, regionale und globale Schutzstandards entwickeln können und sich so das allgemeine rechtsdogmatische Verständnis sozialer Menschenrechte verdichtet. Dabei können auf nationaler Ebene auch höhere Schutzstandards festgeschrieben bzw. beibehalten werden.

Zudem kritisiert der UN-Ausschuss für wsk-Rechte im Rahmen des Staatenberichtsverfahrens immer wieder, dass innerhalb der jeweiligen Staaten die völkerrechtlich verankerten wsk-Rechte nicht als justiziabel erachtet oder ausgestaltet werden. Bezeichnend (und stellvertretend für viele andere Länder) ist die Kritik des UN-Ausschusses für wsk-Rechte, dass deutsche Gerichte den UN-Sozialpakt nicht berücksichtigen. Noch grundlegender ist die Kritik etwa im Falle der Schweiz: *„The Committee regrets that State party's persistent position that most of the provisions of the Covenant merely constitute programmatic objectives and social goals rather than legal obligations"*.[142] Andererseits nehmen sich nationale Gerichte einiger Staaten zusehends dem Schutz sozialer Menschenrechte an und weisen die grundsätzlichen Einwände gegenüber der Justiziabilität der wsk-Rechte teils ausdrücklich zurück.[143] Mit gutem Grund: Betrachtet man soziale Menschenrechte nicht nur in ihren Gewährleistungs-, sondern gerade auch in ihren Achtungs- und Schutzdimensionen, so tritt meines Erachtens deutlich zutage, dass die wsk-Rechte in inhaltlicher Hinsicht subjektive Rechtspositionen verbürgen können, justiziabel sind und sich für (quasi-)gerichtliche Überprüfungen eignen.

Bei den Ausführungen zur Verpflichtungstrias wurde bereits darauf hingewiesen, dass Verletzungen staatlicher Achtungspflichten und subjektive Abwehransprüche des einzelnen Menschen gegen staatliche Eingriffe am ehesten einer (quasi-)gerichtlichen Überprüfung zugänglich sind: Warum sollte es *der Sache nach* einem Menschen nicht möglich sein, beispielsweise gegen die staatliche

141 Siehe die Ausführungen zu den einzelnen Rechten.

142 E/C.12/CHE/CO/2-3, 26. November 2010, Ziff. 5.

143 Für Lateinamerika und insbesondere Kolumbien: Suárez Franco (2010: 57-102).

Verletzung seines Rechts auf angemessene Unterkunft zu klagen, wenn der Staat ihn willkürlich und entschädigungslos aus seiner Unterkunft vertreibt? Oder gegen die Verletzung seines Rechts auf Bildung, wenn der Staat ihm den gleichberechtigten Zugang zu Bildungseinrichtungen verwehrt? Oder gegen die Verletzung seines Rechts auf Gesundheit, wenn Menschen durch staatliches Handeln nachweislich verletzt werden oder erkranken? Die Beispiele ließen sich beliebig fortführen. Vielerorts, auch in Deutschland, können die Menschen bereits gegen solche Eingriffe klagen – auf Grundlage nationaler Gesetze, die zwar in der Regel nicht auf soziale Menschenrechte Bezug nehmen, aber deren diesbezüglichen Schutzbereich abdecken.

Zusehends anerkannt ist – zumindest für bürgerlich-politische Rechte – auch, dass staatliche Schutzpflichten mit dem subjektiven Anspruch einhergehen können, vor Menschenrechtsverletzungen durch Dritten geschützt zu werden. Dort, wo der Staat wider besseres Wissen und entsprechende Möglichkeiten keinerlei oder offenkundig nutzlose Schutzvorkehrungen trifft, um die Menschenrechte vor Eingriffen durch Dritte zu schützen, lassen sich *der Sache nach* auch Individualbeschwerden bzw. Klagen gegen staatliches Unterlassen geltend machen. Es ist nicht ersichtlich, warum dies nur für bürgerlich-politische, nicht aber auch für wsk-Rechte gelten sollte. Auch dies haben nationale Gerichte bereits getan. Freilich stellt sich die (quasi-) gerichtliche Überprüfung, ob die subjektiven Schutzansprüche der Menschen durch fehlendes oder unzureichendes Handeln der Staaten verletzt werden, schon komplexer dar als die Überprüfung abwehrrechtlicher Ansprüche, die sich aus den negatorischen Achtungs- und Unterlassungspflichten der Staaten ergeben. Wie gesagt, kommt den staatlichen Gewalten ein beachtlicher politischer Ermessens- und Gestaltungsspielraum dahingehend zu, wie sie ihre positiven Schutzpflichten erfüllen.

Dies gilt in noch verstärktem Maße für positive Gewährleistungspflichten, die mit menschenrechtlich begründeten Ansprüchen auf staatliche Leistungen korrespondieren können. Leistungsansprüche im engeren Sinne lassen sich zugegebenermaßen noch schwerer vor Gerichten oder quasi-gerichtlichen Instanzen geltend machen und überprüfen als Abwehr- und wohl auch Schutzansprüche. Ganz ausgeschlossen ist aber eine juristische Überprüfung auch hier nicht, wie verschiedene nationale Gerichtsverfahren zeigen, die sich auf soziale Grundrechte beziehen. Angemessen untersucht, lassen sich eben auch Leistungsansprüche – und sogar die progressive Umsetzung der wsk-Rechte (vgl. Felner 2008, 2009) – gerichtlich überprüfen. Selbst gemäß der deutschen Grundrechtslehre, die gegenüber Leistungsansprüchen zurückhaltend ist, ergibt sich ein gerichtlich überprüfbarer Anspruch auf ein Existenzminimum. Nähme man aber nur die Sicherung eines (freilich kontextbezogen zu konkretisierenden) menschenwürdigen Existenzminimums als Maßstab für die Gewährleistung der

Menschenrechte, dann käme man nicht umhin, den unzähligen Menschen weltweit, die unter menschenunwürdigen Bedingungen leben müssen, auch einen subjektiven Anspruch auf staatliche Leistungen einzuräumen, *sofern* sie auf Hilfe angewiesen sind *und* der Staat dazu in der Lage ist, diese zu leisten. Dabei ist nicht genug zu betonen, dass es hierbei nicht um Luxusansprüche geht, sondern um die elementaren Bedingungen des Überlebens und eines menschenwürdigen Daseins. Sie dienen gerade dazu, den Menschen in „vulnerablen", also verletzlichen Lebenslagen[144] zu ermöglichen, ihre Menschenrechte zu nutzen. Dass die konkreten Leistungsansprüche auf nationaler Ebene sinnvollerweise näher ausgestaltet und an die Bedingungen vor Ort angepasst werden müssen, bleibt davon unbenommen.

Die Tatsache, dass die Umsetzung vor allem der Gewährleistungspflichten mit Kosten verbunden ist, spricht dabei nicht grundsätzlich gegen die Justiziabilität der wsk-Rechte. Finanzierungsbedürftigkeit ist nicht *per se* unvereinbar mit grund- oder menschenrechtlicher Verbindlichkeit. So käme niemand auf die Idee, aufgrund der erheblichen Kosten rechtsstaatlicher Gerichtsverfahren den subjektiven Grundrechtscharakter einschlägiger Justizgrundrechte in Frage zu stellen. Oder aufgrund der finanziellen Unterausstattung von Gerichten oder von Wahlbehörden den Menschen das Recht abzusprechen, sich gegen überlange Gerichtsverfahren oder Einschränkungen ihres Wahlrechts zur Wehr zu setzen. Analog hierzu berauben Finanzierungsprobleme im Bildungs- und Gesundheitswesen nicht die Menschen prinzipiell ihrer subjektiven Rechtsansprüche auf Bildung und Gesundheitsversorgung. Ressourcenvorbehalte begründen allenfalls die unvollständige Umsetzung der wsk-Rechte, deren Verwirklichung gerade aus diesem Grund unter den Vorbehalt des Möglichen gestellt wurde. Soziale Menschenrechte fordern dabei nichts Unmögliches vom Staat oder – eingedenk möglicher extraterritorialer Staatenpflichten – von der Staatengemeinschaft.

Insgesamt ist nicht ersichtlich, warum sich aus den sozialen Menschenrechten lediglich objektive Staatenpflichten, nicht aber auch subjektive Rechtsansprüche ergeben sollten. Es bedarf schon eines gerüttelten Maßes an juristischem Sophismus um zu begründen, dass zwar einerseits der Staat objektiv verpflichtet sei, beispielsweise einen allgemein zugänglichen, unentgeltlichen Schulunterricht einzuführen, dass aber andererseits den Kindern (und ihren Eltern) kein subjektiver Rechtsanspruch auf einen solchen zukommen soll, wenn ihnen der Zugang zu unentgeltlichem Unterricht verwehrt oder ohne hinreichende Gründe nicht ermöglicht wird. Eine solche Position liefe der Idee der Menschenrechte zuwider,

144 „Vulnerabilität" meint keine Eigenschaft einer Person oder Gruppe, sondern weist eine Lebenslage aus, die der vollen und gleichberechtigten Nutzung der Menschenrechte abträglich ist.

die eben nicht nur die Staaten als Pflichtenträger ausweist, sondern gerade auch die einzelnen Menschen als Inhaber von Rechten. So setzte sich letztlich auch im Laufe der Ausarbeitung eines Individualbeschwerdeverfahrens für den UN-Sozialpakt, bei der die Frage der „Justiziabilität" der sozialen Menschenrechte jahrelang intensiv diskutiert worden war[145], die Ansicht durch, dass die dort verankerten soziale Menschenrechte ihrem inhaltlichen Gehalt nach individuell einklagbar seien (materielle Justiziabilität) und es nunmehr darum gehe, auch ein entsprechendes Beschwerdeverfahren (prozessuale Justiziabilität) einzurichten.

Zusammenfassend lässt sich feststellen, dass sich – trotz aller Schwierigkeiten im Detail – die sozialen Menschenrechte rechtlich hinreichend bestimmen lassen, um sie vor Gerichten oder in Beschwerdeverfahren geltend zu machen. In materieller Hinsicht sind soziale Menschenrechte – oder zumindest Bestandteile dieser Rechte – justiziabel. Inwieweit diese materiellen Ansprüche dann tatsächlich auch prozessual durchsetzbar sind, ist eine ganz anders gelagerte Frage. Aber es besteht kein zwingender Grund, den Bestand eines subjektiven materiellen Rechtsanspruchs an seine – noch nicht hinreichend etablierte – prozessuale Durchsetzbarkeit zu knüpfen. Hier gilt es eben, die entsprechenden Beschwerde- und Klagemöglichkeiten flächendeckend einzuräumen und auszubauen, damit die sozialen Menschenrechte auch auf prozessualer Ebene einklagbar werden.

Im Übrigen sei nochmals daran erinnert: Selbst wenn den in internationalen Menschenrechtsabkommen verankerten sozialen Menschenrechten der subjektive Rechtscharakter abgesprochen bzw. nicht zugestanden werden sollte (wie dies leider seitens deutscher Staatsrechtler mitunter immer noch geschieht)[146], stellen sie nicht nur unverbindliche Handlungsaufforderungen dar. Es handelt sich dann immer noch um echte Rechtsnormen in Form völkerrechtlich verbindlicher Staatenpflichten, welche die Vertragsstaaten (etwa des UN-Sozialpaktes) umsetzen müssen und deren Umsetzung der Sache nachprüfbar ist. Auch in diesem Sinne sind soziale Menschenrechte weit mehr als „moralische Gesinnungsappelle" oder politische Programmsätze.

---

145 An dieser Stelle sei erwähnt, dass die Frage der Justiziabilität sozialer Menschenrechte und die Frage nach deren Ausgestaltung als subjektive Rechte nicht völlig identisch ist: Zwar ist jedes effektive subjektive Recht auch justiziabel, doch nicht alle justiziablen Rechtsnormen verbürgen auch subjektive Rechtsansprüche; zutreffend hier Klee (2000: 93).

146 Vgl. statt vieler etwa Rüfer (2006: 689), der die sozialen Menschenrechte lediglich unter dem Blickwinkel der Leistungsrechte betrachtet: „Die internationalen Verträge, welche sich auf den Bereich des Sozialen beziehen (Internationaler Pakt für wirtschaftliche, soziale und kulturelle Rechte … und Europäische Sozialcharta) zielen auf eine Verpflichtung der Staaten, nicht auf unmittelbar geltende individuelle Leistungsrechte".

4.5 Extraterritoriale Staatenpflichten – menschenrechtliche Verpflichtungen auch außerhalb der Staatsgrenzen?

Endet die Verantwortung eines Staates für die Menschenrechte an seinen Staatsgrenzen? Müssen Regierungen und andere Staatsorgane die Menschenrechte nur zu Hause achten und schützen, nicht aber im Ausland? Intuitiv spricht vieles dagegen. Entspricht es nicht unserem allgemeinen Menschenrechtsverständnis, dass die Menschenrechte das staatliche Handeln insgesamt binden, gleich, ob es im eigenen Land oder anderswo zum Tragen kommt? Die Rechtslage ist indes nicht so eindeutig. Traditionell bezieht sich die Verantwortung des Staates auf das eigene Hoheitsgebiet. Demnach tragen die Staaten vorrangig für die Lage im eigenen Lande die Verantwortung (territoriale Staatenpflichten). Umstritten ist, inwieweit die Staaten menschenrechtliche Verpflichtung gegenüber Menschen außerhalb ihres Hoheitsgebietes haben, inwieweit sie also als international handelnde Akteure menschenrechtlich in der Pflicht stehen (extraterritoriale Staatenpflichten).

Zwar wird zusehends anerkannt, dass die Staaten in ihren bilateralen und multilateralen Beziehungen nicht selbst die Menschenrechte verletzen dürfen *(Do not harm*-Ansatz), ihnen also extraterritoriale *Achtungs*pflichten zukommen. Bereits umstritten sind jedoch extraterritoriale *Schutz*pflichten, denen zufolge die Staaten im Rahmen ihrer Einflussmöglichkeiten Dritte daran hindern sollen, die Menschenrechte in anderen Ländern zu verletzen. Kaum anerkannt sind schließlich extraterritoriale (unterstützende) *Gewährleistungs*pflichten, denen zufolge Staaten eine Unterstützungspflicht bei der Umsetzung der wsk-Rechte außerhalb ihres Hoheitsgebiets zukommt. Selbst wenn sich Geberländer zu ihrer internationalen Verantwortung bekennen und die wsk-Rechte etwa im Rahmen der Entwicklungszusammenarbeit aktiv fördern, wollen sie sich diesbezüglich gemeinhin völkerrechtlich nicht binden lassen.

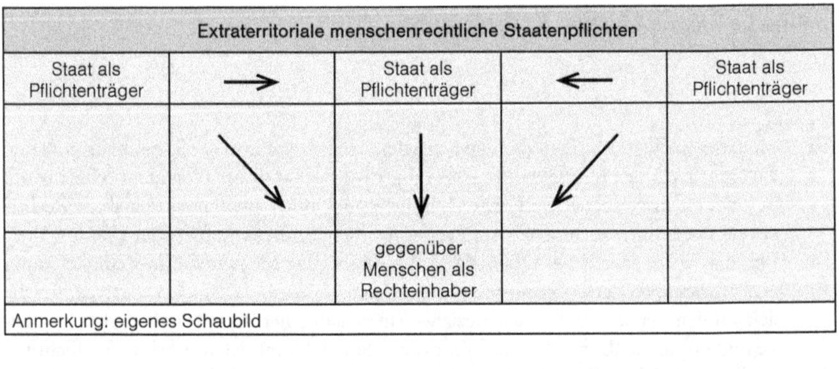

Anmerkung: eigenes Schaubild

Die *umfassende* Anerkennung extraterritorialer Staatenpflichten ist daher *noch* eine Minderheitsmeinung unter Juristen, obwohl extraterritoriale Achtungspflichten inzwischen zusehends anerkannt werden. Letztere bejaht unter bestimmten Bedingungen beispielsweise Olivier De Schutter (2010), stellt aber zugleich fest: „*The contemporary, mainstream view is that there exists no general obligation imposed on States, under international law, to exercise extra-territorial jurisdiction … in order to contribute to the protection and promotion of internationally recognized human rights outside their national territory*" (ebd.: 162). Demgemäß sieht er extraterritoriale Schutzpflichten (ebd.: 162 ff.) und Gewährleistungspflichten (ebd.: 172 ff.) noch nicht im Völkerrecht etabliert. Allerdings zählt De Schutter selbst zu den Unterzeichnern der (weiter unten behandelten) Maastrichter Grundsätze von 2011, die solche extraterritorialen Pflichten umfassen.

Auch der UN-Ausschuss für wirtschaftliche, soziale und kulturelle Rechte weist in jüngeren Rechtskommentaren ausdrücklich entsprechende internationale Verpflichtungen der Staaten aus: Demnach sollen die Staaten die sozialen Menschenrechte in anderen Ländern achten, schützen und deren dortige Umsetzung unterstützen. Ansatzpunkte für internationale Staatenpflichten finden sich dabei bereits in der UN-Charta, welche die Mitgliedsstaaten verpflichtet, in der internationalen Zusammenarbeit die allgemeine Achtung und Verwirklichung der Menschenrechte zu fördern (Art. 56 und 55), sowie im UN-Sozialpakt, in dem sich die Vertragsstaaten verpflichtet haben, „einzeln und durch internationale Hilfe und Zusammenarbeit" auf die Verwirklichung der Paktrechte hinzuarbeiten (Art. 2). Dem UN-Ausschuss für wsk-Rechte zufolge ergibt sich daraus die Verpflichtung für die Vertragsstaaten, internationale Unterstützung zu leisten, soweit sie dazu in der Lage sind. Die UN-Behindertenrechtskonvention fordert zudem u.a. die inklusive Ausgestaltung der Entwicklungszusammenarbeit (Art. 32).

Auf umfassende Weise wurden extraterritoriale Staatenpflichten in den vergangenen Jahren gerade auch von NGOs, in Deutschland etwa schon früh von *Brot für die Welt*, dem *Evangelischen Entwicklungsdienst* und *FIAN Deutschland*, eingefordert. Bereits im Jahre 2001 hatten die drei Organisationen einen – auch weltweit – ersten Parallelbericht zu extraterritorialen Staatenpflichten dem UN-Ausschuss für wirtschaftliche, soziale und kulturelle Rechte vorgelegt, damals mit dem Schwerpunkt auf dem Recht auf Nahrung. Darauf aufbauend wurden die extraterritorialen Staatenpflichten Deutschlands anhand konkreter Fallstudien erarbeitet. Im März 2011 legten *Brot für die Welt*, *FIAN Deutschland*, *GegenStrömung*, die *Deutsche Kommission Justitia et Pax*, *MISEREOR* und *Urgewald* gemeinsam dem UN-Ausschuss für wsk-Rechte wiederum einen Parallelbericht zu extraterritorialen staatlichen Pflichten Deutschlands vor (Brot für die Welt/FIAN Deutschland et al. 2011). Entsprechende Forderungen bezogen und beziehen sich dabei auf den gesamten Bereich der bilateralen und multilateralen internationalen Politik, einschließlich des Handelns der Staaten bzw. Regierungen in internationalen Organisationen oder beim Aushandeln völkerrechtlicher Abkommen. Auch für das eigenverantwortliche Handeln internationaler Organisationen – wie etwa des Internationalen Währungsfonds, der Weltbank, regionaler Entwicklungsbanken oder der Welthandelsorganisation – werden die Nationalstaaten indirekt verantwortlich zu machen versucht, da die dortigen Regierungsvertreter die entsprechende Politik mittragen.

Inwieweit Deutschland extraterritoriale Staatenpflichten anerkennt, ist nicht ganz klar. Der neunte Menschenrechtsbericht der Bundesregierung (2010) geht zwar – im Unterschied zu den Vorgängerberichten – auf die extraterritoriale Geltung der bürgerlich-politischen Rechte aus dem Zivilpakt (BT Drs. 17/2840: 6) sowie auf extraterritoriale Staatenpflichten in Bezug auf die Auslandseinsätze der Bundeswehr (ebd.: 9) ein und schließt jegliche Beteiligung deutscher Beamter an Folterungen im Ausland kategorisch aus. Etwaige extraterritoriale Staatenpflichten aus dem UN-Sozialpakt und den dort verankerten wirtschaftlichen, sozialen und kulturellen Menschenrechten bleiben aber unerwähnt. Auch lassen sich die Ausführungen, so der Eindruck, eher im Sinne eines *Do not harm*-Ansatzes verstehen. Dem neuen Menschenrechtskonzept des BMZ (2011: 5) zufolge verpflichten die Menschenrechte zwar die Staaten „nicht nur auf ihrem eigenen Territorium, sondern auch im Rahmen ihres Handelns in Internationalen Organisationen und im Ausland". Doch wird darauf verwiesen, dass Art und Umfang der extraterritorialen Verpflichtungen zur Umsetzung der Menschenrechte im Völkerrecht derzeit intensiv diskutiert werden würden (ebd.).

Tatsächlich ist die Diskussion um die extraterritorialen Staatenpflichten in vollem Gange. Gespannt darf man sein, welche Bedeutung die „Maastrichter Grundsätze zu den extraterritorialen Staatenpflichten im Bereich der wirtschaftlichen, sozialen und kulturellen Rechte" entwickeln werden, die rund 40 Völkerrechtler und Menschenrechtsexperten aus aller Welt am 28. September 2011 an der Universität Maastricht verabschiedet haben.[147] Die Prinzipien greifen Grundsätze auf, die UN-Ausschüsse und UN-Sonderberichterstatter/innen mitunter bereits unverbindlich formuliert haben, und erkennen umfassende extraterritoriale Achtungs-, Schutz- und Gewährleistungspflichten für solche Situationen an, in denen die Staaten, einzeln oder gemeinsam, effektive Kontrolle ausüben, in denen ihr Handeln oder Unterlassen sich absehbar auf die Wahrnehmung der wsk-Rechte auswirkt und in denen sie in der Lage sind, Maßnahmen zur Umsetzung der wsk-Rechte auch in anderen Ländern entscheidend zu beeinflussen oder durchzuführen.

147 Inzwischen liegt eine deutsche Übersetzung vor, die FIAN Schweiz und FIAN International erstellt haben, sowie eine Kommentierung (De Schutter et al. 2012).

Extraterritoriale Staatenpflichten im Bereich der wsk-Rechte	
Definition	Extraterritoriale Staatenpflichten beziehen sich zum einen auf staatliches Handeln oder Unterlassen innerhalb oder außerhalb des Staatsterritoriums, das sich auf die Wahrnehmung der Menschenrechte in einem anderen Staat auswirkt; zum anderen auf die globale Verpflichtung, einzeln oder gemeinsam in internationaler Kooperation, Maßnahmen zu ergreifen, um die Menschenrechte weltweit zu verwirklichen.
Pflichtenträger	Die Staaten, einzeln oder gemeinsam in internationaler Kooperation
Anwendungsbereiche	Situationen, a) in denen der Staat Staatsgewalt oder effektive Kontrolle ausübt, b) in denen staatliches Handeln oder Unterlassen sich absehbar auf die Wahrnehmung der wsk-Rechte auswirkt, c) in denen der Staat, einzeln oder in internationaler Kooperation, in der Lage ist, Maßnahmen zur Umsetzung der wsk-Rechte in anderen Ländern entscheidend zu beeinflussen oder durchzuführen.
Achtungspflichten*	Keine direkte Beeinträchtigung der Nutzung und Umsetzung der wsk-Rechte in anderen Ländern. Keine Beeinträchtigungen der Fähigkeit fremder Staaten oder internationaler Organisationen, ihre Verpflichtungen hinsichtlich der wsk-Rechte zu erfüllen. Keine Einflussnahme auf andere Staaten oder internationale Organisationen dahingehend, ihre Pflichten bezüglich der wsk-Rechte zu verletzen. Keine Sanktionen und Embargos auf Kosten der wsk-Rechte.
Schutzpflichten*	Maßnahmen, um zu verhindern, dass die Nutzung der wsk-Rechte durch nicht-staatliche Akteure unterbunden oder beeinträchtigt wird. Regulierungspflicht zum Schutz der wsk-Rechte, wenn Gefahr oder Schaden vom eigenen Staat, von eigenen Staatsangehörigen oder von transnationalen Unternehmen mit Hauptsitz im eigenen Staat ausgehen. Nutzung bestehender Einflussmöglichkeiten, um wsk-Rechte zu schützen. Verpflichtung zur Zusammenarbeit beim Schutz von wsk-Rechten, inkl. Präventionsmaßnahmen, Ahndung von Menschenrechtsverletzungen, Entschädigung von Betroffenen.
Gewährleistungspflichten*	Maßnahmen, um allein oder in internationaler Kooperation die wsk-Rechte innerhalb und außerhalb ihres Staatsgebietes umzusetzen. Verpflichtung zur Schaffung eines internationalen Umfelds für die Gewährleistung der wsk-Rechte (Handel, Investitionen, Steuern, Finanzen, Umweltschutz, Entwicklungszusammenarbeit etc.). Verpflichtung zur bilateralen oder multilateralen Hilfe (soweit möglich). Verpflichtung zum Ersuchen um internationaler Hilfe (falls nötig).
* Nur Auswahl an Verpflichtungen. Anmerkung: eigene, auszugsweise Zusammenstellung der Maastrichter Grundsätze zu extraterritorialen Staatenpflichten im Bereich der wirtschaftlichen, sozialen und kulturellen Rechte (2011)	

Wohlgemerkt handelt es sich bei den extraterritorialen Staatenpflichten lediglich um eine zusätzliche, gewissermaßen diagonale Dimension des Menschenrechtsschutzes. Sie entheben also nicht die Staaten ihrer eigenen innerstaatlichen Pflichten (die im Mittelpunkt der vorliegenden Studie stehen). Jedem Staat obliegt nach wie vor die Hauptverantwortung für die Menschenrechte im eigenen Lande.[148] Gleichwohl hat die Diskussion um extraterritoriale Staatenpflichten erheb-

148 Weiterführend zu extraterritorialen Staatenpflichten siehe: Coomans/Kamminga (2004), Skogly (2006), Gibney/Skogly (2010), De Schutter (2010: 142 ff.), De Schutter et al.

lich an Fahrt aufgenommen und wird die künftige Menschenrechtsentwicklung stark mitprägen, da es letztlich um die menschenrechtliche Einhegung internationalen Handelns im Kontext der Globalisierung geht.

4.6 Menschenrechtliche Verpflichtungen nicht nur für Staaten?

Bislang haben wir die Menschenrechte vornehmlich im Verhältnis von Staaten und Individuen betrachtet. Obgleich die Hauptverantwortung für die Achtung, den Schutz und die Erfüllung der Menschenrechte zweifelsohne bei den Staaten liegt, droht die völkerrechtliche Fokussierung auf den staatlichen Menschenrechtsschutz gerade dort ins Leere zu laufen, wo die Nationalstaaten zu schwach sind, um die Menschenrechte – gerade auch gegenüber Eingriffen durch Dritte – effektiv zu schützen. Besonders deutlich wird das Problem in „zerfallenden" oder „zerfallenen" Staaten. Aber das Problem beschränkt sich nicht nur auf die so genannten *failing* oder *failed states.* Überall dort, wo die staatlichen Organe die Menschenrechte gegenüber Dritten nicht effektiv schützen können oder wollen, wächst die eigenständige menschenrechtliche Verantwortung sowohl der internationalen Staatengemeinschaft als auch privater Wirtschaftsunternehmen.

4.6.1 Die menschenrechtlichen Verpflichtungen internationaler Organisationen

Angesichts der teils weitreichenden Handlungsbefugnisse und -folgen supranationaler und internationaler Organisationen, etwa der Europäischen Union oder der Vereinten Nationen und ihrer Sonderorganisationen, besteht die reale Gefahr, dass diese die Menschenrechte direkt oder indirekt selbst verletzen (vgl. Kälin/ Künzli 2008: 99). Bindende Zwangsmaßnahmen des UN-Sicherheitsrates stehen hier ebenso auf dem Prüfstand wie etwa Handelsabkommen der EU (vgl. Paasch 2011). Viel diskutiert und kritisiert werden auch die menschenrechtlichen Auswirkungen der Aktivitäten internationaler Finanzinstitutionen (z.B. McBeth 2010) oder die Handels- und Patentregeln der Welthandelsorganisation (differenziert: Hestermeyer 2007)[149] – um nur einige Beispiele zu nennen. So drängt sich die Frage auf, ob internationale Organisationen an die Menschenrechte gebunden sind. Hier gilt es zwei Ebenen zu unterscheiden:

(2012). Die *zeitschrift für menschenrechte* legt den Themenschwerpunkt der Ausgabe 2/2012 auf extraterritoriale Staatenpflichten.

149 Bezeichnend hier der Titel „*Blame it on the WTO? A Human Rights Critique*" (Joseph 2011).

1) Zum einen geht es um die extraterritorialen menschenrechtlichen Verpflichtungen der Regierungen in den Entscheidungs- und Kontrollgremien internationaler Organisationen. So hat das Gros der Staaten, die beispielsweise in multilateralen Entwicklungsbanken vertreten sind, einschlägige Menschenrechtsabkommen unterzeichnet. Wenn alle Regierungen gemäß ihren extraterritorialen Menschenrechtsverpflichtungen in diesen internationalen Finanzorganisationen agierten, so lässt sich argumentieren, dann wäre eine menschenrechtskonforme Politik sichergestellt. Diese Position fußt auf der Annahme, dass extraterritoriale Achtungspflichten jede einzelne Regierung innerhalb multilateraler Organisationen binden, und zwar unabhängig vom Kooperationsunwillen anderer Regierungen und dem Fehlen effektiver Kontrollinstrumente (vgl. etwa Hausmann 2006).
   In diesem Sinne könnten die einzelnen Staaten demnach prinzipiell zur Verantwortung gezogen werden, wenn sich nachweisen ließe, dass beispielsweise die von ihnen gebilligten Weltbankprojekte konkrete Menschenrechtsverletzungen verursachten. Das klingt zunächst weit hergeholt, zumal internationale Organisationen als eigenständige juristische Person und nicht einfach als Ausführungsorgan einzelner Mitgliedsstaaten agieren (sollten). *„As a result, its acts are in principle not attributable to its Member states"*, meinte etwa De Schutter (2010: 216), wies aber immerhin auf die Bemühungen der *International Law Commission* hin, entsprechende Verantwortlichkeiten der Staaten beim Handeln internationaler Organisationen auszuloten (ebd.: 224 ff.). Die bereits genannten Maastrichter Grundsätze von 2011, die De Schutter mit unterzeichnet hat, benennen hingegen solche extraterritoriale Staatenpflichten. Schon zuvor hatte der UN-Ausschuss für wsk-Rechte beispielsweise in seinen Allgemeinen Kommentaren zu den Rechten auf Arbeit (2006), zur sozialen Sicherheit (2008) und auf kulturelle Teilnahme (2009) ausdrücklich auf entsprechende Verpflichtungen der Mitgliedsstaaten innerhalb internationaler Organisationen hingewiesen.[150] Aus dieser Sichtweise ergibt sich also die menschenrechtliche Bindung multilateraler Entwicklungsbanken *indirekt* aus der extraterritorialen Verpflichtung der staatlichen Entscheidungsträger in diesen Organisationen.
2) Zum anderen kann eine eigene, direkte menschenrechtliche Verantwortung der internationalen Organisationen reklamiert werden. Obwohl internationale Organisationen nicht selbst den Menschenrechtsabkommen beigetreten sind, lassen sich entsprechende Pflichten gegebenenfalls gewohnheitsrecht-

150 E/C.12/GC/18, 6. Februar 2006, Ziff. 29 f.; E./C.12/GC/19, 8. Februar 2008, Ziff. 58; E/C.12/GC/21, Ziff. 75.

lich ableiten, wobei jeweils zu prüfen wäre, inwieweit auch soziale Menschenrechte bereits gewohnheitsrechtlich geschützt sind. Traditionell wird aber die Menschenrechtsbindung internationaler Organisationen oft bestritten, zumal wenn kein entsprechendes Mandat vorliegt oder, wie im Falle der Weltbank, per Satzung die Einmischung in politische Angelegenheiten verboten ist. Bei enger Auslegung könnte demnach die Weltbank, um bei dem Beispiel zu bleiben, allenfalls dann Menschenrechte berücksichtigen, wenn sich die Menschenrechtslage auf ihre Tätigkeiten auswirkt. Ein internes Rechtsgutachten der Weltbank stellte immerhin fest, dass die Menschenrechte von direkter Bedeutung für das Ziel der Armutsbekämpfung sind und in wesentlicher Beziehung zu den Aktivitäten der Bank stehen. Ziel, Zweck und Auftrag der Bank ließen daher eine Berücksichtigung der Menschenrechte als unverzichtbar erscheinen.[151] Bereits jetzt bieten die intern verpflichtenden *Safeguard Policies* der Weltbank, die *IFC Safeguard Policies* der Weltbanktochter und das *World Bank Inspection Panel* in begrenztem Maße die Möglichkeit menschenrechtliche Aspekte zur Geltung zu bringen.[152] Eine gesicherte menschenrechtliche Verpflichtung internationaler Organisationen lässt sich zwar aus organisationsinternen Richtlinien und Anordnungen (noch) nicht ableiten (Kälin/Künzli 2008: 100). Die völkerrechtliche Entwicklung ist hier aber im Fluss.

Wohlgemerkt geht es nicht darum, dass sich Entwicklungsbanken zu Menschenrechtsorganisationen aufschwingen; dies entspricht weder ihrem Mandat noch ihrer Kompetenz. Was aber von internationalen Organisationen wie der Weltbank berechtigterweise verlangt werden kann, ist, dass sie *zumindest* die Menschenrechte nicht selbst verletzen und diese im Rahmen ihrer Möglichkeiten schützen. So fordert der UN-Ausschuss für wsk-Rechte bereits in seinem Allgemeinen Kommentar Nr. 2 über Internationale technische Hilfe (1990), „dass internationale Organisationen unbedingt die Beteiligung an Projekten vermeiden sollten, die zum Beispiel die Anwendung von Zwangsarbeit unter Verletzung internationaler Normen einschließen, die die Diskriminierung von Individuen oder Gruppen im Widerspruch zu den Vorschriften des Paktes fördern oder bestärken oder die die massenhafte Umsiedlung und Vertreibung

151 Senior Vice President and General Counsel: Legal Opinion on Human Rights and the work of the Worldbank, 27. Januar 2006; vgl. auch Brot für die Welt/FIAN/EED (2007a: 7).

152 Beispielsweise hinsichtlich des Rechts auf Nahrung: Report and Recommendation on Request for Inspection, Re: Argentina – Special Structural Adjustment Loan 4405-AR (Pro-Herata Case), Inspection Panel of the World Bank, December 16, 1999. Vgl. auch: ESCR-Justice, Monthly Caselaw Update, Nr. 27, Februar 2012.

von Menschen nach sich ziehen, ohne dass angemessener Schutz und Entschädigung zur Verfügung stehen".[153]

4.6.2 Die menschenrechtliche Verantwortung von Unternehmen

Unternehmerisches Handeln beeinflusst direkt oder indirekt – im Positiven wie im Negativen – die bürgerlichen, politischen, wirtschaftlichen, sozialen und kulturellen Menschenrechte von unzähligen Menschen. Unternehmen können notwendige menschenwürdige Arbeitsplätze schaffen und ganz entscheidend zu einer nachhaltigen wirtschaftlichen und sozialen Entwicklung eines Landes beitragen. Sie können aber auch unter menschenunwürdigen Arbeitsbedingungen produzieren lassen und Menschenrechtsverletzungen in ihrem eigenen Betrieb, in Tochterunternehmen und in Zulieferfirmen begünstigen oder zumindest zulassen.[154]

Handfeste Unternehmensskandale, von der Chemie-Katastrophe 1984 im indischen Bhopal bis hin zu den Verstrickungen großer Erdölkonzerne in Menschenrechtsverletzungen in Staaten wie Nigeria oder Kolumbien riefen weltweit Menschenrechtsorganisationen auf den Plan. Besondere Aufmerksamkeit erfuhr dabei das Verhalten von Unternehmen, die Bodenschätze ausbeuten *(extractive industries)*. Aber auch in der Landwirtschaft und im produzierenden Gewerbe wurden weltweit menschenrechtswidrige Praktiken aufgedeckt. Zugleich bestätigte sich der Eindruck, dass bestimmte politische Kontexte, etwa Konfliktsituationen oder Staatsversagen, Menschenrechtsverletzungen „begünstigen". Doch grundsätzlich ist Miriam Saage-Maaß (2009: 103) zuzustimmen, „dass jedes Unternehmen, unabhängig von seiner Organisationsform und Größe, in jeder gesellschaftspolitischen Situation jedes bestehende Menschenrecht verletzen kann". Dabei reicht die Bandbreite an menschenrechtsverletzenden Unternehmensaktivitäten, so schreiben Burghardt/Hamm/Scheper (2010: 209), „von Ermordungen, über Gesundheitsschäden durch verantwortungslose Umweltpraktiken, sexuellen Missbrauch, Folter und die Beeinträchtigung der Rechte Indigener bis hin zur Verweigerung von Arbeits- und Gewerkschaftsrechten."

---

153 CESCR E/1990/23, 2. Februar 1990, Ziff. 6, gemäß der Übersetzung in DIMR (2005: 180).

154 Als Addendum zu seinem 2008 veröffentlichten, dritten Bericht benannte der UN-Sonderbeauftragte für „Menschenrechte und transnationale und andere Unternehmen", John Ruggie, allein 320 Fälle von Menschenrechtsverletzungen, in die Unternehmen verwickelt waren (A/HRC/8/5/Add.2). Dokumentiert werden entsprechende Menschenrechtsverletzungen etwa auch auf der Website des *Business & Human Rights Resource Centre* (www.business-humanrights.org). Siehe zudem Human Rights Watch (2008).

In den vergangenen Jahrzehnten haben im „reichen Norden" ansässige Wirtschaftsunternehmen häufig arbeitsintensive Bereiche der Produktion an Standorte des „globalen Südens" verlegt oder an dortige Zulieferbetriebe ausgelagert. Nicht selten sind große Zulieferbetriebe inzwischen selbst transnationale Unternehmen. Insgesamt soll es inzwischen rund 82.000 transnationale Unternehmen mit 810.000 Tochterunternehmen geben (Krajewski 2010a). Die menschenrechtliche Einhegung globalen unternehmerischen Handelns hat dadurch erheblich an Bedeutung gewonnen (statt vieler Hamm/Koch 2010). Prinzipiell kann sie auf unterschiedlichem Wege erfolgen:

1) Als Vertragspartner von Menschenrechtsabkommen sind die Staaten verpflichtet, die Menschen auf ihrem Staatsgebiet vor menschenrechtswidrigen Praktiken der dort tätigen Unternehmen zu bewahren und müssen dementsprechend das Verhalten einheimischer und ausländischer Unternehmen auf ihrem Territorium – etwa bezüglich menschenrechtsrelevanter Arbeits- und Sozialstandards, der Achtung von Land- und Wassernutzungsrechten oder des Diskriminierungsschutzes – regulieren, überwachen und gegebenenfalls sanktionieren. Wie bereits dargelegt wurde, sind entsprechende *territoriale Schutzpflichten* der Staaten rechtsdogmatisch inzwischen weitgehend anerkannt, auch wenn den Staaten diesbezüglich ein weiter Ermessens- und Handlungsspielraum zukommt.

   Die transnationalen und nationalen Unternehmen unterliegen also der Regulierung durch den jeweiligen (Gastgeber-)Staat (Krajewski 2010a: 13) und haben sich somit eigentlich an nationale Gesetze und Bestimmungen zu halten, die menschenrechtswidrige Geschäftspraktiken verbieten und sanktionieren sollten. Doch in vielen – gerade schwachen, korrupten oder auch nur um Standortvorteile wetteifernden – Staaten fehlen oder versagen entsprechende Gesetze, oder sie werden schlichtweg ignoriert und unterlaufen. Der damalige UN-Sonderbeauftragte John Ruggie machte in seinem Bericht vom April 2008[155] hier erhebliche, durch wirtschaftliche Globalisierungsprozesse entstandene oder vergrößerte Regulierungslücken *(governance gaps)* aus. Mitunter beteiligen sich transnationale Unternehmen auch „nur" an bestehenden ausbeuterischen und diskriminierenden Praktiken innerhalb des Gaststaates oder aber sie nutzen die endemische Korruption und schwache staatliche Kontrolle, um gezielt soziale, ökologische und menschenrechtliche Mindeststandards zu unterschreiten (vgl. von Bernstorff 2010: 8-15).

   Hier gilt es also die territorialen staatlichen Schutzpflichten zur Geltung zu bringen, so wie sie sich aus internationalen Menschenrechtsabkommen erge-

155 A/HRC/8/5, 7. April 2008.

ben – und wie sie auch John Ruggie im Sinne einer „*state duty to protect*" einfordert. Auch der von Ruggie geforderte Zugang zu effektiven Rechtsmitteln und Beschwerdemöglichkeiten (*access to remedies*) bei Menschenrechtsverletzungen durch Unternehmen erfordert staatliches Handeln, müssen doch hierfür die gesetzlichen und institutionellen Grundlagen geschaffen und genutzt werden. Letztlich hat der Staat eine „umfassende Regulierungs-, Kontroll- und Durchsetzungsverantwortung für Unternehmen, die auf seinem Territorium operieren" (von Bernstorff 2010: 15). Oder um mit Ruggie zu sprechen: „*States must protect against human rights abuse within their territory and/or jurisdiction by third parties, including business enterprises. This requires taking appropriate steps to prevent, investigate, punish and redress such abuse through effective policies, legislation, regulations, and adjudication.*"[156]

2) Die einzelnen Staaten können weiterhin die im Ausland getätigten Unternehmensaktivitäten derjenigen Unternehmen zu regulieren versuchen, die auf ihrem Staatsgebiet ansässig sind – mit dem Ziel, menschenrechtswidrige Unternehmenspraktiken im Ausland zu unterbinden. Soweit sich hieraus eine völkerrechtliche Pflicht ergeben soll, sind die rechtsdogmatisch erst ansatzweise entwickelten und nach wie vor umstrittenen *extraterritorialen Schutzpflichten* der Staaten angesprochen. John Ruggie sieht hierfür im Völkerrecht noch keine Grundlage: „*At present, States are not generally required under international human rights law to regulate the extraterritorial activities of businesses domiciled in their territory and/or jurisdiction*".[157] Immerhin erachtet er eine extraterritoriale Einflussnahme als politisch wünschenswert und ermutigt die Staaten, etwa im Rahmen der Außenwirtschaftsförderung[158], dabei mitzuhelfen, dass Unternehmen im Ausland nicht die Menschenrechte verletzen. Tatsächlich eröffnen sich etwa im Rahmen staatlicher Exportkreditversicherungen (Hermes-Bürgschaften) und bei der Vergabe von Investitionsgarantien dem Heimatstaat erhebliche Einflussmöglichkeiten auf im Ausland tätige Unternehmen.[159]

   Im Unterschied zu Ruggie nimmt der UN-Ausschuss für wsk-Rechte in seinen Allgemeinen Kommentaren etwa zu den Rechten auf Gesundheit (Nr. 14), auf Wasser (Nr. 15), auf Arbeit (Nr. 18) oder auf soziale Sicherheit (Nr. 19) sowie

156 A/HRC/17/31, 21. März 2011, Annex: Guiding Principles on Business and Human Rights (Teil I, Abschnitt A, Ziff. 1).

157 A/HRC/17/31, 21. März 2011, Annex: Guiding Principles on Business and Human Rights (Teil I, Abschnitt A, Ziff. 2 – Commentary).

158 Zu den Möglichkeiten über die Außenwirtschaftsförderung auf die Menschenrechte und die menschenrechtliche Verantwortung von Unternehmen Einfluss zu nehmen, siehe u.a. Spieß (2009), Scheper/Feldt (2010), Hamm/Scheper/Schölmerich (2011).

159 Vgl. etwa Drillisch (2012), Krajewski (2010a, 2012), Tietje (2012).

allgemein in seiner Arbeit (Coomans 2011) ausdrücklich auf extraterritoriale Schutzpflichten Bezug. Zugleich meldeten sich in den vergangenen Jahren etliche Expertinnen und Experten zu Wort, die dem Staat in dem Maße extraterritoriale Schutzpflichten zuweisen, wie er faktisch oder rechtlich auf menschenwidriges Verhalten von Unternehmen einwirken kann.[160] Möglicherweise lässt sich, so von Bernstorff (2010: 25 ff.), auch Beihilfe geltend machen, wenn der Heimatstaat aktiv zu Menschenrechtsverletzungen von Unternehmen beiträgt.

In einigen anglo-amerikanischen Ländern bildet sich auf Grundlage nationaler Gesetze seit einigen Jahren bereits ein Trend zu zivilrechtlichen Klagen gegen transnationale Konzerne wegen im Ausland begangener Menschenrechtsverletzungen aus.[161] In diesem Zusammenhang wird oft auf den *US Alien Torts Claim Act* verwiesen, der bereits aus dem Jahre 1789 stammt und vorsieht *„that district courts shall have original jurisdiction of any civil action by an alien for a tort only, committed in violation of the law of nations or a treaty of the United States"* (zitiert nach: De Schutter 2010: 170). Ab 1993 sind auf Grundlage des bis dato kaum berücksichtigten *Alien Tort Claims Act* in über 40 Fällen Unternehmen wegen außerhalb der USA begangener Menschenrechtsverletzungen vor Gericht gebracht worden (vgl. Martens 2009: 55). Interessant ist in diesem Zusammenhang die Antwort der Bundesregierung auf eine kleine Anfrage im Bundestag bezüglich des Rechtsstreits *Esther Kiobel et al. v. Royal Dutch Petroleum Co. et al.* vor dem *Supreme Court* der USA. Besorgt darüber, dass die US-Gerichtsgewalt auf Vorgänge erstreckt, die keine oder kaum Verbindung mit den USA aufweisen, erklärte die Bundesregierung: „Deutschland hat durch geeignete Gesetzgebung dafür Sorge getragen, dass Menschenrechtsverletzungen deutscher Unternehmen, die im Ausland begangen werden, auch in Deutschland rechtlich verfolgt werden können, wenn eine ausreichende Verbindung des Rechtsstreits mit Deutschland besteht."[162]

Obwohl es im deutschsprachigen Raum keine entsprechenden Präzedenzfälle gibt, erachten die Juristen und Juristinnen des *European Center for Constitutional and Human Rights* (ECCHR) grundsätzlich Entschädigungsklagen gegen deutsche Unternehmen wegen Delikten im Ausland für möglich.[163] Schwierig

---

160 Vgl. Craven (1995), Coomans/Kamminga (2004), Skogly (2006), Gondek (2009), Coomans (2011).

161 Vgl. Koebele (2009), Mertens (2009), Saage-Maaß (2009), Burghardt/Hamm/Scheper (2010).

162 BT-Drs. 17/9867, 5. Juni 2012, Vorbemerkung der Bundesregierung.

163 Vgl. Kaleck/Saage-Maaß (2008), Saage-Maaß (2009, 2011).

wird dies allerdings im Falle rechtlich unabhängiger Tochterunternehmen oder gar von Zulieferbetrieben, die eigenverantwortlich agieren („Trennungsprinzip"). Die Mutterkonzerne weisen für gewöhnlich die rechtliche Verantwortung für Fehlverhalten der Tochterunternehmen oder gar jenes der Zulieferfirmen zurück. Das Netzwerk *European Coalition for Corporate Justice* (ECCJ) fordert, diese Regulierungslücke zu schließen (vgl. Gerstetter/Kamieth 2010). Prinzipiell sind auch Strafverfahren möglich, wobei allerdings in Deutschland – im Unterschied zu vielen anderen europäischen und außereuropäischen Staaten – kein Unternehmensstrafrecht besteht. Behelfsmäßig kann hier das Ordnungswidrigkeitengesetz herangezogen werden; es ermöglicht die Verhängung von Geldbußen gegen Unternehmen im Falle, dass leitende Mitarbeiter eine Straftat begehen und dadurch Unternehmenspflichten verletzt wurden.[164]

3) Weiterhin kann unternehmerisches Handeln auch international reguliert werden. Obwohl transnationale Unternehmen allenfalls „asymmetrische" partielle Völkerrechtssubjekte (Krajewski 2010a: 11) und keine Vertragsparteien von Menschenrechtsverträgen sind, gab und gibt es Forderungen und Bemühungen, Wirtschaftsunternehmen menschenrechtlich direkt in die Pflicht zu nehmen. Jedoch lehnen die meisten Regierungen und die Privatwirtschaft die bisherigen Bestrebungen ab, völkerrechtlich verbindliche und sanktionsbewehrte Instrumente zur internationalen Regulierung der Wirtschaft im Bereich der Menschenrechte zu schaffen. Zwar wurde 2003 nach einem dreijährigen Beratungsprozess von einer entsprechenden Arbeitsgruppe ein ausgearbeiteter Entwurf für „UN-Normen zur Verantwortung transnationaler und anderer Unternehmen in Bezug auf die Menschenrechte" vorgelegt[165], der die Unternehmen verpflichten sollte, innerhalb des eigenen Tätigkeits- und Einflussbereichs die Menschenrechte zu achten, zu schützen und fördern; er sah auch ein regelmäßiges, unabhängiges Monitoring sowie ein Beschwerdeverfahren vor. Doch stieß der Vorschlag auf harsche Kritik von Unternehmen, Wirtschaftsverbänden und Regierungen und wurde in der damaligen UN-Menschenrechtskommission inhaltlich nicht weiter verfolgt. Die UN-Normen gelten heute weithin als gescheitert.
Auch John Ruggie kritisierte bereits in seinem ersten Bericht ungewöhnlich scharf den Entwurf für UN-Normen[166], lehnte völkerrechtlich verbindliche

164 Vgl. Brot für die Welt/Misereor/ECCHR (2007: 47).

165 E/CN.4/Sub.2/2003/12/Rev.2, 26. August 2003. Eine deutsche Übersetzung veröffentlichte die Deutsche Gesellschaft für die Vereinten Nationen (DGVN) in ihrer „Blauen Reihe" (2004).

166 E/CN.4/2006/97, 22. Februar 2006.

Regeln für Unternehmen ab – und blieb in diesem wie auch in anderen Punkten hinter den Erwartungen einiger zivilgesellschaftlicher Organisationen zurück.[167] Immerhin betonte Ruggie verschiedentlich das Potenzial unverbindlicher *soft law*-Instrumente wie der OECD-Leitsätze für multinationale Unternehmen, die eine Beschwerdemöglichkeit bei der jeweils zuständigen nationalen Kontaktstelle bieten. Die inzwischen überarbeiteten, in einer revidierten Fassung von 2011 vorliegenden OECD-Leitsätze[168] enthalten Empfehlungen für gute unternehmerische Praxis aller multinationalen Unternehmen, die in den gegenwärtig 42 Unterzeichnerstaaten tätig sind oder von dort aus operieren. Die freiwilligen Leitsätze umfassen unter anderem Arbeits- und Sozialstandards sowie Menschenrechte. Obwohl es sich nur um Empfehlungen handelt, genießen die OECD-Leitsätze vergleichsweise große normative Bindungskraft und bieten „für die Betroffenen von Unternehmensaktivitäten eine der wenigen Möglichkeiten, eine außergerichtliche Individualbeschwerde gegen diese Unternehmen zu führen" (Utz 2011: 2).

4) Schließlich können sich die Unternehmen zur Einhaltung der Menschenrechte selbstverpflichten. Hier spielen Instrumente der freiwilligen Selbst- und Co-Kontrolle, die im Rahmen der Debatte um die gesellschaftliche Verantwortung von Unternehmen *(Corporate Social Responsibility)* entwickelt wurden, eine wichtige Rolle. So besteht bereits heute eine kaum überschaubare Fülle freiwilliger Richtlinien, die als Grundlage für das Verhalten der Unternehmen gegenüber ihren Belegschaften, Tochterunternehmen und Zulieferfirmen, aber auch gegen staatliche Behörden und die internationale Öffentlichkeit dienen (sollen). Solche Kodizes können beispielsweise auf die Initiative von Branchenverbänden (wie etwa dem Weltverband der Spielzeugindustrie)[169] zurückgehen oder auf Multistakeholder-Initiativen, *Public Private Partnerships* oder einzelne Unternehmen.

Der weithin bekannte *Global Compact*[170], als gemeinsame Initiative der Vereinten Nationen und der Privatwirtschaft, stellt zwar keinen Verhaltenskodex dar, sondern ein freiwilliges Lern- und Diskussionsforum, das vor allem dem Erfah-

---

167 Siehe etwa Martens (2009: 42), ECCHR (2011: 17 ff.).

168 Vgl. www.oecd.org; www.oecdwatch.org; www.german-watch.org (letzter Zugriff: 12. März 2012) sowie: Misereor (2010), Utz (2011) oder im Vorfeld der Überarbeitung die beiden Anträge im Bundestag von Bündnis 90/DIE GRÜNEN und SPD: BT-Drs. 17/4196, 15. Dezember 2010, BT-Drs. 17/4668, 8. Februar 2011.

169 Eine kritische Bewertung des sog. ICTI CARE-Prozess des Weltverband der Spielzeugindustrie *(International Council of Toy Industries)* unternahmen beispielsweise Kleinert/Strohscheidt (2009).

170 Siehe die offizielle Website: www.unglobalcompact.org.

rungsaustausch dient. Doch sollen sich die Mitgliedsunternehmen im *Global Compact* an zehn Prinzipien orientieren, welche auch Menschenrechte betreffen: 1) Unterstützung und Achtung der Menschenrechte im eigenen Einflussbereich, 2) Achtung der Menschenrechte im Unternehmen; bezüglich der Rechte am Arbeitsplatz: 3) Versammlungs- und Verhandlungsfreiheit, 4) Verbot der Zwangsarbeit, 5) Verbot der Kinderarbeit, 6) keine Diskriminierung bei Anstellung und Beschäftigung. Bezüglich des Umweltschutzes: 7) proaktive Umweltstrategie, 8) Verantwortungsbewusstsein gegenüber der Umwelt, 9) umweltfreundliche Technologien, 10) Eintreten gegen die Korruption.

Die menschenrechtliche Qualität freiwilliger Verhaltenskodizes von oder für Unternehmen lässt sich u.a. daran festmachen, inwieweit sie sich tatsächlich an den Menschenrechten und den ILO-Arbeitsnormen ausrichten, wie flächendeckend und verbindlich sie angewendet und kontrolliert werden und wie mit gemeldeten oder festgestellten Missständen umgegangen wird. Diesbezüglich unterscheidet sich die Qualität der Verhaltenskodizes und entsprechender Kontrollverfahren beachtlich.

Einerseits kann die freiwillige Selbstverpflichtung von Unternehmen durchaus zur Feststellung menschenrechtlicher Gefahren und zur Eindämmung menschenrechtswidriger Praktiken im Wirtschaftsleben führen, sofern der Menschenrechtsschutz angemessen in die Unternehmenspolitik integriert ist, sofern regelmäßige Menschenrechtsverträglichkeitsprüfungen seriös durchgeführt werden und sofern verbindliche Offenlegungs- und Rechenschaftspflichten sowie gefahrlos nutzbare, wirksame Beschwerdeverfahren bestehen. Dies alles wäre im Einzelfall auf konzeptioneller wie praktischer Ebene jeweils zu prüfen, ebenso wie die tatsächlichen menschenrechtsbezogenen Auswirkungen von Verhaltenskodizes, zu denen aktuelle und unabhängige empirische Untersuchungen fehlen. Am ehesten lassen sich Verbesserungen im Bereich der Arbeitssicherheit und der Bekämpfung von Kinderarbeit erwarten.[171]

Andererseits bergen nicht effektiv angewandte und kontrollierte Verhaltenskodizes die Gefahr, dass die propagierte menschenrechtliche Verantwortung der Konzerne lediglich zu einem Lippenbekenntnis verkommt und vor allem der unternehmerischen Selbst- und Außendarstellung dient. Dabei kann die „verwässerte“ Interpretation und Anwendung menschenrechtlicher Normen durch marktwirtschaftliche Akteure sogar zu einer Verformung und Untermi-

171 Vgl. das umfassende *assessment* von Unternehmen der *Ethical Trading Initiative,* welches das in Sussex ansässige *Institute of Development Studies* in den Jahren 2004 bis 2006 durchgeführt hat; www.ethicaltrade.org/about-eti/our-impact-on-workers (letzter Zugriff: 11. Januar 2012).

nierung menschenrechtlicher Normen und Prinzipien führen. Ein vollwertiger Ersatz für rechtlich verbindliche Regeln sind die Verhaltenskodizes also nicht, zumal die Mitwirkung der Unternehmen aufgrund der Freiwilligkeit nicht gesichert ist.

Bei aller Macht von NGOs und Verbrauchern können zudem weder öffentliche NGO-Kampagnen, wie etwa die „Kampagne für Saubere Kleidung" *(Clean Clothes Campaign)*[172], noch das Konsumverhalten von Verbrauchern ein menschenrechtskonformes unternehmerisches Handeln von Unternehmen sicherstellen. Die „Macht des Einkaufswagens"[173] ist zwar nicht zu unterschätzen, aber vielleicht doch nicht so groß wie gelegentlich unterstellt wird. Dies liegt nicht nur darin begründet, dass es für die Verbraucher sehr schwierig ist herauszufinden, welche Produkte menschenrechtlich unbedenklich hergestellt und gehandelt werden. Extern vergebene Gütesiegel – wie etwa das *Fair Trade*-Siegel für Faires Handeln oder *Good Weave* für Teppiche ohne ausbeuterische Kinderarbeit[174] – bieten zwar Hilfestellungen, decken aber nur eine schmale Produktpalette ab.

Das Problem ist zudem grundlegender: Selbst eingedenk einer möglicherweise wachsenden Nachfrage nach sozial und ökologisch „korrekten" Produkten, lassen sich zivilgesellschaftlich formulierte, menschenrechtliche Ansprüche und Standards nur bedingt in die Logik globalen marktwirtschaftlichen Handels integrieren. Eine menschenrechtliche Verantwortung abseits der Marktlogik scheint nicht nur viele international tätige Unternehmen zu überfordern (vgl. Schellberg 2009: 211), sondern überstrapaziert möglicherweise auch die Selbstregulierungsfähigkeit einer sich verselbständigenden globalisierten Marktwirtschaft, die einer anderen Funktionslogik folgt. Hier bedarf es dringend eines systemexternen Regulierungsdrucks, der durch zivilgesellschaftliche Forderungen und (zwischen-)staatliche Appelle wohl allein nicht aufgebaut werden kann. So gilt es globale Governance-Strukturen aufzubauen, die auch entsprechende Regeln für Unternehmen beinhalten und eine *Corporate Accountability* ermöglichen. Aus Sicht von Elisabeth Strohscheidt gibt es mittel- und langfristig mithin keine Alternative zu verbindlichen, internationalen Menschenrechtsstandards für Unternehmen.[175] John Ruggie sieht dies anders.

172 www.saubere-kleidung.de (letzter Zugriff: 1. Oktober 2012).

173 Das Parlament, Nr. 32/33, 6./13. August 2007.

174 www.fairtrade-deutschland.de; www.goodweave.de (letzter Zugriff: 1. Oktober 2012).

175 Siehe das Interview des Autors mit Elisabeth Strohscheidt und Klaus Leisinger in: *zeitschrift für menschenrechte,* Jg. 3, 2009, Nr. 2, 218-235; hier: 223.

Die Leitprinzipien von John Ruggie

Bereits im Jahre 2008 stellte Ruggie einen dreigliedigen *policy framework* „Schützen, achten und abhelfen" *(Protect, Respect and Remedy)* für den Bereich Menschenrechte und Unternehmen vor.[176] Dieser umfasst die staatliche Schutzpflicht *(duty to protect)*, die Unternehmensverantwortung für die Achtung der Menschenrechte *(corporate responsibility to respect)* und den Zugang der Betroffenen zu Rechtsmitteln und Wiedergutmachung *(access to remedy)*. Der Referenzrahmen sollte von Ruggie weiterentwickelt und operationalisiert werden. Nach zwei Zwischenberichten in den Jahren 2009 und 2010[177] veröffentlichte Ruggie im November 2010 einen Entwurf für Leitprinzipien zur Umsetzung des Referenzrahmens, verbunden mit der Aufforderung diese zu kommentieren. In den breiten und transparenten Konsultationsprozess brachten Menschenrechtsorganisationen vielfältige konstruktive Kritikpunkte ein. Die endgültigen Leitprinzipien stellte Ruggie schließlich im ersten Halbjahr 2011 dem UN-Menschenrechtsrat vor, wo sie im Konsens angenommen und gutgeheißen wurden.[178] Seither fungieren Ruggies Leitprinzipien als Bezugsrahmen und Referenzpunkt in der Diskussion um Wirtschaft und Menschenrechte. Dabei gehen sie nicht über die bestehenden völkerrechtlichen Regeln hinaus und stellen in einigen Hinsichten sogar einen Rückschritt dar (vgl. Winkler 2011b).

Hier ist zunächst zu beachten, dass Ruggies Referenzrahmen „Schützen, achten, abhelfen" *nicht* der staatlichen Verpflichtungstrias „Achten, schützen, gewährleisten" entspricht, ja in verschiedener Hinsicht sogar dem Verständnis dieser Staatenpflichten abträglich ist. Nur Ruggies *„state duty to protect"* und seine Forderung nach *„access to remedy"* enthalten staatliche Pflichten. So sei der Staat verpflichtet, Individuen vor Menschenrechtsverletzungen durch Unternehmen zu schützen und Maßnahmen zu ergreifen, um Betroffenen Zugangsmöglichkeiten zu gerichtlichen und außergerichtlichen Rechtsbehelfen zu bieten. Hier sind also zunächst territoriale Schutzpflichten angesprochen, deren völkerrechtliche Verbindlichkeit jedoch in Ruggies Leitprinzipien zur *„state duty to protect"* mitunter verwässert wird, da die Prinzipien teils nur als Empfehlungen formuliert sind. Damit bleiben sie hinter geltendem Völkerrecht und Ruggies früheren Berichten zurück (Winkler 2011b: 172 ff.). Hinzu kommt, dass die Leitprinzipien keine staatliche Verpflichtung enthalten, unternehmerische Tätigkeiten im Ausland zu regulieren; vielmehr werden die extraterritorialen staatlichen Schutzpflichten ausdrücklich negiert.

---

176 A/HRC/8/5, 7. April 2008.

177 A/HRC/11/13, 22. April 2009; A/HRC/14/27, 9. April 2010.

178 A/HRC/17/31, 21. März 2011; A/HRC/RES/17/4, 6. Juli 2011.

Nach wie vor setzt Ruggie auf freiwilliges Handeln der Unternehmen. Die Leitprinzipien legen demgemäß auch den Schwerpunkt auf Maßnahmen, die Unternehmen ergreifen sollen, um ihrer menschenrechtlichen Verantwortung *(corporate responsibility to respect human rights)* gerecht zu werden: Demgemäß sollen die Unternehmen: a) sich zu ihrer menschenrechtlichen Verantwortung bekennen und diese in ihre Unternehmenspolitik verankern *(policy commitment);* b) menschenrechtliche Gefahren oder negative menschenrechtliche Auswirkungen ihres Handels (unter Einbeziehung menschenrechtlicher Expertise und der Konsultation etwaiger Betroffener) ausmachen, verhindern oder abmildern – und darüber Rechenschaft ablegen *(human rights due diligence).* Als hilfreiche *tools* gelten menschenrechtliche Folgenabschätzungen bzw. Menschenrechtsverträglichkeitsprüfungen und praktische Anleitungen, wie Menschenrechte im Unternehmensalltag zur Anwendung kommen;[179] c) schließlich sollen die Unternehmen, wenn ihre Aktivitäten negative menschenrechtliche Auswirkungen zeigen, Abhilfe schaffen *(remediation).* Die Verantwortung der Unternehmen, die „Menschenrechte zu achten" erachtet Ruggie wohlgemerkt nicht als eine völkerrechtliche Pflicht: Zugleich wird die rechtliche Pflicht der Unternehmen, nationale Gesetze zum Schutz von Menschenrechten zu achten, nicht eigens thematisiert. Freiwillig bleibt für Unternehmen schließlich die Gewährung von Rechtsbehelfen. Während der Staat die Pflicht hat, den Betroffenen entsprechende gerichtliche und außergerichtliche Rechtsschutzmöglichkeiten einzurichten, ist die Einrichtung von Beschwerdemöglichkeiten in Unternehmen nur empfohlen.

Indem die Leitprinzipien – im Sinne eines *principled pragmatism* – einen konsensorientierten und vom UN-Menschenrechtsrat angenommen Referenzrahmen darstellen, werden sie sich voraussichtlich zu einem „global genutzten Instrument entwickeln, an dem Unternehmen sich in Bezug auf ihre menschenrechtliche Verantwortung messen lassen müssen, zumindest im Sinne eines Minimalstandards, ohne dabei auszuschließen, dass viele, insbesondere zivilgesellschaftliche, Akteure weiter nach stärkeren und verbindlicheren Standards streben werden" (Winkler 2011b: 179 f.). Die Leitprinzipien haben dabei durchaus das Potenzial, im Bereich unternehmerischer Aktivitäten verhaltenssteuernd zu wirken. Für die Konkretisierung *staatlicher* Menschenrechtspflichten gegenüber Unternehmen geben die Leitprinzipien aber nichts Neues her. Dies gilt umso mehr, als sich die Diskussion um die Leitprinzipien bislang auf die freiwillige Unternehmensverantwortung *(corporate responsibility to respect human rights)* konzentriert. Die beiden anderen Säulen der Leitprinzipien – also die staatlichen

179 Zu konzeptionellen Herausforderungen und praktischen Ansätzen von *Human Rights Impact Assessments* siehe Hamm/Scheper (2011).

Pflichten, die Menschen vor Eingriffen durch Unternehmen zu schützen und den Betroffenen Beschwerdemöglichkeiten einzuräumen – bleiben in der Diskussion um die Leitprinzipien bislang unterbelichtet. Demgemäß fordern beispielsweise *Germanwatch* und *Misereor*, dass die Bundesregierung der Aufforderung der Europäischen Kommission nachkommt, einen nationalen Plan zur Umsetzung der UN-Leitprinzipien zu erstellen,[180] und dass sie dabei einen besonderen Fokus auf die staatlichen Schutzpflichten und die Beschwerdemöglichkeiten legt.[181]

180 Die Europäische Kommission hat in einer Mitteilung vom 25. Oktober 2011 (KOM(2011) 681) die Mitgliedsstaaten aufgefordert, bis Ende 2012 einen nationalen Aktionsplan zur Umsetzung der Leitprinzipien zu entwickeln.

181 Vgl. Germanwatch/Misereor: Nationaler Aktionsplan zur Umsetzung der UN-Leitprinzipien für Wirtschaft und Menschenrechte. Anforderungen an den Umsetzungsprozess in Deutschland, Juli 2012.

5 Wie lassen sich die sozialen Menschenrechte näher bestimmen? Zum besseren Verständnis einzelner Rechte

5.1 Allgemeine Bemerkungen

Wie lassen sich nun die in internationalen Menschenrechtsabkommen niedergelegten sozialen Menschenrechte inhaltlich näher bestimmen? Naturgemäß sind diese Rechte allgemein formuliert und auslegungsbedürftig, so dass kein gemeinsames Grundverständnis der wsk-Rechte und der sich daraus ergebenden Pflichten vorausgesetzt werden kann. So ist im internationalen Diskurs mitunter umstritten, wie sich die einzelnen Rechte und ihre materiellen Schutzbereiche inhaltlich konkretisieren lassen, welche staatlichen Pflichten sich daraus konkret ergeben und wann ein Menschenrecht verletzt oder umgesetzt ist. Gleichwohl hat sich in den vergangenen Jahren das gemeinsame Verständnis der sozialen Menschenrechte erheblich verdichtet.

Eine enge Normauslegung fokussiert sich – ganz in der juristischen Tradition – auf die justiziablen Bestandteile der wsk-Rechte, die tatsächlich oder potenziell vor Gerichten oder Beschwerdeverfahren geltend gemacht werden können. Wie bereits dargelegt wurde, sind hierbei nicht nur die bürgerlich-politischen, sondern auch die wirtschaftlichen, sozialen und kulturellen Menschenrechte materiell, also der Sache nach, justiziabel, selbst dann, wenn prozessual der entsprechende nationale und internationale Menschenrechtsschutz noch ungenügend ausgebaut sein sollte. Entgegen überkommenen Auffassungen verbürgen die wsk-Rechte dabei nicht nur „objektive" Staatenpflichten, sondern ebenfalls „subjektive" Rechtsansprüche. Angesichts des politischen Ermessens- und Gestaltungsspielraums bei der Umsetzung der Menschenrechte, der von Gerichten nicht unzulässig eingeschränkt werden soll, sind allerdings die wsk-Rechte in etwaigen gerichtlichen oder quasi-gerichtlichen Verfahren mit Augenmaß auszulegen und nehmen vor allem eindeutige Verletzungstatbestände in den Blick. Im Vordergrund stehen hierbei Achtungs- und Schutzpflichten, die nicht so stark ressourcenabhängig sind wie die Gewährleistungspflichten, sowie das Diskriminierungsverbot bei der Umsetzung der wsk-Rechte. Bei den Gewährleistungspflichten, zumal bei jenen, die sich nur progressiv verwirklichen lassen, halten sich die Gerichte sinnvollerweise eher zurück. Selbst diesbezüglich ist aber eine (quasi-)gerichtliche Prüfung, obgleich aufwändiger, prinzipiell möglich. Als Maßstäbe können hier international erarbeitete *benchmarks*, der diachrone Vergleich von Maßnahmen und Fortschritten in dem jeweiligen Land sowie der synchrone Vergleich mit anderen Staaten dienen, die ähnliche Problemlagen und Entwicklungsniveaus aufweisen (vgl. Felner 2008, 2009).

Staatliche Verletzungen sozialer Menschenrechte

Verletzungen durch staatliches Handeln (acts of commission):

- Die Staaten schaffen bestehende, für die Nutzung der wsk-Rechte nötige Gesetze ab oder setzen diese aus.
- Die Staaten verwehren bestimmten Menschen oder Bevölkerungsgruppen – de jure oder de facto – die Nutzung ihrer wsk-Rechte.
- Die Staaten unterstützen aktiv Maßnahmen von Dritten, die mit den wsk-Rechten nicht vereinbar sind.
- Die Staaten schaffen Gesetze oder ergreifen Politiken, die mit den wirtschaftlichen, sozialen und kulturellen Rechten nicht vereinbar sind.
- Die Staaten ergreifen absichtlich regressive Maßnahmen, welche den Nutzungsumfang bestehender wsk-Garantien verringern.
- Die Staaten behindern die progressive Verwirklichung der wsk-Rechte oder bringen diese zum Stillstand, ohne dass etwaige Beschränkungen durch den Vertrag gedeckt sind oder sich aus Ressourcenmangel oder „höhere Gewalt" ergeben.
- Die Staaten kürzen oder umverteilen öffentliche Ausgaben, die für die Umsetzung der wsk-Rechte nötig sind, und ergreifen zugleich keine angemessenen Maßnahmen, um jedem Menschen seine Subsistenzrechte zu sichern.

Verletzungen durch staatliches Unterlassen (acts of omission):

- Die Staaten versäumen es, geeignete Maßnahmen im Sinne des UN-Sozialpaktes einzuleiten bzw. zu treffen.
- Die Staaten versäumen es, das nationale Recht daraufhin zu prüfen, ob es mit den Verpflichtungen aus dem UN-Sozialpakt vereinbar ist, und, wenn nicht, es entsprechend zu reformieren.
- Die Staaten versäumen es, Gesetze zu verabschieden und Politiken umzusetzen, die darauf ausgerichtet sind, die wsk-Rechte umzusetzen.
- Die Staaten versäumen es, das Handeln von dritten Personen oder Gruppen so zu regulieren, dass diese davon abgehalten werden, die wsk-Rechte zu verletzen.
- Die Staaten versäumen es, das Maximum der verfügbaren Ressourcen für die volle Verwirklichung des Paktes bzw. der Paktrechte einzusetzen.
- Die Staaten versäumen es, die Verwirklichung der wsk-Rechte anhand objektiver Kriterien zu überwachen.
- Die Staaten versäumen es, umgehend solche Hindernisse zu beseitigen, die beseitigt werden müssen, um die unmittelbar zu verwirklichenden (Komponenten der) wsk-Rechte umzusetzen.
- Die Staaten versäumen es, ohne Aufschub unmittelbar zu verwirklichende (Komponenten von) wsk-Rechte umzusetzen.
- Die Staaten versäumen es, allgemein anerkannte internationale Mindeststandards bei der Umsetzung der wsk-Rechte zu gewährleisten, soweit ihnen eine solche Umsetzung möglich ist.
- Die Staaten versäumen es, ihre internationalen Verpflichtungen bezüglich der wsk-Rechte zu berücksichtigen, wenn sie bilaterale oder multilaterale Abkommen mit anderen Staaten, internationalen Organisationen oder transnationalen Unternehmen abschließen.

Anmerkung: eigene Zusammenstellung auf Grundlage der Maastricht-Leitlinien zur Verletzung der wsk-Rechte (1997), Abs. 14 und 15

Die Frage, wann eine Verletzung der wirtschaftlichen, sozialen und kulturellen Rechte des UN-Sozialpaktes vorliegt, beschäftigte schon früh internationale Experten. Einflussreich waren insbesondere die bereits genannten Limburg-Prinzipien (1987) und die Maastricht-Leitlinien zur Verletzung der wsk-Rechte (1997), die als Hilfsquelle zur Auslegung der Bestimmungen des Sozialpaktes anerkannt sind und an denen sich auch der UN-Ausschuss für wsk-Rechte bei der Ausarbeitung seiner Allgemeinen Kommentare orientierte. Demnach kann sowohl staatliches Handeln als auch staatliches Unterlassen eine Menschenrechtsverletzung darstellen. Menschenrechtsverletzungen ergeben sich also dann, wenn der Staat die Menschen bei der Ausübung ihrer Rechte unzulässig (be)hindert und damit seine Achtungspflichten verletzt, oder aber, wenn er, trotz entsprechender Möglichkeiten, offensichtlich nichts oder eindeutig zu wenig unternimmt, um die Menschenrechte zu schützen und zu gewährleisten. Obwohl es gemeinhin leichter ist, Verletzungen von unmittelbaren, situationsbezogenen Staatenpflichten festzustellen, kann auch die Vernachlässigung der Pflicht der progressiven Umsetzung der sozialen Menschenrechte eine Verletzung darstellen.

Über die Vermeidung solcher Verletzungen hinaus steht der Staat in der Pflicht, und kann öffentlich in die Pflicht genommen werden, die sozialen Menschenrechte vollumfänglich zu verwirklichen. Eine umfassende Begriffsbestimmung geht also über etwaige Verletzungstatbestände und schon gar über die einklagbaren Bestandteile der wsk-Rechte hinaus. Sie trägt der Tatsache Rechnung, dass der inhaltliche Gehalt der Menschenrechte umfassender ist, als die (quasi-) gerichtliche Überprüfung von Klagen und Beschwerden ergeben kann. Demgemäß werden im Rahmen von *Staatenberichtsverfahren* die wsk-Rechte nicht nur dahingehend konkretisiert, ab wann die Vertragsstaaten diese Rechte verletzen, sondern auch dahingehend, was die Staaten tun müssen oder könnten, um die wsk-Rechte *besser zu fördern* und *umfänglich umzusetzen.* Dies entspricht dem Charakter eines Monitoring-Verfahrens, dem es darum geht, die Staaten – allgemein und einzelfallunabhängig – dazu anzuhalten, das Recht in seinem vollen Bedeutungsgehalt zu achten, zu schützen und zu gewährleisten.

Weiterhin ist zu beachten, dass gesellschaftspolitische Debatten (anders als streng juristische) zu den sozialen Menschenrechten gegenwärtig von einer weiten Begriffsverwendung geprägt sind. Gerade nicht-staatliche Menschenrechts- und Entwicklungsorganisationen versuchen die sozialen Menschenrechte in ihrer ganzen Interpretationsbandbreite zu entfalten, mit dem Ziel, die gesellschafts- und entwicklungspolitische Diskussion um die wsk-Rechte anzustoßen und diese Rechte vollumfänglich umzusetzen und zu fördern. Dabei werden gelegentlich auch solche Missstände als Menschenrechtsverletzungen bezeichnet, die in rechtlicher Hinsicht weder geboten noch sanktionierbar, aber doch politisch zu kritisieren sind. Und es wird politischer Handlungsbedarf geltend gemacht, wo staatliche Pflichten rechtlich mitunter (noch) bestritten werden.

Hierin besteht einerseits die Gefahr, dass der nationale und internationale Diskurs um die wsk-Rechte ausufert und die sozialen Menschenrechte durch eine inflationäre Bedeutungsausweitung entwertet werden. Durch eine Überinterpretation kann es sogar zur Trivialisierung der Menschenrechte kommen. Menschenrechtlich begründbare politische Forderungen sind daher von jenen zu unterscheiden, die sich nicht auf die Menschenrechte (möglicherweise aber auf andere gute Gründe) berufen können. So ist gewiss nicht alles, was sozialpolitisch sinnvoll ist, auch aus Sicht der sozialen Menschenrechte rechtlich geboten.

Anderseits führen öffentlich vorgetragene Gründe und Forderungen, die wsk-Rechte umfassend umzusetzen, dazu, dass die staatlichen Organe darauf hinwirken, die Menschenrechte besser zu schützen und zu fördern. Zugleich kann es auch zur notwendigen Anpassung bestehender rechtsdogmatischer Positionen an neue internationale und nationale Entwicklungen, Probleme und öffentlich artikulierte Unrechtserfahrungen kommen. Von dem weiten, gelegentlich ausufernden gesellschaftspolitischen Diskurs gehen somit wichtige Anstöße für die Politik und die Rechtsentwicklung aus.

Obwohl die Auslegung der wirtschaftlichen, sozialen und kulturellen Menschenrechte also stark davon abhängt, in welchem Zusammenhang und mit welchem Ziel über diese Rechte diskutiert wird, ist ihre Interpretation nicht beliebig. Hilfreiche Bemühungen, die wsk-Rechte näher zu bestimmen, werden auf der Ebene der Vereinten Nationen und ihren Sonderorganisationen ebenso vorangetrieben wie von spezialisierten Menschenrechts- und Entwicklungsorganisationen, akademischen Experten und einzelfallbezogen auch von regionalen und nationalen Gerichten.

Die nachstehenden Ausführungen orientieren sich vor allem an der Interpretation der wsk-Rechte durch den UN-Ausschuss für wirtschaftliche, soziale und kulturelle Rechte. Wie bereits erwähnt wurde, sind dessen Kommentare und Empfehlungen im Rahmen von Staatenberichtsverfahren (und nicht von quasigerichtlichen Beschwerdeverfahren) entstanden und beschränken sich daher *nicht* nur auf potenziell einklagbare Bestandteile im engeren Sinne. Auch sind die Kommentare und Empfehlungen ihrer Natur nach nicht rechtsverbindlich. Dennoch bieten sie eine kenntnis- und hilfreiche Auslegung einzelner wsk-Rechte auf mittlerer Abstraktionsebene, an der sich die Vertragsparteien bei der Umsetzung der Rechte und bei ihrer Berichtspflicht orientieren sollen. Die Vorgaben haben wesentlich zur Konkretisierung der Rechte beigetragen und sind wichtige, weithin anerkannte Orientierungshilfen für ein angemessenes, umfassendes Verständnis der sozialen Menschenrechte, das auch jüngeren internationalen Entwicklungen Rechnung trägt. Bis Ende 2012 lagen 21 Allgemeine Kommentare sowie eine Vielzahl an *Concluding Observations* zu einzelnen Ländern vor. Ergänzend wurden Kommentare anderer UN-Ausschüsse, Berichte von Sonderberichterstatter/innen, Darstellungen des UN-Hochkommissariats für Menschenrechte sowie Interpretationen in der Fachliteratur herangezogen.

Die Allgemeinen Kommentare des UN-Ausschusses für wsk-Rechte		
Kommentar	Inhalt	Art. des Sozialpaktes
Nr. 1 (1989)	Die Berichterstattung der Vertragsstaaten	–
Nr. 2 (1990)	Internationale technische Hilfe	Art. 22
Nr. 3 (1990)	Die Rechtsnatur der Verpflichtung der Vertragsstaaten	Art. 2 Abs. 1
Nr. 4 (1991)	Das Recht auf angemessene Unterkunft	Art. 11 Abs. 1
Nr. 5 (1994)	Menschen mit Behinderungen	–
Nr. 6 (1995)	Die wirtschaftlichen, sozialen und kulturellen Rechte von älteren Menschen	–
Nr. 7 (1997)	Das Recht auf angemessene Unterkunft: Zwangsräumungen	Art. 11 Abs. 1
Nr. 8 (1997)	Die Beziehungen zwischen Wirtschaftssanktionen und der Achtung der wirtschaftlichen, sozialen und kulturellen Rechte	–
Nr. 9 (1998)	Die innerstaatliche Anwendbarkeit des Pakts	–
Nr. 10 (1998)	Die Rolle der nationalen Menschenrechtsinstitutionen beim Schutz der wirtschaftlichen, sozialen und kulturellen Rechte	–
Nr. 11 (1999)	Aktionspläne für die Grundschulbildung	Art. 14
Nr. 12 (1999)	Das Recht auf angemessene Nahrung	Art. 11
Nr. 13 (1999)	Das Recht auf Bildung	Art. 13
Nr. 14 (2000)	Das Recht auf ein Höchstmaß an Gesundheit	Art. 12
Nr. 15 (2002)	Das Recht auf Wasser	Art. 11 und 12
Nr. 16 (2005)	Die Gleichberechtigung von Mann und Frau bei der Ausübung aller wirtschaftlichen, sozialen und kulturellen Rechte	Art. 3
Nr. 17 (2005)	Das Recht eines jeden auf Schutz der geistigen und materiellen Interessen, die ihm als Urheber von Werken der Wissenschaft, Literatur oder Kunst erwachsen	Art. 15 Abs. 1 c)
Nr. 18 (2006)	Das Recht auf Arbeit	Art. 6
Nr. 19 (2008)	Das Recht auf soziale Sicherheit	Art. 9
Nr. 20 (2009)	Nicht-Diskriminierung in Bezug auf wirtschaftliche, soziale und kulturelle Rechte	Art. 2 Abs. 2
Nr. 21 (2009)	Das Recht auf Teilnahme am kulturellen Leben	Art. 15 Abs. 1 a)

Anmerkung: Die deutschen Übersetzungen der ersten 15 Allgemeinen Kommentare sind abgedruckt in: DIMR (2005). In englischer Sprache finden sich alle General Comments auf der Website des UN-Hochkommissariats für Menschenrechte: www2.ohchr.org/english/bodies/cescr/comments.htm (letzter Zugriff: 1. Oktober 2012).

Die allgemeinen Ausführungen werden durch eine Vielzahl praktischer Anwendungsbeispiele zu entsprechenden Menschenrechtspflichten und einzelnen Menschenrechtsverletzungen ergänzt. Der Umstand, dass die vorliegende Studie so viele Beispiele anführt, ist darauf zurückzuführen, dass es der Diskussion um die sozialen Menschenrechte häufig an solchen Anwendungsbeispielen fehlt. Die vorliegende Studie führt daher gezielt zahlreiche, sehr unterschiedliche Fallbeispiele und Problemkonstellationen an, welche die wsk-Rechte betreffen. Dadurch sollen nicht nur die rechtsdogmatischen Vorgaben veranschaulicht und die gesellschaftspolitische Bedeutung des jeweils behandelten Menschenrechts beispielhaft aufgezeigt werden. Es soll auch dargelegt werden, dass sich die sozialen Menschenrechte auf ganz unterschiedliche Probleme und Kontexte anwenden lassen. Wohlgemerkt handelt sich es dabei aber nur um illustrative Beispiele. Einige einschränkende Anmerkungen sind also vonnöten:

Erstens werden Beispiele aus einer Vielzahl an Quellen herangezogen, die unterschiedliche rechtsdogmatische Autorität beanspruchen können. Über die Spruchpraxis globaler und regionaler Menschenrechtsorgane und einzelner nationaler Gerichtsurteile hinaus wurden die Beispiele einem in den vergangenen Jahren stark angewachsenen Fundus an juristischer und sozialwissenschaftlicher Fachliteratur zu wsk-Rechten und an entsprechenden Studien und Berichten nicht-staatlicher Organisationen entnommen. Die Aussagekraft der Beispiele war hierbei das wichtigste Auswahlkriterium. Bewusst sollte die Rechtsinterpretation nicht nur auf das *case law* beschränkt werden, da dieses in Bezug auf die wsk-Rechte erst unzureichend entwickelt ist und den materiellen Gehalt der Rechte, wie er in den Allgemeinen Kommentaren des UN-Ausschusses für wsk-Rechte bestimmt wird, nur bruchstückhaft abbildet. Nicht nur die bereits eingeklagten, sondern auch die potenziell einklagbaren Bestandteile der wsk-Rechte sollen also berücksichtigt werden – und darüber hinaus vor allem auch jene Schutz- und Gewährleistungsaspekte der wsk-Rechte, deren Umsetzung weitgehend im politischen Ermessen der Staaten verbleibt und sich damit (quasi-)gerichtlich nur schwer überprüfen lässt.

Zweitens war für die Auswahl der Beispiele unerheblich, ob die jeweiligen Staaten den UN-Sozialpakt oder andere Menschenrechtsabkommen, die wsk-Rechte beinhalten, ratifiziert haben. Selbst in den wenigen Staaten, wie den USA, die nicht Vertragspartei solcher Abkommen sind, bietet die – völkergewohnheitsrechtlich ganz oder teilweise anerkannte – AEMR einen ausreichenden Maßstab, um die wsk-Rechte auch dort zu behandeln. Ohnehin geht es mir nicht darum, die konkrete Rechtslage in dem jeweiligen Staat auszuleuchten. Vielmehr dienen die Länderbeispiele dazu, den materiellen Gehalt sozialer Menschenrechte anhand konkreter Problemlagen zu veranschaulichen. Unabhängig von der konkreten Rechtslage in dem jeweiligen Land, wurden auch Staaten berücksichtigt, die der Sache nach deutlich soziale Menschenrechte verletzen, wie etwa Nordkorea im Falle des Rechts auf Nahrung.

Drittens stammen die Länderbeispiele aus unterschiedlichen Weltregionen und damit aus Staaten mit ganz unterschiedlichen wirtschaftlichen, sozialen, kulturellen und politischen Bedingungen. Nun ist es vorderhand befremdlich, wenn die Bedeutung sozialer Menschenrechte sowohl in armen, möglicherweise sogar autoritär regierten Entwicklungsländern als auch in demokratisch regierten Rechts- und Wohlfahrtsstaaten dargelegt wird und die Beispiele nicht eingebunden werden in den jeweiligen Länderkontext. Doch geht es mir nicht darum, die

Menschenrechtslage in einem Staat zu erfassen; dazu bedürfte es fundierter Länderfallstudien und qualitativer Ländervergleiche. Vielmehr soll aufgezeigt werden, dass sich die wsk-Rechte auf ganz unterschiedliche Kontexte anwenden lassen – und ihre Umsetzung überall von Bedeutung ist. Entsprechender menschenrechtlicher Handlungsbedarf besteht eben nicht nur in Entwicklungsländern und Unrechtsstaaten, sondern beispielsweise auch in europäischen Wohlfahrtsstaaten, obgleich nicht in gleichem Maße und mit derselben menschenrechtlichen Brisanz. Bei der Auswahl der Beispiele liegt dabei freilich ein gewisser Schwerpunkt auf Europa, Lateinamerika und dem subsaharischen Afrika, entsprechend der wissenschaftlichen Beschäftigung des Autors mit diesen Regionen.

Viertens gehen die Kurzdarstellungen und illustrativen Beispiele in die Breite und nicht in die Tiefe. Sie zeigen also die Bedeutungsbandbreite der jeweiligen Rechte auf, ohne die verschiedenen Aspekte vertiefend ausführen und problematisieren zu können. Im Detail besteht hier noch erheblicher juristischer und politischer Interpretationsbedarf, der im Rahmen der vorliegenden Studie nicht gestillt werden kann. Er betrifft nicht zuletzt die Frage, ab wann in konkreten Fällen die unzureichende Umsetzung staatlicher Menschenrechtspflichten die Schwelle zur Menschenrechtsverletzung überschreitet und welche konkreten subjektiven Rechtsansprüche sich daraus ergeben können. Den Juristinnen und Juristen bleibt es dabei vorbehalten, weitere Rechtskonkretisierungen vorzunehmen und rechtliche Grauzonen auszuleuchten. Jedes einzelne wsk-Recht gäbe genügend Stoff für umfassende Studien. Schon 1996 verfasste beispielsweise der Schweizer Jurist Pius Gebert eine 660-seitige Dissertation nur zum Recht auf Bildung des UN-Sozialpaktes. Inzwischen kam eine Vielzahl an rechtswissenschaftlichen Studien dazu, auch zu den lange Zeit vernachlässigten kulturellen Rechten, etwa zum menschenrechtlichen Schutz geistigen Eigentums (Schneider 2006) und zum Menschenrecht auf Teilnahme am kulturellen Leben (Groni 2007), oder zu einzelnen Rechtsfragen, wie etwa der menschenrechtlichen Bewertung von Studiengebühren aus Sicht des Menschenrechts auf Bildung (Söllner 2007), um nur einige deutschsprachige Untersuchungen der vergangenen Jahre zu nennen. Die vorliegende Schrift nimmt solche und viele weitere Studien zur Kenntnis und versucht darauf aufbauend, vor allem jene wsk-Rechte darzustellen, zu denen bereits Allgemeine Kommentare des UN-Sozialpaktes vorliegen.

Im Folgenden werden die Verbote der Sklaverei und der Zwangsarbeit sowie die Rechte auf und bei der Arbeit, auf soziale Sicherheit, Gesundheit, Wohnen, Nahrung, Wasser und Sanitärversorgung sowie das Recht auf Teilnahme am kulturellen Leben behandelt. Nicht gesondert thematisiert werden die Gewerkschaftsfreiheit, die eng mit dem bürgerlich-politischen Recht der Vereinigungsfreiheit verbunden ist, oder der Schutz von Familien, Müttern und Kindern, der die einzelnen Rechte übergreift. Außen vor bleibt weiterhin das Recht auf Bekleidung, das zwar Bestandteil des Rechts auf angemessenen Lebensstandard ist, aber in den Staatenberichten so gut wie nicht erwähnt und vom UN-Ausschuss für wsk-Rechte bislang kaum beachtet wird (vgl. Engbruch 2008: 225 ff.). Weitgehend unberücksichtigt bleibt zudem der menschenrechtliche Schutz sowohl des Eigentums[182] als auch des geistigen Eigentums[183].

Bei der Darstellung der einzelnen Rechten wird der Schwerpunkt auf die staatlichen Achtungs-, Schutz- und Gewährleistungspflichten gelegt. Die extraterritorialen und internationalen Dimensionen können nur angerissen werden und bedürfen über die Studie hinaus der Vertiefung. Dies gilt auch für die Kapitel zur „Verbundenheit" der einzelnen Rechten mit anderen Menschenrechten, das nur kurz auf den affirmativen Zusammenhang der Menschenrechte hinweist, ohne diesen wirklich entfalten zu können – und wohlwissend, dass es zwischen Menschenrechten auch zu Rechtskollisionen kommen kann.

5.2 Das Verbot der Sklaverei und Zwangsarbeit – noch immer aktuell

Das Verbot von Sklaverei, Leibeigenschaft und Zwangsarbeit

(1) Niemand darf in Sklaverei gehalten werden; Sklaverei und Sklavenhandel in allen ihren Formen sind verboten.

(2) Niemand darf in Leibeigenschaft gehalten werden.

(3) a) Niemand darf gezwungen werden, Zwangs- oder Pflichtarbeit zu verrichten;

b) Buchstabe a ist nicht so auszulegen, dass er in Staaten, in denen bestimmte Straftaten mit einem mit Zwangsarbeit verbundenen Freiheitsentzug geahndet werden können, die Leistung von Zwangsarbeit auf Grund einer Verurteilung durch ein zuständiges Gericht ausschließt.

c) als „Zwangs- oder Pflichtarbeit" im Sinne dieses Absatzes gilt nicht

i) jede nicht unter Buchstabe b genannte Arbeit oder Dienstleistung, die normalerweise von einer Person verlangt wird, der auf Grund einer rechtmäßigen Gerichtsentscheidung die Freiheit entzogen oder die aus einem solchen Freiheitsentzug bedingt entlassen worden ist;

ii) jede Dienstleistung militärischer Art sowie in Staaten, in denen die Wehrdienstverweigerung aus Gewissensgründen anerkannt wird, jede für Wehrdienstverweigerung gesetzlich vorgeschriebene nationale Dienstleistung;

iii) jede Dienstleistung im Falle von Notständen oder Katastrophen, die das Leben oder das Wohl der Gemeinschaft bedrohen;

iv) jede Arbeit oder Dienstleistung, die zu den normalen Bürgerpflichten gehört."

Quelle: UN-Zivilpakt, Art. 8

182 Das Recht auf Eigentum ist zwar in der AEMR, nicht aber im UN-Sozialpakt verankert.

183 Siehe hier die Allgemeinen Bemerkungen Nr. 17 (2005) des UN-Ausschusses für wsk-Rechte: E/C.12/GC/17, 12. Januar 2006. Siehe auch die umfassende Studie von Schneider (2006).

Das absolute und notstandsfeste Verbot der Sklaverei und der Leibeigenschaft ist fester Bestandteil des Völkerrechts und des *jus cogens*, also des „zwingenden Rechts“.[184] Gemeinsam mit dem Verbot der Zwangs- und Pflichtarbeit ist es zugleich in verschiedenen internationalen Menschenrechtsabkommen und ILO-Konventionen verankert. Im Anschluss an das Recht auf Leben und das Verbot der Folter stehen die Verbote von Sklaverei, Leibeigenschaft und Zwangsarbeit gleich zu Beginn des UN-Zivilpaktes sowie der Europäischen und der Amerikanischen Menschenrechtskonvention, die vor allem bürgerliche und politische Menschenrechte garantieren. Im UN-Sozialpakt ist das Verbot hingegen nicht ausdrücklich erwähnt, obwohl es in einem klar erkennbaren Zusammenhang zu den Rechten auf und bei der Arbeit steht – und unter diesen Rechten mitunter auch in juristischen Lehrbüchern oder in Texten der Menschenrechtsbildung behandelt wird.[185] Bezeichnenderweise geht auch der UN-Ausschuss für wsk-Rechte in seinem Allgemeinen Kommentar zum Recht auf Arbeit auf Zwangsarbeit ein.[186] Da es sich bei Sklaverei, Leibeigenschaft und Zwangsarbeit zudem um schlimmste Formen der wirtschaftlichen Ausbeutung menschlicher Arbeitskraft handelt, haben sie in diesem Buch über wirtschaftliche, soziale und kulturelle Menschenrechte ihren Platz, und zwar gleich an erster Stelle.

Sklaverei *(slavery)* stellt eine extreme Form der Ausbeutung dar, bezeichnet sie doch ursprünglich einen Zustand, in dem die Menschen keine eigene Rechtsfähigkeit mehr besitzen und „sachrechtliches Eigentum“ einer anderen Person sind, von der sie ausgebeutet und verkauft werden können (Kälin/Künzli 2008: 475). So definiert die bis heute immer wieder zitierte Sklavereikonvention von 1926 des damaligen Völkerbundes die Sklaverei als die Rechtsstellung oder Lage einer Person, „an der einzelne oder alle der mit dem Eigentumsrecht verbundenen Befugnisse ausgeübt werden“ (Art. 1).

Leibeigene hingegen verfügen zwar über eine eigene Rechtsfähigkeit, sind aber, so Kälin/Künzli (2008: 475), durch Gesetz, Gewohnheitsrecht oder Vereinbarung verpflichtet, „ihrem Herrn“ Arbeitskraft zur Verfügung zu stellen, ohne selbst das Abhängigkeitsverhältnis auflösen zu können. Dies entspricht im Kern der Definition der Leibeigenschaft (hier: *serfdom*, später meist: *servitude*) des UN-Zusatzübereinkommens über die Abschaffung der Sklaverei, des Sklavenhandels und sklavereiähnlicher Einrichtungen und Praktiken (1956), welche die Verknechtung auf dem Land in den Mittelpunkt rückte (Art. 1b). Das Zusatzabkom-

184 Die historische Entwicklung der staatlichen und völkerrechtlichen Verbote der Sklaverei zwischen 1885 und 1956 hat z.B. Kevin Grant (2010) nachgezeichnet.

185 So etwa bei Ssenyonyio (2009: 297 ff.) und Benedek (2009: 325 f.).

186 E/C.12/GC/18, 6. Februar 2006, Ziff. 9 und 32.

men subsumiert dabei Leibeigenschaft unter *sklavereiähnlichen Praktiken.* Dazu gehören weiterhin: die Schuldknechtschaft *(debt bondage)*, bei der ein Schuldner, als Sicherheit für eine Schuld, seine persönliche Dienstleistungen (oder jene einer von ihm abhängigen Person) verpfändet (vgl. Art 1a); die Zwangsverheiratung, das „Abtreten", der Verkauf oder die Vererbung von Ehefrauen oder weiblichen Familien- und Sippenmitgliedern (Art. 1c).

Zwangsarbeit *(forced labour, compulsory labour)* bezeichnet – gemäß Art. 2 der ILO-Konvention Nr. 29 (1930) – „jede Art von Arbeit oder Dienstleistung, die von einer Person unter Androhung irgendeiner Strafe verlangt wird und für die sie sich nicht freiwillig zur Verfügung gestellt hat", ausgenommen bestimmter Arbeiten und Dienstleistungen im Rahmen des Militärdienstes, allgemeiner Bürgerpflichten, infolge von Gerichtsurteilen oder im Falle von Krieg und Katastrophen. Art. 4 der EMRK sowie der – oben zitierte – Artikel 8 des UN-Zivilpaktes greifen diese Ausnahmen sinngemäß auf. Während Kälin/Künzli (2008: 478) den Begriff der Zwangsarbeit lediglich auf staatlich angeordnete Arbeitsleistungen beziehen, die bei der Verabschiedung der ILO-Zwangsarbeiterkonventionen seinerzeit im Vordergrund standen, wird heute doch vornehmlich ein weiteres Begriffsverständnis vertreten, das sowohl staatlichen als auch privaten Zwang zur Arbeit umfasst (statt vieler: Ssenyonjo 2009: 299). Auch der ILO zufolge ist es für die Definition von Zwangsarbeit unerheblich, „ob die Täter offiziell handeln, also im staatlichen Auftrag, oder inoffiziell als Privatpersonen" (IAA 2001: 13). Damit trägt die ILO der Tatsache Rechnung, dass Zwangsarbeit heute meist nicht vom Staat auferlegt wird, sondern vornehmlich von Privatpersonen und der Privatwirtschaft ausgeht (vgl. IAA 2001, 2005, 2009).

Die verschiedenen Formen der Sklaverei, der Leibeigenschaft, anderer sklavereiähnlicher Praktiken und der Zwangsarbeit lassen sich oft nicht trennscharf unterscheiden. Die ILO selbst erachtet Sklaverei als „eine Form von Zwangsarbeit" (IAA 2005: 8) oder weist zumindest auf „offensichtliche Überschneidungen zwischen Zwangsarbeitersituationen und sklavereiähnlichen Praktiken" hin (ebd.: 9). Dabei haben sich historisch die Phänomene geändert, die den Verboten zugrunde lagen. Nach der weltweiten Ächtung der Sklaverei und des Sklavenhandels im ausgehenden 19. Jahrhundert zielten das Übereinkommen über die Sklaverei (1926) und die ILO-Konvention über Zwangsarbeit (1930) vor allem auf die Beseitigung noch bestehender Arbeitspflichten der einheimischen Bevölkerung in Kolonien ab. Das Verbot in der Allgemeinen Erklärung der Menschenrechte von 1948 hingegen ist vor dem Hintergrund des massiven Einsatzes der Zwangsarbeit während der Nazi-Herrschaft und des Zweiten Weltkrieges zu verstehen. Auch die ILO-Konvention Nr. 105 über die Abschaffung der Zwangsarbeit (1957) legte den Schwerpunkt auf die vom Staat auferlegte Zwangsarbeit, die in Gestalt von Arbeits- und „Umerziehungslagern" auch nach dem Krieg fortbestand, etwa in der Sowjetunion. Das UN-Zusatzabkommen über die Abschaffung der Sklaverei, des Sklavenhandels und sklavereiähnlicher Einrichtungen und Praktiken (1956) zielte hingegen stärker auf die Beseitigung von Schuldknechtschaft und Leibeigenschaft ab, die mit dem seinerzeit noch weit verbreiteten „Agrarfeudalismus“ in Entwicklungsländern verbunden waren.

Ab den 1980er und 1990er Jahren stießen spezifische Formen sklavereiähnlicher Praktiken sowie der Zwangsarbeit und der Zwangsdienstbarkeit von Frauen, von Kindern und schließlich auch von Wanderarbeiter/innen verstärkt auf Aufmerksamkeit – und fanden ihren Niederschlag in weiteren völkerrechtlichen Abkommen, so etwa in der UN-Kinderrechtskonvention und deren Fakultativprotokolle sowie in der UN-Wanderarbeiterkonvention. Hervorzuheben sind weiterhin das 2003 in Kraft getretene UN-Zusatzprotokoll zu Menschenhandel (Palermo-Protokoll) von 2000[187] sowie die davon inspirierte Europaratskonvention gegen den Menschenhandel von 2005, die 2008 in Kraft trat.

In den Fokus der internationalen Aufmerksamkeit rückten hierbei nicht zuletzt: die erzwungene Arbeit und Ausbeutung verkaufter, verschleppter, getäuschter oder illegal angeworbener Menschen (Stichwort: Menschenhandel); die Zwangsprostitution; schlimmste Formen der Kinderarbeit; die kommerzielle, sexuelle Ausbeutung von Kindern sowie die Zwangsrekrutierung von Kindersoldaten. Verstärkt beachtet werden inzwischen auch *domestic slavery* oder *domestic servitude* minderjähriger und weiblicher Hausangestellter.[188] Die Zwangsarbeitsproblematik ist selbst im heutigen Deutschland nicht fremd, und zwar nicht nur, weil hierzulande Produkte gekauft werden, die von Kindersklaven hergestellt wurden[189], sondern auch, weil hierzulande Betroffene von Menschenhandel vielfach unter Zwang, schlimmstenfalls unter sklavereiähnlichen Bedingungen arbeiten.[190]

Traditionelle wie „moderne“ Formen der Sklaverei und Zwangsarbeit prägen weltweit gegenwärtig die Lebens- und Arbeitswirklichkeit von Abermillionen Menschen. Verschiedene, auch populärwissenschaftliche Studien, so etwa Skinner (2008), machten in den vergangenen Jahren auf die gewaltigen Dimensionen

---

187 Protokoll zur Verhütung, Bekämpfung und Bestrafung des Menschenhandels, insbesondere des Frauen- und Kinderhandels, zur Ergänzung des Übereinkommens der Vereinten Nationen gegen die grenzüberschreitende organisierte Kriminalität.

188 Vgl. etwa den entsprechenden Bericht der UN-Sonderberichterstatterin für gegenwärtige Formen der Sklaverei, Gulnara Shainian: A/HRC/15/20, 28. Juni 2010.

189 Siehe etwa den Dokumentarfilm von Rebecca Gudisch und Thilo Gummel „Verkauft – Kindersklaven in einer globalisierten Welt“, Deutschland 2008, der im gleichen Jahr den Deutschen Menschenrechtsfilmpreis in der Kategorie „Bildung“ gewann; http://menschenrechts-filmpreis.de (letzter Zugriff: 1. Oktober 2012).

190 Vgl. Cyrus (2005), Follmar-Otto/Rabe (2009), KOK (2011).

des Problems aufmerksam. Allerdings ist die statistische Erfassung schwierig. Ein 2005 veröffentlichter Bericht der ILO mit dem Titel „Eine globale Allianz gegen Zwangsarbeit“ veranschlagte die Zahl der Zwangsarbeiterinnen und Zwangsarbeiter auf weltweit mindestens 12,3 Millionen Menschen, wobei es sich Eigenangaben zufolge um eine sehr vorsichtige Schätzung handelt. Diese beruht auf einer Extrapolierung von rund 5.000 gemeldeten Fällen weltweit, die sorgfältig überprüft wurden. Andere Schätzungen liegen weit darüber. Die Menschenrechtsorganisation *„free the slaves“* geht beispielsweise von 27 Millionen Menschen aus.[191]

5.2.1 Die Verbote der Sklaverei und der Zwangsarbeit achten

ILO-Angaben zufolge werden immer noch rund 20 Prozent der weltweiten Zwangsarbeit vom Staat und von rebellierenden Militärgruppen abverlangt (IAA 2005: 11). Dabei sind die Staaten völkerrechtlich verpflichtet, die Verbote der Sklaverei, sklavereiähnlicher Praktiken und der Zwangsarbeit zu achten, dürfen also nicht selbst gegen die Verbote verstoßen. Da von dem völkerrechtlichen Verbot der Zwangsarbeit bestimmte Arbeitspflichten im Rahmen des Militärdienstes, im Katastrophenfall oder auf Grundlage von Strafurteilen ausgenommen sein können, ist es allerdings nicht immer leicht, eindeutige Verletzungstatbestände festzustellen.

Im Einzelfall ist beispielsweise zu klären, ob die Teilnahme an öffentlichen Gemeinschaftsarbeiten freiwillig erfolgt oder erzwungen ist. „Bürgerpflichten“ können besonders dann einen Zwangscharakter annehmen, wenn ihre Nicht-Befolgung sanktioniert wird. So stufte die ILO die verpflichtende Teilnahme an öffentlichen Arbeiten beispielsweise in Myanmar, Vietnam und Kambodscha ebenso als Zwangsarbeit ein wie die Zwangsbewirtschaftung und Pflichtarbeiten in der Landwirtschaft, bei der Erhaltung natürlicher Ressourcen oder im Straßenbau in verschiedenen afrikanischen Staaten (vgl. IAA 2001). Auch die Kampagnen zur Arbeitsmobilisierung in Zentralasien – ein Relikt aus der sowjetischen Ära – weisen einen Zwangscharakter auf. „In Tadschikistan und Usbekistan beispielsweise sind hauptsächlich Frauen, Kinder und Schüler von Zwangsarbeit in der Baumwollindustrie betroffen. Während der Aussaat und der Ernte werden sie zu den Baumwollfeldern gefahren und gezwungen, gegen ein geringes Entgelt oder unentgeltlich zu arbeiten“ (IAA 2005: 28).

Gerade der Fall Myanmar bietet ein anschauliches und gut dokumentiertes Beispiel dafür, wie staatliche Behörden und das Militär der Bevölkerung im großen Stil Zwangsarbeiten auferlegten, etwa für den Bau und Unterhalt von Straßen und Militäranlagen oder auch in der Landwirtschaft und beim Holzeinschlag.

191 www.freetheslaves.net (letzter Zugriff: 1. Oktober 2012).

Betroffen hiervon waren – insbesondere in abgelegenen Gebieten unter Militärkontrolle – mitunter die Bewohner ganzer Dörfer, die bei Androhung von Strafen ein Arbeitssoll entrichten mussten oder deren Produkte konfisziert wurden, um daraus Profit zu schlagen (vgl. ILO 1998, IAA 2005). Dabei zeigte der Fall Myanmar lange Zeit auch, „dass es unmöglich ist, echte Fortschritte im Kampf gegen die Zwangsarbeit zu erzielen, wenn ein Klima der Straflosigkeit und der Repression gegen Personen herrscht, die Zwangsarbeitsmissbräuche anprangern, und es am politischen Willen fehlt, gegen die militärischen und örtlichen Behörden vorzugehen, die selbst wirtschaftliche Vorteile aus den Zwangsarbeitspraktiken ziehen" (IAA 2005: 30). Erst in den letzten Jahren hat sich, wie wir später noch zeigen werden, das Regime bewegt (Swepston 2009a, 2009b).

Nicht immer einfach zu klären ist auch die Frage, ab wann Gefangenarbeit unzulässige Zwangsarbeit darstellt. Zwar besteht weitgehend Einvernehmen darüber, dass Arbeit ein wichtiger Teil des Strafvollzugs *gerichtlich verurteilter* Gefangener sein kann. Auch gibt es Belege dafür, dass viele Gefangene selbst arbeiten möchten. Und doch ist hier die Grenze zur Zwangsarbeit fließend. Eine wesentliche Herausforderung besteht daher darin, „mit der Menschenwürde in Einklang stehende Mindestnormen für alle Gefangene bei der Arbeit zu gewährleisten, die sie vor wirtschaftlicher Ausbeutung schützen" (IAA 2005: 32). Dementsprechend wichtig sind die Regulierung und Überwachung der Gefangenenarbeit in öffentlichen und schon gar in halb- oder vollprivatisierten Gefängnissen.

Offenkundig menschenrechtswidrig sind indes Zwangsmaßnahmen zur „Umerziehung durch Arbeit", zumal wenn diese, wie in China, im Rahmen der sogenannten Administrativhaft verhängt werden. Hunderttausende Menschen seien dort *ohne Anklage oder Prozess* in Umerziehungs- bzw. Arbeitslagern inhaftiert, kritisierte *Amnesty International* etwa in ihrem Jahresbericht 2011. Paradoxerweise hat die schrittweise Erweiterung der Rechte von Beklagten im formalen Strafrecht Chinas dazu geführt, dass die bis zu drei Jahre dauernde Administrativhaft für strafrechtlich nicht geahndetes, vermeintlich „asoziales" Verhalten zunahm (IAA 2005: 30).

5.2.2 Sklaverei und Zwangsarbeit unterbinden und verhindern

Auf der Website von *Anti-Slavery International*, der 1839 gegründeten und damit ältesten bis heute bestehenden Menschenrechtsorganisation weltweit, sind insgesamt 122 Produkte aufgelistet, die mittels Zwangsarbeit *(forced labour)* und ausbeuterischer Kinderarbeit *(child labour)* in 58 Staaten der Welt hergestellt werden.[192] Die häufigsten Produkte sind Baumwolle, Kaffee, Kakao, Zuckerrohr und

192 www.antislavery.org und dort: www.productsofslavery.org (letzter Zugriff: 1. März

Tabak in der Landwirtschaft, Ziegelsteine, Teppiche und Textilien im produzierenden Gewerbe sowie Kohle und Gold im Bergbau. Tatsächlich ist die privat auferlegte Zwangsarbeit *zwecks wirtschaftlicher Ausbeutung* inzwischen die vorherrschende Form der Zwangsarbeit. Schuldknechtschaft und andere Formen der Zwangsarbeit beschränken sich dabei nicht nur auf besonders arme Entwicklungsregionen, sondern kommen auch in wirtschaftlich aufstrebenden Schwellenländern wie China, Indien und Brasilien vor. Besonders betroffen sind gerade Menschen, die in extremer Armut leben, und Angehörige diskriminierter Minderheiten. Eine besondere Problemgruppe stellen zudem ausländische Arbeitskräfte mit oder ohne regulären Aufenthaltstitel dar. Die privat auferlegte Zwangsarbeit *zwecks kommerzieller sexueller Ausbeutung* betrifft wiederum zwar nicht ausschließlich, aber doch vorwiegend Frauen und Mädchen. ILO-Berichte beleuchten die gewaltigen Dimensionen der Problematik in unterschiedlichen Weltregionen.[193]

Da die große Mehrheit der weltweiten Zwangsarbeiter/innen von Privatleuten und Privatunternehmen ausgebeutet werden, haben die Staaten im Sinne menschenrechtlicher Schutzpflichten effektive Maßnahmen zu ergreifen, um Sklaverei, sklavereiähnliche Praktiken, Zwangsarbeit und Menschenhandel durch Dritte zu unterbinden. Ein erster Schritt hierzu ist, die Problematik innerhalb der jeweiligen Staaten angemessen zu erfassen. Bereits die Bestandsaufnahme kann jedoch schwierig und strittig sein, wie etwa Kontroversen in Afrika zeigen (IAA 2009: 17 f.). In Sambia trat 2006 das Ministerium für Arbeit und Soziales eigens an die ILO heran und bat um Unterstützung bei der Feststellung, ob es Zwangsarbeit in dem Land gibt. Entsprechende Belege ließen sich dann dort finden (ebd.). In Peru bestätigte eine von der ILO und dem Arbeitsministerium durchgeführte Studie, dass beim illegalen Holzeinschlag im Tropenwald des peruanischen Amazonasgebietes geschätzte 33.000 Menschen, überwiegend Angehörige indigener Völker, seinerzeit Zwangsarbeit verrichteten (Silva-Santisteban et al. 2005).

2012). Die primäre Datengrundlage bildet ein Bericht der US-Regierung, namentlich des *Department of Labor's Bureau of International Labour Affairs* (ILAB): *„List of Goods Produced by Child Labour or Forced Labour – Report Required by the Trafficking Victims Protection Reauthorization Acts of 2005 and 2008"*, der im Jahre 2009 veröffentlicht wurde. Die verwandten Definitionen von „Zwangsarbeit" und „Kinderarbeit" entsprechen jenen der ILO.

193 Statt vieler: IAA (2009) und die dort angegebenen weiteren Berichte.

Wie lässt sich Zwangsarbeit in der Praxis feststellen?	
Die fehlende Einwilligung in die Arbeit: der Weg in die Zwangsarbeit	Androhung einer „Strafe": das Mittel, um jemanden in Zwangsarbeit zu halten
Entrechtung durch: • „Sklavenstatus" oder Schuldknechtschaft bei Geburt oder aufgrund von Abstammung • Verschleppung oder Entführung • Verkauf einer Person • Inhaftierung am Arbeitsort • mit Drohung verbundenem Arbeitsbefehl • herbeigeführte Verschuldung z.B. durch Betrug, Wucherpreise, Wucherzinsen, Wertminderung erzeugter Güter oder Dienstleistungen • Täuschung und falsche Versprechen bezüglich der Art und den Bedingungen der Arbeit • Einbehaltung und Nicht-Zahlung von Löhnen • Einbehaltung von Ausweisen oder persönlichen Wertgegenständen	Androhung und Anwendung von: • körperlicher Gewalt gegen Arbeitnehmer oder nahestehende Verwandte oder Bekannte • sexueller Gewalt • harschen Vergeltungsmaßnahmen • Freiheitsentzug • finanziellen Sanktionen • Denunzierung bei Behörden und Abschiebung • Entzug von Rechten oder Privilegien • Entzug von Nahrung, Unterkunft, Gesundheitsversorgung etc. • Versetzung an noch schlechtere Arbeitsplätze • Entlassung ohne Entlohnung • Ausschluss aus Gemeinschaft oder Verlust des sozialen Status
Quelle: in enger Anlehnung an IAA (2005: 6)	

In den allermeisten Ländern ist Zwangsarbeit im Verfassungsrecht, im Strafrecht, im Arbeitsrecht oder im Verwaltungsrecht verboten, selbst wenn nicht immer ausdrücklich von „Zwangsarbeit" die Rede ist und sich die Gesetze im Detail stark unterscheiden.[194] Gerade jüngere Gesetzesreformen zum Menschenhandel griffen die Problematik auf, so etwa in den USA der *Victims of Trafficking and Violence Protection Act* von 2000, der inzwischen mehrfach geändert wurde, oder auch das deutsche Strafgesetzbuch, das mit dem 37. Strafrechtsänderungsgesetz vom 19. Februar 2005 und der Einführung des Straftatbestandes §233 StGB auch Menschenhandel zum Zweck der Ausbeutung der Arbeitskraft unter Strafe stellt – und darunter auch Sklaverei, Leibeigenschaft und Schuldknechtschaft fasst. Entsprechende Strafverfahren fanden in geringer Zahl bereits statt (vgl. KOK 2011).

Insgesamt wurde in den vergangenen Jahren weltweit eine Vielzahl – im Detail sehr unterschiedlicher – gesetzlicher und administrativer Maßnahmen ergriffen, um die Menschen (besser) vor sklavereiähnlichen Praktiken, Zwangsarbeit und vor allem Menschenhandel zu schützen. Trotz aller Fortschritte sind jedoch die allgemeinen Rechtsvorschriften nicht immer ausreichend und es besteht in vielen Ländern noch keine etablierte Rechtsprechung zu jüngeren Formen der Zwangs-

194 Vgl. IAA (2009: 40). Zur Rechtslage einzelner Länder siehe auch die entsprechenden Berichte der Sonderberichterstatterin Gulnara Shaninian: A/HRC/12/21/Add.1, 4. September 2009 (Haiti); A/HRC/15/20/Add.2, 24. August 2010 (Mauritanien); A/HRC/15/20/Add.3, 5. Juli 2010 (Ecuador); A/HRC/15/20/Add.4, 30. August 2010 (Brasilien); A/HRC/18/30/Add.1, 30. Juni 2011 (Rumänien); A/HRC/18/30/Add.2, 15. August 2011 (Peru); A/HRC/21/41/Add.1, 4. Juli 2012 (Libanon).

arbeit. Aus diesem Grund hat die ILO im Jahre 2009 erstmals eine Fallsammlung über Zwangsarbeit erstellt, die als Richtschnur für Richter und Strafverfolgungsbehörden gelten soll. Zugleich haben sich die Kontrollorgane mit einer Reihe von Fragen befasst, welche die Frage der „Freiwilligkeit" und subtile Formen des Zwanges betreffen (IAA 2009: 8).

Mit Verboten allein ist es ohnehin nicht getan. Dies zeigen anhaltende Praktiken beispielsweise in Indien und Pakistan, wo Schuldknechtschaft und Zwangsarbeit schon lange verboten sind, aber nach wie vor unzählige verschuldete Menschen und deren Familien ohne oder gegen geringe Entlohnung auf Plantagen und in Manufakturen arbeiten. Selbst in Brasilien, wo die damalige Regierung von Präsident Lula da Silva (2003-2011) engagierte Maßnahmen zur Bekämpfung sklavereiähnlicher Ausbeutung und Zwangsarbeit ergriff, ist das Problem noch lange nicht gelöst (vgl. IAA 2009). Damit aber die Staaten ihre Schutzpflichten erfüllen, ist es nicht nur nötig, die Praktiken sklavereiähnlicher bzw. erzwungener Arbeit effektiv zu unterbinden und die (für gewöhnlich straflos ausgehenden) Täter zu bestrafen. Zugleich haben die Staaten präventive und kurative Maßnahmen zu ergreifen, um solchen Praktiken vorzubeugen und den Betroffenen zu helfen. Nötig ist also ein umfassender Ansatz, der gerade auch die Lage der Betroffenen verbessern soll. Die Grenzen zwischen „positiven" Schutz- und Gewährleistungspflichten sind dabei fließend. Gewährleistungspflichten kommen beispielsweise dort offenkundig zum Tragen, „wo es um die Rehabilitierung und Reintegration von Opfern geht" (Kälin/Künzli 2008: 477). Dazu zählen eben auch Unterstützungsleistungen und Integrationsmaßnahmen für Betroffene von Menschenhandel, und zwar unabhängig von einer Kooperation in etwaigen Strafverfahren.

Ausdrücklich und umfassend werden entsprechende Staatenpflichten sowohl im UN-Zusatzprotokoll gegen den Menschenhandel (2000) als auch in der Europaratskonvention zur Bekämpfung des Menschenhandels (2005) benannt. Ähnlich wie auf UN-Ebene fasst der Europarat unter Menschenhandel „die Anwerbung, Beförderung, Verbringung, Beherbergung oder Aufnahme von Personen durch die Androhung oder Anwendung von Gewalt und anderen Formen der Nötigung, durch Entführung, Betrug, Täuschung, Missbrauch von Macht oder besonderer Hilfslosigkeit oder durch die Gewährung oder Entgegennahme von Zahlungen oder Vorteilen zur Erlangung des Einverständnisses einer Person, die Gewalt über eine andere Person hat, zum Zweck der Ausbeutung" (Art. 4 a). Beide Abkommen verbinden dabei Menschenhandel definitorisch mit dem Zweck der „Ausbeutung" und fassen unter dem Begriff gleichlautend „mindestens die Ausnutzung der Prostitution anderer oder andere Formen sexueller Ausbeutung, Zwangsarbeit oder Zwangsdienstbarkeit, Sklaverei oder sklavereiähnlicher Praktiken, Leibeigenschaft oder die Entnahme von Körperorganen" (Art. 3a bzw. Art.

4a). Dabei werden die Vertragsstaaten in die Pflicht genommen, wirksame gesetzliche und administrative Maßnahmen zu ergreifen mit dem Ziel, Menschenhandel zu verhüten, Betroffene zu identifizieren, zu schützen und zu unterstützen sowie deren Entschädigung zu gewährleisten.[195]

„Positive" Handlungspflichten haben auch regionale Gerichte aus dem Verbot der Sklaverei und Zwangsarbeit hergeleitet. Der Gerichtshof der Wirtschaftsgemeinschaft westafrikanischer Staaten (*Economic Community of West African States*, ECOWAS) verurteilte beispielsweise die Regierung Nigers dazu, einer versklavten Frau Entschädigung zu zahlen, die im Alter von zwölf Jahren „verkauft" worden war und zehn Jahre Zwangsarbeit verrichten musste. Nationale Gerichte hatten das Recht der Frau nicht anerkannt, sich von „ihrem Herrn" zu befreien und einen anderen Mann zu heiraten.[196] Auch der Europäische Gerichtshof für Menschenrechte bestätigte in einem Urteil von 2005 gegen Frankreich[197] die positive Verpflichtung der Staaten, aktiv gegen Sklaverei und Zwangsarbeit vorzugehen. Aus Sicht des EGMR hatte ein französisches Gericht die Schwere der häuslichen Versklavung nicht anerkannt. In einer Entscheidung vom Januar 2010 gegen Zypern und Russland schließlich wies der EGMR Menschenhandel als einen Verstoß gegen das Verbot der Sklaverei und Zwangsarbeit aus und legte umfassende positive Pflichten der Mitgliedsstaaten zur Bekämpfung des Menschenhandels und zum Schutz der Betroffenen fest.[198]

Kurzum: Menschenrechtlich geboten ist nicht nur, dass der Staat die Verbote von Sklaverei, sklavereiähnlichen Praktiken (wie Leibeigenschaft) und Zwangsarbeit nicht selbst verletzt, er muss darüber hinaus angemessene Maßnahmen ergreifen, um die Verbote wirksam umzusetzen. Weithin gefordert und begrüßt werden hierbei die Erarbeitung und Umsetzung nationaler Aktionspläne zur Beseitigung von Sklaverei, sklavereiähnlichen Praktiken und Zwangsarbeit, wie sie beispielsweise in Brasilien (2003 und 2008), Bolivien (2007) oder Peru (2007) erstellt wurden, sowie die zahlreichen Aktionspläne gegen Menschenhandel, die weltweit in den vergangenen Jahren aufgesetzt wurden (IAA 2009). Allerdings liegt die Ausgestaltung solcher – teils mit internationaler Unterstützung erarbeiteten – Aktionspläne, soweit sie menschenrechtskonform und zielführend sind, weitgehend im Ermessen der Staaten.

195 Für Handlungsempfehlungen zur Umsetzung der Konvention in Deutschland siehe etwa Rabe (2011).

196 CEDEAO: Arrêt No. ECW/CCJ/JUD/06/08, 27. Oktober 2008.

197 In der Rechtssache *Siliadin v. France* – Nr. 73316/01, Urteil vom 26. Juli 2005 – wurde ein Dienstmädchen aus Togo zur Arbeit gezwungen.

198 *Rantsev v. Cyprus and Russia*, Nr. 25965/04, Urteil vom 7. Januar 2010. Zum Urteil siehe Lindner (2010).

5.2.3 Internationale Dimensionen

Sklavereiähnliche Praktiken und Zwangsarbeit weisen vielfältige internationale Dimensionen auf, besonders deutlich sichtbar in der Gefährdung von Migrantinnen und Migranten ohne regulären Aufenthaltstitel sowie im Bereich des Menschenhandels, eines hochgradig globalisierten kriminellen Marktes. Handlungsbedarf besteht hierbei in den Herkunfts-, den Transit- und den Zielländern. Aufgrund des grenzüberschreitenden Charakters des Problems ist es sinnvoll, entsprechendes Handeln länderübergreifend abzustimmen und zu koordinieren. Aus menschenrechtlicher Sicht stellt sich dabei nicht nur die Frage, ob die Staaten in ihrem internationalen Handeln selbst das Verbot achten, sondern auch die Frage, inwieweit sie über die Landesgrenzen hinweg wirksame Schutz- und Gegenmaßnahmen ergreifen oder unterstützen. Entsprechende Versäumnisse stellen zwar für gewöhnlich keine Menschenrechtsverletzung im engeren Sinne dar, zumal „positive" exterritoriale Staatenpflichten noch umstritten sind, doch wurden seitens der Vereinten Nationen, der OSZE, des Europarates und der EU eine Vielzahl an Programmen aufgesetzt, die darauf abzielen, das menschenrechtliche Verbot des Menschenhandels international zu unterbinden und den Betroffenen beizustehen.[199] Dabei geht es gerade auch darum, die Rechte der Betroffenen zu stärken und ihnen effektiven Schutz zu gewähren.[200] Darüber hinausgehende politische Herausforderungen bestehen darin, daraufhin zu wirken, dass die globalen Wirtschafts- und Finanzstrukturen nicht Sklaverei und Zwangsarbeit begünstigen. Hier ist zu beachten, dass sich der wirtschaftliche Konkurrenz- und Kostendruck, die Deregulierung von Arbeitsmärkten und die prekäre Lage von Wanderarbeitskräften nachteilig auf die Arbeitsbedingungen der betroffenen Menschen auswirken und Strukturen der Zwangsarbeit verfestigen, verändern oder erst schaffen kann (IAA 2009: 2). Eine große Verantwortung kommt weiterhin transnationalen Wirtschaftsunternehmen zu; sie haben sicher zu stellen, dass sie bei ihren wirtschaftlichen Aktivitäten nicht von sklavereiähnlichen Praktiken und Zwangsarbeit profitieren.

199 Vgl. etwa FRA (2009a), Europäische Union (2011: 50 ff.).

200 Entsprechende Forderungen in Deutschland betreffen eine Reform des Aufenthaltsrechts bzw. die Gewährung eines „humanitären Aufenthaltsrechts", und zwar unabhängig von der Frage, ob die Betroffenen bereits sind, in einem Strafprozess auszusagen oder mit den Ermittlungsbehörden zu kooperieren. Vgl. das öffentliche Fachgespräch vom 19. März 2012 im Bundestagsausschuss für Familien, Senioren, Frauen und Jugend, anlässlich des Gesetzesentwurfs zum Übereinkommen des Europarats zur Bekämpfung des Menschenhandels.

5.2.4 Die Verbundenheit mit anderen Menschenrechten

Den Personen, die unter sklavereiähnlichen Bedingungen oder unter Zwang arbeiten müssen, bleiben auch andere Menschenrechte verwehrt. Ihre Lage zeichnet sich gerade durch einen Zustand der Unfreiheit und Rechtslosigkeit aus, der die Nutzung aller Menschenrechte in Mitleidenschaft zieht. Zahlreiche Beispiele ließen sich anführen, die zeigen, wie eng entsprechende Menschenrechtsverletzungen miteinander verwoben sind. Gegenüber Mauritanien ging die Afrikanische Menschenrechtskommission beispielsweise im Streitfall *Malawi African Association and Others v. Mauritania* fünf Beschwerden nach, denen zufolge Mauritanier versklavt, vertrieben, enteignet, vom Zugang zur Arbeit ausgeschlossen und zu Zwangsarbeiten gezwungen wurden und bei Inhaftierung unter Mangel an Nahrung, Decken und Hygiene gesundheitlich litten.[201] In ihrer Entscheidung vom 11. Mai 2000 sah die Kommission – teils auch im Lichte der AEMR und des UN-Sozialpaktes – ein ganzes Bündel an Rechten der Banjul-Charta verletzt, einschließlich der Rechte auf Eigentum, Freizügigkeit, Arbeit und Gesundheit. Das Beispiel verdeutlicht zugleich, dass Sklaverei und Zwangsarbeit Ausdruck tiefgreifender Diskriminierungen nationaler Minderheiten sein können. Gut belegen lässt sich dies im Falle der Schuldarbeit in Indien und Pakistan, die aufs Engste mit langanhaltenden Diskriminierungen bestimmter Kasten, Stämme oder religiöser Gruppen verbunden ist.

Die Verbote der Sklaverei, sklavereiähnlicher Praktiken und Zwangsarbeit
Was muss der Staat tun oder unterlassen? (Auswahl) **Achtungspflichten:** • Verankerung der Verbote im nationalen Recht und Überprüfung geltender Rechtsvorschriften • Absolute Achtung des Verbots der Sklaverei und Leibeigenschaft durch staatliche Akteure • Keine ungerechtfertigten Eingriffe in das Verbot des Arbeitszwanges durch staatliche Akteure **Schutzpflichten:** • Identifizierung von Betroffenen und Gefährdungslagen • Rechtliche und weitere Maßnahmen zum effektiven Schutz vor Verbotsverletzungen durch Dritte • Ermittlung und Strafverfolgung bei (Verdacht auf) Verletzung der Verbote durch Dritte **Gewährleistungspflichten:** • Nationale Strategien und Aktionspläne zur Umsetzung der Verbote • Information, Aufklärung und Präventionsmaßnahmen • Unterstützung und Entschädigung von Betroffenen • Aufbau von Unterstützungsstrukturen
Internationale Dimensionen: • Achtung der Verbote in bilateralen und multilateralen Beziehungen • Mitwirkung an internationalen Schutzmaßnahmen, insbesondere gegen Menschenhandel • Unterstützung von Betroffenen auch über die Landesgrenzen hinweg
Anmerkung: eigene Zusammenstellung

201 African Commission on Human and Peoples' Rights, Mitteilungen Nr. 54/91, 61/91, 98/93, 164/97 à 196/97, 210/98 (2000).

Nicht minder offenkundig ist der Zusammenhang zwischen extremer Armut und Schuldarbeit. Die Bekämpfung der Ursachen der Zwangsarbeit muss daher an den gesellschaftlichen Strukturen ansetzen und in umfassende Programme der Armutsbekämpfung integriert werden – und erfordert die effektive Umsetzung auch anderer Menschenrechte. Von besonderer Bedeutung sind hierbei nicht zuletzt die Rechte auf Bildung, auf Arbeit, auf menschenwürdige Arbeitsbedingungen sowie auch auf soziale Sicherheit, die verhindern können, dass Menschen ihr Auskommen in Unfreiheit bestreiten müssen.

5.3 Das Recht auf Arbeit – oft belächelt und missverstanden

Das Recht auf Arbeit

(1) Die Vertragsstaaten erkennen das Recht auf Arbeit an, welches das Recht jedes Einzelnen auf die Möglichkeit, seinen Lebensunterhalt durch frei gewählte oder angenommene Arbeit zu verdienen, umfasst, und unternehmen geeignete Schritte zum Schutz dieses Rechts.

(2) Die von einem Vertragsstaat zur vollen Verwirklichung dieses Rechts zu unternehmenden Schritte umfassen fachliche und berufliche Beratung und Ausbildungsprogramme sowie die Festlegung von Grundsätzen und Verfahren zur Erzielung einer stetigen wirtschaftlichen, sozialen und kulturellen Entwicklung und einer produktiven Vollbeschäftigung unter Bedingungen, welche die politischen und wirtschaftlichen Grundfreiheiten des Einzelnen schützen.

Quelle: UN-Sozialpakt, Art. 6

„Das einzige Recht des Sklaven ist das Recht auf Arbeit. Es darf ihnen nicht genommen werden“, wandte der Vertreter des Gesamtverbandes der römischen Hinkelsteinindustrie ein, als Julius Cäsar den römischen Hinkelsteinverkauf verbieten wollte.[202] Tatsächlich bestehen sowohl in der fiktiven als auch in der realen Welt viele ernst und weniger ernst gemeinte Verdrehungen und Missverständnisse zum Recht auf Arbeit. So geht es nicht einfach nur um Arbeit, sondern *per definitionem* bereits um frei gewählte, menschenwürdige Arbeit, was Sklaverei und Zwangsarbeit ausschließt und zugleich auf – das später behandelte – Recht auf gerechte und günstige Arbeitsbedingungen (und damit auf die Rechte bei der Arbeit) verweist. Zugleich meint das Recht auf Arbeit auch nicht, wie angenommen werden könnte, das subjektive Recht auf einen konkreten Arbeitsplatz. Bezeichnenderweise wurde bei der Erarbeitung des UN-Sozialpaktes der sowjetische Vorschlag, eine Arbeitsplatzgarantie in den Vertragstext aufzunehmen, ausdrücklich abgelehnt (Körner 2004: 22). Was besagt aber dieses Recht, das in vielen

---

202 Den Hinweis auf die entsprechende Passage im Asterix-Heft „Obelix GmbH & Co. KG“ verdanke ich meinem Sohn Vincent Noël.

globalen und regionalen Menschenrechtsabkommen sowie in zahlreichen ILO-Konventionen anerkannt wird.

Bereits der Wortlaut des Art. 6 des UN-Sozialpaktes ist diesbezüglich aufschlussreich: Demnach soll jeder Mensch die Möglichkeit erhalten, seinen Lebensunterhalt durch frei gewählte und angenommene Arbeit zu verdienen. Daraus ergibt sich zunächst eine Bestätigung der – im vorigen Abschnitt behandelten – Verbote von Sklaverei und Zwangsarbeit, die der Staat nicht nur zu achten, sondern auch umzusetzen hat. Darüber hinaus muss der Staat die Berufsfreiheit schützen und den diskriminierungsfreien Zugang zum Arbeitsmarkt sicherstellen. Besondere Bedeutung kommt hierbei der Bekämpfung der Diskriminierung von Frauen, alten Menschen, Menschen mit Behinderungen und von Angehörigen gesellschaftlicher Minderheiten auf dem Arbeitsmarkt zu. Obwohl der UN-Sozialpakt nur die progressive Umsetzung der dort verankerten Rechte vorsieht und die Probleme anerkennt, die sich aus Ressourcenmangel ergeben können, gehört das diesbezügliche Diskriminierungsverbot, das im UN-Sozialpakt – ebenso wie beispielsweise in CEDAW, der UN-Behindertenrechtskonvention oder auch in dem ILO-Übereinkommen Nr. 111 (1958) – niedergelegt ist, zu den unverzüglich umzusetzenden Staatenpflichten, die nicht unter Ressourcenvorbehalt stehen.[203]

Schließlich ist der Staat verpflichtet, beschäftigungsfördernde und -schützende Maßnahmen zu ergreifen, gerade auch zugunsten benachteiligter Bevölkerungsgruppen. Der UN-Sozialpakt listet (in Art. 6 Abs. 2) beispielhaft, also keineswegs erschöpfend, konkrete Maßnahmen auf, namentlich die fachliche und berufliche Beratung und Ausbildung sowie die programmatische Ausrichtung der Politik am Ziel der Vollbeschäftigung. Kommen die Staaten ihren menschenrechtlichen Pflichten nicht nach, ist zu klären, ob ein Staat nicht willens oder nicht fähig ist, seine Vertragspflichten zu erfüllen. In letzterem Fall hat er darzulegen, dass er sich unter Einsatz der verfügbaren Ressourcen aktiv darum bemüht, das Recht umzusetzen.[204]

Der Allgemeine Kommentar des UN-Ausschusses für wsk-Rechte greift bei der Interpretation des Rechts auf Arbeit – ähnlich wie bei früheren Kommentierungen anderer wsk-Rechte – auf die Kategorien der Verfügbarkeit *(availability)*, der Zugänglichkeit *(accessibility)* sowie der Annehmbarkeit und Qualität *(acceptability, quality)* zurück. Auffälligerweise bezieht er dabei das Kriterium der *availability* nicht, wie zu vermuten wäre, auf die Verfügbarkeit einer hinreichenden Zahl an Arbeitsplätzen (so etwa Harvey 2007: 123), sondern auf die Verfügbarkeit von

203 E/C.12/GC/18, 6. Februar 2006, Ziff. 33.
204 Ebd., Ziff. 32.

„specialized services to assist and support individuals in order to enable them to identify and find available employment“[205], also auf unterstützende Arbeitsvermittlungsdienste. Damit legt der UN-Ausschuss für wsk-Rechte vorderhand eine zurückhaltende Kommentierung vor. Allerdings betont der Allgemeine Kommentar an anderer Stelle durchaus die staatliche Pflicht, so rasch wie möglich Maßnahmen zu ergreifen, um Vollbeschäftigung zu erreichen.[206] *Accessibility* wiederum meint den offenen, diskriminierungs- und barrierefreien Zugang zum Arbeitsmarkt und zu entsprechenden Informationen. *Acceptability* und *quality* wiederum beziehen sich auf das später behandelte Recht auf gerechte und günstige Arbeitsbedingungen, vor allem auf die Sicherheit am Arbeitsplatz, sowie auf die Gewerkschafts- und Berufsfreiheit.[207]

5.3.1 Das Recht auf Arbeit achten und schützen

Die Vertragsstaaten des UN-Sozialpaktes haben das Recht auf frei gewählte und angenommene Arbeit zu achten und zu schützen. Eine erste grundlegende Verpflichtung besteht also darin, das völkerrechtliche Verbot von Sklaverei und Zwangsarbeit einzuhalten und umzusetzen. Anders geartete Verletzungen der Achtungs- und Schutzpflichten des Rechts auf Arbeit können sich zudem durch Berufs- und Arbeitsverbote oder durch sachlich nicht hinreichend gerechtfertigte Eingriffe etwa bei Regelungen der Berufsausübung, subjektiven Zulassungsvoraussetzungen und objektiven Zulassungsschranken ergeben.[208] Hier bietet das *case law* eine Fülle eindrucksvoller Beispiele auch der europäischen und deutschen Rechtsprechung. Samuel Lenia (2002) und Marita Körner (2004) listeten einige davon auf:

So beanstandete beispielsweise der Europäische Ausschuss für soziale Rechte, der die Umsetzung der Europäischen Sozialcharta überwacht, schon früh die damalige irische Praxis, verheirateten Frauen den Zugang zum öffentlichen Dienst zu verwehren. Unzulässig war auch die – letztlich vom Bundesgerichtshof gekippte – „Zölibatsklausel“ in den Arbeitsverträgen von Lufthansa-Stewardessen in den 1960er Jahren, denen zufolge das Arbeitsverhältnis mit der Heirat endete. Ebenso wenig konnten sich in Europa[209] Nachtarbeitsverbote für Frauen halten, die – un-

205 Ebd., Ziff. 12 (a).

206 Ebd., Ziff. 19.

207 Ebd., Ziff. 12 (b) und (c).

208 Ein Beispiel für sachliche Rechtfertigungen für Berufsverbote ist etwa der Entzug der Appropation im Falle von Ärzten, die sich eines schweren Fehlverhaltens schuldig machen.

209 Außerhalb Europas thematisiert der ILO-Sachverständigenausschuss – auf Grundlage der ILO-Konvention 115 (Art. 5) – das Verbot von Nachtarbeit für Frauen gegenüber

geachtet ihrer ursprünglichen (von einem überkommenen Geschlechterverständnis geprägten) Schutzfunktion – vom EuGH (im Falle Frankreichs)[210] und dem Bundesverfassungsgericht (im Falle Deutschlands)[211] als gleichheitswidrig angesehen wurden. Im Rahmen des Staatenberichtsverfahrens wertete zudem der Europäische Sozialrechtsausschuss die Entlassungen von Beamten der ehemaligen DDR wegen ihrer SED-Mitgliedschaft oder ihrer Stasi-Vergangenheit als Verstoß gegen deren Recht auf Arbeit, während das Bundesverfassungsgericht das entsprechende, im Einigungsvertrag niedergelegte Sonderkündigungsrecht gebilligt hatte (Körner 2004: 54 f.). Auch die hiesige Verfassungstreueprüfung für selbst „einfache" öffentliche Bedienstete beschäftigte den Europäischen Ausschuss für soziale Rechte. Weitreichende Folgen hatte schließlich die EuGH-Entscheidung im Fall der Deutschen Tanja Kreil[212] hinsichtlich des beruflichen Zugangs von Frauen zum Militär. Eine Zusammenstellung ausgewählter, jüngerer Entscheidungen deutscher Gerichte zum Antidiskriminierungsrecht zeigt zudem, wie sehr sich inzwischen die hiesige Rechtsprechung etwaigen Diskriminierungen im Arbeitsbereich annimmt (ADS 2011a). Auf Grundlage des Allgemeinen Gleichbehandlungsgesetzes (AGG), das entsprechende europäische Richtlinien umgesetzt hat, haben deutsche Gerichte den Schutz vor Diskriminierungen bei Einstellung, Beförderung und Kündigung vorangetrieben.

Diskriminierungen auf dem Arbeitsmarkt können ganz unterschiedliche Bevölkerungsgruppen betreffen. Wachsende Aufmerksamkeit erfahren hierbei Benachteiligungen älterer Menschen. So beschäftigten sich deutsche Arbeitsgerichte (ADS 2011a: 41 ff.) oder auch der Europäische Gerichtshof[213] bereits in vielen Fällen mit der Frage von Altersdiskriminierungen beim Zugang zur Arbeit (ohne diese allerdings stets zu bejahen). Infolge der Behindertenrechtskonvention wächst zudem das Bewusstsein von Diskriminierungen gegenüber Menschen mit Behinderungen. Selbst in Deutschland, wo im Sozialgesetzbuch umfassende Schutzvorschriften zugunsten schwerbehinderter Menschen bei Einstellungen bestehen und vor Gerichten teils erfolgreich eingeklagt werden (ADS 2011a:

---

einzelnen Staaten, so etwa im Falle Algeriens (ILO 2011a: 411). Zu der verändernden Bewertung der Nachtarbeit von Frauen vergleiche die ILO-Konvention Nr. 89 von 1948, die Frauen grundsätzlich Nachtarbeit verbot, und die ILO-Konvention Nr. 171 von 1990, welche Schutzmaßnahmen allgemein für Nachtarbeitskräfte vorsieht.

210 EuGH, C-345/89, 25. Juli 1991.

211 BVerfG, 1 BvR 1025/82, 28. Januar 1992.

212 EuGH, C-285/98, 11. Januar 2000.

213 Siehe die Zusammenfassung ausgewählter EuGH-Entscheidungen zum Antidiskriminierungsrecht ab dem Jahr 2000, welche die Antidiskriminierungsstelle des Bundes erstellt hat (ADS 2011b).

27 ff.), haben es Menschen mit Behinderungen auf dem ersten Arbeitsmarkt schwer – und mitunter auch ihre Angehörigen, die vor „Assoziationsdiskriminierungen" zu schützen sind.[214] Die strukturellen Benachteiligungen von Menschen mit Behinderungen zeigen sich „anhand der ihnen entgegengebrachten Vorurteile, am hohen Anteil an Erwerbsminderungsrenten, am niedrigen Grad der Erwerbsbeteiligung sowie innerhalb des Systems der beruflichen Rehabilitation, das oftmals „Maßnahmekarrieren" ohne berufliche Eingliederung erzeugt und trotz hoher Kosten eher bescheidene Ergebnisse hervorbringt" (von Kardoff 2012: 123).

Nicht jede Benachteiligung am Arbeitsmarkt stellt wohlgemerkt eine Diskriminierung dar, selbst dann nicht unbedingt, wenn einschlägige Diskriminierungsmerkmale wie das Geschlecht, die ethnische Herkunft oder die Religion betroffen sind. Eine unterschiedliche Behandlung kann sich beispielsweise aus dem beruflichen Anforderungsprofil der Stellen ergeben und dann zulässig sein, wenn das Unterscheidungsmerkmal – um mit dem Allgemeinen Gleichbehandlungsgesetz in Deutschland zu sprechen – „eine wesentliche und entscheidende berufliche Anforderung darstellt".[215] In der Vergangenheit erachteten Gerichte in Deutschland etwa als zulässig, wenn ein Damenbekleidungsgeschäft (mit Möglichkeit zur Anprobe) nur Frauen beschäftigt, eine Belegarztklinik mit mehrheitlich muslimischen Patientinnen, die gynäkologische Operationen durchführt, nur weibliches Pflegepersonal einstellt oder ein Frauenverband eine weibliche Geschäftsführung sucht.[216] Eine Vielzahl an stets einzelfallbezogen zu prüfenden Beispielen ließe sich anführen für zulässige oder unzulässige Differenzierungen.

Eine Sonderstellung nehmen sogenannte Tendenzbetriebe ein. Darunter fallen Betriebe, die politischen, gewerkschaftlichen, konfessionellen, karitativen, erzieherischen, wissenschaftlichen oder künstlerischen Zwecken oder zu Zwecken der Berichterstattung oder Meinungsäußerung dienen und (nur) bei der Verfolgung dieser Zwecke einen „Tendenzschutz" genießen. Bei der Verfolgung der geschützten Zwecke können beispielsweise Parteien von ihren politischen Mitarbeiter/innen verlangen, die Parteilinie zu vertreten, oder Medien von ihren politischen Redakteuren, dass sie die weltanschauliche und politische Ausrichtung einer Zeitung (österr.: „Blattlinie") mittragen. Einen besonderen, teils heftig kritisierten[217] Tendenzschutz genießen Kirchen und Religionsgemeinschaften

214 Vgl. EuGH-Urteil vom 17. Juli 2008 – Rs. C-3003/06 (Coleman).

215 Vgl. AGG, § 8: Zulässige unterschiedliche Behandlung wegen beruflicher Anforderungen.

216 Vgl. LAG Köln, 19. Juli 1997, NZA-RR 1997, 84; ArbG Hamburg, 10. April 2001, PflR 2001, 322, 324; ArbG München, 14. Februar 2001, NZA-RR 2001, 365 f.

217 Siehe etwa die im März 2012 gestartete Kampagne *„Gegen religiöse Diskriminierung am Arbeitsplatz"* des *Internationalen Bundes der Konfessionslosen und Atheisten* (IBKA) und

– auch im EU-Recht[218]. Zum Tragen kommt dieser, wenn beispielsweise kirchliche Einrichtungen die Religionszugehörigkeit als Einstellungskriterium verwenden oder im Rahmen der Beschäftigung ihren Mitarbeiter/innen Loyalitätspflichten abverlangen.

Mit der Frage, inwieweit das Selbstbestimmungsrecht der Kirchen bei der Bestimmung von beruflichen Anforderungen und spezifischen Loyalitätspflichten reicht und inwieweit Eingriffe in andere Menschenrechten zulässig sind, hat sich auch der Europäische Gerichtshof für Menschenrechte bereits befasst, beispielsweise im Falle von Kündigungen aufgrund der Lebensführungen (Ehebruch) von Mitarbeitern kirchlicher Einrichtungen.[219] Obwohl der EGMR Verletzung des Rechts auf Privat- und Familienleben (Art. 8) oder der Gedanken-, Gewissens- und Religionsfreiheit (Art. 9) prüfte, wird deutlich, dass hier auch ein Spannungsverhältnis zwischen der Religionsfreiheit und dem (in der EMRK nicht verankerten) Recht auf Arbeit besteht, das fallbezogen zu prüfen ist. Konfessionelle Beschränkungen bei Stellenangeboten gerade in verkündigungsfernen Bereichen können dabei unzulässige Eingriffe in das Recht auf Arbeit darstellen. Hinsichtlich der Frage, inwiefern das EU-Rechte es zulässt, dass religiöse Arbeitgeber Menschen mit homosexueller Orientierung benachteiligen, kam Elisabeth Holzleithner demgemäß zum Schluss: „Nur in Bereichen, in denen unmittelbare Verkündigungsarbeit betrieben wird, kann überhaupt daran gedacht werden, aufgrund der sexuellen Orientierung zu differenzieren, respektive Personen, die offen homosexuell leben, von bestimmten beruflichen Tätigkeiten auszuschließen" (Holzleithner 2011: 33). Noch aber wurde ein solcher Fall nicht vor dem EGMR verhandelt.

Ungeachtet der stets notwendigen Einzelfallüberprüfung lässt sich feststellen, dass wohl in den meisten Ländern der Welt im Alltag direkte, indirekte und strukturelle Diskriminierungen unterschiedlicher Schwere beim Zugang zum Arbeitsmarkt vorkommen. Tief verankert in zu überwindenden gesellschaftlichen Stereotypen sind hierbei Diskriminierungen von Frauen beim Zugang zum Arbeitsmarkt, die in den Berichten internationaler Menschenrechtsausschüsse und der ILO vielfach und weltweit dokumentiert werden. Hierbei kann es sich um direk-

---

der *Giodarno Bruno Stiftung* (gbs); vgl. www.diesseits.de (letzter Zugriff: 10. April 2012).

218 Vgl. Richtlinie 2000/78/EG des Rates, 27. November 2000. Art. 4 Abs. 2 zu Kirchen und religiösen Gemeinschaften geht hier über den bloßen Tendenzschutz des Art. 4 Abs. 1 hinaus.

219 So etwa in den Fällen: Obst gegen Deutschland, Beschwerde 425/03, und Schüth gegen Deutschland, Beschwerde 1620/03, beide Urteile vom 23. September 2009; Siebenhaar gegen Deutschland, Beschwerde 18136/02, Urteil vom 3. Februar 2011.

te Diskriminierungen handeln, etwa dergestalt, dass bestimmte Ausbildungsgänge und Arbeitsbereiche Frauen vorenthalten bleiben oder dass Frauen bei Bewerbungen offenkundig benachteiligt werden – allgemein im Verhältnis zu Männern oder aufgrund von Heirat, Schwangerschaft und Mutterschaft.[220] Letzteres ist beispielsweise der Fall, wenn eine mögliche Schwangerschaft ein Einstellungshindernis darstellt oder wenn Frauen Schwangerschaftstest vor der Arbeitsaufnahme ablegen müssen.[221] Oder es handelt sich um strukturelle Diskriminierungen, etwa mit der Folge, dass Frauen überwiegend im Haushalt oder im formellen oder informellen Niedriglohnbereich arbeiten. Im agroindustriellen Sektor und den Zulieferbetrieben der Textil- und Elektronikindustrie in Zentralamerika beispielsweise sind zwar inzwischen viele Frauen beschäftigt, doch stehen ihnen zumeist nur Arbeitsplätze zu schlechten Konditionen und ohne Aufstiegschancen offen.[222] Selbst im Falle Deutschlands, Österreichs und der Schweiz beklagt der CEDAW-Ausschuss den vergleichsweisen hohen Anteil von Frauen im Niedriglohnbereich.[223] Indirekt diskriminierend können auch solche gesetzliche Regelungen und politische Programme wirken, die Anreize bieten, dass Frauen „zu Hause bleiben" und sich um Kinder und Familie kümmern. In diesem Sinne kritisierte Katja Rodi vom *Deutschen Juristinnenbund* beispielsweise das Steuersplitting und die Einführung eines Betreuungsgeldes in Deutschland[224] (Stichwort: „Herdprämie") – eine Ansicht, der sich auch der CEDAW-Ausschuss anschloss.[225]

Auch Diskriminierungen von Menschen aufgrund ihrer sexuellen Orientierung und Gender-Identität auf dem allgemeinen Arbeitsmarkt und am Arbeitsplatz stellen ein weltweites Problem dar, wie u.a. der vom OHCHR im November 2011 vorgelegte Bericht *„Discriminatory laws and practices and acts of violence against individuals based on their sexual orientation and gender identity"* zeigt.[226]

---

220 Vgl. etwa Art. 11 (1) und 11 (2) des CEDAW-Abkommens. Siehe auch die Kommentierung des Art. 11 durch Frances Raday in: Freeman/Chinkin/Rudolf (2012: 279 ff.).

221 Vgl. etwa die Allgemeinen Bemerkungen zur Nicht-Diskriminierung des UN-Ausschusses für wsk-Rechte, E/C.12/GC/20, 2. Juli 2009, Ziff. 20, oder dessen Abschließende Bemerkungen zu einzelnen Ländern, etwa zur Dominikanischen Republik: E/C.12/DOM/CO/3, 26. November 2010, Ziff. 12.

222 Brot für die Welt/Misereor/ECCHR (2011: 21).

223 CEDAW/C/AUT/CO/6, 2. Februar 2007, Ziff. 19; CEDAW/C/DEU/CO/6, 10. Februar 2009, Ziff. 37; CEDAW/C/CHE/CO/3, 7. August 2009, Ziff. 37.

224 Siehe das Interview in: *zeitschrift für menschenrechte*, Jg. 3, 2009, Nr. 1, 162-180, hier: 171 f.

225 CEDAW/C/DEU/CO/6, 10. Februar 2009, Ziff. 30.

226 A/HRC/19/41, 17. November 2011, Ziff. 51-53.

Darunter fallen auch Diskriminierungen von Trans* und Inter*[227], die der Allgemeine Kommentar des UN-Ausschuss für wsk-Rechte zur Nicht-Diskriminierung bereits berücksichtigt.[228]

Weit verbreitet und deutlich sichtbar sind zudem Diskriminierungen gegenüber Menschen anderer Herkunft – ob in Frankreich, wo der Menschenrechtsausschuss *„serious discriminatory practices"* gegenüber Angehörigen ethnischer, nationaler und regionaler Minderheiten beim Zugang zum Arbeitsmarkt feststellte,[229] oder in vielen anderen Staaten innerhalb und außerhalb Europas. Die Europäische Grundrechteagentur stellte in ihrem Jahresbericht 2010 fest, dass der Bereich der Arbeit jener Bereich des sozialen Lebens sei, zu dem die meisten Berichte über Diskriminierungen vorlägen, und führt Einzelbeispiele dafür an, wie Menschen wegen ihrer Herkunft auf dem Arbeitsmarkt in Europa, einschließlich Deutschlands, offen diskriminiert werden (FRA 2010a: 48 ff.).

Auffällig ist, dass der UN-Sozialpakt das Recht auf Arbeit nicht, wie bei seiner Ausarbeitung teilweise gefordert wurde (Körner 2004: 20), auf Staatsangehörige beschränkt, sondern jedem Menschen zugesteht. Eine Einschränkung betrifft allerdings Entwicklungsländer, die unter gebührender Berücksichtigung der Menschenrechte und der Erfordernisse ihrer Volkswirtschaft entscheiden können, „inwieweit sie Personen, die nicht ihre Staatsangehörigkeit besitzen, die in diesem Pakt anerkannten wirtschaftlichen Rechte gewährleisten wollen" (Art. 2 Abs. 3). Nimmt man gegenläufige Interpretationserklärungen und Vorbehalte aus, welche Staaten wie Frankreich und Großbritannien zum UN-Sozialpakt abgegeben haben, um Beschränkungen gegenüber Nicht-Staatsangehörigen zu ermöglichen, dann steht das im UN-Sozialpakt verankerte Recht auf Arbeit prinzipiell aber jedem Menschen zu und muss der Arbeitsmarkt grundsätzlich jedem offen stehen. Diese Ansicht vertritt auch der UN-Ausschuss für wsk-Rechte.[230] Art. 11 (2) CEDAW stellt dies ohnehin unmissverständlich klar.

227 Die Bezeichnung Trans* fungiert inzwischen vermehrt als „deutscher Oberbegriff für Transsexuelle, Transgender, Transidente, Transvestiten und andere Menschen, die sich nicht dem Geschlecht zugehörig fühlen, das ihnen bei der Geburt zugewiesen wurde, und auch solche, die sich Vergeschlechtlichungsprozessen ganz entziehen wollen" (Sauer/Chebout 2011: 55). Inter* hingegen ist der deutsche Oberbegriff „für Intersexuelle, Intersex, Hermaphroditen, Zwitter, Intergender sowie inter- oder zwischengeschlechtlichen Menschen, die in einem Körper geboren sind, der den typischen geschlechtlichen Standards und Normen von Mann und Frau nicht entspricht" (ebd.: 54).

228 E/C.12/GC/20, 2. Juli 2009, Ziff. 32.

229 HRC, Concluding Observations: France, CCPR/C/FRAU/CO/4, 31. Juli 2008, Ziff. 25.

230 E/C.12/GC/18, 6. Februar 2006, Ziff. 12 b); E/C.12/CO/LIE/1, 19. Mai 2006, Ziff. 11 und 25.

Gleichwohl kann es gerechtfertigte Eingriffsgründe in das Recht geben. So räumt selbst die UN-Wanderarbeiterkonvention (in Art. 52) den Beschäftigungsstaaten die Möglichkeit ein, im Interesse des Staates den Zugang von Wanderarbeiter/innen mit regulärem Status auf bestimmte Tätigkeiten zu begrenzen und die Anerkennung im Ausland erworbener Berufsqualifikationen einzuschränken. Dabei kann die Arbeitsaufnahme durch ausländische Arbeitskräfte an bestimmte Voraussetzungen geknüpft werden. Letztlich ist dies sogar etablierte Staatenpraxis, da sich die Staaten, allein oder (sehr begrenzt) etwa im Rahmen der EU, das Recht vorbehalten, die Arbeitsmigration zu steuern. Für gewöhnlich bestehen dabei mehr oder minder große Hürden zum einheimischen Arbeitsmarkt für Arbeitsmigranten. Beim Zugang zur Europäischen Union für Drittstaatsangehörige werden unterschiedliche Anforderungen gestellt, je nachdem ob es sich um Saisonarbeitskräfte, bezahlte Praktikant/innen, Werkvertragsarbeitnehmer/innen, Forscher/innen, Hochqualifizierte oder Selbständige handelt. Selbst wenn sich diesbezügliche Eingriffe in das Recht auf Arbeit von Menschen fremder Staatsangehöriger nach der herrschenden Lehre rechtfertigen lassen, ließen sich nationalstaatliche oder europarechtliche Regelungen der Arbeitsmigration und der Anerkennung von Bildungs- und Berufsabschlüssen sicherlich auch so gestalten, dass das Menschenrecht auf Arbeit von Migrantinnen und Migranten besser umgesetzt werden könnte. Offenkundig menschenrechtswidrig sind willkürliche (Massen-)Ausweisungen ausländischer Arbeitsmigrant/innen, wie sie beispielsweise der UN-Ausschuss für wsk-Rechte schon früh im Falle Libyens[231] oder die Afrikanische Menschenrechtskommission im Falle Angolas[232] beanstandete.

Noch anders gelagert ist die Problematik bei Asylsuchenden, die zwar grundsätzlich ein Recht auf Arbeit haben, denen für gewöhnlich aber der Zugang zum Arbeitsmarkt nicht ohne weiteres und erst nach vergleichsweise langen Fristen gewährt wird. Umso erstaunlicher liest sich der von der Europäischen Kommission entworfene „Vorschlag für eine Richtlinie des Europäischen Parlaments und des Rates zur Festlegung von Mindestnormen für die Aufnahme von Asylbewerbern in den Mitgliedstaaten", der die ursprüngliche Richtlinie von 2003 überarbeitete. Der Vorschlag zielt u.a. darauf ab, den Zugang zum Arbeitsmarkt für Asylsuchende zu erleichtern, indem er die Fristen auf nunmehr sechs Monate nach Asylantragsstellung erheblich verkürzen und unangemessene nationale Beschränkungen abbauen möchte.[233] Inzwischen wurde jedoch im Rat auf eine

231 E/C.12/1/Add. 15, 20. Mai 1997, Ziff. 15.

232 *Union Inter Africaine des Droits de l'Homme, Federation Internationale des Ligues des Droits de l'Homme and Others v. Angola,* Mitteilung Nr. 159/96 (1997).

233 KOM (2008) 815, 3. Dezember 2009; geändert: KOM (2011) 320 endgültig, 1. Juni

Ausnahmeregelung hingewirkt, der zufolge die Mitgliedsstaaten unter bestimmten Bedingungen die Frist um weitere sechs Monate verlängern können.[234] Bislang unterliegen Asylsuchende und geduldete Personen in Deutschland im ersten Aufenthaltsjahr einem Arbeitsverbot; danach besteht lediglich ein – von den Arbeitsagenturen zu prüfender und zu bewilligender – nachrangiger Arbeitsmarktzugang gegenüber Deutschen, EU-Bürger/innen und bevorrechtigten Ausländer/innen, der faktisch wie ein Arbeitsverbot wirken kann und durch die Residenzpflicht noch zusätzlich erschwert wird.[235] Dabei ließe sich die Tatsache, dass vielfach gut gebildete Asylsuchende in Deutschland zunächst gar nicht – und später häufig nicht in ihrem gelernten Beruf – arbeiten dürfen, gewiss auch anders regeln, so dass die Menschen ihr Menschenrecht auf Arbeit rascher und besser nutzen könnten.[236]

Wie steht es schließlich um Kinder und Jugendliche? Sollen diese ein Recht auf Arbeit geltend machen können? Oder ist Kinderarbeit *per se* zu unterbinden? Die Frage ist komplexer als es auf den ersten Blick scheint. So sehen soziale Bewegungen arbeitender Kinder und Jugendliche, die in Lateinamerika bereits in den 1980er Jahren und in Afrika und Asien in den 1990er Jahren entstanden sind, in pauschalen Verboten jeglicher Kinderarbeit eine Diskriminierung, fordern ihr Recht auf Arbeit ein, verbunden freilich mit menschenwürdigen Arbeitsbedingungen und dem Schutz vor Ausbeutung (vgl. Liebel 2010). Selbst Kinderrechtsorganisationen wie *terres des hommes* sprechen sich nicht für ein allgemeines Verbot entlohnter Kinderarbeit aus, wenden sich aber entschieden gegen jede Form der Ausbeutung von Kindern und bemühen sich, Alternativen zu finden. Neben angemessenen Arbeitsbedingungen ist hier gerade der Zugang zu Bildung und Berufsausbildung wichtig.

Ablehnung auf breiter Front besteht gegenüber allen ausbeuterischen Formen der Kinderarbeit, die den Schulbesuch behindern, gefährlich sind oder die Kinder schädigen. Im Unterschied zu leichten, zeitlich stark begrenzten Arbeiten von Kindern ab einem bestimmten Mindestalter sind diese völkerrechtlich nicht zulässig. Die Vertragsstaaten der UN-Kinderrechtskonvention – und das sind fast alle Staaten der Welt – erkennen ausdrücklich „das Recht des Kindes an, vor wirtschaftlicher Ausbeutung geschützt und nicht zu einer Arbeit herangezogen zu

---

2011; KOM (2011) 320 endgültig/2, 28. Juni 2011.

234 Siehe zum Verlauf der Richtlinie die Datenbank „PreLex“: ec.europa.eu/prelex (letzter Zugriff: 1. August 2012).

235 Allianz für wirtschaftliche, soziale und kulturelle Rechte in Deutschland (2011: 15).

236 Die Bildungs- und Berufsabschlüsse der rund 80.000 Flüchtlinge, die im Jahre 2010 in deutschen Asylheimen lebten, werden nicht einmal erfasst, bedauerte *Die Zeit,* 16. September 2010, 17 f.

werden, die Gefahren mit sich bringen, die Erziehung des Kindes behindern oder die Gesundheit des Kindes oder seine körperliche, geistige, seelische, sittliche oder soziale Entwicklung schädigen könnte" (Art. 32 Abs. 1).

Ebenso dienen zahlreiche ILO-Konventionen dem Schutz von Kindern vor Ausbeutung, angefangen von den frühen ILO-Konventionen zum Mindestalter und zu Nachtarbeitsverboten in verschiedenen Wirtschaftsbereichen, über die allgemeine „Konvention über das Mindestalter für die Zulassung zur Beschäftigung" von 1973 (Nr. 138, seit 1976 in Kraft) und die entsprechende Empfehlung (Nr. 146) bis hin zur ILO-Konvention Nr. 182 (1999, seit 2000 in Kraft) gegen die schlimmsten Formen der Kinderarbeit, die zu den am schnellsten ratifizierten Übereinkommen der ILO gehört. Letztere bezieht sich auf alle Personen unter 18 Jahren und versteht unter „schlimmsten Formen der Kinderarbeit" „a) alle Formen der Sklaverei oder alle sklavereiähnliche Praktiken, wie den Verkauf von Kindern und Kinderhandel, Schuldknechtschaft und Leibeigenschaft sowie Zwangs- oder Pflichtarbeit, einschließlich der Zwangs- oder Pflichtrekrutierung von Kindern für den Einsatz in bewaffneten Konflikten; b) das Heranziehen, Vermitteln oder Anbieten eines Kindes zur Prostitution, zur Herstellung von Pornographie oder zu pornographischen Darbietungen; c) das Heranziehen, Vermitteln oder Anbieten eines Kindes zu unerlaubten Tätigkeiten, insbesondere zur Gewinnung von und zum Handel vond Drogen ...; d) Arbeit, die ihrer Natur nach oder aufgrund der Umstände, unter denen sie verrichtet wird, voraussichtlich für die Gesundheit, die Sicherheit oder Sittlichkeit von Kindern schädlich ist" (ILO-Konvention Nr. 182, Art. 3).

Inzwischen stellt die Beseitigung der ausbeuterischen Kinderarbeit einen Arbeitsschwerpunkt der ILO dar, die 2006 das Ziel ausgab, alle schlimmsten Formen der Kinderarbeit bis 2016 zu beseitigen. Trotz des bescheidenen Rückgangs der Kinderarbeit (in Asien und Lateinamerika, nicht aber im subsaharischen Afrika) liegt dieses Ziel noch in weiter Ferne. Die ILO beziffert die Zahl der Kinder in Beschäftigung *(children in employment)* auf geschätzte 306 Millionen Kinder im Alter von fünf bis 17 Jahren, die irgendeine Art von Arbeit verrichten, wobei manche dieser Arbeiten gemäß den ILO-Übereinkommen und dem innerstaatlichen Recht zulässig seien. Von diesen wiederum stuft die ILO geschätzte 215 Millionen als „Kinderarbeiter" *(children in child labour)* ein, die das Mindestbeschäftigungsalter[237] nicht erreicht haben oder Arbeiten verrichten, die ihre Ge-

237 Die ILO-Konvention 138 von 1973 sieht vor, dass die Staaten selbst ein solches Mindestalter festlegen. Es dürfe jedoch nicht unter 15 Jahren, in begründeten Fällen auch bei 14 Jahren liegen (Art. 2). Die innerstaatliche Gesetzgebung kann aber zulassen, dass Personen im Alter von 13 bis 15 Jahren leichte Arbeiten ausführen (Art. 7). Bei Arbeiten, die

sundheit, Sicherheit und die Sittlichkeit gefährden, oder unter Zwang arbeiten. Davon wiederum verrichten mehr als die Hälfte, nämlich 115 Millionen Kinder „gefährliche Arbeit" *(children in hazardous work).* Die Mehrheit der Kinderarbeiter im Alter von fünf bis 17 Jahren seien dabei in der Landwirtschaft tätig, ein Viertel im Dienstleistungsbereich und etwa sieben Prozent in der Industrie (vgl. IAA 2010: 5 ff.)[238] Zahlreiche Länder haben, teils mit technischer Hilfe der ILO, Aktionspläne erarbeitet und Maßnahmen zur Bekämpfung der Kinderarbeit ergriffen.

Erklärung des Ersten Internationalen Treffens von Kinderarbeitern aus Afrika, Asien und Lateinamerika in Kundapur/Indien

Wir wollen, dass unsere Probleme, unsere Vorschläge, Bemühungen und Aktivitäten beachtet und anerkannt werden.

Wir sind gegen den Boykott von Waren, die von Kindern hergestellt werden.

Wir wollen Respekt und Sicherheit für uns und die Arbeit, die wir leisten.

Wir wollen Unterricht, in dem wir etwas über unsere Situation und für unser Leben lernen.

Wir wollen eine Berufsausbildung, die unseren Fähigkeiten und unserer Lebenssituation entspricht.

Wir wollen eine gute Gesundheitsversorgung, die für arbeitende Kinder zugänglich ist.

Wir wollen bei allen Entscheidungen gefragt werden, die uns betreffen, egal, ob diese Entscheidungen in unseren Städten und Dörfern, unseren Ländern oder international getroffen werden.

Wir wollen, dass die Ursachen für Kinderarbeit, vor allem die Armut, benannt und bekämpft werden.

Wir wollen, dass auf dem Land Lebensmöglichkeiten erhalten oder geschaffen werden, so dass Kinder nicht in Städte abwandern müssen.

Wir sind gegen ausbeuterische Arbeit, wir wollen in Würde arbeiten und Zeit zum Lernen, Spielen und Ausruhen haben.

Wir wollen, dass Kinderarbeiter auf den großen Konferenzen gehört werden.

Wenn 20 Minister zu einer Konferenz kommen, dann sollen auch 20 Kinderarbeiter da sein. Wir wollen mit den Ministern diskutieren, sie sollen nicht über unsere Köpfe hinweg über uns reden.

Quelle: terre des hommes 2003: Kinderarbeit – kein Kinderspiel, nach: Amnesty International (2008c: 119)

---

eine gesundheitliche oder sittliche Gefährdung von Jugendlichen darstelle, liegt die Altersgrenze bei 18 Jahren (Art. 3)

238 Für die globale Schätzung der Kinderarbeit 2010 verwendete die ILO rund 60 nationale Haushaltserhebungen in insgesamt 50 Ländern, die zwischen 2004 und 2008 durchgeführt wurden; vgl. IAA (2010: 12 ff.).

Abschließend sei erwähnt, dass das Recht auf Arbeit auch den Schutz vor ungerechtfertigter Entlassung umfasst – ein Recht, das in Art. 24 der Revidierten Europäischen Sozialcharta und Art. 30 der EU-Grundrechtecharta sogar gesondert verankert ist. Dies ist ebenfalls bitter nötig, denn der Kündigungs- und damit Bestandsschutz von Arbeit ist im informellen Sektor typischerweise nicht gegeben und im formellen Sektor vielerorts unzureichend ausgestaltet, oder aber es wird unterlaufen und verletzt. Die ILO-Konvention über die Beendigung des Arbeitsverhältnisses durch den Arbeitgeber von 1982 (Nr. 158, seit 1985 in Kraft), die bis zum Jahre 2012 allerdings nur von 36 Staaten ratifiziert wurde, fordert beispielsweise triftige Gründe für Beendigungen des Arbeitsverhältnisses. Unzulässig sind der Konvention zufolge etwa Entlassungen aufgrund gewerkschaftlicher Zugehörigkeit oder Betätigung. Weltweit gibt es jedoch unzählige Beispiele dafür, dass Menschen, die sich gewerkschaftlich organisieren und streiken, entlassen werden – und zwar sowohl in „kapitalistischen" Staaten als auch in solchen Ländern, die sich als „sozialistisch" definieren, wie etwa in Venezuela, wo es in der Vergangenheit zu größeren willkürlichen Entlassungen von Beschäftigten in staatlichen und privaten Unternehmen wegen unabhängiger gewerkschaftlicher Aktivitäten kam.[239]

Obwohl rechtlich zulässig, wirken sich auch die extreme Flexibilisierung des Arbeitsmarktes und der massenhafte Einsatz von Leiharbeitern in vielen Ländern ausgesprochen negativ auf den Kündigungsschutz aus. Gut belegt ist dies beispielsweise für Zentralamerika, wo Firmen mitunter kaum mehr Arbeitsverträge vergeben, stattdessen dauerhaft mit Leiharbeitern operieren und damit den Kündigungsschutz, ebenso wie die gewerkschaftliche Organisation und den Sozialversicherungsschutz der Arbeitnehmer, unterlaufen.[240] Die ILO-Konvention Nr. 158 hingegen fordert immerhin sicherzustellen, dass befristete Arbeitsverträge nicht dazu missbraucht werden, den Kündigungsschutz von Arbeitnehmern zu umgehen (Art. 3).

Ohne annähernd die gleiche Brisanz wie in vielen Entwicklungs- und Schwellenländern aufzuweisen, lassen sich auch hierzulande der zwar regulierte, aber überbordende Einsatz von Leiharbeitern sowie die Befristung von Arbeitsverträgen bei mittlerweile der Hälfte aller Einstellungen menschenrechts*politisch* kritisieren. Zwischen 1996 und 2010 hat sich die Zahl der Leiharbeiter von 180.000 auf 800.000 vervielfacht und die Zahl der befristeten Arbeitsverhältnisse von 1,3

239 Human Rights Watch (2008a: 134 ff.). Siehe auch die Kritik der Interamerikanischen Menschenrechtskommission, Annual Report 2005, OEA/Ser.L/V/II.124.Doc 5, 27. Februar 2006, Kap. IV, Ziff. 331.

240 Vgl. Brot für die Welt/Misereor/ECCHR (2011: 19).

Millionen auf über 2,5 Millionen nahezu verdoppelt (Gundert/Hohendanner 2011). Besonders bedenklich ist, dass Befristungen vor allem in den Bereichen der öffentlichen Verwaltung und der sozialen Dienstleistungen inzwischen als „Normaleinstellungsverhältnis" gelten (Hohendanner 2009). Selbst wenn hier kein rechtlich unzulässiger Eingriff vorliegt, kann eine solche Praxis der Umsetzung der Rechte auf Arbeit und bei der Arbeit abträglich sein, wenn darunter der Kündigungsschutz oder die Prinzipien des *Equal Pay* und *Equal Treatment* leiden, wie Gewerkschaften beklagen.

Vermehrt beschäftigen sich Arbeitsgerichte und der EuGH auch mit behaupteten Verstößen gegen das Verbot der Altersdiskriminierung bei der Berechnung von Kündigungsfristen[241], beim Kündigungsschutz oder in Bezug auf Regelaltersgrenzen. Obwohl Klagen gegen Höchstaltersgrenzen bislang vielfach abgewiesen wurden, wird das Recht auf Arbeit inzwischen zusehends im Zusammenhang der Zwangsverrentung problematisiert (vgl. Mégret 2011: 52, 61 f.)

5.3.2 Das Recht auf Arbeit gewährleisten

Die Staaten haben so rasch wie möglich, menschenrechtskonforme Maßnahmen zu ergreifen, die am Ziel der Vollbeschäftigung und am Schutz von Beschäftigungsverhältnissen ausgerichtet sind. Die prozessuale Verpflichtung, entsprechende nationale Strategien und Aktionspläne transparent und partizipativ auszuarbeiten und anzuwenden, zählt der Ausschuss für wsk-Rechte – neben dem Diskriminierungsschutz – zu den unmittelbar umsetzbaren Kernverpflichtungen des Rechts auf Arbeit.[242] Gefordert sind hierbei Maßnahmen zur Absicherung und Überwindung von Arbeitslosigkeit und zur Arbeitsbeschaffung und -vermittlung, aber auch zur Kontrolle der angestrebten Ziele. Beschäftigungsförderung ist zugleich auch eines der vier strategischen Ziele des seit 1999 entwickelten ILO-Konzeptes für menschenwürdige Arbeit *(decent work).*

Bei der Ausgestaltung ihrer Arbeitsmarktpolitik haben die Regierungen jedoch einen außerordentlich großen politischen Ermessens- und Handlungsspielraum. Dies ist schon deswegen angebracht, weil es höchst umstritten ist, welcher wirtschaftspolitische Weg am ehesten Arbeitsplätze schafft, und zwar wohlgemerkt solche Arbeitsplätze, die menschenrechtlichen Ansprüchen genügen (Berufsfreiheit, gerechte Arbeitsbedingungen etc.) und die menschenrechtlich gebotene Beteiligungsrechte von Arbeitnehmern beachten (Gewerkschaftsfreiheit, Streikrecht etc.). Dabei haben die Staaten im Sinne ihrer Schutzpflichten auch dafür

241 EuGH, Rs C-555/07 Kücükdevici, 19. Januar 2010. Auf das Urteil gründete sich u.a. ein Gesetzesentwurf der SPD-Fraktion: BT-Drs. 17/775, 23. Februar 2010.

242 E/C.12/GC/18, 6. Februar 2006, Ziff. 31.

Sorge zu tragen, dass Privatisierungen und Maßnahmen zur Erhöhung der Flexibilität des Arbeitsmarktes nicht die Beschäftigungslage und den sozialen Schutz der Arbeitnehmer unzulässig beeinträchtigen.[243]

Ähnlich groß ist der Handlungsspielraum bei der Ausgestaltung der im UN-Sozialpakt geforderten fachlichen und beruflichen Beratung, die dem UN-Ausschuss zufolge auch Maßnahmen der Arbeitsvermittlung umfasst. Unter Beachtung entsprechender ILO-Regelungen sollten Arbeitslose zwar Zugang zu unentgeltlicher Arbeitsvermittlung haben. Ob es sich aber um staatliche oder private Vermittlungsdienste handelt, ist für die Umsetzung der Paktrechte nachrangig, solange der offene und diskriminierungsfreie Zugang gewährleistet ist. Ebenso können die geforderten Ausbildungsprogramme und Maßnahmen zur Berufsausbildung öffentlich, privat oder, wie in Deutschland, dual ausgestaltet sein (vgl. Körner 2003: 23 f.).

Angesichts des weiten Handlungsspielraums und der nur begrenzten öffentlichen Verfügbarkeit über Arbeitsplätze zumindest in Marktwirtschaften, lassen sich Verstöße gegen Gewährleistungspflichten nur bedingt auf justiziable Weise feststellen, am ehesten, wenn die Regierungen überhaupt keine oder eine offenkundig nutzlose Beschäftigungsförderung oder Arbeitsvermittlung betreiben. Das bedeutet freilich nicht, dass menschenrechtliche Probleme und Unzulänglichkeit arbeitsmarktrelevanter Maßnahmen weder benannt noch kritisiert werden dürften. Der UN-Ausschuss für wsk-Rechte problematisiert im Rahmen des Staatenberichtsverfahrens regelmäßig ein hohes Maß an Arbeitslosigkeit der erwerbstätigen Bevölkerung im Allgemeinen oder eigens ausgewiesener Bevölkerungsgruppen im Besonderen. Dabei fordert er immer wieder spezielle Programme für Personengruppen, die besonders schwer einen Arbeitsplatz finden bzw. beim Zugang zum Arbeitsmarkt strukturell benachteiligt werden: z.B. Frauen, Jugendliche, ältere Menschen und Menschen mit Behinderungen.[244]

So zeigt sich der UN-Ausschuss, beispielsweise gegenüber Malta[245], seit langem besorgt über fehlende Anreize für Arbeitgeber, Menschen mit Behinderungen anzustellen. Russland „ermutigte" er, wirksame Maßnahmen zu ergreifen, um diese in den Arbeitsmarkt zu integrieren, *„including by strengthening the effectiveness of the system of job quotas for them, reintroducing the tax benefits as incentives for hiring persons with disabilities, and establishing an efficient enforcement procedure and remedies"*.[246] In Deutschland hingegen wird auf Grundlage der UN-Behin-

243 Ebd., Ziff. 25.

244 Siehe hier auch: E/C.12/GC/18, 6. Februar, Ziff. 13-18.

245 E/C.12/1/Add.101, 14. Dezember 2004, Ziff. 13.

246 E/C.12/RUS/CO/5, 20. Mai 2011, Ziff. 11.

dertenrechtskonvention strittig diskutiert, ob gesonderte Werkstätten, wie sie hierzulande bestehen, sinnvoll sind oder ob es im Sinne des Inklusionsprinzips nicht vielmehr darum geht, die Arbeitswelt grundlegend, und zwar barrierefrei und behindertengerecht, umzugestalten (Graumann 2011: 74).

In den Abschließenden Bemerkungen zum fünften deutschen Staatenbericht zum UN-Sozialpakt zeigte sich der UN-Ausschuss zu wsk-Rechten zudem besorgt über die höhere Arbeitslosigkeit in den neuen Bundesländern sowie die strukturellen Benachteiligungen von Frauen auf dem Arbeitsmarkt, einschließlich der unzureichenden Verfügbarkeit von Kindertagesstätten.[247] Auch der CEDAW-Ausschuss war besorgt, dass Frauen vor allem in Teilzeit-, befristeten und gering bezahlten Beschäftigungsverhältnissen stehen. Nicht minder kritisch ist hier der „Alternativbericht der Allianz von Frauenorganisationen Deutschlands".[248] Deutlich wird, dass Deutschland von einer tatsächlichen Gleichstellung von Männern und Frauen auf dem Arbeitsmarkt noch weit entfernt ist und dass dies aus menschenrechtlicher Sicht durchaus problematisch und kritisierbar ist. Ebenso bemängelte der UN-Ausschuss für wsk-Rechte die – trotz Gegenmaßnahmen – hohe Arbeitslosigkeit bei Menschen mit Behinderung, welche durch die Arbeitsagenturen offenbar nicht wirksam bekämpft werden würde. Allerdings gab es auch Lob: So zeigte sich der Ausschuss über den allgemein niedrigen Arbeitslosenstand erfreut. Die ILO würdigte sogar in ihrer Studie *„Germany. A job-centred approach"* (2011), dass es Deutschland gelungen war, die Folgen der Wirtschafts- und Finanzkrise von 2008/09 – vor allem dank der Kurzarbeit – ohne Massenentlassungen zu überstehen.

Abschließend sei erwähnt, dass das Recht auf Arbeit nicht nur ergebnisorientiert ist, sondern auch prozessuale Vorgaben macht. Bei der Ausarbeitung und Anwendung von nationalen Strategien und Programmen zur Umsetzung des Rechts auf Arbeit sind, so der UN-Ausschuss für wsk-Rechte, die entsprechenden Bevölkerungs- und Interessengruppen, vor allem auch die Arbeitnehmervertretungen und Gewerkschaften, einzubeziehen sowie das Instrument der Kollektivverhandlungen anzuerkennen.[249]

247 E/C.12/DEU/CO/5, 20. Mai 2011, Ziff. 14-16.

248 Der von 28 Frauenorganisationen erstellte Alternativbericht ist u.a. auf der Webseite des *Deutschen Frauenrates* abrufbar: www.frauenrat.de (letzter Zugriff: 15. Februar 2012). Siehe auch das Interview „Deutschland vor dem UN-Frauenrechtsausschuss" in der *zeitschrift für menschenrechte,* Jg. 3, 2009, Nr. 1, 162-180.

249 E/C.12/GC/18, 6. Februar 2006, Ziff. 38 ff.

5.3.3 Internationale Dimensionen

Der vergleichsweise junge Allgemeine Kommentar des UN-Ausschusses für wirtschaftliche, soziale und kulturelle Rechte zum Recht auf Arbeit betont neben den nationalen Staatenpflichten ausdrücklich auch internationale Staatenpflichten.[250] So sind die Vertragsstaaten angehalten, das Recht auf Arbeit in anderen Ländern auf bilateralem und multilateralem Wege zu fördern. Als Mitgliedsstaaten internationaler Finanzorganisationen, wie des Internationalen Währungsfonds, der Weltbank und regionaler Entwicklungsbanken, sollen sie dem Schutz des – durch Kreditauflagen und andere Maßnahmen dieser Organisationen berührten – Rechts auf Arbeit größere Aufmerksamkeit beimessen. Deutlich wird darauf hingewiesen, dass Strukturanpassungsmaßnahmen der Staaten nicht die Umsetzung grundlegender Pflichten aus dem Recht auf Arbeit beeinträchtigten dürften. Obwohl sich daraus schwerlich individuelle Rechtsansprüche ergeben, lassen sich extern erwirkte und angeleitete wirtschaftliche Liberalisierungen und Privatisierungen menschenrechtlich problematisieren, wenn diese massenhaft Menschen ihrer Arbeit und, bar angemessener sozialer Absicherung, auch ihrer Existenzgrundlage berauben.

In seinem Allgemeinen Kommentar zum Recht auf Arbeit weist der UN-Ausschuss für wirtschaftliche, soziale und kulturelle Rechte weiterhin auf die menschenrechtliche Verantwortung nicht-staatlicher Akteure bezüglich des Rechts auf Arbeit hin. Obwohl nationale und transnationale Wirtschaftsunternehmen keine Vertragsparteien des UN-Sozialpaktes sind, komme ihnen einen Schlüsselrolle zu für die Schaffung von Arbeitsplätzen, für einen diskriminierungsfreien Zugang zum Arbeitsmarkt sowie für den Abschluss von Arbeitsverträgen und die Beendigung von Arbeitsverhältnissen. Diese unternehmerischen Aufgaben seien auf Grundlage von Gesetzen, administrativen Vorgaben, Verhaltenskodizes und anderen Maßnahmen zu erfüllen, welche die Achtung des Rechts auf Arbeit bezwecken. Ebenso seien die normativen Vorgaben der ILO zu berücksichtigen.[251]

Wie sehr unternehmerische Verantwortung und staatliche Verpflichtungen verwoben sein können, zeigt beispielsweise der langjährige Rechtsstreit und erfolgreiche Widerstand einer mexikanischen Gewerkschaft gegen einen deutschen Reifenhersteller, der infolge eines Streiks im Dezember 2001 über 1.000 Arbeiter seines Werkes in Mexiko kündigte und die Fabrik ohne die notwendige staatliche Genehmigung schloss. Die Betroffenen besetzten das Werk und forderten ihre Arbeitsplätze und Entschädigungen für nicht gezahlte Löhne ein. Berührt waren zum einen die menschenrechtliche Verantwortung des Unternehmens, zum an-

250 Ebd., Ziff. 29-30.

251 E/C.12/GC/18, 6. Februar 2006, Ziff. 52-53.

deren die territorialen Schutzpflichten Mexikos und gegebenenfalls auch die extraterritorialen Schutzpflichten Deutschlands. Unterstützt von *FIAN* und *Germanwatch* riefen die Betroffenen sowohl mexikanische Gerichte als auch die deutsche Kontaktstelle für die OECD-Leitsätze an und suchten den Dialog mit dem Unternehmen sowie mit den Regierungen und Abgeordneten beider Länder. Im Januar 2005 wurde der Streit schließlich beigelegt. Die Fabrik wurde in Form eines neugegründeten Unternehmens unter Gewerkschaftsbeteiligung wiedereröffnet, die Arbeitsplätze blieben erhalten, die Arbeiterinnen und Arbeiter erhielten Entschädigung und finanzielle Unterstützung seitens der mexikanischen Regierung.[252]

5.3.4 Die Verbundenheit mit anderen Menschenrechten

Die Möglichkeit, seinen Lebensunterhalt durch frei gewählte und angenommene Arbeit zu verdienen, beeinflusst maßgeblich die Lebenschancen der Menschen und ihrer Familien. Das Recht auf Arbeit steht daher in einem engen Zusammenhang mit den Rechten auf Leben, Gesundheit, Ernährung, Wasser, Wohnen und Bildung. Zugleich ist Arbeit ein wichtiger Aspekt der Selbstverwirklichung des Menschen und von zentraler Bedeutung für die Teilnahme am gesellschaftlichen Leben. Im Zusammenspiel mit anderen Menschenrechten ist sie grundlegend für die Wahrung und Achtung der Würde des Menschen.

Wie hängen aber die Rechte auf und bei der Arbeit zusammen? Widersprechen sie sich möglicherweise sogar? Immerhin können sich arbeitsrechtliche Bestimmungen maßgeblich auf die Umsetzung des Rechts auf Arbeit auswirken und Wirkungen zeitigen, die Beschäftigung behindern. Vor allem dem wirtschafts(neo)liberalen Credo zufolge wirken Arbeitnehmerschutzrechte als „Beschäftigungsbremse“, können die Rechte auf und bei der Arbeit miteinander in Konflikt geraten. Demgegenüber ist mit Nachdruck zu betonen, dass es bei dem Recht auf Arbeit nicht um jedwede Arbeit geht, sondern immer nur um eine menschenwürdige. Als solche umfasst sie gerade auch den Schutz gerechter und günstiger Arbeitsbedingungen, auf den wir im folgenden Kapitel eingehen werden. Eine Beschäftigungspolitik ohne Arbeitnehmerschutz ist mit der Umsetzung des Menschenrechts auf Arbeit also nicht vereinbar. Bezeichnenderweise werden die Rechte auf und bei der Arbeit in dem ILO-Konzept menschenwürdiger Arbeit (*decent work*) zusammengeführt, das als zwei weitere Eckpfeiler zudem noch die soziale Sicherung und den sozialen Dialog umfasst.

---

252 Vgl. Brot für die Welt/FIAN/EED (2007b: 25 ff.).

Das Recht auf Arbeit

Inhaltliche Komponenten:
- Recht, Lebensunterhalt durch freiwillig gewählte und angenommene Tätigkeit selbst zu verdienen
- Verfügbarkeit von Einrichtungen zur Förderung und Vermittlung von Arbeit
- Offener, diskriminierungs- und barrierefreier Zugang zum Arbeitsmarkt
- Annehmbarkeit und Qualität der Arbeit *(decent work)* (→ siehe Rechte bei der Arbeit)

Was muss der Staat tun oder unterlassen? (Auswahl)

Achtungspflichten:
- Verbot von Zwangsarbeit und Kinderarbeit
- Keine ungerechtfertigten Berufs- und Arbeitsverbote
- Keine Diskriminierungen beim Zugang zum öffentlichen Arbeitsmarkt
- Keine ungerechtfertigten Kündigungen durch öffentliche Arbeitgeber

Schutzpflichten:
- Regulative und weitere Maßnahmen zum Schutz des Rechts auf Arbeit
- Maßnahmen zum Schutz vor Zwangsarbeit und Kinderarbeit
- Maßnahmen zum Schutz vor Diskriminierungen beim Zugang zum privaten Arbeitsmarkt
- Maßnahmen zum Schutz vor ungerechtfertigten Kündigungen auf dem privaten Arbeitsmarkt
- Maßnahmen des Arbeitsplatzschutzes im Falle von Privatisierungen und von Flexibilisierungen des Arbeitsmarktes

Gewährleistungspflichten:
- Beschäftigungsorientierte Wirtschaftspolitik
- Beschäftigungsförderung und Maßnahmen zum Abbau von Arbeitslosigkeit, allgemein und unter besonderer Berücksichtigung benachteiligter Bevölkerungsgruppen
- Maßnahmen der Arbeitsvermittlung

Internationale Dimensionen:
- Achtung des Rechts auf Arbeit in bilateralen und multilateralen Beziehungen (internationale Kreditauflagen, Handelsabkommen etc.)
- Mitwirkung an internationalen Schutzmaßnahmen bezüglich des Rechts auf Arbeit
- Förderung des Rechts auf Arbeit in anderen Staaten

Anmerkung: eigene Zusammenstellung, angelehnt an den Allgemeinen Kommentar Nr. 18 des UN-Ausschusses für wsk-Rechte zum Recht auf Arbeit und weitere UN-Materialien

Ebenso ist das Recht auf Arbeit mit der Gewerkschaftsfreiheit verbunden, zum einen, weil die Arbeit den Kontext für gewerkschaftliche Organisationsbemühungen und Aktivitäten darstellt, zum anderen, weil die Gewerkschaften sich um die Rechte bei der Arbeit und den Kündigungsschutz bemühen. Dementsprechend gehen Verletzungen beider Rechte oft Hand in Hand. Auf Grundlage des Rechts auf Gewerkschaftsfreiheit beanstandete der Interamerikanische Menschenrechtsgerichtshof beispielsweise im Fall *Baena Ricardo et al.* die per Gesetz angeordnete Entlassung von 270 Beamten, die sich an einer Demonstration mit arbeitsrechtlichen Forderungen beteiligt hatten.[253] Ähnlich werden aufgrund der Nutzung der Meinungsäußerungsfreiheit immer wieder Staatsbedienstete in ihrer Berufsfreiheit beschnitten und mit faktischen Berufsverboten im öffentlichen Dienst belegt. Solche Praktiken bewertete der EGMR etwa in den Leitfällen *Vogt v. Deutschland* (1995) oder *Wille v. Fürstentum Liechtenstein* (1999) als Verletzun-

253 Inter-American Court of Human Rights, *Baena Ricardo et al. Case (270 workers v. Panama),* Urteil vom 28. November 2003; vgl. auch Suárez Franco (2010: 182 f.).

gen der Meinungsäußerungsfreiheit (vgl. Peters 2003: 65 f.). Die Entscheidung der Afrikanischen Menschenrechtskommission im Fall *Mazou* wiederum zeigt, dass auch willkürliche Verhaftungen zu einer Verletzung des Rechts auf Arbeit führen können – in diesem Fall eines Magistrats in Kamerun, der nach seiner (durch die Intervention von *Amnesty International* erwirkten) Entlassung nicht wieder in seiner Stellung arbeiten durfte und dagegen Beschwerde einlegte.[254]

5.4 Die Rechte bei der Arbeit – Garantien für menschenwürdige Arbeit

Das Recht auf gerechte und günstige Arbeitsbedingungen

Die Vertragsstaaten erkennen das Recht eines jeden auf gerechte und günstige Arbeitsbedingungen an, durch die insbesondere gewährleistet wird

a) ein Arbeitsentgelt, das allen Arbeitnehmern mindestens sichert i) angemessenen Lohn und gleiches Entgelt für gleichwertige Arbeit ohne Unterschied; insbesondere wird gewährleistet, dass Frauen keine ungünstigeren Arbeitsbedingungen als Männer haben und dass sie für gleiche Arbeit gleiches Enthelt erhalten; ii) einen angemessenen Lebensunterhalt für sie und ihre Familien in Übereinstimmung mit diesem Pakt;

b) sichere und gesunde Arbeitsbedingungen;

c) gleiche Möglichkeiten für jedermann, in seiner beruflichen Tätigkeit entsprechend aufzusteigen, wobei keine anderen Gesichtspunkte als Beschäftigungsdauer und Befähigung ausschlaggebend sein dürfen;

d) Arbeitspausen, Freizeit, eine angemessene Begrenzung der Arbeitszeit, regelmäßiger bezahlter Urlaub sowie Vergütung gesetzlicher Feiertage.

Quelle: UN-Sozialpakt, Art. 7

Obwohl die Rechte auf und bei der Arbeit aufs Engste zusammenhängen, oft gemeinsam behandelt werden oder gar von einer Trennung beider Rechte abgeraten wird (Körner 2003: 10, 14), werden sie hier der Übersichtlichkeit halber getrennt ausgewiesen. Dabei ist das im UN-Sozialpakt verankerte Recht auf gerechte und angemessene Arbeitsbedingungen, das qualitative Aspekte des Rechts auf Arbeit betrifft, stets in Verbindung mit entsprechenden Konventionen der ILO zu sehen. Obwohl – oder gerade weil – die Arbeiter- und die Menschenrechtsbewegung traditionell eher getrennte Wege gehen (Macklem 2005: 61), ist es nicht genug zu betonen, dass internationale Arbeitsrechte zu einem guten Teil eben auch Menschenrechte darstellen, ganz im Sinne des Buchtitels: *„Labour Rights as Human Rights“* (Alston 2005). So konkretisieren zahlreiche ILO-Konventionen

254 *Annette Pagnoulle (on behalf of Abdaoulaye Mazou) v. Cameroon,* Mitteilung Nr. 39/90 (1997).

teils detailliert die menschenrechtlichen Garantien im Bereich der Arbeit und nehmen die Menschenrechtsvertragsausschüsse immer wieder auf ILO-Standards Bezug. Dies gilt auch für den UN-Ausschuss für wsk-Rechte, der 2013 einen Entwurf für einen Allgemeinen Kommentar zum Recht auf gerechte und günstige Arbeitsbedingungen vorlegen wird.

Unter den Garantien des „internationalen Arbeitsrechts" kommt den ILO-Kernarbeitsnormen eine besonders große menschenrechtliche Bedeutung zu, umfassen diese doch die Verbote der Zwangsarbeit (Nr. 29) und der Kinderarbeit (Nr. 138, Nr. 182), auf die wir bereits eingegangen sind, sowie die Entgeltgleichheit (Nr. 100), das Verbot der Diskriminierung in Beruf und Beschäftigung (Nr. 111), die Vereinigungsfreiheit (Nr. 87) und das Recht auf Kollektivverhandlungen (Nr. 98). Darüber hinaus gibt es weitere ILO-Konventionen die – größtenteils auch im UN-Sozialpakt verankerte – Rechte auf angemessenen und existenzsichernden Lohn, auf sichere und gesunde Arbeitsbedingungen, auf gleiche berufliche Aufstiegsmöglichkeiten sowie das Recht auf Arbeitspausen, eine angemessene Begrenzung der Arbeitszeit, bezahlten Urlaub und die Vergütung gesetzlicher Feiertage betreffen.[255]

5.4.1 Die Rechte bei der Arbeit achten, schützen und gewährleisten

Die katastrophalen Arbeitsbedingungen in vielen Teilen der Welt, beispielsweise in der Landwirtschaft bei der Ernte von Baumwolle, Kaffee, Kakao, Zuckerrohr und Tabak, in Fabriken und Betrieben bei der Herstellung von Teppichen, Textilien, Sportartikeln und Spielzeug oder auch in Minen beim Abbau von Bodenschätzen, sind inzwischen gut dokumentiert. Regelmäßig weisen nicht nur nichtstaatliche Menschenrechts- und Entwicklungsorganisationen darauf hin, sondern auch Gewerkschaften, ILO-Kontrollorgane, der UN-Ausschuss für wsk-Rechte sowie die Vertragsausschüsse anderer internationaler Menschenrechtsabkommen. In den meisten Staaten, zu denen der UN-Ausschuss für wsk-Rechte beispielsweise in den Jahren 2009, 2010 und 2011 *Concluding Observations* abgegeben hat, wurden schwerwiegende, wenn auch unterschiedlich geartete Verletzungen der Rechte bei der Arbeit beanstandet, ob dies Argentinien, Brasilien, die Dominikanische Republik, Kolumbien und Uruguay waren oder Algerien, Kasachstan, Russland und Sri Lanka. Je nachdem, ob es sich hierbei um staatliche oder private Unternehmen handelt, sind staatliche Achtungs- oder Schutzpflichten berührt.

255 Die entsprechenden Konventionen finden sich allesamt auf: www.ilo.org (letzter Zugriff: 1. Oktober 2012). Siehe auch ILO (2011a).

Das Recht auf gerechte und günstige Arbeitsbedingungen, so wie es in dem oben zitierten Art. 7 des UN-Sozialpaktes verankert ist, enthält ein ganzes Bündel von Rechten, das der Sicherung der Menschenwürde im Bereich der Arbeit dient.

Zu diesen Rechten gehört u.a. der Anspruch auf einen existenzsichernden Lohn. Die diesbezügliche Diskussion kreist vor allem um die Frage des Mindestlohnes, sei dieser nun gesetzlich vorgeschrieben oder ausgehandelt zwischen den Tarifpartnern. Dabei obliegt dem Staat die Pflicht, „Mindestlöhne vorzuschreiben und durchzusetzen, falls die Sozialpartner in dieser Frage zu keiner Einigung gelangen" (Kälin/Künzli 2008: 484). Die ILO-Empfehlung Nr. 135 betreffend die Festsetzung von Mindestlöhnen, unter besonderer Berücksichtigung der Entwicklungsländer (1970) benennt als Kriterien zur Bestimmung der Höhe der Mindestlöhne: die Bedürfnisse der Arbeitnehmer und ihrer Familienangehörigen; die allgemeine Höhe der Löhne in dem betreffenden Land; die Lebenshaltungskosten und ihre Veränderungen; die Leistungen der sozialen Sicherheit; den vergleichbaren Stand der Lebenshaltung anderer sozialer Gruppen sowie wirtschaftliche Gegebenheiten. Der UN-Ausschuss für wsk-Rechte wiederum nimmt auf den „angemessenen Lebensstandard" (im Sinne des Art. 11 des UN-Sozialpaktes) Bezug und kritisiert immer wieder, dass entsprechende Mindestlohnregelungen zu niedrig angesetzt seien, um den Arbeitnehmer/innen und ihren Familien einen solchen zu ermöglichen.[256]

Gleiches Entgelt männlicher und weiblicher Arbeitskräfte für gleichwertige Arbeit ist ebenfalls eine fest etablierte und doch weltweit unerfüllte menschenrechtliche Verpflichtung. Die Berichte des UN-Ausschusses für wsk-Rechte, des CEDAW-Ausschusses sowie der ILO zeigen regelmäßig mehr oder minder große Unterschiede bei der Entlohnung von Männern und Frauen auf sowie eine starke Konzentration von Frauen im Niedriglohnbereich, obwohl formal oft Diskriminierungsverbote und Gleichbehandlungsgebote bei der Entlohnung von Mann und Frau bestehen. Hier stehen die Staaten in der Pflicht, das Diskriminierungsverbot zu achten, zu schützen und effektive Maßnahmen zu ergreifen, um Unterschiede in der Bezahlung von Frauen und Männern zu überwinden. Der Allgemeine Kommentar Nr. 13 des CEDAW-Ausschusses empfiehlt ausdrücklich die Ratifikation der ILO-Konvention Nr. 100 (Art. 2) von 1951.[257] Der Konvention

256 So etwa im Jahre 2010 in Algerien (E/C.12/DZA/CO/4, 21. Mai 2010, Ziff. 10), der Dominikanischen Republik (E/C.12/DOM/CO/3, 26. November 2010, Ziff. 16) und Sri Lanka (E/C.12/LKA/CO/2-4, 9. Dezember 2010, Ziff. 19). Die Kritik betrifft mitunter auch europäische Staaten, z.B. Litauen (E/C.12/1/Add. 96, 7. Juni 2004, Ziff. 13) und Österreich (E/C.12/AUT/CO/3, 25. Januar 2006, Ziff. 11).

257 CEDAW A/44/38/, 7. März 1989.

zufolge lässt sich der Grundsatz der Entgeltgleichheit beispielsweise durch innerstaatliche Gesetze, gesetzlich geschaffene oder anerkannte Einrichtungen zur Lohnfestsetzung und/oder durch Gesamtarbeitsverträge zwischen Arbeitgebern und Arbeitnehmern verwirklichen. Welche Maßnahmen die Staaten konkret ergreifen, bleibt zwar, sofern zielführend, den Regierungen überlassen, doch haben sie sich hierfür vor der ILO und den relevanten UN-Vertragsausschüssen zu rechtfertigen und können sich an deren Empfehlungen orientieren. So forderte der CEDAW-Ausschuss von Deutschland, proaktive Maßnahmen zur Verringerung und Beseitigung der Lohn- und Einkommensunterschiede zwischen Frauen und Männern zu ergreifen und unterbreitete diesbezüglich konkrete Vorschläge, welche u.a. die Regulierung von Lohnvereinbarungen und -strukturen in Privatunternehmen betrafen.[258]

Ebenso sind die Staaten verpflichtet, die Ansprüche auf sichere und gesunde Arbeitsbedingungen, auf Arbeitspausen, auf angemessene Begrenzung von Arbeitszeiten, regelmäßigen bezahlten Urlaub etc. zu achten und gesetzliche und andere Maßnahmen zu ergreifen, um diese zu konkretisieren und zu sichern (Kälin/Künzli 2008: 484). Im Bereich des Arbeitsschutzes umfasst dies zunächst die Erfassung und Meldung von Arbeitsunfällen und Berufskrankheiten (ILO-Konvention Nr. 155 von 1981, Art. 2). Die ILO-Empfehlung Nr. 164 (1981) benennt vielfältige, konkrete Maßnahmen auf nationaler und betrieblicher Ebene zum besseren Arbeitsschutz sowohl von Arbeitnehmern als auch von Selbstständigen. Die ILO-Konvention 187 über den Förderungsrahmen für den Arbeitsschutz von 2006, seit 2009 in Kraft, macht schließlich detaillierte und für die Vertragsparteien verbindliche Vorgaben für die Entwicklung einer „innerstaatlichen Politik", eines „innerstaatlichen Systems" und eines „innerstaatlichen Programms" mit dem Ziel, dass die Vertragsstaaten in Beratung mit den maßgeblichen Arbeitgeber- und Arbeitnehmerverbänden arbeitsbedingte Unfälle, Erkrankungen und Todesfälle verhüten und den Arbeitsschutz fördern. Die Vorgaben reichen von der Ausarbeitung einer Politik zur Förderung einer sicheren und gesunden Arbeitsumwelt über die Ausgestaltung innerstaatlicher Arbeitsschutzsysteme (Information, Beratung, Ausbildung etc.) bis hin zu der Förderung einer präventiven Arbeitsschutzkultur und der Beseitigung arbeitsbedingter Gefahren und Risiken. Die Konvention wird eigens nochmals durch die Empfehlung Nr. 197 (2006) konkretisiert.

Nicht minder detailliert sind die ILO-Konventionen und ILO-Empfehlungen zum Arbeitsschutz in einzelnen Arbeitsfeldern, zum Mutterschutz[259], zu Arbeits-

---

258 CEDAW/C/DEU/CO/6, 10. Februar 2009, Ziff. 40.

259 Siehe insbesondere ILO-Konvention 183 (2000) und die ILO-Empfehlung Nr. 191 (2000).

kontrollen[260] oder auch zu Beschäftigungs- und Ruhezeiten, auf die wir an dieser Stelle aus Platzgründen nicht eigens eingehen können. Sie alle zeigen aber, dass das Recht(sbündel) auf gerechte und angemessene Arbeitsbedingungen bereits in hohem Maße konkretisiert ist und international schon lange eingefordert wird. Allein, es mangelt an der Umsetzung: Hungerlöhne, überlange Arbeitszeiten, hohes Arbeitssoll, Fertigungen im Akkordmarathon und ungenügende Sicherheitsmaßnahmen sind Arbeitsalltag in vielen Betrieben weltweit, während gleichzeitig die jeweiligen Regierungen nicht willens oder fähig sind, entsprechende arbeitsrechtliche Regelungen zu erlassen oder, was häufiger ist, diese zu überwachen und umzusetzen.

Unter besonders schlechten, ausbeuterischen Bedingungen arbeiten, um nur eine Gruppe herauszugreifen, Wanderarbeitnehmer/innen, ob es sich nun um chinesische Binnenmigrant/innen, „*overseas Filipino workers*“[261], Frauen aus Sri Lanka[262] oder Haitianer/innen in der Dominikanischen Republik[263] handelt. Auch in Europa ist das Problem akut. So zeigte sich der UN-Antirassismus-Ausschuss beispielsweise besorgt über miserable und ausbeuterische Arbeitsbedingungen von Arbeitsmigranten in Italien.[264] Unter den Arbeitsmigranten sind wiederum Frauen besonders gefährdet. Bezeichnenderweise haben sowohl der CEDAW-Ausschuss als auch der Ausschuss zum Schutz von Wanderarbeitnehmer/innen (CMW) eigens Empfehlungen zu „*women migrant workers*“ bzw. „*migrant domestic workers*“ erarbeitet.[265]

Aus dem Gesagten geht hervor, dass die Staaten das Recht auf gerechte und angemessene Arbeitsbedingungen nicht nur selbst zu achten haben, sondern auch aktive und effektive Maßnahmen ergreifen müssen, um die Menschen vor Ausbeutung und Diskriminierung im Bereich der Arbeit zu schützen und entsprechende Missstände zu beheben. Um die Rechtsdurchsetzung zu gewährleisten kann hier u.U. auch die rechtliche Verankerung unternehmerischer Pflichten zur Offenlegung von Arbeits- und Beschäftigungsbedingungen gehören (Kocher et al. 2012). Der im Entstehen begriffene Allgemeine Kommentar zum Recht auf gerechte und günstige Arbeitsbedingungen wird klären, welche Achtungs-, Schutz- und Gewährleistungspflichten der UN-Ausschuss für wsk-Rechte systematisch mit dem Recht verbindet. Dem Ausschuss ist dabei anzuraten, sich an

260 Siehe insbesondere ILO-Konventionen Nr. 81 (1947) und Nr. 129 (1969).

261 E/C.12/PHL/CO/4, 24. November 2008, Ziff. 21.

262 E/C.12/LKA/CO/2-4, 9. Dezember 2010, Ziff. 21.

263 E/C.12/DOM/CO/3, 26. November 2010, Ziff. 18.

264 OHCHR, Europe Regional Office 2011: 38.

265 CEDAW/C/2009/WP.1/R, 5. Dezember 2008; CMW/C/GC/1, 12. Januar 2011.

den einschlägigen ILO-Konventionen und ILO-Empfehlungen zu orientieren, welche die „positiven" Handlungspflichten der Staaten bereits im Detail konkretisiert haben. Gemeinsame Veranstaltungen mit NGOs, ILO-Experten und Mitgliedern des wsk-Rechts-Ausschusses fanden diesbezüglich bereits seit 2010 in Genf statt.

Bei der Umsetzung solcher Vorgaben ist dann freilich den Bedingungen und Problemen vor Ort gezielt Rechnung zu tragen. Ein großes, schier unlösbares Problem stellt gerade in Entwicklungsländern das ausgesprochen hohe Maß an informeller Beschäftigung dar, das sich naturgemäß rechtlichen Regelungen ganz oder weitgehend entzieht. Trotz aller inneren Heterogenität des informellen Sektors in Entwicklungsländern und aller dort vorfindbaren Kreativität im Sinne einer auf Entwicklungsbedingungen vor Ort angepassten Überlebensökonomie sind die massiven sozialen Missstände, die menschenunwürdigen Arbeitsbedingungen und der prekäre Überlebenskampf vieler Menschen bar jeglicher sozialer Absicherung menschenrechtlich nicht hinnehmbar. Eine forcierte „Formalisierung" des informellen Sektors ist jedoch oft nicht möglich und sinnvoll. Solange die gravierenden Strukturdefizite der formalen Wirtschaft fortbestehen, können Regulierungsversuche kontraproduktiv sein und es den Menschen noch zusätzlich erschweren, ein Einkommen zu generieren. Daher zielt ein menschenrechtlicher Ansatz auf das *empowerment*, die Selbstorganisation und die aktive Mitwirkung der Betroffenen ab, um angepasste Regulierungsversuche unter Mitwirkung der Betroffen zu entwickeln und anzuwenden. Nötig ist also eine partizipative, niedrigschwellige und angepasste Regulierung, um unter den Bedingungen unsicherer Arbeitsverhältnisse menschenwürdige Arbeitsbedingungen zu schaffen, die den Besonderheiten und der Vielschichtigkeit des informellen Sektors Rechnung tragen. In Lateinamerika gibt es seit längerem entsprechende Initiativen zur „Humanisierung" der Arbeit in der informellen Ökonomie.[266]

Weiterführend sind die Staaten politisch gefordert, zum einen eine beschäftigungsorientierte Politik zu betreiben, die es den Menschen ermöglicht, im formalen Wirtschaftssektor Arbeit zu finden, zum anderen die formalen Arbeitsbeziehungen menschenrechtskonform zu regulieren, ohne etwaige kontraproduktive Effekte einer „Verrechtlichung" aus dem Auge zu verlieren. (Neoliberale) Ansichten, die in nicht-regulierten, prekären Arbeitsbedingungen vor allem eine angepasste wirtschaftliche Entwicklungschance armer Länder zu erkennen glauben[267], sind menschenrechtspolitisch hochproblematisch, solange Menschen grundle-

266 Vgl. etwa entsprechende Regionalkonferenzen des Kolping-Werkes in Uruguay und Chile (Kolping Uruguay 2003, Kolping Chile 2003).

267 Vgl. zu dieser Diskussion etwa Dormann (2007).

gende Ansprüche verwehrt bleiben, die für ein selbstbestimmtes, menschenwürdiges Leben und Arbeiten unabdingbar sind.

5.4.2 Internationale Dimensionen

„Globalization Threatens Labor's Rights", lautet der Titel eines Aufsatz von Charles Tilly (1995). Tatsächlich bleiben im Kontext wirtschaftlicher Globalisierung die Rechte bei der Arbeit rasch auf der Strecke, zumal unter den Bedingungen eines massiven Preis- und Wettbewerbsdrucks der Unternehmen, einer hohen Arbeitslosigkeit und staatlicher Finanznöte. Im Sinne der (umstrittenen) extraterritorialen Staatenpflichten haben die Staaten und internationalen Organisationen zunächst sicherzustellen, dass ihr Handeln nicht direkt oder indirekt das Recht auf gerechte und günstige Arbeitsbedingungen in anderen Ländern verletzt. Dies ist kein leichtes Unterfangen, bedarf es hierzu doch einer seriösen menschenrechtlichen Folgenabschätzung in komplexen Politikfeldern und einer kohärenten, menschenrechtsbasierten Politik. Weiterhin sollen die Staaten im Rahmen ihrer Möglichkeiten darauf hinwirken, günstige internationale Rahmenbedingungen für die Umsetzung des Rechts zu schaffen.

Nun würde es an dieser Stelle zu weit führen, auch nur ansatzweise ausführen, welche menschenrechtlichen Probleme das außenwirtschaftliche Handeln von Staaten, das Wirken internationaler Finanz- und Handelsorganisationen sowie die transnationalen Aktivitäten von Unternehmen im Bereich der Arbeit aufwerfen können, schon gar in armen und verschuldeten Staaten. Ebenso wenig können die vielfältigen Schwierigkeiten und Möglichkeiten dargelegt werden, wie über die Regulierung und Ausgestaltung internationaler Finanz- und Handelsströme, Wirtschaftsbeziehungen oder auch der Entwicklungszusammenarbeit das Recht auf gerechte und günstige Arbeitsbedingungen international gefördert werden könnte. Dies wird auch der entstehende Allgemeine Kommentar zu Art. 7 des UN-Sozialpaktes nicht leisten. Sicherlich wird er aber die Staaten und die internationalen Organisationen grundsätzlich in die Pflicht nehmen, zu prüfen und sicherzustellen, dass ihr Handeln nicht die Nutzung des Rechts auf gerechte und günstige Arbeitsbedingungen beeinträchtigt (extraterritoriale Achtungspflichten).

Vermutlich wird der UN-Ausschuss für wsk-Rechte auch extraterritoriale Schutzpflichten benennen und die Staaten(gemeinschaft) auffordern, Schutzmaßnahmen zu ergreifen, um zu vermeiden, dass transnationale Unternehmen und ihre Zulieferfirmen das Recht auf gerechte und günstige Arbeitsbedingungen verletzen. Entsprechendes staatliches Handeln setzt allerdings voraus, dass die Staaten entsprechende Verletzungen überhaupt registrieren. Der deutschen Bundesregierung beispielsweise sind eigenen Angaben zufolge keine Fälle bekannt, in denen in Deutschland ansässige transnational agierende Unternehmen direkt oder indirekt zu Verletzungen von wirtschaftlichen, sozialen und kulturellen Menschenrechten, insbesondere Arbeitsrechten, in China beitrugen und beitragen oder von diesen mittelbar profitiert haben.[268] Aufschlussreich wird auch sein, inwieweit der UN-Ausschuss für wsk-Rechte internationale Unterstützungsleistungen einfordert und ob er diese als verbindlich ausweist. Da es sich um den ersten Kommentar des UN-Ausschusses nach der Erarbeitung der „Masstrichter Grundsätze zu den extraterritorialen Staatenpflichten im Bereich der wsk-Rechte" (2011) handelt, darf mit Spannung erwartet werden, inwiefern der Ausschuss die von Experten erstellten Grundsätze aufgreift und daran anknüpfend auf umfassende Weise extrastaatliche Staatenpflichten benennt. Offen ist auch, inwieweit sich Ruggies Leitprinzipien (2011) zu Wirtschaft und Menschenrechten in dem Allgemeinen Kommentar wieder finden werden, wenn der Ausschuss, was zu erwarten ist, auf die Verantwortung transnationaler Unternehmen eingeht.

5.4.3 Die Verbundenheit mit anderen Menschenrechten

Das Recht auf gerechte und günstige Arbeitsbedingungen ist unerlässlicher Bestandteil menschenwürdigen Arbeitens, das für die Selbstverwirklichung der Menschen, individuell und in der Gemeinschaft mit anderen, ausgesprochen wichtig ist. Immerhin bestimmen die Rechte bei der Arbeit maßgeblich die Arbeits- und Lebensbedingungen der Menschen. Faire Löhne sichern den Lebensunterhalt der Menschen und ihrer Familien und verhelfen ihnen einen menschenwürdigen Lebensstandard zu erlangen. Von Entgelt, Arbeitszeiten, Arbeitspausen und Freizeit hängt es ab, inwieweit sich die Menschen erholen, sich ihren Familien und dem sozialen Umfeld zuwenden und ihren Kindern Bildung ermöglichen können. Angemessener Arbeitsschutz wiederum schützt unmittelbar die Rechte auf Gesundheit und Leben. Aufs Engste verbunden sind die Rechte bei der Arbeit zudem mit der Vereinigungs- und Gewerkschaftsfreiheit sowie mit dem Streikrecht.

---

268 Antwort der Bundesregierung auf eine Kleine Anfrage von Bündnis 90/Die Grünen zum Thema „Auswirkungen der Aktivitäten deutscher Unternehmen in China auf Arbeits-, Umwelt- und menschenrechtliche Bedingungen". BT-Drs. 17/9080, 22. März 2012 (Frage 2).

Das Recht auf gerechte und günstige Arbeitsbedingungen
Inhaltliche Komponenten: • Angemessener Lohn (Lebensunterhalt) • Entgeltgleichheit, gleiche berufliche Aufstiegsmöglichkeiten • Mutterschutz • Sichere und gesunde Arbeitsbedingungen • Arbeitspausen, Begrenzung der Arbeitszeit, bezahlter Urlaub etc.
Was muss der Staat tun oder unterlassen? (Auswahl) Achtungspflichten: • Rechtliche und faktische Anerkennung der verschiedenen Rechte bei der Arbeit • Überprüfung bestehender Gesetze und Maßnahmen auf Übereinstimmung mit diesen Rechten • Umsetzung der Rechte bei der Arbeit in Verwaltung und öffentlichen Unternehmen • Keine Diskriminierungen am Arbeitsplatz durch öffentliche Arbeitgeber • Keine ungerechtfertigten staatlichen Eingriffe in die Rechte bei der Arbeit auch im Privatsektor Schutzpflichten: • Schutz der Rechte bei der Arbeit im Privatsektor (Regulierung, Kontrolle, Sanktionen etc.), z.B.: • Mindestlohnregelungen, so weit nicht über Tarifpartner geregelt • Schutz vor Diskriminierungen bei der Arbeit und beim Arbeitentgelt im Privatsektor • Regulierung und Kontrolle des Gesundheitsschutzes am Arbeitsplatzes im Privatsektor • Mutterschutzregelungen auch im Privatsektor • Regulierung und Kontrolle von Höchstbeschäftigungs- und Ruhezeiten im Privatsektor Gewährleistungspflichten: • Maßnahmen zur Förderung der Rechte bei der Arbeit (Informationen, Aufklärung etc.) • Maßnahmen zur Überwindung struktureller Diskriminierungen bei der Nutzung dieser Rechte
Internationale Dimensionen: • Achtung der Rechte bei der Arbeit in bilateralen und multilateralen Beziehungen • Mitwirkungen an internationalen Schutzmaßnahmen bezüglich der Rechte bei der Arbeit • Internationale Förderung der Rechte bei der Arbeit
Anmerkung: eigene, vorläufige Zusammenstellung, in Ermangelung eines Allgemeinen Kommentars des UN-Ausschusses für wsk-Rechte

5.5 Das Recht auf soziale Sicherheit – Absicherung existenzieller Lebensrisiken

Das Recht auf soziale Sicherheit
Jeder hat als Mitglied der Gesellschaft das Recht auf soziale Sicherheit ... (AEMR, Art. 22)
Jeder Mensch hat Anspruch auf .... das Recht auf Sicherheit im Falle von Arbeitslosigkeit, Krankheit, Invalidität oder Verwitwung, im Alter sowie bei anderweitigem Verlust seiner Unterhaltsmittel durch unverschuldete Umstände. (AEMR, Art. 25 Abs. 1)
Die Vertragsstaaten erkennen das Recht eines jeden auf Soziale Sicherheit an; diese schließt die Sozialversicherung ein. (UN-Sozialpakt, Art. 9)

Gemäß dem *Word Security Report 2010-2011*, dem ersten und jüngsten globalen ILO-Bericht über soziale Sicherheit, verfügen nur rund 20 Prozent der Weltbevölkerung im erwerbsfähigen Alter (und ihre Familien) über einen umfassenden Sozialschutz (ILO 2010: 1, 33). Zugleich zeigt der Bericht, wie beschränkt weltweit der Zugang zu den einzelnen sozialen Sicherungssystemen, etwa der Kranken-, Renten- und Arbeitslosenversicherung und zur Sozialhilfe, ist. Irgendwie scheint vergessen worden zu sein, wundert sich das Autoren-Trio Cichon/Behrendt/Wodsak (2011: 2), dass soziale Sicherheit ein Menschenrecht ist. Tatsächlich findet sich das Recht auf soziale Sicherheit, insbesondere auf Sozialversicherung, bereits in der Allgemeinen Erklärung der Menschenrechte sowie in etlichen internationalen Menschenrechtsabkommen, etwa dem UN-Sozialpakt, der UN-Kinderrechtskonventionen, der UN-Behindertenrechtskonvention sowie im Übereinkommen zur Beseitigung jeder Form der Diskriminierung der Frau. Auch verschiedene regionale Menschenrechtsabkommen beinhalten ein Recht auf soziale Sicherheit. Alexia Bierweiler (2007: 25) zeigte zudem, dass in der Europäischen Union ein *„acquis des droits de l'homme"* an sozialer Sicherheit besteht, demzufolge ein Mindeststandard an sozialer Sicherheit nicht nur von den EU-Mitgliedsstaaten, sondern auch von der Union als geltendes Recht beachtet werden muss.

Seit 1919 hat zudem die ILO über 30 Konventionen zu sozialer Sicherheit verabschiedet. Von bis heute anhaltender Bedeutung sind etwa folgende Übereinkommen: über die Mindestnormen der Sozialen Sicherheit (Nr. 102, 1952), über Leistungen bei Arbeitsunfällen und Berufskrankheiten (Nr. 121, 1964), über Leistungen bei Invalidität und Alter und an Hinterbliebene (Nr. 128, 1967), über ärztliche Betreuung und Krankengeld (Nr. 130, 1969) sowie die beiden von Deutschland nicht ratifizierten Übereinkommen über Beschäftigungsförderung und Schutz gegen Arbeitslosigkeit (Nr. 168, 1988) sowie über Mutterschutz (Nr. 183, 2000). Eine Ausweitung des sozialen Schutzes, inklusive der sozialen Absicherung, stellt zudem eines der vier strategischen Ziele des bereits genannten ILO-Konzeptes für menschenwürdige Arbeit *(decent work)* dar. Dabei erkennt die ILO soziale Sicherheit ausdrücklich als Menschenrecht an und sieht sich selbst als Vorreiterin bei dessen weltweiter Förderung. Im Jahre 2003 initiierte die ILO eine *Global Campaign on Social Security and Coverage for All* (ILO 2010, 2011a). Seit 2009 werden zudem auf UN-Ebene, unter der Federführung der ILO und der Weltgesundheitsorganisation, Initiativen zur Errichtung eines *„Social Protection Floor"* vorangetrieben, der allen Menschen eine Mindestabsicherung ermöglichen soll (Cichon/Behrendt/Wodsak 2011).

In seinem Allgemeinen Kommentar Nr. 17 definiert der UN-Ausschuss für wirtschaftliche, soziale und kulturelle Rechte das Recht auf soziale Sicherheit wie folgt: *„The right to social security encompasses the right to access and maintain benefits, whether in cash or in kind, without discrimination in order to secure protection, inter alia, from (a) lack of work-related income caused by sickness, disability, maternity, employment injury, unemployment, old age, or death of a family member; (b) unaffordable access to health care; (c) insufficient family support, particularly for* *children and adult dependents*".[269] Damit greift der UN-Ausschuss ausdrücklich jene Bereiche auf, welche die ILO bereits im Übereinkommen über die Mindestnormen der Sozialen Sicherheit (Nr. 102) sowie in weiteren Konventionen und Empfehlungen normiert hat. Der *World Security Report 2010/2011* nimmt in seine Arbeitsdefinition zusätzlich noch den allgemeinen Schutz vor Armut und sozialer Ausgrenzung hinzu (ILO 2010: 13, 20). Hingegen begnügt sich der UN-Ausschuss für wsk-Rechte damit, darauf hinzuweisen, dass soziale Sicherheit aufgrund ihres redistributiven Charakters eine zentrale Rolle bei der Armutsbekämpfung einnimmt und so auch der sozialen Ausgrenzung entgegensteuert.[270]

Bei der Konkretisierung des materiellen Gehalts des Rechts auf soziale Sicherheit hebt der Ausschuss auf die Verfügbarkeit von *(availability)* und die Zugänglichkeit zu *(accessibility)* sozialen Sicherungssystemen ab, welche die oben genannten Risiken und mögliche Vorkommnisse *(social risks and contingencies)*[271] abdecken. Die Zugänglichkeit umfasst dabei auch die Bezahlbarkeit von Sozialversicherungsbeiträgen. Darüber hinaus müssten die Sozialleistungen, was Dauer und Umfang angeht, angemessen sein *(adequacy)*, was auch beinhaltet, dass Staaten menschenrechtliche Prinzipien wie die Nicht-Diskriminierung vollumfänglich achten.

5.5.1 Das Recht auf soziale Sicherheit achten und schützen

Die Achtungspflichten besagen, dass der Staat nicht selbst das Recht auf soziale Sicherheit verletzen darf. Dem UN-Ausschuss für wsk-Rechte zufolge dürfen staatliche Organe weder den gleichen Zugang der Menschen zu angemessener sozialer Sicherung untersagen oder beschränken noch dürfen sie willkürlich und grundlos in bestehende Institutionen der sozialen Sicherheit eingreifen. Hier ist zu beachten, dass neben dem Staat auch andere Träger soziale Sicherungssysteme betreiben können, von Solidargemeinschaften bis hin zu Wohltätigkeitsorganisationen.[272] Während der Allgemeine Kommentar keine Kriterien für etwaige gerechtfertigte Eingriffsgründe in das Recht auf soziale Sicherheit benennt, betont er, dass der Staat dieses Recht stets diskriminierungsfrei gewähren muss. Beim Zugang zu staatlichen Sozialleistungen dürfen also einzelne Bevölkerungsgruppen weder direkt noch indirekt diskriminieren werden, gleich, ob es sich hierbei um Frauen und Angehörige indigener Völker handelt oder um Binnenvertriebe

269 E/C.12/GC/19, 4. Februar 2008, Ziff. 2.

270 Ebd., Ziff. 3.

271 In der Terminologie der ILO (2010: 16) umfassen *contingencies* Vorkommnisse *(events)*, die eintreten oder auch ausbleiben können (z.B. ein Autounfall).

272 E/C.12/GC/19, 4. Februar 2008, Ziff. 44.

und Flüchtlinge, um nur einige ausdrücklich benannten Gruppen zu nennen.[273] Welche Herausforderungen sich beispielsweise für die diskriminierungsfreie Einbindung von Frauen in soziale Sicherungssysteme ergeben, zeigten unter dem Titel *„Engendering Social Security and Protection"* mehrere Policy-Paper der *Friedrich Ebert Stiftung* zu verschiedenen Weltregionen.[274] Vor allem der CEDAW-Ausschuss weist immer wieder auf die *feminization of poverty* und auf den Umstand hin, dass Frauen in prekären Lebens- und Arbeitsbedingungen oft der Zugang zu sozialen Sicherungssystemen verwehrt bleibt.[275]

Gerade Verstöße gegen das Diskriminierungsverbot lassen sich dabei auf justiziable Weise als Menschenrechtsverletzung ausweisen und wurden nicht nur von nationalen Gerichten, sondern auch von internationalen Menschenrechtsüberwachungsorganen (indirekt) beanstandet, und zwar selbst in Staaten mit entwickelten Sozialsystemen. So kritisierte der Menschenrechtsausschuss im Rahmen entsprechender Beschwerden zum UN-Zivilpakt beispielsweise, dass die gesetzlichen Regelungen zur niederländischen Arbeitslosenversicherung gegen das allgemeine Diskriminierungsverbot verstießen, indem sie bei den Zugangsvoraussetzungen verheiratete Frauen gegenüber verheirateten Männern benachteiligten (Courtis/Heidel 2007: 15).

Auch der Europäische Gerichtshof für Menschenrechte behandelte Klagen, in denen diskriminierende Bestimmungen beim Zugang zu Leistungen sozialer Sicherheit mittelbar über das Diskriminierungsverbot und das Gleichbehandlungsprinzip in Verbindung mit dem Recht auf Eigentum geltend gemacht wurden. Gemäß der Spruchpraxis des EGMR (sowie der früheren Europäischen Menschenrechtskommission) lässt sich das Recht auf Eigentum gegebenenfalls auch in Bezug auf die Beibehaltung und Anpassung von Pensions- und anderen Sozialansprüchen geltend machen. Demzufolge schützt es dann das Recht auf soziale Sicherheit, wenn gegen das Diskriminierungsverbot und das Gleichheitsprinzip verstoßen wird, wenn Leistungskürzungen das Recht in seiner Substanz berühren und wenn rechtskräftige Urteile nicht beachtet werden (ebd.: 13).

Im Interamerikanischen Menschenrechtssystem lässt sich u.a. der Präzedenzfall der „Fünf Pensionäre gegen Peru" anführen: Dabei ging es um die massive Kürzung gesetzlicher Pensionsansprüche und die staatliche Missachtung eines Gerichtsurteils, das die Kürzung für unzulässig erklärt hatte. „Der Interamerikanische Gerichtshof urteilte, dass bei der Erfüllung der gesetzlich vorgeschriebenen

273 E/C.12/GC/19, 4. Februar 2008, Ziff. 29 ff.

274 Vgl. Becerra Moro (2011), Osei-Boateng (2011), Razavi (2011), Sen (2011).

275 Siehe auch die Kommentierung des Art. 11 durch Frances Raday in: Freeman/Chinkin/Rudolf (2012: 279 ff., hier: 294 ff.).

Voraussetzungen die Pension ein erworbenes Recht der Kläger darstelle, daher ihrem Vermögen zugerechnet werden müsse und deshalb durch das Recht auf Eigentum geschützt werde“ (ebd.). Hier wurde allerdings das Recht auf soziale Sicherheit nur mittelbar, auf Grundlage des Rechts auf Eigentum, durchgesetzt (Suárez Franco 2010: 183).

Wie steht es aber um die Ansprüche von Ausländerinnen und Ausländern? Angesichts weltweiter Migration stellt sich unweigerlich die menschenrechtlich bedeutsame Frage, ob soziale Sicherheit nur den Mitgliedern des nationalen Solidarverbandes zukommen soll (vgl. auch Janda 2012). Infolge von Unionsbürgerschaft, Freizügigkeit und Diskriminierungsverbote im EU-Recht können Unionsbürger in anderen Mitgliedsstaaten bereits jetzt Ansprüche auf Sozialleistungen geltend machen (Fischer-Lescano/Möller 2012: 41). Eine *besondere*, politisch heikle Problematik ergibt sich jedoch im Falle von Drittstaatsangehörigen oder außerhalb der EU von Nicht-Staatsangehörigen, einschließlich von Wanderarbeitskräften, Flüchtlingen, Asylsuchenden oder staatenlosen Menschen. Der Wortlaut des UN-Sozialpakts knüpft das Recht auf soziale Sicherheit nämlich nicht an die Staatsangehörigkeit. Wo Nicht-Staatsangehörige Beiträge in die Sozialversicherungssysteme entrichtet haben, sollten sie, so der UN-Ausschuss für wsk-Rechte, auch entsprechende Leistungen in Anspruch nehmen dürfen. Weiterhin sollten sie Zugang zu beitragsunabhängigen Sozialleistungen (Sozialhilfe) erhalten. Etwaige Beschränkungen (Fristen etc.) müssten angemessen und begründet sein. Unabhängig von ihrer Nationalität oder ihrem Aufenthaltsstatus stünde letztlich allen Menschen das Recht auf medizinische Erst- und Notfallbehandlung zu und auf gleichberechtigten Zugang zu beitragsunabhängigen Sozialleistungen, entsprechend internationaler Standards. Dabei erachtet der UN-Ausschuss für wsk-Rechte in seinem Allgemeinen Kommentar zum Recht auf soziale Sicherheit *asylum seekers* und *non-nationals* ausdrücklich als gefährdete Gruppen, denen der Staat besondere Aufmerksamkeit schenken soll.[276]

In vielen Ländern der Welt bleibt jedoch Nicht-Staatsangehörigen der Anspruch auf Sozialleistungen verwehrt. Dazu gehören nicht nur arme Staaten wie etwa Kasachstan, zu dem sich der UN-Ausschuss für wsk-Rechte diesbezüglich alarmiert zeigte.[277] In den reichen arabischen Ölstaaten können beispielsweise die vielen ausländischen Arbeitsmigranten nicht von den umfangreichen Sozialleistungen nutznießen, die den dortigen Staatsbürgern zustehen (Samad/Zeidan 2007: 34). In Kuwait, einem der reichsten Staaten der Welt, sind auch die seit jeher dort lebenden, aber teilweise noch immer staatenlosen „Beduns“ betroffen,

276 E/C.12/GXC/19, 23. November 2007, Ziff. 31.
277 E/C.12/KAZ/CO/1, 21. Mai 2010, Ziff. 14.

die offiziell als *„illegal residents"* bezeichnet und laut *Refugee International* massiv diskriminiert werden.[278] Kritisch ist in diesem Zusammenhang die „interpretative Erklärung" zu sehen, die Kuwait bei der Ratifikation des UN-Sozialpaktes abgeben hat: *„The Government of Kuwait declares that while Kuwaiti legislation safeguards the rights of all Kuwaiti and non-Kuwaiti workers, social security provisions apply only to Kuwaitis"* (vgl. auch Ssenyonjo 2009: 223). Im Rahmen des Staatenberichtsverfahrens zum UN-Sozialpakt kritisiert der UN-Ausschuss für wsk-Rechte auch in anderen Fällen immer wieder die Diskriminierungen von Nicht-Staatsangehörigen beim Zugang zu Sozialleistungen.

Nationale Gerichte schließen sich mitunter dieser Kritik an. In Japan sahen beispielsweise das Distriktgericht und das Oberste Gericht in Osaka im Ausschluss koreanischer Bewohner Japans vom nationalen Pensionsgesetz das Diskriminierungsverbot des UN-Sozialpaktes verletzt.[279] In Argentinien stand der Fall eines bolivianischen Mädchens vor Gericht, das aufgrund seiner Behinderung weder Arme und Beine bewegen noch sprechen und selbstständig essen konnte. Da sie sich noch nicht die gesetzlich geforderten 20 Jahre legal im Land aufhielt, um Rentenansprüche geltend zu machen, wurde ihr eine Behindertenrente verwehrt. Das Oberste Gericht erachtete die Regelung für unzulässig. Einige Richter sahen in der Regelung einen unverhältnismäßigen Eingriff in das Recht auf soziale Sicherheit, andere begründeten ihre Entscheidung mit dem Diskriminierungsverbot.[280]

Auf Grundlage des Diskriminierungsverbots erachtete auch das südafrikanische Verfassungsgericht im Fall *Khosa v. Minister of Social Development* (2004)[281] eine Bestimmung der dortigen Sozialgesetzgebung für verfassungswidrig, die den Zugang zu Sozialleistungen auf Staatsbürger beschränkte. Ohne der Frage nachzugehen, ob die Regierungsprogramme hinreichend wären, um etwaigen Gewährleistungspflichten hinsichtlich des Rechts auf soziale Sicherheit nachzukommen, kritisierte das Gericht den pauschalen Ausschluss und die Benachteiligung von permanent ansässigen Nicht-Staatsangehörigen. Den allgemeinen Einwand der Regierung bezüglich einer übergroßen finanziellen Belastung wies das Gericht zurück, verbunden mit dem Hinweis, dass der Staat nicht dargelegt habe, welche

---

278 A/HRC/WG.6/8/KWT/3, Ziff. 12-17.

279 Die Gerichtsentscheidungen wurden von der UN-Sonderberichterstatterin zum Recht auf sauberes Trinkwasser und Sanitärversorgung, Catarina de Albuquerque, in ihrem Japan-Bericht als Beispiele für die direkte Anwendbarkeit des UN-Sozialpaktes angeführt; vgl. A/HRC/18/33/Add.3, 4. Juli 2011, Ziff. 4.

280 Suprema Corte, R. 350. XLI. Recurso de Hecho, *Reyes Aguilera, Daniela v. Estado Nacional,* abrufbar in der Datenbank von escr-net.org (letzter Zugriff: 6. März 2012).

281 2004 (6) SA 505 (CC); 2004 (6) BCLR 569 (CC).

zusätzliche Kosten soziale Hilfen für in diesem Fall ältere und behinderte permanent ansässige Nicht-Staatsangehörige dem Staat überhaupt entstünden (vgl. Berger 2008: 49). So sehr das Gerichtsurteil begrüßt wurde, bemängelten Kritiker indes, dass das Gericht einen Unterschied zwischen *permanent residents* und *temporary residents* machte, was Manisuli Ssenyonjo (2009: 169 f.) zufolge mit dem UN-Sozialpakt nicht vereinbar sei.

Mittelbar, und zwar auf Grundlage des Diskriminierungsverbots in Bezug auf das Recht auf Eigentum, hat auch der Europäische Gerichtshof für Menschenrechte verschiedentlich über Zugangsvoraussetzungen zu Sozialleistungen entschieden, die sich auf die nationale Herkunft bezogen (Courtis/Heidel 2007: 15). Im Fall *„Gayguzus gegen Österreich"* gab er 1996 beispielsweise der Beschwerde eines seit 1973 in Österreich ansässigen türkischen Staatsbürgers Recht, der dagegen geklagt hatte, dass nach Ende der Bezugsdauer des Arbeitslosengeldes sein Antrag auf Gewährung der beitragsabhängigen „Notstandhilfe" mit der alleinigen Begründung abgelehnt wurde, dass er kein österreichischer Staatsbürger sei. Das Gericht konnte in dem konkreten Fall keine gewichtigen Gründe für eine unterschiedliche Behandlung auf Grundlage der Staatsangehörigkeit finden, da sich der Beschwerdeführer rechtmäßig in Österreich aufhielt und er (wie österreichische Arbeitnehmer) Beiträge in die Arbeitslosenversicherung entrichtet hatte.[282] Im Fall *Koua Poirrez gegen Frankreich* (2003) entwickelte der EGMR die Spruchpraxis insofern weiter, als dem Gericht zufolge auch beitragsunabhängige Sozialleistungen vom Recht auf Eigentum geschützt seien und nicht allein ausschließlich aufgrund der Ausländereigenschaft verwehrt werden dürften. Auf Grundlage des Rechts auf Eigentum der EMRK kann sich demnach ein Diskriminierungsschutz auch beim Zugang zur Sozialhilfe ergeben.

In Deutschland wurden bislang Menschen, die Leistungen nach dem Asylbewerberleistungsgesetz von 1993 erhalten, erheblich schlechter gestellt als sozial bedürftige Deutsche. Die Leistungen lagen um etwa 38% niedriger als die – das Existenzminimum darstellenden – Regelsätze der Sozialhilfe und des Arbeitslosengeldes II.[283] Dies warf durchaus menschenrechtliche und verfassungsrechtliche Fragen auf. So zeigte sich der UN-Ausschuss für wsk-Rechte im Falle Deutschlands – wie zuvor bereits im Falle Österreichs und einiger Schweizer Kantone – ernsthaft besorgt darüber, dass Asylsuchende keine angemessenen bzw. niedrigere soziale Hilfen erhalten als die jeweiligen Staatsangehörigen.[284] Im Juli 2012 ent-

282 Urteil vom 16. September 1996.

283 Vgl. Allianz für wirtschaftliche, soziale und kulturelle Rechte (2011: 33).

284 E/C.12/DEU/CO/5, 20. Mai 2011, Ziff. 13; E/C.12/AUT/CO/3, 25. Januar 2006, Ziff. 15; E/C.12/CHE/CO/2-3, 26. November 2010, Ziff. 12.

schied das Bundesverfassungsgericht – auch unter Bezug auf Art. 9 des UN-Sozialpaktes – nicht nur, dass die seit 1993 nicht veränderte Höhe der Geldleistungen nach dem §3 des Asylbewerberleistungsgesetz „evident unzureichend" sei. Er stellte auch klar, dass der Schutz der Menschenwürde (nach Art. 1 Abs. 1 GG) in Verbindung mit dem Sozialstaatsprinzip (des Art. 20 Abs. 1 GG) einen menschenrechtlichen Anspruch auf ein menschenwürdiges Existenzminimum begründe, der deutschen wie ausländischen Staatsbürger/innen gleichermaßen zustehe. Der Staat dürfe bei der konkreten Ausgestaltung existenz-sichernder Leistungen nicht pauschal nach dem Aufenthaltsstatus differenzieren. Eine Differenzierung sei nur dann möglich, wenn der Bedarf an existenznotwendigen Leistungen von jenem anderer Bürger signifikant abweiche und dies anhand des tatsächlichen Bedarfs dieser Personengruppe in einem „inhaltlich transparenten Verfahren" belegt werden könne.[285]

Auch dem Entwurf der Europäischen Kommission zur Modifikation der Richtlinie zur Festlegung von Mindeststandards für die Aufnahme von Asylbewerbern von 2003 lag die Einsicht zugrunde, dass der Umfang der materiellen Untersützung, welche die Mitgliedstaaten Asylbewerber/innen gewähren, unzureichend sei. Dem vom Rat modifizierten Entwurf zufolge sollen die Mitgliedsstaaten künftig bei der Gewährung finanzieller Unterstützung für Asylbewerber einen Betrag anlegen, welcher der Sicherung eines angemessenen Lebensstandards eigener Staatsangehöriger entspricht, etwa der Mindesthöhe der Sozialhilfe. Eine „Hintertür" lässt der im Rat bereits behandelte Entwurf aber zu: „In begründeten Fällen können die Mitgliedsstaaten Asylbewerbern in dieser Hinsicht eine weniger günstige Behandlung als eigenen Staatsangehörigen zuteilwerden lassen."[286]

Im Sinne ihrer Schutzpflichten müssen die Staaten zudem die Menschen vor Eingriffen in ihr Recht auf soziale Sicherheit durch Dritte schützen. Dazu bedarf es entsprechender gesetzlicher Regelungen, die effektiv angewandt werden, sowie Maßnahmen gegen Dritte, die einen gleichberechtigten Zugang zu privaten sozialen Sicherungssystemen untersagen, etwa durch diskriminierende Auswahlkriterien. Der Staat verletzt also nicht nur dann das Recht auf soziale Sicherheit, wenn er selbst auf diskriminierende Weise den Zugang zu Sozialversicherungen und Sozialhilfen beschränkt, sondern auch dann, wenn er nichts unternimmt, um Diskriminierungen durch Dritte zu unterbinden. Zugleich muss der Staat aktiv werden, wenn Dritte unzulässig in Selbsthilfebemühungen und traditionelle Regelungen der sozialen Sicherung eingreifen oder beispielsweise Arbeitgeber nicht

285 BVerfG, 1 BvL 10/10 vom 18. Juli 2012.

286 KOM (2011) 320 endgültig/2, 28. Juni 2011, Art. 17 (5).

die rechtlich vorgesehenen Sozialbeiträge entrichten.[287] Selbst wenn private Versicherungen bestehen, verbleibt dem Staat, so der UN-Ausschuss für wsk-Rechte, also die Verantwortung für das nationale System der sozialen Sicherung. Mittels entsprechender Regulierung, Überwachung, öffentlicher Beteiligung und Sanktionierung muss er sicherstellen, dass insgesamt eine angemessene, erschwingliche und offen zugängliche soziale Absicherung besteht. (Teil-)Privatisierungen sozialer Sicherungssysteme oder der Risikobegrenzung können hier Probleme aufwerfen (Wyttenbach 2012: 280). Dies erkennt auch die ILO: „*International social security law has witnessed a movement in recent decades from a rights-based to a more market-oriented approach. There is now an urgent need to deal with risks to social security systems by strengthening regulation and restoring adequate levels of protection*" (ILC.100/III/1B, Ziff. 9). Zugleich macht der Sachverständigenausschuss zur Umsetzung der ILO-Konventionen und ILO–Empfehlungen diesbezüglich gravierende Reglungslücken aus (ebd.: Ziff. 11).

5.5.2 Das Recht auf soziale Sicherheit gewährleisten

Die größte Herausforderung bei der Umsetzung des Rechts auf soziale Sicherheit besteht zweifelsohne in den Gewährleistungspflichten. Laut dem UN-Ausschuss für wsk-Rechte sind die Staaten verpflichtet, a) die Menschen aktiv darin zu unterstützen, ihr Recht auf soziale Sicherheit zu nutzen, etwa durch gesetzgeberische Maßnahmen oder nationale Aktionspläne, welche sicherstellen, dass das soziale Sicherungssystem angemessen, allgemein zugänglich und risikoabdeckend ist *(obligation to facilitate)*; b) den Zugang zu entsprechenden sozialen Sicherungssystemen durch Bewusstseinsbildungs- und Bildungsmaßnahmen zu fördern *(obligation to promote)*; c) jenen bedürftigen Menschen, die sich aus eigenen Kräften im Rahmen der bestehenden sozialen Sicherungssysteme nicht absichern können, beitragsunabhängige Sozialleistungen bzw. Sozialhilfen zukommen zu lassen *(obligation to provide)*. Dabei soll sichergestellt werden, dass das System sozialer Sicherheit auch auf Notfälle, etwa Naturkatastrophen, bewaffnete Konflikte oder Ernteausfälle, reagieren kann.[288]

Zweifelsohne verfügen die Staaten über einen großen Spielraum bei der Ausgestaltung nationaler sozialer Sicherungssysteme, die sich zwischen den Ländern in Art, Umfang und Niveau ganz erheblich unterscheiden. Aus Sicht des Menschenrechts auf soziale Sicherheit ist dabei entscheidend, dass die Systeme sozialer Sicherheit einen angemessenen Lebensstandard (oberhalb des Minimalbedarfs) sicherstellen, wenn Menschen nicht mehr in der Lage sind, ihren Lebensunterhalt

287 E/C.12/GC/19, 4. Februar 2008, Ziff. 45 f.

288 Ebd., Ziff. 47-51.

aus eigenen Kräften zu bestreiten. Sie müssen also so beschaffen sein, „dass jede Person einen angemessen Lebensstandard erreichen kann, welcher für sein Dasein in Würde notwendig ist" (Wyttenbach 2012: 280). Ob es sich bei den Systemen sozialer Sicherheit vorrangig um beitragsabhängige Leistungen (Sozialversicherungen) oder um steuerfinanzierte Leistungen (Sozialhilfe) handelt, ist für den UN-Ausschuss nachrangig. Auch private oder Selbsthilfe-Initiativen sind möglich.[289]

Im Rahmen des Staatenberichtsverfahrens zum UN-Sozialpakt beanstandet der UN-Ausschuss für wsk-Rechte regelmäßig die geringe Abdeckung und Effektivität sozialer Sicherungssysteme. So fordert er die Staaten auf, all ihre Möglichkeiten und Ressourcen auszuschöpfen, um sicherzustellen, dass die Systeme sozialer Sicherheit auch jene Menschen erfassen, die bislang keinen angemessenen Schutz genießen. Hierzu gehören in Entwicklungsländern typischerweise gerade Erwerbstätige in der Landwirtschaft, Saison- und Gelegenheitsarbeiter sowie vor allem die vielen im informellen Sektor tätigen Menschen. Dieser Befund wird nachhaltig bestärkt durch Angaben der ILO (2010) und zahlreicher weiterer, regionaler Studien[290] über den geringen Deckungsgrad der verschiedenen Systeme sozialer Sicherheit, der freilich große regionale und nationale Unterschiede aufweist.

Von zentraler Bedeutung für den – später behandelten – Zugang zur Gesundheitsversorgung ist ein für jeden und jede erschwingliches öffentliches, privates oder gemischtes *Krankenversicherungssystem*, sofern die Gesundheitsleistungen nicht ohnehin beitragsunabhängig finanziert werden und den Menschen im Rahmen steuerfinanzierter öffentlicher Gesundheitssysteme zur Verfügung stehen. Im Krankheitsfall werden weltweit Abermillionen Menschen in den finanziellen Ruin getrieben oder bleiben unbehandelt, weil sie die Kosten für Behandlung und Medikamente nicht allein tragen können und zugleich aufgrund von Krankheit massive Einkommensverluste hinnehmen müssen. Das Problem erstreckt sich dabei nicht nur auf einkommensschwache Länder. In den USA beispielsweise verfügten vor Obamas Gesundheitsreform (2010) sage und schreibe geschätzte 49 Millionen Menschen über keine Krankenversicherung und damit über keine gesicherte Gesundheitsversorgung über den Notfall hinaus (DeNavas-Walt et al. 2011: 23). Damit liegt die USA weit hinter europäischen Standards, um nicht zu sagen: auf Entwicklungsländerniveau.

Aber auch in Deutschland gibt es Menschen ohne Krankenversicherung. Zwar wurde durch die Gesundheitsreform von 2007 die Zahl der seinerzeit offiziell

289 Ebd., Ziff. 4.

290 Vgl. etwa Adam/von Hauff/John (2002), Loewe (2010), Becerra Moro (2011), Razavi (2011), Sen (2011).

geschätzten 211.000 Menschen ohne Krankenversicherung erheblich gesenkt. Doch verfügten – trotz der eingeführten Krankenversicherungspflicht und des damit verbundenen Anspruchs, sich zu versichern –, im Oktober 2009 laut Angaben des Gesundheitsministeriums immerhin noch rund 45.000 Menschen über keinen Versicherungsschutz.[291] Die Dunkelziffer lag vermutlich weit höher. So kursierten noch im Oktober 2010 in den Medien Schätzungen bis zu 200.000 oder gar 300.000 Menschen.[292] Der *Maltester Migranten Medizin* zufolge befindet sich in den Großstädten und Ballungsgebieten Deutschlands auch heute noch eine (nicht näher bezifferte) „hohe Zahl" von Menschen ohne Krankenversicherungsschutz, darunter viele aus den neuen EU-Ländern.[293]

Zu den rund 40 Prozent der erwerbstätigen Weltbevölkerung, die rechtlich einen Anspruch auf eine *Rente* oder Pension haben, gehört in Entwicklungsländern für gewöhnlich nur eine kleine Minderheit. Meist sind es formal beschäftigte Personen in größeren Firmen und im Staatssektor. Dabei liegt die tatsächliche Abdeckung sogar noch weit unter der formalen. Im subsaharischen Afrika sind nach Angaben der ILO (2010: 2, 46) lediglich rund fünf Prozent der Bevölkerung im erwerbstätigen Alter von Rentenversicherungsprogrammen erfasst. In Asien, dem Nahen Osten und Nordafrika liegt der entsprechende Anteil bei etwa 20 Prozent. In Ländern mit hohem Einkommen erhalten rund drei Viertel der über 65-Jährigen eine wie auch immer geartete Rente oder Pension. In den Ländern mit niedrigem Einkommen ist es nicht einmal ein Fünftel. Eine – allgemeine oder bedürfnisorientierte – beitragsunabhängige Altersversorgung besteht lediglich in einigen Entwicklungs- und Schwellenländern (Razavi 2011: 6).

Noch düsterer sieht es um eine Absicherung im Falle von *Arbeitslosigkeit* aus (die sich in den meisten Entwicklungsländern ohnehin als Fehlen nicht von Arbeit, sondern von hinreichend entlohnter Arbeit darstellt). Von 184 Staaten, zu denen der ILO Informationen vorlagen, bestand lediglich in 78 Ländern eine entsprechende Absicherung, und auch dort oft nur für eine kleine Minderheit der Arbeitskräfte. Davon verfügten 64 Staaten über eine beitragsgestützte Arbeitslosenversicherung, gegebenenfalls verbunden mit arbeitsbezogener Sozialhilfe, die übrigen über beitragsunabhängige, steuerfinanzierte Sozialhilfesysteme oder auch nur über spezielle Fonds (ILO 2010: 57 ff.). Am wenigsten geschützt bei Arbeitslosigkeit sind – bei großen Differenzen zwischen den Staaten – die Menschen in Afrika, Asien und dem Nahen Osten.

---

291 Vgl. finanzen.de, 6. Oktober 2009.

292 Vgl. etwa BR-online, 13. Oktober 2010: „Medizin für Arme. Hilfe für Menschen ohne Krankenversicherung".

293 www.malteser-migranten-medizin.de (Zugriff: 19. März 2012).

Die Absicherung bei *Arbeitsunfällen* und berufsbedingten Krankheiten gehört zu den am frühesten eingeführten Bereichen sozialer Sicherheit. Entsprechende Bestimmungen finden sich in den meisten Staaten der Welt. Allerdings beschränken sie sich im Wesentlichen auf den formalen Arbeitsbereich, und selbst dort bleibt der Deckungsgrad vielerorts gering. Die regionalen Unterschiede sind, wie zu erwarten ist, beachtlich: Während in Europa und Nordamerika drei Viertel der Erwerbsbevölkerung erfasst sind, liegt ILO-Angaben zufolge der entsprechende Wert für das subsaharische Afrika und für den asiatisch-pazifischen Raum bei etwa 20 Prozent (ILO 2010: 65 ff.). Außen vor bleibt für gewöhnlich der (in Entwicklungsländern vorherrschende) informelle Sektor, wo aufgrund der oft gefährlichen Arbeitsbedingungen Arbeitsunfälle und berufsbedingte Krankheiten an der Tagesordnung sind – ohne jegliche Absicherung für die geschädigten Menschen. Besonders prekär ist die Lage für Arbeitsmigrant/innen ohne regulären Aufenthaltstitel.

Bedürftigkeitsabhängige *Sozialhilfe* wiederum spielt in Staaten mit entwickelten Sozialversicherungssystemen eher eine ergänzende Rolle, um soziale Schutzlücken zu schließen, gewissermaßen als „letztes Sicherungsnetz" (Bierweiler 2007: 37). In einkommensschwachen Ländern mit einem großen informellen Sektor und einer geringen Abdeckung von Sozialversicherungen hingegen sind steuerfinanzierte Sozialleistungen häufig das wichtigste Mittel, um Bedürftigen zu helfen und gravierende Armutsprobleme zu lindern. Dazu bestehen in vielen Entwicklungs- und Schwellenländer besondere Sozialtransferprogramme etwa für Kinder und Familien[294] oder *„public works programmes"*.

Es liegt auf der Hand, dass die Staaten viel Geld aufbringen müssen, um allgemein zugängliche Systeme sozialer Sicherheit in den verschiedenen Bereichen aufzubauen und zu unterhalten. Der geplante Aufbau einer staatlichen Krankenversicherung in der Republik Südafrika wird beispielsweise mehrere Milliarden US-Dollar kosten. Entwicklungs- und Schwellenländer können hier naturgemäß weit weniger Ressourcen bereitstellen als westliche Wohlfahrtsstaaten. Indes wäre es falsch anzunehmen, dass die Staaten diesbezüglich überhaupt keinen finanziellen und politischen Spielraum hätten. Die Autoren des *World Social Security Report 2010-2011* weisen darauf hin, dass sich Länder mit einem vergleichbaren Bruttosozialprodukt diesbezüglich deutlich unterscheiden. Letztlich ist es eine politische Entscheidung, welcher prozentuale Anteil der Staatsausgaben in die sozialen Sicherungssysteme fließt. *„And at any size of government, countries have some choice as to what portion of public resources to invest in social security"* (ILO

294 Weithin bekannt und viel zitiert sind hier in Lateinamerika die Programme *Progresa* in Mexiko und *Bolsa Familia* in Brasilien, wobei letztes, laut Becerra Moro (2011: 4), das größte seiner Art ist.

2010: 3). So sind die Defizite nicht nur den knappen wirtschaftlichen Ressourcen geschuldet, sondern auch der Tatsache, dass über viele Jahrzehnte hinweg weder die Staaten noch die internationale Staatengemeinschaft die soziale Absicherung der Menschen als wichtiges politisches Ziel, geschweige denn als menschenrechtliche Verpflichtung erachtet haben.

Selbst wenn es schwierig ist, eine Vernachlässigung entsprechender Gewährleistungspflichten eindeutig als Menschenrechtsverletzung auszuweisen, lassen sich jene Staaten menschenrechtspolitisch kritisieren, die nur wenig tun, um das Recht auf soziale Sicherheit umzusetzen. Immerhin haben die Staaten, so der UN-Ausschuss für wsk-Rechte, die unmittelbar zu verwirklichende Pflicht, nachweislich Schritte zur Umsetzung des Rechts auf soziale Sicherheit einzuleiten. Solange der Staat nicht nachweisen kann, dass ein funktionierendes System sozialer Sicherheit besteht, muss er also etwa – mittels diskriminierungsfrei, partizipativ und transparent auszugestaltender – nationaler Strategien und Aktionspläne tätig werden. Dabei ist er verpflichtet, Probleme und Fortschritte bei der Umsetzung des Rechts systematisch zu erfassen. Auch eine Mindestabsicherung der Menschen und Familien zählt der Ausschuss dabei zu den erfüllenden Kernverpflichtungen *(core obligations)*.[295] Auf eine Mindestabsicherung zielen letztlich auch die sog. *Social Protection Floor*-Initiativen ab, auf die dann beitragsgestützte Sozialleistungen und freiwillige Sozialversicherungen aufsetzen können. ILO-Berechnungen ergaben, dass zumindest *Social Protection Floors* auch in armen Ländern finanzierbar seien. Auch wenn sich das Recht auf soziale Sicherung nicht darin erschöpft, wäre eine soziale Grundsicherung für alle ein wichtiger, *erster* Schritt, einen grundlegenden Schutz für die 80 Prozent der Weltbevölkerung bereitzustellen, die bislang über keinen angemessenen Sozialschutz verfügen.[296] Nötig wäre hierfür freilich ein starker politischer Wille, entsprechende Politiken konsequent voranzutreiben.

Ebenso ist es menschenrechtlich geboten, regressive Maßnahmen zu unterlassen oder, falls unvermeidbar, diese zu begründen. Verletzungen des Rechts auf soziale Sicherheit können sich also auch dadurch ergeben, dass der Staat, ohne Not und sachliche Begründung gesetzgeberische oder andere Maßnahmen ergreift, die den sozialen Schutz einschränken. Damit wären die bereits genannten Achtungspflichten berührt, die sich wohl am ehesten auf justiziable Weise einfordern lassen. Der Zugang zu Rechtsmitteln und etwaigen Entschädigungen, so fordert der UN-Ausschuss für wsk-Rechte, ist dabei zu gewährleisten.

---

295 E/C.12/GC/19, 4. Februar 2008, Ziff. 59 f.

296 So der ILO-Generaldirektor Juan Somavia in seiner oben bereits angeführten Erklärung zum Welttag für soziale Gerechtigkeit des Jahres 2011.

Die Stufenleiter sozialer Sicherung der ILO

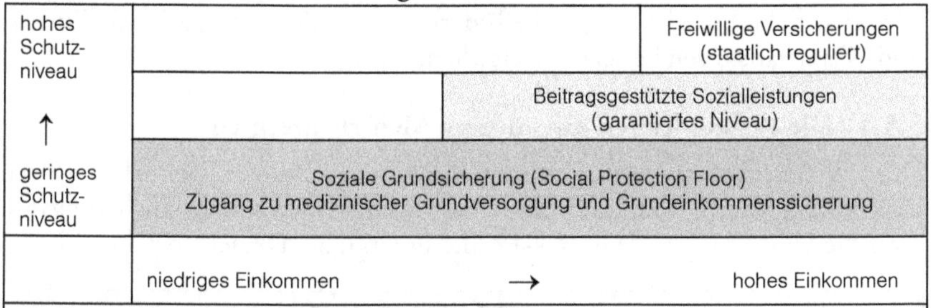

Quelle: in Anlehnung an Cichon/Behrendt/Wodsak (2011: 8)

5.5.3 Internationale Dimensionen

Der Kommentar zum Recht auf soziale Sicherheit, den der UN-Ausschuss für wsk-Rechte im Februar 2008 vorlegte, enthält eigens ein Kapitel zu internationalen Verpflichtungen der Staaten. Hervorgehoben werden hierbei nicht nur die extraterritorialen Achtungs- und Schutzpflichten, sondern auch entsprechende Unterstützungspflichten: Demnach sollen die Staaten nicht selbst das Recht auf soziale Sicherheit in anderen Ländern verletzen; zugleich sollen sie verhindern, dass im eigenen Land ansässige Dritte dies tun; schließlich sollen sie, abhängig von ihren Ressourcen, andere Staaten bei der Umsetzung des Rechts auf soziale Sicherheit unterstützen.[297] Der UN-Ausschuss nimmt die Staaten dabei in die Pflicht, beim Abschluss bilateraler und multilateraler Abkommen das Recht auf soziale Sicherheit angemessen zu beachten. Vor allem Handelsabkommen sollten nicht die Fähigkeit der Staaten einschränken, das Recht auf soziale Sicherheit vollumfänglich umzusetzen. Zugleich befürwortet der Ausschuss zwischenstaatliche Bemühungen der Koordinierung und Harmonisierung von Sozialversicherungen für Arbeitsmigrant/innen.

Wie wichtig soziale Sicherungssysteme sind, zeigte sich nicht zuletzt im Rahmen der internationalen Finanz- und Wirtschaftskrise der Jahre 2008/09: „*The current crisis has once more proved how important a role social security plays in society in times of crisis and adjustment. It works as an irreplaceable economic, social and political stabilizer in such hard times – both for individual lives and the life of society as a whole*“ (ILO 2010: 121). Entgegen den neoliberalen Empfehlungen und den internationalen Auflagen gerade der 1980er und 1990er Jahre, die öffentlichen Ausgaben für Sozialleistungen drastisch zurückzufahren und das Management sozialer Risiken zu privatisieren, spricht vieles dafür, dass erhebliche öffentliche

297 E/C.12/GC/19, 4 Februar 2008, Ziff. 53-55.

Investitionen in Systeme sozialer Sicherheit sinnvoll sind, um mittelfristig die wirtschaftliche Entwicklung zu befördern und künftig internationale Finanz- und Wirtschaftskrisen besser zu überstehen.

5.5.4 Die Verbundenheit mit anderen Menschenrechten

Der UN-Ausschuss für wirtschaftliche, soziale und kulturelle Rechte hat vielfach darauf hingewiesen, dass das Fehlen eines angemessenen sozialen Sicherungssystems die Umsetzung anderer wsk-Rechte untergrabe. Dementsprechend hat er

Das Recht auf soziale Sicherheit

Inhaltliche Komponenten:
- Prinzipielle Verfügbarkeit von Systemen sozialer Sicherheit zum Schutz vor:
  - Einkommenseinbußen und -ausfällen wegen einkommensbezogener Risiken bei Krankheit, Behinderung, Mutterschaft, Arbeitsunfällen/Berufskrankheiten, Arbeitslosigkeit, Alter oder Verwitwung
  - unerschwinglichen Gesundheitsleistungen
  - unzureichender familiärer Unterstützung, insbesondere von Kindern und Jugendlichen
- Offener, diskriminierungsfreier und bezahlbarer Zugang zu den Systemen sozialer Sicherheit
- Angemessene(r) Dauer und Umfang von Sozialleistungen

Was muss der Staat tun oder unterlassen? (Auswahl)

Achtungspflichten:
- Anerkennung des Zugangsrechts eines jeden Menschen zu Systemen sozialer Sicherheit
- Keine beschränkenden Eingriffe in bestehende Systeme sozialer Sicherheit
- Keine diskriminierenden Gesetze, Verordnungen und Maßnahmen im Bereich der sozialen Sicherheit

Schutzpflichten:
- Schutz vor beschränkenden Eingriffen in bestehende Systeme sozialer Sicherheit durch Dritte
- Schutz vor diskriminierenden Praktiken privater Sozial(versicherungs)dienstleister
- Einschreiten bei der Vernachlässigung sozialrechtlicher Arbeitgeberpflichten

Gewährleistungspflichten:
- Nationale Strategien und Aktionspläne zur Umsetzung des Rechts auf soziale Sicherheit
- Allgemeine Bereitstellung (zumindest eines Mindestmaßes an) sozialer Sicherheit, gerade für Bevölkerungsgruppen in besonders verletzlichen Situationen
- Förderung des Zugangs zu Systemen sozialer Sicherheit, etwa durch Informationen, Bewusstseinsbildung und Bildungsmaßnahmen
- Bereitstellung sozialer Leistungen für bedürftige Menschen und Familien ohne hinreichende soziale Absicherung
- Nothilfe (Naturkatastrophen, bewaffnete Konflikte, Ernteausfälle)

Internationale Dimensionen:
- Achtung des Rechts auf soziale Sicherheit in bilateralen und multilateralen Beziehungen
- Schutz des Rechts auf soziale Sicherheit in anderen Staaten vor Eingriffen durch eigene Staatsangenhörige oder im eigenen Land ansässige Unternehmen
- Einflussnahme auf andere Staaten, das Recht auf soziale Sicherheit zu achten und zu schützen
- Förderung des Rechts auf soziale Sicherheit in anderen Ländern durch internationale Hilfen
- Koordination und Harmonisierung sozialer Sicherungssysteme für Arbeitsmigrant/innen
- Soziale Absicherung einheimischer Arbeitskräfte, die vorübergehend im Ausland beschäftigt sind
- Einflussnahme auf die Ausgestaltung internationaler Abkommen und auf die Aktivitäten internationaler Organisationen, um sicherzustellen, dass diese nicht die Umsetzung des Rechts auf soziale Sicherheit beeinträchtigen

Anmerkung: eigene Zusammenstellung, angelehnt an den Allgemeinen Kommentar Nr. 19 des UN-Ausschusses für wsk-Rechte

das Recht auch in seinen Allgemeinen Kommentaren zu Menschen mit Behinderungen (Nr. 5), zu den wsk-Rechten älterer Menschen (Nr. 6), zum Recht auf Nahrung (Nr. 12), zum Recht auf Gesundheit (Nr. 14), zum gleichen Recht von Männern und Frauen bei der Nutzung der wsk-Rechte (Nr. 16) sowie zum Recht auf Arbeit (Nr. 18) aufgegriffen. Enge Bezüge sieht er gerade zu den Rechten auf Arbeit, auf Schutz von Familien, Müttern und Kindern, auf angemessen Lebensstandard sowie zum Recht auf Gesundheit. Dies verwundert bereits insofern nicht, als einzelne Bestandteile dieser Rechte bereits in der Definition von sozialer Sicherheit enthalten sind. Damit sich die Menschen für ihr Recht auf soziale Sicherheit stark machen, müssen sie zudem ihre bürgerlich-politischen Rechte nutzen können. Darauf wiesen etwa Samad/Zeidan (2007: 32 f.) mit Bezug auf die im arabischen Raum (seinerzeit) eingeschränkte Versammlungs- und Vereinigungsfreiheit hin.

5.6 Das Recht auf Gesundheit – weltweiter Handlungsbedarf

Das Recht auf Gesundheit

(1) Die Vertragsstaaten erkennen das Recht eines jeden auf das für ihn erreichbare Höchstmaß an körperlicher und geistiger Gesundheit an.

(2) Die von den Vertragsstaaten zu unternehmenden Schritte zur vollen Verwirklichung dieses Rechts umfassen die erforderlichen Maßnahmen

a) zur Senkung der Zahl der Totgeburten und der Kindersterblichkeit sowie zur gesunden Entwicklung des Kindes;

b) zur Verbesserung aller Aspekte der Umwelt- und der Arbeitshygiene;

c) zur Vorbeugung, Behandlung und Bekämpfung epidemischer, endemischer, Berufs- und sonstiger Krankheiten;

d) zur Schaffung der Voraussetzungen, die für jedermann im Krankheitsfall den Genuss medizinischer Einrichtungen und ärztlicher Betreuung sicherstellen.

Quelle: UN-Sozialpakt, Art. 12

Abermillionen Menschen leben und arbeiten weltweit unter nachweislich gesundheitsschädlichen Bedingungen. Unzählige haben keinen Zugang zu einer angemessenen medizinischen Versorgung, erkranken und sterben jedes Jahr an vermeidbaren und heilbaren Krankheiten. Besonders betroffen sind Frauen, Kinder, ältere und arme Menschen. „Die Verletzung des Menschenrechts auf Gesundheit ist", so schreibt die Entwicklungsexpertin Sonja Weinreich (2008: 2), „eine humanitäre Katastrophe für die Menschen in Entwicklungsländern und eine moralische Katastrophe für den Rest der Menschheit". Die Hilfsorganisation *medico international*, die sich mit ihren Partnern für einen gleichen und gerechten

Zugang zu Gesundheit einsetzt, bezeichnete armutsbedingte Krankheiten sogar als „die größte Menschenrechtsverletzung der Geschichte".[298]

Bereits in der – rechtlich nicht bindenden[299] – Präambel ihrer Verfassung von 1946 stellte die Weltgesundheitsorganisation (*World Health Organisation*, WHO) klar, dass es ein grundlegendes Recht jedes Menschen sei, sich des bestmöglichen Gesundheitszustandes zu erfreuen, und definiert Gesundheit dabei in einem umfassenden Sinne als „Zustand des vollständigen körperlichen, geistigen und sozialen Wohlbefindens und nicht nur des Freiseins von Krankheit und Gebrechen." In der Allgemeinen Erklärung der Menschenrechte 1948 findet sich dann ebenfalls das Recht auf Gesundheit, und zwar als Teil des Rechts auf einen angemessenen Lebensstandard, der jedem Menschen „Gesundheit und Wohl gewährleistet, einschließlich Nahrung, Kleidung, Wohnung, ärztliche Versorgung und notwendige soziale Leistungen". Eigenständig und rechtsverbindlich ist das Recht auf Gesundheit später im UN-Sozialpakt erfasst, der konkrete Schritte aufzählt, wie das Recht zu verwirklichen sei. Detaillierte Maßnahmen benennen auch die umfangreichen Artikel der UN-Kinderrechtskonvention und der UN-Behindertenrechtskonvention zum Recht auf Gesundheit. Obwohl meist kürzer gefasst, beinhalten auch weitere internationale Menschenrechtsabkommen ein entsprechendes Recht auf Gesundheit oder zumindest auf Gesundheitsversorgung und ärztliche Betreuung. Entsprechende Bestimmungen finden sich zudem in einer Fülle nationaler Verfassungen, deren genaue Zahl jedoch sehr unterschiedlich angegeben wird. Das von dem UN-Hochkommissariat für Menschenrechte und der Weltgesundheitsorganisation veröffentlichte *Fact Sheet* zum Recht auf Gesundheit geht von mindestens 115 Verfassungen aus (OHCHR/ WHO 2008a: 10), Bueno de Mesquita et al. (2010: 108) sprechen von ungefähr zwei Dritteln der nationalen Verfassungen. Gauri (2004: 465) zählte hingegen nur 73 der von ihm untersuchten 165 verfügbaren schriftlichen Verfassungen, die auf ein *right to health care* Bezug nähmen.

Das Recht auf Gesundheit, so wie es im UN-Sozialpakt niedergelegt ist, berechtigt jeden Menschen, ein für ihn erreichbares Höchstmaß an Gesundheit zu erreichen, um ein Leben in Würde zu führen. Dies wird nun nicht einfach als eine rechtliche Garantie verstanden, gesund zu sein. Kein Staat ist imstande, die Gesundheit aller zu gewährleisten oder die Menschen gegen jede mögliche Krankheitsursache zu schützen, schon allein deswegen nicht, weil die Gesundheit der

298 So der Untertext einer ganzseitigen Zeitungsanzeige in der *taz*, 10. Dezember 2010.

299 Aufgrund ihres nicht-bindenden Charakters fungiert die Präambel der WHO-Fassung nicht als Rechtsquelle im engeren Sinn für das Recht auf Gesundheit; vgl. Hestermeyer (2007: 113).

Menschen stark von der individuellen Konstitution und Lebensführung abhängt. Das Recht auf Gesundheit umfasst jedoch zunächst die Freiheit, über die eigene Gesundheit und den eigenen Körper zu bestimmen, sowie das Recht, frei von Eingriffen in die Gesundheit zu bleiben. Demgemäß schützt es auch vor Misshandlungen, Zwangsbehandlungen (außer in Notfällen) oder medizinischen Versuchen ohne informierte Einwilligung. Der Schutz der körperlichen Unversehrtheit kann somit, obwohl hierzulande getrennt ausgewiesen und konkretisiert, als Bestandteil des Rechts auf Gesundheit angesehen werden. Zugleich ergibt sich ein Rechtsanspruch auf eine Gesundheitsversorgung, die jedem die gleichberechtigte Erreichung eines Höchstmaßes an Gesundheit gewährleisten soll.

Dabei ist das Recht auf Gesundheit nicht bereits dann verwirklicht, wenn für den Krankheitsfall eine entsprechende medizinische Behandlung und Zugang zu notwendigen Medikamenten bestehen. Vielmehr betont der UN-Ausschuss für wsk-Rechte in seinem Allgemeinen Kommentar Nr. 14 zum Recht auf Gesundheit (2000)[300], dass eine große Bandbreite an sozioökonomischen Bedingungen zu schaffen ist, damit die Menschen ein gesundes Leben führen können. Diese umfassen etwa den Zugang zu sauberem Trinkwasser und sanitärer Versorgung, unbedenkliche Nahrung und Unterkunft, gesunde Arbeits- und Umweltbedingungen, gesundheitsrelevante Informationen und Aufklärung, auch über Sexualgesundheit und reproduktive Gesundheit, sowie schließlich die Beteiligung der Bevölkerung an gesundheitsbezogenen Entscheidungen. Die Kategorien der Verfügbarkeit *(availability)*, Zugänglichkeit *(accessibility)*, Annehmbarkeit *(acceptability)* und Qualität *(quality)* bezieht der Ausschuss indes vor allem auf die Gesundheitsfürsorge und ärztlichen Betreuung:[301]

Verfügbarkeit: Es müssen funktionierende Einrichtungen der Gesundheitsfürsorge sowie der medizinischen bzw. ärztlichen Behandlung und Betreuung verfügbar sein. Obwohl deren konkrete Beschaffenheit von vielen Faktoren, insbesondere vom Entwicklungsstand eines Landes, abhängt, sind bestimmte Mindestbedingungen vonnöten, so etwa der Zugang zu sauberem Trinkwasser und angemessenen Sanitäranlagen, ebenso: Krankenhäuser, Kliniken und andere Gesundheitseinrichtungen, geschultes und angemessen entlohntes Personal sowie eine Grundausstattung an unentbehrlichen Arzneimitteln (gemäß WHO-Standards).

Zugänglichkeit: Jedem Menschen muss der Zugang zu medizinischen Einrichtungen und Behandlungen offen stehen – und zwar in mehrfacher Hinsicht: a)

300 CESCR E/C.12/2000/4, 11. August 2000.
301 Ebd., Ziff. 12.

diskriminierungsfrei, auch und gerade im Falle besonders schutzbedürftiger und marginalisierter Gruppen der Bevölkerung; b) physisch, d.h. in sicherer Reichweite und zugänglich auch für Frauen, Kinder, Alte sowie Menschen mit chronischen Krankheiten oder Behinderungen; c) wirtschaftlich – dergestalt, dass öffentliche oder private medizinische Einrichtungen und Behandlungen für alle, auch arme und sozial benachteiligte Menschen bezahlbar und erschwinglich sind; d) informiert – in dem Sinne, dass die Menschen das Recht haben, gesundheitsrelevante Informationen zu suchen, zu erhalten und weiterzugeben, sofern dabei nicht der persönliche Vertrauensschutz beeinträchtigt wird.

Annehmbarkeit: Die medizinischen Einrichtungen und die ärztliche Betreuung müssen nach Grundsätzen medizinischer Ethik erfolgen, Vertraulichkeit gewährleisten und auf die Verbesserung des Gesundheitszustands der Betroffenen abzielen. Dabei sind die kulturellen Prägungen der einzelnen Menschen, aber auch von Minderheiten und Gemeinschaften, zu respektieren sowie geschlechts- und altersbedingte Besonderheiten gezielt zu berücksichtigen.

Qualität: Medizinische Einrichtungen und die ärztlichen Behandlungen müssen unter wissenschaftlichen und medizinischen Gesichtspunkten geeignet und von guter Qualität sein. Die medizinische Versorgung hat durch geschultes Personal zu erfolgen und muss medizinischen Standards für Arzneimittel, Geräte, Ausstattung und Hygiene genügen.

5.6.1 Das Recht auf Gesundheit achten

Die Achtungspflicht fordert von den Staaten, das Recht auf Gesundheit der Menschen nicht selbst zu verletzen. Die Staaten dürfen also zunächst einmal keine Handlungen vornehmen, „die zu körperlichen Schäden, unnötigen Erkrankungen und vermeidbarer Sterblichkeit führen können.“[302] Historische und aktuelle Beispiele für solche Handlungen gibt es zur Genüge: Sie reichen von der Misshandlung psychisch kranker Menschen in staatlichen „Verwahranstalten“ bis hin zur Zwangssterilisation von Frauen, so geschehen etwa mit Abertausenden von Quetchua-Frauen während der Amtszeit Alberto Fujimoris in Peru in den 1990er Jahren.[303] Auf Kritik stößt gegenwärtig etwa die Sterilisierung von Frauen und Mädchen mit Behinderungen, die neben anderen Menschenrechten auch das Recht auf Gesundheit betrifft.[304]

302 CESCR E/C.12/2000/4, 11. August 2000, Ziff. 50, gemäß der deutschen Übersetzung in: DIMR (2005: 308).

303 Vgl. Jaichand/O'Donnell (2010) und die dort angegebenen Studien. Eine entsprechende Dokumentation „Zwangssterilisation in Peru“ strahlte Arte am 4. Juni 2010 aus.

304 Vgl. etwa das Briefing Paper *„Sterilization of Women and Girls with Disabilities“*, das ver-

Weiterhin darf keinem Menschen staatlicherseits der gleichberechtigte Zugang zur vorbeugenden, heilenden und lindernden medizinischen Versorgung verweigert oder unzulässig erschwert werden. Der diskriminierungsfreie Zugang zu medizinischen Einrichtungen und ärztlicher Versorgung, gerade auch von schutzbedürftigen und ausgegrenzten Gruppen, gehört zu den vom UN-Ausschuss benannten, unmittelbar umzusetzenden „Kernverpflichtungen" der Vertragsstaaten.[305] Selbst wenn Menschen sich die Behandlung nicht leisten können, muss ihnen zumindest im Notfall geholfen und der Zugang zur medizinischen Grundversorgung, einschließlich der nötigen Arzneimittel, ermöglicht werden. Auf nationaler Ebene gibt es diesbezüglich bereits eine Reihe erfolgreicher Klagen und Urteile, so etwa in Brasilien (Hoffmann/Bentes 2008) und Indien (Shankar/Mehta 2008).

Geschützt sind letztlich alle Menschen auf dem jeweiligen staatlichen Hoheitsgebiet. Doch kommt es *de jure* und *de facto* immer wieder zur diskriminierenden Ausgrenzungen. Der CEDAW-Ausschuss hat beispielsweise rechtliche und faktische Zugangsbeschränkungen zur angemessenen Gesundheitsversorgung von Frauen ausgemacht, die auf offenkundigen oder versteckten Diskriminierungen beruhen.[306] Auch Menschen mit „psychisch-sozialer, intellektueller und kognitiver Beeinträchtigung" haben in vielen Ländern keinen oder kaum Zugang zur Gesundheitsversorgung – ein Missstand, der bei der Ausarbeitung der Behindertenrechtskonvention gezielt berücksichtigt wurde (vgl. Graumann 2011: 72). Problematisch gestaltet sich mitunter auch die Gesundheitsversorgung von Lesben, Schwulen, Bisexuellen, Trans* und Inter*, schon gar, wenn diese eine strafrechtliche Verfolgung befürchten müssen.[307]

Ebenso wenig dürfen Migrant/innen, Asylsuchende oder Menschen ohne regulären Aufenthaltsstatus von einer angemessenen Gesundheitsversorgung ausgeschlossen werden[308], wie dies in vielen Entwicklungsländern üblich ist, mitunter aber auch in Wohlfahrtsstaaten geschieht. Im Fall einer Kollektivbeschwerde der *Fédération Internationale des Ligues des Droits de l'Homme* (FIDH) gegen Frankreich bekräftigte der Europäische Sozialrechtsausschuss, dass inländische wie ausländische Staatsbürger, selbst jene, die sich „irregulär" im Land aufhalten, das

schiedene internationale Behinderten- und Menschenrechtsorganisationen im November 2011 veröffentlicht haben; abrufbar unter: http://enil.eu (letzter Zugriff: 8. März 2012).

305 CESCR E/C.12/2000/4, 11. August 2000, Ziff. 43 a).

306 Vgl. die Kommentierung des Art. 12 CEDAW von Cook/Undurraga in: Freemann/Chinkin/Rudolf (2012: 311-333).

307 A/HRC/19/41, 17. November 2011, Ziff. 54-57.

308 CESCR E/C.12/2000/4, 11. August 2000, Ziff. 34.

Recht auf Zugang zur Gesundheitsversorgung haben. FIDH hatte sich auf Grundlage der Revidierten Europäischen Sozialcharta dagegen beschwert, dass Frankreich Kindern „ohne Papiere“ – mit Ausnahme von Notfällen und lebensbedrohlichen Umständen – eine angemessene medizinische Versorgung verwehrte.[309] Ebenso weist die Europäische Grundrechteagentur auf vielfältige Restriktionen von Flüchtlingen, Asylsuchenden und „irregulär“ aufhältigen Migrant/innen beim Zugang zur Gesundheitsversorgung in europäischen Staaten hin (FRA 2010a: 75 ff.). Lob erhielt hingegen beispielsweise Slowenien dafür, dass Asylsuchende dieselbe Versicherungskarte erhalten wie die eigenen Staatsbürger (ebd.: 77).

Beim Vergleich der gesundheitlichen Versorgung von Migranten *ohne* regulären Aufenthaltsstatus in westeuropäischen Staaten kommt Heinz-Jochen Zenker (2011: 96) – trotz aller nationalen Besonderheiten und vereinzelter Positivbeispiele – zu dem Ergebnis: „Überall stehen Menschen ohne Papiere am unteren Ende des Zugangs zu einer bedarfsgerechten Medizin, was Menschenrechtskonventionen und der Europäischen Sozialcharta widerspricht. Alle Länder haben Sonderregelungen für Asylsuchende und besonders irreguläre Migranten, die, mit der Zielsetzung der Abschottung, das Gesundheitssystem instrumentalisieren.“ Schweden negiere rundweg die gesundheitlichen Rechtsansprüche von Menschen ohne ausländerrechtlichen Status, Großbritannien lehne die Behandlung von AIDS-Kranken ab (ebd.: 96 f.). Hinzu kommt, das bestimmte Aufspür-, Melde- und Festnahmepraktiken behandlungsbedürftige Menschen „ohne Papiere“ zusätzlich davon abhalten, Gesundheitsleistungen in Anspruch zu nehmen (FRA 2011b, 2012b).

Und in Deutschland? Hierzulande haben Flüchtlinge, Asylbewerber/innen und Geduldete Anspruch auf medizinische Behandlungen gemäß dem Asylbewerberleistungsgesetz (AsylbLG). Die ersten 48 Monate nach der Einreise sind freilich die rechtlich garantierten Gesundheitsleistungen eingeschränkt, beschränken sich auf die Versorgung bei akuter Erkrankung, Schmerzen und auf wichtige präventive Maßnahmen (Impfungen, Schwangerschaft, Geburt).[310]

309 Vgl. European Committee on Social Rights, *International Federation for Human Rights (FIDH) vs. France,* Kollektivbeschwerde Nr. 14/2003, Entscheidung vom 8. September 2004.

310 Asylbewerberleistungsgesetz (AsylbLG) §§ 1-6; siehe auch Zenker (2011: 88 f.). In der Forderung nach einer präventiven Gesundheitsversorgung auch für „illegale Migranten“, wie sie der Allgemeine Kommentar des wsk-Rechts-Ausschuss enthält, sieht Angelika Nußberger (2012: 104 f.) hingegen ein Beispiel dafür, dass die Sachverständigen des Ausschusses mitunter den rechtlichen Grund unter ihren Füßen verloren hätten. Eine solche Gesundheitsversorgung sei zwar wünschenswert, würde aber von keinem Staat der

Danach genießen die genannten Personen den gleichen Schutz wie deutsche Versicherte. Menschen ohne regulären Aufenthaltsstatus haben auf Grundlage des AsylbLG formal dieselben eingeschränkten Rechtsansprüche auf Gesundheitsversorgung wie Asylsuchende. Aus Furcht vor Abschiebung nehmen sie diese Ansprüche jedoch nur unzureichend wahr. Haupthindernis war in den vergangenen Jahren die behördliche Übermittlungspflicht des Aufenthaltsgesetzes für alle staatlichen Stellen, die nicht ärztlich geleitet werden und damit nicht der „verlängerten“ ärztlichen Schweigepflicht unterliegen, wie etwa die Sozialämter (im Unterschied zu den Gesundheitsämtern). Sobald die Behandlungskosten nicht privat bezahlt wurden, konnten sich spätestens bei der Abrechnung Probleme ergeben. Da das Recht auf Gesundheit auch für Menschen „ohne Papiere“ nicht nur rechtlich, sondern auch faktisch gewährleistet werden muss, ist der Staat aus menschenrechtlicher Sicht gefordert, das Problem der unzureichenden Gesundheitsversorgung von Menschen ohne regulären Aufenthaltsstatus anzugehen und strukturell zu lösen. Etliche konstruktive Vorschläge liegen seit geraumer Zeit auf dem Tisch (vgl. bereits DIMR 2008). Vor allem die Abschaffung der Übermittlungspflicht wurde von Flüchtlings- und Menschenrechtsorganisationen, aber auch von kirchlichen Hilfswerken und Gewerkschaftsseite immer wieder gefordert.[311]

Behandlung nur im Notfall?

In Deutschland lebten im Jahre 2009 knapp 40.000 Kinder von Asylsuchenden, Geduldeten, Ausreisepflichtigen und Personen, die aus humanitären Gründen nicht abgeschoben wurden. Gemäß dem Asylbewerberleistungsgesetz erhalten sie nicht alle allgemeinen Regelleistungen der Sozialsysteme. „Nur bei einer akuten Erkrankung oder Schmerzen hat ein Flüchtlingskind das Recht auf medizinische Behandlung. Hilfsmittel wie Brillen, Hörgeräte, Zahnspangen oder Rollstühle oder die Behandlung schlecht verheilter Knochenbrüche werden in der Praxis häufig nicht oder nur nach zähen Verhandlungen gewährt. Ebenso problematisch ist der Zugang zur Behandlung von psychischen Problemen und Lernschwächen“.[312] Ein Höchstmaß an Gesundheit, wie es die AEMR, der Sozialpakt oder die Kinderrechtskonvention vorsieht, wird für diese Kinder nicht angestrebt. Noch prekärer ist die Lage für Kinder ohne regulären Aufenthaltsstatus.

Angesichts der in vielen Ländern katastrophalen hygienischen und gesundheitlichen Bedingungen in Gefängnissen sei zudem nachdrücklich daran erinnert, dass

Welt (mit Ausnahme besonderer Maßnahmen wie Impfungen) als Rechtspflicht anerkannt.

311 Vgl. Allianz für wirtschaftliche, soziale und kulturelle Rechte (2011: 55 ff.).

312 So ein nach der Bundestagswahl von 2009 veröffentlichtes Informationsblatt „Flüchtlingskinder in Deutschland. Politischer und gesellschaftlicher Handlungsbedarf in dieser Legislaturperiode“ verschiedener Wohlfahrts-, Kinder- und Menschenrechtsorganisationen.

auch Menschen in staatlichem Gewahrsam ein Recht auf eine angemessene medizinische Versorgung haben.[313] Hier hat der Staat sogar eine besondere Sorgfaltspflicht, da die Menschen sich nicht eigenständig um eine Behandlung kümmern können. Das Problem betrifft selbst demokratisch regierte und wohlhabende Staaten. Besorgt zeigte sich der UN-Ausschuss für wsk-Rechte beispielsweise über die gesundheitlichen Bedingungen in australischen Gefängnissen.[314] (Da viele australische Gefängnisse privatisiert sind, sind allerdings gerade auch staatliche *Schutz*pflichten berührt). Mitunter kann sogar das Verbot grausamer, unmenschlicher oder erniedrigender Behandlung oder Strafe berührt sein.

Ebenso wenig darf der Staat (lebens)wichtige Gesundheitsinformationen z.B. im Hinblick auf Ansteckungsschutz, Seuchenprävention oder auch Umweltkatastrophen, zurückhalten oder verfälschen. Aus der Perspektive des Rechts auf Gesundheit wurde beispielsweise kritisiert, dass die Regierung Zimbabwes den Ausbruch einer Cholera-Epidemie im Jahre 2008 lange Zeit verschwieg und diese zu früh für beendet erklärte.[315] Ähnliches gilt bezüglich des Schutzes vor Infektionen, etwa der Ansteckungsgefahr mit HIV/AIDS, die beispielsweise von der südafrikanischen Regierung lange Zeit bagatellisiert wurde. Zugleich darf der Staat weder den Zugang zu Verhütungsmitteln oder zu sonstigen für die Aufrechterhaltung der sexuellen und reproduktiven Gesundheit erforderlichen Mittel unterbinden oder erschweren noch entsprechende gesundheitsbezogene Informationen, einschließlich der Sexualerziehung, zurückhalten oder beschränken.[316]

Weiterhin können staatlich (mit) zu verantwortende Umweltverschmutzungen, welche die Gesundheit der Menschen beeinträchtigen, die Achtungspflichten verletzen. Eine *landmark decision* traf diesbezüglich die Afrikanische Menschenrechtskommission gegen die damalige Militärregierung Nigerias. Im Rahmen der nationalen Ölförderung hatte diese gemeinsam mit einem großen Ölkonzern erhebliche Umwelt- und Gesundheitsschäden im Niger-Delta verursacht. Die Kommission kam zu dem Schluss, dass unter anderem die in der Banjul-Charta garantierten Rechte auf Gesundheit und auf eine angemessene – hier im Sinne einer gesunden – Umwelt verletzt wurden.[317] Auch der UN-Ausschuss für wsk-Rechte hat sich im Rahmen des Staatenberichtsverfahrens schon verschiedentlich ob massiver staatlicher Umweltverschmutzungen, welche die Ge-

313 CESCR E/C.12/2000/4, 11. August 2000, Ziff. 34.

314 E/C.12/AUS/CO/4, 12. Juni 2009, Ziff. 29.

315 Zimbabwe Human Rights NGO Forum (2009: 2 f.).

316 CESCR E/C.12/2000/4, 11. August 2000, Ziff. 34.

317 Communication N. 155/2001 *SERAC and CESR v Nigeria* (2001), 15th Annual Activity Report of ACHPR: 2000-2002. Der Fall ist auch in der Sekundärliteratur gut dokumentiert; siehe etwa: Keetharuth (2009: 177 ff.), Nolan (2009: 237 ff.).

sundheit beeinträchtigten, besorgt gezeigt, beispielsweise im Falle Kasachstans. Konkret wurden die früheren Nukleartests in Semipalatinks genannt.[318] Bereits in seinem Allgemeinen Kommentar zum Recht auf Gesundheit hatte der UN-Ausschuss klargestellt, dass Waffentests, die schädliche Substanzen freisetzen und die Gesundheit von Menschen gefährden, zu unterlassen seien. Möglicherweise werden irgendwann auch die gesundheitlichen Gefahren und Schäden der zivilen Nutzung der Atomkraft, die mit der Katastrophe in Japan 2011 nochmals deutlich zutage traten, unter dem Blickwinkel der Menschenrechte – oder der menschenrechtlich noch unterentwickelten Frage der Rechte nachfolgender Generationen – (stärker) kritisiert. Hier sind meines Erachtens staatliche Achtungs- und Schutzpflichten berührt.

Eine besondere, aber anschauliche Problematik betrifft die großflächige Vernichtung von Drogenfeldern aus der Luft, wie sie – mit Unterstützung und auf Anleitung der USA – bei der Drogenbekämpfung in Kolumbien über viele Jahre hinweg angewandt wurde (vgl. etwa Ramírez Lemus et al. 2005). Vielfach nachgewiesen und kritisiert wurde, dass die Besprühung aus der Luft die Gesundheit der dort lebenden Bevölkerung schädigte. Der Kritik schloss sich 2007 auch der damalige UN-Sonderberichterstatter zum Recht auf Gesundheit, Paul Hunt, an.[319] In Staaten mit bewaffneten Konflikten wie Kolumbien ist es weiterhin mit dem humanitären Völkerrecht unvereinbar, wenn die Konfliktparteien Gesundheitseinrichtungen zerstören, medizinisches Personal angreifen oder Hilfslieferungen und Sanitätstransporte behindern. Schwerste Menschenrechtsverbrechen stellen zudem Folter durch Ärzte und Pflegepersonal in Krankenhäusern dar – Vorwürfe, die gegen Syrien im Rahmen der Aufstandsbekämpfung erhoben wurden.[320] Auch die zahlreichen Regeln des Haager Rechts, die den Einsatz von für die Zivilgesellschaft unverhältnismäßig gefährlichen Waffen betreffen, können als „situationsspezifische Konkretisierungen des Rechts auf Gesundheit verstanden werden“ (Kälin/Künzli 2008: 357).

Schließlich haben die Staaten auch traditionelle Formen der gesundheitlichen Versorgung und alternative Heilmethoden, beispielsweise indigener Gruppen, anzuerkennen und natürliche Ressourcen (Kräuter etc.) zu schützen, welche für diese notwendig sind.

---

318 E/C.12/KAZ/CO/1, 21. Mai 2010, Ziff. 35.

319 A/HRC/7/11/Add.3, 4. März 2007, Ziff. 10 und 17.

320 Im März 2012 strahlte der britische Sender *Channel 4* ein entsprechendes Video aus einem Militärkrankenhaus in Holms aus. Die Vorwürfe griffen auch deutsche Medien auf, z.B. *Der Tagesspiegel*, 7. März 2012.

5.6.2 Das Recht auf Gesundheit schützen

Die Schutzpflichten verlangen vom Staat, die Menschen unter seiner Hoheitsgewalt vor Gesundheitsgefährdungen seitens Dritter zu schützen. Verletzungen der Schutzpflichten liegen demgemäß in dem Versäumnis begründet, die notwendigen Kontroll- und Schutzmaßnahmen zu ergreifen. Ist das Leben der Menschen gefährdet, ergeben sich solche Schutzpflichten bereits aus dem Recht auf Leben. Der Interamerikanische Menschenrechtsgerichtshof hat beispielsweise im Falle des Todes eines Brasilianers in einer psychiatrischen Klinik in seiner Urteilsbegründung dargelegt, dass die Staaten die Gesundheitsversorgung regulieren und überwachen müssen, gleich, ob es sich um öffentliche oder private Einrichtungen handelt.[321] Der CEDAW-Ausschuss stellte im Falle des Todes einer Afro-Basilianerin, die bei ihren Schwangerschaftskomplikationen nicht angemessen und rechtzeitig notbehandelt wurde, eine Verletzung des Rechts auf gesundheitliche Versorgung von Schwangeren und Entbindenden (gemäß Art. 12 Abs. 2 CEDAW) fest und stellte klar, dass der Staat für das Handeln privater Institutionen verantwortlich sei, wenn er medizinische Dienstleistungen auslagere.[322]

Im Sinne seiner Schutzpflichten muss der Staat also private Gesundheitseinrichtungen regulieren und kontrollieren, um sicherzustellen, dass sie medizinischen Standards genügen und dass auch im privaten Gesundheitsbereich das Diskriminierungsverbot eingehalten wird. Die Europäische Grundrechteagentur weist beispielsweise auf solche (auch intersektionelle) Diskriminierungen im Gesundheitsbereich hin (FRA 2012a). Nicht immer sind die Diskriminierungen freilich so offenkundig wie bei einem in Hessen niedergelassenen praktischen Arzt, der auf einem Praxisplakat bekannt gab, dass er muslimische Frauen mit Kopftüchern, Patienten ohne grundlegende Deutschkenntnisse und „islamische Familien" mit mehr als fünf Kindern nicht behandelt (ebd.).

Besondere Bedeutung kommt weiterhin dem Gesundheitsschutz von Verbrauchern zu. So muss der Staat verhindern, dass hochgradig belastete und gesundheitsschädliche Verbrauchsgüter, allen voran Lebensmittel, vertrieben werden.[323] Auf Grundlage der Rechte auf Leben und Gesundheit haben indische Gerichte sogar die staatliche Regulierung des Alkoholverkaufs gegen Klagen privater Produzenten verteidigt (vgl. Shankar/Mehta 2008: 157). Weiterhin darf der Staat nicht dulden, dass wirkungslose oder gar schädliche Arzneimittel oder Medikamentenfälschungen in Umlauf kommen. WHO-Schätzungen zufolge sollen aber in Entwicklungsländern über ein Drittel der Medikamente gefälscht sein, oft mit

321 *Ximenes-Lopes v. Brazil*, Series C 149 (2006); vgl. Nolan (2009: 232 f.).

322 *Alyne Silva Pimentel v. Brazil*. Mitteilung Nr. 17/2008, Urteil vom 25. Juli 2011.

323 CESCR E/C.12/2000/4, 11. August 2000, Ziff. 35 und 51.

tödlichen Folgen.[324] Die staatliche Schutzpflicht betrifft möglicherweise auch die Preisregulierung und -kontrolle, wenn überhöhte Preise zur Folge haben, dass wichtige Medikamente nicht verfügbar oder nicht bezahlbar sind. Südafrikanische Gerichte haben sich bereits verschiedentlich mit der Problematik beschäftigt (vgl. Berger 2008).

Ein traditionell besonders wichtiger Bestandteil des Gesundheitsschutzes bezieht sich auf den Schutz vor gesundheitsschädlichen Arbeitsbedingungen durch private Arbeitgeber, der bereits im Abschnitt zu den Rechten bei der Arbeit behandelt wurde. Wachsendes Problembewusstsein betrifft ferner den – für die Gesundheit der Menschen unentbehrlichen – Schutz einer intakten und gesunden Umwelt vor privat(wirtschaftlich)en Eingriffen. Um nur ein bekanntes Beispiel (unter vielen) herauszugreifen: In der peruanischen Bergbaustadt La Oroya, einer der am stärksten verschmutzten Städte der Welt, weisen die Bewohner fast allesamt Bleivergiftungen auf und sind hochgradig krebsgefährdet. Urheber ist eine privat betriebene Metallhütte, die allen Umweltvorschriften zum Trotz keine entsprechenden Schutzmaßnahmen durchführt – und von staatlichen Stellen nicht zu deren Einhaltung gezwungen wird.[325] Ein anderes, ebenfalls dramatisches Beispiel aus Peru stellt die Yanacocha-Goldmine in Cajamarca dar, wo sich Juni 2000 ein Quecksilberunfall ereignete. Hunderte von Menschen wurden dauerhaft in ihrer Gesundheit und ihrer Fortpflanzungsfähigkeit geschädigt – und warteten noch Jahre später auf eine angemessene medizinische Versorgung sowie auf die Entgiftung ihrer Häuser und landwirtschaftlichen Nutzflächen.[326]

Staatliche Schutzpflichten zur Vermeidung von Berufsunfällen, Berufskrankheiten sowie von Schädigungen durch Strahlung, Schwermetalle oder Umwelteinflüsse der Bevölkerung durch private Unternehmen ergeben sich direkt aus Art. 12 Abs. 2 (b) des UN-Sozialpaktes, der das Recht auf eine gesunde Umwelt und gesunde Arbeitsbedingungen verankert.[327] Im Rahmen des Europarates kann ggf. auch eine Verletzung der Europäischen Sozialcharta geltend gemacht werden. So reichte beispielsweise die *International Federation for Human Rights* (FIDH) im Juli 2011 eine Kollektivbeschwerde gegen Griechenland ein, weil der dortige Staat die Menschen nicht hinreichend vor den gefährlichen Folgen massiver Umweltverschmutzung nahe eines Flusses und einer Industriezone geschützt hätte.

324 „Massenmord mit Medikamenten" überschrieb *Die Presse* vom 7. März 2012 einen entsprechenden Zeitungsbeitrag.

325 Der Fall wurde hierzulande etwa von der *Kindernothilfe* in Zusammenarbeit mit der Redaktion *Welt-Sichten* in dem Dossier „Umweltschutz ist Kinderrecht" aufgegriffen. Das Dossier erschien als Beilage zur Nr. 9/2010 von *Welt-Sichten*.

326 Brot für die Welt/Misereor/ECCHR (2011: 13).

327 CESCR E/C.12/2000/4, 11. August 2000, Ziff. 15, 34, 51.

FIDH zufolge wurde hier das Recht auf Gesundheit verletzt.[328] Bereits bei einer Beschwerde der *Maragapoulous Foundation for Human Rights (MFHR) gegen Griechenland* sah der Europäische Sozialrechtsausschuss das Recht auf Gesundheit verletzt, da die nationalen Autoritäten – bei allem zugestandenen Ermessens- und Handlungsspielraum – zu wenig unternommen hätten, um die Gesundheit von Anwohnern vor der Luftverschmutzung durch private Minenunternehmen zu schützen.[329]

Auch und gerade aus Sicht des Rechts auf Gesundheit darf der Staat zudem nicht versäumen, die Menschen vor privater Gewalt zu schützen und die Straftäter zu verfolgen.[330] Dies gilt nicht zuletzt für häusliche Gewalt, von der zwar auch Männer betroffen sein können, die aber weltweit vor allem gegenüber Frauen und Kindern vorkommt. Dementsprechend betont der UN-Ausschuss für wsk-Rechte immer wieder die Verpflichtung, Frauen und Mädchen vor sexueller oder anderer Gewalt zu schützen, und zwar in ganz unterschiedlichen Gefährdungslagen und bei der Nutzung anderer Menschenrechte: auf dem Schulweg, auf dem Weg zur Arbeit oder am Arbeitsplatz, beim Aufsuchen von Wasserstellen oder sanitären Anlagen oder auch in Notlagern und Flüchtlingscamps. Vor allem der CEDAW-Ausschuss nimmt sich der Problematik an und hat eigens einen Allgemeinen Kommentar zu „Gewalt gegen Frauen" (Nr. 19, 1992) erstellt.[331]

Weiterhin ist der Staat verpflichtet, gesundheitsschädliche kulturelle Praktiken zu unterbinden. Besonders dramatisch ist hier die Praxis weiblicher Genitalverstümmelung (*Female Genital Mutilation,* kurz: FGM), die eine schwere gesundheitliche Schädigung darstellt und mit dem alternativ verwendeten Begriff der „weiblichen Beschneidung" *(female circumcison)*[332] in ihrer Schwere nicht angemessen erfasst wird.[333] Sowohl der UN-Ausschuss für wsk-Rechte als auch der CEDAW-Ausschuss haben weibliche Genitalverstümmelung immer wieder als Menschenrechtsverletzung ausgewiesen, wenngleich nicht immer auf Grundlage

328 Beschwerde Nr. 72/2011; siehe auch: *Human rights information bulletin* (Council of Europe), Nr. 83, März-Juni 2011, 113.

329 Beschwerde Nr. 30/2005, Urteil vom 6. Februar 2007.

330 CESCR E/C.12/2000/4, 11. August 2000, Ziff. 51.

331 CEDAW A/47/38, 29. Januar 1992. Siehe auch den Beitrag von Christine Chinkin in dem CEDAW-Kommentar von Freeman/Chinkin/Rudolf (2012: 443-474).

332 So der Text und die deutsche Übersetzung des Allgemeinen Kommentars Nr. 14 des CEDAW-Ausschusses: CEDAW A/45/38, 2. Februar 1990 sowie DIMR (2005: 441 f.).

333 Vgl. die Stellungnahme von *terre des femmes* zur Verwendung des Begriffs „weibliche Genitalverstümmelung". Im Gespräch mit Betroffenen könne allerdings der Begriff „Genitalbeschneidung" angemessener sein, um die Frauen nicht als „verstümmelt" zu verunglimpfen; vgl. www-terre-des-femmes.de (letzter Zugriff: 15. März 2012).

des Rechts auf Gesundheit.[334] Laut der Frauenrechtsorganisation *terre des femmes* gibt es weltweit mehr als 150 Millionen Mädchen und Frauen, die an ihren Genitalien verstümmelt wurden.[335] Vor allem in Teilen Afrikas ist Genitalverstümmelung noch weit verbreitet (WHO 2008). Migrationsbedingt ist das Problem jedoch auch in Europa vorhanden: Die Bundesregierung gibt an, dass in Deutschland etwa 30.000 Frauen oder Mädchen direkt von FGM betroffen oder von ihr bedroht seien.[336] Um solche Praktiken zu unterbinden, ist ein ganzheitlicher Ansatz notwendig, dessen Ausgestaltung sich freilich je nach Land und Problemlage stark unterscheiden kann. Die Maßnahmen reichen hierbei von Aufklärung, Beratung und Dialog über die strafrechtliche Verfolgung der Täter/innen bis hin zur Unterstützung der Betroffenen. Vor 2008 war dabei Frankreich das einzige europäische Land, in dem gerichtliche Verurteilungen wegen weiblicher Genitalverstümmelung stattfanden. In der Schweiz gab es 2008 die ersten beiden Urteile (vgl. Krása 2008: 173, 177).

In Deutschland und der Schweiz erhebt sich, um ein sehr spezielles, weit weniger beachtetes Problem zu benennen, zudem seit etlichen Jahren Kritik gegen kosmetische Zwangsoperationen von Kindern mit „auffälligen" Geschlechtsorganen (Zwitter, „Intersexuelle", Hermaphrodite). Unter dem Motto „Menschenrechte auch für Zwitter" bemüht sich beispielsweise die Menschenrechtsgruppe *zwischengeschlechtlich.org* um die Ächtung einer medizinischen Praxis, die diesen Menschen – oft im frühesten Kindesalter – auf operativ-medikamentösen Wege ein eindeutiges Geschlecht „zuweist", obwohl die Kinder meist nicht zustimmungsfähig und die Eltern nur unzureichend über die Folgen aufgeklärt seien. Von den behandelten Ärzten würde in Kauf genommen, „dass das sexuelle Empfinden vermindert oder gänzlich zerstört wird. Viele dieser Kleinkinder würden obendrein kastriert und dadurch ihr Leben lang von gesundheitsschädigenden „Hormonersatztherapien" abhängig gemacht".[337] Aus Sicht der organisierten Betroffenen stellen solche Kastrationen und Hormonersatztherapien schwerwiegende Eingriffe in ihre Menschenrechte dar, nicht zuletzt in das Recht auf körperliche Unversehrtheit. *zwischengeschlecht.org* spricht gezielt von „Genitalverstümmelung".

Aber auch weniger schwerwiegende Eingriffe können das Recht auf Gesundheit betreffen. So hat der italienische Verfassungsgerichtshof seinerzeit den An-

---

334 Vgl hier etwa die Abschließenden Bemerkungen zum Tschad: E/C.12/TCD/CO/3, 16. Dezember 2009, Ziff. 19; CEDAW/C/TCD/CO/1-4, 21. Oktober 2011, Ziff. 22-23.

335 Vgl. www.terre-des-femmes.de (letzter Zugriff: 15. März 2012).

336 Antwort der Bundesregierung auf eine Kleine Anfrage, BT-Drs. 17/6217, 15. Juni 2011, 2.

337 Aufruf zu Info- und Protestveranstaltungen im November 2010 von zwischengeschlecht.org.

spruch von Arbeitnehmern, in geschlossenen Räumen nicht dem Gesundheitsrisiko des Passivrauchens ausgesetzt zu sein, mit dem Recht auf Schutz der Gesundheit begründet (Weber 2004: 107). Auch der UN-Ausschuss für wsk-Rechte nimmt sich auf Grundlage des Rechts auf Gesundheit der Problematik des Konsums von Tabak (und anderen schädlichen Substanzen) an. Im Rahmen des Staatenberichtsverfahrens forderte er in der Vergangenheit immer wieder Aufklärungskampagnen gegen das Rauchen ein.[338] Gegenüber Brasilien kritisierte er sogar die Tabakwerbung und – trotz Rauchverbot an öffentlichen Plätzen – das Bestehen von Raucherbereichen.[339] Vorderhand scheint hier das Menschenrecht auf Gesundheit überstrapaziert zu sein. Doch angesichts der immensen gesundheitlichen Folgen des Rauchens, welche die Tabakindustrie über Jahrzehnte hinweg bewusst in Kauf nahm und die Staaten lange Zeit ignorierten, werden die staatlichen Schutzpflichten, die sich aus dem Recht auf Gesundheit ergeben, möglicherweise nachvollziehbar. Schwierig fällt dies allerdings im Falle der Forderungen des UN-Ausschusses, etwa gegenüber Schweden[340], auf Schutz vor gesundheitsgefährdendem Übergewicht. Ohne dieses (auch in Entwicklungsländern vorkommende) Problem bagatellisieren zu wollen, wird man über eine Informations- und Kennzeichnungspflicht hinaus aus dem Recht auf Gesundheit diesbezüglich kaum Forderungen ableiten können.

5.6.3 Das Recht auf Gesundheit gewährleisten

Die Gewährleistungspflichten der Staaten sind im Bereich der Gesundheit besonders breit gefächert. Bereits der nicht erschöpfende Katalog des Art. 12 Abs. 2 des UN-Sozialpaktes umfasst Maßnahmen, die vorwiegend Gewährleistungspflichten umfassen: namentlich Maßnahmen zur Verbesserung der Gesundheit von Mutter und Kind, zur Verbesserung der Umwelt- und Arbeitsbedingungen, zur Vorbeugung, Behandlung und Bekämpfung von Krankheiten sowie zur Schaffung von Voraussetzungen, damit im Krankheitsfall jedem Menschen auch tatsächlich medizinische Einrichtungen und ärztliche Betreuung zur Verfügung stehen.

Zunächst verlangen die Gewährleistungspflichten, dass die jeweiligen Staaten eine angemessene nationale Gesundheitsstrategie ausarbeiten, um die bestehenden (und zu identifizierenden) Gesundheitsprobleme anzugehen. Die Staaten

338 So etwa in seinen Abschließenden Bemerkungen gegenüber Dänemark (E/C.12/1/Add. 102, 14. Dezember 2004, Ziff. 11) und Luxemburg (E/C.12/1/Add. 86, 23. Mai 2003, Ziff. 24), um nur zwei Beispiele zu nennen.

339 E/C.12/BRA/CO/2, 12. Juni 2009, Ziff. 30.

340 E/C.12/SWE/CO/5, 18. November 2008, Ziff. 23.

müssen – bereits im Sinne unmittelbar umsetzbarer Kernverpflichtungen[341] – Sorge dafür tragen, dass notwendige medizinische Einrichtungen, Leistungen und Programme mit geschultem Personal bereit stehen und für jedermann zugänglich sind, und die Menschen zugleich Zugang zu Nahrung, Unterkunft, Sanitäranlagen und Trinkwasser sowie zu unentbehrlichen Arzneimitteln haben. Die Gewährleistungspflichten umfassen dabei die Prävention, Behandlung, Linderung und Rehabilitation körperlicher und psychischer Leiden, einschließlich Aufklärungsprogramme für verhaltensabhängige Gesundheitsbelange (Alkohol, Drogen, häusliche Gewalt etc.) und ansteckende Krankheiten wie insbesondere HIV/AIDS. Die Interamerikanische Menschenrechtskommission ordnete beispielsweise schon häufig vorläufige Maßnahmen gegenüber OAS-Mitgliedsstaaten an, um die Untersuchung und Behandlung von HIV/AIDS-Patienten zu gewährleisten.

Die Ausgestaltung der Gesundheitssysteme liegt jedoch im Ermessen der jeweiligen Staaten. Das Recht auf Gesundheit ist mit ganz unterschiedlichen Gesundheitssystemen vereinbar, ob es sich um eine allgemeine öffentliche Gesundheitsversorgung handelt (wie etwa im kapitalistischen Großbritannien oder im sozialistischen Kuba), um ein Sozialversicherungsmodell mit nahezu universeller Deckungsbreite (wie etwa in Deutschland, Frankreich, Spanien oder auch Costa Rica), um segmentierte Systeme, in denen die Menschen je nach Beschäftigungsverhältnis unterschiedliche Gesundheitssysteme nutzen (wie in vielen lateinamerikanischen Staaten) oder um stark privatisierte Gesundheitssysteme, die eine Vielzahl privater Anbieter aufweisen (wie etwa in Argentinien, Chile und Uruguay).[342]

Privatisierte oder vertraglich ausgelagerte Gesundheitsleistungen entheben den Staat allerdings nicht seiner Pflicht, die allgemeine Verfügbarkeit, Zugänglichkeit, Annehmbarkeit und Qualität der medizinischen Versorgung zu gewährleisten. Auch jene Menschen, die sich private Gesundheitsleistungen nicht leisten oder diese erst gar nicht in Anspruch nehmen können, weil sie sich infolge chronischer Krankheiten oder Behinderungen nicht privat (zusätzlich) versichern können, haben zudem einen Recht auf eine Gesundheitsversorgung, die medizinischen Standards genügt. Angesichts der Tatsache, dass private Gesundheitseinrichtungen für gewöhnlich nicht auf allgemeine Verfügbarkeit und Zugänglichkeit ausgelegt sind, müssen die Staaten sicherstellen, dass eine qualitativ angemessene medizinische Versorgung nicht nur privatversicherten oder zahlungskräftigen „Kunden" vorbehalten bleibt.

341 CESCR E/C.12/2000/4, 11. August 2000, Ziff. 43.

342 Zu den genannten Gesundheitssystemen siehe Tittor (2011: 230 ff.).

Im Falle Indiens zeigte sich beispielsweise der UN-Ausschuss für wsk-Rechte besorgt über die negativen Effekte großangelegter Privatisierungen im Gesundheitswesen, welche die Qualität und Zugänglichkeit von Gesundheitsleistungen gerade für arme Bevölkerungsschichten beeinträchtigten. Nicht minder besorgt war er darüber, dass benachteiligte und marginalisierte Bevölkerungsgruppen in Südkorea trotz staatlicher Gesundheitsprogramme keinen Zugang zu privat geführten Hospitälern haben, die immerhin rund 90 Prozent aller dortigen Krankenhäuser ausmachen.[343] Solange die Zugänglichkeit zur privaten Gesundheitsversorgung nicht gegeben ist, bedarf es selbst in jenen Staaten, deren Gesundheitswesen in hohem Maße privatisiert ist, einer allgemein zugänglichen, öffentlichen Gesundheitsversorgung. Zu vermeiden ist dabei, dass öffentliche Gesundheitsleistungen *de facto* „privatisiert" werden, indem sie nur mit „Zuzahlungen" oder – wie in Zimbabwe nach der „Dollarisierung" der Wirtschaft[344] – nur mit ausländischen Devisen zu erhalten sind.

Zugleich muss auch die öffentliche Gesundheitsversorgung medizinischen Qualitätsstandards genügen. Der teils miserable Zustand staatlicher Gesundheitsdienste wirft in manchen Ländern menschenrechtliche Probleme auf – wie etwa in dem bereits genannten Fall Indien, wo gegen *„medical malpractice"* in öffentlichen Krankenhäusern schon mehrfach erfolgreich vor Gericht geklagt wurde (Shankar/Mehta 2008: 156 f.). Mangels einer gut funktionierenden staatlichen Gesundheitsversorgung, so wird aus Indien berichtet, ziehen selbst arme Menschen mitunter kostenpflichtige private Gesundheitsdienstleistungen der unentgeltlichen Behandlung in staatlichen Krankenhäusern vor – und verschulden sich dabei mitunter haushoch (ebd.: 155). Abermillionen Menschen geraten zudem in extreme Armut, weil sie ihre Medikamente privat bezahlen müssen. Aus Sicht des Menschenrechts auf Gesundheit ist aber jegliche „Mehrklassen-Medizin" problematisch, die nicht allen Menschen eine qualitativ angemessene medizinische Versorgung ermöglicht.

Da der *„access to medicines"* als grundlegender Bestandteil des Rechts auf Gesundheit gilt, kann auch die staatliche Bereitstellung notwendiger Impfstoffe und Medikamente menschenrechtlich geboten sein, wenn diese nicht verfügbar oder erschwinglich sind. Mitunter gilt der Zugang zu Medikamenten sogar als Schlüsselindikator für das *commitment* der Regierungen zu dem Recht auf Gesundheit. Argentinische Gerichte verpflichteten schon in den 1990er Jahren ihre Regierung dazu, Impfstoffe (siehe Kasten) und die medikamentöse Versorgung für Kranke sicherzustellen, nicht zuletzt für Personen mit HIV/AIDS (OHCHR/WHO

---

343 E/C.12/IND/CO/5, Ziff. 38; E/C.12/KOR/CO/3, 17. Dezember 2009, Ziff. 30.

344 Vgl. Zimbabwe Human Rights NGO Forum (2009: 3 f.).

2008a: 32). Letzteres forderte auch der Oberste Gerichtshof in Venezuela auf Grundlage der dortigen Landesverfassung.[345] Weithin bekannt ist zudem der Rechtsstreit der *Treatment Action Campaign* (TAC) gegen das Gesundheitsministerium in der Republik Südafrika, wo das Verfassungsgericht im Jahre 2002 entschied, dass in öffentlichen Krankenhäusern ein anti-retroviales Medikament, das die Übertragung des HIV-Virus von der Mutter auf das Kind verhindert, bereit gestellt werden müsse.[346] Auch die Gewährung notwendiger medizinischer Behandlung für Gefangene wurde von nationalen Gerichten verschiedentlich zugesichert, beispielsweise in der Republik Südafrika (Berger 2008) oder selbst in Nigeria (Odinkalu 2008: 209, 213).

Impfstoffe per Gerichtsbeschluss

In Argentinien waren in den 1990er Jahre viele Menschen durch eine schwere, aber durch Impfung vorbeugbare Viruserkrankung, das so genannte „argentinische Fieber“, bedroht. Nach der Intervention einer nationalen NGO und einer entsprechenden Klage verpflichteten argentinische Richter den Staat dazu, den benötigten und in seiner Wirkung anerkannten Impfstoff herzustellen. Das gerichtliche Verfahren war notwendig geworden, weil mangels Gewinnaussichten pharmazeutische Unternehmen den Impfstoff nicht produzierten und auch der Staat die Herstellung des Impfstoffes trotz seiner anerkannten Wirkung eingestellt hatte. Zugleich war der Impfstoff auf dem Markt nicht verfügbar. Angesichts der Schwere der Krankheit und des hohen Erkrankungsrisikos ordnete der Oberste Gerichtshof an, die staatliche Herstellung des Impfstoffs wieder aufzunehmen. Er nahm dabei ausdrücklich auf das Recht auf Gesundheit in der argentinischen Verfassung, in der Allgemeinen Erklärung der Menschenrechte und im UN-Sozialpakt Bezug.

Quellen: McChesney (2000: 53), Suárez Franco (2010: 70)

Selbst wenn die Ressourcen knapp sind, muss sich der Staat besonders den gefährdeten und betroffenen Bevölkerungsgruppen annehmen. Aus menschenrechtlicher Sicht ist es dringlich geboten, gerade solchen Gruppen den bedarfsgerechten Zugang zu medizinischer Versorgung zu ermöglichen. Der UN-Ausschuss für wsk-Rechte zeigt sich regelmäßig besorgt über die schlechte Gesundheitslage von Frauen, Kindern, Wanderarbeitskräften sowie Menschen mit Behinderungen oder mit HIV/AIDS – denen bezeichnenderweise das von OHCHR und WHO gemeinsam erstellte *Fact Sheet* zum Recht auf Gesundheit jeweils eigene Abschnitte widmet (OHCHR/WHO 2008a).

345 Tribunal Supremo de Justicia de Venezuela: *Cruz Bermúdez v. Ministerio de Sanidad y Asistencia Social,* Caso no. 15.789, juicio no. 916 (1999); vgl. Hestermeyer (2007: 104 f.).

346 *Minister of Health v Treatment Action Campaign* 2002 (5) SA 721 (CC); vgl. Heywood (2003), OHCHR/WHO (2008a). TAC war noch in weitere Gerichtsverfahren involviert, die das Recht auf Gesundheit betrafen.

Gerade die speziellen Menschenrechtsvertragsorgane nehmen sich der besonderen Bedürfnisse dieser Bevölkerungsgruppen an. Der UN-Behindertenrechtsausschuss fordert hier auf Grundlage des Art. 25 der UN-Behindertenrechtskonvention eben nicht nur einen diskriminierungs- und barrierefreien Zugang zu allgemeinen Gesundheitsdienstleistungen für Menschen mit Behinderungen, sondern auch besondere, zusätzliche Maßnahmen, welche diese aufgrund ihrer Behinderung benötigen. Der UN-Kinderrechtsausschuss hat eigens Kommentare zu HIV/AIDS (Nr. 3, 2003) sowie zur Gesundheit von Jugendlichen (Nr. 4, 2003) erstellt. Schon zuvor hatte der CEDAW-Ausschuss einen Allgemeinen Kommentar zu Frauen und Gesundheit (1999) verfasst, der die Vertragsstaaten in die Pflicht nimmt, unter Ausschöpfung ihrer verfügbaren Mittel angemessene Maßnahmen zu ergreifen, um sicherzustellen, dass Frauen ihr Recht auf Gesundheitsfürsorge verwirklichen können.[347] Letztlich geht es hierbei um die Errichtung einer *„gender-sensitive public health infrastructure that addresses the magnitude of women's ill-health, particularly when it arises from preventable condition.“*[348]

Mit Blick auf die Gesundheit von Müttern und Kindern fordern der UN-Ausschuss für wsk-Rechte sowie der CEDAW-Ausschuss gerade auch Beratungs- und Gesundheitsdienste zur sexuellen und reproduktiven Gesundheit; ebenso: prä- und postnatale Fürsorgeleistungen, die Betreuungen von Notentbindungen sowie allgemein die Bereitstellung verständlicher und verwertbarer Informationen zum Thema. Auch der langjährige UN-Sonderberichterstatter zum Recht auf Gesundheit, Paul Hunt, setzte sich nachdrücklich für einen *„right-to-health-approach to maternal mortality“* ein. Dies ist dringend notwendig: Laut WHO starben im Jahr 2008 immer noch rund 358.000 Mütter an den Folgen einer Schwangerschaft oder Geburt, dies sind etwa 1.000 Mütter pro Tag.[349] Am größten ist das Risiko hierbei in Afrika, und dort wiederum für besonders arme und benachteiligte Bevölkerungsgruppen. Das Problem ist aber auch in Schwellenländern akut. Im Falle Indiens zeigte sich der UN-Sonderberichterstatter 2010 beispielsweise geschockt über die hohe Müttersterblichkeit in dem Land – und zwar gerade im Vergleich mit anderen *„middle income countries“*.[350] Auch die extrem

347 CEDAW/A/54/38/REV.1, 2. Februar 1999, Ziff. 17.

348 Siehe Cook/Undurruga: Article 12, in: Freeman/Chinkin/Rudolf (2012: 311-333, hier: 332).

349 Auf den Wert wird immer wieder Bezug genommen, so etwa auch bei der Vorstellung des Berichts *„Urgent Delivery. Maternal Death: The Avoidable Crisis“* (2012) durch Ärzte ohne Grenzen zum Weltfrauentag 2012. Doch ist die Datenlage sehr unsicher. Hochaggregierte Trendaussagen finden sich ebenfalls in den Berichten der Vereinten Nationen zu den Millenniumsentwicklungszielen.

350 A/HRC/14/20/Add.2, 15. April 2010.

hohe Müttersterblichkeit in Brasilien, von der zudem Afro-Brasilianerinnen weit überproportional stark betroffen sind, betrachtete der UN-Ausschuss für wsk-Rechte mit Sorge.[351] Selbst im „reichen Norden" besteht Handlungsbedarf: *Amnesty International* (2010b) zufolge ist die Wahrscheinlichkeit einer Mutter, infolge von Komplikationen bei der Entbindung zu sterben, in den USA viermal höher als in Deutschland, und jene einer Afro-Amerikanerin in den USA wiederum viermal höher als jene einer „weißen" US-Amerikanerin.

Schließlich ist Menschen in akuter Not zu helfen: Dies schließt die Schaffung eines Systems der notärztlichen Betreuung bei Unfällen, Epidemien und ähnlichen Gesundheitsgefahren ein sowie Katastrophendienste und humanitäre Hilfen in Notlagen. Über die medizinische Nothilfe muss möglichst auch die weiterführende medizinische Versorgung, physische Rehabilitation, psychologische Unterstützung und soziale Wiedereingliederung der Betroffenen gewährleistet werden. Im Falle der Unterstützung der – weltweit immerhin 500.000 – Opfer von Antipersonenminen und Streumunition bestehen hier beispielsweise große Defizite, wie ein von *Handicap International* im September 2009 veröffentlichter Bericht *„Voices from the Ground – Die Stimmen der Opfer"* zeigt.[352]

Da die Umsetzung der Gewährleistungspflichten gerade bezüglich des Rechts auf Gesundheit teuer ist, stoßen viele Länder an ihre finanziellen Grenzen. Es ist offensichtlich, dass arme Entwicklungsländer oft nicht einmal eine medizinische Grundversorgung sicherzustellen vermögen, geschweige denn sich eine so teure Gesundheitsversorgung leisten können wie die reichen Wohlstandsgesellschaften. Selbst in Deutschland ist die Finanzierbarkeit des ausgebauten Gesundheitssystems inzwischen ein ernstes, viel diskutiertes Problem. Dies hält jedoch den UN-Ausschuss für wsk-Rechte nicht davon ab, auch in Entwicklungsländern die Unterfinanzierung des Gesundheitswesens zu beanstanden. Hier geht es dann im Wesentlichen darum, dass ein angemessener Anteil des Staatshaushalts (und internationaler Hilfen) zur Überwindung der gravierenden Gesundheitsprobleme bereitgestellt und effektiv eingesetzt wird. „Ein Staat, der nicht willens ist, seine verfügbaren Ressourcen für die Verwirklichung des Rechts auf Gesundheit auszuschöpfen, verletzt seine Verpflichtungen gemäß Artikel 12", stellt der UN-Ausschuss für wsk-Rechte fest.[353] In diesem Sinne forderte auch die Afrikanische

351 E/C.12/BRA/CO/2, 12. Juni 2009, Ziff. 28.

352 http://en.handicapinternational.be/docs/Voices_from_the-Ground-report.pdf (Zugriff: 4. Januar 2012). Siehe auch die von *Handicap International* und *Aktionsbündnis landmine.de* herausgegebene Broschüre „Explosive Kriegshinterlassenschaften – Herausforderungen für die Opferhilfe. Eine Dokumentation der Konferenz vom 4. November 2009 in Berlin", München/Berlin.

353 CESCR E/C.12/2000/4, 11. August 2000, Ziff. 47.

Menschenrechtskommission gegenüber Gambia, selbst eingedenk des chronischen Ressourcenmangels konkrete und zielgerichtete Schritte einzuleiten und die verfügbaren Ressourcen dafür zu verwenden, das Recht auf Gesundheit, soweit wie möglich, umfänglich und diskriminierungsfrei umzusetzen. Im konkreten Fall beanstandete die Kommission, dass Gambias Gesetze keine spezielle Behandlungen für Menschen mit Behinderung vorsähen und wertete dies als Verstoß gegen die in der Banjul-Charta verankerten Rechte auf Gesundheit (Art. 16) und auf besondere Hilfsmaßnahmen für Menschen mit Behinderungen (Art. 18 Abs. 4).[354]

Der UN-Ausschuss für wsk-Rechte gibt wichtige Maßstäbe für staatliches Handeln an die Hand, wie die verfügbaren Ressourcen zu verwenden sind, indem er Kernverpflichtungen und Verpflichtungen vergleichbarer Priorität hinsichtlich der Umsetzung des Rechts auf Gesundheit benennt. Dies enthebt allerdings die politischen Entscheidungsträger nicht der Verantwortung, die Gesundheitspolitik eigenständig auszugestalten und an die Bedingungen vor Ort anzupassen. Ob sie ihre menschenrechtlichen Pflichten dabei vernachlässigen und das Recht auf Gesundheit verletzen, wäre dabei jeweils genau zu prüfen. Angesichts der Komplexität der Gesundheitsproblematik gerade in Entwicklungsländern reicht der reine Hinweis auf die schlechte Gesundheitslage der Bevölkerung als Beleg dafür nicht aus. Vielmehr muss konkret untersucht werden, was der Staat angesichts der Gesundheitsprobleme im Rahmen seiner Möglichkeiten unternimmt oder unterlässt.

5.6.4 Internationale Dimensionen

Die Umsetzung des Rechts auf Gesundheit innerhalb der jeweiligen Staaten wird – im Positiven wie im Negativen – stark international beeinflusst. Hierunter zählen zum einen vielfältigen Bemühungen, die Gesundheitsversorgung durch internationale Kooperation zu verbessern, etwa über technische und finanzielle Entwicklungszusammenarbeit und humanitäre Hilfe. Dazu gehören aber auch internationale Regeln und Politiken, etwa in Gestalt von Kreditauflagen oder Handels- und Patentregeln, welche die Nutzung des Rechts auf Gesundheit beeinträchtigen können.

In seinem Allgemeinen Kommentar zum Recht auf Gesundheit (2000) wies der UN-Ausschuss für wsk-Rechte entsprechende internationale Verpflichtungen aus. Demnach müssen die Vertragsstaaten das Recht auf Gesundheit in anderen Ländern achten und Dritte daran hindern, dieses Recht in anderen Ländern zu

354 *Purohit and Moore v. The Gambia,* Communication No. 241/2001, Sixteen Activity report 2002-2003, Annex VII.

verletzen; wann immer möglich und nötig, sollen sie das Recht fördern. Bei der Versorgung mit internationaler medizinischer Hilfe und der Versorgung sollen die am stärksten schutzbedürftigen und ausgegrenzten Gruppen der Bevölkerung vorrangig berücksichtigt werden.

Im Sinne eines *Do not harm*-Ansatzes problematisiert der Ausschuss beispielsweise Embargos, welche die Versorgung eines anderen Landes mit geeigneten Medikamenten und medizinischer Ausrüstung beeinträchtigten können. Ferner nimmt er die Staaten ausdrücklich in die Pflicht, beim Abschluss internationaler Abkommen und als Mitglieder internationaler Organisationen das Recht auf Gesundheit gebührend zu berücksichtigen. Im Fokus der öffentlichen Debatte stehen dabei nicht nur die vom Ausschuss als Beispiele genannten internationalen Finanzinstitutionen wie der Internationale Währungsfonds, die Weltbank oder regionale Entwicklungsbanken. Besondere Aufmerksamkeit erfährt auch die Welthandelsorganisation WTO. Deren *Agreement on Trade-Related Aspects of Intellectual Property Rights*, kurz TRIPS-Abkommen, verpflichtet grundsätzlich alle WTO-Mitgliedstaaten, Verfahren und Erzeugnispatente u.a. für pharmazeutische Produkte zu gewähren. Die Patentierungsregeln beeinträchtigten aber, so die Kritik, den Zugang zu teils lebensnotwendigen Medikamenten und damit das Menschenrecht auf Gesundheit. Besonders heftige Konflikte entzündeten sich an der Verfügbarkeit erschwinglicher HIV/AIDS-Medikamente.

Holger Hestermayer (2007) hat differenziert dargelegt: dass der Rechtsanspruch auf *„access to medicine"* Bestandteil der Menschenrechte auf Gesundheit und Leben ist; dass Patenrechtsregelungen, zu denen die WTO-Mitglieder (teils mit – inzwischen abgelaufenen – Übergangsfristen) verpflichtet sind, zu höheren Preisen für neue Medikamente führen; dass höhere Preise den (selbstredend auch von anderen Faktoren abhängigen) Zugang zu Medikamenten für ärmere Bevölkerungsteile gerade in Entwicklungsländern einschränken, mithin also einen Eingriff in das Menschenrecht darstellen; dass ein solcher Eingriff nicht hinreichend gerechtfertigt werden kann, auch nicht durch das Recht auf den Schutz der geistigen und materiellen Interessen von Urhebern wissenschaftlicher Werke (Art. 15 Abs. 1 lit. c, UN-Sozialpaktes), da dieses nicht auf juristische Personen Anwendung finde und die Patentrechte von Pharmaunternehmen nicht schütze.[355] Wenn Staaten den TRIPS-Verpflichtungen nachkommen (oder andere Staaten

355 Bereits der UN-Ausschuss für wsk-Rechte hat in seinem Allgemeinen Kommentar Nr. 17 zum Artikel 15 (1) c) des Sozialpaktes klargestellt, dass Patentrechte keine Menschenrechte sind (Abs. 3) und der Staat die Pflicht habe, die Menschen vor überhöhten Preisen für unentbehrliche Medikamente zu schützen (Abs. 35); E/C.12/GC/17, 12. Januar 2006. Vgl. auch Schneider (2006: 162 ff.).

dazu zwingen), entsprechende Patente zu gewähren, verletzen sie somit das Menschenrecht auf Gesundheit. Handelsrecht und Menschenrecht liegen hier im Konflikt. Oder in den Worten von Hestermeyer (2007: 197): *„‚Soft-enforced' Human Rights Meet ‚Hard-enforced' WTO"*. Angesichts der größeren *faktischen* Durchsetzungskraft des sanktionsbewehrten Handelsrechts bemüht sich der Autor Wege aufzuzeigen, wie der Zugang zu Arzneimitteln als Menschenrecht Eingang in das WTO-Recht finden kann, und zwar konkret bei der Interpretation der TRIPS-Abkommen (ebd.: 206 ff.).

Saskia Hörmann (2010) hingegen geht davon aus, dass sich die „Kollision zwischen dem in den TRIPS-Verpflichtungen konkretisierten Recht auf geistiges Eigentum und dem Menschenrecht auf Gesundheit auflösen lässt" und verweist auf die Möglichkeit von Zwangslizensen und Parallelimporten, ohne freilich deren praktischen Anwendungsprobleme zu thematisieren. Immerhin räumt sie ein, dass es zu internationalem Druck auf einzelne Staaten kommt, Patentrechte zu gewähren und Zwangslizensen und Parallelimporte zu unterlassen. Besonders hervor tun sich hierbei die USA, die nicht zuletzt in bilateralen Verträgen auf den Patentschutz pochen. So hat der UN-Ausschuss für wsk-Rechte beispielsweise Kolumbien empfohlen, eine Klausel zum intellektuellen Eigentum in dem Freihandelsabkommen mit den USA zu überprüfen, da diese zu Preiserhöhungen von Medikamenten führen könnte – zum Nachteil gerade der armen Bevölkerung, die ohnehin keine angemessene medizinische Versorgung in dem Land genieße.[356] Auch die EU drängt seit Jahren massiv auf Patentschutz. Der UN-Sonderberichterstatter zum Recht auf Gesundheit, Anand Grover, warnte zu Beginn des Jahres 2011 davor, dass das zu diesem Zeitpunkt verhandelte Freihandelsabkommen zwischen der EU und Indien die bisherigen patentrechtlichen Grundlagen der Generikaproduktion in Indien und damit den Zugang unzähliger Menschen weltweit zu lebensrettenden Medikamenten gefährde.[357] Auf eine Kleine Anfrage zum EU-Indien-Freihandelsabkommen im Bundestag antwortete die Bundesregierung diesbezüglich, sie teile die Auffassung der EU, dass das Freihandelsabkommen den Generikahandel Indiens mit Entwicklungsländern nicht behindern solle.[358] Anhand der Problematik erschwinglicher Medikamente lassen sich sowohl Schutzpflichten der Staaten und der internationalen Staatengemeinschaft aufzeigen als auch die menschenrechtliche Verantwortung transnationaler (Pharma-)Unternehmen, deren Preisgestaltung für Medikamente und Lizenzgebühren

---

356 E/C.12/COL/CO/5, 21. Mai 2010, Ziff. 10.

357 www.ohchr.org/EN/News Events/Pages/GenericMedicines.aspx (Zugriff: 27. Januar 2011).

358 BT-Drs. 17/4359, 3. Januar 2011, Ziff. 33.

in den jeweiligen Ländern mit darüber entscheiden, ob Kranke medikamentös versorgt werden.

Inwieweit darüber hinaus verbindliche extraterritoriale Gewährleistungspflichten zur Unterstützung anderer Staaten gegeben sind, ist umstritten. Zwar ist international weithin anerkannt, dass die Staaten eine menschenrechtliche Verantwortung haben, durch internationale Unterstützung und Zusammenarbeit auf die Umsetzung des Rechts auf Gesundheit gerade in solchen Ländern hinzuwirken, die nicht einmal ihre Kernverpflichtungen erfüllen können und um internationale Unterstützung bitten, doch wollen sich die Geberländer hierzu rechtlich nicht verpflichten lassen. Dabei sind gerade arme Staaten auf internationale Hilfe angewiesen, um eine Gesundheitsfürsorge und medizinische Behandlung allgemein verfügbar und zugänglich machen. Sofern entsprechende Unterstützungsleistungen – ob freiwillig oder als Ausdruck einer völkerrechtlichen Pflicht – gewährt werden, müssen zudem die Vergabe, die Durchführung und auch eine etwaige Einstellung solcher Hilfen menschenrechtskonform ausgestaltet sein und sollten nicht durch Maßnahmen in anderen Politikbereichen konterkariert werden. In diesem Sinne untersuchte Paul Hunt etwa, inwieweit die schwedische Politik gegenüber anderen Ländern einen kohärenten Menschenrechtsansatz im Bereich der Gesundheit verfolgte. Dabei wurde auch das Verhalten der schwedischen Vertreter in der Weltbank und im IWF beachtet (vgl. Bueno de Mesquita/Hunt/Khosla 2010: 117-124).

Abschließend seien noch auf weiterführende Vorschläge hingewiesen, so beispielsweise die Forderung nach einem Rahmenabkommen über Globale Gesundheit *(Global Agreement on National and Global Responsibilites for Health)* bei der WHO (Gostin et al. 2011). Vorgeschlagen wurde auch die Schaffung neuer internationaler Finanzierungsinstrumente, wie etwa eines solidarisch finanzierten „Internationalen Fonds für Gesundheit“ (ebd.) oder eines von Staaten eingerichteten und getragenen *„Health Impact Fund“* (Hollis/Pogge 2008, Pogge 2009). Letzterer soll Pharmaunternehmen belohnen, wenn diese Medikamente auf den Markt brächten, welche sich nachweislich positiv auf die weltweite Gesundheitslage auswirkten.

5.6.5 Die Verbundenheit mit anderen Menschenrechten

Das Recht auf Gesundheit ist *per definitionem* eng mit dem Rechten auf Leben verwoben und kann Kälin/Künzli (2008: 307 f.) zufolge als Bestandteil des Schutzes der menschlichen Existenz angesehen werden. Zugleich konkretisiert es die auf die Gesundheitsvorsorge bezogenen Aspekte des Rechts auf soziale Sicherheit. Indem das Recht auf Gesundheit zudem als ein umfassendes Recht (der UN-Ausschuss zu wsk-Rechten spricht von einem „inklusiven“ Recht) verstanden wird, das sich nicht nur auf die Gesundheitsversorgung, sondern auch auf die

Das Recht auf Gesundheit
Inhaltliche Komponenten: • Prinzipielle Verfügbarkeit angemessen ausgestatteter Gesundheitseinrichtungen und Dienstleistungen • Offener, diskriminierungs- und barrierefreier, bezahlbarer Zugang zur Gesundheitsversorgung und Gesundheitsinformationen • Medizinethische und kulturell angemessene Gesundheitsversorgung • Angemessene Qualität der Gesundheitsversorgung
Was muss der Staat tun oder unterlassen? (Auswahl) **Achtungspflichten:** • Verbot von gesundheitsschädlichen Eingriffen und Zwangsbehandlungen • Anerkennung des Zugangsrechts aller Menschen (inkl. Gefangene, Asylsuchende, Menschen ohne Papiere oder ohne Krankenversicherung etc.) zu medizinischer Versorgung • Keine diskriminierenden Gesetze, Anordnungen und staatlichen Maßnahmen im Gesundheitsbereich • Verbot des Zurückhaltens wichtiger Gesundheitsinformationen, z.B. im Hinblick auf Verhütung, Infektionsschutz und Seuchenprävention • Anerkennung der Notwendigkeit einer intakten Umwelt für die Gesundheit; Verbot gesundheitsschädlicher Umweltverschmutzungen durch staatliche Stellen • Anerkennung alternativer Heilmethoden und traditioneller Formen der Gesundheitsversorgung • Keine Instrumentalisierung der Gesundheitsversorgung als politisches oder wirtschaftliches Druckmittel **Schutzpflichten:** • Schutz vor Gesundheitsgefährdungen und -schädigungen durch Dritte • Regulierung und Kontrolle privater Gesundheitseinrichtungen und -dienstleistungen • Schutz vor Diskriminierungen im privaten Gesundheitsbereich • Gesundheitsschutz von Verbrauchern und Kontrolle kommerziell vertriebener Medikamente • Schutz vor gesundheitsgefährdenden Arbeitsbedingungen • Schutz vor häuslicher Gewalt • Schutz vor gesundheitsschädlichen kulturellen Praktiken (Genitalverstümmelung etc.) **Gewährleistungspflichten:** • Ausarbeitung/Umsetzung einer nationalen Gesundheitsstrategie • Bereitstellung notwendiger medizinischer Einrichtungen, Leistungen und Programme für die gesamte Bevölkerung, unter besonderer Berücksichtigung marginalisierter und besonders bedürftiger Gruppen • Programme zur umfassenden Gesundheitsversorgung: Prävention (Impfungen etc.), Behandlung (medizinische Maßnahmen etc.), Kontrolle (Überwachung ansteckender Krankheiten etc.) und Linderung (Schmerztherapien etc.) von Erkrankungen • Aufklärung und Information der Bevölkerung in gesundheitlichen und medizinischen Belangen • Aufbau einer medizinischen Infrastruktur für Epidemien und Katastrophenfälle • Bereitstellung notwendiger Ressourcen für die Ausübung traditioneller medizinischer Praktiken
Internationale Dimensionen (Auswahl): • Achtung des Rechts auf Gesundheit in den bilateralen und multilateralen Beziehungen • Keine Embargos, welche die Gesundheitsversorgung der Bevölkerung gefährden • Schutz vor Gesundheitsgefahren in anderen Ländern durch Dritte aus dem eigenen Land • Sicherstellung, dass internationale Rahmenbedingungen (Kreditvergaben, Handelsabkommen etc.) nicht das Recht auf Gesundheit verletzen • Bilaterale und multilaterale Förderung des Rechts auf Gesundheit • Internationale Nothilfen
Anmerkung: eigene Zusammenstellung, angelehnt an die Allgemeinen Kommentare des UN-Ausschusses für wsk-Rechte und weitere UN-Materialien

zugrunde liegenden Parameter der Gesundheit erstreckt, hängt es zudem untrennbar mit den Rechten auf Trinkwasser, Sanitärversorgung, angemessene Unterkunft und Nahrung zusammen. Der enge Bezug zum Recht auf Bildung wird beispielsweise in einem Urteil des kolumbianischen Verfassungsgerichts im Falle eines behinderten Mädchens deutlich, dessen Mutter sich ein Programm nicht leisten konnte, das notwendige medizinisch-therapeutische und pädagogische Maßnahmen verband. Das Gericht verpflichtete die staatlichen Stellen zum Handeln und berief sich auf den UN-Sozialpakt und die UN-Behindertenrechtskonvention.[359] Enge Bezüge weist das Recht auf Gesundheit auch zu den Rechten bei der Arbeit auf, sofern diese auf die Prävention und die Absicherung arbeitsbedingter Gesundheitsschäden abzielen und dem Mutterschutz dienen. In medizinischer Hinsicht geht das Recht auf Gesundheit auch mit dem Recht auf Teilhabe am wissenschaftlichen Fortschritt einher, das in Art. 15 Abs. 1 (b) des UN-Sozialpaktes verankert ist. Die Nutzung bürgerlich-politischer Rechte wiederum kann Voraussetzung dafür sein, dass gesundheit(srecht)liche Anliegen gesellschaftspolitisch artikuliert, eingefordert und durchgesetzt werden können.

5.7 Das Recht auf angemessene Unterkunft – mehr als ein Dach über dem Kopf

Das Recht auf angemessene Unterkunft

Die Vertragsstaaten erkennen das Recht eines jeden auf einen angemessenen Lebensstandard für sich und seine Familie an, einschließlich ausreichender Ernährung, Bekleidung und Unterbringung, sowie auf stetige Verbesserung der Lebensbedingungen. Die Vertragsstaaten unternehmen geeignete Schritte, um die Verwirklichung dieses Rechts zu gewährleisten, und erkennen zu diesem Zweck die entscheidende Bedeutung einer internationalen, auf freier Zustimmung beruhenden Zusammenarbeit an.

Quelle: UN-Sozialpakt, Art. 11 Abs. 1

Etwa zwei Milliarden Menschen verfügen weltweit über keine angemessene Unterkunft, leben vielfach unter lebens- oder gesundheitsbedrohlichen Bedingungen, in Armutsvierteln, informellen Siedlungen oder unter anderen menschenunwürdigen Verhältnissen. Jahr für Jahr werden zudem unzählige Menschen willkürlich und unter Zwang aus ihren Unterkünften vertrieben. Obdachlosigkeit und unzureichende Unterkünfte sind selbst in reichen Industrieländern ein Problem.

Zugleich ist das Recht eines jeden Menschen auf angemessene Unterkunft zwar nicht als eigenständiger Artikel, aber doch als Teil des Rechts auf angemessenen Lebensstandard fest in der Allgemeinen Erklärung der Menschenrechte und

359 Decision T-974/10. Writ for the protection of constitutional rights. *Piedad Cristina Peña.*

dem UN-Sozialpakt verankert. Das Recht auf Wohnen oder einzelne Aspekte des Rechts finden sich explizit auch in anderen globalen und regionalen Menschenrechtsabkommen, in ILO-Konventionen[360] sowie teilweise sogar im Humanitären Völkerrecht[361] und im Internationalen Strafrecht.[362] Auch etliche nationale Verfassungen beinhalten das Recht auf Wohnen oder weisen dem Staat zumindest die Verantwortung zu, angemessene Wohn- und Lebensverhältnisse sicherzustellen.[363] Als Beispiel sei der Art. 26 der südafrikanischen Verfassung von 1996 angeführt: „*(1) Everyone has the right to have access to adequate housing. (2) The State must take reasonable legislative and other measures, within its available resources, to achieve the progressive realization of this right. (3) No one may be evicted from their home, or have their home demolished, without an order of court made after considering all the relevant circumstances. No legislation may permit arbitrary evictions.*“[364]

Inhaltlich wird das Recht auf angemessene Unterkunft in den einschlägigen Menschenrechtsabkommen und -artikeln nicht näher bestimmt. Der UN-Ausschuss für wirtschaftliche, soziale und kulturelle Rechte widmete sich jedoch in seinem ersten Allgemeinen Kommentar zu einem besonderen Recht des Sozialpaktes eigens dem Recht auf Wohnen und stellte klar, dass dieses weit mehr bedeute als nur ein „Dach über dem Kopf zu haben“. Das Recht auf angemessene Unterkunft sei vielmehr als das Recht eines jeden anzusehen, in Sicherheit, Frieden und Würde zu leben.[365]

Obgleich die Angemessenheit der Unterkunft dabei von vielfältigen sozialen, wirtschaftlichen, kulturellen, klimatischen oder ökologischen Faktoren abhängt, die sich nach Ländern erheblich unterscheiden, lassen sich doch einige allgemeine Gesichtspunkte herausarbeiten, die es bei der Umsetzung des Rechts zu berücksichtigen gilt. Angelehnt an die – etwas anders systematisierten, teils aber auch redundanten – Ausführungen des UN-Ausschusses für wirtschaftliche, soziale und kulturelle Rechte und des entsprechenden *Fact-Sheet* des UN-Hochkommissariats für Menschenrechte[366], lassen sich die wesentlichen Aspekte des Rechts auf

360 ILO-Konventionen Nr. 110 (1958), Art. 88 Abs. 1; Nr. 117 (1962), Art. 5 Abs. 2; Nr. 161 (1985), Art. 5 (b); Nr. 169 (1989), Art. 14, 16 und 17.

361 IV. Genfer Abkommen zum Schutze von Zivilpersonen in Kriegszeiten (1949), Art. 49, 53, 85 und 134; Protokoll I (1977), Art. 69; Protokoll II (1977), Art. 17.

362 Statut des Internationalen Strafgerichtshofs (1998), Art. 8.

363 Siehe die Auflistung in: OHCHR/UN-Habitat (2009: 14).

364 Constitutional Assembly: The Constitution of the Republic of South Africa, 1996. Annotated version, 1997.

365 CESCR E/1992/23, 19. Dezember 1991.

366 CESCR E/1992/23, 13. Dezember 1991; CESCR E/1998/22/Anhang IV, 20. Mai 1997; OHCHR/UN-Habitat (2009).

angemessene Unterkunft folgendermaßen zusammenfassen; dabei spielen die Prinzipien der Verfügbarkeit, Sicherheit, Zugänglichkeit, Qualität und Angemessenheit wiederum eine wichtige Rolle:

Die *Verfügbarkeit von Wohnraum und notwendiger Infrastrukturen* bezieht sich darauf, dass hinreichend Wohnraum verfügbar ist. Die Menschen müssen das Recht, die Möglichkeit sowie die Ressourcen haben, eine angemessene Unterkunft zu errichten bzw. zu nutzen. Zugleich müssen die notwendigen Infrastrukturen für die Versorgung mit Strom, Wasser etc. vorhanden sein.

Schutz von Wohnraum: Ungeachtet der Form der Unterkunft und ihrer Nutzung soll allen Menschen der rechtliche und faktische Schutz vor staatlichen und privaten Eingriffen – etwa vor Häuserzerstörungen, Zwangsräumungen, Vertreibungen, Bedrohungen, Belästigungen oder auch vor willkürlichen Hausdurchsuchungen – gewährt werden. Der Schutz bezieht sich nicht nur auf Wohneigentum und Wohnraummiete, sondern auch auf Not- und Gemeinschaftsunterkünfte sowie auf informelle Siedlungen.

Offener, diskriminierungsfreier und bezahlbarer Zugang zu Wohnraum: Über das Recht auf Wohnsitzfreiheit hinaus muss der Zugang zu Wohnraum prinzipiell allen offen stehen und darf nicht bestimmten Gruppen vorenthalten werden. Dies gilt auch und gerade für benachteiligte und bedürftige Gruppen, denen bei der Bereitstellung von Unterkünften Priorität eingeräumt werden soll. Auch sollten im Sinne der Bezahlbarkeit die Wohnkosten nicht so hoch sein, dass die Erfüllung anderer Grundbedürfnisse gefährdet ist.

Angemessene Wohnqualität und Wohnlage: Der Wohnraum soll Mindestbedingungen an Bewohnbarkeit, Gesundheit und Sicherheit erfüllen. Dazu gehören der Schutz vor Hitze, Kälte, Feuchtigkeit und Regen, vor Konstruktionsfehlern, Gesundheitsgefahren und schädlichen Umwelteinflüssen. Zugleich ist der nachhaltige Zugang zu sauberem Trinkwasser, Energie zum Kochen, Heizen und Beleuchten, zu Sanitär- und Wascheinrichtungen, zur Lagerung von Nahrungsmitteln, zu Müllbeseitigung und zu Notdiensten wesentlich. Auch soll die Wohnlage den Zugang zu Beschäftigungsmöglichkeiten sowie zu Gesundheits-, Bildungs- und anderen sozialen Einrichtungen gestatten.

Kulturelle Angemessenheit des Wohnens: Die Entwicklung und die Modernisierung von Wohnbereichen sollen gewährleisten, dass die kulturell bedingte Vielfalt des Wohnens sowie die kulturelle Identität der dort lebenden Menschen erhalten bleiben.

Was muss der Staat nun im Lichte eines so verstandenen Rechts auf angemessene Unterkunft tun oder unterlassen?

5.7.1 Das Recht auf angemessene Unterkunft achten

Mit Blick auf die Achtungspflichten müssen die Staaten zunächst grundsätzlich das Zugangsrecht eines jeden auf eine sichere und menschenwürdige Unterkunft anerkennen. Ebenso ist der Staat angehalten, das Eigentum, den Besitz und die Nutzung des Wohnraums durch die jeweiligen Personen und Personengruppen zu respektieren. In nicht wenigen Ländern mangelt es jedoch bereits an transparenten, nicht-diskriminierenden und verlässlichen Normen, Verfahren und Institutionen, welche die Eigentums-, Besitz- und Nutzungsverhältnisse regeln und erfassen – und vor willkürlichem staatlichem (oder auch privatem; siehe Schutzpflichten) Zugriff schützen. Besonders gravierend ist das Problem in den informellen Armutsvierteln, die im Zuge von Landflucht und Verstädterung in den Metropolen, aber auch in den kleineren und mittelgroßen Städten der Entwicklungs- und Schwellenländer in den vergangenen Jahrzehnten rasch und unkontrolliert anwuchsen.

Menschenrechtlich hochproblematisch sind Zwangsumsiedlungen. Weltweit müssen unzählige Menschen Stadtentwicklungs- und Stadtsanierungsprogrammen, Baulanderschließungen, Grundstücksaufwertungen und Immobilienspekulationen weichen, vielfach auch Infrastrukturmaßnahmen, Bewässerungsprojekten, Landreformen oder Maßnahmen zur Rohstoff- oder Energiegewinnung, wie beispielsweise Staudämmen oder anderen Großprojekten im Namen der „Entwicklung" und des „Fortschritts". Nicht selten sind auch Räumungen im Vorfeld diplomatischer oder sportlicher Großereignisse. Mit geschätzten 1,5 Millionen vertriebenen Menschen bildeten die Olympischen Spiele 2008 *„the high-water mark for human rights abuses and forced evictions in the mega-event context"*, sind aber beileibe nicht das einzige Beispiel für solche Zwangsvertreibungen vor sportlichen Mega-Events.[367]

Das Recht auf angemessene Unterkunft verbietet nun zwar nicht *per se* angeordnete Räumungen und Umsiedlungen[368], es knüpft diese aber an strenge Auflagen. Dazu gehören: die ernsthafte Prüfung von Alternativen zur Räumung, seriöse Folgeabschätzungen, Risiko- und Schadensminimierungen, die Information, Konsultation und Mitwirkung der Betroffenen, eine rechtsstaatlich angemessene Durchführung der Räumung (Gerichtsbeschlüsse, Anwesenheit von Regierungsbeamten, angemessene Identifikation des Personals, Unterlassen von „Nacht-und-Nebel-Aktionen" etc.), die umgehende Bereitstellung angemesse-

367 Schriftliche Stellungnahme von *Human Rights Advocates: „Mega-events, urban development, and human rights: Preventing evictions and ensuring the right to adequate housing"*, A/HRC/19/NGO/21, 16. Februar 2012.

368 Vgl. auch OHCHR/UN-Habitat (2009: 7).

ner Alternativunterkünfte, etwaige Entschädigungen sowie der Zugang zu Rechtsmitteln. Eine offenkundige Verletzung der Achtungspflichten stellt demnach die weit verbreitete Praxis staatlicher Zwangsräumungen dar, bei denen die betroffenen Menschen gegen ihren Willen, möglicherweise sogar gewaltsam, vertrieben werden, ohne hinreichend konsultiert, informiert und entschädigt zu werden. Solchen Zwangsräumungen widmete der UN-Ausschuss für wsk-Rechte sogar einen eigenen, ergänzenden Kommentar.[369] Darin werden *forced evictions* definiert als andauernde oder vorübergehende, gegen den Willen der Betroffenen stattfindende Vertreibungen aus ihren Wohnungen oder von ihrem Land, ohne dass ein geeigneter rechtlicher oder anderer Schutz vorhanden ist oder Zugang zu ihm besteht. Der langjährige UN-Sonderberichterstatter zum Recht auf Wohnen, Miloon Kothari (2000-2008), entwickelte eigens *UN Basic Principles and Guidelines on Development-based Evictions and Displacement*, die der Menschenrechtsrat im Dezember 2007 annahm. Sie konkretisieren staatliche Pflichten vor, bei und nach etwaigen entwicklungsbedingten Räumungen und Umsiedlungen.[370]

Um rechtswidrige Räumungen zu identifizieren und Alternativen zu fördern, etwa die Aufwertung *(upgrading)* von Wohnvierteln oder ausgehandelte Umsiedlungen, gründete das UN-Programm „UN-Habitat" im Jahre 2004 eine *Advisory Group on Forced Evictions.* Deren Angaben zufolge kam es allein zwischen 2004 und 2007 in mindestens 60 Ländern zu Zwangsräumungen. Auch nicht-staatliche Menschenrechtsnetzwerke und -organisationen wie das *House and Land Rights Network*, der *Centre on Housing Rights and Evictions* oder inzwischen auch *Amnesty International* führen immer wieder Beispiele rechtswidriger Zwangsräumungen aus aller Welt an. Mitunter stießen die Proteste gegen großflächige Zwangsumsiedlungen und Zwangsvertreibungen auf große internationale Aufmerksamkeit, so etwa im Falle des Drei-Schluchten-Staudamms in China und im Vorfeld der Olympischen Spiele in Peking. Andere Proteste hingegen waren und sind weniger deutlich vernehmbar. Dazu gehören etwa jene gegen die zahlreichen indischen Staudammprojekte entlang der 1.300 km langen Narmada und ihrer Nebenflüsse in den Bundesstaaten Madhy Pradesh, Maharashtra und Gujarat[371] – oder auch die Kritik am Bau des Merowe-Staudamms am Nil im Nordsudan, dem größten Wasserkraftprojekt in Afrika: Dort wurden 4.700 Familien vertrie-

369 CESCR E/1998/22, Anhang IV, 20. Mai 1997.

370 Vgl. A/HRC/6/L.11/add.1, 19. Dezember 2007.

371 Vgl. Rathgeber (2008). In Deutschland haben sich an entsprechenden Protesten und Kampagnen u.a. die *Adivasi-Koordination Deutschland,* die *Andheri-Hilfe Bonn,* die *Aktionsgemeinschaft Solidarische Welt* und *FIAN Deutschland* beteiligt.

ben und infolge unangekündigter Überflutungen Ernten vernichtet, Nutztiere ertränkt und Besitztümer zerstört.[372]

Die UN-Kontrollorgane greifen die Kritik von NGOs an Zwangsvertreibungen vielfach auf. Dies gilt besonders für die beiden bisherigen UN-Sonderberichterstatter/innen zum Recht auf Wohnen. Aber auch der UN-Ausschuss für wsk-Rechte zeigte sich ernsthaft besorgt über Berichte von Zwangsumsiedlungen und -vertreibungen, so etwa im Falle Indiens und Kambodschas[373] oder auch der Philippinen, wo zwischen 1995 und 2008 über 1,2 Millionen Menschen von großangelegten Zwangsvertreibungen betroffen gewesen seien, die im Zuge von Stadterneuerungs- und Stadtverschönerungsprogrammen durchgeführt wurden.[374] Ebenso stellte die Afrikanische Menschenrechtskommission Verletzungen des (in der Banjul-Charta nicht verankerten) Rechts auf Wohnen im Rahmen von Vertreibungen fest.[375]

Vor widerrechtlichen Zwangsräumungen sind wohlgemerkt auch Bewohner informeller Armutsviertel zu schützen, die meist keine Mietverträge oder Bodenrechtstitel besitzen. Der Staat darf deren Unterkünfte nicht einfach zerstören und die Menschen der Obdachlosigkeit aussetzen, wie dies aber häufig geschieht. Tatsächlich sind Armutsviertel, in denen – laut Weltbevölkerungsbericht – weltweit über eine Milliarde Menschen leben, besonders betroffen von widerrechtlichen Zwangsräumungen. Die gewaltsame „Slumbeseitigung" *(slum clearing)* wurde in Entwicklungsländern, wo das Problem besonders ausgeprägt ist[376], zwar schon früher immer wieder praktiziert, doch in den vergangenen Jahren haben Anzahl und Ausmaß der Vertreibung einkommensschwacher Familien dramatisch zugenommen. Zwangsräumungen sind in vielen Ländern gängige Praxis der Stadtentwicklung, von den Philippinen und Thailand über Indien und Pakistan, Kenia und Nigeria bis nach Brasilien, Peru und in die USA (UN-Habitat 2005, 2007).

---

372 Vgl. die Informationen des *European Center for Constitutional and Human Rights* (ECCHR), der seine Strafanzeige gegen leitende Angestellte des privaten Ingenieurbüros eingereicht hat; www.ecchr.eu (letzter Zugriff: 5. März 2012).

373 E/C.12/IND/CO/5, Mai 2008; E/C.12/KHM/CO/1, 12. Juni 2009.

374 E/C.12/PHL/CO/4, 24. November 2008, Ziff. 30.

375 Nolan (2009: 238) führt hier die bereits zitierte Entscheidung im Falle *SERAC and CESR v. Nigeria* an.

376 Laut OHCHR/UN-Habitat (2009: 20 f.) leben rund 930 Millionen Menschen in Entwicklungsländern in „Slums" und machen dort etwa 42 Prozent der städtischen Bevölkerung aus. Besonders hoch ist der Anteil im subsaharischen Afrika und in Südasien, wo 72% bzw. 59% der städtischen Bevölkerung in Armutsvierteln leben.

Zwangsräumungen in Kambodscha

In Kambodscha wurden in den 2000er Jahren im großen Maßstab Familien aus ihren Unterkünften vertrieben.[377] So war der UN-Ausschuss für wirtschaftliche, soziale und kulturelle Menschenrechte im Jahre 2009 überaus besorgt angesichts von Berichten, denen zufolge seit dem Jahr 2000 über 100.000 Personen allein aus der Hauptstadt Phnom Penh vertrieben worden waren und weitere 150.000 Menschen landesweit von Zwangsräumungen bedroht seien.[378] Im Kontext öffentlicher Bauarbeiten, Projekten der Stadtentwicklung, Landspekulationen oder Konzessionsvergaben an private Unternehmen wurden und werden dort Menschen vertrieben, die aus Behördensicht „illegal" auf den Grundstücken leben oder deren Rechtsansprüche bestritten oder ignoriert werden. Die Art und Weise der Räumungen verstieß dabei gegen menschenrechtliche Standards: Die Zwangsräumungen erfolgten meist kurzfristig, ohne ausreichende Information und Konsultation der betroffenen Menschen – und häufig gewaltsam: „Staatliche, manchmal auch private, Sicherheitskräfte kommen mitten in der Nacht und sperren das Gelände weiträumig ab. Anschließend reißen Arbeiter und Bulldozer alle Hütten und Häuser nieder. Die Menschen haben oft keine Möglichkeit, ihre persönlichen Dinge zu retten" (Amnesty International 2009: 10). Immer wieder wurden dabei Menschen verletzt. Betroffen waren und sind meist Familien in informellen Siedlungen im Stadtzentrum. Soweit diese anderweitig angesiedelt wurden, handelt es sich häufig um stadtfernes Brachland, wo es nicht nur an grundlegenden Infrastrukturen (Wasser, Strom etc.), sondern auch an Arbeits- und Verdienstmöglichkeiten mangelt. Proteste durch Betroffene, Journalisten, Anwälte und Menschenrechtler wurden vielfach ignoriert oder zu unterdrücken versucht. Die Menschenrechtsorganisation COHRE entwickelte mit ihren Partnern eigens ein *„Cambodian Guide to Defending Land and Housing Rights"* (2009), um Aktivisten vor Ort zu schulen.

Auch in Europa ist das Problem vorhanden. Ein Beispiel sind die Zwangsräumungen und Vertreibungen von Roma aus informellen städtischen Siedlungen etwa in Rumänien, Serbien, der Slowakei, der Tschechischen Republik und Ungarn oder auch in Italien und Frankreich, um nur einige Beispiele zu nennen.[379] Ein vergleichender Bericht der Europäischen Grundrechteagentur mit dem Titel *„Housing conditions of Roma and Travellers in the European Union"* zeigt nicht nur, dass Roma in Europa beim Zugang zum Wohnungsmarkt diskriminiert werden und nicht selten unter inakzeptablen Wohnverhältnissen leben, sondern kritisiert auch die Zwangsvertreibungen von Roma aus vielen Kommunen Europas (FRA 2009b). Mit entsprechenden Kollektivbeschwerden, etwa gegenüber Grie-

---

377 Siehe auch die gemeinsame Eingabe mehrerer Menschenrechtsorganisationen im Rahmen des Allgemeinen Überprüfungsverfahrens (UPR) im UN-Menschenrechtsrat zu Kambodscha: A/HRC/WG.6/6/KHM/3, 9. September 2009, Ziff. 48-49. Zum Hintergrund der Landbesitz- und Wohnproblematik in Kambodscha: Amnesty International (2008a, 2008b), COHRE (2008), Grimsditch/Henderson (2009).

378 E/C.12/KHM/CO/1, 12. Juni 2009, Ziff. 30.

379 Vgl. OHCHR Regional Office for Europe (2011: 38 f.), Nolan (2011) sowie die Schwerpunktausgabe von *Amnesty Journal*, 10-11/2010, zur Diskriminierung von Roma in Europa.

chenland und Italien, befasste sich bereits der Europäische Sozialrechtsausschuss.[380]

Ein besonderes Problem stellen staatliche Massenvertreibungen im Rahmen gewaltsamer politischer Konflikte dar. Unter dem Motto *Murambatsvina* („Abfallbeseitigung") ließ beispielsweise der Diktator Mugabe in Zimbabwe im Jahre 2005 ganze Armutsviertel abreißen, in denen er bei den Wahlen desselben Jahres zu wenig Unterstützung gefunden hatte. Hunderttausende Menschen mussten ihre Wohn- und Lebensräume verlassen. Zuvor hatte das menschenrechtsverachtende Regime bereits flächendeckend Farmer vertrieben, die Wahlen gefälscht und Oppositionsanhänger verfolgt und ermordet (vgl. Morgenstern 2006). Offenkundig ist zudem, dass die vielen Millionen Flüchtlinge und Binnenvertriebenen in Staaten mit langjährigen gewaltsamen Konflikten, wie Kolumbien oder dem Sudan[381], neben anderen Menschenrechten auch in ihrem Recht auf Wohnen verletzt wurden. Angesichts des Ausmaßes der dortigen Menschenrechtsverbrechen sind die zwei Beschwerden, welche die Afrikanische Menschenrechtskommission im Falle von Zwangsvertreibungen in Darfur (Sudan) annahm, zwar eher Ausdruck der Hilflosigkeit, immerhin aber stellte ein afrikanisches Menschenrechtsorgan dort „offiziell" massive Verletzungen des Rechts auf Wohnen und vieler anderer Menschenrechte fest.[382] Anders gelagert, aber ebenfalls Teil eines gewaltsamen Konflikts sind die Häuserzerstörungen und Landkonfiszierungen durch das israelische Militär in den besetzten palästinensischen Gebieten, die unter dem Eindruck von Terroranschlägen als Teil kollektiver Bestrafungsmaßnahmen[383] oder militärischer Operationen[384] durchgeführt wurden. Umgekehrt

380 *European Roma Rights Centre v. Greece,* Kollektivbeschwerde Nr. 15/2003, Urteil vom 8. Dezember 2004; *COHRE v. Italy,* Kollektivbeschwerde Nr. 58/2009, Urteil vom 6. Juli 2010.

381 Vgl. Internal Displacement Monitoring Centre/Norwegian Refugee Council (2009).

382 African Commission on Human and Peoples' Rights, Mitteilung Nr. 279/03 (Sudan Human Rights Organisations v. The Sudan), Mitteilung Nr. 296/05 *(Centre on Housing Rights and Evictions v. The Sudan),* 29. Juli 2010.

383 Solche *punitive demolitions* wurden vor allem bis 2005 durchgeführt, am stärksten in den Jahren 1988 bis 1990 und 2002 bis 2004; vgl. www.icahd.org (letzter Zugriff: 16. März 2012).

384 Allein im Jahr 2009 sollen bei der *Operation Cast Lead* 4.247 Häuser im Gaza-Streifen zerstört worden sein. Vgl. die Angaben des *Israeli Committee Against House Demolitions* (ICAHD), das die Zahl der Häuserzerstörungen zwischen 1967 und 2010 auf insgesamt 24.813 veranschlagt und diese nach Jahren und Typen *(punitive demolitions, administrative demolitions, land-clearing/military demolitions, undefinied demolitions)* aufschlüsselt. Entsprechende Statistiken sind abrufbar unter: www.icahd.org (letzter Zugriff: 16. März 2012).

verletzen auch die von palästinensischen Autoritäten geduldeten, wenn nicht gar unterstützten Raketenangriffe auf jüdische Wohnsiedlungen neben anderen Menschenrechten das Recht auf Wohnen.

Weniger offensichtliche, aber mancherorts alltägliche Verletzungen der Achtungspflichten stellen diskriminierende Gesetze, Verordnungen, Politiken und bürokratische Maßnahmen dar, in deren Folge bestimmten Bevölkerungsgruppen der Zugang zu angemessenem Wohnraum, Dienstleistungen oder Unterstützungsleistungen verwehrt oder erschwert wird. Hier stehen beispielsweise rechtliche Normen und staatliche Praktiken auf dem Prüfstand, die Frauen, indigene Bevölkerungsgruppen, Minderheiten, Menschen mit Behinderungen, Immigranten, Binnenvertriebene oder Flüchtlinge direkt oder indirekt benachteiligen. Im reichen Emirat Kuwait beispielsweise, so kritisierte *Human Rights Watch* im Vorfeld des *Universal Periodic Review*-Verfahrens des UN-Menschenrechtsrates, erhalten nur kuwaitische Männer, nicht aber Frauen die großzügigen Zuschüsse und Kredite zum Wohnungsbau.[385] Strukturell diskriminierend können staatliche Politiken auch in sozio-ökonomischer Hinsicht wirken: So kritisierte das *Housing and Land Rights Network* (2009) am Welttag des Wohnens die Segregation städtischer Wohnviertel und die Entstehung von *„apartheid cities"*.

Allerdings unterscheidet sich dieses Phänomen doch erheblich von der territorialen Apartheid, wie sie ehedem im Rahmen der menschenrechtsverachtenden südafrikanischen „Rassentrennungspolitik" vorangetrieben wurde: also der Schaffung „schwarzer" *Homelands* und rassistisch getrennter städtischer Wohngebiete (*Group Areas Act*). Hier wurde – neben vielen anderen Menschenrechten – auch das Recht auf angemessene Unterkunft massiv verletzt. So stellte die südafrikanische Wahrheits- und Versöhnungskommission (deren Mandat sich eigentlich auf andere Rechtsverletzungen bezog) fest: *„Under apartheid, millions of people were deprived of the most basic rights. Through a huge body of laws, black people were shunted out of areas reserved for whites; evicted from their homes; forced out of the cities into shanties, homelands and … ‚dumping grounds', where there was neither water, nor shelter nor a living to be made"* (TRC 1998: 60).

5.7.2 Das Recht auf angemessene Unterkunft schützen

Gemäß ihren Schutzpflichten müssen staatliche Organe – von der Regierung und dem Gesetzgeber bis hin zu Strafverfolgungsbehörden und Gerichten – sicherstellen, dass die Menschen bei der Ausübung ihres Rechts auf Wohnen vor Eingriffen durch Dritte geschützt werden. Dies umfasst nicht zuletzt den Schutz vor willkürlichen Vertreibungen, Zwangsräumungen und Störungen durch nicht-staatliche

385 A/HRC/WG.6/8/KWT/3, 28 Januar 2010, Ziff. 11.

Akteure. Beispielsweise darf der Staat nicht dulden, dass Immobilienspekulanten, Großgrundbesitzer oder Wirtschaftsunternehmen Menschen widerrechtlich aus ihren Unterkünften vertreiben, wie dies gerade in Entwicklungsländern häufig geschieht. Viele der bereits genannten Zwangsräumungen gehen aber auf das gemeinsame Betreiben privater und staatlicher Akteure zurück. Stattdessen müsste der Staat effektive Maßnahmen ergreifen, um entsprechende Eigentums-, Besitz- und Nutzungsrechte der Menschen gegenüber Dritten zu schützen.

Hierbei ist besonders darauf zu achten, dass auch die Rechtsansprüche von Frauen nicht negiert und diese nicht an der Ausübung ihres Rechts auf angemessene Unterkunft gehindert werden. „*For women, security of tenure is too often tenuous and secondary because it is assumed to be achieved through their relationship with a male – be it their husband, father, brother, or son … For many women, once the relationship with a male family member is severed through death or divorce, they are immediately vulnerable to being forced out of their homes*“.[386] In etlichen Ländern Afrikas und des Nahen Ostens wird beispielsweise Frauen die Möglichkeit verwehrt, Land und Wohnraum zu erben oder eigenständig zu (ver)kaufen oder zu nutzen. Nicht nur das geschriebene Recht, sondern auch das Gewohnheitsrecht (*customary law*) und traditionelle Gebräuche können menschenrechtliche Probleme aufwerfen. Inzwischen haben verschiedene nationale Gerichte, teils unter Hinweis auf internationale Menschenrechtsabkommen, den diesbezüglichen Rechtsschutz von Frauen gestärkt – so etwa das Oberste Gericht Kenias im Fall *Ntutu*.[387] Auch der UN-Ausschuss für wsk-Rechte greift das Problem im Rahmen des Staatenberichtsverfahrens auf, beispielsweise gegenüber Madagaskar.[388] Weiterhin muss der Staat energisch gegen häusliche Gewalt vorgehen; aus Sicht des Rechts auf Wohnen ist sie eine der wesentlichen Gründe für die Obdachlosigkeit von Frauen und Kindern, wenn kein hinreichender rechtlicher und faktischer Schutz durch den Staat gewährleistet wird.[389] Laut Rolnik sind in den vergangenen Jahren zahlreiche internationale und nationale Maßnahmen zum Schutz von Frauen ergriffen worden.[390]

Ebenso ist der Schutz vor Benachteiligung aufgrund der ethnischen Herkunft, von Behinderungen oder anderen, einander oft überlappenden Diskriminierungsmerkmalen von großer Bedeutung. UN-Berichte zeigen beispielsweise, wie

386 A/HRC/19/53, 26. Dezember 2011, Ziff. 32.

387 Ebd., Ziff. 26, bezugnehmend auf: High Court of Kenya, Sucession Cause 1263 (2000), Urteil vom 19. November 2008.

388 E/C.12/MDG/CO/2, 16. Dezember 2009, Ziff. 17.

389 Vgl. bereits den Bericht des Sonderberichterstatters Kothari (E/CN.4/2005/43) sowie OHCHR/UN-Habitat (2009).

390 A/HRC/19/53, 26. Dezember 2011, Ziff. 21.

indigene Bevölkerungsgruppen weltweit im Bereich des Wohnens diskriminiert oder gar vertrieben werden.[391] In Europa betrifft das Problem, wie bereits erwähnt wurde, gerade Sinti und Roma. Darüber hinaus belegen Berichte der Europäischen Grundrechteagentur, dass Menschen ausländischer Herkunft auf dem privaten Wohnungsmarkt in Europa teils offen, teils verdeckt diskriminiert werden (FRA 2010: 59 ff.). In diesem Sinne ist die Verabschiedung der verschiedenen Antidiskriminierungs-Richtlinien der Europäischen Union zu begrüßen, die in Deutschland in Gestalt des Allgemeinen Gleichbehandlungsgesetzes (AGG) von 2006 umgesetzt wurden. Auf dessen Grundlage wurden bereits Schadensersatzforderungen geltend gemacht, weil Wohnungssuchende aufgrund der Hautfarbe diskriminiert wurden – so etwa durch das OLG Köln (Urteil vom 19. Januar 2010 – 24 U/51/09) im Falle eines afrikanischen Paares dem die Wohnungsbesichtigung mit dem Hinweis verweigert wurde, die Wohnung werde nicht an „Neger" vermietet. Dass AGG umfasst über die ursprünglichen EU-Vorgaben hinaus im Zivilrecht dabei nicht nur ein Diskriminierungsverbot wegen der „Rasse", der Herkunft und des Geschlechts, sondern auch aus Gründen der Religion, einer Behinderung, des Alters und der sexuellen Identität.

Allerdings beanstandete der UN-Antirassismus-Ausschuss gegenüber Deutschland, dass das AGG eine unterschiedliche Behandlung im Hinblick auf die Schaffung und Erhaltung „sozial stabiler Wohnstrukturen und ausgewogener Siedlungsstrukturen sowie ausgeglichener wirtschaftlicher, sozialer und kultureller Verhältnisse" zulasse.[392] In seiner „Allgemeinen Empfehlung" Nr. 30 forderte er allgemein die Staaten auf, sicherzustellen, dass Bürger wie Nicht-Bürger gleichermaßen das Recht auf angemessene Unterkunft genießen, indem vor allem auf getrennte Wohnbezirke verzichtet wird und diskriminierende Praktiken auch auf dem privaten Wohnungsmarkt unterbunden werden. Im Kontext der Bemühungen Dänemarks, eine „Ghettoisierung" von Wohngebieten per Gesetz zu unterbinden, gab der UN-Antirassismus-Ausschuss jedoch zu bedenken, dass dadurch nicht die Rechte auf Freizügigkeit und kulturelle Teilnahme verletzt werden dürften.[393]

---

391 United Nations Housing Rights Programme (2005), UN-Habitat (2009); siehe auch Engbruch (2008: 219 f.).

392 OHCHR Regional Office for Europe (2011: 39). Die damalige Bundesregierung sah hingegen in „sozial stabilen Bewohnerstrukturen" und „ausgewogenen Siedlungsstrukturen" wichtige Voraussetzungen für ein diskriminierungsfreies Zusammenleben verschiedener Kulturen; vgl. die Antwort der Bundesregierung vom 1. Oktober 2008 (BT-Drs. 16/10450) auf eine Kleine Anfrage im Bundestag.

393 OHCHR Regional Office for Europe (2011: 39).

Weiterhin ist der Staat gefordert, Mietwucher sowie wüste Spekulationen mit Land und Wohnraum zu unterbinden, die dazu führen können, dass gerade arme oder benachteiligte Menschen ihr Zuhause verlieren. Der Rückzug des Staates aus dem inzwischen weithin privatisierten Wohnungsbereich und die zunehmende Nutzung von Bauland und Immobilien als Spekulationsobjekt bergen, gerade im Rahmen eines globalisierten Finanzmarktes, weit reichende Gefahren für das Recht auf Wohnen.[394] Dies gilt verstärkt für Länder wie Spanien, wo eine durch großzügige Bankkredite aufgeblähte Immobilienblase platzte und viele Menschen ihr kreditfinanziertes Wohneigentum den Banken überlassen mussten, ohne damit ihre Schulden tilgen zu können (vgl. Sáncez Dionis 2012: 4, 9). Gegen die kommerzielle Verwertung von Wohnraum auf Kosten der dort lebenden Menschen und die krisenbedingte Enteignung kreditfinanzierten Wohneigentums nach Maßgabe der Banken haben sich bezeichnenderweise in etlichen Ländern soziale Protestbewegungen gebildet, die sich teilweise auf das Recht auf Wohnen berufen.[395] Welches konkrete Rechtsverständnis den Protesten und Kampagnen jeweils zugrunde liegt, wäre im Einzelfall zu prüfen; möglicherweise wird der menschenrechtliche Bezug hier gelegentlich überstrapaziert. Gewiss ist aber, dass der Staat bei einem zusehends privatisierten Wohnungsmarkt die Pflicht hat, über entsprechende Regeln sicherzustellen, dass die allgemeine Verfügbarkeit, der offene, diskriminierungsfreie und bezahlbare Zugang sowie eine angemessene Qualität und die kulturelle Annehmbarkeit des Wohnraums gegeben sind und bleiben, und zwar auch in Bezug auf die damit verbundenen Finanz- und Dienstleistungen (Kredite, Strom, Wasser etc.). Weiterhin fällt der Schutz vor gesundheitsgefährdenden Wohnbedingungen unter die vom Staat einzulösenden Schutzpflichten.

5.7.3 Das Recht auf angemessene Unterkunft gewährleisten

Die Gewährleistungspflichten verpflichten den Staat nicht etwa für alle Menschen Häuser zu bauen oder kostenlose Unterkünfte bereit zu stellen.[396] Doch sind die Regierungen angehalten, nationale Programme zu entwickeln, um im Rahmen ihrer Möglichkeiten die Verfügbarkeit angemessenen Wohnraums sicherzustellen und die prekäre Wohnsituation gerade bedürftiger und benachtei-

394 Vgl. hier etwa den Bericht von Rolnik: A/HRC/10/7, 4. Februar 2009.

395 Um nur ein Beispiel zu nennen: Die Bürgerinitiative „Wohnen ist Menschenrecht" engagierte sich bei einem Bürgerentscheid in Freiburg (12. November 2006) erfolgreich gegen die Privatisierung von städtischen Wohnungen; vgl. Klus et al. (2007). Auch die Indignados-Bewegung in Spanien setzt sich implizit für Menschenrechte ein (vgl. Sánchez Dionis 2012: 15 ff.).

396 Vgl. auch OHCHR/UN-Habitat (2009: 6).

ligter Menschen zu verbessern. Frauen, Kinder, Alte, Menschen mit Behinderungen, unheilbar oder chronisch Kranke, Betroffene von Naturkatastrophen und andere gefährdete Personen sollen besondere Berücksichtigung beim Zugang zu einer angemessenen Unterkunft erfahren. Ressourcenknappheit kann dabei nicht als Entschuldigung dienen, untätig zu bleiben. Auch und gerade in wirtschaftlich prekären Situationen ist eine menschenrechtskonforme staatliche Wohnungspolitik nötig und möglich. Wichtig ist hierbei, dass eine gründliche Bestandsaufnahme der Wohnsituation aller Bevölkerungsgruppen erstellt wird, gemeinsam mit den Betroffenen konkrete Pläne zur Überwindung der Wohnnotlagen erarbeitet werden und letztlich auch ein angemessener Anteil des Staatshaushalts (und internationaler Hilfen) für geeignete Fördermaßnahmen zielgerichtet ausgegeben wird. Wenn in Staaten wie beispielsweise Algerien, die an akuter Wohnungsnot leiden, im Staatshaushalt (2010) vierzigmal mehr Mittel für die Verteidigungs- als für die Wohnungspolitik eingestellt sind, dann lässt sich dies menschenrechtlich durchaus kritisieren – zumal dort viele Binnenvertriebene aus den Jahren 1992 bis 2002 noch immer unter erbärmlichen Bedingungen hausen.[397]

Je nach Land können Förderprogramme beispielsweise Maßnahmen des sozialen Wohnungsbaus, zinsgünstige Kredite, Bauzuschüsse oder auch die Verbesserung der Wohnbedingungen in Armutsvierteln *(„slum up-grading“)* sein, sofern diese nicht kontraproduktiv sind und arme Menschen zum Verlassen ihrer Unterkünfte zwingen. So forderte *Amnesty International* im Rahmen ihrer Kampagne „Mit Menschenrechten gegen Armut“ die Regierungen auf, sicher zu stellen, „dass Slumbewohner in gleicher Weise Zugang zu Wasser, sanitärer Grundversorgung, zu Gesundheitsdiensten, Wohnraum, Bildung und einer rechtsstaatlich arbeitenden Polizei haben wie andere Bürger“ (Amnesty International 2009a: 10). Außerdem müssten die Bewohner von Armutsvierteln an der Planung von Stadtentwicklungs- und Wohnbauprojekten beteiligt werden, die der Verbesserung der Lebensverhältnisse in den „Slums“ dienen sollten. Die weithin praktizierte Praxis des Ignorierens informeller Siedlungen und der Rechtsansprüche der dort lebenden Menschen durch die staatliche Politik ist menschenrechtlich ebenso wenig hinnehmbar wie willkürliche Zwangsräumungen.

Im Ernstfall müssen die Staaten für die Unterbringung bedürftiger oder in Not geratener Personen eigens sorgen. Generell soll eine Unterkunft auch dann gewährleistet sein, wenn die individuellen finanziellen Mittel für den Erwerb oder Unterhalt nicht ausreichen. Die Vermeidung und Bekämpfung von *homelessness* ist menschenrechtlich von großer Bedeutung, zumal mit Obdachlosigkeit, auch

397 So auch die Kritik des UN-Ausschuss für wsk-Rechte; vgl. E/C.12/DZA/CO/4, 21. Mai 2010, Ziff. 18-19.

und gerade in Industriestaaten, eine massive soziale Ausgrenzung einhergeht. „*UN-Habitat underlines in this respect that homelessness implies belonging nowhere rather than simply having nowhere to sleep*".[398] Die UN-Sonderberichterstatter/innen haben daher immer wieder auf die Wohnprobleme auch in entwickelten Industriestaaten hingewiesen. So hob Raquel Rolnik bei ihrer *fact-finding mission*, die sie 2009 in die USA führte, nicht zuletzt das Problem der dortigen Obdachlosigkeit hervor, das durch die Wirtschaftskrise zusätzlich verschärft worden war.[399] Im Falle des wirtschaftlich prosperierenden Südkoreas wiederum beanstandete der UN-Ausschuss für wsk-Rechte, dass die Regierung keinerlei Strategie habe, das Problem der Obdachlosigkeit anzugehen.[400] Selbst in europäischen Ländern zeigte sich der UN-Ausschuss über das Problem der Obdachlosigkeit und das Fehlen von Sozialwohnungen besorgt.[401]

Wichtig sind weiterhin menschenrechtsorientierte Maßnahmen des staatlichen Katastrophenschutzes und der Katastrophenhilfe wie der Bau provisorischer Unterkünfte und der Wiederaufbau zerstörter Häuser und Infrastrukturen. Alljährliche Naturkatastrophen verdeutlichen die Notwendigkeit solcher Hilfen. Das verheerende Erdbeben zu Beginn des Jahres 2010 in Haiti und die weitflächigen Überschwemmungen in Pakistan einige Monate später reihten sich in die vielen Naturkatastrophen der Vorjahre ein. Allein 2008 sollen rund 36 Millionen Menschen ihre Unterkünfte aufgrund von Wirbelstürmen, Flutwellen, Überschwemmungen, Dürren, Erdbeben, Erdrutschen etc. verloren haben.[402] Aufgrund der Auswirkungen des Klimawandels werden solche Probleme und damit die Notwendigkeit nationalen und internationalen Handelns noch mehr an Bedeutung gewinnen. Die UN-Sonderberichterstatterin Raquel Rolnik besuchte bezeichnenderweise gleich zu Beginn ihrer Amtszeit die Malediven[403] und nahm sich in späteren Berichten[404] allgemein der Folgen von Naturkatastrophen an, von denen informelle Siedlungen und arme Länder am stärksten betroffen und zugleich am wenigsten geschützt sind. Dabei ist sicherzustellen, dass nicht nur die Nothilfe, sondern auch der Wiederaufbau menschenrechtlichen Standards genügt. Unter dem Titel „*Right to Housing Recovery After Natural Resources*" widme-

398 OHCHR/UN-Habitat (2009: 22).

399 A/HRC/13/20/Add.4, 12. Februar 2010, Ziff. 50-58.

400 E/C.12/KOR/3, 17. Dezember 2009, Ziff. 27.

401 Beispielsweise in Litauen (E/C.12/1/Add. 96, 7. Juni 2004, Ziff. 24-25), Spanien (E/C.12/1/Add. 99, 7. Juni 2004, Ziff. 20-21) und Frankreich (E/C.12/FRAU/CO/3, 28. April – 16. Mai 2008, Ziff. 25, 23).

402 Vgl. Housing and Land Rights Network (2009: 3).

403 A/HRC/13/20/Add.3, 11. Januar 2010.

404 A/66/270, 5. August 2011; A/HRC/16/42, 20. Dezember 2010.

te sich Charles W. Gould (2009) ausführlich dieser aus seiner Sicht vernachlässigten Problematik. Sofern dabei Umsiedlungen unumgänglich sind, sind diese menschenrechtskonform durchzuführen und steht der Staat in der Pflicht, sichere Siedlungsplätze und angemessene Unterbringungsmöglichkeiten zur Verfügung zu stellen – oder darauf hinzuwirken, dass dies durch Dritte geschieht. Das Recht auf angemessene Unterkunft kann Regierungshandeln gegebenenfalls auch gegen konkurrierende Rechtsansprüche schützen. Bedeutsam ist hier das *Kylami Ridge*-Urteil (2001) in Südafrika; Anwohner klagten dort gegen die staatliche Errichtung von Notunterkünften nach Überschwemmungen. Das zuständige Gericht legte das in der Verfassung garantierte Recht auf Zugang zu angemessenem Wohnen folgendermaßen aus:

„*The fact that property values may be affected by low cost housing development on neighbouring land is a factor that is relevant to housing policies of government and to the way in which government discharges its duty to provide everyone with access to housing. But it is only a factor and cannot in the circumstances of the present case stand in the way of the constitutional obligation that government has to address the needs of homeless people, and its decision to use its own property for that purpose*" (zitiert nach Berger 2008: 49).

Nicht minder groß sind die Probleme in (Post-)Konfliktstaaten, aus denen das Gros der schätzungsweise 27,5 Millionen Binnenvertriebenen, 15,4 Millionen Flüchtlinge und der fast 850.000 registrierten Asylsuchenden stammt (vgl. UNHCR 2011). Die rechtlich unverbindlichen „*Guiding Principles on Internal Displacement*" der Vereinten Nationen von 1998 definieren diesbezüglich Mindestnormen für den Umgang mit Binnenvertriebenen und appellieren an die staatliche Verantwortung, diesen sicheren Zugang zu „*basic shelter and housing*" zu gewährleisten.[405] Die 2005 verabschiedeten, ebenfalls rechtlich unverbindlichen *Principles of Housing and Property Restitution for Refugees and Displaced Persons* („Pinheiro Prinzipien") fordern die Staaten und die internationale Staatengemeinschaft zudem auf, die Wohn-, Land- und Eigentumsverhältnisse von Flüchtlingen und Vertriebenen wiederherzustellen.[406] Etliche Instrumente des internationalen Flüchtlingsschutzes gehen schließlich auf die Unterbringung von Flüchtlingen im Ausland ein (vgl. Goodwin-Gill/McAdam 2007).

---

405 www.idpguidingprinciples.org (letzter Zugriff: 17. März 2012). Dort findet sich auch eine eigene Datenbank zur Thematik.

406 Zur (schwierigen) Umsetzung der Pinheiro-Prinzipien siehe u.a. den Abschlussbericht von Paulo Sérgio Pinheiro (E/CN.4/Sub.2/2005/17), das *Handbook on Housing and Property Restitution for Refugees and Displaced Persons* (FAO et al. 2007) sowie Leckie/Huggins (2011).

Auch das EU-Asylrecht befasst sich mit Modalitäten der Unterbringung von Flüchtlingen und Asylsuchenden. Dabei bestehen in der EU jedoch mitunter unhaltbare Zustände für die Betroffenen. Im Falle Griechenlands waren in den vergangenen Jahren die Missstände so schwerwiegend, dass Rücküberstellungen (auf Grundlage von Dublin II) selbst wieder als eine Menschenrechtsverletzung erachtet wurden: So erhielt ein afghanischer Asylsuchender, der von Belgien nach Griechenland zurück überstellt wurde und gegen die menschenunwürdigen Zustände in dortigen Aufnahmelagern klagte, vor dem EGMR Recht – wegen der Verletzung des Art. 3 der EMRK.[407] Später stellte auch der EuGH in einem Urteil klar, dass ein Asylsuchender nicht an einen Mitgliedsstaat überstellt werden dürfe, in dem er Gefahr laufe, unmenschlich behandelt zu werden.[408] Auch in Deutschland haben bereits verschiedene Verwaltungsgerichte und das Bundesverfassungsgericht Überstellungen von Asylsuchenden nach Griechenland ausgesetzt (vgl. Pelzer 2011: 155). Zugleich hat Deutschland die Pflicht, eine menschliche Behandlung von Flüchtlingen und Asylsuchenden hierzulande sicherzustellen, einschließlich der Bereitstellung menschenwürdiger Unterkünfte. Für einen reichen Staat wie Deutschland sind aber so manche Zustände in Asylbewerberunterkünften, nicht nur beschämend, sondern auch menschenrechtlich bedenklich.[409] Vor allem die aus ihrer Sicht „schäbige Inhaftierungspraxis von Minderjährigen" wird von *Pro Asyl* scharf kritisiert.[410]

Was geschieht aber, wenn der Staat zu wenig unternimmt, um die vielfältigen Wohnprobleme auf seinem Staatsgebiet anzugehen? Ab wann lässt sich von einer Menschenrechtsverletzung sprechen? Klaus Teschner (2008) zufolge wird das Menschenrecht auf angemessenes Wohnen weltweit bereits durch mangelnde staatliche Maßnahmen zu einer kontinuierlichen Verbesserung der Wohn- und Lebensbedingungen, etwa in städtischen Elendsvierteln, andauernd und millionenfach verletzt. Eine Verletzung des Menschenrechts auf Wohnen sei nicht nur, wie oft angenommen werde, bei gewaltsamen Vertreibungen, beim Abriss von Slums oder im Falle von Zwangsräumungen gegeben, „sondern auch bei einer passiven Hinnahme der diskriminierenden Wohn- und Lebensbedingungen für große Teile der Bevölkerung weltweit, sei es in städtischen Ballungsräumen, in den schnell wachsenden Klein- und Mittelstädten oder den meist nur schlecht versorgten Dörfern" (ebd.: 3).

---

407 European Court of Human Rights, Grand Chamber: *Case of M.S.S. v. Belgium and Greece* (Application no. 30696/09), Urteil vom 21. Januar 2011.

408 Gerichtshof der Europäischen Union, Pressemitteilung Nr. 140/11, 21. Dezember 2011: Urteil in den verbunden Rechtssachen C-411/10 und C-493/10.

409 Vgl. Allianz für wirtschaftliche, soziale und kulturelle Rechte (2011: 47).

410 Pro Asyl: „EU-Innenministertreffen am 8. März: Deutschland blockiert Verbesserungen für Flüchtlingskinder", Presseerklärung vom 6. März 2012.

Der Entwicklungsexperte erachtet also auch die allgemeine Vernachlässigung der Gewährleistungspflichten als Verletzung des Rechts auf angemessene Unterkunft. Juristisch wird zwar die Schwelle zur Verletzung für gewöhnlich weit höher angesetzt als im gesellschafts- und entwicklungspolitischen Diskurs und bedürfte es einer genauen Bestimmung, welche Rechtsansprüche in welchen Hinsichten konkret verletzt werden. Gleichwohl sind auch Menschenrechtsausschüsse und Gerichte mitunter gewillt, die unzureichende Umsetzung der Staatenpflichten nicht nur zu kritisieren, sondern auch ausdrücklich als Menschenrechtsverletzung auszuweisen. Im Jahr 2008 hat beispielsweise der Europäische Sozialrechtsausschuss – auf Grundlage einer Kollektivbeschwerde der *Fédération Européenne d'Associations Nationales Travialant avec les Sans-Abri* (FEANTSA) – unzureichende Maßnahmen Frankreichs u.a. in Bezug auf Probleme von mangelhaften Wohnstandards, Räumungen *(evictions)*, Obdachlosigkeit und des Zugangs einkommensschwacher Bevölkerungsgruppen zu sozialem Wohnungsbau ausdrücklich als Verletzung des Rechts auf Wohnens der Revidierten Europäischen Sozialcharta (Art. 31) bewertet (vgl. Kenna/Uhry 2008). Obwohl der Ausschuss das Recht auf Wohnen nicht im Sinne einer Ergebnisverpflichtung *(obligations of „results")* interpretierte, hatte er schon bei früheren Beschwerden gegen Frankreich positive Handlungspflichten hervorgehoben[411], mitunter sogar mit explizitem Bezug auf den UN-Sozialpakt und die Allgemeinen Kommentare des UN-Ausschusses für wsk-Rechte.[412] Auch die Interamerikanische Menschenrechtskommission ordnete im Fall Kolumbiens verschiedentliche vorläufige Maßnahmen an, um vertriebenen Familien eine angemessene Unterkunft zu verschaffen (vgl. Suárez Franco 2010: 178).

Auf nationaler Ebene ist die Entscheidung des südafrikanischen Verfassungsgerichts im Fall *Grootboom* in der „Menschenrechtsszene" weithin bekannt: Nach der Räumung eines privaten Grundstücks und der provisorischen Unterbringung am Rande eines Sportplatzes unter widrigen Bedingungen, drängte die Klägerin gemeinsam mit hunderten anderen Betroffenen auf umgehende Abhilfe. Das Gericht stellte zwar klar, dass das Recht auf Wohnen in der südafrikanischen Verfassung keinen individuellen Rechtsanspruch auf ein Wohnen auf Staatskosten begründe. Doch verpflichte es den Staat, mit seinen verfügbaren Mittel ein umfassendes und koordiniertes Programm zur schrittweisen Verwirklichung des Rechts eines jedes auf Zugang zu angemessener Unterkunft durchzuführen, ein-

---

411 *Autism Europe v. France,* Kollektivbeschwerde Nr. 13/2002, Entscheidung vom 4. November 2003; *International Movement ATD Foruth World (ATD) v. France,* Kollektivbeschwerde Nr. 33/2006, Entscheidung vom 5. Dezember 2007.

412 *European Federation of National Organisations Working with the Homeless (FEANTSA) v. France,* Kollektivbeschwerde Nr. 39/2006, Urteil vom 5. Dezember 2007.

schließlich von Maßnahmen *„to provide relief for people who have no access to land, no roof over their heads, and who are living in intolerable conditions or crisis situation"* (zitiert nach: Berger 2008: 48). Insofern die südafrikanische Regierung zu wenig für Menschen in unmittelbarer Not unternähme und zu wenig Geld im Staatshaushalt für die Lösung dringlicher Wohnprobleme vorsähe, verhalte sie sich verfassungswidrig.[413] Das Urteil belegte nicht nur für den südafrikanischen Fall die Einklagbarkeit der staatlichen Gewährleistungspflichten, die mit einem wsk-Recht verbunden sind, sondern stellte auch klar, dass der Staat den Bedürfnissen armer Menschen besondere Aufmerksamkeit zukommen lassen muss. Für gewöhnlich wird es aber leichter sein, Verletzungen der Achtungs- und Schutzpflichten geltend zu machen als Verletzungen der Gewährleistungspflichten.

5.7.4 Internationale Dimensionen

Im Unterschied zu den späteren Allgemeinen Bemerkungen des UN-Ausschusses für wsk-Rechte enthalten die beiden frühen Kommentare zum Recht auf Wohnen noch kein eigene Kapitel, sondern nur kurze Abschnitte zu internationalen Verpflichtungen. Der Allgemeine Kommentar Nr. 4 zum Recht auf angemessene Unterkunft beanstandet aber bereits, dass traditionell nur ein geringer Teil der internationalen Hilfe in den Bereich des Wohnens fließe und dass die Art und Weise, wie die Gelder zur Verfügung gestellt werden, kaum geeignet seien, die Wohnbedürfnisse benachteiligter Gruppen zu verbessern. Er fordert daher Geber- wie Nehmerländer auf sicherzustellen, dass mehr Mittel für das Recht auf Wohnen bereitgestellt und die Bedürfnisse und Ansichten der betroffenen Bevölkerung berücksichtigt werden. Tatsächlich spielte der Wohnbereich in der internationalen Entwicklungszusammenarbeit lange Zeit kaum eine Rolle und wurde allenfalls im Rahmen humanitärer Hilfen berücksichtigt. Inzwischen ist die – überaus schwierige und komplexe – Verbesserung der Lebensbedingungen der Bewohner von Armutsvierteln jedoch Teil der internationalen Entwicklungsagenda, auf die wir im dritten Teil der Studie noch eingehen werden. Eine rechtlich verbindliche Verpflichtung zu solchen (meist multilateral geleisteten) Hilfen erkennen die Geberländer freilich (noch) nicht an.

Konsensfähiger sind hier schon Ansichten, dass die internationale Staatengemeinschaft nicht selbst das Recht auf angemessene Unterkunft verletzen darf. So fordert der UN-Ausschuss für wsk-Rechte von internationalen Finanzinstitutionen, dafür Sorge zu tragen, dass die von ihnen (geforderten und) geförderten Strukturanpassungsmaßnahmen nicht die Gewährleistung des Rechts auf ange-

---

413 2001 (1) SA 46 (CC). Siehe auch OHCHR/UN-Habitat (2009: 40), Gauri/Brinks (2008: X), Berger (2008: 45 ff.), Harris Rimmer (2010: 36 ff.).

messene Unterkunft beeinträchtigen.[414] Inzwischen hat die Weltbank mit dem *Inspection Panel* (1993) einen Beschwerdemechanismus errichtet und hat später die Problematik von Umsiedlungen in ihren *Operation Policy on Involuntary Resettlement* (2004) und ihre *Indigenous Peoples' policy* (2005) berücksichtigt. Obwohl es dadurch in einigen Fällen zur Verbesserung von Umsiedlungen kam, werden die Kontrollmechanismen noch als ungenügend angesehen (Langford 2010: 178 ff.). Die UN-Sonderberichterstatterin zum Recht auf Wohnen unternahm im Herbst 2010 eigens eine offizielle Mission zur Weltbank, um die Bedeutung und die Gefahren der traditionell stark marktorientierten Strategien der Weltbank für die Umsetzung des Rechts auf Wohnen zu ermitteln.[415]

In dem Allgemeinen Kommentar Nr. 7 zu Zwangsräumungen hebt der wsk-Rechte-Ausschuss zudem hervor, dass verschiedene Entwicklungsprojekte, die durch internationale Organisationen finanziert worden seien, zu Zwangsräumungen geführt hätten, und ruft den Allgemeinen Kommentar Nr. 2 (1990) in Erinnerung. Demzufolge sollen internationale Organisationen unbedingt die Beteiligung an Projekten vermeiden, welche u.a. „die massenhafte Umsiedlung oder Vertreibung von Menschen nach sich ziehen, ohne dass angemessener Schutz und Entschädigung zur Verfügung stehen."[416] Entsprechende negative Auswirkungen von Entwicklungsprojekten wurden vielfach dokumentiert (vgl. Roos 2007), angefangen bei der Umsiedlung von rund 80.000 Menschen, die mit dem – von der Weltbank, der USA und Großbritannien unterstützten und 1965 fertiggestellten – Bau des Akosombo-Staudamms in Ghana einherging (Langford 2010: 178), bis hin zu gegenwärtigen Staudammprojekten, in deren Folgen massenhaft Menschen vertrieben wurden oder werden sollen. Ein weithin bekanntes Beispiel stellt die europaweite *Stop-Ilisu-Kampagne* gegen den Bau des Ilisu-Staudamms im Südosten der Türkei dar, in dessen Folge Abertausende Menschen ihre Heimat verlieren und historische Kulturgüter zerstört werden würden. Auf massive Proteste von Anwohnern und ihren Unterstützergruppen hin stoppten die Regierungen Deutschlands, Österreichs und der Schweiz im Juli 2009 ihre Exportkreditgarantien und zogen sich Banken aus der Finanzierung des Staudamms zurück. Die türkische Regierung hielt indes an dem Projekt (und vielen weiteren Staudammprojekten) fest. Vom UN-Ausschuss für wsk-Rechte wurde sie inzwischen aufgefordert, ihre Infrastrukturprojekte menschenrechtskonform auszugestalten und ihre Umsiedlungspolitik zu überarbeiten.[417]

414 CESCR E/1992/23, 13. Dezember 1991, Ziff. 19.
415 A/HRC/16/42/Add. 4, 7. Januar 2011.
416 CESCR E/1998/22, Anhang IV, 20. Mai 1997, Ziff. 17.
417 E/C.12/TUR/CO/1, 12. Juli 2011, Abs. 26.

Abschließend sei darauf hingewiesen, dass neben multilateralen und bilateralen Finanzgebern auch weitere Akteure für Zwangsräumungen mitverantwortlich gemacht werden. Der *Centre on Housing Rights and Evictions* kritisierte etwa das Internationale Olympische Komitee (IOC) dafür, dass es im Vorfeld von Olympischen Spielen regelmäßig zu Zwangsvertreibungen komme (COHRE 2007b).

5.7.5 Die Verbundenheit mit anderen Menschenrechten

Inwiefern ist nun das Recht auf angemessene Unterkunft mit anderen Menschenrechten verknüpft? Sofern das Recht vor lebensbedrohlichen Wohnverhältnissen schützt, kann es als Bestandteil des Schutzes des menschlichen Lebens angesehen werden (Kälin/Künzli 2008: 307 f.). Inhaltliche Überschneidungen ergeben sich zudem mit etlichen anderen Rechten, umfasst das Recht auf Wohnen doch auch den Zugang zu sauberem Trinkwasser und Sanitäranlagen sowie den Schutz vor Gesundheitsgefährdungen. Werden Menschen von Haus und Boden vertrieben, können zudem die Rechte auf Nahrung oder auf Arbeit berührt sein. Gerade für Kinder und Jugendliche sind die Wohnverhältnisse auch für die faktische Nutzung ihres Rechts auf Bildung bedeutsam. Unter den bürgerlich-politischen Rechten bestehen enge Querbezüge zum Recht auf Achtung des Privat- und Familienlebens, zum Recht auf Mitgestaltung öffentlicher Entscheidungsprozesse, möglicherweise auch zur Nutzung des Wahlrechts (wenn dieses an den Wohnsitz gekoppelt ist), sowie zum Recht, seinen Wohnsitz frei zu wählen.[418] Stefanie Ricarda Roos (2007) zeigte zudem im Detail auf, dass das – durch Zwangsumsiedlungen bedrohte – menschenrechtliche Bleiberecht nicht nur durch das Recht auf angemessene Unterkunft, sondern u.a. auch durch die international anerkannten Rechte auf Wohnsitzfreiheit, auf Achtung der Wohnung und auf Eigentum geschützt sein kann.

Der Bezug zum Eigentumsrecht ist allerdings ambivalent. „Einerseits beinhaltet das Recht auf Wohnen auch den Schutz bestehender Eigentumsrechte und die Komponente der rechtlichen Sicherung der Wohnverhältnisse (des Besitzes). Andererseits kommt die Verwirklichung des Rechts auf Wohnen vielfach mit Eigentumsrechten in Konflikt (etwa bei Besetzung von Land oder leerstehenden Gebäuden etc.) und ist nur möglich durch Einschränkung von Eigentumsrechten anderer (etwa der Bodeneigentümer/ des städtischen Großgrundbesitzes/ der Investoren/ der Vermieter etc.) im Sinne einer Sozialverantwortung des Eigentums" (Teschner 2008: 2). Auch das UN-Hochkommissariat erkennt das Problem: *„Given the broader protection afforded by the right to adequate housing, a sole focus on property rights might in fact lead to violations of the right to adequate housing, for*

418 Vgl. Kälin/Künzli (2008: 351), Teschner (2008: 2), OHCHR/UN-Habitat (2009: 9 f.).

instance, by forcibly evicting slum-dwellers residing on private property" (OHCHR/UN-Habitat 2009: 8).

Das Recht auf angemessene Unterkunft (Wohnen)
Inhaltliche Komponenten: • Prinzipielle Verfügbarkeit von Wohnraum und notwendigen Infrastrukturen • Rechtlicher und tatsächlicher Schutz von Wohnraum • Offener, diskriminierungsfreier und bezahlbarer Zugang zu Wohnraum • Angemessene Wohnqualität und Wohnlage • Kulturelle Angemessenheit des Wohnens
Was muss der Staat tun oder unterlassen? (Auswahl) **Achtungspflichten:** • Anerkennung des Zugangsrechts eines jeden zu einer menschenwürdigen Unterkunft, inklusive der Wohnsitzfreiheit • Anerkennung und Regelung von Eigentums-, Besitz- und Nutzungsrechten • Unterlassung willkürlicher Häuserzerstörungen und Zwangsvertreibungen durch den Staat • Notwendige Räumungen nur unter strengen menschenrechtlichen Auflagen • Unterlassung willkürlicher Hausdurchsuchungen • Keine diskriminierenden Gesetze, Verordnungen und Politiken im Bereich des Wohnens • Keine Gefährdungen von Wohngebieten durch staatlich verursachte Umweltverschmutzung **Schutzpflichten:** • Schutz von Eigentums-, Besitz- und Nutzungsrechten vor Eingriffen durch Dritte • Schutz vor widerrechtlichen Vertreibungen, Störungen und Bedrohungen durch Dritte • Schutz vor wüsten Spekulationen mit Land und Wohnraum und vor Mietwucher • Schutz vor diskriminierenden Praktiken auf dem privaten Wohnungsmarkt und bei der Bereitstellung privater Finanz- und Dienstleistungen (Kredite, Strom, Wasser etc.) • Schutz der Wohngebiete vor schädlichen Umwelteinflüssen durch private Unternehmen **Gewährleistungspflichten:** • Ausarbeitung/Umsetzung einer nationalen Wohnpolitik • Bereitstellung/Sicherstellung von sicheren Siedlungsplätzen, Wohnraum, Wasser-, Abwasser- und Energieversorgung • Förderung des Zugangs zu Wohnraum für benachteiligte Bevölkerungsgruppen • Wohnhilfen für arme und besonders bedürftige Bevölkerungsgruppen • Konsultation, Entschädigung und Unterstützung bei notwendigen Umsiedlungen • Notunterkünfte bei Katastrophen
Internationale Dimensionen (Auswahl): • Achtung des Rechts auf Wohnen bei international (mit-)finanzierten Infrastrukturprojekten und Entwicklungsmaßnahmen • Maßnahmen zum Schutz des Rechts auf Wohnen in einem anderen Land vor Eingriffen durch eigene Staatsangehörige oder im eigenen Land ansässige Unternehmen • Einflussnahme auf internationale Organisationen, das Recht auf Wohnen zu achten und zu schützen, inklusive bei Mega-Events • Förderung des Rechts auf Wohnen vor allem in der bilateralen und multilateralen Entwicklungszusammenarbeit
Anmerkung: eigene Zusammenstellung, angelehnt an die Allgemeinen Kommentare des UN-Ausschusses für wsk-Rechte und weiterer UN-Materialien

Verletzungen des Rechts auf Wohnen sind zudem oft Ausdruck historisch gewachsener Diskriminierungen bestimmter Bevölkerungsgruppen, wie etwa von Sinti und Roma in Europa oder der afroamerikanischen und indigenen Gruppen in Nord- und Südamerika. Mitunter gehen sie mit politischer Repression und mangelndem Rechtsschutz einher. Dadurch können auch politische Partizipationsrechte, juristische Verfahrensrechte sowie die besonderen Schutzrechte indigener Völker und Minderheiten verletzt sein. Auch können Verletzungen des Rechts auf Wohnen, wie in Zimbabwe unter der späten Mugabe-Diktatur, Teil politischer Repression sein, in der die bürgerlich-politischen Menschenrechte landesweit außer Kraft sind. Im Extremfall sind Häuserzerstörungen und Landvertreibungen Teil „ethnischer Säuberungen"; dann sind im Grunde alle Menschenrechte betroffen.

5.8 Das Recht auf Nahrung – Kampf gegen den Hunger

Das Recht auf Nahrung

„Art. 11 (1) Die Vertragsstaaten erkennen das Recht eines jeden auf einen angemessenen Lebensstandard für sich und seine Familie an, einschließlich ausreichender Ernährung, Bekleidung und Unterbringung, sowie auf stetige Verbesserung der Lebensbedingungen. Die Vertragsstaaten unternehmen geeignete Schritte, um die Verwirklichung dieses Rechts zu gewährleisten, und erkennen zu diesem Zweck die entscheidende Bedeutung einer internationalen, auf freier Zustimmung beruhenden Zusammenarbeit an.

(2) In Anerkennung des grundlegenden Rechts eines jeden, vor Hunger geschützt zu sein, werden die Vertragsstaaten einzeln und im Wege internationaler Zusammenarbeit die erforderlichen Maßnahmen, einschließlich besonderer Programme, durchführen

a) zur Verbesserung der Methoden der Erzeugung, Haltbarmachung und Verteilung von Nahrungsmitteln durch volle Nutzung der technischen und wissenschaftlichen Erkenntnisse, durch Verbreitung der ernährungswissenschaftlichen Grundsätze sowie durch die Entwicklung oder Reform landwirtschaftlicher Systeme mit dem Ziel einer möglichst wirksamen Erschließung und Nutzung der natürlichen Hilfsquellen;

b) zur Sicherung einer von dem Bedarf entsprechenden gerechten Verteilung der Nahrungsmittelvorräte der Welt unter Berücksichtigung der Probleme der Nahrungsmittel einführenden und ausführenden Länder."

Quelle: UN-Sozialpakt, Art. 11

Der Ernährungs- und Landwirtschaftsorganisation der Vereinten Nationen (*Food and Agriculture Organisation*, FAO) zufolge waren im Jahr 2010 rund 925 Millionen Menschen chronisch unterernährt.[419] Für viele von ihnen ist der Zustand

419 Datengrundlage für die Schätzung sind Berechnungen über den Kalorienverbrauch auf Grundlage a) der Verfügbarkeit von Kalorien in einem Land (Daten zur Produktion, zum Import und zum Export von Nahrungsmitteln, unter Berücksichtigung des jeweiligen Kaloriengehalts); b) des Gesamtkalorienbedarfs der Bevölkerung, auf Grundlage von Bevölkerungsdaten (nach Alter, Geschlecht); c) der Verteilung der Kalorien innerhalb des Landes, gemäß Haushaltserhebungen. Die Berechnung ist zwangsläufig sehr grob und hebt nur auf den Kalorienverbrauch ab. Für 2011 hat die FAO aufgrund der unsicheren Datenlage keine Berechnungen vorgenommen.

lebensbedrohend: Abermillionen Menschen, darunter schätzungsweise allein sechs Millionen Kinder, sterben jährlich an Unterernährung und deren Folgen, und zwar nicht nur etwa in Zeiten von Kriegen oder klimabedingten Hungersnöten, wie man annehmen könnte, sondern ganz überwiegend als Folge dauerhafter, chronischer Unter- und Mangelernährung.[420] Der ehemalige Sonderberichterstatter zum Recht auf Nahrung, der streitbare und umstrittene Jean Ziegler (2002-2008), erachtete das Recht auf Nahrung als das heute „am häufigsten, zynischsten und brutalsten verletzte aller Menschenrechte" (Ziegler 2009: 12). Das Hungerproblem hängt dabei unmittelbar mit den Besitz-, Arbeits- und Einkommensverhältnissen der Menschen zusammen: Das Gros unzureichend ernährter Menschen verfügt weder über Land, Saatgut und Wasser, um Nahrungsmittel zu erzeugen, noch über hinreichend Einkommen und Kaufkraft, um diese zu erstehen. Selbst schwere Hungersnöte infolge von Dürre oder Überschwemmungen verweisen auf tieferliegende Strukturen der Armut, denn arme Menschen büßen im Falle von naturbedingten Ernteausfällen und Versorgungsengpässen in kürzester Zeit ihre schmale Existenzgrundlage ein.

Politische Versprechungen, den Hunger auf der Welt wirksam zu bekämpfen, gibt es schon lange. Bereits die Welternährungskonferenz von 1974 hatte sich das Ziel gesetzt, innerhalb einer Dekade den Hunger weltweit zu beseitigen. Auf der Welternährungskonferenz von 1996 vereinbarten die Staaten dann, bis spätestens zum Jahr 2015 die Zahl der unterernährten Menschen zumindest zu halbieren.[421] In der Millenniumserklärung von 2000 erneuerten die Staaten das Ziel der Halbierung der Zahl der Hungernden bis 2015 – gemessen an dem Wert von 1990, als noch etwa 815 Millionen unterernährt waren. Doch entgegen aller Versprechen und Ziele, wuchs die Zahl der hungernden und unterernährten Menschen weltweit, anstatt zu sinken, und erreichte im Jahr 2009 zwischenzeitlich ein Rekordhoch von mehr als einer Milliarde Menschen.

Den Hunger zu bekämpfen, ist nicht nur eine moralische und politische, sondern auch eine völkerrechtlich gebotene Pflicht, denn das Recht auf angemessene Nahrung ist ein Menschenrecht. Als Teil des Rechts auf angemessenen Lebensstandard ist es bereits in der Allgemeinen Erklärung der Menschenrechte, im UN-Sozialpakt sowie in weiteren internationalen Menschenrechtsabkommen

420 Statt von „chronischer Unterernährung" wird in der Literatur – auch von der FAO – oft schlicht von „Hunger" gesprochen, wenn der dauerhaft ungenügende Zugang zu ausreichender Nahrungsenergie gemeint ist. Ein solcher, auch hier verwandter Sprachgebrauch hebt nicht auf das subjektive Hungerempfinden ab. „Mangelernährung" hingegen rückt qualitative Aspekte in den Mittelpunkt, etwa den Mangel an Eiweiß oder an Mikronährstoffen.

421 Siehe die Website der FAO: www.fao.org (letzter Zugriff: 1. März 2012).

verankert, beispielsweise dem Übereinkommen zur Beseitigung jeder Form der Diskriminierung von Frauen sowie der UN-Kinderrechts- und der UN-Behindertenrechtskonvention. Zugleich findet es sich in der ILO-Konvention 169 sowie in verschiedenen regionalen Menschenrechtsverträgen. Das vorsätzliche Vorenthalten von Nahrungsmitteln ist darüber hinaus im Rahmen des humanitären Völkerrechts und des internationalen Strafrechts untersagt. Hinzu kommen verschiedene, rechtlich unverbindliche Empfehlungen, Resolutionen und Deklarationen, die das Recht auf Nahrung betreffen. Besonders hervorzuheben sind die 2004 von der FAO angenommenen "Freiwilligen Leitlinien zur Unterstützung der progressiven Umsetzung des Rechts auf ausreichende Nahrung im Kontext nationaler Ernährungssicherheit" (kurz: FAO-Leitlinien zum Recht auf Nahrung) sowie die „Freiwilligen Leitlinien für die Nutzung von Land, Fischgründen und Wäldern", die nach mehrjährigen Verhandlungen vom Komitee für Ernährungssicherung der FAO im Mai 2012 verabschiedet wurden. Zivilgesellschaftliche Organisationen waren in den Prozess involviert. Beide freiwillige Leitlinien enthalten umfassende und konkrete Vorgaben und Orientierungshilfen für die Staaten zur Umsetzung des Rechts auf Nahrung.[422]

Inzwischen haben auch einzelne Staaten das Recht auf Nahrung verfassungsrechtlich abgesichert, so etwa Südafrika (Holness 2010) oder auch Brasilien im Jahre 2010, das darüber hinaus eine spezifische Gesetzgebung zum Recht auf Nahrung erarbeitet hat (Rodrigues de Lima 2011). Insgesamt zählen Knuth/Vidar (2011) 23 Staaten, die das Recht allgemein, für spezifische Gruppen oder als Teil des Rechts auf einen angemessenen Lebensstandard ausdrücklich verfassungsrechtlich verankert haben, sowie weitere 56 Staaten, deren Verfassungen lediglich implizit oder als *directive principles* beinhalten. Interessant ist auch der Fall Indien: *„If the South African Constitution is the most progressive example of a constitutional guarantee on the right to food, and the Brazilian experience in the legislating of the right to food provides a beacon for other countries, then the interventions by the Indian Supreme court over the last decade in the right to food case stand out as a model for justiciability through the courts"* (Patnaik 2011a: 30). Aufgrund der Rechtsprechung des Obersten Gerichts Indiens gilt das Recht auf Nahrung dort heute als implizites Verfassungsrecht (so auch Baski 2012).

Was lässt sich nun genau unter dem Recht auf Nahrung verstehen? Auch hier helfen die inzwischen hinlänglich bekannten Kriterien der Verfügbarkeit, der Zugänglichkeit und der Angemessenheit weiter:[423]

---

422 Siehe allgemein: www.fao.org; www.fao.org./righttofood.

423 Vgl. für die nachfolgenden Ausführungen insbesondere den Allgemeinen Kommentar Nr. 12 zum Recht auf angemessene Nahrung des UN-Ausschusses für wsk-Rechte

Die *Verfügbarkeit* von Nahrung zielt darauf ab, dass kein Mangel an Nahrungsmitteln herrscht (Nahrungssicherheit). Hierzu dienen Ackerbau, Viehwirtschaft, Fischerei und Jagd sowie die Verarbeitung, Verteilung und Vermarktung von Nahrungsmitteln dergestalt, dass diese idealiter dort zur Verfügung stehen, wo sie benötigt werden. Dabei geht es wohlgemerkt um die Nahrungssicherheit vor Ort – und nicht nur um die weltweit ausreichende Verfügbarkeit von Nahrung, die seit den *Club of Rome*-Studien der 1970er Jahre immer wieder problematisiert wurde, damals wie heute noch gegeben ist und infolge des Weltbevölkerungswachstums erst mittel- und langfristig ein großes Problem darstellen wird. Eine hinreichende globale, regionale, nationale und lokale Verfügbarkeit von Nahrungsmitteln ist aber noch kein Garant für die Ernährungssicherheit der Bevölkerung. Insofern greifen Ansätze zu kurz, die allein auf die Steigerung der Nahrungsmittelproduktion abzielen.

Hunger und Unterernährung liegen eben nicht (nur) in einem Mangel an Nahrungsmitteln begründet, sondern vor allem in dem unzureichenden *Zugang* sowohl zu verfügbaren Nahrungsmitteln als auch zu notwendigen Mitteln, um Nahrung zu erwerben oder selbst zu erzeugen. Dementsprechend ist ein solcher Zugang sicherzustellen – und zwar sowohl in wirtschaftlicher als auch in physischer Hinsicht. Das heißt zum einen, dass der finanzielle Aufwand, der mit dem Erwerb von Nahrungsmitteln einhergeht, nicht so groß sein sollte, dass die Befriedigung anderer Grundbedürfnisse gefährdet oder beeinträchtigt ist. Zum anderen ist sicherzustellen, dass physisch schwache oder besonders schutzbedürftige Personen (Säuglinge, Kleinkinder, alte, behinderte, chronisch kranke oder todkranke Menschen etc.) Zugang zu Nahrung haben, ebenso wie Menschen, die in abgelegenen Regionen leben oder aufgrund von Naturkatastrophen, gewaltsamen Konflikten, Vertreibungen oder aus anderen Gründen von der Nahrungsversorgung abgeschnitten sind. Auch Menschen in Gefängnissen oder staatlichem Gewahrsam haben ein Recht auf Nahrungszugang.

Dabei geht es immer um die Verfügbarkeit und Zugänglichkeit *angemessener* Nahrung. Obgleich die Angemessenheit der Nahrungsmittel stark von den vorherrschenden sozialen, wirtschaftlichen, kulturellen, klimatischen und ökologischen Bedingungen vor Ort abhängt, stellt der UN-Ausschuss für wirtschaftliche, soziale und kulturelle Rechte klar, „dass die Ernährung insgesamt eine Mischung von Nährstoffen für Wachstum, Entwicklung und Erhaltung von Körper und Geist sowie körperliche Tätigkeiten umfasst, die den physiologischen Bedürfnissen des Menschen in allen Lebensphasen gerecht wird und die seinem Geschlecht

(E/C.12/1999/5, 12. Mai 1999) sowie das *Fact-Sheet* des UN-Hochkommissariats für Menschenrechte zum Recht auf angemessene Nahrung (OHCHR 2010).

und seinem Beruf entspricht."[424] Menge, Zusammensetzung und Qualität der Nahrung müssen also die individuellen Ernährungsbedürfnisse der Menschen in ihrem jeweiligen, auch kulturellen Kontext nachhaltig befriedigen. Die kulturelle Akzeptanz, die bei anderen wsk-Rechten und in spätereren Kommentaren mitunter getrennt ausgewiesen wird, wird dabei gleich mitgedacht. Darüber hinaus umfasst die Angemessenheit auch die Lebensmittelsicherheit, die stets zu gewährleisten ist: Das heißt, Lebensmittel müssen unbedenklich verzehrbar sein und dürfen keine gesundheitsschädlichen Substanzen enthalten.

Mit dem UN-Ausschuss für wirtschaftliche, soziale und kulturelle Rechte lässt sich somit feststellen: „Das Recht auf angemessene Nahrung ist dann verwirklicht, wenn jeder Mann, jede Frau und jedes Kind, einzeln oder gemeinsam mit anderen, jederzeit physisch und wirtschaftlich Zugang zu angemessener Nahrung oder Mitteln zu ihrer Beschaffung hat"[425]. Oder etwas umfassender (und komplizierter) mit dem ehemaligen UN-Sonderberichterstatter Jean Ziegler (2009: 12): „Das Recht auf Nahrung ist das Recht auf einen regelmäßigen, permanenten und freien Zugang – sei es direct, sei es indirect mittels monetärer Kaufmittel – zu einer qualitativ und quantitativ adäquaten Nahrung, die den kulturellen Traditionen des Volkes, dem der Konsument angehört, entspricht und die ein psychisches und physisches, kollektives und individuelles, würdiges und befriedigendes Leben ermöglicht, das frei ist von Angst".[426]

Das Recht auf Nahrung ist dabei wohlgemerkt kein Recht, ernährt zu werden, fordert also nicht den sprichwörtlich alimentierenden Staat. Doch hat der Staat sicherzustellen, dass er die Menschen nicht daran hindert, sich zu ernähren; dass er die Menschen schützt, wenn Dritte sie daran hindern, sich zu ernähren; und dass er die Bedingungen schafft, damit die Menschen sich selbst ernähren können. In Notfällen freilich, in denen Menschen nicht fähig sind, sich selbst zu ernähren, muss der Staat für die Notleidenden sorgen.

5.8.1 Das Recht auf Nahrung achten und schützen

Die Achtungspflichten fordern zunächst, dass die Staaten rechtlich wie faktisch das Recht eines jeden zu Nahrungszugang achten, ebenso wie das Recht eines jeden, seine Mittel zur Nahrungsmittelbeschaffung frei zu wählen. In diesem Sinne müssen die Staaten prüfen, ob Gesetze, Verordnungen und Politiken das Recht

424 E/C.12/1999/5, 12. Mai 1999, Ziff. 9, hier gemäß der deutschen Übersetzung in: DIMR (2005: 253).

425 Ebd., Ziff. 6, zitiert nach der deutschen Übersetzung in: DIMR (2005: 252).

426 Diese Definition enthält auch das *Fact Sheet* zum Recht auf Nahrung des OHCHR (2010: 2).

auf Nahrung anerkennen und der Staat die Freiräume achtet, die dafür erforderlich sind, dass die Menschen Nahrungsmittel herstellen oder sich beschaffen können. Staatliches Handeln darf also die Menschen nicht daran hindern, ihr Recht auf Nahrung zu nutzen, indem es die Verfügbarkeit, Angemessenheit und Zugänglichkeit von Nahrungsmitteln in einem Maße beeinträchtigt, dass Menschen hungern müssen oder sich nicht mehr angemessen ernähren können. Im Sinne seiner Schutzpflichten muss der Staat zudem dafür Sorge tragen, dass Privatpersonen oder Unternehmen die Menschen nicht daran hindern, ihr Recht auf Nahrung zu nutzen. Da Verletzungen des Rechts auf Nahrung oft von staatlichen und nicht-staatlichen Akteuren gemeinsam ausgehen und ähnliche Phänomene betreffen, werden sie im Folgenden zusammen dargestellt, auch um Wiederholungen zu vermeiden.

Eindeutig in der Verantwortung des Staates liegen Verletzungen des Rechts auf Nahrung in Nordkorea. Traditionell begründet dort das staatliche Verteilungssystem von Lebensmittelrationen eine extrem starke Abhängigkeit der Bevölkerung vom Staat. Obwohl die staatlichen Institutionen nicht fähig sind, die Ernährungsbedürfnisse der etwa 24 Millionen Einwohner auch nur annähernd zu decken, weder selbstständig noch mithilfe internationaler Nahrungsmittelnothilfen, so dass chronische Unter- und Mangelernährung weit verbreitet sind, unterbindet die politische Führung mitunter repressiv die Bemühungen der Menschen, sich selbstständig zu ernähren. Selbst zaghafte Versuche, Nahrungsmittel lokal zu vermarkten, wurden zeitweise mit drakonischen Maßnahmen unterbunden. Die Verteilung der verfügbaren Nahrungsmittel und internationalen Nothilfen, von der nicht zuletzt die Regimekader nutznießen, benachteiligte in der Vergangenheit zudem ganze Bevölkerungsgruppen und erreichte vielfach nicht die Bedürftigsten.[427]

Weitere Verletzungstatbestände können sich etwa dann ergeben, wenn die politischen Machthaber und/oder private Milizen „Hunger als Waffe" benutzen und bestimmten Einzelpersonen oder Gruppen, beispielsweise Angehörigen bestimmter Ethnien oder Anhängern der politischen Opposition, den Zugang zu Nahrungsmitteln oder zu humanitären Nahrungsmittelhilfen verwehren. In seinem ersten Bericht an die damalige UN-Menschenrechtskommission führte der 2000 eingesetzte UN-Sonderberichterstatter zum Recht auf Nahrung, Jean Ziegler, das Beispiel des Sudan an, wo von der Regierung unterstützte Milizen gezielt

427 Vgl. die Berichte des UN-Sonderbeauftragten zu Nordkorea an den UN-Menschenrechtsrat aus den Jahren 2010, 2011 und 2012: A/HRC/13/47, 17. Februar 2010, Ziff. 14-23; A/HRC/16/58, 21. Februar 2011, Ziff. 26-40, A/HRC/19/65, 13. Februar 2012, Ziff. 21-29.

Ernten und Vorräte vernichteten und damit im Jahre 1998 zum Ausbruch einer Hungersnot beitrugen.[428] Später griff Ziegler beispielsweise Anschuldigungen auf, denen zufolge die Regierung Zimbabwes bei der Nahrungsmittelverteilung gezielt Regierungsanhänger auf Kosten der hungernden Bevölkerung bevorzugt hätte, oder kritisierte die Zerstörungen von Plantagen, Ernten und Vorräten durch das Militär in Myanmar (Burma).[429]

Problematisch ist es weiterhin, wenn Gesetze oder Bestimmungen erlassen werden, die den allgemeinen Zugang zu Nahrungsmitteln beschränken, oder wenn ohne Not bestehende Programme der Ernährungssicherung eingestellt werden.[430] Unzulässige Eingriffe in das Recht auf Nahrung können etwa Gesetze oder gewohnheitsrechtliche Regeln darstellen, die Frauen untersagen, Grund und Boden oder andere Vermögenswerte zu erben oder zu besitzen, wie dies noch in etlichen Ländern der Fall ist. Menschenrechtlich gefordert sind dann Gesetzesreformen – wie in Uganda (vgl. Benedek 2009: 190) –, die Frauen das Recht einräumen, das Land ihrer verstorbenen Ehemänner zu erben, zu bewirtschaften und sich und ihre Familie selbst zu ernähren. Auch muss der Staat Frauen, Kinder oder andere benachteiligte Bevölkerungsgruppen vor gesellschaftlichen Diskriminierungen beim Zugang zu Nahrungsmitteln und Ressourcen (Land, Wasser, Saatgut und Kredite) schützen und gemeinsam mit den Betroffenen diskriminierende Gebräuche abzubauen versuchen, die Frauen oder Kindern die notwendige und gleichberechtigte Nahrungsaufnahme verwehren, weil diese zum Beispiel erst nach den Männern essen dürfen oder mit minderwertiger Nahrung vorlieb nehmen müssen.[431]

Weiterhin hat der Staat sicherzustellen, dass weder staatliche Stellen noch private Akteure Menschen auf unzulässige Weise von ihrem Land vertreiben und dadurch die Ernährungssicherheit der betroffenen Bevölkerung gefährden. Wie wir bereits beim Recht auf Wohnen gesehen haben, führen große Energie- und Infrastrukturprojekte sowie großflächige Landnahmen zu kommerziellen Zwecken vielfach zu willkürlichen Landvertreibungen und können ernsthaft die Ernährungssicherheit der betroffenen Bevölkerung bedrohen. Um mit Eide Asbjørn (2008: 36) zu sprechen, der dem Recht auf Nahrung in den Vereinten Nationen bereits in den 1980er Jahren Auftrieb verschafft hatte: *„Evictions of persons from*

---

428 E/CN.4/2001/53, 7. Februar 2001, Ziff. 27.

429 E/CN.4./2003/54, 10. Januar 2003, Ziff. 56.

430 E/C.12/1999/5, 12. Mai 1999, Ziff. 19.

431 Vgl. hier etwa den Allgemeinen Kommentar Nr. 15 des UN-Ausschusses für wsk-Rechte zur Gleichheit von Männer und Frauen bei der Nutzung der wsk-Rechte: E/C.12/2005/4, 11. August 2005, Ziff. 28.

land where they have had their livelihood would often be a serious violation. Several human rights bodies have pointed out that forced evictions constitute prima facie violations of a wide range of internationally recognized human rights and can only be carried out under exceptional circumstances and in full accordance with international human rights law". Umsiedlungen müssen daher notwendig sein und menschenrechtlichen Maßstäben genügen, einschließlich der Information, Konsultation und Mitwirkung der Betroffenen, der Bereitstellung angemessener Alternativen oder der Zahlung von Entschädigungen sowie des Zugangs zu Rechtsmitteln.

Eine menschenrechtspolitisch inzwischen weithin diskutierte Problematik betrifft den effektiven Schutz kommunaler Landnutzungsrechte indigener und autochthoner Gemeinschaften. Dies gilt für solche afrikanische Länder, in denen ein Gutteil der Nutzflächen in Staatsbesitz ist und zugleich traditionelle Landbesitzansprüche und Landnutzungsrechte indigener Gruppen bestehen (vgl. Hinz 2009: 9 f.); es betrifft aber auch lateinamerikanischen Staaten, die für gewöhnlich einen größeren Anteil an privaten Landbesitz aufweisen. Damit der Staat indigene Land(nutzungs)rechte achtet und gegenüber Eingriffen durch Dritte schützen kann, müssen die entsprechende Gebiete abgesteckt und mit Besitztiteln oder Nutzungsrechten ausgestattet und registriert sein, und es müssen effektive Verfahren und Rechtsmittel zur Verfügung stehen, dass sich die Betroffenen wehren können.

Wie wichtig dies ist, zeigt ein Bericht von 2001 der Interamerikanischen Kommission für Menschenrechte zu Guatemala, also zu einem Land mit einem hohen indigenen Bevölkerungsanteil in Lateinamerika: „*In most instances, the indigenous communities have property titles that are not recognized under common law, that are at odds with other titles, or that have not been fully registered and recognized. Added to these difficulties is the fact that in some instances, the courts are unaware of the rights derived from their ancestral ownership and use, and do not recognize custom-based indigenous legal provisions*" (zitiert nach: MacKay 2002: 84). Der Interamerikanische Gerichtshof hat in seiner Rechtsprechung traditionelle Landansprüche verschiedentlich anerkannt, und zwar über eine fortentwickelte Interpretation des Rechts auf Eigentum in der Amerikanischen Menschenrechtskonvention (Melo 2006). Rechtspraktisch bedeutsamer ist freilich die Verankerung indigener (Land-)Rechte in den neuen Verfassungen verschiedener lateinamerikanischer Staaten, besonders deutlich in jenen Ecuadors (2008) und Boliviens (2009).

Dabei ist allerdings zu beachten, dass traditionelle, kommunale Land(nutzungs) rechte ihrerseits wiederum bestimmte Personen oder Gruppen vom Landbesitz ausschließen können, zumal wenn die lokalen Autoritäten diese Rechte missbräuchlich anwenden. So geht es eben auch um den Schutz der unzähligen nichtindigenen Kleinbäuerinnen und Kleinbauern, die das Land nicht gemeinschaftlich bewirtschaften, aber ein Stückchen Land besitzen, gepachtet oder besetzt haben, das sie bebauen. Ein weiterer Aspekt ist zu bedenken: So wichtig es ist, unklare Eigentums- und Nutzungsrechte zu klären und zu fixieren, um etwa Kleinbäuer/innen vor Eingriffen zu schützen, kann die Landbesitzregistrierung, auch „zum Werkzeug schlechter Regierungsführung“[432] werden und dazu beitragen, dass sich Personen mit Verbindungen zur Politik und zu Behörden, Eigentumsrechte sichern, ohne auf die dort ansässigen Menschen Rücksicht zu nehmen. Schlimmstenfalls kann die – im Prinzip wichtige – Registrierung von Grundeigentum also Landraub begünstigen, wenn sie nicht offen, transparent und rechtmäßig vonstattengeht.

Staatliche Achtungs- und Schutzpflichten kommen weiterhin zum Tragen, wenn die natürlichen Nahrungsgrundlagen durch Verschmutzungen der Luft, des Bodens oder des Wassers mit giftigen Rückständen aus Bergbau, Industrie und Agrarexportanbau geschädigt oder zerstört werden oder wenn Lebensmittel durch schädliche Stoffe (Schwermetalle etc.), fehlende Hygiene oder unsachgemäße Handhabung an irgendeinem Punkt der langen Herstellungs- und Lieferkette von Nahrungsmittel in gesundheitsgefährdender Weise verunreinigt werden. Es gibt also einen menschenrechtlich begründeten Verbraucherschutz, der sich allerdings auf jene Eingriffe beschränken sollte, welche die Nutzung der Rechte auf Nahrung, sauberes Trinkwasser und Gesundheit ernsthaft beeinträchtigen. Empfehlungen des UN-Ausschusses für wsk-Rechte, die Bewerbung und den Vertrieb „ungesunder“ Genuss- und Nahrungsmittel zu untersagen, gehen hier zu weit, zumal Alkoholika bis *Fast Food* durchaus verbreitet und gesellschaftlich anerkannt sind. Allenfalls kann eine Schutzpflicht des Staates dergestalt bestehen, „dass er über Risiken und mögliche Folgen des Verzehrs bestimmter Lebensmittel aufklären muss“ (Engbruch 2008: 170).

In besonderen Fällen können sich die Schutzpflichten möglicherweise auch auf die Sicherstellung von Preisen für Nahrungsmittel und für Mittel, um Nahrungsmittel zu produzieren, beziehen, wenn diese für Teile der Bevölkerung nicht erschwinglich und damit die allgemeine Zugänglichkeit zu Nahrungsmitteln nicht mehr gegeben ist (vgl. Amnesty International/FIAN 2010: 37). Dabei ist allerdings zu beachten, dass politisch niedrig gehaltene Lebensmittelpreise zwar den Verbrauchern zugutekommen, möglicherweise aber negative Auswirkungen für kleinbäuerliche Produzenten von Grundnahrungsmitteln zeitigen, was es zu vermeiden gilt. Auch hat der Staat zudem Vorsorge dafür zu tragen, dass der Abschluss von Handelsabkommen nicht die Lebensgrundlagen von Kleinbäuerinnen und Kleinbauern bedroht (De Schutter 2011: Ziff. 8). Dies kann beispiels-

432 So Rogier van den Brink, Chefökonom der Weltbank, in einem Interview „Schlechte Regierungsführung verschärft Landkonflikte“ in: *SEF News*, Frühjahr/Sommer 2011, 4 f.

weise dann der Fall sein, wenn sich die Staaten zu massiven Zollsenkungen für landwirtschaftliche Produkte verpflichten und in der Folge durch Dumpingimporte die lokale Produktion zum Erliegen kommt. Problematisch kann auch der strikte Schutz geistiger Eigentumsrechte sein, wenn dadurch der Ankauf und die Weiterverwendung von Saatgut der Kleinbauern so sehr verteuert und erschwert werden, dass das Recht auf Nahrung gefährdet ist (vgl. auch Paasch 2011). Die Problematik verweist über die (territorialen) staatlichen Achtungspflichten hinaus auf die – später behandelten – internationalen Verpflichtungen aus dem Recht auf Nahrung.

Bliebe zu erwähnen, dass der Staat auch dann das Recht auf Nahrung verletzt, wenn er Menschen in staatlichem Gewahrsam angemessene Nahrung vorenthält oder nicht sicherstellt, dass in privat betriebenen Gefängnissen die Nahrungsversorgung gewährleistet ist. Die Ernährungslage in nicht wenigen Gefängnissen weltweit ist jedoch äußert prekär. Jean Ziegler zeigte sich beispielsweise auf seiner Brasilien-Mission im Jahre 2002 geradezu schockiert von der Ernährungslage in dortigen Gefängnissen.[433] Auch der UN-Ausschuss für wsk-Rechte weist im Rahmen des Staatenberichtsverfahrens immer wieder auf entsprechende Missstände hin, so etwa im Falle Madagaskars, um nur ein jüngeres, afrikanisches Beispiel zu nennen.[434] Wird Häftlingen gezielt Nahrung und Wasser verwehrt, dann kann auch eine Verletzung des Verbots der unmenschlichen und erniedrigenden Behandlung oder sogar der Folter vorliegen.

5.8.2 Das Recht auf Nahrung gewährleisten

Ebenso wenig wie andere sozialen Menschenrechte fordert das Recht auf Nahrung einen allumsorgenden Versorgungsstaat. Doch muss der Staat aktiv darauf hinwirken, den Menschen den Zugang zu angemessener Nahrung und die Nutzung von Ressourcen und Mitteln dergestalt zu ermöglichen, dass sie sich selbst mit Nahrungsmitteln versorgen können, und zwar unter menschenwürdigen Bedingungen, worunter gewiss nicht die Nahrungssuche auf Mülldeponien oder in Abfallkörbern fällt (Engbruch 2008: 165). Der Artikel 11 Abs. 2 des UN-Sozialpakts weist hierbei bereits Maßnahmen aus, die auf die Erzeugung, Haltbarmachung und Verteilung von Nahrungsmitteln abzielen.

Bezüglich der Gewährleistungspflichten besteht eine der Hauptaufgaben des Staates darin, eine nationale Strategie zur Nahrungsmittel- und Ernährungssicherung zu entwickeln. Diese soll zum einen präventive Maßnahmen beinhalten, die verhindern, dass Menschen, die momentan noch über Zugang zu ausreichender,

433 E/CN.4/2003/54/Add. 1, 3. Januar 2003, Ziff. 45.
434 E/C.12/MDG/CO/2, 16. Dezember 2009, Ziff. 28.

angemessener Nahrung verfügen, diesen verlieren. Zum andern umfasst sie auch Hilfsmaßnahmen für Not leidende oder in Not geratene Menschen. Immer dann, „wenn eine Einzelperson oder eine Gruppe aus Gründen, auf die sie keinen Einfluss hat, nicht in der Lage ist, das Recht auf angemessene Nahrung mit den ihr zur Verfügung stehenden Mitteln wahrzunehmen, hat der Staat die Pflicht zur unmittelbaren Gewährleistung diese Rechts (Bereitstellung).“[435] Davon erfasst sind nicht zuletzt Betroffene natürlicher oder menschlich erwirkter Katastrophen, die sich nicht mehr hinreichend ernähren können.

Selbst Staaten, deren Ressourcen äußerst knapp sind, müssen Maßnahmen ergreifen, um sicherzustellen, dass auch und gerade diejenigen Menschen, deren Ernährungslage unsicher oder prekär ist, ihr Recht auf Nahrung nutzen können. Dementsprechend nimmt der UN-Ausschuss für wsk-Rechte selbst bettelarme Staaten – wie etwa den Tschad[436] – in die Pflicht, Programme aufzulegen, die insbesondere benachteiligten, marginalisierten und gefährdeten Menschen und Gruppen den Zugang zu einer Grundversorgung mit Nahrungsmitteln ermöglichen. Unter- und Mangelernährung solcher Bevölkerungsgruppen sind demgemäß ein Dauerthema in der Berichtspraxis des Ausschusses (Engbruch 2008: 180). Sofern ein Staat geltend macht, dass ihm nicht möglich sei, hungernden und unterernährten Menschen den Zugang zu Nahrung zu verschaffen, muss er nachweisen, alle Anstrengungen unternommen und alle ihm zu Gebote stehenden Mittel genutzt zu haben, um diesen Mindestverpflichtungen vorrangig nachzukommen. Unterlässt er dies, macht er sich letztlich einer Verletzung des Rechts auf Nahrung schuldig.[437]

Die Pflicht, eine Grundversorgung sicherzustellen, gilt erst recht für wohlhabendere Staaten. Aus menschenrechtlicher Sicht lässt sich daher durchaus problematisieren, dass beispielsweise ein so reiches Schwellenland wie Indien den Hunger im eigenen Lande nicht besiegt.[438] Der ZEIT-Journalist Georg Blume (2011: 21) bezeichnete es als einen der „größten Menschenrechtsskandale“, dass seit Beginn der Wirtschaftsreformen im Jahr 1991 rund 40 Millionen Kinder in Indien gestorben seien. (Dabei führt er die hohe Kindersterblichkeit überwiegend auf Unterernährung zurück). Indien sei ein reiches Land, das alle Mittel hätte, seine

---

435 E/C.12/1999/5, 12. Mai 1999, Ziff. 15, gemäß der deutschen Übersetzung in: DIMR 2005: 255.

436 E/C.12/TCD/CO/3, 16. Dezember 2009, Ziff. 25.

437 Vgl. E/C.12/1999/5, 12. Mai 1999, Ziff. 17.

438 Der Welthungerindex 2011 weist die Lage in Indien nach wie vor als „sehr ernst“ aus. Der Index setzt sich zusammen aus Daten zu: Unterernährung der Bevölkerung, kindliche Unterernährung und Kindersterblichkeit; abrufbar unter: www.ifpri.org; www.welthungerhilfe.de (letzter Zugriff: 15. April 2012).

Kinder und den Rest der Bevölkerung zu ernähren, wenn die Regierungen die Hungerbekämpfung priorisierten und die staatlichen Hilfsprogramme funktionierten. Offenbar mangelt es an hinreichend nationalem wie internationalem Druck auf das prosperierende Indien, das Menschenrecht auf Nahrung konsequent umzusetzen. Ein Lichtblick stellt immerhin die *Right to Food Campaign* eines indischen Netzwerkes aus Gewerkschaften, Selbsthilfegruppen, *grassroot*-Organisationen und engagierten Juristen dar. Die Kampagne bezieht sich auf die Rechtsprechung des Obersten Gerichtshofes in Indien, namentlich den bekannten *„Right to Food Case"* aus dem Jahre 2001: Die damaligen Beschwerdeführer sahen in dem Umstand, dass im nordöstlichen Bundesstaat Rajasthan die Menschen an Hunger starben, während staatliche Getreideüberschüsse für (offiziell ausgerufene) Hungersnöte zurückgehalten wurden, das Recht auf Nahrung, abgeleitet aus dem Recht auf Leben, verletzt. Das Gericht gab ihnen Recht und ordnete an, die Getreidevorräte zu verwenden und Speisungsprogramme durchzuführen.[439] In der Folge seien, so Patnaik (2011b), hunderte Gerichtsurteile ergangen, welche Schulspeisungen und Sozialprogramme betrafen. Mit dem *National Food Security Act 2011* wurde schließlich ein „Recht-auf-Nahrung-Gesetz" (Baski 2012: 117) erarbeitet, das eigentlich 2012 verabschiedet werden sollte. Der Gesetzentwurf sieht u.a. vor, dass subventionierte Nahrungsmittel zu sehr niedrigen Preisen an bedürftige Haushalte vergeben werden.

Auch beim Recht auf Nahrung haben die Staaten wohlgemerkt einen großen Handlungsspielraum, wie sie ihren Gewährleistungspflichten nachkommen. Dazu steht ihnen eine große Vielfalt an Maßnahmen zur Verfügung, die sich unter den jeweiligen nationalen wie internationalen Bedingungen standortspezifisch bewähren müssen. Nun ist die Strategie einer reinen Selbstversorgung mit Nahrungsmitteln menschenrechtlich nicht unbedingt geboten (und auch nicht überall möglich). Lebensmittelimporte können also durchaus eine wichtige ergänzende Funktion bei der Ernährungssicherung einnehmen. Dennoch ist es, zumal bei sprunghaft steigenden Nahrungsmittelpreisen auf dem Weltmarkt, für gewöhnlich sinnvoll, in einkommensschwachen Nahrungsmitteldefizitländern die Eigenproduktion von Nahrungsmitteln zu steigern, und zwar auf eine Art und Weise, dass hiervon die Kleinbäuerinnen und Kleinbauern vor Ort profitieren.

In diesem Sinne ist der über Jahrzehnte hinweg von ausländischen Gebern wie nationalen Regierungen vernachlässigte Grundnahrungsmittelsektor zu fördern, der vielerorts in einem harten, ungleichen Verdrängungswettbewerb mit Agrarex-

439 *People's Union for Civil Liberties v. Union of India and others,* Supreme Court of India, Civil Original Jurisdiction, Writ Petition (Civil) No. 196/2001.

porten, extraktiven Industrien oder auch großen Infrastrukturprojekten steht und durch staatliche Preisbindungen für Lebensmittel, hohe Kredithürden, unsichere Land(nutzungs)rechte sowie unzulängliche Lagerungs-, Transport und Vermarktungsmöglichkeiten oft noch zusätzlich behindert wurde oder wird. Trotz des wiedererwachten Interesses an ländlicher Entwicklung und an der Produktion von Grundnahrungsmitteln entbehrt die für die Ernährungssicherung armer Menschen und die „Ernährungssouveränität" in Entwicklungsländern so wichtige kleinbäuerliche Landwirtschaft kräftiger Impulse. Umso eindringlicher wird inzwischen, bezugnehmend auf das Recht auf Nahrung, gefordert, die kleinbäuerliche Landwirtschaft zu fördern.[440]

Viele Entwicklungs- und Schwellenländern, ganz besonders in Lateinamerika,[441] weisen zudem eine extrem ungerechte Landverteilung aus. Dort können umverteilende Agrarreformen ein wichtiger Bestandteil der Bekämpfung von Hunger sein. Denn landlose und landarme *campesinos* benötigen vor allem eine Parzelle Land, von der sie sich selbst und in Würde ernähren können. Landverlust und eine ausprägte Landkonzentration in den Händen Weniger bedrohen traditionell die Existenzgrundlage der gemeinschaftlichen oder kleinbäuerlichen Landwirtschaft und gelten als eine der zentralen Ursachen für den Hunger auf dem Lande. *FIAN International* hat gemeinsam mit ihren Partnern – wie *La Vía Campesina*, einem Netzwerk von *campesinos*, Landarbeiter/innen und indigenen Gemeinschaften – schon früh umverteilende Agrarreformen als zentralen Schritt bei der Umsetzung des Rechts auf angemessene Nahrung ausgewiesen, ebenso wie später der UN-Sonderberichterstatter zum Recht auf Nahrung[442], der UN-Ausschuss für wsk-Rechte sowie die FAO in ihren Richtlinien zum Recht auf Nahrung. In Brasilien waren Landreformen sinnvollerweise Bestandteil des *Fomo Zero*-Programms, mit dem der Hunger im Land bekämpft wurde (vgl. Oxfam 2010, da Silvia et al. 2011).

Wichtig ist allerdings, dass die Agrarreformen auch tatsächlich der ländlichen Bevölkerung nachhaltig zugutekommen. Notwendig hierfür ist der rechtlich gesicherte Zugang zu Agrarland, Wasser und Saatgut für die kleinbäuerliche Landwirtschaft, aber auch die Vergabe günstiger Kredite, entsprechende Ausbildung sowie angemessene Lagerungs-, Transport- und Vermarktungsmöglichkeiten.

---

440 Vgl. etwa die öffentliche Anhörung zum Thema „Welternährung" des Ausschusses für Ernährung, Landwirtschaft und Verbraucherschutz des Deutschen Bundestages am 4. April 2011; einsehbar unter: www.bundestag.de (letzter Zugriff: 3. März 2012).

441 Ingrid Wehr (2011: 10) führt diesbezüglich Frankemas Top-20-Liste der Staaten mit der höchsten Ungleichheit von Landbesitz an, unter denen sich allein 16 lateinamerikanische Staaten befinden.

442 E/CN.4/2001/53, 7. Februar 2001, Ziff. 29; A/HRC/13/33/Add. 6, 19. Februar 2009, Ziff. 40-42.

Ohne Umverteilungseffekte „nach unten" können Agrarreformen eine ungleiche Landverteilung festschreiben oder verstärken, weil Kleinbauern – im Unterschied zu finanzkräftigen Investoren – nicht immer über das Wissen und die Ressourcen verfügen, um Landbesitztitel zu erwerben oder zu sichern. Olivier De Schutter warnt hier vor einer *„counter-agrarian reform"*.[443] Ohne unterstützende Begleitmaßnahmen besteht zudem die Gefahr, dass das umverteilte Land nicht wirklich existenzsichernd, produktiv und dauerhaft bewirtschaftet wird.

Menschenrechtlich bedeutsam ist zudem, dass Landreformen auch darauf abzielen können, begangenes Unrecht rückgängig zu machen und die Landnutzungsrechte zuvor diskriminierter Bevölkerungsgruppen zu stärken. Deutlich wird dieser Ansatz beispielsweise bei den Landreformen in der Republik Südafrika, wo es gerade auch darum ging, das Unrecht der Apartheid zu revidieren.[444] Die in den 1990er Jahren eingeleiteten Landreformen beruhten dementsprechend auf drei Pfeilern: 1. der *land restitution*, also der Landrückgabe (oder, was weit häufiger vorkam, monetären Entschädigungen) an betroffene Personen oder Gemeinden, die bereits auf Grundlage des *Native Land Acts* von 1913 und später im Rahmen der Apartheid enteignet oder zwangsumgesiedelt worden waren (und dies auch belegen konnten); 2. der *land redistribution*, also der Landumverteilung: Zu diesem Zweck gewährte der Staat „nicht-weißen" Bevölkerungsgruppen günstige Kredite und Zuschüsse zum Landkauf oder gab vom Staat angekauftes Land günstig an diese ab; 3. die *tenure reform*, welche die Landrechte von Farmarbeitern sichern bzw. ausweiten und den privaten und gemeinschaftlichen Landbesitz in den ehemaligen *homelands* neu regeln sollte. Schon rasch wurden freilich Probleme offenkundig[445]: Zum einen ging die Landvergabe nur schleppend voran und barg die Umverteilung privaten und die Neuregelung kommunalen Landbesitzes erhebliche Konflikte; zum anderen wurde das verteilte Land häufig nicht erfolgreich bewirtschaftet.

---

443 So in einer Presseerklärung vom 21. Oktober 2010: *„Pressure on farmland is increasing at an unprecedented rat", warns new UN report.* (http://www2.ohchr.org/english/issues/food/index.htm).

444 Vgl. von Soest/Cholet (2006), Gibson (2009), Kleinbooi (2010) sowie differenziert: Walker et al. (2010).

445 Beim Amtsantritt Nelson Mandelas im Jahre 1994 besaßen etwa 60.000 „weiße" Farmer rund 86 Prozent der landwirtschaftlichen Nutzfläche. Von dem staatlichen Agrarland wiederum befand sich mehr als die Hälfte in den ehemaligen *homelands* mit teils komplizierten, kommunalen Landbesitz- und Nutzungsrechten (von Soest/Cholet 2006: 2 f.). Von den anvisierten 30 Prozent kommerziellem Farmland (ca. 24.6 Mio. Hektar) wurden bis März 2009 erst 5,2 Prozent (5,3 Mio. Hektar) durch die Landreformen insgesamt übertragen (Kleinbooi 2010: 43).

Die schleppende Umsetzung der politisch freilich lange Zeit nur halbherzig vorangetriebenen Landreformen in Südafrika zeigt, neben vielen anderen Schwierigkeiten, dabei auch die Grenzen marktgestützter Landreformen nach dem Prinzip „williger Käufer, williger Verkäufer" *(willing buyer, willing seller)* auf. Erschwert wurde die Umverteilung durch hohe Bodenpreise, erfolglose Entschädigungsverhandlungen oder dem Unwillen der Farmer, Land zum Verkauf freizugeben. Andererseits kam es zu Auswüchsen von Gewalt, nicht zuletzt gegenüber den Farmern. Die immer wieder erhobenen Forderungen, von dem Prinzip der Freiwilligkeit abzurücken, mündeten 2008 in den Entwurf eines Entschädigungsgesetzes, der im Land eine große Kontroverse entfachte und im letzten Moment vor der Verabschiedung im Parlament zurückgezogen wurde.[446] Tatsächlich sind Zwangsenteignungen auch aus menschenrechtlicher Sicht stark begründungsbedürftig und müssen in menschenrechtskonformer Weise durchgeführt werden, was für gewöhnlich Entschädigungen einschließt. Das repressive, willkürliche Gegenmodell sind die Vertreibungen und Enteignungen von Farmern unter dem späten Diktator Mugabe in Zimbabwe, die mit schweren Menschenrechtsverletzungen einhergingen.

Die Umsetzung des Rechts auf Nahrung zielt letztlich auf die Beseitigung von Hunger weltweit ab. Angesichts fast einer Milliarde chronisch unterernährter Menschen scheint große Skepsis angebracht, dass sich das Ziel erreichen lässt. Und doch: Der „Mythos des Hungers"[447] wurde schon längst entlarvt. Chronische Unterernährung ist von Menschen (mit-) verursacht und könnte von ihnen beseitigt werden, ist also kein unüberwindbares Schicksal, zumindest dann nicht, wenn dessen Überwindung tatsächlich eine vordringliche und mit Nachdruck verfolgte Aufgabe der Staaten und der internationalen Gemeinschaft werden würde – ganz im Sinne des Leitspruchs *„Food First"*, den die Menschenrechtsorganisation FIAN im Namen trägt. Dabei steht auch der „reiche Norden" in der Verantwortung, auf die wir im Falle des Rechts auf Nahrung zur Veranschaulichung etwas ausführlicher als bei anderen Rechten eingehen.

---

446 Die südafrikanische Verfassung (Art. 25 Abs. 2) eröffnet die Möglichkeit von Enteignungen im öffentlichen Interesse; entsprechende Entschädigungen werden ausgehandelt oder per Gericht entschieden.

447 So der deutschsprachige Titel des Bestsellers von Joseph Collins und Frances Moore Lappé: „Vom Mythos des Hungers. Die Entlarvung einer Legende: Niemand muss hungern" (Frankfurt/M. 1980), im: Original: *„Food First – Beyond the Myth of Scarity"* (San Francisco 1977).

5.8.3 Internationale Dimensionen

In seinem Allgemeinen Kommentar zum Recht auf Nahrung weist der UN-Ausschuss für wsk-Rechte auf internationale Verpflichtungen und die große Bedeutung der internationalen Zusammenarbeit hin. Demnach sind die Staaten angehalten, gemeinsam und einzeln darauf hinwirken, das Recht voll zu verwirklichen. „Bei der Erfüllung dieser Verpflichtung sollen die Vertragsstaaten Schritte unternehmen, um die Wahrnehmung des Rechts auf Nahrung in anderen Ländern zu achten, dieses Recht zu schützen, den Zugang zu Nahrung zu erleichtern und erforderlichenfalls die notwendige Hilfe leisten.“[448] Darüber hinaus nimmt der Ausschuss die gesamte Staatengemeinschaft und ihre internationalen Organisationen in die Pflicht, ihren Beitrag zur Erfüllung des Rechts zu leisten – und nicht selbst das Recht zu verletzen. Negative Auswirkungen zeitigten in den vergangenen Jahrzehnten indes Wirtschaftsembargos, Billigausfuhren, Handels- und Agrarliberalisierungen, großflächige Landnahmen *(land grabbing)*, Spekulationen mit Nahrungsmitteln oder auch die Patentierung von Saatgut. Selbst Nahrungsmittelhilfe kann menschenrechtliche Probleme aufwerfen. Gehen wir kurz auf diese Punkte ein.

Aus Sicht des UN-Ausschusses für wsk-Rechte sind Nahrungsmittelembargos oder ähnliche Maßnahmen zu unterlassen, welche die Nahrungsmittelerzeugung beeinträchtigen und den Zugang zu Nahrungsmittel gefährden. Indes haben Wirtschafts- und Handelsembargos immer wieder die notleidende Bevölkerung vor Ort getroffen. Jean Ziegler kritisierte in diesem Sinne beispielsweise das UN-Wirtschaftsembargo in den 1990er Jahren gegen den Irak: *„There can be little doubt that the Security Council, in subjecting the Iraqi people to a harsh economic embargo since 1991, is in clear violation of its obligation to respect the right to food of people in Iraq.“*[449] Auch in dem US-Embargo gegen Kuba sah Ziegler einen Verstoß gegen das menschenrechtliche Verbot, Nahrung als Waffe einzusetzen.[450] Ungeachtet der strittigen Beurteilung der beiden Fälle, ist es menschenrechtlich zweifelsohne geboten, etwaige Embargos kritisch auf ihre Folgen für die Nutzung des Rechts auf Nahrung (und anderer Menschenrechte) zu prüfen.

Der Streit um Nutzen und Schaden von Nahrungsmittelhilfe ist schon nahezu ein Klassiker in der Entwicklungsdebatte. Angesichts positiver wie negativer Erfahrungen hat sich die Erkenntnis durchgesetzt, dass internationale Nahrungsmittelhilfen (auch menschenrechtlich) geboten sein können, dass es aber ent-

448 CESCR E/C.12/1999/5, 12. Mai 1999, Ziff. 36, gemäß der Übersetzung in: DIMR (2005: 261).

449 E/CN.4/2001/53, 7. Februar 2001, Ziff. 31.

450 E/CN/.4/2003/54, 10. Januar 2003, Ziff. 30.

scheidend auf ihre Durchführung ankommt. Dies hat auch der UN-Ausschuss für wsk-Rechte erkannt: „Nahrungsmittelhilfe soll so weit wie möglich in einer Weise gewährt werden, die sich nicht nachteilig auf die örtlichen Produzenten und die lokalen Märkte auswirkt, und sie soll dergestalt organisiert werden, dass sie ihren Nutznießern erleichtert, sich später selbst zu versorgen.“[451] Aus Sicht des Rechts auf Nahrung ist also sicherzustellen, dass internationale Nahrungsmittelhilfen, sofern notwendig, nicht (noch) funktionierende lokale Märkte beeinträchtigen und dadurch die Möglichkeiten einer künftigen Selbstversorgung gefährden. Der Ankauf von Lebensmitteln in dem betroffenen Land oder der Region kann solche Probleme vermeiden helfen (so auch Dieckmann 2011: 6).

Früh in der Kritik stand weiterhin die hochsubventionierte Überproduktion in der EU, die lange Zeit die Weltmarktpreise für Lebensmittel drückte und zu Billigimporten von Nahrungsmitteln in Entwicklungsländern führte, wo einheimische Kleinproduzenten vom Markt verdrängt wurden (Fritz 2008: 7 f., Reichert 2011). Jean Ziegler (2009: 8) zufolge zahlten im Jahre 2008 die Industrieländer zusammen rund 350 Mrd. US-Dollar an Produktions- und Exportsubventionen an ihre Bauern – mit der Folge, dass konkurrenzlos billige Agrarprodukte aus Europa afrikanische Märkte überschwemmten und den einheimischen Bauern die Existenzgrundlagen raubten. Ulrich Hoffmann (2011: 7) verweist auf Studien der FAO und des *South Centre*, denen zufolge es von 1980 bis 2000 und von 2004 bis 2007 jeweils etwa 10.000 Fälle nachgewiesener „Importfluten“ zu Dumpingpreisen in über 100 Entwicklungsländern gegeben habe – mit teils drastischen Folgen. Für Ghana ist beispielsweise belegt, wie billige Geflügelteile aus den Niederlanden, Frankreich, Belgien, Deutschland und Brasilien, Tomatenpaste aus Italien und China sowie Reis aus den USA, Thailand und Vietnam die Märkte überschwemmten, dadurch einheimische Kleinbauernfamilien ihrer wichtigsten Einkommensquelle beraubten – und so Armut und Hunger produzierten (Paasch 2008b).

Die Folgen von Dumping-Importen waren und sind umso gravierender, als viele afrikanische Länder im Rahmen internationaler Kreditauflagen oder Handelsabkommen, gerade auch seitens der Europäischen Union, dazu gezwungen wurden, den Handel und ihre Agrarmärkte zu liberalisieren. Dem Konkurrenz- und Preisdruck ausländischer Importsteigerungen und „Importfluten“ konnten und können viele Kleinbauern nicht standhalten, zumal dann nicht, wenn vor Ort öffentliche Preis- und Abnahmegarantien abgeschafft und der Zugang zu Land, Wasser, Saatgut, Beratungsleistungen und Krediten zunehmend privatisiert wurde. Anhand konkreter Fallstudien zeigten etwa Armin Paasch, Frank Gabers

451 E/C.12/1995/5, 12. Mai 1999, Ziff. 39.

und Thomas Hirsch solche Zusammenhänge exemplarisch für Reisbauern in Ghana, Honduras und Indonesien auf und kamen zu dem Schluss, dass Liberalisierungen des Handels und des Agrarsektors ganz wesentlich zur Verletzung des Menschenrechts auf angemessene Nahrung der dortigen Reisbauerfamilien beitrugen.[452] Auch Ulrich Hoffmann (2011: 7) empfiehlt u.a. gerechtfertigte Schutzmöglichkeiten in Entwicklungsländern zuzulassen, anstatt auf einer forcierten Marktöffnung zu bestehen.[453]

Selbst der postulierte Zusammenhang zwischen Liberalisierung und niedrigen Lebensmittelpreisen, von denen vorderhand in den Städten, aber auch auf dem Land Verbraucher/innen profitieren könnten, erwies sich als trügerisch und verkehrte sich angesichts der massiven Preissteigerungen seit 2007 in sein Gegenteil. Denn deutlich wurde, „dass sich internationale Preissteigerungen dort am stärksten in heimischen Verkaufspreisen niederschlagen, wo die eigene Produktion zugunsten von Importen aufgegeben wurde, wo also die Importabhängigkeit am größten ist" (Paasch 2008a: 107). Zugleich wurde offensichtlich, dass die Trendumkehr zu steigenden Preisen allein nicht ausreicht, um die Nahrungsmittelproduktion durch Kleinbauern wieder nachhaltig anzukurbeln, solange die entsprechenden Rahmenbedingungen, wie der gesicherte Zugang zu Land, Produktionsmitteln, Krediten und Märkten, fehlen und die kleinbäuerliche Landwirtschaft einem massiven Verdrängungswettbewerb ausgesetzt ist, der von außen forciert wird.

Die exorbitanten Preissteigerungen der vergangenen Jahre waren für alle Lebensmittel importierenden Staaten ein Schock – und lösten einen weltweiten Wettlauf um fruchtbare Böden und Wasserressourcen aus. Wirtschaftlich potente Staaten aus dem Nahen Osten, aus Nordafrika sowie aus Südasien und Fernost verstärkten ihre Bemühungen, sich mittels langfristiger Pachtverträge Zugang zu fruchtbarem Agrarflächen im Ausland, gerade in Afrika, für *„Offshore Farming"* zu verschaffen, um die Ernährungssicherheit im eigenen Lande zu gewährleisten. Die kleine, nicht-staatliche Organisation GRAIN veröffentliche 2008 einen viel beachteten Bericht *„The 2008 land grabbers for food and financial security"*, der aufzeigte, aus welchen Ländern Regierungen sowie verstärkt auch Unternehmen großflächige Landübernahmen verhandelten oder vollzogen hatten.[454] So ent-

452 Paasch et al. (2007), Paasch (2008a, 2011).

453 Stellungnahme, öffentliche Anhörung zum Thema „Welternährung" des Ausschusses für Ernährung, Landwirtschaft und Verbraucherschutz des Deutschen Bundestages am 4. April 2011; Ausschussdrucksache 17(10)451-A.

454 Siehe www.grain.org und farmlandgrab.org, die auch aktuelle Informationen zu Landübernahmen enthalten (letzter Zugriff: 1. Oktober 2012).

deckten in den vergangenen Jahren gerade kapitalstarke, private Investoren Land als vielversprechende Investitionsanlage und kauften riesige Ländereien auf. Eine im April 2012 eröffnete Website und ein entsprechender Bericht von *Land Matrix* zeigen, dass die großflächigen Landnahmen ausländischer Investoren – teils staatliche Unternehmen, mehrheitlich aber private Konzerne und Investitionsfonds – kein kurzlebiges Phänomen sind, auch wenn der Ansturm auf Land *(„global land rush")* im Jahr 2009 einen ersten Höhepunkt erreichte.[455]

Verstärkt wird die „Gier nach Land"[456] durch die massiv angestiegene Nachfrage nach den aus Nahrungs- und Futterpflanzen gewonnenen Biokraftstoffen. Beimischungsquoten in den USA und der Europäischen Union versprechen hohe Profite für private Investoren. Inzwischen sei ein Großteil der an ausländische Investoren übertragenen Ländereien für den Anbau von Pflanzen für Agrartreibstoffe vorgesehen, kritisiert FIAN.[457] Im März 2012 legte das Netzwerk *EuropAfrica* (2012) der Europäischen Kommission eine von *FIAN* erstellte Studie vor, die zu dem Ergebnis kam, dass die E10-Bemischung von Agrartreibstoffen zu Vertreibungen und Hunger in Afrika führte. Die EU und die Bundesregierung trügen zur Verletzung des Rechts auf Nahrung bei, förderten riesige Agrarplantagen und konterkarierten ihre eigenen entwicklungspolitischen Anstrengungen, Kleinbauern zu fördern und Hunger zu bekämpfen, kritisierte *FIAN Deutschland* in einer Presserklärung vom 1. März 2012. Asbjørn Eide (2008: 43) verneint freilich, zumindest aus Sicht des bestehenden Völkerrechts, die Frage, ob die EU und möglicherweise auch die USA das Recht auf Nahrung verletzt hätten, weil sie als die *„main drivers for liquid biofuel"* letztlich die Landinvestitionen beförderten. Bei anhaltender oder sich ausweitender Produktion von Agrartreibstoffen hätten die OECD-Staaten jedoch die Pflicht zur Kooperation, um ein gemeinsames globales Sicherungsnetz zu errichten und zu unterhalten (ebd.: 44).

---

455 Siehe: www.landportal/info/landmatrix (letzter Zugriff: 1. Oktober 2012) sowie den Bericht (Anseeuw et al. 2012). Land Matrix wird unterstützt von der *International Land Coalition* (ILC), dem *Centre for Development and Environment* (CDE), CIRAD, dem *German Institute of Global and Area Studies* (GIGA) sowie der *Deutschen Gesellschaft für Internationale Zusammenarbeit* (GIZ).

456 So der Titel der entsprechenden Themenausgabe von südostasien, Nr. 1/2012, sowie von contacts, Nr. 1/2011, die von der Arbeitsgemeinschaft für Entwicklungshilfe (AGEH) herausgegeben wird und den Zusammenhang zwischen land grabbing und Biokraftstoffen behandelt.

457 FIAN-Deutschland, Presseerklärung vom 12. April 2011: „Globale Landnahme eskaliert – Agrosprit wichtigster Schmierstoff der Landnahmen". Die Erklärung bezieht sich auf eine internationale Expertenkonferenz, die unter www./future-agricultures.org/landgrab.html dokumentiert ist (Zugriff: 15. Dezember 2011).

Obwohl große Landakquisitionen und Investitionen auch positive Wirkungen auf die ländliche Entwicklung zeitigen können (vgl. etwa Büntrup 2011), ist der bisherige Modus der großflächigen, intransparenten und sozial exkludierenden Landnahmen über die Köpfe benachteiligter Bevölkerungsgruppen hinweg, die von Hunger bedroht oder betroffen sind, dennoch menschenrechtlich kritisierbar. Vorderhand sind die Landnahmen zwar oft legal, indem Landbesitztitel und (meist sehr langfristige) Pachtrechte vergeben werden. Der Sache nach sind sie aber häufig äußerst fragwürdig, weil bestehende kommunale oder private Landnutzungsrechte ignoriert, verändert oder ohne die freie, vorherige und informierte Zustimmung der betroffenen Bauern und Gemeinden zwischen Investoren und staatlichen Funktionsträgern ausgehandelt und vergeben wurden. Dabei werden immer wieder Menschen unter Androhung oder Anwendung von Gewalt vertrieben und soziale Proteste repressiv unterdrückt. Sofern Entschädigungen gezahlt werden, sind diese sehr niedrig. Auch gibt es kaum Belege für nachhaltige Beschäftigungseffekte (vgl. auch Anseeuw et al. 2012). Problematisch ist schließlich, dass mit den Landnahmen eine beispiellose Konzentration der Kontrolle von Land und Wasser in den Händen weniger globaler „*Player*" einhergeht. Diese treiben eine kapitalintensive, hochtechnologisierte, monokulturell betriebene und vielfach gentechnisch veränderte (und patentrechtlich geschützte) Agrarexportproduktion voran, die wenigen globalen Anlegern zugutekommt, aber die Existenzgrundlage der einheimischen bäuerlichen Landbevölkerung bedrohen kann – sei es direkt, weil die Landnahmen mit Landvertreibungen einhergehen, sei es indirekt, weil Kleinbauern dem Verdrängungswettbewerb nicht standhalten können. Auf dem Weltsozialforum 2011 in Dakar startete bezeichnenderweise ein breites Bündnis von Bauernorganisationen, NGOs und kirchlichen Organisationen einen globalen Aufruf gegen Landraub.[458]

458 www.petitiononline.com/dakar/petition.html (letzter Zugriff: 16. März 2012).

Dakar-Erklärung gegen Landraub – Forderungen in Stichworten

Einige Forderungen von Bauernorganisationen, NGOs, religiösen Organisationen und sozialen Bewegungen auf dem Weltsozialforum 2011 in Dakar an Parlamente, Regierungen, internationale Organisationen und die Staatengemeinschaft – in Stichworten:

- Keine großflächigen Landtransaktionen!
- Rückgabe des geraubten Landes!
- Keine Unterdrückung und Kriminalisierung von Landbewegungen!
- Unter Einbeziehung der Betroffenen Landnutzungsrechte effektiv anerkennen und regulieren!
- Gerechte Agrarreformen und ländliche Entwicklung zum Wohle aller beleben!
- Menschenrechte dem internationalen Handel und Investitionen überordnen!
- Investitionen in bäuerliche, familienbasierte und ökologische Landwirtschaft anstatt in Landausverkauf und Agrobusiness!

Quelle: Dakar-Erklärung gegen Landraub; deutsche Übersetzung in: FoodFirst, 1/2011, 15

Auch der UN-Ausschuss für wsk-Rechte, vor allem aber der UN-Sonderberichterstatter zum Recht auf angemessene Nahrung, Olivier De Schutter, haben verschiedentlich auf die menschenrechtlichen Probleme hingewiesen, die mit Landnahmen durch fremde Regierungen und ausländische Investoren einhergehen können. Die Empfehlungen und Forderungen richten sich zwar vorrangig an die jeweiligen Regierungen, nehmen aber auch ausländische Regierungen und Investoren in die Pflicht, das Recht auf Nahrung zu achten und zu schützen. Die neuen „Freiwilligen Leitlinien für die Nutzung von Land, Fischgründen und Wäldern" (2012) geben hier konkrete, menschenrechtsbasierte Anleitungen, wie sich die Nutzung im Sinne der Ernährungssicherheit verbessern lässt.

Weithin kritisiert werden auch – von Warentransaktionen losgelöste – Finanzspekulationen mit agrarischen Rohstoffen auf liberalisierten Rohstoffterminmärkten. Die exzessive und wachsende Beteiligung von Finanzakteuren an Rohstoffmärkten war in den vergangenen Jahren mitverantwortlich für die massiven, sprunghaften Preissteigerungen für viele Nahrungsmittel und trug zu einer Verschärfung der Hungerproblematik in Nahrungsmittel importierenden Ländern bei. Die Kritik fällt entsprechend deutlich aus. „Die Hungermacher" überschrieb *FoodWatch* (2011) eine in deutschen Medien vielbeachtete Studie zu Spekulationen mit Agrarrohstoffen durch Investmentbanken. Jean Ziegler (2009: 11) beklagte gar: „Wer mit Grundnahrungsmitteln spekuliert, tötet Kinder." Es sei nicht nur ethisch unverantwortbar, auf Kosten hungernder Menschen Finanzgeschäfte zu tätigen, es verletze auch in gravierender Weise das Menschenrecht auf Nahrung, stellte Rafaël Schneider (2011: 2 f.) von der *Deutschen Welthungerhilfe* bei einer öffentlichen Anhörung zum Thema „Spekulationen mit agrarischen Rohstoffen" des Bundestagausschusses für Ernährung, Landwirtschaft und Verbraucherschutz des Deutschen Bundestags am 27. Juni 2011 fest, und verwies auf die staatliche Pflicht, Investoren einen klaren, verbindlichen Handlungsrahmen vorzugeben, um das Menschenrecht auf Nahrung zu schützen.

Eine weniger beachtete Problematik besteht darin, dass globale Agrar- und Saatgutproduzenten mir ihrer Marktmacht weltweit die Märkte mit patentierten Saatgutsorten versorgen und zugleich traditionelles, aber ungeschütztes Saatgut und Wissen zu patentieren versuchen. Verbunden mit dem patentrechtlichen Schutz durch das Welthandelsrecht und Verpflichtungen zum Schutz geistiger Eigentumsrechte in Freihandelsabkommen, nicht zuletzt der EU, kann dies die freie Verfügbarkeit von Saatgut einschränken, die als wichtige Voraussetzung für die Sicherung des Rechts auf Nahrung gilt. Bislang sei es gängige Praxis unzähliger Bäuerinnen und Bauern in Entwicklungsländern, von ihrer Ernte ausreichend eigenes oder zuvor erworbenes kommerzielles Saatgut für die nächste Aussaat zurückzuhalten, es per Auslese weiterzuentwickeln und den eigenen Anforderungen und den sich verändernden Umweltgegebenheiten anzupassen, schreibt Paasch (2011: 153). Wenn Weiterentwicklung, Tausch und Wiederverkauf verboten werden und die bislang kostengünstige Wiederaussaat unterbunden oder verteuert wird, erhöhen sich unweigerlich die Produktionskosten, steigt die Abhängigkeit von den Preisvorgaben globaler Saatgutkonzerne und wird die biologische Vielfalt eingeschränkt, die Kleinbauern und Kleinbäuerinnen einen gewissen Krisenschutz bietet.

5.8.4 Die Verbundenheit mit anderen Menschenrechten

Der UN-Ausschuss für wsk-Rechte erklärte bereits in seinem Allgemeinen Kommentar Nr. 12, dass das Recht auf angemessene Nahrung für die Verwirklichung anderer Menschenrechte unerlässlich sei. Bereits auf den ersten Blick ergeben sich engste Bezüge zu den Rechten auf Leben und auf Gesundheit, zu deren Umsetzung eine ausgewogene und ausreichende Ernährung unabdingbar ist. Das Recht auf Nahrung ist daher von ganz grundlegender Natur und Teil des Schutzes der menschlichen Existenz (Kälin/Künzli 2008: 307 f.), gerade auch von Müttern und Kindern (Bellows et al. 2011: 27). Eng ist auch der Zusammenhang zu den Rechten auf Wasser und angemessene Unterkunft, da für die Aufbewahrung und Zubereitung von Nahrung sowohl Trinkwasser als auch die entsprechenden Lagerungs- und Kochgelegenheiten gegeben sein müssen. Das Verbot der Folter und der unmenschlichen Behandlung und Strafe kann dann berührt sein, wenn Gefangenen angemessene Nahrung vorenthalten oder nicht gewährt wird. Das Recht auf Nahrung beeinflusst zudem die Nutzung des Rechts auf Bildung, da chronische Unterernährung die Lernfähigkeit von Kindern und Jugendlichen beschneidet und zugleich dazu führen kann, dass diese die Schule abbrechen und stattdessen arbeiten. Umgekehrt tragen die Rechte auf Bildung und auf Informa-

Das Recht auf Nahrung

Inhaltliche Komponenten:
- Verfügbarkeit von Nahrung durch Produktion, Lagerung, Verteilung und/oder Verkauf
- Wirtschaftlich und physisch offener, diskriminierungsfreier Zugang zu Nahrung und zu den Mitteln, um Nahrung zu erzeugen oder zu erwerben
- Angemessene und unbedenkliche Nahrungsmittel, entsprechend individueller Ernährungsbedürfnisse und dem kulturellen Kontext

Was muss der Staat tun oder unterlassen? (Auswahl)

Achtungspflichten:
- Anerkennung des Zugangsrechts eines jeden zu Nahrung
- Regelmäßige Überprüfung von Gesetzen, Verordnungen und Politiken daraufhin, ob sie das Recht auf Nahrung tatsächlich achten
- Unterlassung rechtlicher wie faktischer Diskriminierungen beim Zugang zu Nahrung
- Unterlassung von legislativen und anderen Maßnahmen, die das Recht eines jeden zur Beschaffung von Nahrung und von Mitteln, um sich selbst zu ernähren, verletzen
- Achtung von Land(nutzungs)rechten, die für die Nutzung des Rechts auf Nahrung notwendig sind
- Keine staatlichen Verschmutzungen und Zerstörungen landwirtschaftlicher Nutzflächen (durch Staatsunternehmen, Militär etc.), die für die Nutzung des Rechts notwendig sind
- Kein Aussetzen bestehender Regulierungen und Politiken, die Menschen den Zugang zu Nahrung sichern (Sozialleistungen, Ernährungsprogramme etc.), ohne zwingende Begründung
- Keine politische Instrumentalisierung von Nahrung („Hunger als Waffe", Benachteiligung politischer Gegner etc.)
- Beteiligung der Menschen an politischen Entscheidungen, die ihr Recht auf Nahrung betreffen

Schutzpflichten:
- Schutz vor privaten Schädigungen der natürlichen Ressourcen, die für die Nahrungsmittelerzeugung notwendig sind, etwa durch Umweltverschmutzungen durch Unternehmen
- Schutz von Land(nutzungs)- und Fischereirechten vor Eingriffen durch Dritte
- Schutz vor widerrechtlichen Landvertreibungen durch Dritte
- Kontrolle der Lebensmittelsicherheit
- Sicherstellung allgemein bezahlbarer Preise für Nahrungsmittel und für Mittel, um Nahrungsmittel zu produzieren
- Sicherstellung, dass internationale Abkommen nicht das Recht auf Nahrung verletzen

Gewährleistungspflichten:
- Ausarbeitung und Umsetzung einer umfassenden nationalen Strategie zur Gewährleistung der Ernährungssicherheit der Bevölkerung
- Unterstützung der Bevölkerung bei der Nutzung des Rechts auf Nahrung, etwa durch Agrarreformen oder einkommensfördernde Maßnahmen
- Besondere Förderung des Zugangs zu Nahrung für benachteiligte Bevölkerungsgruppen
- Versorgung mit Nahrung oder mit Mitteln, um Nahrung zu erwerben, von Menschen, die sich nicht selbst ernähren können
- Zugangs zu humanitärer Nahrungsmittelhilfe bei internen Konflikten oder in anderen Notlagen

Internationale Dimensionen (Auswahl):
- Keine Verletzung des Rechts auf Nahrung, etwa durch Nahrungsmittelembargos, staatlich subventioniertes Agrardumping oder Handelsregeln und Kreditauflagen, die die Fähigkeit fremder Staaten einschränken, das Recht auf Nahrung umzusetzen
- Schutz des Rechts auf Nahrung durch Regulierung grenzüberschreitender privatwirtschaftlicher Aktivitäten
- Verbot von Spekulationen mit Nahrungsmitteln, die das Recht auf Nahrung beeinträchtigen
- Förderung der landwirtschaftlichen Entwicklung und des Rechts auf Nahrung in der bilateralen und multilateralen Entwicklungszusammenarbeit
- Nahrungsmittelnothilfe, wo nötig und möglich

Anmerkung: eigene Zusammenstellung, angelehnt an die Allgemeinen Kommentare des UN-Ausschusses für wsk-Rechte und weitere UN-Materialien

tion, sofern sie umgesetzt werden, dazu bei, dass die Menschen lernen, wie sie sich bedarfsgerecht und gesund ernähren und wie sie Nahrungsmittel erzeugen, beschaffen und aufbewahren. Die Rechte auf und bei der Arbeit sind schließlich insofern wichtig, als angemessen entlohnte Arbeit für unzählige Menschen die Existenzgrundlage und damit auch eine angemessene Ernährung sichern. Arbeitslosigkeit oder „Hungerlöhne" schaffen eben auch Hunger. Ebenso wichtig ist das Recht auf soziale Sicherheit für all jene, die in soziale Notlagen geraten und ihre Grundbedürfnisse nicht (mehr) stillen können. Nicht zuletzt weist das Recht auf Nahrung enge, wenn auch ambivalente Beziehungen zum Recht auf Eigentum aus, da Agrarland eine *„particularly vexing and contested form of property"* darstellt (Fay/James 2010: 42). Ebenso ist es gemeinsam mit den Rechten auf Selbstbestimmung und auf Entwicklung diskutiert worden.[459]

5.9 Die Rechte auf Wasser und Sanitärversorgung – junge Menschenrechte

Menschenrechtliche Verpflichtungen bezüglich des Rechts auf Wasser in ausgewählten Abkommen

UN-Sozialpakt:

Recht auf angemessenen Lebensstandard (siehe oben)

CEDAW, Art. 14 (2):

Die Vertragsstaaten treffen alle geeigneten Maßnahmen zur Beseitigung der Diskriminierung der Frau in ländlichen Gebieten, um dafür Sorge zu tragen, dass sie gleichberechtigt mit dem Mann an der ländlichen Entwicklung und an den sich daraus ergebenden Vorteilen teilhaben kann, und gewährleisten ihr insbesondere das Recht auf

(h) angemessene Lebensbedingungen, insbesondere im Hinblick auf Wohnung, sanitäre Einrichtungen, Elektrizitäts- und Wasserversorgung sowie Verkehrs- und Nachrichtenverbindungen.

Kinderrechtskonvention, Art. 24:

(1) Die Vertragsstaaten erkennen das Recht des Kindes auf das erreichbare Höchstmaß an Gesundheit an ...

(2) Die Vertragsstaaten bemühen sich, die volle Verwicklung dieses Rechts sicherzustellen, und treffen insbesondere geeignete Maßnahmen, um ...

(c) Krankheiten sowie Unter- und Fehlernährung auch im Rahmen der gesundheitlichen Grundversorgung zu bekämpfen, unter anderem durch den Einsatz leicht zugänglicher Technik und durch die Bereitstellung ausreichender vollwertiger Nahrungsmittel und sauberen Trinkwassers, wobei die Gefahren und Risiken der Umweltverschmutzung zu berücksichtigen sind.

459 So etwa im Zusammenhang mit Landnahmen von Olivier De Schutter: A/HRC/13/33/Add.2, 28. Dezember 2009, Ziff. 30-32.

Behindertenrechtskonvention, Art. 28: Angemessener Lebensstandard und sozialer Schutz

(2) Die Vertragsstaaten anerkennen das Recht von Menschen mit Behinderungen auf sozialen Schutz und den Genuss dieses Rechts ohne Diskriminierung aufgrund von Behinderung und unternehmen geeignete Schritte zum Schutz und zur Förderung der Verwirklichung dieses Rechtes, einschließlich Maßnahmen, um

(a) Menschen mit Behinderungen gleichberechtigten Zugang zur Versorgung mit sauberem Wasser und den Zugang zu geeigneten und erschwinglichen Dienstleitungen, Geräten und anderen Unterstützungsformen für Bedürfnisse im Zusammenhang mit ihrer Behinderung zu sichern;"

Quellen: UN-Sozialpakt, UN-Kinderrechtskonvention und UN-Behindertenrechtskonvention, letztere in der „Schattenübersetzung" vom Netzwerk Artikel 3 (2010)

Etwa 884 Millionen Menschen haben UN-Schätzungen zufolge keinen gesicherten Zugang zu sauberem Trinkwasser, etwa 2,6 Milliarden, also 40 Prozent der Weltbevölkerung, keinen zu notdürftigsten sanitären Anlagen, wie Toiletten oder einfachen Latrinen.[460] Die alltäglichen Mühen und Gefahren unzähliger Menschen, sich (und sei es auch nur verschmutztes) Wasser zu besorgen und ihre Notdurft zu verrichten, sind gewaltig – und die gesundheitlichen Folgen der unzureichenden Wasser- und Sanitärversorgung immens: Weltweit sterben schätzungsweise 1,5 Millionen Menschen jährlich an leicht vermeidbaren Infektions- und Durchfallerkrankungen, die mit verunreinigtem Trinkwasser und fehlenden oder unzureichenden sanitären Anlagen zusammenhängen, beklagte die „Unabhängige Expertin zu den menschenrechtlichen Verpflichtungen bezüglich des Zugangs zu sicherem Trinkwasser und Sanitärversorgung" der Vereinten Nationen, Catarina de Albuquerque.[461] Andere Quellen sprechen von jährlich 1,8 Millionen Kindern (OHCHR/UN-Habitat/WHO 2010: 13).

Die menschenrechtliche Bedeutung des Themas wurde im Jahre 2010 durch Resolutionen der UN-Vollversammlung und des UN-Menschenrechtsrates zum Menschenrecht auf Wasser und Sanitärversorgung unterstrichen.[462] Die beiden Resolutionen stießen weltweit auf große Beachtung. Obgleich sie völkerrechtlich nicht bindend sind, bekräftigten und unterstützten sie doch politisch die globale Anerkennung des Menschenrechts auf Wasser und Sanitärversorgung – ein Recht, das weder in der Allgemeinen Erklärung noch im UN-Sozialpakt *explizit* erwähnt ist und in globalen und regionalen Menschenrechtsabkommen lediglich im Zusammenhang mit anderen Rechten aufgelistet wird. Schon zuvor aber erga-

460 Inga Winkler (2011a: 4) geht davon aus, dass die Zahl in die Milliarden geht, da bei den Schätzungen nicht erfasst werde, ob das Wasser tatsächlich sauber und bezahlbar ist.

461 A/HRC/10/6, 25. Februar 2009, Ziff. 22.

462 A/RES/64/292, 28. Juli 2010; A/HRC/15/L.14, 30. September 2010.

ben sich aus einzelnen Menschenrechtsabkommen und ILO-Konventionen völkerrechtliche Verpflichtungen zur Umsetzung des Rechts auf Wasser (vgl. Kreide/Krennerich 2010).

Aus den Rechten auf angemessenen Lebensstandard und Gesundheit des UN-Sozialpaktes, der auch hier als Schlüsseldokument gilt (obwohl er das Recht nicht ausdrücklich benennt), hat beispielsweise der UN-Ausschuss für wsk-Rechte schon früh ein Recht auf Wasser abgeleitet und diesbezüglich 2002 eigens einen Allgemeinen Kommentar (Nr. 15) verabschiedet.[463] Dem Ausschuss zufolge hat demnach jeder Mensch das Recht auf unbedenkliches, zugängliches und erschwingliches Wasser in ausreichender Menge. Dabei geht es um den grundlegenden persönlichen und häuslichen Bedarf, nicht aber um die Verwendung von Wasser in der Landwirtschaft (wo entsprechende Ansprüche, etwa von Kleinbauern, allerdings über das Recht auf Nahrung gedeckt sein können). Obwohl das Recht je nach Bedingungen unterschiedlich ausgestaltet sein kann, lässt es sich anhand der Kriterien der Verfügbarkeit, der Qualität und der Zugänglichkeit näher bestimmen[464]:

Verfügbarkeit: Wasser muss für den persönlichen und häuslichen Gebrauch eines jeden Menschen ausreichend und ständig verfügbar sein. Dies schließt den Gebrauch von Wasser als Trinkwasser, für die persönliche Hygiene, die Nahrungsherstellung, die Reinigung von Kleidung und die häusliche Sauberkeit ein. Die verfügbare Wassermenge pro Person soll den Richtlinien der Weltgesundheitsorganisation (WHO) entsprechen und dem Gesundheitszustand sowie den Klima- und Arbeitsbedingungen der jeweiligen Menschen Rechnung tragen.

Qualität: Wasser für den persönlichen und häuslichen Gebrauch muss unbedenklich und somit frei von die Gesundheit bedrohenden Mikroorganismen, chemischen Substanzen und Strahlung sein. Auch sollte es in Farbe, Geruch und Geschmack akzeptabel sein.

Zugänglichkeit: Die Wasserversorgung und -einrichtungen innerhalb des Staates müssen jedem Menschen offen zugänglich sein, und zwar in mehreren Hinsichten: a) physisch – dergestalt, dass sie sich in angemessener und sicherer Reichweite für alle Bevölkerungsgruppen befinden und beim Zugang zu Wassereinrichtungen die körperliche Unversehrtheit der Menschen nicht bedroht ist; b) wirtschaftlich – in dem Sinne, dass Wasser und der Zugang zur Wasserversorgung und zu Wassereinrichtungen für jeden Menschen erschwinglich sind und direkte oder indirekte Gebühren nicht die Verwirklichung anderer Menschenrechte beeinträchtigen; c) diskriminierungsfrei – und zwar rechtlich wie faktisch, insbesonde-

463 CESCR E/C.12/2002/11, 20. Januar 2003.

464 Ebd., Ziff. 12.

re auch für die am meisten schutzbedürftigen und ausgegrenzten Bevölkerungsgruppen; d) informiert – d.h. verbunden mit dem Recht, Informationen zur Wasserthematik zu recherchieren, zu erhalten und weiterzugeben.

Auffälligerweise geht der Allgemeine Kommentar des UN-Ausschusses nur am Rande auf die Sanitärversorgung ein. Als Rechtsbestandteil taucht diese zuerst in den *Guidelines for the Realisation of the Right to Drinking Water and Sanitation* auf, die 2006 von der damaligen Unterkommission der Menschenrechtskommission angenommen wurden. Die im Jahr 2008 eingesetzte „Unabhängige Expertin zu den menschenrechtlichen Verpflichtungen bezüglich des Zugangs zu sicherem Trinkwasser und Sanitärversorgung" legte in ihrem ersten Amtsjahr gezielt den Schwerpunkt auf den Zugang zu sanitären Anlagen.[465] Strenggenommen handelt es sich hierbei um eine eigenständige Rechtskomponente oder, wie Albuquerque meint, um ein eigenständiges Recht.[466] Dementsprechend wird von den Rechten auf Wasser und Sanitärversorgung, abweichend von den UN-Resolutionen, gerne im Plural gesprochen (so etwa Winkler 2011a). Auch hinsichtlich des Rechts auf Sanitärversorgung lassen sich dabei die Prinzipien der Verfügbarkeit, der Zugänglichkeit und der Qualität anwenden. Was haben nun die Staaten zu unterlassen oder zu tun?

5.9.1 Die Menschenrechte auf Wasser und Sanitärversorgung achten

Achtungspflichten verlangen von den Staaten, direkte oder indirekte Eingriffe in die Rechte auf Wasser und Sanitärversorgung zu unterlassen. Der Staat darf also z.B. nicht bestimmten Bevölkerungsgruppen den gleichberechtigten Wasserzugang verwehren. Eine Verletzung der Achtungspflicht kann sich dabei auch durch die Trennung von Privathaushalten, Stadtvierteln oder gar von Schulen, Hospitälern oder Flüchtlingscamps von der öffentlichen Wasserversorgung ergeben, wenn keine angemessenen Alternativen für eine Grundversorgung mit Wasser zur Verfügung stehen. Nicht minder problematisch ist eine diskriminierende oder unbezahlbare Erhöhung staatlicher Wasserpreise. Obwohl das Recht auf Wasser nicht verbietet, für die Wassernutzung Gebühren zu verlangen, darf zahlungsunfähigen Menschen nicht die unverzichtbare Mindestmenge an Wasser vorenthalten werden.[467] Die Bestimmung einer solchen Mindestmenge obliege zwar, so meint das südafrikanische Verfassungsgericht in seinem Urteil im Fall *Lindiwe Mazibuko v. City of Johannesburg*, nicht den Gerichten, sondern der Politik. Ganz im Belieben der Regierung steht die Entscheidung jedoch nicht. Orientierung

---

465 Siehe A/HRC/10/6, 25. Februar 2009; A/HRC/12/24, 1. Juli 2009.

466 A/HRC/12/24, 1. Juli 2009.

467 CESCR E/C.12/2002/11, 20. Januar 2003, Ziff. 56.

bieten international anerkannte Vorgaben der WHO. Diese empfiehlt 100 Liter pro Person und Tag und geht von einem kritischen Minimum von 20 bis 25 Liter aus, das freilich bereits Gesundheitsprobleme aufwerfe, da es für die grundlegenden Hygiene- und Verbrauchsanforderungen nicht ausreiche. Abhängig u.a. von klimatischen Bedingungen, den Arbeitsbedingungen oder dem Gesundheitszustand könne der Bedarf um ein Vielfaches höher sein. Gerade stillende Mütter und Kranke bedürften zusätzlich sauberes Wassers (OHCHR et al. 2010: 8).

Wie viel Wasser ist ausreichend? Der Fall Lindiwe Mazibuko

Im Jahre 2004 begann die Stadt Johannesburg *pre-paid water meters* in einem der ärmsten Teile von Soweto zu installieren. Demnach standen pro Monat jedem Mehrpersonenhaushalt 6.000 Liter Wasser kostenlos zur Verfügung. Waren diese verbraucht, wurde die Wasserversorgung für den laufenden Monat eingestellt, solange die Bewohner keine weiteren Vorauszahlungen leisteten. Anwohner sahen darin eine Verletzung des Rechts auf Wasser, da das Wasser nicht für die vielen Personen des Haushaltes reichen würde und sie nicht die Mittel hätten, zusätzliches Wasser zu kaufen. Sie forderten, die frei verfügbare Wassermenge von 25 Liter pro Person und Tag auf 50 Liter zu erhöhen. Das Oberste Gericht Südafrikas gab der Klage statt, erachtete die *pre-paid water meters* als verfassungswidrig und ordnete an, die tägliche Wassermenge auf 50 Liter pro Person zu erhöhen. Die Berufungsinstanz des Obersten Gerichts bestätigte diese Entscheidung. Das Verfassungsgericht jedoch hob das Urteil am 8. Oktober 2009 auf, erachtete die Geräte für verfassungskonform und weigerte sich, eine Mindestmenge an Wasser festzusetzen. Darüber hätten nicht Gerichte, sondern die Regierungen zu befinden. Unter großer medialer Aufmerksamkeit entfernten daraufhin die Bewohner selbst die Geräte. Die Verantwortlichen der Stadt Johannesburg hatten ein Einsehen und entschieden sich, auf die Geräte fortan zu verzichten. Trotz des letztlich abschlägigen Gerichtsurteils war es anhand der Gerichtsverfahren gelungen, genügend öffentlichen Druck aufzubauen, um eine politische Lösung herbeizuführen.

Quelle: Lindiwe Mazibuko v City of Johannesburg Case CTT 39/09, 2009, ZACC 28 (8 October, 2009); siehe auch: COHRE/Amnesty International (2010: 31), Wesson (2011)

Als Verletzung sind auch gesundheitsgefährdende Verschmutzungen von Wasserressourcen anzusehen, die vom Staat ausgehen, beispielsweise durch staatliche Unternehmen oder Einrichtungen. Ebenso können öffentliche Staudamm- und Bewässerungsprojekte Achtungspflichten verletzen, wenn diese auf Kosten der Wasserversorgung bestimmter Bevölkerungsgruppen gehen, weil beispielsweise Flüsse umgeleitet werden oder die bestehende Wasserversorgung ansässiger, vertriebener oder entfernt lebender Menschen gefährdet wird. Gegen Staudammprojekte wehren sich inzwischen weltweit transnationale Netzwerke und Bewegungen.[468] Auch darf der Staat den Menschen nicht willkürlich – d.h. ohne ge-

468 Vgl. etwa: *First International Meeting of People Affected by Dams* (Brasilien, 1997), *Rivers for Life: The Second International Meeting of Dam-Affected People and their Allies* (Thailand, 2003), *Rivers for Life 3* (Mexiko, 2007).

setzliche Grundlage, angemessene Gründe (z.B. aus Gründen der Sicherheit), Konsultationen mit der Bevölkerung und ohne Bemühen um Ausgleich – in traditionelle Formen des Wasserzugangs sowie der Wasserbereitstellung und -versorgung z.B. von indigenen oder autochthonen Bevölkerungsgruppen eingreifen. Interessant ist in diesem Zusammenhang ein Rechtsstreit in Botswana: Dort erstritten sich zwangsumgesiedelte *Basarwa* vor Gericht zuerst die Rückkehr in ein Wildreservat[469] und später das Recht dort bestehende Wasserbrunnen zu nutzen und neue zu bohren.[470] Mangels eines Grundrechts auf Wasser in der Verfassung Botswanas berief sich das Gericht zwar auf bürgerlich-politische Rechte, nahm aber immerhin auf die Kommentierung des wsk-Rechte-Ausschusses sowie auf die Resolution der UN-Vollversammlung zum Recht auf Wasser Bezug.

5.9.2 Die Menschenrechte auf Wasser und Sanitärversorgung schützen

Schutzpflichten bestehen in der staatlichen Verpflichtung, den Einzelnen gegen Eingriffe in sein Recht auf Wasser durch Dritte zu schützen. Der Staat muss also eingreifen, wenn Dritte beispielsweise Menschen an dem gleichberechtigten Zugang zu Wasser hindern, in gesundheitsgefährdender Weise Wasser verschmutzen oder Wasserressourcen auf Kosten der Bevölkerung unzulässig ausbeuten. Verletzungen staatlicher Schutzpflichten entstehen demnach beispielsweise durch das Versäumnis des Staates, Gesetze zur Verhinderung von Verschmutzungen oder ungerechter Wasserausbeutung zu erlassen und durchzusetzen, durch das Versäumnis, die Wasser- und Sanitärversorgung effektiv zu regulieren und zu kontrollieren, sowie durch das Versäumnis, die entsprechenden Infrastrukturen vor Missbrauch, Schädigungen und Zerstörungen zu schützen.[471]

Menschenrechtlich hochproblematisch ist also etwa, wenn der Staat keine ausreichenden Schutzmaßnahmen ergreift, um die Trinkwasserversorgung vor gesundheitsschädlichen Kontaminierungen durch Unternehmen zu schützen, oder bestehende Schutzstandards abbaut. So hinterlässt beispielsweise der Gold- und Silberbergbau mit Schwermetallen vergiftete Abwässer, die immer wieder ins Trinkwasser gelangen. Auch der immense Wasserverbrauch durch Unternehmen kann eine menschenrechtliche Problematik aufwerfen, wenn dadurch die Trinkwasserversorgung der anliegenden Bevölkerung gefährdet ist. *FIAN* führt zahlreiche Fälle an, in denen die Rechte auf Nahrung und Wasser von Kleinbauern, Bauerngemeinschaften und indigen Völkern verletzt werden, sei es durch Um-

469 *Sesana and Others v. Attorney General* (2006) AHRLR 183 (BwHC 2006).
470 *Mosetlhanyane and others v. Attorney General of Botswana,* Civil Appeal No. CA-CLB-074-10, Court of Appeal at Lobatse, Botswana, 27. Januar 2011.
471 CESCR E/C.12/2002/11, 20. Januar 2003, Ziff. 44b.

weltschädigungen bei der Ausbeutung von Bodenschätzen, sei es durch den hohen Wasserverbrauch, den Pestizideinsatz und die ungereinigten Abwässer landwirtschaftlicher und industrieller Betriebe.[472]

Eine besondere Problematik stellen Privatisierungen dar: Obwohl in der öffentlichen Debatte Privatisierungsgegner immer wieder auf das Menschenrecht auf Wasser verweisen, lässt sich UN-Interpretationen zufolge aber aus diesem Recht kein prinzipielles Verbot von Privatisierungen der Wasserversorgung ableiten. Sowohl der UN-Ausschuss für wirtschaftliche, soziale und kulturelle Rechte als auch die Unabhängige Expertin haben klar gestellt, dass es im Ermessen des jeweiligen Staates liegt, ob die Wasser- und Sanitärversorgung öffentlich betrieben oder, ganz oder teilweise, an private Anbieter übertragen wird. Im Falle von (Teil-) Privatisierungen hat jedoch der Staat dafür Sorge zu tragen, dass Wasser allgemein verfügbar, erschwinglich und von angemessener Qualität ist und bleibt. „Wo Wassereinrichtungen (zum Beispiel Wasserleitungen, Wassertanks, Zugang zu Flüssen und Brunnen) von Dritten betrieben und kontrolliert werden", schreibt der Ausschuss, „müssen die Vertragsstaaten verhindern, dass der gleichberechtigte, erschwingliche und physische Zugang zu ausreichendem und unbedenklichem Wasser beeinträchtigt wird."[473] Nötig hierfür sind: klare Regulierungen, unabhängige Kontrollen, öffentliche Beteiligung, Beschwerde- und Klagemöglichkeiten sowie Sanktionen bei Rechtsverletzungen.

Im Zusammenspiel zwischen Staat und Unternehmen ergeben sich dabei gleich mehrere menschenrechtliche Herausforderungen an die Wasser- und Sanitärversorgung durch private Anbieter[474]: Sie betreffen zum einen die Vergabe privater Konzessionen; ihr soll im Idealfall ein demokratischer, transparenter, partizipativer und gleichberechtigter Entscheidungsprozess zugrunde liegen. Indes wird die Wasserversorgung oft über die Köpfe und gegen den Willen der Menschen privatisiert, und zwar nicht selten in völlig intransparenter Weise. Zum anderen betreffen menschenrechtspolitische Vorgaben die Versorgungsreichweite, die Preisgestaltung und Qualität privater Dienstleistungen: Die ausreichende und kontinuierliche Versorgung gerade auch benachteiligter und bis *dato* unterversorgter Bevölkerungsgruppen ist sicherzustellen; zugleich müssen die Dienstleistungen für alle erschwinglich und im Sinne des Verbraucherschutzes

---

472 Vgl. die auf Website dargelegten Fälle: www.fian.org, www.fian.de (letzter Zugriff: 1. Oktober 2012).

473 CESCR E/C.12/2002/11, 20. Januar 2003, Ziff. 24, gemäß Übersetzung in: DIMR (2005: 324).

474 Vgl. konzeptionell etwas abweichend den Bericht der Sonderberichterstatterin: A/HRC/15/31, 29. Juni 2010.

von angemessener Qualität sein. Wasserabstellungen bei Zahlungsrückständen sind auch seitens privater Anbieter zu vermeiden und wurden vor verschiedenen nationalen Gerichten auch schon erfolgreich angefochten (vgl. OHCHR/UN-Habitat/WHO 2010: 35). Zugleich sind entsprechende Beteiligungs-, Kontroll- und Beschwerdemechanismen zu etablieren. Es erübrigt sich fast zu erwähnen, dass entsprechende Vorgaben im formalen Wasser- und Abwassersektor gerade in Entwicklungsländern nur ungenügend umgesetzt werden. Zumindest bezüglich „der ursprünglichen Hoffnungen, mit der Privatisierung von Wasser größere Fortschritte in der Versorgung armer und ländlicher Regionen erzielen zu können, muss man den Vorgang der Privatisierung als völlig gescheitert ansehen", resümierte Petra Dobner (2010: 166).

Weitgehend unbeachtet und noch weit schwieriger ist die Regulierung der vielfältigen, kaum überschaubaren informellen Dienstleistungen, die in vielen Armutsvierteln vorzufinden sind und sich staatlichen Regulierungsversuchen leicht entziehen. Hier wäre vor Ort zunächst eine Bestandsaufnahme über den bestehenden Bedarf und die informell verfügbare Versorgung vonnöten, um darauf abgestimmte Strategien für eine bessere Wasser- und Sanitärversorgung zu entwickeln. Lokal angepasste Regulierungsbemühungen (Lizenzvergaben etc.) können möglicherweise zur Formalisierung der Wasser- und Sanitärversorgung beitragen, bergen aber immer auch die Gefahr, die Versorgungslage zu verschlechtern, wenn sie nicht mit den Betroffenen abgestimmt werden. Weiterhin können Anreize geschaffen werden, um angemessene Leistungen zu erschwinglichen Preisen zu gewährleisten. Alles in allem erscheint jedoch der Ausbau öffentlicher Infrastrukturen vielfach zielführender und zumindest dann auch menschenrechtlich geboten, wenn private Anbieter die Versorgung kommerziell „unattraktiver" Bevölkerungsgruppen nicht angemessen sicherstellen können oder wollen – oder Wucherpreise für Wasser verlangen.

Insgesamt gewinnen die staatlichen Schutzpflichten also im Falle von (Teil-) Privatisierungen erheblich an Bedeutung. Obwohl Wasser *auch* ein Wirtschaftsgut darstellen kann, obliegt es gerade dem Staat, die Gemeinwohlorientierung gegenüber privaten Eigentums- und Nutzungsansprüchen und einer kommerziellen Vermarktung sicherzustellen. Zugleich ist der Staat nicht seiner Achtungs- und Gewährleistungspflichten enthoben, da er nach wie vor selbst das Menschenrecht auf Wasser und Sanitärversorgung verletzen kann und auch im Falle privater Dienstleistungen eine Gesamtstrategie verfolgen und ein günstiges Umfeld schaffen muss, damit dieses Recht – wenn auch schrittweise, so doch vollumfänglich – umgesetzt wird.

5.9.3 Die Menschenrechte auf Wasser und Sanitärversorgung gewährleisten

Gewährleistungspflichten verlangen von den Vertragsstaaten schließlich, positive Maßnahmen zu ergreifen, um den Menschen zu ermöglichen, ihr Recht zu nutzen. Selbst wenn ein Staat nicht über die Mittel verfügt, um allen Menschen auf seinem Territorium einem angemessenen Zugang zu sauberem Trinkwasser und zu sanitären Anlagen zu ermöglichen, ist er gefordert, unter Ausschöpfung seiner Möglichkeiten – gegebenenfalls mit internationaler Hilfe – gezielt Maßnahmen zu ergreifen, um die Rechte auf Wasser und Sanitärversorgung für alle, besonders aber für unterversorgte Menschen, so weit wie möglich und sukzessive zu verwirklichen. Im Falle von Mittelknappheit obliegt dem Staat die Beweislast, entsprechende Anstrengungen unternommen zu haben.[475]

So hat der Staat – in Form etwa von Gesetzen, nationalen Wasserstrategien, Programmen oder Aktionsplänen – gezielte Maßnahmen zu ergreifen, um das Recht umzusetzen. Zu den *unmittelbar* umzusetzenden, durchaus anspruchsvollen Kernverpflichtungen zählt der UN-Ausschuss für wsk-Rechte hierbei: die Sicherstellung des Zugangs zu einer Mindestmenge an ausreichendem und unbedenklichem Wasser für den persönlichen und häuslichen Gebrauch und zur Vermeidung von Krankheiten; die Sicherstellung des gleichberechtigten Zugangs zur Wasserversorgung, insbesondere für benachteiligte und ausgegrenzte Bevölkerungsgruppen; die Sicherstellung des physischen und gefahrlosen Zugangs zu Wassereinrichtungen in angemessener Entfernung von den Haushalten; die Sicherstellung einer gerechten Verteilung der verfügbaren Wasserressourcen; die Ausarbeitung und Umsetzung einer nationalen Wasserstrategie; die Kontrolle der Umsetzung des Rechts auf Wasser; Programme für die Wasserversorgung schutzbedürftiger und ausgegrenzter Bevölkerungsgruppen; sowie die Verhinderung, Behandlung und Bekämpfung von Krankheiten, die von verunreinigtem Wasser herrühren.[476]

Besondere Aufmerksamkeit kommt einem verbesserten und nachhaltigen Zugang zu Wasser und Sanitäranlagen all' jener Menschen und Bevölkerungsgruppen zu, die besonders große Probleme mit der Ausübung des Rechts auf Wasser- und Sanitärversorgung haben: Menschen in Armut und prekären Wohnverhältnissen ebenso wie Frauen, Kindern, Minderheiten, indigenen Völkern, Flüchtlin-

---

475 CESCR E/C.12/2002/11, 20. Januar 2003, Ziff. 41, gemäß Übersetzung in: DIMR (2005: 330).

476 Die durchschnittliche Entfernung, die afrikanische und asiatische Frauen zurücklegen müssen, um Wasser zu besorgen, beläuft sich auf sechs Kilometer; vgl. OHCHR/UN-Habitat/WHO (2010: 10).

gen, Asylsuchenden, Binnenvertriebenen, Wanderarbeitskräften, Gefangenen und Häftlingen.[477] Besonders wichtig ist der Zugang zu sauberem Trinkwasser und hygienischer Sanitärversorgung gerade auch für chronisch Kranke, deren Immunsystem ohnehin schon geschwächt ist. Nicht zu vergessen sind weiterhin die Bewohner informeller Siedlungen, deren Versorgung in vielen Ländern nicht gewährleistet ist. Letztlich muss all' jenen Menschen, die das Recht auf Wasser und Sanitärversorgung nicht mit eigenen Mitteln selbst verwirklichen können, der Zugang zur Wasser- und Sanitärversorgung ermöglicht werden. Wichtig ist auch die Aufklärung *in puncto* Wasserhygiene, Schutz von Wasserquellen und Verbrauchseinsparungen.

Auch im Falle der Rechte auf Wasser und Sanitärversorgung machen sich die Staaten nicht gleich einer Menschenrechtsverletzung schuldig, wenn Teile der Bevölkerung keinen ausreichenden und angemessenen Zugang zu sauberem Trinkwasser und sanitären Anlagen haben. Sie dürfen dieses Problem aber nicht ignorieren, sondern müssen zielgerichtete Maßnahmen ergreifen, um unter Ausschöpfung ihrer Mittel den Menschen die Nutzung ihrer Rechte alsbald zu ermöglichen. Die Unabhängige Expertin hat eigens Anforderungen für Aktionspläne und positive Beispiele für die Rechtsumsetzung zusammengetragen. Während einige afrikanische Regierungen aktive Maßnahmen ergriffen haben, um die Rechte auf Wasser- und Sanitärversorgung sukzessive zu verwirklichen, räumen viele andere der Wasser- und Sanitärversorgung (noch) keine Priorität in Entwicklungsplänen und -strategien ein (COHRE/Amnesty International 2010: 10, 12) oder verzögern deren Ausbau auf bürokratischem oder politischem Wege. So lassen sich eben nicht nur Beispiele für *„best practices"*, sondern vielfach auch für *„worst practices"* finden. Bereits die rechtlichen Grundlagen unterscheiden sich zwischen den jeweiligen Staaten erheblich. Während in einigen Ländern – etwa in Ecuador, der Republik Südafrika und nach einem entsprechenden Referendum 2004 in Uruguay – die Verfassungen ein Grundrecht auf Wasser beinhalten und in verschiedenen anderen Ländern zumindest nationale Gesetze das Recht auf Wasser und Sanitärversorgung schützen[478], stellte Malcolm Langford (2006: 125) fest: *„The development of an effective legal framework to protect the right to water remains largely an outstanding task. While some countries have pioneered legislation, many have failed to develop new laws to conform to their human rights obligations and face the challenges of urbanisation, population growth, social exclusion and declining levels of high quality water. Other countries have introduced regressive laws".*

477 CESCR E/C.12/2002/11, 20. Januar 2003, Ziff. 16.

478 Vgl. die verschiedenen Beiträge des zweiten Kapitels in Riedel/Rothen (2006).

5.9.4 Internationale Dimensionen

Der UN-Ausschuss für wsk-Rechte geht in seinem Allgemeinen Kommentar zu Recht auf Wasser ausdrücklich auf internationale Verpflichtungen ein und verlangt von den Vertragsstaaten, „die bedeutende Rolle internationaler Zusammenarbeit und Hilfe anzuerkennen und gemeinsam oder einzeln die volle Verwirklichung des Rechts auf Wasser zu erreichen."[479] Um diesen Verpflichtungen nachzukommen, müssen die Staaten zunächst einmal die Rechte auf Wasser und Sanitärversorgung international achten, dürfen also weder direkt noch indirekt die Nutzung dieser Rechte in anderen Ländern behindern, geschweige denn Wasser (etwa bei grenzübergreifenden Flussverläufen) als politisches und wirtschaftliches Druckmittel missbrauchen oder deren Verfügbarkeit (etwa durch Embargos) beeinträchtigen. Weiterhin sollen diejenigen Vertragsstaaten, die Mitglieder internationaler Finanzinstitutionen sind, darauf hinwirken, dass die Rechte auf Wasser und Sanitärversorgung bei der Kreditvergabe und den Kreditauflagen angemessen berücksichtigt werden. Zugleich sollen sie verhindern, dass ihre eigenen Staatsbürger und Unternehmen die Rechte in anderen Ländern verletzen. Entsprechend ihren Möglichkeiten sind sie angehalten, die Verwirklichung der Rechte auf Wasser und Sanitärversorgung in anderen Ländern unterstützen, etwa im Rahmen der Katastrophen- und Notstandshilfe oder der Entwicklungszusammenarbeit.[480]

Die deutschen Bundesregierungen förderten in den vergangenen Jahren gezielt das Recht auf Wasser, sowohl auf UN-Ebene mit entsprechenden Resolutionsinitiativen als auch in der Entwicklungszusammenarbeit. Als gelungenes Beispiel wird ein Entwicklungsprogramm zur Reform des Wassersektors in Kenia angeführt, das systematisch an den Menschenrechten ausgerichtet wurde. Den Programmverantwortlichen zufolge ist es gelungen, den Zugang der Ärmsten zu sauberem Trinkwasser deutlich zu verbessern: Zum einen habe die kenianische Regierung die Wasserversorgung in städtischen Armutsvierteln ausgebaut, zum anderen sei ein Tarifsystem entwickelt worden, das infolge von Quersubventionierungen geringere Gebühren für die ärmsten Abnehmer vorsehe. Zugleich sei der Ausbau öffentlicher Wasserzapfstellen gefördert worden.[481]

Kenia ist allerdings auch ein Beispiel dafür, dass umfassende Maßnahmen nötig wären, um die Rechte auf Nahrung und Wasser vor den Folgen des Klimawandels zu sichern (FIAN Deutschland 2011a). Zugleich lässt sich anhand der Blu-

---

479 CESCR E/C.12/2002/11, 20. Januar 2003, Ziff. 30, gemäß Übersetzung in: DIMR (2005: 326).

480 Ebd., Ziff. 30-36, allerdings ergänzt um die Komponente der Sanitärversorgung.

481 www.gtz.de/themen/politische-reformen/demokratie-rechtsstaat/20624.htm (letzter Zugriff: 19. März 2012). Siehe auch: Katui Katua/Khalfan/Langford/Lüke (2007).

menproduktion Kenias verdeutlichen, dass trotz Wasserarmut große Mengen Trinkwasser in die Agrarexportproduktion abfließen können, und zwar auf Kosten der Wasserversorgung der ländlichen Bevölkerung, in diesem Fall der *Massai*.[482] Hier sind zum einen Schutzpflichten der Regierungen berührt, zum anderen die menschenrechtliche Verantwortung jener Unternehmen, die Blumen nicht nur unter hohem Wassereinsatz, sondern auch gesundheitsschädlichem Pestizideinsatz (FIAN Deutschland 2011b) produzieren (lassen) und damit global Handel betreiben. Keine rechtliche, aber eine moralische Mitverantwortung trifft dabei auch die Endverbraucher. Angesichts der globalen Wasserprobleme ist insgesamt das Konsumverhalten in reichen OECD-Staaten auf den Prüfstand zu stellen. Mithilfe des *Waterfootprint*-Projekts des *Water Footprint Network* lässt sich beispielsweise der Wasserverbrauch nachhalten, der sowohl mit der Produktion als auch mit dem Verbrauch landwirtschaftlicher und industrieller Produkte verbunden ist. Dabei kann aufgezeigt werden, dass reiche Staaten in hohem Maße die – dringend benötigten – Wasserressourcen armer Länder indirekt nutzen und ihr „externer Wasserverbrauch“ enorm hoch ist (Mekonen/Hoekstra 2011).

5.9.5 Die Verbundenheit mit anderen Menschenrechten

Die Menschenrechte auf Wasser und Sanitärversorgung hängen aufs Engste mit anderen Rechten zusammen. Angesichts der vielen Menschen, die mangels einer angemessenen Wasser- und Sanitärversorgung erkranken und sterben, ist der Zusammenhang zum Recht auf Gesundheit und zum Recht auf Leben besonders offensichtlich. Sauberes Trinkwasser und Hygiene sind für die Krankheitsvorbeugung und Gesundheit der Menschen unabdingbar. Auch der CEDAW-Ausschuss hob die Bedeutung der Wasserversorgung für die Prävention von Krankheiten und für die Förderung der Gesundheit von Frauen hervor.[483] Der Kinderrechtsausschuss betonte die staatliche Verpflichtung, den Zugang zu sauberem Trinkwasser und angemessenen sanitären Anlagen zu gewährleisten. Er unterstrich, dass ein solcher Zugang gerade für die Gesundheit von Kleinkindern besonders wichtig sei.[484] Offenkundig ist auch die große Bedeutung des Rechts auf Trinkwasser für das Recht auf Nahrung, auf die schon früh der damalige UN-Sonderberichterstatter Jean Ziegler[485] sowie FIAN hingewiesen haben. Unter dem Motto

482 Siehe den Film von Marcus Vetter und Karin Steinberger „Hunger“, der u.a. darlegt, wie Wasser vom Kilimandscharo an den Massai vorbeigeschleust wird, und zwar in einer Pipeline, an deren Ende eine Blumenfarm liegt. In einer Lizenzausgabe von 2011 ist der Film über die Bundeszentrale für Politische Bildung beziehbar.

483 CEDAW A/54/38/Rev.1, 2. Februar 1999, Ziff. 28.

484 CRC/C/GC7/Rev. 1, 20. September 2006, Ziff. 27.

485 E/CN.4/2003/54, 10. Januar 2003, Ziff. 36-51.

„Wasser macht satt" stellte 2011 die Schweizer Entwicklungsorganisation *Helvetas* gezielt die Bedeutung des Wassers für die Ernährungssicherheit in den Fokus ihrer mehrjährigen Wasserkampagne.[486]

Die Rechte auf Wasser und Sanitärversorgung
Inhaltliche Komponenten: • Verfügbarkeit einer ausreichenden Wasser- und Sanitärversorgung für jeden Menschen • Unbedenkliche Qualität von Wasser für den persönlichen und häuslichen Gebrauch; sichere Sanitäreinrichtungen • Physisch zugänglicher, erschwinglicher, diskriminierungsfreier und informierter Zugang zu Wasser und Sanitäranlagen
Was muss der Staat tun oder unterlassen? (Auswahl) **Achtungspflichten:** • Menschen nicht den gleichberechtigten Zugang zu Wasser und Sanitäranlagen verwehren • Kein willkürlicher Eingriff in Bräuche und Traditionen der Wasserbereitstellung • Schonender Umgang mit Wasserressourcen; keine Verschmutzungen von Trinkwasser • Kein Missbrauch der Ressource Wasser als politisches oder ökonomisches Druckmittel • Keine mutwillige Zerstörung der Trinkwasserversorgung (z.B. in bewaffneten Konflikten) **Schutzpflichten:** • Sicherung eines gleichberechtigten, offenen, erschwinglichen und sicheren Zugangs zu ausreichendem und unbedenklichem Wasser auch im Falle von (Teil-)Privatisierungen der Wasserversorgung und bei der Bereitstellung von Wassereinrichtungen durch Dritte (Regulierung, Kontrolle, öffentliche Beteiligung, Sanktionen) • Maßnahmen gegen Dritte, die Menschen den diskriminierungsfreien Zugang zu Wasser und Sanitäranlagen verwehren • Schutz der Trinkwasserressourcen vor einer widerrechtlichen Ausbeutung durch Dritte • Schutz der Trinkwasserversorgung vor Beschädigung und Zerstörung durch Dritte **Gewährleistungspflichten:** • Ausarbeitung und Umsetzung einer nationalen Strategie zur Umsetzung der Rechte • Aufklärung in Bezug auf Wasserhygiene, Wasserschutz und Wassersparen • Sicherstellung einer gerechten Verteilung der verfügbaren Wasserressourcen • Sicherstellung einer ausreichenden und unbedenklichen Mindestmenge an Wasser für den persönlichen und häuslichen Gebrauch sowie zur Verhinderung von Krankheiten • Sicherstellung eines gleichberechtigten, erschwinglichen und sicheren Zugangs zur Wasser- und Sanitärversorgung, insbesondere für benachteiligte und besonders bedürftige Bevölkerungsgruppen • Sicherstellung der Wasser- und Sanitärversorgung in verarmten ländlichen und städtischen Gegenden • Bereitstellung von Wasser für Menschen, denen ausreichende Mittel für die Eigenversorgung fehlen • Bereitstellung von Wasser und Sanitäranlagen in Bildungseinrichtungen • Prävention, Behandlung und Bekämpfung von Krankheiten, die von verunreinigtem Wasser herrühren, insbesondere durch angemessene Sanitäranlagen
Internationale Dimensionen (Auswahl): • Achtung der Rechte auf Wasser und Sanitärversorgung in internationalen Beziehungen • Maßnahmen zum länderübergreifenden Schutz der Rechte auf Wasser und Sanitärversorgung • Internationale Förderung beider Rechte, insbesondere in der Entwicklungszusammenarbeit • Internationale Gegen- und Schutzmaßnahmen sowie Nothilfe bei Naturkatastrophen und Klimaveränderungen
Anmerkung: eigene Zusammenstellung, angelehnt an den Allgemeinen Kommentar Nr. 15 des UN-Ausschusses für wsk-Rechte und weitere UN-Materialien

486 www.helvetas.ch/wDeutsch/news/2011_03_15_kampagne2011.asp (letzter Zugriff: 1. März 2012).

Deutlich ist auch der Zusammenhang zum Recht auf angemessene Unterkunft, da diese bereits eine grundlegende Wasser- und Sanitärversorgung beinhaltet. Weiterhin kann das Recht auf Bildung von Frauen und Mädchen beeinträchtigt sein, auf deren Schultern in Entwicklungsländern die Hauptlast der schweren und zeitraubenden Wasserbeschaffung liegt. Zusätzlich erschwert wird der Schulbesuch, wenn in Schulen keine getrennten sanitären Anlagen für Mädchen bestehen, was dazu führen kann, dass Mädchen ganz oder zeitweise dem Schulbesuch fernbleiben. Das Fehlen entsprechender Sanitäranlagen kann zudem das Recht auf Privatsphäre beeinträchtigen oder auch zu gewaltsamen Übergriffen gegenüber Frauen führen, wenn diese nachts weit entfernte Gemeinschaftslatrinen aufsuchen müssen. Schließlich gehen Probleme bei der Nutzung der Rechte auf Wasser und Sanitärversorgung oft auch damit einher, dass den betroffenen Menschen die Mitwirkung an jenen Entscheidungsprozessen verwehrt wird, welche die Wasser- und Sanitärversorgung betreffen.

5.10 Das Recht auf Bildung[487] – ein „empowerment right"

Trotz aller Fortschritte in den vergangenen Jahrzehnten ist es um die Bildung weltweit nicht gut bestellt. Unzählige Kinder und Jugendliche im schulpflichtigen Alter haben in Entwicklungs- und Schwellenländern noch niemals oder nur kurzzeitig eine Schule besucht. Abermillionen an Erwachsenen verfügen über keine grundlegenden Lese- und Schreibkompetenzen.[488] Vor allem Mädchen und Frauen sind – trotz legaler Gleichstellungsinitiativen – aus gesellschaftlichen, religiösen, familiären oder bildungsinternen Gründen in vielen Ländern noch immer stark benachteiligt, ebenso Kinder und Menschen mit Behinderung. Mitunter werden ganze Gruppen der Bevölkerung beim Zugang zur Bildung direkt oder indirekt behindert. Zugleich bleibt in vielen Ländern höhere Bildung ein Privileg der Wohlhabenden.

Indes ist Bildung kein Privileg, sondern vielmehr ein menschliches Grundbedürfnis und ein grundlegendes Menschenrecht. Sie ist nicht nur der Schlüssel zu einer beruflichen Perspektive, sondern befähigt die Menschen auch, ein selbstbe-

---

487 Der deutsche Begriff „Bildung" entspricht nicht völlig dem englischen Begriff *„education"*, der sowohl Bildungs- als auch erzieherische Aspekte beinhaltet; er ist aber dennoch dem Begriff „Erziehung" vorzuziehen, da er das Rechtssubjekt in den Vordergrund rückt: den Menschen, der bei der Nutzung seines Recht nicht behindert, sondern geschützt und unterstützt werden soll; vgl. auch Neuhoff (i.E.).

488 Der „Weltbericht Bildung für alle 2011" (UNESCO 2011) geht für 2008 von 67 Mio. Kinder aus, die keine Schule besuchten. Die Zahl der Erwachsenen ohne grundlegende Lese- und Schreibkompetenzen veranschlagt er mit 796 Millionen für 2008.

stimmtes Leben zu führen und sich aus sozialen Notlagen und Armut zu befreien. Bildung schützt vor Unwissenheit und Ausbeutung, vermittelt den Menschen ein Verständnis ihres gesellschaftlichen Umfelds und schult die moralische Urteilskraft und Mitmenschlichkeit. Das Recht auf Bildung stellt ein Recht für sich dar und ist zugleich ein *empowerment right*[489] für die Umsetzung anderer Menschenrechte. Es erstreckt sich auf Kinder und Erwachsene gleichermaßen und soll lebenslanges Lernen ermöglichen.

Das Recht auf Bildung im UN-Sozialpakt

Artikel 13

(1) Die Vertragsstaaten erkennen das Recht eines jeden auf Bildung an. Sie stimmen überein, dass die Bildung auf die volle Entfaltung der menschlichen Persönlichkeit und des Bewusstseins ihrer Würde gerichtet sein und die Achtung vor den Menschenrechte und Grundfreiheiten stärken muss. Sie stimmen ferner überein, dass die Bildung es jedermann ermöglichen muss, eine nützliche Rolle in einer freien Gesellschaft zu spielen, dass sie Verständnis, Toleranz und Freundschaft unter allen Völkern und allen rassischen, ethnischen und religiösen Gruppen fördern sowie die Tätigkeit der Vereinten Nationen zur Erhaltung des Friedens unterstützen muss.

(2) Die Vertragsstaaten erkennen an, dass im Hinblick auf die volle Verwirklichung dieses Rechts

a) der Grundschulunterricht für jedermann Pflicht und allen unentgeltlich zugänglich sein muss;

b) die verschiedenen Formen des höheren Schulwesen einschließlich des höheren Fach- und Berufsschulwesens auf jede geeignete Weise, insbesondere durch allmähliche Einführung der Unentgeltlichkeit, allgemein verfügbar und jedermann zugänglich gemacht werden müssen;

c) der Hochschulunterricht auf jede geeignete Weise, insbesondere durch allmähliche Einführung der Unentgeltlichkeit, jedermann gleichermaßen entsprechend seiner Fähigkeiten zugänglich gemacht werden muss;

d) eine grundlegende Bildung für Personen, die eine Grundschule nicht besucht oder nicht beendet haben, so weit wie möglich zu fördern oder zu vertiefen ist;

e) die Entwicklung eines Schulsystems auf allen Stufen aktiv voranzutreiben, ein angemessenes Stipendiensystem einzurichten und die wirtschaftliche Lage der Lehrerschaft fortlaufend zu verbessern ist.

(3) Die Vertragsstaaten verpflichten sich, die Freiheit der Eltern und gegebenenfalls des Vormunds oder Pflegers zu achten, für ihre Kinder andere als öffentliche Schulen zu wählen, die den vom Staat gegebenenfalls festgesetzten oder gebilligten bildungspolitischen Mindestnormen entsprechen, sowie die religiöse und sittliche Erziehung ihrer Kinder in Übereinstimmung mit ihren eigenen Überzeugungen sicherzustellen.

489 Die Übersetzung von *„empowerment right"* als „Ermächtigungsrecht" (Benedek 2009: 245) erachte ich als nicht gelungen (eher noch „Befähigungsrecht"). Im Folgenden wird der englische Begriff bevorzugt.

(4) Keine Bestimmung dieses Artikels darf dahin ausgelegt werden, dass sie die Freiheit natürlicher oder juristischer Personen beeinträchtigt, Bildungseinrichtungen zu schaffen oder zu leiten, sofern die in Absatz 1 niedergelegten Grundsätze beachtet werden und die in solchen Einrichtungen vermittelte Bildung den vom Staat gegebenenfalls festgesetzten Mindestnormen entspricht.

Artikel 14

Jeder Vertragsstaat, der zu dem Zeitpunkt, da er Vertragspartei wird, im Mutterland oder in sonstigen seiner Hoheitsgewalt unterstehenden Gebieten noch nicht die Grundschulpflicht auf der Grundlage der Unentgeltlichkeit einführen konnte, verpflichtet sich, binnen zwei Jahren einen ausführlichen Aktionsplan auszuarbeiten und anzunehmen, der die schrittweise Verwirklichung des Grundsatzes der unentgeltlichen allgemeinen Schulpflicht innerhalb einer angemessenen, in dem Plan festzulegenden Zahl von Jahren vorsieht.

Das Recht auf Bildung ist in zahlreichen globalen und regionalen Menschenrechtsabkommen verankert. Im UN-Sozialpakt widmen sich gleich zwei Artikel dem Recht und konkretisieren dieses weit stärker als dies bei anderen Menschenrechten der Fall ist. Demnach umfasst die Verwirklichung des Rechts auf Bildung den unentgeltlichen und verpflichtenden Primarschulunterricht[490], allgemein verfügbare und für jedermann zugängliche Formen des höheren Schulwesens, den allgemeinen Zugang zum Hochschulunterricht, grundlegende Bildung für Personen ohne Primarschulbesuch oder -abschluss sowie Bestimmungen, die sich auf die Entwicklung des Schulsystems, eines Stipendiensystems und die Verbesserung der wirtschaftlichen Lage von Lehrenden beziehen. Hinzu kommt die Schulwahlfreiheit der Eltern für ihre Kinder und die Freiheit zur Errichtung von Privatschulen sowie, wo nötig, die Ausarbeitung eines Aktionsplans für die Einführung der unentgeltlichen, allgemeinen Grundschulpflicht.

Die von fast allen Staaten ratifizierte UN-Kinderrechtskonvention bekräftigt in zwei umfangreichen Artikeln die materiellen Rechtskomponenten. Darüber hinaus schreibt Art. 28 (2) ausdrücklich vor, dass schuldisziplinarische Maßnahmen der Menschenwürde des Kindes entsprechen müssen. Art. 28 (3) nimmt die Vertragsstaaten in die Pflicht, international im Bildungsbereich zusammenzuarbeiten, um Unwissenheit und Analphabetentum weltweit zu beseitigen. Schließlich konkretisiert die UN-Kinderrechtskonvention im Art. 29 in noch stärkerem Maße als der UN-Sozialpakt die Bildungsziele für Kinder. Die Lektüre des folgenden Artikels zeigt, welch' hohe inhaltlichen Ansprüche an eine menschenrechtskonforme Bildung global formuliert wurden.

490 Wie auch bei der Übersetzung des Allgemeinen Kommentars des UN-Ausschusses zum Recht auf Bildung (DIMR 2005: 263-284) wird *primary education* gemeinhin mit „Grundschulbildung" übersetzt. Da jedoch in den meisten Ländern die Primarschulbildung mehr Schuljahre als die deutsche Grundschulbildung umfasst, bevorzuge ich den etwas sperrigen Begriff „Primarschulbildung".

Das Recht auf Bildung in der UN-Kinderrechtskonvention

Artikel 28

(1) Die Vertragsstaaten erkennen das Recht des Kindes auf Bildung an; um die Verwirklichung dieses Rechts auf der Grundlage der Chancengleichheit fortschreitend zu erreichen, werden sie insbesondere

a) den Besuch der Grundschule für alle zur Pflicht und unentgeltlich machen;

b) die Entwicklung verschiedener Formen der weiterführenden Schulen allgemeinbildender und berufsbildender Art fördern, sie allen Kindern verfügbar und zugänglich machen und geeignete Maßnahmen wie die Einführung der Unentgeltlichkeit und die Bereitstellung finanzieller Unterstützung bei Bedürftigkeit treffen;

c) allen entsprechend ihrer Fähigkeiten den Zugang zu den Hochschulen mit allen geeigneten Mittel ermöglichen;

d) Bildungs- und Berufsberatung allen Kindern verfügbar und zugänglich machen;

e) Maßnahmen treffen, die den regelmäßigen Schulbesuch fördern und den Anteil derjenigen, welche die Schule vorzeitig verlassen, verringern.

(2) Die Vertragsstaaten treffen alle geeigneten Maßnahmen, um sicherzustellen, dass die Disziplin in der Schule in einer Weise gewahrt wird, die der Menschenwürde des Kindes entspricht und im Einklang mit diesem Übereinkommen steht.

(3) Die Vertragsstaaten fördern die internationale Zusammenarbeit im Bildungswesen, insbesondere um zur Beseitigung von Unwissenheit und Analphabetentum in der Welt beizutragen und den Zugang zu wissenschaftlichen und technischen Kenntnissen und modernen Unterrichtsmethoden zu erleichtern. Dabei sind die Bedürfnisse der Entwicklungsländer besonders zu berücksichtigen.

Artikel 29

(1) Die Vertragsstaaten stimmen darin überein, dass die Bildung des Kindes darauf gerichtet sein muss,

a) die Persönlichkeit, die Begabung und die geistigen und körperlichen Fähigkeiten des Kindes voll zur Entfaltung zu bringen;

b) dem Kind Achtung vor den Menschenrechte und Grundfreiheiten und den in der Charta der Vereinten Nationen verankerten Grundsätze zu vermitteln;

c) dem Kind Achtung vor seinen Eltern, seiner kulturellen Identität, seiner Sprache und seinen kulturellen Werten, den nationalen Werten des Landes, in dem es lebt, und gegebenenfalls des Landes, aus dem es stammt, sowie vor anderen Kulturen als der eigenen zu vermitteln;

d) das Kind auf ein verantwortungsbewusstes Leben in einer freien Gesellschaft im Geist der Verständigung, des Friedens, der Toleranz, der Gleichberechtigung der Geschlechter und der Freundschaft zwischen allen Völkern und ethnischen, nationalen und religiösen Gruppen sowie zu Ureinwohnern vorzubereiten;

e) dem Kind Achtung vor der natürlichen Umwelt zu vermitteln.

(2) Dieser Artikel und der Artikel 28 dürfen nicht so ausgelegt werden, dass sie die Freiheit natürlicher oder juristischer Personen beeinträchtigen, Bildungseinrichtungen zu gründen und zu führen, sofern die in Absatz 1 festgelegten Grundsätze beachtet werden und die in solchen Einrichtungen vermittelte Bildung den von dem Staat gegebenenfalls festgelegten Mindestnormen entspricht.

Auch die UN-Behindertenrechtskonvention nimmt sich in einem umfassenden Artikel dem Recht auf Bildung an, verbietet den Ausschluss von Menschen mit Behinderungen vom allgemeinen Bildungssystem und fordert u.a. einen gleichberechtigten Zugang zu einem inklusiven, hochwertigen und unentgeltlichen Unterricht an Primarschulen und weiterführenden Schulen sowie einen diskriminierungsfreien Zugang zur allgemeinen tertiären Bildung, zur Berufsausbildung, Erwachsenenbildung und zum lebenslangen Lernen. Ebenso nehmen sich die Konventionen gegen Rassismus und gegen Diskriminierung der Frau, die Wanderarbeiterkonvention sowie verschiedene regionale Menschenrechtsabkommen des Rechts auf Bildung an. Die UNESCO wiederum hat im Jahre 1960 eigens eine Konvention gegen die Diskriminierung in der Bildung verabschiedet.

Für das Verständnis des Rechts auf Bildung sind wiederum die Kategorien der Verfügbarkeit, Zugänglichkeit, Annehmbarkeit und Angepasstheit hilfreich, die Katharina Tomaševski, UN-Sonderberichterstatterin zum Recht auf Bildung von 1998 bis 2004, unter dem sogenannten 4A-Schema *(availabitly, access, acceptability, adaptability)* populär gemacht hat,[491] und die auch die beiden Allgemeinen Kommentare des UN-Ausschusses für wsk-Rechte zum Recht auf Bildung aufgreifen (Nr. 11 und Nr. 13, beide von 1999).[492] Demnach umfasst das Recht auf Bildung folgende Komponenten:[493]

Verfügbarkeit: Im Hoheitsgebiet des Vertragsstaates müssen in ausreichendem Maße funktionsfähige Bildungseinrichtungen und -programme zur Verfügung stehen. Dies schließt zumindest ein Gebäude oder einen Witterungsschutz ein, sanitäre Einrichtungen für beide Geschlechter, sauberes Trinkwasser, ausgebildete und angemessen bezahlte Lehrkräfte sowie Lehrmaterial. Mit steigendem Entwicklungsstand des jeweiligen Landes steigen auch die Anforderungen an die Bildungseinrichtungen. In Europa sind etwa auch Bibliotheken und neue Informations- und Kommunikationstechnologien gefordert.

Zugänglichkeit: Im Hoheitsgebiet des Vertragsstaates müssen alle ohne Unterschied Zugang zu Bildungseinrichtungen und -programmen haben. Die Zugänglichkeit umfasst drei sich ergänzende Dimensionen: a) Nichtdiskriminierung: Bildung muss rechtlich und faktisch für alle zugänglich sein, insbesondere auch für benachteiligte Menschen; b) physische Zugänglichkeit: Der Zugang zu Bildungseinrichtungen muss physisch möglich und sicher sein. Der Unterricht muss

491 Siehe hier etwa die frühen Berichte der Sonderberichterstatterin: E/C.4/1999/49, 13. Januar 1999, Ziff. 51-74; E/CN.4/2000/6, 1. Februar 2000, Ziff. 32-65; E/CN.4/2001/52, 11. Januar 2001, Ziff. 64-77; E/CN.4/2002/60, 7. Januar 2002, Ziff. 22-45.

492 CESCR E/C.12/1999/4, 10. Mai 1999; CESCR E/C.12/1999/10, 8. Dezember 1999.

493 Siehe insbesondere: CESCR E/C.12/1999/10, 8. Dezember 1999, Ziff. 6.

also an einem in zumutbarer Entfernung gelegenen Ort stattfinden oder, wenn dies nicht möglich ist, sollte Fernlernen ermöglicht werden. Des Weiteren muss der Schulweg sicher sein; c) wirtschaftliche Zugänglichkeit: Bildung muss für alle erschwinglich sein. Während für den Primarschulunterricht Unentgeltlichkeit im UN-Sozialpakt vorgesehen ist, werden die Staaten aufgefordert, auch für die allmähliche Einführung einer unentgeltlichen Sekundar- und Hochschulbildung Sorge zu tragen.

Annehmbarkeit: Die Form und der Inhalt der Bildung, namentlich die Lehrpläne und Lehrmethoden, müssen für die Lernenden und die Erziehungsberechtigten annehmbar, das heißt: bedeutsam, kulturell angemessen und hochwertig sein. Dabei sind die Bildungsziele sowie staatlich festgelegte Mindestnormen für die Bildung zu beachten.

Angepasstheit: Schließlich muss die Bildung auf die unterschiedlichen und sich verändernden sozialen und kulturellen Arbeits- und Lebenszusammenhänge abgestimmt sein. Gefordert ist also eine flexible bedürfnis-, praxis- und berufsorientierte Bildung auf allen Schulstufen.

Der qualitative Aspekt der Bildung, der sich in den Kriterien der Annehmbarkeit und Angepasstheit ausdrückt, wird gerade auch in den Bestimmungen der UN-Kinderrechtskonvention zu den Zielen der Bildung aufgegriffen, denen sich der erste Allgemeine Kommentar des UN-Kinderrechtsausschuss widmete.[494] Deutlich wird, dass das Recht auf Bildung nicht nur eine Frage des Zugangs zur Bildung, sondern auch der menschenrechtskonformen und kindergerechten Ausgestaltung der Bildungsmaßnahmen und -einrichtungen sowie der Bildungsinhalte ist. Im Sinne des Art. 29 Abs. 1 der UN-Kinderrechtskonvention muss die Bildung von Kindern darauf ausgerichtet sein, die individuelle Persönlichkeit, die Begabungen und die Fähigkeiten des Kindes voll zur Geltung zu bringen und dem Kind Achtung vor den Menschenrechten zu vermitteln, ebenso wie die Achtung vor seinen Eltern sowie seiner sozialen und natürlichen Umwelt. In seinem Kommentar Nr. 11 zu indigenen Kindern und Rechten betont der UN-Kinderrechtsausschuss zudem, wie wichtig es sei, dass im Schulunterricht und in den Schulmaterialien etwaige indigene Kulturen sachgerecht, informativ und fair dargestellt würden.[495] Auf den Bildungsinhalt beziehen sich letztlich auch Forderungen nach einer Menschenrechtsbildung an Schulen.[496] Das Recht auf Bildung ermöglicht und beinhaltet zugleich eine solche Menschenrechtsbildung, deren Bedeutung in einer Resolution des UN-Menschenrechtsrats vor kurzem noch-

---

494 CRC/GC/2001/1, 17. April 2001.

495 CRC/C/GC/11, 12. Februar 2009, Ziff. 58.

496 CRC/GC/2001/1, 17. April 2001, Ziff. 15-16.

mals eigens hervorgehoben wurde[497] – und die eine eigenständige Fachliteratur hervorgebracht hat.[498]

Das Recht *auf* Bildung ist dabei immer auch mit den Rechten *in* der Bildung verbunden. Mit dem Betreten der Schulen büßen die Kinder nicht ihre Menschenrechte und die Eltern nicht ihre menschenrechtlich garantierten Erziehungsrechte ein. Auch die Lehrenden haben menschenrechtlich begründete Ansprüche im Bildungswesen, etwa angemessene Entlohnung, Vereinigungsfreiheit und das Recht auf Kollektivverhandlungen. Allerdings kann es auch sachliche Gründe für Eingriffe in solche Rechte geben, um einen ordnungsgemäßen Schulbetrieb sicherzustellen oder kollidierende Rechtsansprüche zum Ausgleich zu bringen. Obwohl im UN-Sozialpakt nicht ausdrücklich erwähnt, deckt das Recht auf Bildung zudem die akademische Freiheit von Lehrpersonal, Studierenden und Schüler/innen ab, und zwar im gesamten Bildungsbereich.[499] Hinsichtlich der Rechte und Freiheiten von Lehrkräften verweist der UN-Ausschuss für wsk-Rechte zum einen auf die Gemeinsame Erklärung der UNESCO und der ILO zum Status der Lehrer (1966)[500], zum anderen auf die UNESCO-Empfehlung zum Status des Hochschulpersonals (1997), die sich ihrerseits ausdrücklich auf das Recht auf Bildung im UN-Sozialpakt beruft.[501]

Zugleich geht es immer auch um die Befähigung der Menschen *durch* Bildung im Sinne der oben genannten Bildungsziele. Dabei beschränkt sich das Recht auf Bildung nicht nur auf den Schulunterricht, also die Primar- und Sekundarbildung, und auf die Hochschullehre. Auch die frühkindliche Bildung, die aufgrund der vorrangigen Erziehungsrechte der Eltern völkerrechtlich bislang kaum behandelt wird, gehört dazu (z.B. Forum Menschenrechte 2011). Dabei zeigen Erfahrungen aus Entwicklungsländern (für Malawi: Wolf 2011), wie wichtig frühkindliche Bildung sein kann, damit Armut überwunden wird. Letztlich ist „grundlegende Bildung“ für Menschen aller Altersgruppen wichtig[502], geht es also um le-

---

497 A/HRC/RES/16/1, 8. April 2011.

498 Im deutschsprachigen Raum etwa: Lohrenscheit (2004), Mahler/Mihr (2004), Mihr/Rosemann (2004), Fritzsche (2005, 2009), Druba (2006), Lenhart (2006), Lohrenscheit/Trisch (2007), Mihr (2008), Batarilo (2010), Borries (2011), Böhm/Katheder (2012). Einen lesenswerten, kommentierten Überblick über deutschsprachige Materialien der Menschenrechtsbildung hat Raimund Pehm (2009) erstellt.

499 CESCR E/C.12/1999/10, 8. Dezember 1999, Ziff. 38 ff.

500 *Recommendation concerning the Status of Teachers, adopted by the Special Intergovernmental Conference on the Status of Teachers,* Paris, 5. Oktober 1966.

501 *Recommendation concerning the Status of Higher-Education Teaching Personnel,* 11. November 1997.

502 CESCR E/C.12/1999/10, 8. Dezember 1999, Ziff. 21 ff.

benslanges Lernen, vom Kleinkind bis ins hohe Alter. Allerdings weist der UN-Ausschuss für wsk-Rechte darauf hin, dass die Verpflichtungen der Vertragsstaaten in Bezug auf Primarschulbildung, Sekundarschulbildung, Hochschulbildung und „grundlegende Bildung" nicht identisch seien und der Primarschulbildung Vorrang im UN-Sozialpakt zukomme.[503]

Aus der knapp dargestellten inhaltlichen Rechtsbestimmung lassen sich erneut Staatenpflichten ableiten. Auch hier müssen einige Beispiele zur Illustration genügen, die sich – der Einschränkung bin ich mir bewusst – vor allem auf die Schul- und Hochschulbildung beziehen.

5.10.1 Das Recht auf Bildung achten

Achtungspflichten fordern, dass der Staat nicht direkt oder indirekt Maßnahmen ergreift, die Menschen daran hindern, ihr Recht auf Bildung zu nutzen, und er nicht selbst die Bildungsfreiheit beschneidet. Ungerechtfertigte[504], politisch motivierte Schließungen von Schulen und Universitäten, wie sie etwa in lateinamerikanischen und afrikanischen Diktaturen immer wieder vorkamen,[505] stellen *prima facie* Rechtsverstöße dar, ebenso wie systematische Einschränkungen der akademischen Freiheit.[506] Offenkundig menschenrechtswidrig ist ebenfalls der diskriminierende Ausschluss ganzer Gruppen von einer angemessenen Schulbildung. Der „UNESCO-Konvention gegen Diskriminierung in der Bildung" zufolge können solche Diskriminierungen darin bestehen: dass Personen oder Personengruppen der Zugang zur Bildung verwehrt wird; dass sie nur eine minderwertige Bildung erhalten oder dass sie in getrennten Bildungseinrichtungen unterrichtet werden (wobei eine solche Trennung aufgrund des Geschlechts, der religiösen Zugehörigkeit oder der Sprache erlaubt sei, wenn sie gleichwertige Bildung bereitstellt und im Falle von religiösen und sprachlichen Schulen von den Erziehungsberechtigten[507] erwünscht ist und freiwillig erfolgt); schließlich

503 CESCR E/C.12/1999/10, 8. Dezember 1999, Ziff. 51.

504 Sachliche Rechtfertigungsgründe für solche Schließungen können sich z.B. aufgrund von Gesundheitsgefahren oder Sicherheitsbedrohungen ergeben oder weil die Einrichtungen nicht menschenrechtlichen oder bildungspolitischen Standards genügen.

505 Um nur ein Beispiel zu nennen: Die Schließung von Universitäten und weiterführenden Schulen im damaligen Zaire wurde von der Afrikanischen Menschenrechtskommission als Verletzung des Rechts auf Bildung angesehen; siehe Murray (2009a: 15).

506 Ein umfassender Bericht über die weltweite Lage der akademischen Freiheit wurde zwar von der UNESCO-Generalkonferenz bereits 1997 eingefordert, liegt aber in einer konsensfähigen, offiziellen Form bislang nicht vor, nachdem ein entsprechender Bericht des UNESCO-Generalsekretärs aus dem Jahre 2006 zurückgezogen worden war.

507 Von den Wünschen und Bedürfnissen der Kinder ist hier auffälligerweise noch nicht die Rede.

dass die Bildungsbedingungen die Menschenwürde verletzen.[508] Der UN-Ausschuss für wsk-Rechte legt das Diskriminierungsverbot ausdrücklich im Lichte der UNESCO-Konvention sowie weiterer UN-Menschenrechtsabkommen und der ILO-Konvention Nr. 169 zu indigenen Völkern aus.

Ein extremes Beispiel für einen diskriminierenden Ausschluss von der Bildung verkörperte seinerzeit das Taliban-Regime (1994-2001) in Afghanistan, das Mädchen systematisch den Schulbesuch verwehrte. Die Taliban strebten einen frühislamistischen „Gottesstaat" an, der auf einer eigen(willig)en Interpretation religiöser Schriften und auf überkommenen Ehr-, Sitten- und Rechtsvorstellungen beruhte. Leidtragende waren insbesondere Mädchen und Frauen. Mädchenschulen wurden geschlossen, Frauen wurden aus dem öffentlichen Leben verdrängt, mussten Ganzkörperschleier tragen und litten unter Berufsverboten. Obwohl sich nach dem Sturz der Taliban in dieser Hinsicht vieles verbessert hat, sind die gesellschaftlichen Widerstände gegenüber Schülerinnen und Lehrerinnen noch längst nicht überwunden.[509] Zudem haben Sicherheitsbedenken dort immer wieder zur Schließung von Schulen geführt.[510] Immer noch verfügt Afghanistan über eine der höchsten Analphabeten-Raten von Frauen in der Welt.

Ein anderes extremes Beispiel stellte ehedem das rassistische Bildungssystem während der südafrikanischen Apartheid dar, das „schwarze", aber auch „farbige" Kinder gegenüber „weißen" Kindern massiv benachteiligte. *„One of the most iniquitous acts of apartheid was the separation of educational facilities and the creation of the infamous system of Bantu education. Mission schools which had provided some schooling to African people were closed down and generation after generation of African children were subjected to teaching that was deeply inferior in quality to that of their white counterparts"* (TRC 1998: 61). Letztlich zielte die „Bantu-Erziehung" auf die Befähigung von „Schwarzen" ab, einfache Dienstleistungen für „Weiße" zu verrichten. Die menschen(rechts)verachtende „Rassentrennungspolitik" wurde nach vielen Jahrzehnten Bestand erst in den 1990er Jahren abgeschafft.

Nicht in Vergessenheit geraten sollte zudem, dass auch in wesentlichen Demokratien bis in die zweite Hälfte des 20. Jahrhunderts hinein offene rassistische Diskriminierungen im Bildungswesen bestanden, die bis heute teilweise nachwirken. Gut belegt ist dies für die USA, wo der *Supreme Court* in seiner berühmten Entschei-

---

508 *UNESCO Convention against Discrimination in Education*, Paris, 14. Dezember 1960, Art. 1 und 2.

509 Vgl. auch E/C.12/AFG/CO/2-4, 21. Mai 2010, Ziff. 43.

510 Vgl. Deutsche UNESCO-Kommission/BMZ (2011: 13).

dung *Brown v. Board of Education of Topeka* (1954)[511] die damals herrschende Praxis der Rassentrennung an öffentlichen Schulen für verfassungswidrig erklärte und „damit eine wesentliche Initialzündung für die Entwicklung des Civil Rights Movement der 1950er und 60er Jahre gab" (Sigwart 2010: 369 f.). Doch wurde das Verbot nicht sofort, sondern erst in einem langwierigen Prozess und gegen viele Widerstände umgesetzt und durch den Wegzug wohlhabender weißer Familien *(„white flight")* aus den entsprechenden Stadtvierteln teilweise untergraben, was mitunter zu einer Re-Segregation im Bildungswesen führte (Tomaševski 2003: 146 f.).

Eine Gruppe, die in Europa (auch) beim Zugang zur Bildung noch immer stark diskriminiert wird, sind die Roma, denen der Antirassismus-Ausschuss der Vereinten Nationen sogar einen eigenen Allgemeinen Kommentar widmete.[512] In zahlreichen Ländern Mittel- oder Südosteuropas, etwa in der Tschechischen Republik, der Slowakei, Bulgarien, Kroatien oder Serbien, mussten oder müssen Roma-Kinder besondere Schulen (Sonderschulen) oder Klassen mit einem minderwertigen Lehrangebot besuchen.[513] Das Problem beschäftigte bereits den Europäischen Gerichtshof für Menschenrechte, der segregierte Bildungseinrichtungen auf Grundlage der Ethnizität als Verstoß gegen die EMRK erachtete, namentlich gegen das Recht auf Bildung (Art. 2) in Verbindung mit dem Diskriminierungsverbot (Art. 14). Im Fall einer Beschwerde gegen die Tschechische Republik bewertete die große Kammer des EGMR im November 2007 die Unterbringung von fahrenden Roma-Kindern in Sonderschulen als diskriminierend.[514] Im Fall *Sampanis v. Greece* verwarf der EGMR im Jahre 2008 die Gründe, welche die griechische Regierung für die getrennte Bildung für Roma-Schüler/innen angab, und stellte ebenfalls eine Diskriminierung fest.[515] Ähnlich lautete ein jüngeres Urteil gegenüber der Beschulungspraxis von Roma in Kroatien.[516]

Weltweit gab und gibt es eine Vielzahl großer und kleiner Beispiele für diskriminierende Beschränkungen beim Zugang zur grundlegenden, weiterführenden und höheren Bildung – aufgrund der politischen Gesinnung, der Religion, des

---

511 *Brown v. Board of Education,* 347 U.S. 483 (1954).

512 CERD A/55/18, Anhang 5, 16. August 2000.

513 Vgl. Amnesty International (2011a), OHCHR Regional Office for Europe (2011: 41); siehe auch *Amnesty Journal,* Nr. 10/11 2010 und *Pogrom bedrohte Völker,* Nr. 254, 3/2009, die sich beide schwerpunktmäßig der Diskriminierung von Roma in Europa annehmen.

514 *D.H. and others v. the Czech Republic,* 57325/00, Urteil vom 1. November 2007 – Grand Chamber CM/Inf/DH(2010)47.

515 *Sampanis and others v. Greece,* 32526/05, Urteil vom 5. Juni 2008, endg. 5. September 2008.

516 *Oršuš and others v. Croatia,* 15766/03, Urteil vom 16. März 2010 – Grand Chamber CM/Inf/DH(2010)46.

Geschlechts, der sexuellen Orientierung, der ethnischen Zugehörigkeit oder anderer, oft überlappender Diskriminierungsmerkmale. In der DDR war beispielsweise der Hochschulbesuch auch vom politischen Wohlverhalten junger Menschen und ihrer Eltern abhängig. In Myanmar kontrollierte das Militärregime die politische Gesinnung von Studierenden und unterdrückte deren politischen Aktivitäten.[517] Im Iran verweigerten oder erschwerten die Behörden seit Jahren Mitgliedern der – inzwischen auch physisch verfolgten – Religionsgemeinschaft der Baháí'í den Zugang zur Hochschulbildung bzw. verknüpften diesen mit der Bedingung, ihren Glauben zu widerrufen und sich als Muslime zu bezeichnen.[518] Im Falle Griechenlands zeigte sich der UN-Antirassismus-Ausschuss 2009 besorgt über die Zugangsprobleme der türkisch-sprachigen Minderheit zu qualitativ angemessener Bildung.[519] In der Öffentlichkeit wenig beachtet ist zudem der verwehrte oder nicht-gewährte Zugang zu Bildung bei jugendlichen oder erwachsenen Gefängnisinsassen. Der UN-Sonderberichterstatter zum Recht auf Bildung widmete dem Problem einen eigenen Bericht.[520]

Das Recht auf Bildung steht wohlgemerkt nicht nur den eigenen Staatsangehörigen zu, sondern auch Ausländerinnen und Ausländern, die einen gleichberechtigten Zugang zur Bildung haben sollen, wie ausdrücklich die UNESCO-Konvention gegen Diskriminierung in der Bildung (in Art. 3 e) vorsieht. Dem UN-Ausschuss für wsk-Rechte zufolge gilt das Recht für alle Nicht-Staatsangehörigen auf dem Hoheitsgebiet, und zwar „ungeachtet ihres rechtlichen Status".[521] Indes stellt der Bildungszugang von Staatenlosen oder von Kindern ohne Aufenthaltstitel oder ausländerrechtliche Duldung ein länderübergreifendes Problem dar. In dem reichen Emirat Kuwait können beispielsweise – je nach Schätzung gegenwärtig 80.000 bis 140.000[522] – staatenlose „Bedun", obwohl sie seit jeher in dem Land leben, ihre Kinder trotz Schulplicht nicht in die kostenlosen öffentlichen Schulen und Universitäten schicken (es sei denn, so der offizielle Staatenbericht Kuwaits an den UN-Menschenrechtsrat, es handle sich um Kinder von *„illegal migrants"* im öffentlichen Dienst!). An der massiven Diskriminierung ändert auch der Umstand nichts, dass inzwischen ein Fonds des dortigen Bildungs-

517 National Coalition Government of the Union of Burma (2009: 722 f.).

518 Siehe: *Closed Door. Iran's Campaign to Deny Higher Education to Bahá'ís,* auf: http://denial.bahai.org/index.phb (abgerufen am 4. Juli 2011).

519 CERD/C/GRC/CO/19, 28. August 2009, Ziff. 5.

520 A/HRC/11/8, 2. April 2009.

521 CESCR E/C.12/1999/10, 8. Dezember 1999, Ziff. 34, gemäß Übersetzung in: DIMR (2005: 275).

522 Offiziell wird die Zahl der *„illegal residents"*, unter welche die staatenlosen Personen fallen, gegenwärtig auf 93.334 geschätzt; vgl. A/HRC/15/15, 16. Juni 2010, Ziff. 75.

ministeriums staatenlosen Bedun-Kindern finanzielle Hilfen für den Schulbesuch an Privatschulen gewährt.[523]

Und in Deutschland? Kindern „ohne Papiere“ wird hierzulande zwar nicht der Schulbesuch verwehrt, jedoch drohte ihnen und ihren Familien lange Zeit die Abschiebung, wenn die Schulleitung Kenntnis von dem fehlenden Aufenthaltsstatus erlangte und dies an die Ausländerbehörde meldete. Die Übermittlungspflicht nach dem Aufenthaltsgesetz, die in den Bundesländern freilich rechtspraktisch unterschiedlich gehandhabt und von Schulleitungen nicht immer befolgt wurde, stellte bis vor kurzem das größte Hindernis für einen Schulbesuch von Kindern „ohne Papiere“ dar. Nachdem im Jahre 2009 bereits eine entsprechende allgemeine Verwaltungsvorschrift geändert worden war, beschloss der Deutsche Bundestag am 8. Juli 2011 – im Rahmen des Gesetzes zur Umsetzung aufenthaltsrechtlicher EU-Richtlinien – eine solche Meldepflicht für Schulen und Kindergärten aufzuheben.

Angesichts der vielen Kinder, die weltweit keinen Zugang selbst zur Grundschulbildung haben, treten qualitative Aspekte des Rechts auf Bildung allzu leicht in den Hintergrund. Was in öffentlichen – oder auch in privaten (siehe: Schutzpflichten) – Schulen geschieht, wird selten durch die Menschenrechtsbrille betrachtet, beklagte Tomaševski (2003: 15). Viel zu selten würde die Frage aufgeworfen, was Kindern beigebracht wird, und viel zu selten würden Übergriffe in der Bildung aufgedeckt. Ohne Zweifel: Wenn in offiziellen Schulbüchern, vereinfacht gesagt, Panzer statt Äpfel gezählt werden, ganze Geschichtspassagen „geglättet“ oder Vorurteile und Hass gegenüber anderen gesellschaftlichen Gruppen, Völkern oder Nationen vermittelt werden, ist dies aus Sicht der Menschenrechte nicht hinnehmbar und zu unterlassen.[524] So wäre jeweils zu prüfen, inwieweit ideologisch-indoktrinäre Elemente, Vorurteile und Stereotypen die Bildungsmaterialien und -praktiken durchziehen. „In diversen bewaffneten Konflikten wurde Bildung aktiv zur Verstärkung politischer Vorherrschaft, der Unterdrückung marginalisierter Gruppen und ethnischer Trennung genutzt.“[525] Besonders verhängnisvoll erwies sich etwa die Festschreibung gesellschaftlicher Stereotypen in

523 A/HRC/WG.6/8/KWT/3, 28. Januar 2010, Ziff. 15; A/HRC/WG.6/8/KWT/2, 12. Februar 2010, Ziff. 52; siehe in Kontrast dazu auch den offiziellen Regierungsbericht: A/HRC/WG.6/8/KWT/1, 22. Februar 2010.

524 *„If you have two dead Communists, and kill three more, how many dead Communists do you have?“* lautete Tomaševski (2003: 17) zufolge beispielsweise eine Textstelle aus einem Mathematik-Lehrbuch, das in den USA für afghanische Flüchtlinge während des sowjetischen Afghanistan-Krieges gedruckt worden sein soll.

525 So die deutsche Kurzfassung des Weltberichts „Bildung für alle 2011“ (UNESCO 2011) in: Deutsche UNESCO-Kommission/BMZ (2011: 15).

Ruanda, wo die von Kolonialmächten (re-)konstruierten und verfestigten rassistisch-ethnischen Trennlinien zwischen Hutu und Tutsi auch im Bildungssystem reproduziert und im Vorfeld des Genozids von 1995 mobilisiert worden waren.[526]

In den meisten Fällen freilich sind diskriminierende Bildungsinhalte viel subtiler. Zu unterbinden sind sie gleichwohl. Hierzu bedarf es der regelmäßigen und systematischen staatlichen Überprüfung von Bildungsmaterialien, etwa von Schulbüchern, auf mögliche diskriminierende Inhalte und unangemessene Darstellungen von Minderheiten. Der Europäischen Grundrechteagentur zufolge geschieht dies allerdings nur in einigen europäischen Staaten. Keine entsprechenden Kontrollen fänden etwa in Bulgarien, Estland, Griechenland, Irland, Polen, Portugal, Rumänien, Slowakei und Spanien statt (FRA 2010: 71). Das Diskriminierungsverbot betrifft dabei selbstverständlich auch die Gleichstellung der Geschlechter. So sieht CEDAW die Beseitigung stereotyper Auffassungen über die Rolle von Mann und Frau vor, und zwar auch in Lehrbüchern und Lerninhalten. Weltweit lassen sich aber noch genügend Beispiele dafür finden, wie überkommene Geschlechterrollen in der Bildung fest- und fortgeschrieben werden. Der UN-Ausschuss für wsk-Rechte empfahl beispielsweise Kambodscha den *Chbap Srey*, einen traditionellen Erziehungskodex, aus dem Curriculum der Primaschulbildung zu entfernen, da er ein Bild der Frau als dem Mann untergeordnet vermittle und für Frauen lediglich Hausarbeiten wertschätze.[527] Stigmatisierungen können auch andere Bevölkerungsgruppen betreffen. Der Europäische Sozialrechtsausschuss kritisierte beispielweise im Rahmen einer Kollektivbeschwerde die Stigmatisierung von Homosexuellen in kroatischen Biologieschulbüchern.[528]

Und wie steht es mit der religiösen Indoktrinierung? Der UN-Sonderberichterstatter zum Recht auf Religions- und Weltanschauungsfreiheit, Heiner Bielefeldt, legte den Schwerpunkt seines ersten Jahresberichtes an den UN-Menschenrechtsrat im Jahre 2010 just auf diese Problematik. Unter anderem beschäftigte er sich mit der Aufgabe von Schulen, innerhalb des Unterrichts durch faire und präzise Informationen über Religionen und Weltanschauungen zur Überwindung von Stereotypen beizutragen,[529] und betonte die Notwendigkeit von Dissensmöglichkeiten für Angehörige von Minderheiten im Falle eines bekenntnis-

526 Vgl. Asche (1995), Janssen (2008).

527 E/C.12/KHM/CO/1, 12. Juni 2009, Ziff. 18.

528 Kollektivbeschwerde Nr. 45/2007, *Interrights v. Croatia*, Entscheidung vom 30. März 2009.

529 Ein extremes Gegenbeispiel ist Saudi-Arabien, wo Spöttl (2008: 174) zufolge ein Klima allgegenwärtiger Intoleranz gegenüber Andersgläubigen herrsche und in Schulbüchern diskriminierende und beleidigende Passagen gegen Christen, Juden und Schiiten zu finden seien.

orientierten Religionsunterrichts. „Ohne solche Dispensoptionen, die in vielen Ländern entweder gar nicht vorgesehen sind oder mit bürokratischen Schikanen einhergehen, kann schulischer Religionsunterricht auf staatliche Indoktrination hinauslaufen, die unter menschenrechtlichen Gesichtspunkten natürlich völlig unannehmbar ist."[530]

5.10.2 Das Recht auf Bildung schützen

Die Schutzpflichten zielen darauf ab, dass der Staat Maßnahmen gegen Dritte ergreift, die Menschen an der Nutzung ihres Rechts auf Bildung (be)hindern. Diese greifen beispielsweise dann, wenn Eltern oder Arbeitgeber schulpflichtige Kinder, vor allem auch Mädchen, davon abhalten, eine staatliche oder private Schule zu besuchen. Der in den Menschenrechtsabkommen verankerte (Primar-) Schulplicht kommt diesbezüglich eine wichtige Schutzfunktion zu, steht aber in einem Spannungsverhältnis zum elterlichen Erziehungsrecht, gegebenenfalls in Verbindung mit der Religionsfreiheit. Die jeweilige nationale Rechtspraxis ist dabei sehr unterschiedlich: Während in Deutschland beispielsweise die Schulpflicht kaum Ausnahmen zulässt, streng eingehalten und notfalls erzwungen wird,[531] haben in den USA Eltern das Recht, ihre Kinder nach bestimmten Richtlinien zu Hause zu erziehen; „den Eltern wird also das Recht zugestanden, ihre Kinder bestimmten Einflüssen öffentlicher Schulbildung nicht auszusetzen, wenn diese mit ihren religiösen (oder anderweitigen) Überzeugungen nicht vereinbar ist" (Zwingel 2011: 159). So werden fast anderthalb Millionen Kindern in den USA meist aus religiösen Gründen zu Hause unterrichtet. Die unterschiedlichen Auffassungen traten im Falle einer deutschen Familie deutlich zu Tage, die sich aus religiösen Gründen geweigert hatte, ihre Kinder hierzulande in die Schule zu schicken, und in die USA auswanderten; unterstützt von der *Home School Legal Defense Association* erhielt sie dort Asyl![532]

Offenkundig ist allerdings, dass die völkerrechtlich geforderte Schulpflicht das Problem des unzureichenden Schulbesuchs in Entwicklungsländern nicht alleine löst, schon gar nicht, wenn dieses armutsbedingt ist. Dementsprechend sind Forderungen nach Schulpflicht und Unentgeltlichkeit auch eng miteinander verwo-

530 Siehe das Interview „Religionsfreiheit als weltweites Mandat. Ein Gespräch mit Heiner Bielefeldt, UN-Sonderberichterstatter für Religions- und Weltanschauungsfreiheit", in: *zeitschrift für menschenrechte*, Jg. 5, 2011, Nr. 1, 144-154.

531 Im April 2011 verurteilte das Oberlandesgericht Frankfurt/M. sogar eine Mutter zu einer sechsmonatigen Haftstrafe – nach mehrmaligen erfolglosen Geldstrafen – wegen „hartnäckigen Entziehens" ihres minderjährigen Kindes von der Schulpflicht; vgl. *Frankfurter Rundschau*, 13. April 2011.

532 Vgl. *Süddeutsche Zeitung*, 28. Januar 2010.

ben. Letztlich kann die Schulpflicht nur dann wirklich greifen, wenn der Schulbesuch für die Eltern erschwinglich ist, diese also die direkten und indirekten Kosten tragen können. Tatsächlich können sich aber in vielen Entwicklungs- und Schwellenländern die Familien den Schulbesuch von Kindern nicht leisten, zum einen, weil der Schulbesuch Geld kostet, wobei neben etwaigen Schulgebühren eben auch Kosten für Schuluniformen, Lehrmaterial etc. anfallen, zum anderen, weil in der Zeit des Schulbesuches die Kinder als Arbeitskräfte ausfallen. Statt zur Schule zu gehen, müssen Kinder und Jugendliche häufig arbeiten, Hausarbeiten verrichten, auf ihre jüngeren Geschwister aufpassen oder Kranke und Alte pflegen. Die Folgen von HIV/AIDS haben gerade im sub-saharischen Afrika das Problem erheblich verschärft. Besonders Mädchen leiden darunter. Hier muss der Staat – im Sinne seiner Schutz- und Gewährleistungspflichten – aktiv werden und gemeinsam mit den Menschen flexible und angepasste Möglichkeiten dafür schaffen, dass die Kinder und Jugendliche die Schule besuchen können, ohne ihre familiären Pflichten zu vernachlässigen und ohne die Existenzgrundlagen der Familien zu gefährden. Auf jeden Fall sind aber Kinder vor Arbeitsverhältnissen zu schützen, die sie ausbeuten und vom Schulbesuch und vom Lernen völlig abhalten.

Auch sind gesellschaftliche Wert- und Rollenvorstellungen zu überwinden, die den Schulbesuch von Kindern verhindern oder behindern. Die in dem Kapitel zu den Achtungspflichten beschriebenen, vielfältigen Diskriminierungen beim Zugang zur Bildung gehen nämlich nicht nur von staatlichen Stellen aus, sondern sind oft auch gesellschaftlichem Druck geschuldet. Der Staat muss daher aktive Maßnahmen ergreifen, um die Kinder und ihre Eltern vor gesellschaftlich bedingten Diskriminierungen beim Bildungszugang zu schützen. Die Schutzpflicht erstreckt sich dabei auch auf den Schutz vor Diskriminierungen im Schulalltag: Die Europäische Grundrechteagentur weist immer wieder auf rassistische Diskriminierungen in Schulen hin und moniert, dass in Europa lediglich Frankreich und die Niederlande über ein landesweites System zur Beobachtung rassistischer Vorfälle im Unterricht verfügten (FRA 2010a: 65 ff.).

Im Sinne der Schutzpflichten hat der Staat zudem sicherzustellen, dass der Unterricht auch an privaten Schulen menschenrechtlichen Ansprüchen und bildungspolitischen Mindeststandards genügt. Ihm kommt also – ganz im Sinne des Art. 7 Abs. 1 und 4 des deutschen Grundgesetzes – eine Aufsichtspflicht zu, die freilich nicht dazu missbraucht werden darf, die Privatschulfreiheit zu untergraben. Bei seinem Besuch in Senegal zeigte sich beispielsweise der gegenwärtige UN-Sonderberichterstatter zum Recht auf Bildung, Kishore Singh (seit 2010), besonders besorgt darüber, dass Privatschulen ohne jegliche Regeln und Kontrollen expandierten und dass in traditionellen Koranschulen inakzeptable Bedingungen vorherrschten.[533] Dabei geht es auch um die Kontrolle der angewandten Lernmethoden und etwaiger Disziplinierungsmaßnahmen, welche die Menschenwürde verletzen können. Der UN-Ausschuss für wsk-Rechte wendet sich beispielsweise ausdrücklich gegen körperliche Züchtigungen.[534] Der UN-Kinderrechtsausschuss erließ sogar eigens einen Allgemeinen Kommentar (Nr. 8, 2006) zum Recht des Kindes auf Schutz vor Körperstrafen, der u.a. auf das Recht auf Bildung Bezug nimmt und von den Vertragsstaaten fordert, die Prügelstrafe (auch an Schulen) zu verbieten und abzuschaffen. Der Ausschuss, der die Problematik in zahlreichen Staatenempfehlungen aufgegriffen hat, kann sich hierbei auf die Spruchpraxis regionaler Menschenrechtsorgane berufen.[535]

Nach der Rechtsprechung des EGMR verstößt die Prügelstrafe in öffentlichen wie privaten Schulen zwar vor allem gegen das Verbot unmenschlicher oder erniedrigender Strafe oder Behandlung; der Zusammenhang zum Recht auf Bildung ist aber offenkundig: Im Urteil *Costello-Roberts v. The United Kingdom* (1993), in dem es um die Prügelstrafe an einem siebenjährigen Jungen an einer privaten Schule ging, stellte der EGMR beispielsweise fest, dass die schulischen Disziplinarregeln in den Bereich des Rechts auf Bildung fallen.[536] Der Rechtsschutz hat auch gegenüber etwaigen gesellschaftlichen Widerständen Bestand. Solche formierten sich beispielsweise gegen die Ausweitung des Verbotes der körperlichen „Züchtigung“ auf britische Privatschulen im Jahre 1998, und zwar seitens christlicher Schulträger, die sich kurioserweise auf die Religionsfreiheit zu berufen versuchten.[537] In seinen abschließenden Bemerkungen zur Türkei zeigte sich der UN-Ausschuss für wsk-Rechte vor kurzem besorgt darüber, dass dort Körperstrafen nicht ausdrücklich verboten seien und in Schulen praktiziert würden.[538] Auch auf dem afrikanischen Kontinent sind Körperstrafen noch gang und gäbe, werden dort gelegentlich geahndet, zumeist aber auf Grundlage des Verbots der unmenschlichen Behandlung oder Strafe (O'Neal 2008). Angaben der *Global Initiative to End All Corporal Punishment of Children* zufolge waren im Juli 2012 in 117 Staaten Körperstrafen an Schulen verboten (und in 33 Staaten durften Kinder überhaupt nicht mehr, auch nicht zu Hause, körperlich bestraft

533 A/HRC/17/29/Add.2, 29. Mai 2011.

534 CESCR E/C.12/1999/10, 8. Dezember 1999, Ziff. 41.

535 CRC/G/GC/8*, 2. März 2007, Ziff. 23 ff.

536 Siehe zur Prügelstrafe die Fälle: *Tyrer v. UK* (1978); *Campbell and Cosans v. UK* (1982); *Costello-Roberts v. The United Kingdom* (1993); *A v. UK* (1998); www.echr.coe.int/echr (letzter Zugriff: 1. Oktober 2012).

537 Siehe die schweizerische Zeitschrift *„Mensch und Recht“* der Gesellschaft für die Europäische Menschenrechtskonvention, Nr. 84, Juni 2002.

538 E/C.12/TUR/CO/1, 12. Juli 2011, Ziff. 24.

werden).[539] Hingegen ist beispielsweise in etlichen US-amerikanischen Bundestaaten – vor allem im Süden der USA und im sog. *Bible Belt* – die Prügelstrafe *(paddling)* noch heute an Schulen erlaubt und wurde in einigen Staaten zumindest vor einigen Jahren noch vergleichsweise häufig angewandt.[540]

5.10.3 Das Recht auf Bildung gewährleisten

Am schwierigsten zu bestimmen und umzusetzen sind wiederum die Gewährleistungspflichten. In vielen, geraden armen Ländern fehlt es an Geld, um Schulen und andere Bildungseinrichtungen zu errichten und angemessen auszustatten oder Lehrkräfte hinreichend auszubilden und zu bezahlen. Gerade in ländlichen Regionen herrscht mitunter chronischer Mangel an qualifizierten Lehrkräften. Unzählige Kinder, Jugendliche und Erwachsene haben dort noch niemals oder nur kurzzeitig eine Schule besucht. Indigene Bevölkerungsgruppen sind besonders stark betroffen.[541] Nicht nur die am wenigsten entwickelten Staaten, sondern auch aufstrebende Wirtschaftsmächte wie Indien[542] weisen teilweise erschreckend niedrige Einschulungsquoten, eine hohe Zahl an Schulabbrechern, chronischen Lehrermangel, unzureichende schulische Infrastrukturen und einen entsprechend geringen (funktionalen) Alphabetisierungsgrad auf. Die Republik Südafrika wiederum, wo nach der Apartheid sehr viel Geld in den grundlegend reformierten Bildungssektor floss, weist zwar inzwischen die höchsten Schulanfängerraten Afrikas auf, doch die Abbrecherquoten sind sehr hoch und die Qualität der Schulbildung lässt Kritikern zufolge sehr zu wünschen übrig (vgl. Schuster 2011).

Die großen Bildungsprobleme lassen sich nicht von heute auf morgen lösen – und doch stehen die Staaten in der Pflicht, das Recht auf Bildung fortschreitend umzusetzen. Dabei muss der Staat zwangsläufig „Geld in die Hand nehmen". Wie viel, ist offen. Ob es fünf bis sieben Prozent des Bruttoinlandsprodukts sein sollen, wie

---

539 www.endcorporalpunishment.org (Zugriff: 1. Oktober 2012).

540 So berichtete die *New York Times* vom 30. September 2006, das in Mississippi immerhin noch 7,6% der Schüler solche Strafen erhielten, in Arkansas 4,7% und Alabama 4,5%. In absoluten Zahlen lag Texas vorn. Der Nachrichtensender CNN meldet im August 2008, dass im abgelaufenen Schuljahr 200.000 Kinder in US-amerikanischen Schulen die Prügelstrafe erhalten hatten; http://articles.cnn.com/2008-08-20.

541 Vgl. CRC/C/GC/11, 12. Februar 2009, Ziff. 56 ff.

542 Vgl. den „Weltbericht Bildung für alle 2011" (UNESCO 2011). Der UN-Ausschuss für wsk-Rechte zeigte sich in seinen Abschließende Bemerkungen vom Mai 2008 zu dem indischen Staatenbericht besorgt über die geringe Qualität der Bildung, die Unterfinanzierung der dortigen öffentlichen Schulen sowie die hohe Analphabetenrate gerade unter benachteiligten und marginalisierten Bevölkerungsgruppen; E/C.12/IND/CO/5, Mai 2008, Ziff. 40-41.

Tomaševksi (2003: 86) empfahl, lässt sich aus dem Menschenrecht auf Bildung selbst nicht ableiten. Die Priorisierung der Staatsausgaben und die Höhe der Bildungsetats sagen jedoch schon etwas darüber aus, wie sehr sich die jeweiligen Regierungen dem Recht auf Bildung verpflichtet oder nicht verpflichtet fühlen – zumal wenn die Bildungsausgaben in einem gehörigen Missverhältnis zu anderen Ausgaben stehen.

Man ist verleitet, hier wieder die Rüstungsausgaben dagegen zu stellen: So geben 21 Entwicklungsländer, darunter bitterarme Staaten wie der Tschad, weit mehr für das Militär als für die Primarschulbildung aus. Würden diese ihre Militärausgaben nur um zehn Prozent kürzen, so berechnete die UNESCO (2011: 151), so könnte in den 21 Staaten der Schulbesuch von zusätzlich 9,5 Millionen Kindern sichergestellt werden. Allerdings muss im Einzelfall geprüft werden, was die Staaten konkret unternehmen, um das Recht auf Bildung umzusetzen – und wie sie das eingesetzte Geld verwenden. In Guatemala, wo die Bildungsdeprivation im lateinamerikanischen Vergleich besonders ausgeprägt ist, versäumt der Staat (weit stärker als vergleichbare Staaten in der Region), beispielsweise die Zugangsprobleme gerade der armen, ländlichen Bevölkerung zur Primarschulbildung abzubauen, geschweige denn sorgt er auf dem Lande für ein qualitativ angemessenes Bildungsangebot (vgl. Felner 2008: 30 ff.).

Eine im afrikanischen Kontext bemerkenswerte Spruchpraxis legte der *Community Court of Justice* der westafrikanischen Staatengemeinschaft ECOWAS *(Economic Community of West African States)* gegenüber Nigeria an den Tag: Das Gericht stellte nicht nur klar, dass das Recht auf Bildung einklagbar sei, sondern nahm die Regierung in die Pflicht sicherzustellen, dass die vom Staat vorgesehenen Mittel auch tatsächlich für die allgemeine Grundbildung ausgegeben werden; im Falle massiver Korruption der verantwortlichen Institutionen müsse der Staat eben die ausgefallenen Ressourcen ersetzen, um den Menschen nicht das Recht auf Bildung zu verwehren.[543] Eine Verletzung des Rechts auf Bildung stellte vor kurzem auch der *High Court* in Südafrika fest, weil die Regierung von Western Cape geistig behinderten Kindern keine allgemeinen oder speziellen staatlichen Bildungsangebote und Bildungseinrichtungen bereitstellte. Die Kinder waren auf die wenigen *Special Care Centers* von NGOs angewiesen.[544]

Kern der Gewährleistungspflichten ist, wie bei anderen wsk-Rechten, die Ausarbeitung und Umsetzung eines nationalen Aktionsplans, in diesem Fall zur

543 Dokumentiert auf der Website des „*Right to Education project*“ (www.right-to-education.org) (Zugriff: 21. Juni 2012).

544 *Western Cape Forum for Intellectual Disability v. Government of the Republic of South Africa & Government of the Province of Western Cape.* Case no 18678/2007, High Court of South Africa, 11. November 2010.

Entwicklung eines funktionierenden Bildungssystems. Dies schließt unter anderem den Aufbau und Erhalt eines flächendeckenden Primarschulsystems ein und legt auf eine Ausdifferenzierung der Bildungseinrichtungen, etwa in höhere und gezielt berufsbildende Schulen, Wert. Die Staaten sind also verpflichtet, für eine angemessene Zahl und Ausstattung öffentlicher bzw. öffentlich zugänglicher Bildungseinrichtungen zu sorgen und dabei sicherzustellen, dass das Lehrpersonal über eine angemessene pädagogische und fachliche Ausbildung verfügt. Konkrete Vorgaben, wie das nationale Bildungssystem im Detail auszusehen hat, lassen sich nur bedingt aus dem Recht auf Bildung ableiten und betreffen etwa die Ausdifferenzierung des Bildungssystems, die Privatschulfreiheit und – als Ausdruck der akademischen Freiheit – auch auf die Autonomie der Hochschulen.[545] Ein stark privatisiertes, gewinnorientiertes Bildungssystem, wie es etwa in Chile seit der Pinochet-Diktatur besteht, kann aber durchaus menschenrechtliche Probleme aufwerfen, wenn qualitativ hochwertige Bildung für weite Bevölkerungsteile nicht bezahlbar ist. In diesem Sinne haben die dortigen Proteste gegen Bildungsungerechtigkeit des Jahres 2011 eine menschenrechtliche Komponente.[546]

Um zumindest den Zugang und den Abschluss einer Grundbildung für alle zu gewährleisten, ist ein unentgeltlicher Primarschulunterricht, so wie er im UN-Sozialpakt oder auch der UNESCO-Konvention gegen die Diskriminierung in der Bildung völkerrechtlich verbürgt ist, von zentraler Bedeutung für das Recht auf Bildung. In der UN-Kinderrechtskonvention wird diese starke Verpflichtung abgeschwächt, da dort die Unentgeltlichkeit des Primarschulbesuchs unter Progressionsvorbehalt gestellt wird. Daraus ergibt sich für die Staaten die – je nach Vertrag unmittelbar oder progressiv – umzusetzende Pflicht, direkte Gebühren für die Grundbildung abzuschaffen und indirekte Gebühren (für Bücher, Uniformen, Prüfungen etc.), so weit wie möglich, zu senken oder für Kinder aus einkommensschwachen Familien auszugleichen.[547] In den meisten Ländern ist diese menschenrechtliche Forderung jedoch nicht umgesetzt und erheben die Schulen Gebühren. *„Charging for education which should be free is a global phenomenon"*, kritisierte Tomaševski (2006) in ihrem umfassenden Bericht *„The State of the Right to Education Worldwide. Free or Fee: 2006 Global Report"*.

Mit der Forderung nach Unentgeltlichkeit der frühkindlichen Bildung, wie sie

545 CESCR E/C.12/1999/10, 8. Dezember 1999, Ziff. 40.

546 Die Proteste wurden in deutschsprachigen Medien vielfach behandelt, zu Beginn des Jahres 2012 auch anlässlich der Europareise von Vertreter/innen der chilenischen Studentenbewegung (z.B. *taz,* 14. Februar 2012, *Der Standard,* 9. Februar 2012, *Berliner Zeitung* und *Frankfurter Rundschau,* jeweils 8. Februar 2012, *Zeit-online,* 2. Februar 2012, *Der Tagesspiegel,* 1. Februar 2012).

547 Neuhoff (i.E.) diskutiert in ihrer Dissertation vertiefend die Frage der Unentgeltlichkeit.

beispielsweise Katja Neuhoff (i.E.) erhebt und in die deutsche Diskussion einbringt, wird hingegen völkerrechtliches Neuland betreten, und in Deutschland auch bildungspolitisches, obwohl schon bei der Früherziehung der späteren Selektion in Schulen entgegengewirkt werden könnte. Sehr schwer tun sich die Staaten auch, eine unentgeltliche Sekundar- und Hochschulbildung sicher zu stellen, deren „allmähliche Einführung" ebenfalls in der Allgemeinen Erklärung der Menschenrechte und dem UN-Sozialpakt gefordert ist, wenn auch nachrangig gegenüber einen unentgeltlichen Primarschulbildung.[548] Deren menschenrechtliche Bedeutung wächst aber mit der Herausbildung von Wissensgesellschaften, in denen weiterführende Bildung für die Lebensgestaltung große Bedeutung zukommt. Vor allem ist eine Gleichbehandlung sicherzustellen. Ungeachtet der Frage, ob Schulgebühren erlaubt sind, sieht der EGMR das Recht auf Bildung verletzt, wenn von der allgemeinen Unentgeltlichkeit des Schulbesuchs bestimmte Gruppen ohne hinreichende Rechtfertigung ausgegrenzt werden. Im konkreten Fall entschied er, dass der bulgarische Staat gegen das Recht auf Bildung verstoße, da er trotz allgemeiner Gebührenfreiheit zwei jungen Russen, die mit ihrer bulgarischen Mutter schon viele Jahre in dem Land lebten, Gebühren für den Besuch der Sekundarschule abverlangte.[549]

Ein ausdrückliches Verbot von Gebühren für weiterführende Schulen und Universitäten, wie sie in vielen Staaten bestehen, lässt sich wiederum dem UN-Sozialpakt nicht entnehmen, da es sich bei der diesbezüglichen Norm ausdrücklich um eine nur progressiv zu verwirklichende Pflicht handelt. Der Staat verletzt also nicht gleich das Recht auf Bildung, wenn beispielsweise das Studium gebührenpflichtig ist. Doch immerhin sind die Staaten grundsätzlich verpflichtet, konkrete Maßnahmen zu ergreifen, um einen unentgeltlichen Hochschulunterricht schrittweise zu ermöglichen. Regressive Maßnahmen etwa in Form der Wiedereinführung von Studiengebühren, wie sie in etlichen Staaten und in Deutschland ab 2005 in sieben Bundesländern ergriffen worden waren, sind strenggenommen zu vermeiden oder bedürfen, wenn sie nicht zu vermeiden sind, einer angemessenen Begründung – etwa dergestalt, dass nach sorgfältiger Abwägung von Alternativen und der Ausschöpfung der verfügbaren Ressourcen die (Wieder-)Einführung von Studiengebühren notwendig ist, um eine angemessene Hochschulbildung zu ermöglichen, und zugleich finanzielle Unterstützungen für Studierende aus einkommensschwache Familien zur Verfügung stehen.

In Deutschland wurde die Zulässigkeit der Einführung von Studiengebühren

---

548 CESCR E/C.12/1999/10, 8. Dezember 1999, Ziff. 14.

549 *Anatoliy Ponomaryov and Vitaliy Ponomaryov v. Bulgaria,* Urteil vom 21. Juni 2011; vgl. *Human rights information bulletin* (Council of Europe), Nr. 83, März-Juni 2011, 51 f.

vom Bundesverwaltungsgericht auch auf Grundlage einer ausführlichen Auslegung des entsprechenden Art. 13 Abs. 2c) des UN-Sozialpaktes festgestellt.[550] Das Gericht geht u.a. davon aus, dass die Unentgeltlichkeit kein verbindlicher Selbstzweck sei, sondern nur eines und von mehreren Mittel, um dem chancengleichen Zugang zur Hochschulbildung unabhängig von der finanziellen Leistungsfähigkeit der (potenziellen) Studierenden zu ermöglichen. Letzteres könne auch auf andere Weise sichergestellt werden. Ähnlich argumentierten bereits zuvor Riedel/Söllner (2006: 273): Wenn ein Studiengebührensystem den Studierenden ohne geringste Ausnahme einen diskriminierungsfreien Zugang zum Hochschulstudium ermögliche, dann sei das Ziel der Norm erreicht. Demnach sei die Einführung allgemeiner Studiengebühren dann zulässig, „wenn diese Gebühren durch entsprechende Ausgestaltung ein Höchstmaß an sozialer Verträglichkeit aufweisen und den Zugang finanzschwacher Interessenten in keiner Weise erschweren" (ebd.).

Kritisch ist anzumerken, dass die Allgemeinen Kommentare des UN-Ausschusses für wsk-Rechte zum Recht auf Bildung durchaus eine Lesart des Sozialpaktes nahelegen, demzufolge die allmähliche Einführung der Unentgeltlichkeit verpflichtend ist und sich die „Unentgeltlichkeit" dabei gerade auf monetäre Kosten und Gebühren bezieht.[551] Fraglich ist zudem, ob ein chancengleicher Hochschulzugang tatsächlich „mit einem Bündel von Ausgleichsmaßnahmen", welche die Studiengebühren flankieren, „in vollem Umfang" gewährleistet wird.[552] Dies wäre letztlich empirisch zu prüfen. So wird in Fachkreisen durchaus strittig diskutiert, inwieweit sich Studiengebühren in Deutschland auf die Studienentscheidung potenzieller Studierenden auswirken.[553] Jedenfalls empfahl der UN-Ausschuss für wsk-Rechte Deutschland, die Studiengebühren zu senken und

---

550 Urteil vom 29. April 2009, BVerwG 6 C 16.08, BVerwGE 134,1.

551 Vgl. CESCR E/C.12/1999/10, 8. Dezember 1999, Ziff. 14 und 20, in Verbindung mit CESCR E/C.12/1999/4, 10. Mai 1999, Ziff. 7.

552 So Jennifer Vogelsang und Alexander Witfeld in dem *Rechtsprechungs-Report* der Ruhr-Universität Bochum zu dem Urteil; abrufbar unter: www.rubrr.de (letzter Zugriff: 1. August 2012).

553 Bei einem öffentlichen Fachgespräch im Bundestagsauschuss für Bildung, Forschung und Technologiefolgenabschätzung am 25. Januar 2012 war diese Frage hochumstritten: Während einige Sachverständige die Studiengebühren für sozial verträglich hielten und deren Einfluss auf die Studienneigung negierten (oder „nur" für ein kleines Segment, etwa Frauen aus Arbeiterfamilien, ausmachten), erkannten andere einen hohen Einfluss auf die Studienentscheidung; die Studiengebühren würden abschreckend wirken und seien sozial selektiv.

das Ziel der Unentgeltlichkeit zu verfolgen.[554] Mit der durchgeführten oder beschlossenen Abschaffung der zuvor eingeführten Studiengebühren in etlichen Bundesländern, rückt dies Ziel wieder näher. Mittelfristig halten, so der Stand 2012, nur noch Niedersachsen und Bayern an den Studiengebühren fest.

Im Falle benachteiligter Kinder können zudem besondere kostenintensive Fördermaßnahmen sinnvoll und nötig sein, und zwar sowohl für die Kinder als auch für die Lehrenden. Bereits im Allgemeinem Kommentar Nr. 5 (1994), der die Rechte von Menschen mit Behinderung gesondert behandelt, forderte der UN-Ausschuss für wsk-Rechte die Vertragsstaaten auf, gezielte Fördermaßnahmen zur Ausbildung von Lehrenden für den integrierten Schulunterricht behinderter Menschen vorzunehmen, und wies darauf hin, dass in vielen Ländern bereits anerkannt sei, dass Menschen mit Behinderungen innerhalb des allgemeinen Bildungssystems am besten ausgebildet werden würden.[555] Mittlerweile erhebt der Ausschuss entsprechende Forderungen offensiv im Rahmen des Staatenberichtsverfahrens, und zwar sowohl gegenüber reichen Industriestaaten als auch gegenüber Entwicklungs- und Schwellenländern. Unter Berücksichtigung des Allgemeinen Kommentars zum Recht auf Bildung des UN-Ausschuss für wsk-Rechte sprach sich zudem der Europäische Sozialrechtsausschuss im Fall der Kollektiveschwerde *Mental Disability Advocacy Center (MDAC) v. Bulgaria* für die „Integration" von Kindern mit Behinderungen in allgemeine Schulen aus.[556]

Ausdrücklich verbürgt und konzeptionell weiterentwickelt wurde der Inklusionsanspruch jedoch erst mit der UN-Behindertenrechtskonvention von 2006, die 2008 in Kraft trat und von Deutschland 2009 ratifiziert wurde. Sie geht über die traditionellen Integrationskonzepte hinaus und verpflichtet die Vertragsstaaten ein inklusives Bildungssystem[557] zu gewährleisten, bei dem Kinder mit Behinderung ganz selbstverständlich und gleichberechtigt am allgemeinen Unterricht teilnehmen. Auf Grundlage der von Deutschland 2009 ratifizierten UN-Behindertenrechtskonvention wurde die inklusive Bildung auch hierzulande zum Thema[558] und gehört „zu den besonders umstrittenen Aspekten der Konvention" (Graumann 2011: 47) – zum einen, weil Deutschland im internationalen Vergleich einen niedrigen Grad an inklusiver „Beschulung" aufweist (2008: 18,4

554 E/C.12/DEU/CO/5, 20. Mai 2011, Ziff. 30.

555 CESCR/E/1995/22, 9. Dezember 1994, Ziff. 35; deutsche Übersetzung in: DIMR (2005: 198-211, hier: 210).

556 Beschwerde Nr. 41/2007, Entscheidung vom 3. Juni 2008.

557 Die amtliche deutsche Übersetzung spricht von einem „integrativen" und nicht, was angemessener wäre, von einem „inklusiven" Schulunterricht. Zutreffender ist die „Schattenübersetzung" von Netzwerk Artikel 3 (2010).

558 Statt vieler: Poscher et al. (2008), Degener (2009).

Prozent), die meisten der rund 480.000 Kinder und Jugendliche mit Behinderungen also nicht die Regelschule, sondern Förderschulen besuchen (bei allerdings großen Unterschieden zwischen den Bundesländern)[559]; zum anderen weil die Rechtswirkungen der Behindertenrechtskonvention auf das deutsche Sozial- und Bildungsrecht umstritten sind (vgl. von Bernstorff 2011a).

Zumindest grundsätzlich haben aber Kinder und Eltern nunmehr einen menschenrechtlich verbürgten Anspruch auf den Besuch einer Regelschule, wenn sie diesen wünschen. „Ihr Begehr schlichtweg mit Hinweis auf bestehende Engpässe und Organisationsprobleme abzuweisen, wie dies immer noch nachweislich in vielen Fällen geschieht, wird deshalb von nun an nicht mehr möglich sein" (Bielefeldt 2010: 68). Mögliche Einschränkungen dieses Rechts sind restriktiv zu formulieren, wobei als Eingriffsgründe allenfalls das Kindeswohl oder in engen Grenzen gesetzlich konkretisierte Finanzierungsvorbehalte in Frage kommen (Krajewski/Bernhard 2012). Auf Grundlage eines Rechtsgutachten von Eibe Riedel (2010) vertrat die Vorsitzende der Bundesarbeitsgemeinschaft „Gemeinsam leben – gemeinsam lernen" die Ansicht: „Eine Zuweisung zur Sonderschule gegen ihren erklärten Willen müssen Kinder und Sorgeberechtigte schon jetzt nicht mehr dulden."[560] Hinsichtlich der Achtungspflicht des Staates sei der verwehrte Zugang zu inklusivem Unterricht an einer Regelschule letztlich als diskriminierender staatlicher Eingriff zu bewerten.[561]

Von einer schematischen Bewertung ist freilich abzuraten: So sinnvoll und bereichernd es *sowohl* für Kinder mit Behinderung *als auch* für Kinder ohne Behinderung sein kann, gemeinsam unterrichtet zu werden, sollte die Beschulung bestmöglich den konkreten Förderwünschen, -bedürfnissen und -möglichkeiten der Kinder mit Behinderungen (und ihren Eltern) Rechnung tragen. Dies setzt gerade in einer Übergangsphase von allen Seiten ein hohes Maß an Flexibilität voraus. Dabei ist der Anspruch auf inklusive Bildung nicht gleichbedeutend mit der Abschaffung von Förderschulen, in denen sich oft ein hohes Maß sonderpädagogischer Fachkompetenz sammelt und gezielte Fördermöglichkeiten bestehen

---

559 Die absoluten und prozentualen Angaben sind dem Neunten Menschenrechtsbericht der Bundesregierung entnommen (BT-Drs. 17/2840, 23).

560 „Das Recht auf Regelschule gilt sofort!"; www.eine-schule-fuer-alle.info (Zugriff: 1. Februar 2010).

561 Interessant ist in diesem Zusammenhang auch ein Urteil des Obersten Gerichtshofs Israels. So entschied dieser 2002, dass Kinder mit Downs-Syndrom auch das Recht auf eine unentgeltliche Förderung in Allgemeinschulen haben, und nicht nur, wie bis dato, in entsprechenden Förderschulen. Supreme Court of Israel, Yated – Non-Profit Organization for Parents with Children of Down Syndrome, and 54 Parents v. Ministry of Education (HCJ 2599/00); vgl. De Schutter (2010: 762).

(vgl. auch Bielefeldt 2012: 159). Entgegen der bisherigen Praxis ist jedoch der inklusiven „Beschulung“ ein grundsätzlicher Vorrang und damit verstärkt Bedeutung beizumessen, sofern diese eine angemessene Förderung und Unterstützung von Schülerinnen und Schülern mit Behinderungen sicherstellt. Die Regelschulen stehen damit vor gewaltigen Herausforderungen.

Politisch oft besonders heikel ist der Unterricht in Sprachen nationaler oder ethnischer Minderheiten. Der Spracherwerb in Schulen ist in Länder und Landesteilen mit unterschiedlichen Sprachgruppen eines der am konträrsten diskutierten Themen (Toggenburg/Rautz 2010: 24). Mitunter entzünden sich an der Frage der Unterrichtssprachen auch massive Proteste. Besonders dramatisch waren die blutig niedergeschlagenen Schülerproteste des Jahres 1976 im südafrikanischen Soweto gegen *Afrikaans* als Unterrichtssprache (Bacia/Leidig 2008: 324 f.). Aber auch jüngere Proteste, etwa jene in Tibet im Oktober 2010, entzündeten sich an Konflikten um die Sprachpolitik an Schulen (TCHRD 2011: 33-48). Menschenrechtlich ist es gerade in multilingualen Staaten oder Landesteilen geboten, Maßnahmen zu ergreifen, um sprachliche Zugangsbarrieren und Inklusionshindernisse im Bildungsbereich zu überwinden. Nach herrschender Rechtsauffassung begründet das Menschenrecht auf Bildung dabei das Recht, anderssprachige Schulen, soweit sie eine gleichwertige Bildung bieten, zu gründen und zu betreiben. Ein Rechtsanspruch, in einer von der oder den offiziellen Unterrichtssprachen abweichenden Sprache unterrichtet zu werden, wird gemeinhin aber nicht aus dem Menschenrecht auf Bildung abgeleitet. Solange menschenrechtliche Prinzipien, wie Nicht-Diskriminierung, gewahrt bleiben, obliegt es den Staaten zu entscheiden, ob und inwieweit Mehrheits- und Minderheitensprachen gemeinsam oder getrennt, gleichwertig oder nachgeordnet, verpflichtend oder freiwillig an Schulen unterrichtet werden.

Ebenso wenig besteht menschenrechtlich ein Anspruch auf staatliche Förderung privater fremdsprachiger Schulen. Im „Belgischen Sprachenfall“[562] stellte der EGMR zwar klar, dass das Recht auf Bildung das Recht auf Zugang zu bestehenden Bildungseinrichtungen garantiere, verneinte aber einen Anspruch auf staatlichen Schulunterricht in der Sprache eigener Wahl sowie auf finanzielle Förderung anderssprachiger Privatschulen (Weiß 2011: 84). Streitpunkt war der Umstand, dass französisch-sprachige Schüler im flämischen Teil Belgiens nicht in französischer Sprache unterrichtet wurden, worin die Eltern eine Verletzung des Rechts auf Bildung sahen. Angesichts der Tatsache, dass Französisch eine der Landessprache Belgiens ist, stieß das EGMR-Urteil freilich durchaus auf Kritik (vgl. Koch

---

562 *Case relating to certain aspects of the laws on the use of languages in education in Belgium*, Urteil vom 23. Juli 1968.

2009: 161). 33 Jahre später stellte der EGMR eine Verletzung des Rechts auf Bildung griechischer Zyprioten im türkisch besetzten Norden Zyperns fest.[563] Dort waren weiterführende, griechisch-sprachige Schulen geschlossen worden. Da den Schülern verwehrt wurde, im Südteil der Insel zur Schule zu gehen, konnten die Kinder nach der Primarschule nur noch in türkischer oder englischer Sprache unterrichtet werden (Koch 2009: 162 ff.). Anders als im „Belgischen Sprachenfall" ging es hier freilich um die staatliche Intervention in bestehende Bildungsmöglichkeiten (was strenggenommen die Achtungspflichten berührt). Einen Eingriffscharakter in bestehende Bildungsangebote wiesen übrigens auch die bereits genannten Beispiele aus Südafrika und Tibet auf.

Nun können sich die Staaten im Rahmen des Europarates dazu verpflichten, die Unterrichtung von Sprachen anerkannter Minderheiten zu fördern. Einschlägig ist hier das Rahmenübereinkommen zum Schutz nationaler Minderheiten vom 1. Februar 1995. Demzufolge haben Angehörige einer nationalen Minderheit nicht nur das Recht, eigene private Bildungs- und Ausbildungseinrichtungen zu gründen und zu betreiben (Art. 13). Darüber hinaus legt das Abkommen fest: „In Gebieten, die von Angehörigen nationaler Minderheiten traditionell oder in beträchtlicher Zahl bewohnt werden, bemühen sich die Vertragsparteien, wenn ausreichend Nachfrage besteht, soweit wie möglich und im Rahmen ihres Bildungssystems sicherzustellen, dass Angehörige dieser Minderheiten angemessene Möglichkeiten haben, die Minderheitensprache zu erlernen oder in dieser Sprache unterrichtet zu werden" (Art. 14 Abs. 2). Allerdings sollen dadurch das Erlernen der Amtssprache oder der Unterricht in dieser Sprache nicht berührt werden (Art. 14 Abs. 3). Das Rahmenabkommen enthält zudem keine Begriffsdefinition von Minderheiten, so dass es den einzelnen Staaten frei steht zu bestimmen, auf welche Gruppen das Abkommen Anwendung findet. Um als nationale Minderheit anerkannt zu werden, bedarf es also eines staatlichen Willensaktes.

Die Bundesrepublik Deutschland hat lediglich die dänische Minderheit, das sorbische Volk, die Friesen in Deutschland sowie die deutschen Sinti und Roma als nationale Minderheiten anerkannt. Auch die Europäische Charta der Regional- und Minderheitensprachen von 1992 findet in Deutschland lediglich auf die Regionalsprache Niederdeutsch und auf die Sprachen der anerkannten nationalen Minderheiten Anwendung. Immerhin verpflichtet sie die Vertragsparteien, in Gebieten in denen solche Sprachen gebraucht werden, bei der vorschulischen Erziehung, im Schul- und Hochschulunterricht oder auch in der Erwachsenenbildung entsprechende Sprachangebote anzubieten – unter Berücksichtigung der Situation jeder dieser Sprachen und unbeschadet des Unterrichts in der Amts-

563 *Cyrpus v. Turkey*, Urteil vom 10. Mai 2001.

sprache. Die politisch weitaus brisantere Frage, ob auch für große Migrantengruppen hierzulande Unterricht in ihrer Muttersprache angeboten werden soll, wird hingegen rein bildungs*politisch* entschieden.

Abschließend sei erwähnt, dass viele Staaten der Bildung von Erwachsenen nur vergleichsweise geringe Bedeutung beimessen, obwohl sie fester Bestandteil der Vorstellung eines lebenslangen Lernens ist.[564]

5.10.4 Internationale Dimensionen

Der Vertragstext des UN-Sozialpakts hebt auf die große Bedeutung der internationalen Zusammenarbeit für die Verwirklichung des Rechts auf Bildung ab, und der Allgemeine Kommentar zum Recht auf Bildung des UN-Ausschuss für wsk-Rechte nimmt insbesondere die Vereinten Nationen und ihre Sonderorganisationen in die Pflicht, gemeinsam das Recht auf Bildung unter gebührender Berücksichtigung ihrer Mandate in den jeweiligen Staaten zu stärken. „Insbesondere die internationalen Finanzinstitutionen, namentlich die Weltbank und der Internationale Währungsfonds, sollen dem Schutz des Rechts auf Bildung in ihren Kreditvergabepolitiken, ihren Strukturanpassungsprogrammen und den von ihnen in Bezug auf die Schuldenkrise ergriffenen Maßnahmen größere Aufmerksamkeit widmen."[565]

Hier setzte die Kritik der ehemaligen, inzwischen verstorbenen UN-Sonderberichterstatterin zum Recht auf Bildung, Katarina Tomaševski (2003: 69 ff.), an. So kritisierte sie beispielsweise die massiven Einsparungen im Bildungsbereich im Rahmen der wirtschaftlichen Strukturanpassungsprogramme, die viele Länder auf Anraten oder Druck von Weltbank und IWF vor allem in den 1980er Jahren durchführten. Diese hätten die Einschulungsquoten beispielsweise in Afrika drastisch gesenkt. Besonders scharf wandte sie sich gegen die Einführung von Schulgebühren im Jahr 1983 in Malawi unter dem autokratischen Präsidenten Hastings Kamuzu Banda (1966-1994), der einer „Empfehlung" der Weltbank folgte. Die Weltbank hätte den bis *dato* bestehenden Konsens aufgekündigt, dass zumindest die Primarschulbildung unentgeltlich sein solle. Allerdings hat die Weltbank auch auf Kritik reagiert und später selbst Initiativen zur Förderung der allgemeinen Primarschulbildung in Entwicklungsländern entwickelt (vgl. Benedek 2009: 260).

---

564 So etwa die Kritik der Abschlusserklärung der Konferenz „Lebenslanges Lernen in Europa", Sofia, 9. November 2002 – abrufbar unter: www.unesco.de (letzter Zugriff: 17. März 2012).

565 CESCR E/C.12/1999/10, 8. Dezember 1999, Ziff. 60, zitiert nach der Übersetzung in: DIMR (2005: 284).

Ihren programmatischen Ausdruck finden die vielfältigen internationalen Bemühungen, Bildung zu fördern, u.a. in den Millenniumsentwicklungszielen sowie in dem darüber hinausgehenden Aktionsplan „Bildung für alle" *(Education for All, EFA)*, der auf dem Weltbildungsforum in Dakar (Senegal) im April 2000 verabschiedet wurde. Dieser hebt neben dem Zugang aller Kinder zu einer unentgeltlichen, obligatorischen und qualitativ hochwertigen Primarschulbildung auch auf die frühkindliche Förderung, die Erwachsenenbildung, die Geschlechterparität und Qualitätsverbesserungen im Bildungsbereich ab (UNESCO 2011). Laut dem „Weltbericht Bildung für alle" des Jahres 2011 hat sich zwar die Entwicklungshilfe für Grundbildung seit 2002 fast verdoppelt, bleibt jedoch mit insgesamt 4,7 Mrd. US-$ (2008) hinter den internationalen Versprechen und vor allem dem Bedarf gerade im subsaharischen Afrika zurück. Dabei führte die weltweite Finanzkrise, die durch Bankensysteme und regulatorische Mängel in reichen Ländern verursacht worden sei, nicht nur zu Anpassungen von Entwicklungsbudgets und Staatshaushalten für Bildung, sondern wirkte sich auch auf die Überlebensstrategien armer Menschen aus, die ihre Kinder von der Schule nähmen, sowie auf den Bildungserfolg von Kindern aufgrund von Unter- oder Mangelernährung (ebd.). Noch sind aber die extraterritorialen Staatenpflichten nicht in einem solchen Umfang anerkannt, dass die internationale Unterstützung im Bildungsbereich und Ausgleichsmaßnahmen bei Finanzkrisen als völkerrechtlich verbindliche Pflicht von der Mehrheit der Regierungen angesehen werden würden.

5.10.5 Die Verbundenheit mit anderen Menschenrechten

Das Recht auf Bildung ist der Schlüssel für die Verwirklichung anderer Menschenrechte. Enge inhaltliche Bezüge weist es bereits insofern zum Recht auf Arbeit aus, als Bildung eine Voraussetzung für die Nutzung des Rechts auf Arbeit darstellt und die Fach- und Berufsausbildung sowohl Teil des Rechts auf Bildung als auch Teil des Rechts auf Arbeit ist.[566] Den Zusammenhang zwischen Bildung und der Abschaffung ausbeuterischer Kinderarbeit betont gerade die ILO in ihren Berichten (vgl. ILO 2010: XIV). Nicht zuletzt die Schulpflicht dient dem Schutz vor wirtschaftlicher Ausbeutung von Kindern. Auch bei der Nutzung des Rechts auf Gesundheit ist ein angemessener Bildungsstand vonnöten; dies zeigen schon allein die vielfältigen Informations- und Aufklärungskampagnen zu Hygiene und Gesundheitsvorsorge, zum Schutz vor HIV/AIDS oder anderen Krankheiten oder auch zur Verhütung vor Arbeitsunfällen. Enge Verbindungen lassen sich weiterhin zu den Rechten auf Nahrung, auf Wasser und Sanitärversorgung sowie auf angemessene Unterkunft feststellen. Darüber hinaus beeinflusst die

566 CESCR E/C.12/1999/10, 8. Dezember 1999, Ziff. 15.

Bildung die Nutzung der bürgerlich-politischen Rechte, vor allem jene der politischen Teilhabe. Umgekehrt leidet die Nutzung des Rechts auf Bildung massiv darunter, wenn andere Menschenrechte eingeschränkt sind.

Das Recht auf Bildung
Inhaltliche Komponenten: • Verfügbarkeit funktionsfähiger grundlegender und weiterführender Bildungseinrichtungen • Offener Zugang zu Bildungseinrichtungen und -programmen (diskriminierungsfrei, physisch und wirtschaftlich zugänglich) • Annehmbarkeit der Bildungsinhalte und -formen (kulturelle Angemessenheit, Qualität) • Angepasstheit der Bildungsinhalte und -formen (flexibel, bedürfnis-, praxis- und berufsorientiert)
Was muss der Staat tun oder unterlassen? (Auswahl) **Achtungspflichten:** • Kein diskriminierender Ausschluss von Menschen zu staatlichen Bildungseinrichtungen • Anerkennung des Rechts, nicht-staatliche Bildungseinrichtungen zu eröffnen und zu leiten (bei Beachtung staatlicher Mindeststandards), und des Rechts, diese zu besuchen • Anerkennung der Wissenschafts-, Lehr-, Meinungs- und Forschungsfreiheit sowie der Autonomie von Hochschulen • Kein politischer Druck und keine Indoktrinierung gegenüber Schülern, Studierenden und Lehrpersonal • Keine ungerechtfertigten Schließungen von Bildungseinrichtungen • Vermeidung regressiver Maßnahmen im Bildungsbereich **Schutzpflichten:** • Schutz von diskriminierenden Bildungseinrichtungen • Schutz der Schüler vor menschenunwürdigen Lernmethoden und Disziplinierungsmaßnahmen • Einführung und Durchsetzung der Schulpflicht • Schutz vor Bedingungen, die den Schulbesuch verhindern **Gewährleistungspflichten:** • Ausarbeitung/Umsetzung eines nationalen Aktionsplans zur Entwicklung des Bildungssystems (unentgeltliches Primarschulsystem, Ausdifferenzierung des Bildungssystems etc.) • Förderung besonders benachteiligter Bevölkerungsgruppen und Aufbau eines inklusiven Bildungssystems • angemessene Ausstattung der staatlichen Bildungseinrichtungen mit Personal und Lehrmitteln • adäquate Ausbildung des Lehrpersonals, auch im Hinblick auf den inklusiven Schulunterricht
Anmerkung: eigene Zusammenstellung auf Grundlage der Allgemeinen Kommentare des UN Ausschusses für wsk-Rechte und weiterer UN-Materialien

In verstärktem Maße gilt dies in Ländern mit gewaltsamen Konflikten. *Amnesty International* (2011b) legte beispielsweise dar, wie die Zwangsvertreibungen von 2005 in Zimbabwe auch das Recht auf Bildung verletzten. Der „Weltbericht Bildung für alle" des Jahres 2011 (UNESCO 2011) widmete sich gerade den Auswirkungen bewaffneter Konflikte auf die Bildung. Er zeigte auf, dass die Zerstörung von Bildungseinrichtungen und die Gewalt gegen Lehrkräfte, Eltern und Schulkinder der Nutzung des Rechts auf Bildung ebenso abträglich sind, wie der Verlust des familiären und sozialen (Lern-)Umfelds und die prekäre Lage von Flüchtlingen und Vertriebenen. Hinzu kommen die schwerwiegenden Folgen gerade sexueller Gewalt gegenüber Mädchen; die Verletzungen, Traumatisierungen und Stigmatisierungen erschweren erheblich spätere Bildungsanstrengungen. Dasselbe gilt für Rekrutierung von Kindersoldaten in regulären oder irregulären bewaffneten Gruppen, die ihrerseits wieder mit dem Mangel an Bildung und an Perspektiven zusammenhängt. Zudem können auch in Schulen Vorurteile vermittelt und Konflikte geschürt werden.

5.11 Das Recht auf Teilnahme am kulturellen Leben

Das Recht auf Teilnahme am kulturellen Leben auf UN-Ebene

Allgemeine Erklärung der Menschenrechte:

Art. 27 (1): Jeder hat das Recht, am kulturellen Leben der Gemeinschaft frei teilzunehmen, sich an den Künsten zu erfreuen und am wissenschaftlichen Fortschritt und dessen Errungenschaften teilzuhaben.

UN-Sozialpakt:

Art. 15 (1) a): Die Vertragsstaaten erkennen das Recht eines jeden an, a) am kulturellen Leben teilzunehmen;

Art. 15 (2): Die von den Vertragsstaaten zu unternehmenden Schritte zur vollen Verwirklichung dieses Rechts umfassen die zur Erhaltung, Entwicklung und Verbreitung von Wissenschaft und Kultur erforderlichen Maßnahmen."

UN-Zivilpakt:

Art. 27: In Staaten mit ethnischen, religiösen oder sprachlichen Minderheiten darf Angehörigen solcher Minderheiten nicht das Recht vorenthalten werden, gemeinsam mit anderen Angehörigen ihrer Gruppe ihr eigenes kulturelles Leben zu pflegen, ihre eigene Religion zu bekennen und auszuüben oder sich ihrer eigenen Sprache zu bedienen.

UN-Konvention gegen Frauendiskriminierung:

Art. 13: Die Vertragsstaaten treffen alle geeigneten Maßnahmen zur Beseitigung der Diskriminierung der Frau in anderen Bereichen des wirtschaftlichen und sozialen Lebens, um der Frau nach dem Gleichheitsgrundsatz die gleichen Rechte wie dem Mann zu gewährleisten, insbesondere ...

(c) das Recht auf Teilnahme an Freizeitbeschäftigungen, Sport und allen Aspekten des kulturellen Lebens.

UN-Kinderrechtskonvention:

Art. 30: In Staaten, in denen es ethnische, religiöse oder sprachliche Minderheiten oder Ureinwohner gibt, darf einem Kind, das einer solchen Minderheit angehört oder Ureinwohner ist, nicht das Recht vorenthalten werden, in Gemeinschaft mit anderen Angehörigen seiner Gruppe seine eigene Kultur zu pflegen, sich zu seiner eigenen Religion zu bekennen und sie auszuüben oder seine eigene Sprache zu verwenden.

Art. 31 (2): Die Vertragsstaaten achten und fördern das Recht des Kindes auf volle Beteiligung am kulturellen und künstlerischen Leben und fördern die Bereitstellung geeigneter und gleicher Möglichkeiten für die kulturelle und künstlerische Betätigung sowie für aktive Erholung und Freizeitbeschäftigung.

UN-Behindertenrechtskonvention:*

Art. 30 (1): Die Vertragsstaaten anerkennen das Recht von Menschen mit Behinderungen, gleichberechtigt mit anderen am kulturellem Leben teilzunehmen, und treffen alle geeigneten Maßnahmen, um sicherzustellen, dass Menschen mit Behinderungen

a) Zugang zu kulturellem Material in barrierefreien Formaten haben;

b) Zugang zu Fernsehprogrammen, Filmen, Theatervorstellungen und anderen kulturellen Aktivitäten in barrierefreien Formaten haben;

c) Zugang zu Orten kultureller Darbietungen oder Dienstleistungen, wie Theatern, Museen, Kinos, Bibliotheken und Tourismusdiensten, sowie, so weit wie möglich, zu Denkmälern und Stätten von nationaler kultureller Bedeutung haben.

(2) Die Vertragsstaaten treffen geeignete Maßnahmen, um Menschen mit Behinderungen die Möglichkeit zu geben, ihr kreatives, künstlerisches und intellektuelles Potenzial zu entfalten und zu nutzen, nicht nur für sich selbst, sondern auch zur Bereicherung der Gesellschaft.

(4) Menschen mit Behinderungen haben gleichberechtigt mit anderen Anspruch auf Anerkennung und Unterstützung ihrer spezifischen kulturellen und sprachlichen Identität, einschließlich der Gebärdensprachen und Gehörlosenkultur.

(5) Mit dem Ziel, Menschen mit Behinderungen gleichberechtigt mit anderen Teilhabe an Erholungs-, Freizeit- und Sportaktivitäten zu ermöglichen, treffen die die Vertragsstaaten geeignete Maßnahmen, ..."

** Nur auszugsweise, basierend auf der Schattenübersetzung von Netzwerk Artikel 3 (2010)*

Das Recht auf Teilnahme am kulturellen Leben ist angesichts der Vieldeutigkeit des Begriffs „Kultur" schwer fassbar und wird im internationalen Menschenrechtsdiskurs oft vernachlässigt oder als dekoratives Beiwerk abgetan. Und doch ist es ein Menschenrecht: In leicht unterschiedlichen sprachlichen Fassungen ist das Recht in der Allgemeinen Erklärung der Menschenrechte, dem UN-Sozialpakt sowie in etlichen anderen UN-Kernabkommen zu Menschenrechten verankert (siehe oben). Besonders umfassend und detailliert ist das Recht in der UN-Behindertenrechtskonvention garantiert. Dort wird auch den spezifischen kulturellen Identitäten von Menschen mit Behinderungen Rechnung getragen. Der UN-Zivilpakt geht zumindest in Bezug auf Minderheiten eigens auf kulturelle Rechte ein. Unter den regionalen Menschenrechtsabkommen sei erneut die Afrikanische Banjul-Charta hervorgehoben, der zufolge jeder Mensch frei am kulturellen Leben seiner Gemeinschaft teilnehmen darf (Art. 17), darüber hinaus aber auch die Pflicht hat, positive afrikanische kulturelle Werte zu bewahren und zu stärken (Art. 29). Auch etliche nationale Verfassungen kennen ein solches Grundrecht, nicht allerdings das deutsche Grundgesetz, zumindest nicht über das Recht auf Kunstfreiheit des Art. 5 Abs. 3 GG hinaus.

Zur Interpretation des schwer fassbaren Rechtes, so wie es im UN-Sozialpakt verankert ist, lässt sich der diesbezügliche Allgemeine Kommentar Nr. 21 heranziehen, den der UN-Ausschuss für wirtschaftliche, soziale und kulturelle Rechte im Dezember 2009 vorgelegt hat.[567] Dort verwendete der Ausschuss einen umfas-

567 E/C.12/GC/21, 21. Dezember 2009.

senden Kulturbegriff. Demnach wird Kultur in einem sehr weiten, anthropologischen Sinne interpretiert, umfasst letztlich alle Lebensweisen und Ausdrucksformen einzelner Menschen, Gruppen und Gemeinschaften, durch das diese ihrem Menschsein und Zusammenleben Bedeutung verleihen.

„The Committee considers that culture, for the purpose of implementing article 15 (1) (a), encompasses, inter alia, ways of life, language, oral and written literature, music and songs, non-verbal communication, religion or belief systems, rites and ceremonies, sport and games, methods of production or technology, natural and man-made environments, food, clothing and shelter and the arts, customs and traditions through which individuals, groups of individuals and communities express their humanity and the meaning they give to their existence, and build their world view representing their encounter with the external forces affecting their lives. Culture shapes and mirrors the values of well-being and the economic, social and political live of individuals, groups of individuals and communities.“[568]

Die bestehende kulturelle Vielfalt und Vielschichtigkeit lässt sich dabei prinzipiell sowohl von den einzelnen Menschen als auch von Gruppen aus erschließen. Folgerichtig hebt der Ausschuss den individuellen wie gemeinschaftlichen Charakter des Rechts auf Teilnahme am kulturellen Leben hervor: *„cultural rights may be exercised by a person (a) as an individual, (b) in association with others, or (c) within a community as a group.“*[569] Das Recht auf Teilnahme am kulturellen Leben schützt demnach zum einen die kulturelle Handlungsfreiheit eines jeden einzelnen Menschen, ganz unabhängig von Gruppenzugehörigkeiten und möglicherweise auch gegen die kulturelle Dominanz eigener oder fremder Gruppen. Zum anderen schützt es aber auch die Mitwirkung bei der gemeinschaftlichen Ausübung des Rechts. Nicht ganz eindeutig ist hierbei, ob der UN-Ausschuss – über den individualrechtlich vermittelten Kollektivschutz hinaus – auch Gruppenrechte anerkennt, welche die offenkundig kollektive Dimension des Rechts auf Teilnahme am kulturellen Leben nicht nur in Abhängigkeit von dem individuellen Menschenrecht, sondern eigenständig gewährt. Unbestritten ist jedoch, dass die kulturelle Entfaltungsfreiheit des Individuums auch im Binnenverhältnis kultureller Gruppen gelten muss.[570]

Laut dem Kommentar hat letztlich jede Person – *„alone, or in association with others or as a community“*[571] – das Recht, kulturell frei zu agieren, die eigene kul-

568 Ebd., Ziff. 13.

569 E/C.12/GC/21, 21. Dezember 2009, Ziff. 9.

570 Zu Verhältnis von Individualschutz und Gruppenschutz in Deutschland siehe etwa Langenfeld (2008: 467 ff).

571 E/C.12/GC/21, 21. Dezember 2009, Ziff. 15.

turelle Identität und Kreativität auszubilden und auszuleben, sich mit einer oder mehreren kulturellen Gemeinschaften zu identifizieren (oder nicht zu identifizieren), eigene kulturelle Praktiken auszuüben, sich in der Sprache seiner Wahl auszudrücken sowie sich kulturelles Wissen und kulturelle Ausdrucksformen anzueignen und mit anderen zu teilen. Dies versteht der UN-Ausschuss unter der Teilnahme *(„participation")*. Mit *„access"* bezeichnet er zum anderen das Recht, Informationen und Bildungsangebote zu erhalten und Kommunikationsformen zu erlernen, um die „eigene" oder „fremde" Kulturen zu verstehen, und eine Lebensweise zu wählen, die kulturelle Güter und Ressourcen nutzt und von dem kulturellen Erbe und den kulturellen Errungenschaften anderer nutznießt. Unter *„contribution to cultural life"* fasst er schließlich das Recht, einbezogen zu werden in die Gestaltung des kulturellen Lebens der Gemeinschaft, zu welcher der Einzelne gehört. Bei der Darstellung der verschiedenen Bestandteile des Rechts auf Teilnahme am kulturellen Leben greift der UN-Ausschuss erneut auf bekannte Kategorien zurück, allerdings in einer sehr umfassenden Weise.[572]

Verfügbarkeit: Kulturelle Güter und Angebote müssen aus Sicht des UN-Ausschusses für alle Menschen verfügbar sein, ob es sich nun um Büchereien, Museen, Theater, Kinos und Sportanlagen handelt oder um Literatur, Folklore, Kunst und kulturelle Interaktionsräume wie öffentliche Parks, Plätze und Straßen. Erwähnt werden auch natürliche Reichtümer wie Seen, Flüsse, Berge, Wälder, Flora und Fauna, welche den Charakter und die Biodiversität eines Landes prägen, sowie *„intangible cultural goods"* wie Sprachen, Gewohnheiten, Traditionen, Glauben, Wissen, Geschichte und Werte, welche die Identität und kulturelle Vielfalt von Individuen und Gemeinschaften ausmachten.[573] Unter ihnen sei die *„productive intercultural kinship"* von besonderem Wert, die dort entstünde, wo verschiedene Gruppen, Minderheiten und Gemeinschaften sich frei dasselbe Territorium teilen könnten.

Zugänglichkeit: Die Teilnahme am kulturellen Leben soll den Menschen und Gemeinschaften möglich sein, und zwar physisch, finanziell, sprachlich und diskriminierungsfrei. Besondere Bedeutung kommt der kulturellen Teilnahme von älteren, behinderten und armen Menschen zu. Dies schließt selbstverständlich auch den diskriminierungsfreien, barrierefreien und allgemein erschwinglichen Zugang zu allgemeinen Kultureinrichtungen und Kulturveranstaltungen ein, um nur ein Beispiel zu nennen.

---

572 Ebd., Ziff. 16.

573 Der Begriff der *„intangible cultural goods"* ist nicht unproblematisch. So kann es gerade auch ein kritisch-emanzipatorisches menschenrechtliches Anliegen sein, kulturelle Traditionen und Werte zu hinterfragen und im Sinne der Menschenrechte zu verändern.

Annehmbarkeit, Angepasstheit und *Angemessenheit:* Staatliche Gesetze, Politiken, Programme und Maßnahmen zur Umsetzung des Rechts auf Teilnahme am kulturellen Leben sollen dem Ausschuss zufolge so formuliert und umgesetzt werden, dass sie für die – zu konsultierenden und einzubeziehenden – Menschen und Gemeinschaften annehmbar und an den kulturellen Kontext angepasst sind. Dabei sei die kulturelle Diversität der Menschen und Gemeinschaften zu achten. Weiterhin seien bei der Umsetzung der einzelnen Menschenrechte die individuellen und kollektiven Wertvorstellungen zu berücksichtigen, die beispielsweise mit kulturell bedingten Nahrungsgewohnheiten, Wassernutzungsformen oder auch mit der Art der Gesundheitsversorgung und Bildung einhergehen. Hier verweist der Ausschuss auf die Interpretationsvorgaben früherer Allgemeiner Kommentare, welche bereits die kulturelle Angemessenheit und Annehmbarkeit bei den Rechten auf Nahrung, Gesundheit, Wasser, Unterkunft und Bildung hervorhoben.[574]

Besondere Bedeutung räumt der Ausschuss wiederum dem – unmittelbar umzusetzenden – menschenrechtlichen Prinzip der Nicht-Diskriminierung ein sowie dem Schutz besonders schutzbedürftiger Menschen und Gruppen, denen er ein eigenes Kapitel widmet: Frauen, Kindern, älteren Menschen, Menschen mit Behinderungen, Migrant/innen, Minderheiten sowie indigenen Personen und Gemeinschaften. Tatsächlich zeigt sich, dass das Recht auf Teilnahme am kulturellen Leben gerade für Angehörige solcher Gruppen einen besonders großen Stellenwert einnimmt, da diesen oft das Ausleben der eigenen Lebensformen verwehrt und zugleich die gleichberechtigte Teilhabe am kulturellen Leben der „Mehrheitsgesellschaft" nicht gewährt wird.

5.11.1 Das Recht auf kulturelle Teilnahme achten und schützen

Die Achtungspflichten heben darauf ab, dass die Staaten den Menschen und Gemeinschaften nicht das Recht absprechen, ihre kulturelle Identität selbst zu wählen und zu entwickeln, und diese bei der Ausübung ihres Rechts auf Teilnahme am kulturellen Leben nicht unzulässig einschränken und behindern.[575] Das heißt, die Menschen sollen frei entscheiden können, welchen Kulturen und kulturellen Gruppen sie sich zugehörig fühlen (und von welchen sie sich lösen) und ob sie an kulturellen Aktivitäten teilnehmen (oder ob sie sich von diesen fernhalten). Im Sinne „kultureller Selbstverwirklichung" (Groni 2008: 234) soll es ihnen weiterhin möglich sein, über ihre eigene Kulturangehörigkeit hinaus am Leben anderer Kulturen teilzunehmen. Das Recht auf Teilnahme am kulturellen Leben beinhal-

574 E/C.12/GC/21, 21. Dezember 2009, Ziff. 16 c), d) und e).

575 E/C.12/GC/21, 21. Dezember 2009, Ziff. 49.

tet immer auch „das Recht auf Differenz ebenso wie das Recht auf Freiheit vor unerwünschten kulturellen Einflüssen“ (ebd.: 268). Es wird also die Freiheit gewährt, „zu wählen, an welcher Kultur bzw. an welchen Kulturen jemand teilnimmt, ferner die Freiheit, seine Kultur kundzutun“ (Hoffmann 2010: 78). Dies schließt den kulturellen Austausch ein.

Neben der Achtung und dem Schutz kultureller Wahlmöglichkeit bedarf es der Achtung und des Schutzes der je spezifischen kulturellen Lebensstile, Traditionen, Gebräuche und Praktiken. Jedoch sind nicht alle kulturellen Praktiken zu schützen, vor allem nicht jene, die mit den Menschenrechten offenkundig unvereinbar sind – wie etwa Witwenverbrennungen, „Ehrenmorde“, weibliche Genitalverstümmelung oder Zwangsheirat. Solche Praktiken werden erst gar nicht vom Schutzbereich des Rechts auf Teilnahme am kulturellen Leben erfasst, denn ansonsten würde die Idee unteilbarer Menschenrechte *ad absurdum* geführt (Groni 2008: 170 ff.). Ansonsten bestehen für das Recht auf Teilnahme am kulturellen Leben die üblichen Schrankenvorbehalte, die sich aus – im Allgemeinen Kommentar nicht näher konkretisierten und stets fallbezogen zu klärenden – Kollisionen mit anderen Menschenrechten ergeben können: *„Applying limitations to the right of everyone to take part in cultural life may be necessary in certain cirmustances, in particular in the case of negative practices, including those attributed to customs and traditions, that infringe upon other human rights“.*[576]

Die Staaten sind verpflichtet, kulturell begründete Diskriminierungen durch Dritte zu unterbinden und erzwungene kulturelle Assimilierungen zu unterlassen. Völkerrechtlich ist dies inzwischen weitgehend anerkannt und spiegelt sich auch in der Spruchpraxis verschiedener Menschenrechtsvertragsorgane wider (Groni 2008: 235 ff.). Im Mittelpunkt der öffentlichen Diskussion, aber auch zahlreicher Beschwerden und Klagen steht dabei gegenwärtig der Schutz der Lebensweisen indigener oder autochthoner Bevölkerungsgruppen. Ebenso wie anderen kulturellen Minderheiten darf diesen nicht die Ausübung ihrer Kultur verwehrt werden und dürfen sie auch nicht von wichtigen Entscheidungsprozessen ausgeschlossen werden, die ihre kulturelle Lebensweise beeinflussen. Solche Diskriminierungserfahrungen sind indigenen Gemeinschaften in Lateinamerika nur allzu präsent (Schilling-Vacaflor 2010: 27). Auch die *Working Groups on Experts on Indigenous Populations/Communities* der Afrikanischen Menschenrechtskommission spricht von einer „kulturellen Marginalisierung“ indigener Völker und weist auf Verletzungen kultureller Rechte in Afrika hin (ACHPR 2005: 40 ff.).

576 Ebd., Ziff. 19.

Ein zentraler Streitpunkt ist die Nutzung von Land und natürlichen Ressourcen. Deren kulturelle Bedeutung für indigene Gruppen wurde von Gerichten und Beschwerdeausschüsse schon mehrfach bestätigt, vor allem in Lateinamerika. Der Interamerikanische Menschenrechtsgerichthof behandelt die kulturellen Rechte, die mit der Landnutzung einhergehen, für gewöhnlich aber nur mittelbar, auf Grundlage der Rechte der Amerikanischen Menschenrechtskonvention, etwa des Rechts auf Eigentum. Stellvertretend sei hier die *Awas Tingni*-Entscheidung des Interamerikanischen Menschenrechtsgerichtshofs genannt, die in Lateinamerika als wichtiger Präzedenzfall zum Schutz indigener Landrechte angesehen wird und die enge kulturelle Beziehung indigener Gruppen zu ihrem Land hervorhob.[577] Auch etliche weitere Urteile des Gerichtshofs behandelten Eingriffe in traditionelle Landnutzungsrechte indigener Gruppen und schützten mittelbar deren kulturelle Rechte.[578] Hinzu kommt eine Vielzahl an politisch ausgetragenen Umweltkonflikten, bei denen indigene Rechte geltend gemacht werden.[579]

Im Falle der Afrikanischen Menschenrechtskommission ist eine Beschwerde im Namen der *Endorois,* einer Gemeinschaft von rund 60.000 Menschen, hervorzuheben, die bereits 1973 aus ihrem angestammten Gebieten um den *Lake Bogoria* umgesiedelt wurden, als dort ein Wildreservat entstand. Die Beschwerdeführer forderten rund 30 Jahre später von der kenianischen Regierung nicht nur eine angemessene Entschädigung, sondern auch die Rückgabe des Landes, da dieses für den Fortbestand der traditionellen Viehwirtschaftsweise und für die Ausübung der Religion und Kultur der *Endorois* von großer Bedeutung sei. Die Afrikanische Menschenrechtskommission stellte im November 2009 eine Verletzung verschiedener Menschenrechte fest und empfahl der kenianischen Regierung, die Landbesitzrechte der *Endorois* anzuerkennen und diesen freien Zugang zum Gebiet rings um den See zu gewähren, damit die *Endorois* ihre religiösen und kulturellen Riten ausüben und ihr Vieh weiden lassen können. Weitere Empfehlungen

---

577 Interamerikanischer Menschenrechtsgerichtshof, *Mayagna (Sumo) Awas Tingni Community v. Nicaragua,* Urteile vom 1. Februar 2000 und vom 31. August 2001, abrufbar unter: www.corteidh.or.cr (letzter Zugriff: 20. März 2012). Vgl. auch Global Rights (2004: 57 ff.).

578 Interamerikanischer Menschenrechtsgerichtshof, *Comunidad Indígena Yakye Axa v. Paraguay,* Urteile vom 17. Juni 2005 und vom 6. Februar 2006; *Comunidad Indígena Sawhooyamaya v. Paraguay,* Urteil vom 29. März 2006; *Comunidad Indígena Xákmok Kásek v. Paraguay,* Urteil vom 24. August 2010, *Pueblo Indígena Kichwa de Sarayaku vs. Ecuador,* Urteil vom 27. Juni 2012, alle abrufbar unter: www.corteidh.or.cr (letzter Zugriff: 1. August 2012).

579 Über solche Proteste berichtet im deutschsprachigen Raum regelmäßig die Organisation: *Rettet den Regenwald* – auf ihrer Website und im *Regenwald Report.*

beinhalteten u.a. Entschädigungszahlungen und den Zugang zu Arbeitsmöglichkeiten im Wildreservat.[580] Deutlich wurde, was bereits die ILO-Konvention 169 ausdrücklich festschreibt: dass wirtschaftliche Aktivitäten wie die Jagd, der Fischfang und die Viehzucht als Bestandteile der Kultur angesehen werden können. Auch der enge Bezug zwischen Land und religiösen und kulturellen Praktiken indigener Gruppen wurde anerkannt. *„Alienation of land has, in some parts of Africa, led to alienation of sacred sites for the indigenous peoples"* (ACHPR 2005: 41).

Ausdrücklich Bezug auf kulturelle Rechte nahm auch der UN-Ausschuss für wsk-Rechte, als er in seinen Abschließenden Bemerkungen auf den Schutz indigener Siedlungsgebiete abhob, etwa gegenüber dem Irak, Kanada oder Norwegen (vgl. Groni 2008: 244). Im Falle Indiens kritisierte er, dass einige Entwicklungsmaßnahmen und -projekte zu wenig den spezifischen Lebensstil bestimmter Stämme (*tribes*) im Nordosten des Landes berücksichtigten und deren Recht auf kulturelle Teilnahme beeinträchtigten.[581] Zugleich misst er der Achtung und dem Schutz religiöser Kultstätten und „heiliger Orte" große Bedeutung bei. Dem UN-Ausschuss zufolge hat der Staat das Kulturerbe zu achten und zu schützen, im Krieg wie im Frieden, und auch im Falle von Naturkatastrophen. Dies schließe die Verpflichtung ein, historische Plätze und Monumente, Kunstwerke und literarische Arbeiten zu bewahren, zu schützen und zu restaurieren.[582] Die mutwillige Zerstörung der Buddha-Statuen im afghanischen Bamiyan (2001) durch die damalige Taliban-Regierung verletzte der Sache nach eine solche Pflicht. Dem afghanischen Staat empfahl der Ausschuss später eine umfassende nationale Kulturpolitik, die sicherstellen sollte, dass das kulturelle und sprachliche Erbe in seiner Vielfalt erhalten bliebe. Er solle zudem seine Anstrengungen verstärken, historisch und archäologisch wertvolle Monumente zu erfassen und zu schützen, weiterhin: illegal außer Landes gebrachten Kulturobjekte zurückzuerhalten und den Kulturraub zu unterbinden.[583]

Eine Klarstellung erscheint an dieser Stelle aber notwendig: Aus menschenrechtlicher Sicht sind nicht die Kulturgüter als solche das eigentliche Schutzobjekt, sondern die Menschen in und bei der Ausübung ihrer Kultur. Es geht also um den Schutz von Menschen in ihrer Eigenschaft als am kulturellen Leben teilnehmende individuelle und kollektive Akteure. Auch wenn dafür der Schutz und

---

580 Communication 276/2003 – *Centre for Minority Rights Development (Kenya) and Minority Rights Group International on behalf of Endorois Welfare Council v. Kenya;* abrufbar unter: www.achpr.org (letzter Zugriff: 20. März 2012).

581 E/C.12/IND/CO/5, Mai 2008, Ziff. 44.

582 E/C.12/GC/21, 21. Dezember 2009, Ziff. 50.

583 E/C.12/AFG/CO/2-4, 21. Mai 2010, Ziff. 44.

die Pflege von Kulturgütern nötig und verpflichtend sein mag, besteht hier, menschenrechtlich betrachtet, ein feiner, aber gewichtiger Unterschied. Anders als die Kulturpolitik schützt die Menschenrechtspolitik die Kultur nicht nur um ihrer selbst willen. Der UN-Ausschuss für wsk-Rechte und die UN-Expertin zum Recht auf Kultur versäumen es mitunter, dies deutlich zu machen, wenn sie den Schutz von Kulturgütern als menschenrechtlich begründete staatliche Verpflichtung ausweisen.[584]

Weiterhin sind das künstlerische Schaffen und die Teilhabe an Kunst Bestandteile des kulturellen Lebens und damit geschützt. Bezugnehmend auf die AEMR und den UN-Sozialpakt, in Verbindung mit der (auch künstlerischen) Meinungsfreiheit des Zivilpaktes, setzte sich Josef Hoffmann (2010) in einer kleinen Studie eigens mit dem „Menschenrecht, sich an den Künsten zu erfreuen" auseinander und legte dar, dass eben auch die „aktive (produktive) und passive (rezeptive) Kunstfreiheit" geschützt seien (ebd.: 76). Vor dem Hintergrund des Verbots der als „entartet" verunglimpften Kunst unter der nationalsozialistischen Diktatur in Deutschland ist die menschenrechtliche Bedeutung der Kunstfreiheit nur allzu offenkundig. Unterschiedliche, schwere und leichte Formen des Verbots oder der Zensur von Kunst, Literatur, Theater, Film oder anderen kulturellen Ausdrucksformen bestehen auch heute noch in vielen Ländern. Entsprechende Klagen und Beschwerden setzen jedoch für gewöhnlich an der Meinungsfreiheit (in Deutschland eher an der Kunstfreiheit) an – mit unterschiedlichem Erfolg. Im Fall *Wingrove v. the United Kingdom* sah beispielsweise der EGMR nicht die Meinungsfreiheit des Klägers dadurch verletzt, dass sein Film *„Visions of Ectasy"* ein Verstoß gegen das britische Blasphemie-Gesetz darstellte.[585] Hingegen erkannte etwa der Interamerikanische Menschenrechtsgerichtshof in der – vom Obersten Gerichtshof Chiles bestätigten – Zensur des Films *„Die letzte Versuchung Christi"* eine Verletzung der Meinungsfreiheit. Auf Grundlage der Entscheidung zahlte Chile den Betroffenen eine Entschädigung und änderte seine nationale Rechtslage.[586] Die Kontroversen um den Schutzbereich und die Schranken der Meinungsfreiheit können also durchaus auch für die kulturelle Handlungsfreiheit von Bedeutung sein. Allgemein ist zu beachten, dass die Kunst kultureller Ausdruck von Menschenrechtsbewusstsein und von der Kritik an Menschenrechtsverletzungen

584 Vgl. etwa A/HRC/17/38; A/HRC/17/38/Add. 1 (Brasilien) und Add. 2 (Österreich).

585 Beschwerde 17419/90, Urteil vom 25. November 1996. Das EGMR-Urteil ist sehr umstritten.

586 Interamerikanischer Menschenrechtsgerichtshof, *Caso „La última Tentación de Cristo" (Olmedo Bustos y otros) v. Chile*, Urteil vom 5. Februar 2001; abrufbar unter: www.corteidh.or.cr (letzter Zugriff: 20. März 2012).

sein kann (vgl. etwa Turner 2009). Ebenso kann sie eine wichtige Rolle bei der Auseinandersetzung mit Menschenrechtsverbrechen[587] und in der Menschenrechtsbildung spielen.

Ein politisch brisantes Thema ist schließlich die Sprache. „Die Sprachpolitik steht im Spannungsfeld zwischen der Realisierung der Sprachfreiheit als grundlegendes Menschenrecht jedes Angehörigen einer Sprachgemeinschaft und des staatlichen Interesses nationaler Sprachvereinheitlichung" (Toggenburg/Rautz 2010: 232). Internationale Menschenrechtsabkommen, Ausschüsse und Sonderberichterstatter/innen messen dabei vor allem dem Recht von Minderheitenangehörigen, sich der eigenen Sprache zu bedienen, große Bedeutung bei. So lässt sich die unzureichende Anerkennung oder sogar das Verbot von Minderheitensprachen gerade auch aus der Perspektive des Rechts, am kulturellen Leben teilzunehmen, kritisieren. Ein Beispiel hierfür wäre etwa das strikte Verbot der kurdischen Sprache im öffentlichen Raum, das in der Türkei erst 1991 aufgehoben bzw. gelockert wurde. Trotz aller seitherigen Fortschritte bestehen laut dem EU-Länderbericht 2011 zur Türkei immer noch „Einschränkungen hinsichtlich der Verwendung anderer Sprachen als Türkisch im politischen Leben, bei der Inanspruchnahme öffentlicher Dienstleistungen und in Haftanstalten".[588] Auch in Afrika lassen sich Beispiele für die Unterdrückung oder Benachteiligung von Minderheitensprachen anführen (vgl. ACHRP 2005: 41 ff.).

Hinsichtlich der Frage offizieller Amtssprachen, die immer auch Souveränitätsrechte berührt, haben sich allerdings noch keine einheitlichen Menschenrechtsstandards und auch noch keine einheitliche Staatenpraxis herausgebildet (Groni 2007: 252 ff.). Dennoch hat beispielsweise der UN-Ausschuss für wsk-Rechte dem algerischen Staat empfohlen, Berbersprachen als offizielle (und nicht nur als nationale) Sprache anzuerkennen und deren Unterrichtung für alle Altersgruppen in allen Regionen sicherzustellen.[589] Im Falle anderer Staaten, wie Norwegen, begrüßte der Ausschuss schon früh die Verwendung der Sprache nationaler Minderheiten, hier der *Sami*, als offizielle Amts- und Gerichtssprachen.[590] Auch der UN-Sonderberichterstatter zur Lage der Menschenrechte und grundlegenden Freiheiten indigener Völker, James Anaya, forderte die nordischen Staaten auf, den Gebrauch der *Sami*-Sprache vor Gerichten und in öffentlichen Ein-

587 Das *Nürnberger Menschenrechtszentrum* (NMRZ) stellte beispielsweise in der Ausstellung „Wenn das Leid Gestalt annimmt" (2003) rund 100 Arbeiten aus, in denen Volkskünstler aus Ayacucho (Peru) traumatische Gewalterfahrungen verarbeiteten. Siehe: www.menschenrechte.org (letzter Zugriff: 1. Oktober 2012).

588 KOM (2011) 666 endgültig, 12. Oktober 2011, 90.

589 E/C.12/DZA/CO/4, 21. Mai 2010, Ziff. 22.

590 E/C.12/1995/13, 1. Dezember 1997, Ziff. 9.

richtungen voranzutreiben.[591] Einige Staaten haben inzwischen eine große Zahl an Minderheitensprachen als offizielle Amtssprachen anerkannt. Besonders weit geht Bolivien mit seinen insgesamt 36 offiziellen Sprachen, von denen drei inzwischen sogar ausgestorben sein sollen (Nolte/Horn 2009: 6). Die verschiedenen Bundesstaaten Indiens verfügen insgesamt über rund zwei Dutzend Amtssprachen und die Republik Südafrika kommt landesweit auf elf.

Wohlgemerkt steht aber nicht nur der Gebrauch von Minderheitensprachen unter Schutz. Dem Allgemeinen Kommentar des UN-Ausschusses zufolge haben die Menschen ganz allgemein das Recht, ihre Meinungs- und Informationsfreiheit in der Sprache ihrer Wahl ausüben und ohne Zensur ihrer Kreativität Ausdruck zu verleihen.[592] „Die freie Wahl einer Sprache und deren Gebrauch, unabhängig von einer Gruppen- oder Minderheitenzugehörigkeit, ist daher ebenso wie die Verwendung von Dialekten oder regionalen Sprachen erfasst" (Groni 2007: 251).

5.11.2 Das Recht auf Teilnahme am kulturellen Leben gewährleisten

Die Gewährleistungspflichten *(obligation to fulfil)* unterteilt der UN-Ausschuss zu wsk-Rechten in *„obligations to facilitate, promote and provide"*.[593] Im Hinblick auf die erste Verpflichtungsebene sollen die Staaten mittels positiver Maßnahmen jedem Menschen die Teilnahme am kulturellen Leben erleichtern sowie die Vielfalt kultureller Ausdrucksformen befördern, indem sie beispielsweise Kultureinrichtungen und -veranstaltungen oder auch die Verbreitung von Regional- und Minderheitensprachen unterstützen. Darüber hinaus sollen die Staaten darauf hinwirken, Menschen verschiedener kultureller Gemeinschaften dazu zu befähigen, frei und ohne Diskriminierung ihre eigenen und andere kulturelle(n) Praktiken auszuüben. Zugleich sollten die Staaten Vereinigungen kultureller und sprachlicher Minderheiten fördern, Migrant/innen darin unterstützen, ihre Kultur zu bewahren, und Maßnahmen ergreifen, um Bedingungen für respekt- und verständnisvolle interkulturelle Beziehungen zu schaffen.[594]

Im Sinne der Verpflichtung zu fördern *(promote)* solle der Staat zudem effektive Maßnahmen ergreifen, um sicherzustellen, dass das Recht auf Teilnahme am kulturellen Leben angemessener Bestandteil der Bildung und des öffentlichen Bewusstseins ist, und zwar auch in Bezug auf Minderheiten und etwaige indigene Gruppen. Bildungs- und bewusstseinsbildende Maßnahmen betreffen weiterhin

591 A/HRC/18/XX/Add.Y, 12. Januar 2011, Ziff. 87.

592 E/C.12/GC/21, Ziff. 15, 49 (b)

593 Ebd., Ziff. 51.

594 Ebd., Ziff. 52.

die notwendige Achtung des kulturellen Erbes und der kulturellen Vielfalt in dem jeweiligen Staat. Die Verfügbarkeit kultureller Einrichtungen und der Zugang zur Kultur sind dabei auch in geographischer Hinsicht, etwa in abgelegenen ländlichen Gebieten, zu fördern.[595] Gegenüber Brasilien wies der UN-Ausschuss für wsk-Rechte beispielsweise auf die strukturelle Bevorteilung großer Städte und gebildeter Schichten und auf die Benachteiligung kleinerer Städte, abgelegener Regionen und ärmerer Bevölkerungsgruppen bei der Bereitstellung kultureller Güter und Ressourcen hin.[596]

Im Sinn der *obligation to fulfil* müsse der Staat schließlich alles Nötige unternehmen, um auch jenen zu helfen, die unverschuldet ihr Recht auf Teilnahme am kulturellen Leben nicht wahrnehmen können. (In diesem Zusammenhang ist erwähnenswert, dass in Deutschland das zu gewährende Existenzminimum auch die materiellen Voraussetzungen umfasst, die für die Teilhabe am kulturellen Leben unerlässlich sind.)[597] Allgemein sind Maßnahmen gefordert, die darauf abzielen, dass die Menschen und Gemeinschaften sich an kulturpolitischen Entscheidungsprozessen beteiligen, den Schutz ihres Rechts auf Teilnahme am kulturellen Leben einfordern und Entschädigungen geltend machen können, wenn ihr Recht verletzt wird. Hinzu kommen kulturelle Bildung in den Schulen sowie diskriminierungsfreie Zutrittsgarantien zu kulturellen Einrichtungen und Aktivitäten ein.[598] Der Schweiz empfiehlt der Ausschuss etwa, die Kultur und den Lebensstil von Roma, Sinti und Yeniche stärker zu fördern.[599]

So wichtig die Empfehlungen sind, die mit dem Recht auf Teilnahme am kulturellen Leben verbunden sind, und so zentral die Anerkennung kultureller Diversität für den Menschenrechtsschutz ist, sei abschließend jedoch davor gewarnt, jegliche (sinnvolle) kulturpolitische Forderung als menschenrechtlich geboten auszuweisen und entsprechende Unterlassungen als Menschenrechtsverletzung anzusehen. Den Staaten verbleibt bei der Umsetzung des Rechts ein ausgesprochen großer Ermessens- und Gestaltungsspielraum. Angesichts der kulturellen Vielfalt und Unterschiede in den jeweiligen Ländern sind die diesbezüglichen menschenrechtlichen Vorgaben in hohem Maße konkretisierungsbedürftig und gestaltungsoffen. Dies ist gerade auch dann zu bedenken, wenn „subjektive", einklagbare Rechtsansprüche aus dem Recht geltend gemacht werden sollen. Von den hier behandelten wsk-Rechten ist das Recht auf Teilnahme am kulturellen

595 E/C.12/GC/21, 21. Dezember 2009, Ziff. 53.
596 E/C.12/BRA/CO/2, 12. Juni 2009, Ziff. 33.
597 BVerfG, 1 BvL 1/09, 9. Februar 2010.
598 E/C.12/GC/21, 21. Dezember 2009, Ziff. 54.
599 E/C.12/CHE/CO/2-3, 26. November 2010, Ziff. 23.

Leben, so scheint mir, jenes, das am schwierigsten zu fassen ist. Am Deutlichsten kam es bisher im Falle vergleichsweise leicht abgrenzbarer kultureller, vor allem indigener und sprachlicher Minderheiten zum Tragen.

5.11.3 Die Verbundenheit mit anderen Menschenrechten

Das Recht am kulturellen Leben teilzunehmen, steht zunächst einmal in engem Zusammenhang mit den anderen beiden Rechten, die in Artikel 15 des UN-Sozialpaktes verankert sind, namentlich den Rechten auf Teilhabe an den Errungenschaften des wissenschaftlichen Fortschritts und auf Schutz der geistigen und materiellen Interessen als Urheber von Werken der Wissenschaft, Literatur oder der Kunst (die in der vorliegenden Studie nicht dargelegt wurden). Enge Bezüge bestehen ferner zum Recht auf Bildung, sowohl hinsichtlich der Unterrichtssprachen als auch bezüglich der Bildungsinhalte. Auch verschiedene Aspekte der Religionsfreiheit fallen in den Schutzbereich des Rechts auf Teilnahme am kulturellen Leben – zumindest dann, wenn religiöses und kulturelles Leben eng miteinander verwoben sind. Einschlägig ist weiterhin das Diskriminierungsverbot, so wie es eingangs des UN-Sozialpaktes in den Artikeln 1 und 2 niedergelegt ist. Auf Grundlage der beiden Artikel spricht der UN-Ausschuss für wsk-Rechte regelmäßig Empfehlungen aus, die eben auch das Recht auf Teilnahme am kulturellen Leben berühren. Sie beziehen sich vor allem auf Rechte und Gefährdungen indigener Bevölkerungsgruppen und nationaler Minderheiten in so unterschiedlichen Staaten wie Sri Lanka, dem Tschad oder Nicaragua, um einige weitere Beispiele zu nennen.[600] Da das Recht auf Teilnahme am kulturellen Leben zugleich die (inter-)kulturell geprägte Lebensweise einzelner Menschen, unabhängig von der Zugehörigkeit zu einer kulturellen Gruppe, schützt, weist es enge Bezüge zur allgemeinen Handlungsfreiheit auf (wie sie beispielsweise Art. 2 Abs. 1 des deutschen Grundgesetzes garantiert), wenn das Handeln einen „spezifischen Kulturbezug" aufweist (Groni 2007: 201). Geschützt ist von dieser Rechtsnorm aber nicht jegliche, sondern nur die *kulturelle* Handlungsfreiheit und Selbstentfaltung.

600 E/C.12/LKA/CO/2-4, 9. Dezember 2010, Ziff. 11; E/C.12/TCD/CO/3, 16. Dezember 2009, Ziff. 13, 35; E/C.12/NIC/CO/4, 24. November 2008, Ziff. 11.

Das Recht auf Teilnahme am kulturellen Leben

Inhaltliche Komponenten:

- Recht, kulturell frei zu agieren, die eigene kulturelle Identität auszubilden und auszuleben, sich mit kulturellen Gemeinschaften zu identifizieren, eigene kulturelle Praktiken auszuüben, sich in der Sprache seiner Wahl auszudrücken sowie sich kulturelles Wissen und kulturelle Ausdrucksformen anzueignen und mit anderen zu teilen
- Recht auf Informationen und Bildungsangebote, um eigene und fremde Kulturen zu verstehen
- Recht auf Mitgestaltung des kulturellen Lebens der Gemeinschaft
- Voraussetzungen hierfür sind:
  - Verfügbarkeit kultureller Güter und Dienstleistungen
  - Offene, diskriminierungs- und barrierefreie Teilnahme am kulturellen Leben, einschließlich des Zugangs zu kulturellen Einrichtungen und Dienstleistungen
  - Annehmbare, an den jeweiligen kulturellen Kontext angepasste Maßnahmen zur Umsetzung des Rechts auf Teilnahme am kulturellen Leben
  - Berücksichtigung der kulturellen Diversität bei der Umsetzung einzelner Menschenrechte

Was muss der Staat tun oder unterlassen? (Auswahl)

Achtungspflichten:

- Achtung der kulturellen Selbstbestimmung und Handlungsfreiheit; keine Diskriminierung aufgrund der kulturellen Identität und keine forcierte Assimilierung
- Achtung der Meinungs- und Informationsfreiheit in der selbstgewählten Sprache
- Achtung kultureller Kreativität; keine Zensur künstlerischer und anderer kultureller Ausdrucksformen
- Achtung des freien Zugangs, insb. von Minderheiten, zum kulturellen Erbe (angestammtes Land, etc.)
- Achtung des Rechts auf aktive und informierte Mitbestimmung über die eigene Lebensweise

Schutzpflichten:

- Schutz der o.g. Rechte vor Eingriffen durch Dritte
- Schutz des kulturellen Erbes (historische Stätten, Kunst, Literatur etc.)
- Schutz des kulturellen Erbes, gerade marginalisierter Personen und Gruppen, bei wirtschaftlichen Entwicklungs- und bei Umweltprojekten und vor den Folgen der Globalisierung
- Schutz der kulturellen Güter indigener Völker vor unzulässiger Ausbeutung durch Privatunternehmen
- Verbot der Diskriminierung aufgrund der kulturellen Identität

Gewährleistungspflichten:

- Förderung der Teilnahme am kulturellen Leben und der kulturellen Vielfalt
- Förderung des Rechts auf Vereinigungsfreiheit für kulturelle/sprachliche Minderheiten
- Unterstützung von Migrant/innen bei der Bewahrung ihrer Kultur
- Maßnahmen gegen Diskriminierungen und für kulturelle Verständigung
- Bildungs- und bewusstseinsbildende Maßnahmen zum Recht auf Teilnahme am kulturellen Leben
- Programme zum Erhalt oder zur Wiederherstellung des kulturellen Erbes
- Die Einbeziehung kultureller Erziehung/Bildung im Schulunterricht
- Unterstützung von Personen oder Gruppen, die ihr Recht auf Teilnahme am kulturellen Leben nicht eigenständig nutzen können

Internationale Dimensionen:

- Internationale Achtung, Schutz und Förderung des Rechts auf Teilnahme am kulturellen Leben, vor allem mithilfe internationaler Organisationen (UNESCO etc.)

Anmerkung: eigene Zusammenstellung, angelehnt an den Allgemeinen Kommentar Nr. 21 des UN-Ausschusses für wsk-Rechte

6 Die Interpretation sozialer Menschenrechte im Wandel

Aus den bisherigen Ausführungen sollte ersichtlich geworden sein, dass die sozialen Menschenrechte in den vergangenen beiden Jahrzehnten erheblich an Bedeutung gewonnen haben. Der Bedeutungsaufschwung der wsk-Rechte lag dabei weniger in der Verankerung neuer Rechte als in der „Wiederentdeckung" und (Re-)Interpretation bereits bestehender Rechte begründet. Durch ihre inhaltliche Konkretisierung und Weiterentwicklung, gerade auf der UN-Ebene, hat sich das Verständnis dieser Rechte seit den 1990er Jahren erheblich verändert.

Die Re-Interpretation der wsk-Rechte betraf sowohl den materiellen Gehalt der bestehenden Normen als auch übergreifende Fragen, wer die Träger sozialer Menschenrechte sind und wen sie auf welche Weise verpflichten. Da die Spezifizität einer Menschenrechtsnorm und der sich daraus ergebenden Normverpflichtungen für die praktische Umsetzung und Durchsetzung von Menschenrechten von großer Bedeutung sind, stellen solche Klärungen wichtige Interpretationsleistungen dar, ebenso wie der Nachweis einer materiellen Justiziabilität dieser Rechte. Dabei stellt sich die Frage, unter welchen Bedingungen eine Re-Interpretation möglich wurde und wer die Deutungshoheit über die sozialen Menschenrechte innehat.

6.1 Anknüpfungspunkte an empirische Theorien

Theoretische Anknüpfungspunkte ergeben sich dabei an die sozialwissenschaftliche Erforschung politischer Diskurse. Zunächst zeigt sich, dass das Ende des Ost-West-Konfliktes auf internationaler Ebene politische Räume öffnete, um die Diskussion um soziale Menschenrechte wieder aufzugreifen, zu de-ideologisieren und an die sozialen Problemlagen gerade in Entwicklungsländern rückzubinden. Nicht zuletzt die globalen Menschenrechtsinstitutionen boten – ganz im Sinne ihrer „Agora"-Funktion (Oberleitner 2007: 35) – geeignete Diskussions- und Dialogforen, um das Verständnis der sozialen Menschenrechte weiter zu entwickeln. Als „Diskursgeneratoren" und „Agenda-Setter" traten Befürworter/innen sozialer Menschenrechte in den Vereinten Nationen, an Universitäten und in Menschenrechts- und Entwicklungsorganisationen auf, die sich bemühten, den normativen Bedeutungsgehalt sozialer Menschenrechte, die traditionell als vage und unbestimmt abgetan worden waren, zu konkretisieren und den wsk-Rechten ein klares juristisches Profil und eine stärkere völkerrechtliche Verbindlichkeit zu verleihen.

Vor allem die Allgemeinen Kommentare (weniger die einzelnen Empfehlungen im Rahmen des Berichtsverfahrens) des UN-Ausschusses für wirtschaftliche, soziale und kulturelle Rechte erlangten große Autorität. Sie bestimmten nicht nur die Kommunikation zwischen dem Ausschuss und den jeweiligen Regierungen im Rahmen der Staatenberichtsverfahren, sondern wurden auch von anderen UN-Gremien und UN-Sonderorganisationen aufgegriffen, die den sozialen Menschenrechten verstärkt Beachtung schenkten und sich dabei der Interpretationsvorgaben des UN-Ausschusses für wsk-Rechte bedienten. Weitere hilfreiche Interpretationsimpulse gingen von einzelnen UN-Sonderberichterstatter/innen aus, die ihr unabhängiges Mandat nutzten, um das Verständnis sozialer Menschenrechte mitzuprägen (vgl. Godoy/Mahon/Cismas 2011). Pionierarbeit leistete beispielsweise Asbjørn Eide, der systematisch anknüpfend an Henry Shue, mit seinen Berichten zum Recht auf Nahrung gerade das Verständnis von Achtungs-, Schutz- und Gewährleistungspflichten prägte. Wichtig war auch Katarina Tomaševski, die mit ihrem „4As"-Schema *(availability, accessibility, acceptability, adaptibility)* das Verständnis nicht nur des Rechts auf Bildung, sondern auch anderer wsk-Rechte mitprägte. Bis heute nehmen einzelne Berichterstatter/innen zu sozialen Menschenrechten maßgeblich Einfluss auf die internationale Debatte, so etwa Olivier De Schutter hinsichtlich des Rechts auf Nahrung oder Catarina de Albuquerque bezüglich der Rechte auf sauberes Trinkwasser und Sanitärversorgung. In etlichen Fällen hat zudem die Rechtsauslegung durch regionale Menschenrechtskontrollorgane und durch einzelne nationale Gerichte den wsk-Rechten Auftrieb verschafft.

Teils vorbereitet, teils begleitet wurden die Re-Interpretationsbemühungen von wissenschaftlicher Seite, also von *„epistemic communities"*, denen die Politikwissenschaft inzwischen verstärkt Bedeutung beimisst, da diese politische Diskurse und Prozesse maßgeblich beeinflussen können.[601] Immerhin prägten Sachverständige mit ähnlichen Sichtweisen das Verständnis der sozialen Menschenrechte oder erarbeiteten sogar gemeinsame Interpretationsvorgaben. Frühe Bedeutung erlangten beispielsweise die *Limburger Prinzipien*, die bereits 1986 von renommierten Völkerrechtsexperten auf einem Symposium in Maastricht erarbeitet und auf Initiative der Niederlande als offizielles UN-Dokument[602] anerkannt wurden. David L. Martin (1998) hielt nach, inwieweit die Limburger Prinzipien

601 Ausgehend von frühen Studien etwa von Peter Haas (1989, 1992) samt Kollegen (Adler/Haas 1992) wurden entsprechende Überlegungen für zahlreiche Politikfelder und *subpolicies* auf nationaler und internationaler Ebene fruchtbar gemacht. Bezüglich der Menschenrechtspolitik ergeben sich entsprechende Bezüge etwa bei Keck/Sikkink (1998).

602 E/CN.4/1987/17.

in die englisch-sprachige akademische Literatur und in UN-Dokumenten Eingang fanden. Auch die *Maastrichter Leitlinien zur Verletzung der wsk-Rechte* (1998) und die *Maastrichter Grundsätze zu extraterritorialen Staatenpflichten im Bereich der wsk-Rechte* (2011) beeinfluss(t)en stark den internationalen Diskurs und können im Sinne von *international legal expert opinions* zwar nicht als anerkannte Völkerrechtsquellen gelten, wie Michael Windfuhr (2012: 120) meint, wohl aber als Rechtserkenntnisquellen. Zudem nahm ab den 1990er Jahren die Zahl wissenschaftlicher Veröffentlichungen zu den wsk-Rechten beachtlich zu, welche die Interpretationsvorgaben der UN-Experten bestärkten, vertieften und erweiterten. Transnational vernetzte *epistemic communities*, die auch UN-Experten umfassten, versorgten die advokatorischen Netzwerke und Koalitionen mit dem notwendigen rechtsdogmatischen und sozialwissenschaftlichen Rüstzeug und *„framing"*, veränderten den *state of the art* der akademischen Menschenrechtsdebatte und trugen so dazu bei, dass sich nationale Menschenrechtsdiskurse an internationale Veränderungen und Herausforderungen anpassten – und ihrerseits die internationale Diskussion um die wsk-Rechte beeinflussten.

Von großer Bedeutung waren weiterhin jene nicht-staatlichen Menschenrechtsorganisationen, die sich schon früh der wsk-Rechte angenommen und begonnen hatten, soziale Missstände unter menschenrechtlichen Gesichtspunkten zu erfassen, zu dokumentieren und zu kritisieren. Solche NGOs beeinflussten die Interpretationsvorgaben, die von Experten in den Vereinten Nationen und an Universitäten erarbeitet wurden, griffen diese ihrerseits auf und speisten sie gezielt in die politischen Diskurse auf internationaler und nationaler Ebene ein. Zugleich wurde ihre eigene Expertise zu den wsk-Rechten zusehends in Anspruch genommen. Nur ein Beispiel: Als die Menschenrechtsorganisation *FIAN International* 1986 in Heidelberg ihre Arbeit aufnahm, handelte es sich um eine kleine Aktivistengruppe, die sich allein auf weiter Flur für das Menschenrecht auf Nahrung einsetzte und dafür bestenfalls belächelt wurde. In den folgenden zwei Jahrzehnten entwickelte sich FIAN zu einer weithin geschätzten internationalen Menschenrechtsorganisation, die den zivilgesellschaftlichen und politischen Diskurs um das Recht auf Nahrung national wie international mitprägte. Gemeinsam mit anderen Menschenrechts- und Entwicklungsorganisationen war FIAN auch maßgeblich daran beteiligt, extraterritoriale Staatenpflichten im Bereich der wsk-Rechte einzufordern.

Besonders hilfreich war zudem, dass sich – nach beträchtlichen Anlaufschwierigkeiten – die Entwicklungszusammenarbeit als anschlussfähig für wsk-Rechte erwies und entwicklungspolitische Anliegen, tatkräftig unterstützt von UN-Organen und Menschenrechtsorganisationen, zusehends in der Sprache der Menschenrechte vorgetragen wurden. Der Perspektivenwechsel von einem bedürfnisorientierten zu einem rechte-basierten Ansatz kam in der Entwicklungszusammenarbeit einem Paradigmenwechsel gleich[603] und verlieh den sozialen Menschenrechten erheblich Auftrieb. Zugleich wurden etwaige menschenrechtswidrige Folgen der Entwicklungszusammenarbeit aufgedeckt. Gerade im Hinblick auf Entwicklungsländer wurde zudem deutlich, wie wichtig es ist, sowohl die extraterritoriale Verpflichtungsebene in den Blick zu nehmen als auch die nicht minder kontrovers diskutierte menschenrechtliche Verantwortung von Unternehmen. In der „Nische“ der Entwicklungszusammenarbeit bildete sich so ebenfalls ein verändertes Verständnis der wsk-Rechte heraus, das allmählich in anderen Politikbereichen Eingang fand und den öffentlichen Diskurs auch auf nationaler Ebene beeinflusste.

So lässt sich feststellen, dass eine wachsende Zahl von Befürworter/innen der wsk-Rechte in unterschiedlichen staatlichen wie nicht-staatlichen, nationalen wie internationalen Organisationen und Institutionen gemeinsam das Verständnis der wsk-Rechte weiterentwickelten. *„(E)xtraordinary progress has been made by academics and human rights advocates in articulating both the content of economic, social and cultural rights (ESC rights), and the nature of the corresponding state obligations“* (Felner 2008: 1). Dabei bildeten sich mitunter regelrechte „Diskurskoalitionen“ (Hajer 1993) heraus, die sich in ihrer Interpretation sozialer Menschenrechte gegenseitig bestärkten und im öffentlichen Raum neue Deutungsangebote zu bestehenden Normen machten. Aufgrund des politischen Zuschnitts des sozialen Menschenrechtsdiskurses übersetzten sich die Diskurskoalitionen – was nicht selbstverständlich ist – vielfach in advokatorische Netzwerke und Koalitionen, die öffentlich und politisch für ein neues Verständnis der wsk-Rechte eintraten. Das 2007 gegründete *ETO-Consortium* ist nur ein jüngeres der vielen Netzwerke, die sich in den vergangenen Dekade für eine dynamische Interpretation der (hier: extraterritorialen) Verpflichtungen aus den wsk-Rechten einsetzen.

Einmal mehr wird der heuristische Nutzen von Ansätzen deutlich, welche die Bedeutung von *transnational advocacy networks*, von *transnational coalitions* und im Einzelfall von *transnational social movements* hervorheben.[604] Advokatorische Netzwerke und Koalitionen betrieben insofern ein wirkungsvolles, kognitives *„human rights framing“*[605], als soziale Missstände zusehends unter menschen-

---

603 Siehe hierzu Kapitel 8.5.2.

604 Vgl. auch hier: Keck/Sikkink (1998), Khagram/Riker/Sikkink (2002).

605 Der Soziologe David Snow und seine Mitarbeiter betonten bereits in den 1980er Jahren die Bedeutung gesellschaftlicher Interpretationsschemata *(cognitive frames)* für soziale Bewegungen, um ihre Anliegen darzulegen, Anhänger zu gewinnen und öffentliche Aufmerksamkeit zu erfahren. Sie beschreiben eine Reihe von Möglichkeiten, wie soziale Bewegungen solche frames nutzen oder verändern können; vgl. Snow et al. (1986), Snow/Benford (1988), Benford/Snow (2000).

rechtlichen Gesichtspunkten betrachtet und in „der Sprache der Menschenrechte" gefasst wurden. Sie nutzten das Argument der Unteilbarkeit der Menschenrechte, um beide „Generationen" an Menschenrechten gleichberechtigt einzufordern *(frame bridging)*, und veränderten das Verständnis der bereits verankerten sozialen Menschenrechte *(frame transformation)*. Dabei räumten sie – im Sinne eines *reframing* – zusehends auch Vorbehalte und Missverständnisse *(„misframings")* gegenüber den wsk-Rechten aus. Auch prägten sie maßgeblich das Verständnis davon mit, wie sich soziale Menschenrechte am besten umsetzen lassen.[606] Wie sehr advokatorische Netzwerke den öffentlichen Menschenrechtsdiskurs und die Menschenrechtspolitik dann jeweils im Detail beeinflussten, unterschied sich allerdings je nach internationalen und nationalen Foren und Handlungsfeldern – und hing dort auch von gegenläufigen Rechtstraditionen und widerstreitenden Ansichten einflussreicher Diskursautoritäten ab.

Über viele Jahrzehnte hinweg waren beispielsweise die herrschende Rechtsmeinung und der dominante Politikdiskurs in Deutschland ausgesprochen skeptisch gegenüber der Rechtsnatur sozialer Menschenrechte. Dies trug maßgeblich zur öffentlichen Wahrnehmung der wsk-Rechte als unverbindliche, politische Ziele bei. Mit der wachsenden internationalen Akzeptanz und Verbreitung alternativer Interpretationsangebote nicht nur in der „Menschenrechtsszene", sondern auch in internationalen Organisationen begann auch hierzulande die Deutungshoheit der „Skeptiker" zu bröckeln, schon gar, weil diese sich ihrerseits nicht näher um eine konkrete rechtsdogmatische Auslegung sozialer Menschenrechte bemühten, sondern schlicht an traditionellen Sichtweisen festhielten, ohne neuere Interpretationen ernsthaft zu prüfen und zu diskutieren. Dadurch überließen sie es den Befürworter/innen sozialer Menschenrechte, den normativen Gehalt dieser Rechte näher zu bestimmen und zu erweitern – und sahen sich zusehends mit dem Vorwurf konfrontiert, jüngere menschenrechtsdogmatische Entwicklungen nicht angemessen zur Kenntnis zu nehmen.

Dennoch herrscht im *juristischen* Diskurs in Deutschland (aber auch in vielen anderen Ländern) noch immer die Ansicht vor, dass sich aus den international verankerten sozialen Menschenrechten keine oder kaum subjektive Rechtsansprüche ergäben. Entsprechend selten nehmen deutsche Gerichte bisher Bezug auf wsk-Rechte in internationalen Menschenrechtsabkommen. Ganz anders stellt sich der *politische* Diskurs dar. Wie sehr sich in den vergangenen zehn Jahren im politischen Diskurs hierzulande das Verständnis der sozialen Menschenrechte

606 Beispielsweise liegt Forderungen, den kleinbäuerlichen Sektor zu stärken oder umverteilende Agrarreformen durchzuführen, um das Recht auf Nahrung umzusetzen, ein bestimmtes Verständnis der Hungerproblematik zugrunde.

geändert hat, kann der Autor aus eigener Anschauung nur bestätigen.[607] Der Diskurswandel lässt sich aber auch leicht anhand der Verlautbarungen und Veröffentlichungen der Bundesregierung erkennen. Beispielsweise haben sich die Menschenrechtsberichte, Aktionspläne und Konzepte der Bundesregierung längst an entsprechende internationale Begrifflichkeiten angepasst,[608] obgleich Interpretationsdifferenzen zwischen und innerhalb der Ministerien nach wie vor bestehen.[609] Während das Auswärtige Amt und vor allem das BMZ in der Vergangenheit jüngeren menschenrechtsdogmatischen Entwicklungen vergleichsweise aufgeschlossen gegenüberstanden und die wsk-Rechte aktiv in den auswärtigen Beziehungen und in der Entwicklungszusammenarbeit zu fördern begannen, blieben die Ministerien, welche die Umsetzung der wsk-Rechte innerhalb Deutschlands zu gewährleisten haben, weit zurückhaltender gegenüber der Anerkennung staatlicher Verpflichtungen, die sich aus internationalen sozialen Menschenrechten ergeben.

Obwohl die sozialen Menschenrechte in Deutschland also noch immer mit vielen Vorbehalten konfrontiert sind, hat sich immerhin im Verlauf eines historisch recht kurzen Zeitabschnitts das Verständnis der wsk-Rechte erheblich geändert, zumindest auf zivilgesellschaftlicher sowie auf außen- und entwicklungspolitischer Ebene. Um den Wandel zu erklären, lassen sich die bereits genannten Überlegungen zu advokatorischen Netzwerken und Koalitionen auch mit Konzepten des *lesson-drawing* (Rose 1991, 1993) und des *policy-transfer* (Dolowitz/Marsh 1996, 2000) verbinden. Immerhin fanden Ideen und Erfahrungen, die auf inter- und transnationaler Ebene entwickelt und gemacht wurden, Eingang in die nationalen Menschenrechtsdiskurse und teilweise in die Menschenrechtspolitik. Im Unterschied zum Konzept des *lesson drawing* hebt dabei das Konzept des *policy transfer* nicht nur auf freiwillige, sondern auch indirekt und direkt erwirkte Transfers ab.

Hier besteht eine Nähe zum soziologischen Institutionalismus, demzufolge Begrifflichkeiten und Interpretationsvorgaben auch deswegen übernommen werden, weil diese in den inter- und transnationalen Menschenrechtsforen gebräuch-

607 Der Autor ist seit vielen Jahren in Menschenrechtsnetzwerken aktiv und steht im regelmäßigen Austausch mit Akteuren staatlicher Menschenrechtspolitik.

608 Nahezu selbstverständlich greift beispielsweise das Leitkonzept „Menschenrechte in der Entwicklungspolitik" die jüngere völkerrechtliche Pflichtentrias auf – und spricht von Achtungs-, Schutz- und Gewährleistungspflichten; BMZ (2011: 5).

609 Deutlich sichtbar wurde dies etwa bei der schwierigen Ressortabstimmung zunächst bezüglich der Ausarbeitung und Verabschiedung des Zusatzprotokolls zum UN-Sozialpakt und nunmehr hinsichtlich der ausstehenden deutschen Ratifikation, die von Menschenrechtsorganisationen eingefordert wird.

lich (geworden) sind und (nunmehr) als angemessen gelten. Bezugspunkte gibt es auch zu Theorien transnationaler Rechtsprozesse, denen zufolge transnationale Akteure in einzelnen Foren bestimmte Norminterpretationen einbringen und damit Interaktionen provozieren, an deren Ende die Norminternalisierung durch die beteiligten Akteure steht (Hanschmann 2009: 399 f.). So erklärt sich die Übernahme jüngerer menschenrechtsdogmatischer Begrifflichkeiten in den Dokumenten des Auswärtigen Amtes und des BMZ sicherlich auch dadurch, dass auf UN-Ebene und unter Menschenrechtsexperten inzwischen ein entsprechender Diskurs gepflegt wird, dem sich international agierende staatliche Akteure nicht (völlig) verschließen können und wollen. So begünstigt die Einbettung der Nationalstaaten in internationale Menschenrechtsregime „von außen" angestoßene Diskursveränderungen, politische Lernprozesse und Policy-Transfers. Dabei werden solche Diskurse eben ganz maßgeblich von transnationalen Netzwerken und Koalitionen beeinflusst.

Allerdings dürfen solche Entwicklungen auch nicht darüber hinwegtäuschen, dass sich auf nationaler Ebene sowohl die politischen als auch die juristischen Diskurse zu den wsk-Rechten noch immer beachtlich unterscheiden. Trotz aller Interpretationsvorgaben kann also weltweit noch kein gemeinsames Grundverständnis von den sozialen Menschenrechten und den sich daraus ergebenden Pflichten vorausgesetzt werden. Nach wie vor bestehen zwischen den und innerhalb der Staaten große Interpretationsunterschiede bezüglich der einzelnen Menschenrechtsnormen und ihres Verhältnisses zueinander. So ist im Einzelnen umstritten: wie sich die einzelnen Rechte und ihre materiellen Schutzbereiche inhaltlich konkretisieren lassen; wann sich Einschränkungen der Menschenrechte rechtfertigen lassen und wann Menschenrechtsverletzungen vorliegen; wen die Menschenrechte auf welche Weise berechtigen oder verpflichten. Während in einigen Staaten jüngere rechtsdogmatische Entwicklungen von Regierungen oder auch nationalen Gerichten aufgegriffen oder sogar mitgeprägt wurden, werden sie andernorts ignoriert oder mit Skepsis beobachtet, zumal wenn sie nicht der jeweiligen nationalen Rechtstradition entsprechen. Deutlich ablesen lässt sich dies etwa anhand der Kommunikation der Regierungen mit internationalen Menschenrechtsgremien: Teils werden die Interpretationsvorgaben solcher Gremien übernommen, teils werden Interpretationsunterschiede hinsichtlich der sozialen Menschenrechtsnormen und den damit verbunden Staatenpflichten geltend gemacht. Teils werden die Empfehlungen entsprechender Kontrollorgane anerkannt und umgesetzt, teils werden sie abgelehnt oder ignoriert. Ein gemeinsames Grundverständnis der sozialen Menschenrechte muss sich also erst noch weiter entwickeln und „verdichten".

6.2 Eine „lebendige" Interpretation sozialer Menschenrechte

Das Verständnis bereits normierter, in Menschenrechtsabkommen verankerter Rechte ist nicht starr. Die Abkommen sind *„living instruments"*, die den Gegebenheiten und Problemen der jeweiligen Zeit Rechnung tragen sollen; die Norminterpretationen müssen daher offen bleiben für Kritik und Weiterentwicklungen. Durch eine inhaltliche Infragestellung und Weiterentwicklung bestehender Menschenrechtsauslegungen besteht zwar stets die Gefahr, dass der bereits erzielte Grundkonsens der Menschenrechte aufgebrochen oder aufgeweicht wird, doch lässt sich dieser Gefahr nicht mit einer Dogmatisierung bestehender Menschenrechtsinterpretationen begegnen (deutlich bereits: Bielefeldt 1998: 87). Gefragt ist vielmehr eine kritische, öffentliche Auseinandersetzung um den Inhalt der Menschenrechte, gerade auch der wsk-Rechte, die in verschiedenen Hinsichten diskussionsbedürftig bleiben. Der Einsatz für die sozialen Menschenrechte beinhaltet letztlich immer eine Auseinandersetzung um das moralische, politische und juridische Verständnis dieser Rechte und der sich daraus ergebenden Pflichten von Staaten und nicht-staatlichen Akteuren. Auch in der vorliegenden Studie wurden etliche offene oder umstrittene Interpretationsfragen dargelegt und entsprechende Interpretationsangebote unterbreitet.

Die Notwendigkeit und die Schwierigkeiten eines Bedeutungswandels sowohl der bürgerlichen und politischen als auch der wirtschaftlichen, sozialen und kulturellen Menschenrechte lassen sich beispielsweise an dem menschenrechtlichen Prinzip der Nicht-Diskriminierung zeigen. So hat sich in den vergangenen Jahrzehnten das Verständnis von Diskriminierung international stark gewandelt und ausdifferenziert. Zum einen wurden neben direkten Formen verstärkt auch mittelbare, institutionelle und strukturelle Formen der Diskriminierung kritisiert. Zum anderen wurden Diskriminierungen gegenüber bestimmten Bevölkerungsgruppen, die bis *dato* zu wenig beachtet worden waren, zum Thema. Nicht zuletzt Organisationen und Bewegungen von Frauen, Kindern, Menschen mit Behinderungen sowie von Lesben, Schwulen, Bisexuellen, Trans* und Inter* haben maßgeblich dazu beigetragen, aus ihrer spezifischen Perspektive die bereits etablierten bürgerlichen, politischen, wirtschaftlichen, sozialen und kulturellen Menschenrechte auszubuchstabieren, zu re-interpretieren und zu erweitern. Der Spezifizierung der Menschenrechte und der „Ausdifferenzierung des Diskriminierungsverbots" (Degener 2008) lagen dabei Unrechtserfahrungen zugrunde, die nunmehr verstärkt unter menschenrechtlichen Gesichtspunkten betrachtet wurden – deutlich erkennbar in Slogans wie „Frauenrechte sind Menschenrechte"[610], „Kinder-

610 Vgl. etwa den gleichnamigen Beitrag *„Women's rights are human rights"* von Brown

rechte sind Menschenrechte", „Behindertenrechte sind Menschenrechte" oder auch „Trans-Rechte sind Menschenrechte."[611]

Im Falle behinderter Menschen seien hier nur die alltäglichen Erfahrungen von Stigmatisierung, Diskriminierung, Entmündigung und sozialer Exklusion genannt (Graumann 2011: 32, von Kardoff 2012: 119). Nicht nur das Verständnis von Behinderung entwickelt sich ständig weiter, wie es in der Präambel der Behindertenrechtskonvention heißt, sondern auch die Wahrnehmung von Menschen mit Behinderungen. Über das „Krüppel-Tribunal" des Jahres 1981 bis hin zur Behindertenrechtskonvention von 2006 war es ein langer Weg, bis Menschen mit Behinderungen zunächst als Menschenrechtsobjekte und später als Menschenrechtssubjekte in Erscheinung traten und auch die sozialen Menschenrechte – wie etwa das Recht auf Bildung – aus ihrem Blickwinkel re-interpretiert und um einen weitreichenden Autonomie- und Inklusionsansatz erweitert wurden. Im Unterschied zu den altbekannten Begriffen der Integration und der Teilhabe, betont dabei das Konzept der *Inklusion*, „dass der Fokus nicht nur darauf liegen soll, Individuen an Lebensbereiche anzupassen, damit sie sich integrieren können, sondern die Lebensbereiche so zu verändern, dass alle Menschen von vornherein einbezogen sind" (Graumann 2011: 14). Inzwischen räumt nicht nur der UN-Behindertenrechtsausschuss, sondern etwa auch der UN-Ausschuss für wsk-Rechte den Rechten von Menschen mit Behinderungen große Bedeutung ein, sichtbar etwa in Abschließenden Bemerkungen gegenüber der Türkei, um nur ein jüngeres Beispiel zu nennen.[612]

Ein weiteres Beispiel für einen menschenrechtlichen Perspektivenwechsel und damit eine Horizonterweiterung stellen die Yogyakarta-Prinzipien dar; sie setzen zwar an bestehenden bürgerlichen, politischen, wirtschaftlichen, sozialen und kulturellen Menschenrechten an, formulieren aber Prinzipien zu deren Anwendung aus der lange Zeit ausgeblendeten Sicht von Lesben, Schwulen, Bisexuellen sowie Transgender (Trans*).[613] Weithin vernehmbar sind inzwischen auch Intersexuelle (Inter*), die Verletzungen ihrer Menschenrechte anprangern. Spezifische Diskriminierungen aufgrund der sexuellen Orientierung oder Gender-Identität

---

Thompson (2002) oder die Schwerpunktnummer „FrauenMenschenrechte" der zeitschrift für menschenrechte, Jg. 3, 2009, Nr. 1.

611 So der Titel einer Veranstaltung der Heinrich-Böll-Stiftung am 5. Oktober 2011 in Berlin.

612 E/C.12/TUR/CO/1, 12. Juli 2011, Ziff. 11.

613 Im Original: „The Yogyakarta Principles. Principles on the application of international human rights law in relation to sexual orientation and gender identity" (2006); www.yogyakartaprinciples.org. Eine deutsche Übersetzung findet sich in der Schriftenreihe der Hirschfeld-Eddy-Stiftung, Band 1, Berlin 2008.

rückten dadurch ins Bewusstsein und erweiterten das Verständnis vom Schutzbereich der Menschenrechte und den damit einhergehenden staatlichen Achtungs-, Schutz- und Gewährleistungspflichten. Trotz starker Widerstände, gerade seitens der Mitgliedsstaaten der „Organisation Islamische Konferenz", nimmt sich inzwischen der UN-Menschenrechtsrat des Themas an[614], und auch der UN-Ausschuss für wsk-Rechte geht in jüngeren Abschließenden Bemerkungen gezielt auf Diskriminierungen aufgrund von sexueller Orientierung und Gender-Identität ein, etwa im Falle Moldawiens.[615] Der Fall Moldawien zeigt aber auch, wie stark mitunter politische, gesellschaftliche und nicht zuletzt kirchliche Widerstände beispielsweise gegen die Gleichberechtigung von Homosexuellen sind, selbst in Ländern, die dem Europarat angehören. Sinnvollerweise widmet sich der *Council of Europe* (2011c, 2011d) gezielt der Diskriminierung aufgrund der sexuellen Orientierung und Gender-Identität.

Halten wir fest: Da die rechtliche Festschreibung und Ausdeutung der Menschenrechte und ihres Geltungsbereichs nicht ein für alle Mal abgeschlossen ist, sondern einem historischen Wandel unterliegt und beachtliche kulturelle Varianzen aufweist, muss beständig der Versuch unternommen werden, über eine offene und kritische Auseinandersetzung um die Interpretation bestehender (oder auch neuer) Menschenrechte und ihres Geltungsbereichs ein gemeinsames Grundverständnis herzustellen, das den Gegebenheiten und Problemen der jeweiligen Zeit und des jeweiligen Ortes Rechnung trägt. Auch kontextsensible und „entwicklungsoffene" Bestimmungen der Menschenrechte sind jedoch nicht beliebig, sondern lassen sich anhand bestehender menschenrechtlicher Standards und tragender menschenrechtlicher Prinzipien (universalistisch, emanzipatorisch-egalitär etc.) kritisch-reflexiv prüfen, in moralisch-philosophischer Hinsicht nicht zuletzt in Rückbezug auf die Menschenwürde (vgl. Bielefeldt 2011a: 105 ff.). Dabei sollte deutlich geworden sein, dass auch die sozialen Menschenrechte dem Schutz der Menschenwürde und der Ermöglichung von Freiheit dienen.

6.3 Soziale Menschenrechte sind Freiheitsrechte!

Unter Freiheitsrechten werden traditionell bürgerlich-politische Menschenrechte verstanden. Viele dieser Rechte tragen die „Freiheit" schon im Begriff, etwa das Recht auf persönliche Freiheit, die Gewissens-, Gedanken- und Religionsfreiheit,

614 A/HRC/17/L.9/Rev. 1.

615 E/C.12/MDA/CO/2, 12. Juli 2011, Ziff. 7. Entsprechende Diskriminierungen waren auch Thema der EU-Menschenrechtsdialoge mit dem Land; vgl. Europäische Union (2011: 53 f.).

die Informations-, Meinungs- und Meinungsäußerungsfreiheit oder auch die Vereinigungs- und Versammlungsfreiheit. Hingegen galten die wirtschaftlichen, sozialen und kulturellen Rechte traditionell als Leistungs- oder gar „Wohlfahrtsrechte“. Übersehen wurde jedoch dabei, dass letztlich alle Menschenrechte freiheitliche Dimensionen aufweisen und Freiheitsansprüche artikulieren. Auch die sozialen Menschenrechte sind an der Freiheit ausgerichtet und stellen bei genauer Betrachtung wichtige Freiheitsrechte dar (Krennerich 2006), denn sie zielen auf die autonome Selbstverwirklichung der Menschen ab und wirken auf die Verwirklichung einer Gesellschaftsordnung hin, in der sich die einzelnen Menschen gemeinsam mit anderen selbstbestimmt frei entfalten können.

Zum einen begründen soziale Menschenrechte einen gesellschaftlichen Freiraum für eine selbstbestimmte Lebensgestaltung der Menschen, den weder die Staaten noch Dritte ungebührlich einschränken dürfen. Das Unterlassen und der Schutz vor Übergriffen, Unterdrückung, Grausamkeit, Erniedrigung, Ausbeutung oder anderen Formen äußeren Zwangs sind dabei von zentraler Bedeutung – und finden ihren völkerrechtlichen Ausdruck in staatlichen Achtungs- und Schutzpflichten. Die entsprechenden Anerkennungs-, Unterlassungs- und Schutzpflichten des Staates korrespondieren hierbei mit einem Abwehr- und Schutzanspruch des einzelnen Menschen, der allerdings im Falle sozialer Menschenrechte völkerrechtlich und verfassungsrechtlich noch ungenügend institutionell abgesichert und ausgebaut ist. Wie die Beispiele in den vorangegangenen Kapiteln verdeutlicht haben, ist es unabdingbar, auch die sozialen Menschenrechte vor freiheitseinschränkenden Eingriffen durch staatliche Organe und Dritte zu bewahren. So dienen die sozialen Rechte beispielsweise dem Schutz der einzelnen Menschen, nicht ausgebeutet zu werden, sich selbstständig zu ernähren, ein sicheres Wohnumfeld zu erhalten, sich angemessen zu bilden, sich vor Gesundheitsschäden zu bewahren und nicht an der Ausübung seiner Kultur gehindert bzw. vom kulturellen Leben ausgeschlossen zu werden. Unverständlicherweise werden solche freiheitliche Abwehr- und Schutzfunktionen sozialer Menschenrechte von der einschlägigen Literatur geflissentlich ignoriert, wenn diese immerzu und ausschließlich als „Leistungsrechte“ dargestellt werden.[616] Indem die sozialen Menschenrechte auf den Erhalt individueller und gesellschaftlicher Freiräume abzielen, stellen sie letztlich Freiheitsrechte im „klassischen“ Sinne dar. Traditionell könnte man hier von der Achtung und dem Schutz „negativer Freiheiten“ sprechen.

Zum anderen müssen die minimalen realen Bedingungen gegeben sein oder geschaffen werden, damit die Menschen tatsächlich autonom handeln und ein

616 Tomuschat (2009: 159), der eher für eine traditionelle Sichtweise steht, räumt zumindest ein, dass wirtschaftliche und soziale Rechte einen „Freiheitskern“ haben können.

selbstbestimmtes Leben in der Gemeinschaft mit anderen führen können. Dazu bedürfen sie einer „Minimalausstattung" an materiellen Gütern (Einkommen, Nahrung, Wasser etc.) wie auch an immateriellen Gütern (rechtliche und gesellschaftliche Anerkennung, Bildung, kulturelle Teilnahme etc.), die den Grundbedürfnissen und Lebensentwürfen der jeweiligen Menschen Rechnung tragen. Hier setzten die Gewährleistungspflichten an: Sie verpflichten den Staat, die rechtlichen, institutionellen, verfahrensmäßigen und materiellen Voraussetzungen dafür zu schaffen, dass die sozialen Menschenrechte umgesetzt werden können und die Menschen sich gemeinsam mit anderen tatsächlich selbstbestimmt entfalten können. Ob und inwieweit sich aus den Pflichten individuelle, einklagbare Leistungsansprüche gegenüber dem Staat ergeben (sollen), ist zwar noch rechtlich wie politisch umstritten und im Einzelfall zu klären. Gleichwohl geht es auch hier um Freiheit, denn eingefordert wird die Schaffung der realen Bedingungen, die autonomes, selbstbestimmtes Handeln erst ermöglichen. Dazu gehören auch aktive Maßnahmen gegen extreme Armut, Arbeitslosigkeit, Hunger, Krankheit, Obdachlosigkeit und soziale Ausgrenzung. Letztlich ist Not eben Unfreiheit für die Menschen, die diese erleiden. Nicht von ungefähr findet sich die *„freedom from want"* in Roosevelts „Vier-Freiheiten"-Rede und in der Präambel der Allgemeinen Erklärung der Menschenrechte wieder. Das Ausräumen faktischer Freiheitshindernisse und die Ermöglichung „positiver Freiheit" stellen sich aber nicht von selbst, gleichsam über den Markt her, sondern sind immer auch rechtlich und gesellschaftspolitisch zu erwirken.

Ergänzend sei erwähnt, dass sich die freiheitliche Bedeutung sozialer Menschenrechte auch *mittelbar* ergibt. So ist die Umsetzung gleicher sozialer Rechte eine wichtige Voraussetzung dafür, dass auch bürgerlich-politische Rechte tatsächlich gleichberechtigt wahrgenommen werden können und ihre Nutzung nicht eine ausgeprägte „soziale Schieflage" aufweist. Darüber hinaus kommt ihnen aber eben vor allem ein eigener, intrinsischer Wert als Freiheitsrechte zu, der im traditionellen Sprachgebrauch „negative" wie „positive" Freiheitsdimensionen umfasst und – im Sinne etwa des „Befähigungsansatzes" von Amartya Sen (1999) und Martha Nussbaum (2006) – insbesondere in der Befähigung zur freien Selbstbestimmung und der größtmöglichen Autonomie eines jeden einzelnen Menschen in seinen jeweiligen gesellschaftlichen Bezügen besteht.[617] Man könnte

617 In diesem Sinne stellen das Recht auf Bildung, aber beispielsweise auch die Rechte auf Arbeit oder Gewerkschaftsfreiheit *empowerment rights* dar, welche die Menschen dazu befähigen, ihr Leben eigenverantwortlich in die Hand zu nehmen und ihre Lebens- und Arbeitswelt mitzugestalten. Im physischen und psychischen Sinne gilt dies etwa auch für die Rechte auf Ernährung, Wasser und Gesundheit.

hier mit Regina Kreide (2008a: 61 f.) anstatt von „Freiheit" auch von „sozialer Autonomie" sprechen, deren Realisierung wiederum auch politische Autonomie bedürfe (Stichwort: *empowerment*).[618] Letztlich geht es darum, dass es jedem Menschen möglich sein soll, in Würde und damit auch in Anerkennung seiner unvertretbaren Besonderheit" (Bielefeldt 2011a: 72) selbstbestimmt zu leben.

Alle Menschenrechte, auch die wsk-Rechte, sind also letztlich Freiheitsrechte, zielen auf die freiheitliche Selbstbestimmung der Menschen ab und gehen demgemäß mit Freiheitsansprüchen einher. Zugleich sind diese Freiheitsrechte mit dem Anspruch verbunden, für alle Menschen gleichermaßen zu gelten und stellen als solche auch Gleichheitsrechte dar. Die menschenrechtlich gedachte Gleichheit ziele dabei nicht, wie oft unterstellt, auf gesellschaftliche Nivellierung und Homogenisierung, betont Heiner Bielefeldt (2011a: 123), „sondern im Gegenteil darauf, dass alle Menschen gleichermaßen die Möglichkeit erhalten, ihre je eigenen, „besonderen" Lebensentwürfe – für sich und in Gemeinschaft mit anderen – in Freiheit zu finden und zu verwirklichen." Gleichheit im Sinne der Menschenrechte bezieht sich, so verstanden, auf die Möglichkeiten der Freiheitsverwirklichung. Aus diesem Grund kommt dem Diskriminierungsverbot eine so große Bedeutung für den Menschenrechtsschutz zu.[619]

Zugleich stellen alle Menschenrechte auch Solidarrechte dar. Wie bereits kurz dargelegt wurde (Kap. 4.1), weisen sowohl die bürgerlich-politischen Menschenrechte als auch die sozialen Menschenrechte gemeinschaftliche und gesellschaftliche Bezüge auf. Ohne ein soziales Miteinander und ohne gesellschaftliche Unterstützung ist die Umsetzung individueller Menschenrechte kaum möglich: Die individuelle Autonomie bedarf immer auch der sozialen Teilhabe, der Solidarität und des Schutzes vor sozialer Ausgrenzung. Umgekehrt hinterlässt die Einforderung und Umsetzung sozialer Menschenrechte auch ihre Spuren im Gemeinwesen. Dies gilt umso mehr, wenn Menschen gemeinsam mit anderen ihre Fähigkeit ausbilden, soziale (Rechts-)Ansprüche geltend zu machen, und wenn sie unter den Bedingungen der Freiheit, Gleichheit und Solidarität mitwirken, das Gemeinwesen mitzugestalten.

---

618 Regina Kreide (2008a: 60 ff.) grenzt zwar den Begriff der sozialen Autonomie selbst von einem „expansionistischen" Freiheitsbegriff ab, doch deckt sich der Autonomiebegriff mit dem hier vorgetragenen Freiheitsverständnis, wobei ich eher von Selbstbestimmung als von Selbstentfaltung sprechen würde.

619 Auch Tomuschat (2009: 162 ff.) zufolge sei der „Gleichheitssatz" (Diskriminierungsverbot) geeignet, den Umgang sowohl mit „liberalen Freiheitsrechten" als auf mit wirtschaftlichen und sozialen Rechte zu überprüfen.

6.4 Bürgerlich-politische versus soziale Menschenrechte?

Die Unterscheidung zwischen bürgerlich-politischen und wsk-Rechten erfolgt in dieser Schrift aus pragmatischen Gründen entlang der Auflistung in einschlägigen Menschenrechtsabkommen, allen voran dem UN-Zivilpakt und dem UN-Sozialpakt. Mit einem solchen Sprachgebrauch werden jedoch an dieser Stelle *keine* grundlegenden Wesensunterschiede zwischen den bürgerlichen, politischen, wirtschaftlichen, sozialen und kulturellen Menschenrechten unterstellt. So grenzt sich die Studie ganz bewusst von der tradionellen Sichtweise ab, die den wsk-Rechten den Menschenrechtscharakter absprach oder diese zumindest als andersartig und nicht gleichrangig mit bürgerlich-politischen Rechten ansah. Eine solche Sichtweise war über Jahrzehnte hinweg auch in der hiesigen Rechtswissenschaft verbreitet. „Viele Generationen von Juristen wurden im Westen unter der Vorgabe ausgebildet, dass nur bürgerliche und politische Rechte Menschenrechte im strengen Sinn seien, da sie negative Freiheitsrechte darstellten, die der Staat nur zu gewährleisten braucht" (Windfuhr 2012: 112), während wirtschaftliche, soziale und kulturelle Menschenrechte ressourcenabhängige positive Leistungsrechte seien. Die nachstehende Tabelle stellt der traditionellen Sichtweise eine jüngere, zeitgemäße gegenüber. Demnach besteht zwischen bürgerlich-politischen und sozialen Menschenrechten kein Wesensunterschied.

Der traditionellen Vorstellung, dass wsk-Rechte keine Freiheits-, sondern lediglich Leistungs- oder gar Luxusrechte seien, wird also ein Verständnis gegenübergestellt, demzufolge auch die sozialen Menschenrechte an der Freiheit ausgerichtet und als Freiheits-, Gleichheits- und Solidarrechte zu begreifen sind, wobei sich Freiheit, Gleichheit und Solidarität gegenseitig bedingen. Dadurch werden abstrakte Hierarchisierungen zwischen den Menschenrechten obsolet, die „klassischen Freiheitsrechten" vor anderen Rechten Vorrang einräumen. Zwar schließt die Unteilbarkeit der Menschenrechte, also die Zusammengehörigkeit und Interdependenz aller Menschenrechte, nicht aus, dass je nach Kontext und Perspektive den einzelnen Menschenrechten empirisch unterschiedliche Bedeutung beigemessen werden kann, doch abstrakte Gewichtungen zwischen wichtigen und weniger wichtigen Menschenrechten sind hochproblematisch (vgl. Krennerich 2010c) und können m.E. keinen Vorrang bürgerlich-politischer und wsk-Rechte begründen, zumal wenn letztere eben auch als Freiheitsrechte verstanden werden.

Weiterhin greift die althergebrachte Behauptung nicht mehr, soziale Menschenrechte seien im Unterschied zu bürgerlich-politischen Menschenrechte allzu vage und nicht hinreichend bestimmbar. Selbst wenn letztere über einen „Interpretationsvorsprung" verfügen, haben die bisherigen Ausführungen gezeigt, dass die wsk-Rechte sich durchaus konkretisieren lassen und dass dies in einem beachtlichen Maße bereits geschehen ist. Allerdings ist es wichtig, gerade in künftigen

Bürgerlich-politische Menschenrechte versus soziale Menschenrechte?		
Traditionelle Sichtweise	**Merkmale**	**Zeitgemäße Sichtweise**
Grundlegende Wesensunterschiede	Wesensunterschiede	Keine grundlegenden Wesensunterschiede
bp-Rechte: Freiheits- und Beteiligungsrechte wsk-Rechte: Leistungsrechte	Rechtscharakter	Alle Menschenrechte: Freiheits-, Gleichheits- und Solidarrechte
Vorrang der bürgerlich-politischen Rechte vor den wsk-Rechten	Rangverhältnis	Prinzipielle Gleichrangigkeit aller Menschenrechte
bp-Rechte: bestimmbar wsk-Rechte: unbestimmbar, vage	Bestimmbarkeit des materiellen Gehalts	Alle Menschenrechte: bestimmbar
bp-Rechte: Unterlassungspflichten; ggf. Schutzpflichten (wsk-Rechte: Staatsziele)	Staatenpflichten	Alle Menschenrechte: Achtungs-, Schutz- und Gewährleistungspflichten
bp-Rechte: Abwehransprüche; ggf. Schutzansprüche (wsk-Rechte: keine einklagbaren Leistungsansprüche)	Subjektive Rechtsansprüche	Alle Menschenrechte: Abwehr-, Schutz- und Leistungsansprüche
bp-Rechte: unmittelbar wsk-Rechte: nur schrittweise	Umsetzungsmodi	Alle Menschenrechte: teils unmittelbar, teils schrittweise
bp-Rechte: gerichtlich, politisch, moralisch wsk-Rechte: politisch, moralisch	Durchsetzungsmodi	Alle Menschenrechte: gerichtlich, politisch, moralisch
bp-Rechte: niedrig wsk-Rechte: hoch	Ressourcenabhängigkeit	Bei allen Menschenrechten abhängig von den jeweiligen Rechts- und Verpflichtungsdimensionen
Anmerkung: eigenes Schaubild		

Beschwerde- und Gerichtsverfahren das juristische Profil der wsk-Rechte weiter zu schärfen und die Schrankenproblematik zu entfalten, auf welche die vorliegende Studie nicht eigens eingehen konnte. Bei der Interpretation der wsk-Rechte ist dabei jüngeren rechtsdogmatischen Vorgaben Rechnung zu tragen, denen zufolge sich aus sozialen Menschenrechten völkerrechtlich verbindliche Achtungs-, Schutz- und Gewährleistungspflichten ergeben, die mit individuellen Abwehr-, Schutz- und Leistungsansprüchen einhergehen können. Entgegen der überkommenen Sichtweise lassen sich solche Ansprüche der Sache nach auch einklagen, selbst wenn entsprechende Verfahren noch auszubauen sind. Von großer Bedeutung ist dabei, dass nicht nur die bürgerlich-politischen, sondern auch die wirtschaftlichen, sozialen und kulturellen Menschenrechte Verpflichtungen aufweisen, die sich unmittelbar umsetzen lassen und kaum Ressourcen benötigen. Umkehrt ist auch die Umsetzung der bürgerlich-politischen Rechte nicht von heute auf morgen und ohne Ressourcen möglich. „*They both impose negative and positive duties which sometimes require significant resources and sometimes do not, and which can sometimes be implemented immediately and sometimes not*" (Felner 2009: 407).

Die Annahme, dass es sich um wesensverschiedene Rechte handelt, sei überholt und entspringe „heutzutage eher einem ideologischen Reflex als einer nüchternen Betrachtung", schrieb Marcus Engels (2001: 88) bereits vor über zehn Jahren. Zumindest in der Völkerrechtslehre setzt sich allmählich die Ansicht durch, dass die Unterschiede zwischen bürgerlich-politischen und wsk-Rechten nicht grundsätzlicher, prinzipieller Natur seien (vgl. auch Söllner 2007: 63). Dies drückt sich inzwischen sowohl in den Rechtsauffassungen von UN-Vertragsausschüssen und UN-Sonderberichterstatter/innen aus als auch in der nationalen Rechtsprechung solcher Länder, in denen den wsk-Rechten und den sich daraus ergebenden Staatenpflichten verfassungsrechtlich eine angemessene Bedeutung zukommt. So stellt Jonathan Berger (2008: 43) etwa für die Republik Südafrika fest: „*The mainstreaming of SE rights – which are now generally understood to be an integral part of a web of ‚inter-related and mutually supporting rights' – has meant a significant blurring of the distinction between the different ‚generations' of rights*". Die unterschiedlichen Menschenrechte sind nun einmal eng miteinander verwoben und schützen gemeinsam auf grundlegende Weise die einzelnen Menschen und deren Menschenwürde.

Dabei stehen sich manche bürgerlichen und sozialen Rechte sogar näher als bürgerlich-politische Rechte untereinander. Bereits auf philosophisch-theoretischer Ebene werden mitunter die „liberalen Freiheits und sozialen Teilhaberechte" als soziale Existenzgrundlage der Privatautonomie zusammen gedacht und den politischen Rechten gegenübergestellt. Letztere brächten einen anderen Typus individueller Freiheit hervor, indem sie die Rechtssubjekte aus der eingehegten Privatsphäre herausholten und diesen legale Möglichkeiten an die Hand gäben, sich aktiv an der politischen Willensbildung zu beteiligen, meint etwa Axel Honneth (2011: 143 ff.) und orientiert sich hierbei erkennbar an Hegels Freiheitsbegriff. Rechtsdogmatisch und rechtspraktisch wiederum lässt sich feststellen, dass die Abwehr- und Schutzdimensionen sozialer Menschenrechte in den sachlichen Geltungsbereich „klassischer Freiheitsrechte" hineinragen oder diesen sogar mit abdecken. Dies gilt bezüglich der Rechte auf Arbeit und gerechte Arbeitsbedingungen etwa im Hinblick auf die Verbote von Sklaverei und Zwangsarbeit oder auch bezüglich der Berufsfreiheit.[620] Das Recht auf Bildung schließt u.a.

620 In der AEMR sind die Rechte auf Arbeit und auf freie Berufswahl gemeinsam im Art. 23 nieder gelegt; das Gleiche gilt für Art. 6 des UN-Sozialpaktes. Auch etliche nationale Verfassungen, die – im Unterschied zum deutschen Grundgesetz – ein Recht auf Arbeit

die Privatschulfreiheit mit ein. Das Recht auf Gesundheit weist wiederum enge inhaltliche Bezüge zum Recht auf körperliche und psychische Unversehrtheit sowie dort, wo das Leben bedroht ist, zum Recht auf Leben auf.[621] Schnittstellen bestehen auch zum Recht auf Privatleben, insofern, als dieses auch das Selbstbestimmungsrecht über den Körper beinhaltet und auch vor gesundheitlichen Belastungen etwa durch starke Umweltverschmutzungen schützt.[622] Die Vereinigungsfreiheit umfasst u.a. das Recht auf Bildung von Gewerkschaften, das nochmals ausdrücklich im Sozialpakt garantiert ist. Das Recht auf angemessene Unterkunft ist wiederum eng verknüpft mit dem Recht auf Privatleben, auf die Unverletzlichkeit der Wohnung und der Wohnsitzfreiheit. Umgekehrt ergeben sich auch aus bürgerlich-politischen Rechte aktive Handlungspflichten, die sich auch auf wsk-Rechte beziehen. Deutlich ist dies gerade im Fall der Rechte auf Leben und auf körperliche Unversehrtheit, die eine enge inhaltliche Nähe zum Recht auf Gesundheit aufweisen.

Alles in allem bietet es sich an, die Menschenrechte nach inhaltlichen Bezügen zu ordnen, wie dies etwa Kälin/Künzli (2008) versuchen, anstatt an überkommenen und missverständlichen historisch-institutionellen Unterscheidungen von „Menschenrechtsgenerationen" festzuhalten.

kennen, verknüpfen dieses mit der Berufswahlfreiheit; so etwa die Verfassungen von Belgien (Art. 23), Bulgarien (Art. 48), Finnland (§ 18), Kroatien (Art. 54), Luxemburg (Art. 11), Rumänien (Art. 38), Slowakei (Art. 35), Spanien (Art. 35); eigene Zusammenstellung auf Grundlage von Weber (2004: 721 ff.).

621 So hat beispielsweise der italienische Verfassungsgerichtshof 1990 bekräftigt, dass „sich das Recht auf Gesundheit, unter dem Aspekt des Schutzes der physischen und psychischen Integrität der Person gegenüber Angriffen oder jedenfalls schädigendem Verhalten Dritter betrachtet, als ein Recht erga omnes darstellt, das unmittelbar von der Verfassung garantiert wird"; CC v. 10.10.1990, Nr. 455, ZaöRV 1994: 385, zit. nach: Weber (2004: 107).

622 Vgl. etwa die Ausführungen von Grabenwarter (2009: 195 ff.) zum Recht auf Privat- und Familienleben in der EMRK.

TEIL III

Die Durchsetzung sozialer Menschenrechte

7 Der nationale Menschenrechtsschutz – die Staaten in der Pflicht

Der materielle Rechtscharakter der sozialen Menschenrechte hängt nicht zwingend von den prozessualen Verfahren ihrer Durchsetzung ab, und doch verlieren soziale Menschenrechte an rechtlichem Profil und rechtspraktischer Bedeutung, wenn sie weder in entsprechenden Rechtsverfahren noch gesellschaftspolitisch durchgesetzt werden können und wenn es ihnen an Wirkkraft fehlt. Während auf internationaler Ebene keine oder kaum Zwangsmittel zur Verfügung stehen, um die Durchsetzung der Menschenrechte zu gewährleisten, gilt dies nicht für das nationale Recht, das als „garantiertes Recht" (Zippelius 2004: 4) zwangsweise durchgesetzt werden kann. Bereits deswegen kommt der nationalen Ebene eine herausragende Bedeutung für die Durchsetzung der Menschenrechte zu.

Die Staaten tragen aus völkerrechtlicher Sicht die Hauptverantwortung für die Durchsetzung der Menschenrechte. Aus der Mitgliedschaft in inter- und supranationalen Organisationen (Vereinte Nationen, Europarat, Europäische Union etc.) sowie der Ratifikation globaler und regionaler Menschenrechtsabkommen ergeben sich, wie bereits dargelegt wurde, menschenrechtliche Staatenpflichten, die rechtlich verbindlich sind und welche die Staaten auf nationaler Ebene gegenüber den Menschen unter ihrer Hoheitsgewalt zu erfüllen haben. Unabdingbar für den nationalen Schutz sozialer Menschenrechte ist hierbei, dass diese Rechte auch im nationalen Recht mit seinen geregelten Durchsetzungs- und Erzwingungsverfahren verankert sind und dass ihre Umsetzung institutionell abgesichert ist. Wie bereits im ersten Kapitel gezeigt wurde, ist dabei nicht die Frage nur von großer Bedeutung, inwieweit internationale Menschenrechtsabkommen in nationales Recht Eingang finden und welchen Rang sie dort haben, sondern auch, ob das nationale Recht insgesamt menschenrechtskonform ausgestaltet ist und ob entsprechende Rechtsgarantien bestehen, die den materiellen Schutzbereich der Menschenrechte abdecken. Von besonderer Bedeutung ist die Verankerung sozialer Grundrechte in den jeweiligen Verfassungen. Allerdings müssen die Normen dann auch angewandt werden und rechtspraktische Bedeutung erlangen. Voraussetzung hierfür ist ein Mindestmaß an Staatlichkeit.

7.1 Staatlichkeit als Voraussetzung für den sozialen Menschenrechtsschutz

„Nun sag: wie hast Du's mit dem Staat?", so formulierte Franz-Josef Hutter (2008: 120) die seiner Ansicht nach „neue Gretchenfrage" in der Menschenrechtsdebatte. Die Antwort von Robert Alexy (1999: 255) wäre unmissverständlich: Ihm zufolge gibt es ein „Menschenrecht auf den Staat". Damit bringt Alexy zum Ausdruck, dass Menschenrechte als moralische Rechte zwar eingefordert werden können, es aber zu deren rechtlichen Durchsetzung einer gemeinsamen Instanz bedürfe: den Staat. Wenn es also ein moralisch begründbares Recht auf Leben gebe, dann gäbe es auch ein Recht auf den Staat als Durchsetzungsinstanz.

Dabei erkennt Alexy, dass die Notwendigkeit des Staates in einem eigentümlichen Kontrast zu unserer Erfahrung steht: Aller Erfahrung nach können die Menschenrechte nämlich zugleich „durch nichts so sehr bedroht werden" wie durch den Staat (ebd.: 258). Ein demokratischer Verfassungsstaat sei daher notwendig. Der Doppelcharakter und die „Janusköpfigkeit" des Staates – als Bedrohung wie auch als Garant der Menschenrechte – ist ein altbekanntes menschenrechtspolitisches Thema. „Einerseits ist der Staat der erste und hauptsächliche Verletzer von Menschenrechten und muss deshalb in seiner Herrschaftsausübung Begrenzungen unterworfen sein. Andererseits ist der Staat, insbesondere aufgrund seines Gewaltmonopols, der Garant der Menschenrechte ebenso wie der allgemeinen Rechte in einer Gesellschaft" (Hutter 2003: 11). Auch unter den Bedingungen der „Globalisierung" spricht einiges dafür, „dass die Rolle der Nationalstaaten nicht ausgespielt hat, dass die alte Idee, von den Staaten die menschenrechtlichen Schutz- und Garantiepflichten einzufordern, nicht überholt ist" (Huhle 2008: 118). Demgemäß sind staatliche Menschenrechtspflichten zu stärken.

Allerdings ist die Umsetzung der Menschenrechte nicht nur eine Frage des Wollens, sondern auch des Könnens. Es liegt auf der Hand, dass in Ländern, in denen der Staat zerfällt oder erodiert, es schwierig, wenn nicht gar unmöglich ist, die Menschenrechte auf nationaler Ebene zu schützen. Staatsverfall und -zerfall sind grundlegende Probleme. Sie gehen mit dem teilweisen oder völligen Zusammenbruch staatlicher Autorität einher: Die Kompetenz des Staates, allgemein verbindliche Rechtsnormen und Gesetze zu erlassen und durchzusetzen, steht in Frage, die institutionelle Grundordnung verliert an Geltungskraft und bildet keinen verbindlichen Rahmen mehr für politisches Handeln. Im Extremfall ist die territoriale Integrität des Staatsgebildes bedroht. Besonders problematisch ist die Lage in Staaten, in denen Bürgerkriege herrschen.

Freilich ist zu differenzieren: Nicht jeder Verlust staatlicher Autorität gipfelt im Staatszerfall und im Bürgerkrieg. Oder anders ausgedrückt: Nicht überall herrschen Verhältnisse vor wie in Somalia, das in den 1990er Jahren „als Staat aufgehört hat zu existieren" (Michler 1998: 97) und bis heute als das „Paradebeispiel eines zerfallenen Staates" gilt (Schäferhoff 2011: 118). Nur in wenigen – vor allem afrikanischen – Fällen waren oder sind die Probleme der Staatlichkeit derart prekär, dass der Staat in seinen Grundfesten bedroht ist. Zumeist verbleiben die Probleme der Staatlichkeit unterhalb der Ebene des völligen Staatszerfalls. Traditionell ist dann von „schwachen Staaten" oder in jüngerer Zeit auch von Problemen „prekärer"[623] oder „begrenzter Staatlichkeit"[624] die Rede. Mit letzteren ist gemeint, „dass Staaten nicht in der Lage sind, Recht und Gesetz effektiv zu implementieren und durchzusetzen, weil die staatlichen Institutionen zu schwach sind und/oder weil ihnen das Gewaltmonopol in Teilen des Territoriums abhandengekommen ist."[625] Die meisten Entwicklungs- und viele Schwellenländer weisen Risse zufolge solche „Räume begrenzter Staatlichkeit" auf. Allerdings handelt es sich keineswegs um neue Probleme, weder im Hinblick auf das staatliche Gewaltmonopol noch auf die Funktionsfähigkeit staatlicher Institutionen.

7.1.1 Das staatliche Gewaltmonopol

Der Anspruch auf ein staatliches Gewaltmonopol ist konstitutiv für die Idee des modernen Staates. Während ein solches Monopol in entwickelten demokratischen Rechtsstaaten nahezu als selbstverständlich erachtet wird, muss es in vielen Teilen der Welt erst durchgesetzt werden. Abgesehen davon, dass in einigen Staaten – man denke nur an Afghanistan oder den Sudan – bereits die Idee einer zentralen Staatsgewalt noch nicht gesellschaftspolitisch Fuß gefasst hat und die Prozesse der Staaten- und Nationenbildung noch längst nicht abgeschlossen sind, wird gerade in Entwicklungsländern die Legitimität staatlicher Gewaltanwendung immer wieder in Frage gestellt und es bestehen, latent oder manifest, seit jeher ein hohes Maß an individueller und kollektiver Gewaltbereitschaft und eine Fülle *de facto* rechtsfreier Räume und Gewaltnischen für nicht-staatliche Akteure. Auch unterhalb der Ebene des Bürgerkrieges wird dabei das staatliche Gewaltmo-

623 Statt vieler: Oeter (2008).

624 Vgl. Risse/Lehmkuhl (2007), Beisheim et al. (2011) oder die Website des DFG-Sonderforschungsbereichs „Governance in Räumen begrenzter Staatlichkeit": www.sfb-governance.de (letzter Zugriff: 1. März 2012).

625 So Thomas Risse bei einem Kurzvortrag im Rahmen der Konferenz „Förderung der Menschenrechte durch die Außen- und Entwicklungspolitik" am 24. November 2010 in Berlin, die vom Deutschen Institut für Menschenrechte gemeinsam mit dem Auswärtigen Amt organisiert wurde.

nopol von einer Vielzahl nicht-staatlicher Gewaltformen untergraben, die den Staat bekämpfen, ersetzen, unterminieren, ignorieren oder ergänzen. Häufig überlagern sich Formen der staatlichen Unterdrückungsgewalt, der gegenstaatlichen Aufstandsgewalt, der parastaatlichen oder extra-staatlichen Gewalt, der organisierten mafiösen und der „einfachen" delinquenten Gewaltkriminalität.

Selbst unter den in Entwicklungsländern lange Zeit vorherrschenden repressiven, autoritären Systemen (statt vieler: Nohlen 1987) konnte der Staat nur bedingt das Staatsgebiet kontrollieren. Im Zuge der „dritten Demokratisierungswelle" (Huntington 1991) mussten die neuen Machthaber dann erst mühsam, gegen vielfältige Widerstände, die Kontrolle des Staates erlangen und erhalten. Ein unzureichendes staatliches Gewalt- und Herrschaftsmonopol in den Händen demokratischer Entscheidungsträger erwies sich hierbei als ein Problem nicht nur für die Konsolidierung, sondern auch für die Qualität der Demokratie (Krennerich 2003a, 2003c). Bis heute entziehen „Vetomächte", seien dies nun Militärs, Paramilitärs und Rebellen oder seien dies Großgrundbesitzer und Unternehmer, bestimmte politische Herrschaftsbereiche der Regulierung und Kontrolle durch Gesetzgeber und Regierung. Selbst in gestandenen Demokratien mit solider staatlichen Grundlage gab und gibt es – ganz abgesehen von jenen gesellschaftlichen Freiräumen, in die der demokratisch verfasste Staat aus guten Gründen nicht hineinwirken soll – Bereiche oder Gebiete, in denen der Staat seine Ordnungs- und Regulierungsfunktionen nicht oder nur bedingt auszufüllen vermag.

Immer dort aber, wo die staatliche Kontrolle über das Staatsgebiet und wichtige Politikbereiche eingeschränkt ist, sind die Möglichkeiten begrenzt, menschenrechtliche Staatenpflichten zur Geltung zu bringen. Davon ist letztlich auch die Umsetzung sozialer Menschenrechte betroffen. Dementsprechend sind solche staatliche Kapazitäten zu stärken, die Menschenrechte umzusetzen. Ein fehlendes oder unvollkommenes staatliches Gewaltmonopol zieht also nicht einfach Forderungen nach einem „Mehr" an staatlicher Gewalt nach sich; gefordert ist vielmehr ein „Mehr" an rechtsstaatlich eingefasster und demokratisch kontrollierter Gewalt. Im Sinne Max Webers geht es letztlich um das Monopol der Anwendung *legitimen* physischen Zwangs.

7.1.2 Rechtsstaatlichkeit – unabdingbar für den Schutz sozialer Menschenrechte

Da der Staat selbst die Menschenrechte bedrohen und verletzen kann, sind die Achtung und der Schutz der Menschenrechte auf rechtsstaatlich geschützte Freiräume der Menschen und auf die rechtsstaatliche Fundierung staatlichen Handelns angewiesen. Bei allen sprachlichen und inhaltlichen Varianzen umfasst das Konzept des Rechtsstaates gemeinhin die Verfassungsstaatlichkeit, das Primat des Rechts, die Geltung von Grundrechten, einen wirksamen Rechtsschutz, die richterliche Unabhängigkeit sowie die Gewaltenbalance.[626] So verstanden ist Rechtsstaatlichkeit eng mit einer demokratischen Entwicklung und einem effektiven Menschenrechtsschutz verbunden.

Bezeichnenderweise behindern rechtsstaatliche Defizite in mehr oder minder starkem Maße bis heute die Demokratieentwicklung und die rechtspraktische Geltung der Menschenrechte in vielen Ländern weltweit, nicht zuletzt in jenen Staaten, die in den vergangenen Jahren oder Jahrzehnten politische Transitionen durchliefen. So verwundert es nicht sonderlich, dass die Rechtsstaatlichkeit als einer der grundlegenden Schwachstellen junger Demokratien ausgewiesen wird, zumal jener, die als „defekte" oder „stark defekte" Demokratien klassifiziert werden.[627] Amtsmissbrauch sowie Defizite bei der Gewaltenteilung und der Unabhängigkeit der Justiz stellen vielerorts strukturelle und schwer überwindbare Probleme dar.[628] Als solche sind sie seit Jahren ein wichtiges Thema in der Transitionsforschung und ein wichtiger Reformbereich der Demokratie- und Menschenrechtsförderung.

Auch die Umsetzung der *sozialen* Menschenrechte ist darauf angewiesen, dass entsprechende Rechtsansprüche in den jeweiligen Staaten fixiert sind und rechtspraktische Bedeutung entfalten; dass den Menschen die gesellschaftspolitischen Freiräume gewährt werden, um ihre menschenrechtliche Forderungen öffentlich vorzutragen; dass effektive, gerichtliche oder auch administrative Rechtsbehelfe all jenen zur Verfügung stehen, die in ihren sozialen Menschenrechten verletzt werden; und dass Menschenrechtsverletzungen unterbunden und sanktioniert werden. In vielen Staaten, selbst in den demokratisch regierten, beschränken jedoch rechtsstaatliche Defizite die praktische Geltungskraft und Umsetzung sozialer Menschenrechte, werden Menschen, die sich für soziale Menschenrechte einsetzen, selbst bedroht, „kriminalisiert" und verfolgt und bleiben Verletzungen sozialer Menschenrechte straffrei und ungesühnt. Bereits die prekäre Lage von Verteidiger/innen sozialer Menschenrechte weist in vielen Staaten auf grundlegende rechtsstaatliche Defizite hin. Für das Jahr 2010 stellte der EU-Menschenrechtsbericht die

---

626 Statt vieler: Brunner (1979: 168-178). Eine *„Checklist for evaluation the state of the rule of law in single states"* legte die Venedig-Kommission des Europarates vor; sie umfasst: *legality (supremacy of the law); legal certainty; prohibition of arbitrariness; access to justice before independent and impartial courts; respect for human rights; non-discrimination and equality before the law;* vgl. CDL-AD(2011)003rev, Strasburg, 4. April 2011.

627 Zum Konzept der „defekten Demokratie" siehe: Thiery (2002), Merkel et al. (2003), Merkel (2010), kritisch hierzu: Krennerich (2010a).

628 Vgl. etwa den regelmäßig erscheinenden *Bertelsmann Transformation Index* und die ihm zugrunde liegenden Ländergutachten; abrufbar unter: www.bertelsmann-stiftung.de (letzter Zugriff: 15. September 2012).

Zunahme „besorgniserregender Praktiken“ gegenüber Menschenrechtsverteidigern fest; diese reichen von behördlichen Schikanen über „Schmutzkampagnen“ und willkürliche Verhaftungen bis hin zum Erlass von Regelungen, die die Arbeit zivilgesellschaftlicher Organisationen behindern (Europäische Union 2011: 29).

7.1.3 „Schwache Staaten“ in der Kritik

Insbesondere bei der Umsetzung der staatlichen Schutz- und Gewährleistungspflichten, die mit sozialen Menschenrechten einhergehen und positive Handlungspflichten darstellen, bedarf es handlungsfähiger staatlicher Institutionen. Das Problem schwacher Staaten ist jedoch Entwicklungsexperten nur zu gut bekannt. Ungeachtet gravierender nationaler und regionaler Besonderheiten galt der Staat in der „Dritten Welt“ Kritikern schon früh als *soft state*, unfähig zu kohärentem Handeln und der Umsetzung gemeinwohlorientierter Politiken, instrumentalisiert von Politikern und „Staatsdienern“, die staatliches Handeln unverblümt Partikularinteressen unterordnen. Ein grundlegendes Problem war und ist hierbei, dass der Staat über zu wenig Autonomie gegenüber jenen gesellschaftlichen Clans, Cliquen, Gruppen oder Klassen verfügt(e), die ihrerseits die staatlichen Institutionen für ihre Zwecke instrumentalisierten. Just an diesem Punkt setzt auch die Neopatrimonialismus-Kritik an, die seit den 1990er Jahren – in unterschiedlichem Maße und in unterschiedlichen Ausprägungen – bezogen auf verschiedene Entwicklungsregionen verstärkt vorgetragen wurde.[629] Besonders in Afrika südlich der Sahara wurde und wird der Staat, ebenso wie gelegentlich die Herrschaftsform, als neopatrimonial gekennzeichnet.[630]

Gerade (aber nicht nur) dort wurde und wird die legal-formale Rationalität eines modernen Staatskonstruktes in vielfacher Hinsicht durch soziale Bindungen und informelle Praktiken überlagert oder gebrochen, die Klientel- und Patronagestrukturen befördern, die das Ansehen und die Macht der „Staatsdiener“ sichern und die in gewissem Maße auch die Erwartungen der nutznießenden Teile der Staatsbürger Genüge tun. Hier wie in manch’ anderer Entwicklungsregion liegen Korruption und Patronage, so betrachtet, nicht etwa nur in einer „Charakterschwäche“ von Eliten begründet; vielmehr handelt es sich um eine weit verbreitete gesellschaftspolitische Praxis, die sich politisch Bahn bricht, weil traditi-

629 Schon zuvor hatte im deutschsprachigen Raum etwa Peter Pawelka (1985) das Neopatrimonialismus-Konzept für die Analyse des politischen Systems Ägyptens verwandt und bekannt gemacht.

630 Zum Konzept des neopatrimonialen Staates bzw. Herrschaftstyps in Afrika siehe bereits: Le Vine (1980), Bratton/van de Walle (1997), Erdmann (2002). Auf Lateinamerika wurde das Konzept hingegen kaum angewandt, obwohl auch dort in vielen Staaten Elemente neopatrimonialer Herrschaft nachweisbar waren und sind; vgl. Bechle (2011).

onell ökonomische und politische Chancen eng miteinander verwoben sind.[631] Zugleich waren und sind die Regierungen vieler Staaten nicht willens oder nicht fähig, die endemische Korruption erfolgreich zu bekämpfen.

Unter solchen Bedingungen ist die Verteilung staatlich verfügbarer Ressourcen fast zwangsläufig partikularistisch, bedient vornehmlich die Herrschaftscliquen sowie ihre Unterstützergruppen und Kooperationspartner. Andere Teile der Bevölkerung werden hingegen unter solchen Bedingungen tendenziell ausgegrenzt und benachteiligt. Eine am „Gemeinwohl" orientierte, gerechte Verteilung bleibt aus. Dabei geht es wohlgemerkt nicht nur um materielle Güter, sondern auch um ungleich verteilte Rechte und Pflichten, Bildungs-, Berufs- und Ausbildungschancen sowie allgemein um Freiheiten und Chancen zur Selbstverwirklichung, die mit den sozialen Menschenrechten verbunden sind. Zugleich geht es auch um gesellschaftliche Anerkennung und Selbstachtung. Aus Sicht der sozialen Menschenrechte lässt sich aber mit einem solchen Staatsverständnis und einer solchen Staatspraxis, salopp ausgedrückt, „kein Staat machen".

Selbst in Lateinamerika, das im Bereich der sozialen Sicherheit traditionell eine Spitzenposition unter den Entwicklungsregionen einnimmt (Fuchs et al. 1987), waren und sind die Gemeinwohlorientierung staatlichen Handelns und die Handlungsfähigkeit staatlicher Institutionen beschränkt. Einige lateinamerikanische „Pioniernationen" (Mesa-Lago 1978) der Sozialpolitik erließen zwar bereits in den ersten Jahrzehnten des 20. Jahrhunderts umfassende Arbeits- und Sozialgesetze und legten groß angelegte Sozialprogramme auf. Zeitweise entwickelten sich in der Region sogar regelrechte sozialpolitische Interventionsstaaten. Gleichwohl erwies sich die Sozialpolitik in Lateinamerika traditionell als ineffizient und blieb die Reichweite sozialer Sicherungssysteme stets begrenzt (vgl. Nohlen/Fernández 1988, Sottoli 1999). Der große und ineffiziente Staat habe sich in Lateinamerika, „stets als Diener partieller Interessen verstanden, manifestiert in der autoritären, patrimonialistischen und klientelistischen Tradition", resümierte Dieter Nohlen (2002: 181) rückblickend. So kam das lange Zeit verfolgte staatszentrierte Politikmodell in der Region immer nur Teilen der Bevölkerung zugute und diente in hohem Maße der Befriedung von Partikularinteressen, und zwar selbst im Kontext der in den 1980er Jahren eingeleiteten (Re-)Demokratisierungsprozesse.

Als dann unter den Bedingungen weltwirtschaftlicher Probleme und der Verschuldungskrise ab den 1980er Jahren in vielen Entwicklungsländern ein neoliberales Krisenmanagement durchgeführt, Staatsausgaben gekürzt und der als aufgebläht und ineffizient erachtete Staatsapparat verkleinert wurde, wurde die staatli-

---

631 Zum „Staat und einigen seiner Zeitgenossen" siehe in diesem Zusammenhang: Schlichte/Wilke (2000).

che Handlungsfähigkeit noch weiter geschwächt. Die „sozialen Kosten" einer solchen Politik waren immens und verschärften zusätzlich den sozialen Problemdruck: zum einen, weil der Staat als Arbeitgeber an Bedeutung verlor, Subventionen strich und Sozialleistungen einschränkte, zum anderen, weil einheimische Produzenten unter den Bedingungen geöffneter Märkte dem internationalen Wettbewerbsdruck oft nicht standhielten. Erst ab Ende der 1980er Jahre wurden verstärkt Maßnahmen der sozialen Abfederung und Flankierung neoliberaler Wirtschaftspolitiken durchgeführt. Indes: Die Verkleinerung des Staatssektors, so stellte der US-amerikanische Wirtschaftsprofessor Francis Fukuyama (2006: 17) fest, war *das* überragende politische Thema noch Ende der 1980er und Anfang der 1990er Jahre, als schließlich auch viele Länder des ehemaligen „Ostblocks", Asiens und Afrikas ihre autoritären Regime abschüttelten. Dem Schutz der sozialen Menschenrechte war dies zunächst abträglich, selbst wenn in der krisenbedingten Ablösung des vormals praktizierten staatszentrierten Entwicklungsstils auch eine – leider nur bedingt genutzte – Chance lag, klientelistische Strukturen und Praktiken zu überwinden oder einzudämmen.

7.1.4 Menschenrechte benötigen „starke Staaten"

Während bis weit in die 1990er Jahre hinein eine rigorose „Verschlankung" des Staates nicht nur in den Transformationsstaaten Osteuropas, sondern auch in Entwicklungsländern eingefordert wurde, setzte sich erst allmählich die Erkenntnis durch, dass es mit dem Abbau des Staates allein nicht getan sei: Es galt auch staatliche Kapazitäten (wieder)aufzubauen und zu stärken, damit der Staat zumindest grundlegende öffentliche Güter und Dienstleistungen bereitstellen und verbindliche Regeln durchsetzen kann, ohne die weder die Marktkräfte noch die politischen und sozialen Entwicklungsanstrengungen greifen können. Zwar soll(te) die Bandbreite staatlicher Aktivitäten begrenzt werden oder bleiben, doch zugleich waren die Durchsetzungs- und Leistungskraft des Staates zu stärken. Mit anderen Worten: Der Staat in Entwicklungsländern sollte zwar nicht (mehr) alles machen, aber das, was er machte, sollte er gut machen – und dies heißt im Sinne des *Good Governance*-Konzeptes: effizient, effektiv, verantwortungsvoll, transparent, partizipativ und gemeinwohlorientiert, rückgebunden an die Bedürfnisse in der Bevölkerung und mitgestaltet durch die Zivilgesellschaft, deren Mitwirkungs- und Teilhaberechte folgerichtig zu stärken sind.

Die Mitwirkung leider vernachlässigend, macht Fukuyama (2006: 23) die Stärke des Staates an der Fähigkeit fest, „eine Politik zu formulieren und auszuführen, Gesetze zu erlassen, effizient und mit einem Minimum an Bürokratie zu verwalten, Amtsmissbrauch, Korruption und Bestechung zu verhindern, ein hohes Maß an Transparenz und Verantwortlichkeit in den Regierungsinstitutionen zu gewährleisten, und, was am wichtigsten ist, die Einhaltung der Gesetze zu erzwingen." In scharfem Kontrast zu einem schlanken, aber starken Staat steht aus dieser Sicht ein ineffektiver Staat, der sich ein breites Spektrum von Aktivitäten vornimmt, die er aber kaum bewältigen kann. Ein solcher Staat findet sich Fukuyama zufolge noch immer und überwiegend in Entwicklungsländern (ebd.: 26), was sicherlich zu diskutieren und vor allem zu differenzieren wäre. Selbst wenn Entwicklungsländer stets „Räume begrenzter Staatlichkeit" aufweisen, so unterscheiden sie sich doch erheblich darin, in welchen Hinsichten und in welchem Maße Staatlichkeit „begrenzt"[632] und die staatliche Leistungsfähigkeit beschnitten ist.

Umstritten war und ist zudem, welche Kernfunktionen der Staat erfüllen soll. Die Weltbank zählte in ihrem viel beachteten 1997er Bericht „Der Staat in einer sich ändernden Welt" die Bereitstellung öffentlicher Güter wie Verteidigung, Recht und Ordnung, Eigentumsrechte, makroökonomische Stabilität, öffentliche Gesundheit, sauberes Wasser sowie den Schutz der Armen und Katastrophenhilfe zu den grundlegendsten Minimalfunktionen eines Staates, auf die sich Länder mit geringer staatlicher Leistungsfähigkeit zunächst konzentrieren sollten (Weltbank 1997: 30 f.).[633] Politikwissenschaftler/innen hierzulande betonten die konkretisierungsbedürftige Trias von Sicherheit, Rechtsstaatlichkeit und Wohlfahrt.[634] Gerade die für die Umsetzung der sozialen Menschenrechte so wichtigen wohlfahrtsstaatlichen Funktionen blieben jedoch stark umstritten. So waren und sind die Vorstellungen, inwieweit der Staat über die Regelung von Sicherheit und Ordnung hinaus in die Lebensverhältnisse der Bürger eingreifen soll, nach Regionen und Ländern sehr verschieden, selbst unter den reichen Industrienationen. Dementsprechend ist der Anspruch an (Wohlfahrts-)Staatlichkeit beispielsweise in den USA weit weniger ausgeprägt als in Westeuropa (vgl. etwa Lock 2001: 203). Dort stehen (nicht nur) die politischen Eliten des Landes auf dem Standpunkt, „dass Staatshandeln zur Wohlfahrt der Bevölkerung nicht dem Geist der Verfassung entspricht – jedenfalls nicht im Sinne einer menschenrechtlichen Verpflichtung" (Zwingel 2011: 161). Selbst in ein und demselben Land sind die Vorstellungen dessen, was der Staat tun oder lassen soll, und die „Staatsbedürftigkeit der Gesellschaft" (Vogel 2007) im Zeitverlauf einem Wandel unterworfen.[635]

---

632 Auf diesen Aspekt weisen auch Risse/Leibfried (2011: 268 f.) hin, wenn sie „Variationen von Staatlichkeiten" und Unterschiede im „Grade der Staatlichkeit" auch unter den Bedingungen „begrenzter Staatlichkeit" geltend machen.

633 Die Bereitstellung von Sozialversicherungen zählte die Weltbank bereits zu den „Funktionen mittlerer Bedeutung", die der Staat gleichwohl, ggf. in Kooperation mit den Märkten und der Gesellschaft, sicher zu stellen habe; vgl. Weltbank (1997: 31).

634 Bendel et al. (2003), Schneckener (2006), Weiss/Schmierer (2007).

635 Siehe etwa die Studien des Bremer Sonderforschungsbereichs „Staatlichkeit im Wandel", abrufbar unter: www.sfb597.uni-bremen.de (letzter Zugriff: 20. März 2012).

In Entwicklungsländern sind zwar nicht unbedingt die Ansprüche an den Staat, wohl aber dessen wohlfahrtsstaatliche Kapazitäten sehr begrenzt. Angesichts gravierender und komplexer entwicklungspolitischer Probleme sowie eingeschränkter wirtschaftlicher Kapazitäten liegt es auf der Hand, dass Entwicklungsländer ihrer Bevölkerung, selbst wenn sie wollten, nicht annähernd dasselbe allgemeine Wohlfahrtsniveau bieten können wie die reichen Staaten des „globalen Nordens". Der Staat kann dies dort weder alleine leisten noch unter Einbeziehung der vielfältigen Akteure, die Bestandteil komplexer Governance-Strukturen auch in Entwicklungsländern sind.[636] Bereits strukturell sind hier also die Möglichkeiten beschnitten, soziale Menschenrechte vollumfänglich zu gewährleisten. Das heißt jedoch nicht, dass Entwicklungsländer nicht verpflichtet wären, soziale Menschenrechte zu achten, zu schützen und mithilfe der verfügbaren oder mobilisierbaren Ressourcen so weit wie möglich zu gewährleisten. Selbst die Regierungen in Entwicklungsländern verfügen über – wenn auch eingeschränkte – politische und finanzielle Spielräume. Auch können sie Regeln setzen, damit sich sowohl die eigenen Verwaltungen an menschenrechtliche Normen halten als auch jene nicht-staatlichen Akteure, die „Governance"-Leistungen (z.B. bei der Wasserversorgung oder im Gesundheitsbereich) erbringen. Weit stärker als in den ausgebauten europäischen Rechts- und Wohlfahrtsstaaten, die inzwischen selbst unter erheblichen Finanzierungsproblemen leiden und Prozesse der Entstaatlichung von Governance-Funktionen durchlaufen, stellen in Entwicklungsländern aber der Mangel an Ressourcen und die Schwäche des Staates große Probleme für die Umsetzung sozialer Menschenrechte dar.

Unter diesen Bedingungen sind die *Priorisierung* öffentlicher Politiken und Ausgaben sowie die *Verteilung* der verfügbaren Ressourcen von ausgesprochen großer menschenrechtlicher Bedeutung. Zugleich ist die Fähigkeit staatlicher Stellen zu stärken, die Bereitstellung menschenrechtsrelevanter Leistungen zu regulieren, zu kontrollieren und sicherzustellen. Damit verbunden ist die Korruptionsbekämpfung, denn anhaltend hohe Korruption beeinträchtigt maßgeblich die Zugangsmöglichkeiten zu Gütern und Dienstleistungen, die für die Umsetzung der sozialen Menschenrechte von grundlegender Bedeutung sind, ob es sich um Gesundheitsleistungen handelt oder um den Zugang zu sauberem Wasser und Sanitärversorgung, um nur zwei Bereiche zu nennen, die *Transparency Internatio-*

636 Zu den verschiedenen Governance-Akteure (auf nationaler/internationaler Ebene) zählt von Beisheim et al. (2011: 15): gouvernementale Akteure (Staat/inter- und supranationale Organisationen); zivilgesellschaftliche Akteure (Verbände, Vereine/transnationale Organisationen); privatwirtschaftliche Akteure (nationale Unternehmen/multinationale Unternehmen); charismatische oder traditionale Akteure (Clanchefs, Dorf-Älteste/„Celebrity Diplomacy").

nal (2006, 2008) eigens untersucht hat.[637] Im Rahmen des Staatenberichtsverfahrens zeigte sich der UN-Ausschuss für wsk-Rechte beispielsweise im Falle Kasachstan besorgt über die dort grassierende Korruption.[638]

7.1.5 Die Fiktion vom perfekten, die Menschenrechte schützenden Staat

Die menschenrechtspolitische Debatte in so manchem etablierten demokratischen, rechtsstaatlichen Wohlfahrtsstaat erweckt den Eindruck, dass Menschenrechte immer nur „anderswo" verletzt werden, in fremden Diktaturen und Unrechtsstaaten, nicht aber „zu Hause". Die Selbstwahrnehmung und das Selbstverständnis davon, dass der eigene Staat die Menschenrechte voll verwirklicht, sind auch hierzulande weit verbreitet. Demgemäß stoßen Menschenrechtsaktivisten immer wieder auf Unverständnis, wenn sie hiesige Missstände als Menschenrechtsprobleme ausweisen. Doch selbst in funktionierenden demokratischen Rechts- und Wohlfahrtsstaaten, die weltweit betrachtet eher die Ausnahme als die Regel sind, werden Menschenrechte missachtet oder verletzt, nicht effektiv geschützt und umgesetzt. Auch in diesen Fällen zeigt sich, um mit Rainer Huhle (2008: 110 f.) zu sprechen, dass der perfekte menschenrechtsschützende Staat bis heute Utopie geblieben ist. Selbst wenn Staaten also nicht als „gescheitert", „schwach", „prekär" oder in ihrer Staatlichkeit „begrenzt" gelten, sondern im besten Sinne des Wortes „starke", funktionierende Staaten sind, gibt es auch dort Bereiche, in denen der Staat nicht willens oder fähig ist, die Menschenrechte effektiv zu schützen und umzusetzen. Die Achtung, der Schutz und die Gewährleistung sowohl der bürgerlich-politischen als auch der wirtschaftlichen, sozialen und kulturellen Menschenrechte sind daher eine Daueraufgabe, die unter den Bedingungen sowohl „begrenzter Staatlichkeit" als auch „konsolidierter Staatlichkeit" fortwährend eingefordert, betrieben und überwacht werden muss.

Eine nach wie vor große politische und gesellschaftliche Herausforderung besteht zudem darin, dass der staatliche Menschenrechtsschutz nicht nur bürgerrechtlich ausgestaltet wird, also nicht nur den eigenen Staatsbürgern (respektive EU-Bürgern) zugutekommt, sondern allen Menschen, die sich auf dem Staatsgebiet aufhalten. Dies ist umso wichtiger in Staaten, die vielfältige Nationalitäten und Ethnien umfassen oder diese infolge von Migrations- und Globalisierungs-

---

637 Im Rahmen der „Weltwasserwoche" 2011 machte die Deutsche Gesellschaft für Technische Zusammenarbeit (GIZ) bezeichnenderweise auf die grassierende Korruption im Wassersektor aufmerksam. „Wasserversorgung: Korruption kostet Menschenleben", 21. August 2011, abrufbar unter: www.giz.de; siehe auch: www.worldwaterweek.org (letzter Zugriff: 15. Oktober 2011).

638 E/C.12/KAZ/CO/1, 21. Mai 2010, Ziff. 11.

prozessen aufnehmen. Während der Rechtsanspruch auf Sozialleistungen historisch eng an die Staatsbürgerschaft gebunden ist, schützen Menschenrechtsabkommen grundsätzlich die sozialen Rechte aller Menschen, die sich auf dem jeweiligen Staatsterritorium befinden. Demgemäß können sich etwa die *Boston Principles on the Economic, Social, and Cultural Rights of Noncitizens* auf einschlägige Menschenrechtsabkommen berufen (vgl. Lewis/Rosenbloom 2011). In der Praxis aber machen die Staaten vielfältige Souveränitätsvorbehalte geltend und gewähren Nicht-Staatsangehörigen oft nicht die gleichen Rechte wie den eigenen Staatsangehörigen. David Weissbrodt (2008: 241) spricht von *„(c)ontinued discriminatory treatment of non-citizens in contravention of relevant international human rights instruments"*. Vor diesem Hintergrund ist fraglich, ob eine „universalistische Ausweitung der bürgerlichen und sozialen Rechte" wirklich gegeben ist und bereits von einer neuen Form der Staatsbürgerschaft, einer „Staatsbürgerschaft des Aufenthaltsortes *(residency)*", kündet (Benhabib 2008: 230). Nach wie vor bedeutsam ist auch die – von Hannah Arendt (1949) so prominent aufgeworfene – Frage, wie angesichts der Staatszentriertheit des Menschenrechtsschutzes Staatenlose ihre Menschenrechte nutzen können.[639]

Weitere offene Herausforderungen bestehen in der umfassenden Anerkennung extraterritorialer Staatenpflichten sowie in der menschenrechtlichen Einhegung und Gestaltung fortschreitender Globalisierungsprozesse, die Menschenrechtsprobleme aufwerfen oder verstärken können, zugleich aber die Handlungsautonomie und Regulierungsfähigkeit der Nationalstaaten in wichtigen Handlungsfeldern beschneiden. Notwendig ist die Herausbildung legitimer und wirksamer Formen von *„Global Governance"*, also von Strukturen des Regierens jenseits des Nationalstaates, „die auf die Entstehung transnationaler Rechtssysteme bis hin zu einer Globalverfassung" zielen (Kreide 2008b: 263) und den Schutz und die Umsetzung auch der sozialen Menschenrechte anstreben und ermöglichen. Im Kontext der Globalisierungskritik wurden auch Forderungen nach „globalen sozialen Rechten" laut, die zwar an den Menschenrechtsgedanken anknüpfen, aber nach der Lesart von Oehrlein (2008: 12) insofern darüber hinausgehen, als „sie sich nicht an eine staatliche oder überstaatliche Organisation richten, um sich Rechte gewähren zu lassen, sondern zu aktiver Aneignung als legitim erkannter Rechte aufrufen".

Unter den genannten Voraussetzungen und Beschränkungen soll nun im Folgenden die staatliche Durch- und Umsetzung sozialer Menschenrechte auf nationaler Ebene näher betrachtet werden.

---

639 Siehe in diesem Zusammenhang z.B. Pérez (2011) über die Rechtlosigkeit von Gazaflüchtlingen in Jordanien.

7.2 Gerichtlicher Menschenrechtsschutz – ein gangbarer Weg?

Aus juristischer Perspektive zeichnet sich das Recht gerade dadurch aus, das es sich auf dem Gerichtsweg durchsetzen lässt. Dabei kommt der rechtssprechenden Gewalt eine wichtige Kontroll- und Korrekturfunktion gegenüber den gesetzgebenden und vollziehenden Gewalten zu. In diesem Sinne wäre zunächst zu prüfen, inwieweit die einzelnen Menschen – als Träger der Menschenrechte – ihre sozialen Rechte nötigenfalls vor nationalen Gerichten geltend machen können. Zwar besteht nicht unbedingt ein völkerrechtlicher Anspruch auf den Zugang zu einem Gericht,[640] doch „wann immer ein Paktrecht nicht ohne einen gewissen Einfluss der Gerichte geltend gemacht werden kann, sind gerichtliche Rechtsbehelfe notwendig."[641]

Abhängig von der nationalen Rechtsordnung kann die Nutzung der Rechte des UN-Sozialpaktes beispielsweise durch die Gerichte auf unterschiedliche Weise gesichert werden: durch die direkte Anwendbarkeit der Menschenrechtsabkommen, durch die Anwendung des nationalen Rechts, in das die Menschenrechtsnormen inkorporiert wurden, sowie durch die völkerrechtskonforme Interpretation des nationalen Rechts. „In den Grenzen angemessener richterlicher Überprüfung", so schreibt der UN-Ausschuss für wsk-Rechte, „sollten Gerichte Vorschriften des Paktes berücksichtigen, um zu gewährleisten, dass das Verhalten des Staates mit seinen Paktverpflichtungen in Übereinstimmung steht. Die Vernachlässigung dieser Pflicht der Gerichte ist mit dem Prinzip der Rechtsstaatlichkeit, das stets die Achtung der Verpflichtungen aus internationalen Menschenrechtsverträgen beinhaltet, unvereinbar."[642]

Trotz einer wachsenden Zahl gegenläufiger Beispiele wird man feststellen müssen, dass nationale Gerichte bislang nur am Rande auf die wsk-Rechte in internationalen Abkommen Bezug nehmen. Dies trifft sowohl für jene Staaten zu, die den UN-Sozialpakt nicht oder nur ungenügend ins nationale Recht inkorporiert oder transformiert haben, als auch für solche Länder, in denen der UN-Sozialpakt Bestandteil des nationalen Rechts ist. Im Rahmen des Berichtsverfahrens beanstandet der UN-Ausschuss für wsk-Rechte daher regelmäßig, dass die Rechte des UN-Sozialpaktes vor nationalen Gerichten nicht (hinreichend) geltend gemacht werden (können). Die Kritik betrifft nicht zuletzt europäische Länder.[643] Auch in

---

640 Vgl. Kälin/Künzli (2008: 205) sowie den Allgemeinen Kommentar Nr. 9 des UN-Ausschusses für wsk-Rechte: CESCR E/C.12/1998/24, Ziff. 9, 3. Dezember 1998.

641 Ebd.; zitiert nach der Übersetzung in: DIMR (2005: 241).

642 Ebd., Ziff. 14; zitiert nach der Übersetzung in: DIMR (2005: 243).

643 Etwa Island (E/C.12/1/Add. 89, 23. Mai 2003, Ziff. 10); Irland (E/C.12/1/Add. 77, 5. Juni 2002, Ziff. 12); Lichtenstein (E/C.12/LIE/CO/1, 9. Juni 2006, Ziff. 9); Luxemburg

der deutschen Rechtsprechung spielen soziale Menschenrechte bislang keine nennenswerte Rolle[644] – selbst wenn Riedel/Söllner (2006: 277) auf einige Gerichtsverfahren verweisen, in denen rechtliche Ansprüche auf Bestimmungen des UN-Sozialpaktes gestützt wurden. Dementsprechend zeigte sich der UN-Ausschuss für wsk-Rechte besorgt darüber, dass die Bestimmungen des UN-Sozialpaktes vor innerstaatlichen Gerichten in Deutschland nicht angewandt werden.[645]

Bleibt zu prüfen, inwieweit nationale Rechtsnormen den materiellen Schutzbereich der wsk-Rechte abdecken, so dass die Menschen – etwa auf Grundlage analoger Verfassungsgarantien oder Gesetzesbestimmungen – gegebenenfalls gerichtlich gegen Menschenrechtsverletzungen vorgehen können. Hier ergibt sich bereits ein sehr differenziertes Bild. Abhängig von der Absicherung sozialrechtlicher Ansprüche in den jeweiligen Staaten bestehen auf nationaler Ebene mehr oder minder große Möglichkeiten, die Achtung, den Schutz und auch die Gewährleistung sozialer Rechte einzuklagen. In Afrika sticht die südafrikanische Verfassung hervor, die entsprechende Gerichtsverfahren zu sozialen Grundrechten ermöglicht. In Lateinamerika waren bisher die Verfassungsgerichte in Kolumbien und Costa Rica vergleichsweise häufig mit sozialen Rechten befasst – und in geringerem Maße auch Gerichte in Argentinien, Bolivien und Brasilien (Schilling-Vacaflor/Barrera 2011: 6). Für Brasilien zählten Hoffmann/Bentes (2008) immerhin noch tausende Gerichtsurteile, die unmittelbar oder mittelbar die verfassungsmäßigen Rechte auf Bildung und vor allem Gesundheit betrafen. In geringerem Umfang lässt sich dies auch für die Rechtsprechung in Indien feststellen: *„In the last two decades, the higher judiciary in India transformed non-justiciable economic and social rights such as basis education, health, food, shelter, speedy trial, privacy, anti-child labor, and equal wages for equal work into legally enforcable rights“* (Shankar/Mehta 2008: 146). Mitunter kommt es sogar zu erfolgreichen Gerichtsverfahren in solchen Ländern, in denen das nationale Recht nur unzureichend die sozialen Menschenrechte garantiert.[646]

(E/C.12/1/Add. 86, 23. Mai 2003, Ziff. 15); Malta (E/C.12/1/Add. 101, 14. Dezember 2004, Ziff. 10); Moldawien (E/C.12/MDA/CO/2, 12. Juli 2011); die Niederlande (E/C.12/NDL/CO/4-5, 19. November 2010, Ziff. 6); Österreich (E/C.12/AUT/CO/3, 25. Januar 2006, Ziff. 8); Schweden (E/C.12/SWE/CO/5, 18. November 2008, Ziff. 13); die Schweiz (E/C.12/CHE/CO/2-3, 26. November 2010, Ziff. 5); die Tschechische Republik (E/C.12/1/Add.76, 5. Juni 2002, Ziff. 8).

644 So auch die Einschätzung des DIMR in einer Presseerklärung vom 4. Mai 2010.

645 E/C.12/DEU/CO/5, 2.-20. Mai 2011, Ziff. 7.

646 So etwa in Botswana zum Recht auf Wasser im Rechtsstreit *Matsipane Mosetlhanyane v. The Attorney-General of Botswana,* Court of Appeal, CALB-074-10; vgl. Dinokopila (2011).

Auf Grundlage einer entwickelten Arbeits- und Sozialgesetzgebung schützen in Deutschland und vielen anderen ausgebauten Wohlfahrtsstaaten die Gerichte effektiv soziale Rechtsansprüche, die der Sache nach mitunter weit über menschenrechtliche Mindeststandards hinausgehen. Allerdings kann das Schutzniveau stellenweise auch darunter liegen. Zudem ist kritisch zu prüfen, wessen Rechte wie geschützt werden. Wirklich die Rechte aller Menschen? Wie steht es beispielsweise um die sozialrechtlichen Ansprüche von Migrant/innen? Deren sozialen Rechte hängen zwar grundsätzlich nicht von der Staatsangehörigkeit, sondern vom rechtmäßigen Aufenthaltstitel ab, der durch das Staatsangehörigkeitsrecht und von einwanderungsrechtlichen Regeln gesteuert wird (vgl. etwa: Kingreen 2010). Doch entsprachen in Deutschland beispielsweise über viele Jahre hinweg die sozialen Rechtsansprüche von Asylsuchenden, die Leistungen nach dem Asylbewerberleistungsgesetz erhielten, bereits nicht mehr jenen von anerkannten Flüchtlingen oder dem Rest der Bevölkerung.

Selbst wenn die rechtlichen und gerichtlichen Voraussetzungen für die Einklagbarkeit sozialer Rechte auf nationaler Ebene bestehen, stellt sich im Hinblick auf die Reichweite des individuellen Rechtsschutzes die weiter führende empirische Frage, wer die Gerichte diesbezüglich anruft und von deren Urteilen profitiert. Angesichts hoher faktischer Zugangshürden zu Gerichten ist es nicht ausgemacht, dass tatsächlich unterprivilegierte Bevölkerungsgruppen in nennenswertem Maße den gerichtlichen Klageweg beschreiten, um Verletzungen ihrer wsk-Rechte geltend zu machen. Ganz unabhängig von der Frage etwaiger Prozesskostenhilfen bleibt ihnen in Ermangelung von Kenntnissen und Ressourcen – ohne weitere Unterstützung – *de facto* möglicherweise der Gerichtsweg versperrt. *„Courts are often inaccessible to ordinary people, who are also not necessarily familiar with the court system"*, schreibt etwa Gawanas (2009: 158). Dies gilt schon gar für Menschen, die in extremer Armut leben, oder auch für Menschen mit Behinderungen, die oft Unterstützung und Assistenz benötigen, um ihre Rechte vor Gericht einklagen zu können (Graumann 2011: 122). Große Probleme haben dem UN-Kinderrechtsausschuss zufolge auch Kinder, „ihre Rechte gerichtlich geltend zu machen und Wiedergutmachung für Rechtsverletzungen zu erhalten."[647]

So besteht gerade, aber nicht nur in Entwicklungsländern die Gefahr, dass der Zugang zu Gerichtsverfahren ein soziales Gefälle aufweist und von sozialen Ausgrenzungen geprägt ist. Die Interamerikanische Menschenrechtskommission hat in einer Studie *„Access to Justice as a Guarantee of Economic, Social, and Cultural Rights"* eigens Standards formuliert, um in prozeduraler Hinsicht den Zugang zu

647 CRC/GC/2002/2, 15. November 2002, Ziff. 5.

Gerichten zu erleichtern (IACHR 2007). In vielen Staaten bieten NGOs inzwischen Rechtsberatungen an, leisten juristischen Beistand und unterstützen vor allem unterprivilegierte Bevölkerungsgruppen dabei, die bestehenden nationalen Rechtsmittel zu nutzen, um Verletzungen der wsk-Rechte zu beanstanden und entsprechende Unterlassungs-, Beseitigungs-, Schutz- und Gewährleistungspflichten einzufordern, einschließlich etwaiger Entschädigungen. Zum Teil treten auch NGOs, wie im bereits genannten Falle der *Treatment Action Campaign* in der Republik Südafrika, selbst als Kläger oder als *amicus curiae* auf. Aktive zivilgesellschaftliche Gruppen und Organisationen können – ebenso wie „aufgeschlossene" Richter/innen – eine wichtige Voraussetzung dafür sein, dass menschenrechtliche Ansprüche vor Gericht geltend gemacht werden.

Inwieweit solche Klagen vor Gericht Erfolg haben, ist dann eine weitere, empirisch zu prüfende Frage. Abhängig von den rechtlichen Grundlagen oder auch der Beschaffenheit der Gerichte unterscheiden sich entsprechende Urteile erheblich. Im schlimmsten Falle schreiben Gerichte sogar soziales Unrecht fort. Bei der Darstellung der jeweiligen wsk-Rechte und der sich daraus ergebenden Staatenpflichten im zweiten Teil des Buches wurden aber immerhin zahlreiche Beispiele genannt, in denen soziale Menschenrechte erfolgreich vor nationalen Gerichten eingeklagt wurden – und zwar nicht nur hinsichtlich ihrer „negativen" Achtungs-, sondern auch hinsichtlich ihrer „positiven" Schutz- und Gewährleistungsdimensionen. Neben dem weithin zitierten *Grootboom*-Fall (Recht auf angemessene Unterkunft) und den nicht minder bekannten *Treatment Action Campaign*-Fällen (Recht auf Gesundheit) hat Jonathan Berger (2008) viele weitere Urteile südafrikanischer Gerichte aufgelistet und dargelegt, die direkt oder indirekt einzelne soziale Rechte betreffen. Im Falle Kolumbiens zeigten David Martínez und Alirio Uribe bereits anhand von Daten aus den 1990er Jahren auf, dass sich das Verfassungsgericht um den Schutz der Rechte auf soziale Sicherheit, Gesundheit und Umwelt bemühte (PIDHHD 2004). Auch Rodolfo Arango (2009) weist darauf hin, dass in Kolumbien tausende Fälle, die wsk-Rechte betrafen, mehrheitlich im Sinne der Kläger entschieden wurden.

Weiterführend stellt sich die Frage, ob entsprechende Gerichtsurteile angemessen umgesetzt werden und welche Auswirkungen sie haben. So ist zunächst nicht ausgemacht, dass die Klägerinnen und Kläger wirklich nachhaltig von positiven Urteilen nutznießen. Die vielzitierte Mrs. Grootboom und ihre Nachbarn beispielsweise, deren erfolgreiche Klage Rechtsgeschichte schrieb, erhielt bis zu ihrem Tode im Jahre 2008 keine angemessene Unterkunft (Riemmer 2010: 38). *„Grootboom is a classic example of delayed – and flawed – implementation, a case of too little, too late"* (Berger 2008: 80). Auch in vielen anderen südafrikanischen Fällen waren und sind Umsetzungsprobleme offenkundig (ebd.: 76 ff.). Für Nigeria zeichnet Odinakalu (2008) ein düsteres Bild einer mangelhaften Umsetzung (teils progressiver) gerichtlicher Urteile. Andererseits können im Idealfall von gerichtlichen Leiturteilen nicht nur die Klägerinnen und Kläger, sondern über den Einzelfall hinaus ganze Bevölkerungsgruppen nutznießen. Trotz aller Umsetzungsprobleme trug in der Republik Südafrika etwa die Rechtsprechung, die direkt oder indirekt das Recht auf Gesundheit betraf, maßgeblich dazu bei, dass die medizinische Versorgung von HIV-infizierten Schwangeren und von AIDS-Kranken verbessert wurde. Susan Harris Riemmer (2010: 36) schätzt, dass durch das Urteil zehntausende Menschenleben gerettet worden seien.

Besonders nachhaltig wirkt die Rechtsprechung dann, wenn die Öffentlichkeit über den Einzelfall hinaus die zugrunde liegende Menschenrechtsproblematik wahrnimmt, wenn Anpassungen von Gesetzen und Verordnungen an menschenrechtlich bedeutsame Schutzstandards vorgenommen werden und wenn die Politik der Regierenden dahin gehend beeinflusst wird, dass staatlicherseits die wsk-Rechte besser geachtet, geschützt und gewährleistet werden. Neben einem Mindestmaß an Rechtsstaatlichkeit setzt dies freilich voraus, dass die gesetzgebenden und vollziehenden Gewalten gewillt sind, gerichtlichen Vorgaben Folge zu leisten, und dass gerichtlich induzierte politische Reformen auch von zivilgesellschaftlicher Seite effektiv eingefordert und unterstützt werden. Die Erfahrungen sind hier zwischen den Staaten, aber auch innerhalb einzelner Länder sehr „durchsetzt". Immerhin: *„Even in countries in which the courts are weak and social and economic (SE) rights litigation is rare, judicial enforcement is already part of the imaginary of social activists, awaiting only the right conditions to make its presence felt"*, resümieren Brinks/Gauri (2010: 303).

7.3 Gerichtliche Einklagbarkeit und politische Einforderbarkeit

So wichtig es ist, dass Rechtsverletzungen vor Gericht eingeklagt werden und der Gerichtsweg beschritten werden kann, werden bislang Menschenrechte vor allem auf politischem Weg zur Geltung gebracht. Dies liegt nicht nur darin begründet, dass im Falle der sozialen Menschenrechte der Gerichtsweg mitunter noch verschlossen oder schwer begehbar ist, sondern auch darin, dass Gerichtsverfahren vorrangig dem individuellen Rechtsschutz dienen. Bei aller Bedeutung einflussreicher gerichtlicher Leiturteile werden grundlegende, strukturelle Reformen, die darauf abzielen, die sozialen Menschenrechte besser und umfassender zu achten, zu schützen und zu gewährleisten, vor allem gesellschaftspolitisch erstritten und auf politischem Wege umgesetzt, geht es hier doch vor allem um Macht, Verteilungsfragen und im Idealfall um politische Einsicht. So hat beispielsweise die ugandische Regierung – auch ohne verfassungsrechtliche Vorgaben und Gerichtsurteile – früher als die südafrikanische Regierung HIV/AIDS-Patienten den kostenlosen Zugang zu HIV/AIDS-Medikamenten gewährt und überdies noch eine wirksame Präventionspolitik betrieben. Aus völkerrechtlicher Sicht verfügen die Staaten über weite politische Ermessens- und Gestaltungsspielräume, wie sie ihre staatlichen Schutz- und Gewährleistungspflichten umsetzen, die sich aus den sozialen Menschenrechten ergeben. Auch ist es ihnen weitgehend überlassen, wie sie über ihre menschenrechtlichen Pflichten hinaus die Menschenrechte fördern. Die Umsetzung und Förderung der sozialen Menschenrechte obliegt also vornehmlich den legislativen und exekutiven Organen der öffentlichen Hand, obgleich Gerichtsentscheidungen einen wichtigen Beitrag zur Implementierung leisten können (vgl. Suárez Franco 2010: 49).

Die *gerichtliche Einklagbarkeit* und die *politische Einforderbarkeit* sind gleichwohl eng miteinander verbunden. Politische Forderungen, Menschenrechte umzusetzen, gewinnen ihre Legitimität und ihre Schubkraft gerade dadurch, dass die Menschenrechte im Völkerrecht verankert sind. Verstärkt wird dieser Effekt, wenn sich soziale Menschenrechte auch gerichtlich einklagen lassen und sich diesbezüglich eine Rechtsprechung etabliert hat, welche die Justiziabilität dieser Rechte anerkennt. Der zivilgesellschaftliche und politische Einsatz für die sozialen Menschenrechte lebt also von Vorstellung, dass die entsprechenden politischen Forderungen sowohl in „objektiven" völkerrechtlichen Staatenpflichten als auch in „subjektiven" individuellen Rechtsansprüchen begründet liegen und dass diese sich nötigenfalls auch vor Gerichten oder internationalen Beschwerdeverfahren einfordern lassen (sollten), selbst wenn dies dann tatsächlich vergleichsweise selten geschieht. Menschenrechte verleihen letztlich gesellschaftspolitischen Forderungen große Legitimität und bieten als solche wichtige Bezugspunkte und wertvolle Argumentationshilfen im politischen Streit um berechtigte oder überzogene Ansprüche und Anrechte.

7.4 Staatliche Menschenrechtspolitik – die Politik ist am Zug

7.4.1 Was ist staatliche Menschenrechtspolitik und wer betreibt sie?

Was umfasst aber genau staatliche Menschenrechtspolitik? An anderer Stelle habe ich einen sehr allgemeinen Definitionsversuch unternommen (Krennerich 2010b). Demnach lässt sich unter staatlicher Menschenrechtspolitik die Gesamtheit der normativ-institutionellen, prozessualen und inhaltlichen Aspekte nationalen und internationalen politischen Handelns staatlicher Organe verstehen, das auf die Ausgestaltung und Umsetzung völkerrechtlich verankerter Menschenrechtsnormen in ihrer Eigenschaft als universelle Freiheits-, Gleichheits- und Solidarrechte abzielt.

Staatliche Menschenrechtspolitik umfasst dabei alle drei Politikdimensionen, die im angelsächsischen Sprachraum mit den Begriffen *polity*, *politics* und *policy* semantisch unterschieden werden, aber in der Praxis ineinandergreifen: die rechtlich-institutionellen Grundlagen politischen Handelns im Allgemeinen und der Menschenrechtspolitik im Besondern *(polity)*, den oft konfliktreichen Prozess politischer Willensbildung und Entscheidungsfindung, also die Gestaltung staatlicher Menschenrechtspolitik, an der eine Vielzahl an Akteuren mitwirkt *(politics)*, sowie die politischen Inhalte, beispielsweise gesetzgeberische, administrative oder andere Maßnahmen, die dem Schutz und der Förderung der Menschenrechte dienen *(policy)*. Zugleich ergeben sich aus den strukturellen Merkmalen universeller Menschenrechte, namentlich aus ihrem freiheitlichen, egalitären und solidarisch-inklusiven Charakter, selbst normative Vorgaben für die Ausgestaltung der Menschenrechtspolitik in rechtlich-institutioneller, prozessualer und inhaltlicher Hinsicht. Die Freiheit beschränkende, partikularistische, diskriminierende und ausgrenzende Normen, Praktiken und Maßnahmen lassen sich mit den normativen Ansprüchen an eine Menschenrechtspolitik nicht in Einklang bringen.

Staatliche Menschenrechtspolitik kann dabei unterschiedlich anspruchsvoll formuliert und unterschiedlich „breit“ aufgestellt sein. Sie kann nur das Nötigste tun, um staatliche Menschenrechtsverpflichtungen umzusetzen, oder aber bemüht sein, die Staatenpflichten so umfassend wie möglich zu erfüllen und über die eigenen Pflichten hinaus die Menschenrechte hierzulande und andernorts aktiv zu fördern. Sie kann sich als spezialisierter Politikbereich zur Förderung der Menschenrechte verstehen und/oder als Querschnittspolitik fungieren, die darauf ausgerichtet ist, menschenrechtliche Normen und Prinzipien in den verschiedenen außen- und innenpolitischen Politikbereichen zur Geltung zu bringen. Sie kann hinter verschlossen Türen und über die Köpfe der Betroffenen hinweg formuliert werden oder aber transparent und partizipativ ausgestaltet werden und auf eine lebendige „Kultur der Menschenrechte“ hinwirken, in der die Menschen menschenrechtliche Ansprüche eigenständig formulieren und einfordern können, in der es ihnen möglich ist, menschenrechtsrelevante Entscheidungen mitzugestalten und ihre Umsetzung zu überprüfen. Zugleich kann die staatliche Menschenrechtspolitik unterschiedlich stark institutionalisiert sein. So können der Schutz und die Förderung der Menschenrechte, denen die allgemeinen gesetzgebenden, vollziehenden und rechtsprechenden Gewalten verpflichtet sind, mithilfe besonderer Menschenrechtsorgane verstärkt werden.

In Deutschland wurde beispielsweise ab den 1990er Jahren die staatliche Menschenrechtspolitik zusehends institutionalisiert: Neue Institutionen in Regierung und Parlament – wie der Menschenrechtsbeauftragte im Auswärtigen Amt (seit 1998) oder der Bundestagsausschuss für Menschenrechte und Humanitäre Hilfe (als eigenständiger Vollausschuss seit 1998) – wurden geschaffen. Auf Wunsch des Bundestages legten die Bundesregierungen seit den 1990er Jahren in (mehr oder minder) regelmäßigen Abständen mittlerweile sehr umfassende Menschenrechtsberichte über ihre sich thematisch ausweitende Menschenrechtspolitik vor. Zugleich nutzte der Deutsche Bundestag, gewissermaßen als Juniorpartner staatlicher Menschenrechtspolitik, verstärkt seine Gestaltungs- und Kontrollrechte in menschenrechtspolitischen Belangen und entwickelte teils eigenständige Initiativen des Menschenrechtsschutzes, auch im Bereich der sozialen Menschenrechte. Mit der thematischen Ausweitung der Menschenrechtspolitik wurde das Politikfeld allerdings auch disperser und hinsichtlich der staatlichen Akteure und Maßnahmen heterogener. Zu Beginn der 1990er Jahre noch eine weitgehende Domäne der Außen- und Entwicklungspolitik, entwickelte sich die staatliche Menschenrechtspolitik in Deutschland ab 1998 offiziell zu einer Querschnittsaufgabe, die eine wachsende Zahl staatlicher Akteure aus unterschiedlichen Politikfeldern einbindet. Die mangelnde Kohärenz der Menschenrechtspolitik und die unzureichende Abstimmung zwischen verschiedenen Ressorts war und ist dabei ein zentraler Kritikpunkt seitens nicht-staatlicher Menschenrechts- und Entwicklungsorganisationen im *Forum Menschenrechte.* Von großer Bedeutung war schließlich im Jahre 2001 die Gründung des Deutschen Instituts für Menschenrechte (DIMR), also der „Nationalen Menschenrechtsinstitution" in Deutschland.

7.4.2 Die wachsende Bedeutung der Nationalen Menschenrechtsinstitutionen

Nicht nur in Deutschland, sondern auch in vielen anderen Ländern seien unter den *speziellen* menschenrechtlichen Institutionen auf nationaler Ebene die *National Human Rights Institutions* (NHRIs) hervorgehoben, die in den vergangenen Jahren weltweit erheblich an Bedeutung gewonnen haben und zu den „bemerkenswertesten jüngeren Entwicklungen beim Ausbau menschenrechtlicher Schutzinstrumente gehören" (Bielefeldt 2011c: 135). Bereits die Weltmenschenrechtskonferenz von 1993 empfahl den Staaten, NHRIs einzurichten, da diese einen wichtigen Beitrag zur nationalen Umsetzung von Menschenrechten leisten könnten. Dabei kann es sich um Ausschüsse, Institute, Kommissionen oder Ombudsstellen handeln.[648] Orientierungs- und Beurteilungsmaßstab ihres Wirkens sind die – rechtlich unverbindlichen, aber weithin anerkannten – „Pariser Prinzipien", welche die UN-Vollversammlung am 20. Dezember 1993 verabschiedete.[649] Sie sehen u.a. vor, dass NHRIs über eine eigenständige gesetzliche Grundlage verfügen, unabhängig agieren und ein klar umrissenes, möglichst umfassendes

648 Vgl. Aichele (2003, 2004, 2006), Kjaerum (2003), Murray (2007), Weissbrodt (2009), Bielefeldt (2011c).

649 GA-Res. 48/134, 20. Dezember 1993; A/RES/48/134, 4. März 1994.

Mandat zum Schutz und zur Förderung der Menschenrechte im gesamten Staatsgebiet aufweisen.

Im Sinne der in den Pariser Prinzipien genannten Aufgaben beraten NHRIs ihre Regierungen beim Schutz und bei der Förderung von Menschenrechten, beobachten Regierungs- und Verwaltungshandeln, untersuchen Menschenrechtsverletzungen und Menschenrechtsthemen, verbreiten Informationen, fördern das Menschenrechtsbewusstsein und betreiben Menschenrechtsbildung und Öffentlichkeitsarbeit. Mitunter können sie auch Beschwerden aus der Bevölkerung behandeln. Zu diesem Zweck müssen sie befugt sein, von sich aus Fragen des Menschenrechtsschutzes aufzugreifen, sich frei zu Menschenrechtsthemen zu äußern und bei ihren Nachforschungen Auskünfte von staatlichen Stellen zu verlangen. Rechtsverbindliche Entscheidungen dürfen sie jedoch gemeinhin nicht treffen.

Die Pariser Prinzipien bilden zugleich die Grundlage für die Akkreditierung nationaler Stellen als unabhängig agierende „Nationale Menschenrechtsinstitutionen" durch ein Internationales Koordinationskomitee, das aus gewählten Vertreter/innen nationaler Menschenrechtsinstitute besteht.[650] Die Einstufung als *„compliant"* (Kategorie A), *„not fully compliant"* (Kategorie B, Beobachterstatus) oder *„non-compliant"* (Kategorie C) mit den Pariser Prinzipien wirkt sich auf das nationale und internationale *standing* der Institution aus. Die Mitwirkungsmöglichkeiten in internationalen Menschenrechtsgremien sind an den A-Status geknüpft. Im Mai 2012 verfügten 69 NHRIs weltweit über einen A-Status, 22 NHRIs über einen B-Status und 10 Institutionen über einen C-Status. Das Deutsche Menschenrechtsinstitut fällt seit 2003 in die Kategorie A; allerdings ist der Status dadurch gefährdet, dass das Institut über keine eigenständige gesetzliche Grundlage verfügt.

Nicht immer arbeiten NHRIs hinreichend unabhängig und effektiv oder verfügen über umfassende und wirkungsvolle Mandate, nicht einmal innerhalb der Europäischen Union.[651] Mitunter mangelt es auch an tatkräftiger politischer Unterstützung. Dementsprechend verfügen NHRIs nicht unbedingt über das Mandat, die Kompetenzen und die Ressourcen, um sich der wsk-Rechten anzunehmen, wie der UN-Ausschuss für wsk-Rechte etwa im Falle der Philippinen oder auch Australiens bemängelte, um nur zwei beliebige Beispiele mit A-Status herauszugreifen.[652] Dabei rief der UN-Ausschuss für wsk-Rechte in seinem Allge-

---

650 Weiterführende Informationen unter: nhri.ohchr.org (letzter Zugriff: 15. September 2012).

651 Vgl. Aichele (2004), ICHRP (2004), de Beco (2007), FRA (2010b).

652 E/C.12/PHL/CO/4, 24. November 2008, Ziff. 13; E/C.12/AUS/CO/4, 12. Juni 2009, Ziff. 13.

meinen Kommentar Nr. 10 zur „Rolle der nationalen Menschenrechtsinstitutionen beim Schutz der wirtschaftlichen, sozialen und kulturellen Rechte" die Vertragsstaaten auf zu gewährleisten, dass die Mandate der NHRI den wsk-Rechten angemessene Aufmerksamkeit schenken.[653] Auch nach Auffassung des UN-Kinderrechtsausschuss soll der Aufgabenbereich von NHRIs umfassend sein und die bürgerlichen, politischen, wirtschaftlichen, sozialen und kulturellen Menschenrechte schützen.[654] Auf die Bedeutung der Nationalen Menschenrechtsinstitute für den Schutz der wsk-Rechte wiesen ebenfalls das OHCHR (2005) sowie Expert/innen hin, welche die Performanz und Legitimität der Nationalen Menschenrechtsinstitutionen untersuchten (z.B. Tigerstrom 2001, ICHRP 2005). Die südafrikanische oder auch die indische Menschenrechtskommission nahmen sich beispielsweise schon früh der wsk-Rechte an (Kjaerum 2003: 13). Ähnliches gilt für die kolumbianische *Defensoría del Pueblo*, die zugleich fundierte Studien zu den Rechten auf Bildung, Gesundheit, Arbeit, Wasser und Ernährung veröffentlichte.[655] Ugandas Menschenrechtskommission forderte sogar, dem Schutz und der Förderung der wsk-Rechte Priorität einzuräumen.[656] Auch das *Deutsche Institut für Menschenrechte* hat sich der sozialen Menschenrechte auf engagierte Weise und kompetent angenommen und dient seit 2009 zudem als nationale Monitoring-Stelle für die UN-Behindertenrechtskonvention.[657]

Potenziell stellen also Nationale Menschenrechtsinstitutionen „Grundsteine starker innerstaatlicher Rechtsschutzsysteme" (Haász 2011) auch im Bereich der wsk-Rechte dar. Ihre Bedeutung für den sozialen Menschenrechtsschutz wird in den nächsten Jahren in dem Maße wachsen, wie NHRIs ein Bewusstsein und Verständnis für wsk-Rechte schaffen, Probleme und Fortschritte bei der Umsetzung sozialer Menschenrechte benennen, zivilgesellschaftliche Impulse aufgreifen und öffentlich thematisieren, Gesprächsforen zwischen staatlichen und nichtstaatlichen Akteuren ermöglichen und konkrete Handlungsempfehlungen aussprechen. NHRIs können zu einer *„domestication"* (Carver 2010) internationaler Menschenrechte beitragen, indem sie internationale Verpflichtungen, Interpretationsvorgaben und Empfehlungen aufgreifen und unter den jeweiligen Bedingungen vor Ort in den nationalen Kontext einspeisen und „übersetzen". Umgekehrt können von NHRIs auch kräftige Impulse auf den internationalen Men-

653 CESCR E/C.12/1998/25, 14. Dezember 1998, Ziff. 4.

654 CRC/GC/2002, 15. November 2002, Ziff. 8.

655 Góngora Mera (2003), Parra Vera (2003), Higuera (2005, 2005a), Gómez Méndez (2006).

656 Vgl. NANHRI Rights Review. Promoting Human Rights in Africa, Vol. 3, 2011.

657 Weiterführende Informationen unter: www.institut-fuer-menschenrechte.de (letzter Zugriff: 15. September 2012).

schenrechtsschutz ausgehen. Letztlich handelt es sich um ein wechselseitiges Wirkungsverhältnis.

7.4.3 Die Vielfalt staatlicher Menschenrechtspolitiken

Insgesamt unterscheiden sich Nationalstaaten ganz erheblich danach, inwieweit sie die Menschenrechte achten und eine aktive, institutionalisierte Politik zum Schutz und zur Förderung sowohl der bürgerlich-politischen als auch der wirtschaftlichen, sozialen und kulturellen Menschenrechte betreiben. Wie im ersten Teil der vorliegenden Studie dargelegt wurde, bestehen bereits bei der Eingliederung bzw. Transformation sozialer Menschenrechte ins nationale Recht ganz erhebliche Unterschiede zwischen den Staaten. Noch größer sind die Unterschiede in der rechtlichen und der politischen Umsetzungspraxis. Um die Länderprofile zu erfassen sind die allseits beliebten, im Detail aber wenig aussagekräftigen *Länderrankings* und *Menschenrechtsindizes* nur bedingt tauglich, zumal die gängigen Indizes, wie etwa der *Freedom House Index*, der *Political Terror Scale* oder selbst der *CIRI-Index* die sozialen Menschenrechte nicht oder kaum erfassen.[658] Ein *etablierter*, umfassender Menschenrechtsindex, der bürgerlich, politische, wirtschaftliche, soziale und kulturelle Menschenrechte abdeckt, steht also erst gar nicht zur Verfügung (Holland 2008).

Konzeptionelle Anforderungen an einen solchen Index wären: ein eindeutiger Bezug zum normativen Gehalt der jeweiligen sozialen Menschenrechte; die Berücksichtigung übergreifender Menschenrechtsprinzipien (Nicht-Diskriminierung, Partizipation etc.); die Messung sowohl der Nutzung der Menschenrechte durch die Rechteinhaber als auch der Anstrengungen der Pflichtenträger, die Menschenrechte zu achten, zu schützen und zu gewährleisten. Solchen Kriterien folgt beispielsweise der konzeptionelle Entwurf des UN-Hochkommissariats für Menschenrechte, der Indikatoren für die Überwachung der Einhaltung internationaler Menschenrechtsabkommen benennt. Hierbei werden für die jeweiligen, auch sozialen Menschenrechte einige charakteristischer Merkmale abgeleitet, dann werden Struktur-, Prozess- und Ergebnisindikatoren für die ausgewählten Merkmale des jeweiligen Menschenrechts erstellt. Auf dieser Grundlage erfolgt schließlich die Bewertung der Schritte, welche die Vertragsstaaten zur Erfüllung ihrer Verpflichtungen unternommen haben.[659] Allerdings werden diese Indikato-

---

658 Vgl. zu diesen Indizes: Würth (2006), Krennerich (2009: 64 ff.) sowie Landmann/Carvalho (2010: 64 ff.).

659 Vgl. Vereinte Nationen, Internationale Menschenrechtsübereinkünfte: Bericht über Indikatoren für die Überwachung der Einhaltung der internationalen Menschenrechtsübereinkünfte, HRI/MC/2006/7 vom 11. Mai 2006; United Nations, International

ren nicht systematisch, geschweige denn flächendeckend angewandt und überprüft.

Folglich bleibt abzuwarten, welche Ergebnisse die voranschreitenden Bemühungen um Indikatorenbildung hervorbringen und inwieweit diese dann angewendet werden. Weitere (Vor-) Arbeiten gibt es sowohl auf Interamerikanischer Ebene (IACHR 2008) als auch an Universitäten und durch NGOs. Hier wären etwa das von Eibe Riedel initiierte Projekt IBSA *(Indicators, Benchmarking, Scoping, and Assessment)* oder auch die Arbeiten von Eitan Felner (2008, 2009) zu nennen. Solche quantitativen Erhebungen können insbesondere bei der Prüfung einer *fortschreitenden* Umsetzung der wsk-Rechte hilfreich sein und qualitative Informationen ergänzen. Sie ersetzen allerdings weder die Analyse der konkreten Menschenrechtspolitik der jeweiligen Staaten noch das Studium der zahlreichen Berichte, Stellungnahmen und Empfehlungen von nicht-staatlichen Organisationen und internationalen Überwachungsorganen zur Menschenrechtslage und Menschenrechtspolitik. Da fast alle UN-Menschenrechtsabkommen ein Berichtsverfahren vorsehen, besteht bereits innerhalb des UN-Menschenrechtsregimes eine Fülle an Informationen zu den jeweiligen Ländern, die auf der Homepage des UN-Hochkommissariats für Menschenrechte auch länderspezifisch abgerufen werden kann. Eine kurze Zusammenfassung entsprechender Empfehlungen der verschiedenen Menschenrechtsvertragsorgane speist das UN-Hochkommissariat für Menschenrechte in das gut dokumentierte *Universal Periodic Review*-Verfahren im UN-Menschenrechtsrat ein, das später noch behandelt wird.

Im Folgenden sei kurz auf die Menschenrechtspolitik der Bundesregierung eingegangen, selbst wenn die sozialen Problemlagen in Deutschland nicht annähernd dieselbe menschenrechtliche Brisanz aufweisen wie etwa in jenen Entwicklungsländern, in denen die Bundesregierung ihrerseits aktiv die wsk-Rechte fördert. Inwieweit nimmt sich also die Bundesregierung der sozialen Menschenrechte im eigenen Land an?

7.5 Sozialpolitik und soziale Menschenrechte in der Bundesrepublik Deutschland

Wer sich mit der Umsetzung sozialer Rechte in der Bundesrepublik Deutschland beschäftigt, befasst sich zu einem guten Teil mit Sozialpolitik. Auffälligerweise nimmt jedoch die umfassende Literatur zur Sozialpolitik und zur vergleichenden Entwicklung von Wohlfahrtsstaaten auf soziale Menschenrechte nicht oder nur

Human Rights Instruments: Report on Indicators for Promotion and Monitoring the Implementation of Human Rights, HRI/MC/2008/3* vom 6. Juni 2008.

äußert selten Bezug. Nicht nur in der Bundesrepublik Deutschland wird die Sozialpolitik vornehmlich im nationalen Rahmen diskutiert (vgl. Kaufmann 2003: 40) – und nicht unter dem Blickwinkel der Verwirklichung sozialer *Menschenrechte* betrachtet. Gleichwohl sind die Arbeits- und Sozialpolitik äußerst wichtige Politikfelder für die Umsetzung sozialer Menschenrechte auf nationaler Ebene. Dies rechtfertigt einen Abriss der Sozialpolitik der Bundesrepublik Deutschland, an deren Ende dann festgehalten wird, inwieweit sozialpolitische Maßnahmen inzwischen auch Teil der offiziellen Menschenrechtspolitik der Bundesregierung sind.

7.5.1 Soziale Problemlagen als Ausgangspolitik nationaler Sozialpolitik

Wie eingangs der Studie erwähnt wurde, waren die miserablen Arbeits- und Lebensbedingungen insbesondere der wachsenden Industriearbeiterschaft im ausgehenden 19. Jahrhundert der Ausgangspunkt für die Einführung, Entwicklung und Ausgestaltung der modernen staatlichen Sozialpolitik, auch in Deutschland.[660] Angesichts der damaligen Missstände war der sozialpolitische Bedarf – zumindest aus heutiger Sicht – offenkundig: schwere Kinderarbeit, überlange Arbeitszeiten, unzureichende und unregelmäßige Lohnzahlungen, willkürliche Behandlungen und Kündigungen durch Arbeitgeber, gesundheitsschädigende Arbeits- und Wohnbedingungen sowie mangelnde Bildungsmöglichkeiten und schlechte Gesundheitsversorgung prägten die Lage vieler arbeitender Menschen und ihrer Familien, die sich oft in einem Zustand prekärer wirtschaftlicher Abhängigkeit befanden und die in kaum vorstellbaren Wohnelend lebten. Bei zeitweiligem oder dauerhaftem Einkommensausfall durch schwere Krankheit, Unfälle, Verwitwung, Arbeitslosigkeit und Alter gerieten weite Kreise der Bevölkerung in Existenz bedrohende Not. Aus heutiger, menschenrechtlicher Sicht sind hier also Probleme beschrieben, die aufs Engste mit sozialen Menschenrechten, etwa den Rechten auf Arbeit und gerechte Arbeitsbedingungen, soziale Sicherheit, Gesundheit, angemessene Unterkunft oder den Schutz von Familien, Kindern und alten Menschen, verbunden sind.

Rückwirkend betrachtet, war es damals dringend geboten, gesundheits- und entwicklungsgefährdende Arbeitsbedingungen, nicht zuletzt für Kinder, Jugendliche und Frauen, abzuschaffen, Unfall- und Gesundheitsgefahren zu verringern, regelmäßige und ausreichende Lohnzahlungen sicherzustellen und die bereits genannten Risiken gegen die Wechselfälle des Lebens abzusichern. Des Weiteren ging es um die Schaffung von Arbeits- und Betriebsverfassungen zum Schutz der Arbeitnehmerinteressen, aber auch um die Bekämpfung des Wohnelends und

660 Vgl. Gladen (1974), Alber (1982), Ritter (1991), Frerich/Frey (1996), Stolleis (2003), Pilz (2004), Schmidt (2005), Lampert/Althammer (2007), Schmidt et al. (2007).

allgemein um die soziale und politische Integration der Arbeiterschaft in den Staat. Und tatsächlich wurden in Deutschland im späten 19. und frühen 20. Jahrhundert zahlreiche sozialpolitische Gesetze und Verordnungen erlassen, welche diese Probleme angingen.

Sozialpolitischer Bedarf in historischer Perspektive	
Bereiche	Historische Missstände
Arbeitnehmerschutz	Kinderarbeit, überlange Arbeitszeiten, Gesundheit gefährdende Arbeitsbedingungen, unzureichende Entlohnung, unregelmäßige Lohnzahlungen, willkürliche Kündigungen
Arbeitsmarktpolitik	Arbeitslosigkeit, fehlendes Arbeitseinkommen für Nicht-Selbständige
Mitbestimmung	Verletzung bzw. Nicht-Berücksichtigung von Arbeitnehmerinteressen bei betrieblichen und überbetrieblichen Entscheidungen
Soziale Sicherung	Existenzbedrohende Risiken, die mit Krankheit, Tod (Verwitwung, Verwaisung), Unfall, Alter und Arbeitslosigkeit einhergehen
Soziale Mindestsicherung	Armut und Versorgungsnotlagen
Wohnungspolitik	Wohnungsmangel, Raumnot, unzureichende sanitäre und hygienische Wohnbedingungen
Familienpolitik	Unzureichender Schutz der Familie und mangelhafte Versorgung, Betreuung und Erziehung der Kinder
Jugendhilfe	Beeinträchtigungen der Erziehungs-, Bildungs- und Entfaltungsmöglichkeiten von Kindern und Jugendlichen
Altenhilfe	Unzureichende Versorgung und Pflege alter Menschen
Mittelstandsorientierte Sozialpolitik	Unzureichender Schutz selbstständig Tätiger
Vermögenspolitik	Krasse Vermögensungleichheit
Anmerkung: eigene Zusammenstellung in Anlehnung an Lampert/Althammer (2007)	

Auch in späteren historischen Phasen war die Notwendigkeit sozialpolitischen Handelns offenkundig: Dazu gehören in Deutschland die Folgen des Ersten Weltkrieges sowie die wirtschaftlichen Krisenjahre der Weimarer Republik, die mit einer wachsenden Not der arbeitslosen Menschen einhergingen und die damals rasch expandierenden Sozialsysteme überlasteten. Später produzierte das Nazi-Regime durch Verfolgung, Vernichtung und Krieg massenhaft soziales Elend und hinterließ nach dem Zweiten Weltkrieg eine gewaltige soziale Problemlast: Nahrungsmittel, Wohnraum und Kleidung fehlten, Krankheiten kursierten und Millionen Flüchtlinge, Vertriebene, Witwen, Waisen, Invalide, Zwangsarbeiter und durch den Krieg verarmte Menschen mussten versorgt und in die zusammengebrochene Gesellschaft und Wirtschaft integriert werden. Demgemäß waren die Behebung der Kriegsfolgen und dringlicher sozialer Notlagen sowie die Wiedererrichtung und der Ausbau der sozialen Sicherungssysteme wichtige Bestandteile der Sozialpolitik, die schon in der ersten Legislaturperiode der Bundesrepublik Deutschland von einer regen Sozialgesetzgebung geprägt war. In der heutigen Menschenrechtsterminologie könnte man – zugegeben anachronistisch – sagen, dass die bundesdeutschen Regierungen trotz Ressourcenmangels damals ihren Gewährleistungspflichten engagiert nachkamen.

Der Ausbau zum „Wohlfahrtsstaat für alle" erfolgte dann hierzulande ab Mitte der 1950er Jahre unter den Bedingungen des als „Wirtschaftswunder" apostrophierten ökonomischen Wachstums. Bis in die 1970er Jahre hinein wurde der Sozialstaat, getragen von einem breiten Konsens der Volksparteien, ausgebaut und das soziale Netz so sehr verdichtet, dass es selbst dann noch von neoliberalen Kritikern als „soziale Hängematte" verpönt wurde, als unter dem Eindruck wirtschaftlicher Probleme einzelne Sozialleistungen ab den 1980er Jahren abgebaut wurden, um die Finanzierung der Sozialsysteme sicher zu stellen. Einen weiteren Expansionsschub gab es dann zwischenzeitlich durch den Sonderfall der deutschen Vereinigung (1990), der einen besonderen sozialpolitischen Handlungsbedarf hervorbrachte, etwa in Gestalt der Übertragung des westdeutschen Sicherungsnetzes auf die neuen Bundesländer, der Anhebung ostdeutscher Sozialrenten und einer massiven Arbeitsmarktpolitik im Osten (vgl. Schmidt 2005: 102 ff.).

Bei aller berechtigten Kritik und bei allen drängenden Problemen hat der deutsche Sozialstaat bislang die Bevölkerung vor extremer Not und Verelendung geschützt und existenzielle Lebensrisiken begrenzt und abgesichert. Allerdings hat er nur bedingt die soziale Ungleichheit abgebaut, die auch in Zeiten wirtschaftlichen Wohlstands stets ausgeprägt blieb – und in den vergangen Jahren wieder stark angestiegen ist. Zudem weisen Prozesse der „Prekarisierung" und Ausgrenzung darauf hin, dass unter den Bedingungen einer sich rasch verändernden Arbeitswelt selbst in den einstigen europäischen „Versicherungsgesellschaften" (Castel 2009: 24) das soziale Netz lückenhaft und rissig (geworden) ist und die soziale Unsicherheit in Teilen der Gesellschaft erneut Platz greift. Zwar sind *extreme* Armut und Verelendung in Deutschland noch Randerscheinungen, doch ist die berufliche und soziale Integration von Teilen der Bevölkerung brüchig geworden, bildeten sich Verwundbarkeiten heraus, die schlimmstenfalls zu einer Verstetigung prekärer Arbeits- und Lebenssituationen oder gar zur beruflichen und sozialen Ausgrenzung und relativen Verarmung vieler Menschen führen. Selbst in den Wohlstandsgesellschaften des Westens wurde daher die *soziale Frage* wieder ein öffentliches Thema zu Beginn des 21. Jahrhunderts (vgl. Castel/Dörre 2009). Hiervon zeugen auch die bisherigen Armuts- und Reichtumsberichte der Bundesregierung (2001, 2005, 2008)[661] und schon gar die kritischen Stellungnahmen

661 Dokumentiert als Bundestagsdrucksachen: BT-Drs. 14/5990 (2001), 15/5015 (2005) und 16/9915 (2008). Der Bericht von 2012 lag bei Manuskriptabgabe noch nicht vor.

der Wohlfahrtsverbände, etwa des Deutschen Paritätischen Wohlfahrtsverbands.[662] Der sozialpolitische Bedarf ist also groß, zumal der entwickelte Wohlfahrtsstaat über Jahrzehnte hinweg weit reichende Versorgungserwartungen geweckt hat – und nun vor einem Umbau, wenn nicht vor einem Teilabbau steht.

7.5.2 Nationale Sozialpolitik als politische Antwort auf soziale Problemlagen

„Die Politik kann soziales Elend therapieren, ignorieren oder ihm durch Repression begegnen" (Schmidt 2005: 27). Und manchmal liegt es auch nicht in der Hand der Politik, die Probleme zu bewältigen, da diese zu gewaltig und die Ressourcen zu begrenzt sind. Demgemäß führt sozialpolitischer Bedarf nicht zwangsläufig zu sozialpolitischem Handeln. Soziale Notlagen müssen erkannt und für veränderbar erachtet, sozialpolitische Ansprüche erhoben und schließlich durchgesetzt bzw. erfüllt werden.

Es ginge nun an dieser Stelle zu weit, die vielschichtigen, ambivalenten und genuin *politischen* Prozesse nachzuhalten, die den Auf-, Aus- und Umbau der Sozialpolitik in der Bundesrepublik Deutschland und anderswo beförderten oder behinderten. Historisch betrachtet, war Sozialpolitik in Deutschland sowohl Teil autoritärer und totalitärer Herrschaftstechniken als auch Ergebnis demokratischer Willensbildungs- und Entscheidungsprozesse. So war es ein weiter, von Kontinuitäten und Diskontinuitäten geprägter Weg von der staatsautoritären, patriarchalischen Sozialpolitik des Deutschen Kaiserreiches, die nicht zuletzt der Bekämpfung einer erstarkenden Arbeiterschaft und dem Schutz der bestehenden Ordnung diente, bis hin zum demokratischen Wohlfahrtsstaat der Bundesrepublik Deutschland. Diese Prozesse sind historisch hinreichend aufgearbeitet und bieten zugleich eine Reihe von Anknüpfungspunkte für theoretische Erklärungsansätze der vergleichenden empirischen Politikwissenschaft.

Hier wären altehrwürdige sozioökonomische Erklärungsansätze zu nennen, welche Sozialpolitik als Reaktion auf wirtschaftlichen und gesellschaftlichen Wandel verstehen, etwa beim Übergang von einer Agrar- zu einer Industriegesellschaft oder von einer Industrie- zu einer Dienstleistungsgesellschaft; oder auch infolge von Einwanderung und Veralterung; solche Erklärungen binden die Politikinhalte an den sich verändernden gesellschaftlichen Bedarf und an die verfügbaren wirtschaftliche Ressourcen zurück. Nicht minder prominent ist die neoinstitutionalistische Lehre vom „Politik-Erbe", die immer dort zum Zuge kommt,

---

662 Einen Einstieg zum Thema der „neuen Armut" in Deutschland bietet das Informationsportal zur Sozialpolitik in Deutschland: www.sozialpolitik-aktuell.de (letzter Zugriff: 21. März 2012).

wo ein historisch eingeschlagener nationaler Weg auch heutige Politikentscheidungen mitprägt (Stichwort: Pfadabhängigkeit). Konflikttheoretisch lassen sich Ansätze fruchtbar machen, welche zur Erklärung der Sozialpolitik auf die gesellschaftspolitischen Kräfteverhältnisse miteinander streitender Klassen und Interessengruppen (Machtressourcenansätze) oder auf programmatische Unterschiede von Regierungsparteien (Parteiendifferenztheorie) abheben. Politisch-institutionalistische Ansätze wiederum betonen die Bedeutung institutioneller Arrangements – von der Frage der Herrschaftsform (Demokratien vs. Autokratien) und der Demokratietypen (Mehrheits- vs. Konsensdemokratien) bis hin zu Einzelaspekten der institutionellen Verteilung der Macht und etwaigen Barrieren zentralstaatlicher Politikgestaltung (Stichwort: Vetospieler, Vetopunkte). Internationale Erklärungsansätze heben schließlich auf die externen Bedingungen nationalstaatlichen Handelns ab und nehmen so auch die sozial(politisch)en Folgen der viel zitierten Globalisierung in den Blick.[663]

Solche (und weitere) Ansätze erklären im Einzelnen, wie sich die Sozialpolitik in einem Staat oder auch im Ländervergleich entwickelt(e). So unterscheiden sich die Sozialpolitiken selbst westlicher Demokratien erheblich, wie die vielen international vergleichenden Studien zu Wohlfahrtsstaaten zeigen, die zeitlich vor und nach der einflussreichen Studie *„The Three Worlds of Welfare Capitalism"* von Gøsta Esping-Andersen (1990) entstanden, der zwischen einem liberalen, einem konservativ(-korporatistischen) und einem sozialdemokratischen Wohlfahrtsregime unterschied. Deutschland ordnete er hierbei dem zweiten Typ zu, was nicht ganz unwidersprochen blieb. Zu den Staaten mit „gebremster Sozialstaatlichkeit" gehören u.a. die liberalen Kernländer USA und Kanada, aber auch Japan, Neuseeland und die Schweiz mit gewissen Affinitäten zum liberalen Sozialstaatsregime; allerdings haben sich dort vielfältige Sozialschutzäquivalente herausgebildet (vgl. Obinger 2007). Michael Opielka (2004: 13) erweiterte die Triologie von Esping-Andersen in normativer Absicht um einen vierten Typ, namentlich das „garantistische" Wohlfahrtsregime. Ausdruck garantistischer Positionen seien beispielsweise Forderungen nach einem Grundeinkommen, ungeachtet von Leistung, Bedarf und sozialem Status.

Die verschiedenen Typen der Wohlfahrtsregime stehen unterschiedlichen regulativen Leitideen sozialer Gerechtigkeit nahe: Opielka (2004: 48 ff.) ordnet vereinfacht liberale Sozialstaatsregime der Idee der Leistungsgerechtigkeit, konservative jener der Bedarfsgerechtigkeit, sozialdemokratische jener der Verteilungsgerechtigkeit und garantistische jener der Teilhabegerechtigkeit zu. Ihr Bezug zu den sozialen Menschenrechten wird indes kaum thematisiert. So sehr es

663 Zu diesen Erklärungsansätzen siehe die Beiträge in: Schmidt et al. (2007).

bei den gesellschaftspolitischen Auseinandersetzungen und der konkreten Ausgestaltung der Sozialpolitik immer auch um soziale Rechte ging, lässt sich die Sozialpolitik schlechterdings nicht oder kaum als Ergebnis des Kampfes um soziale *Menschenrechte* verstehen; sie wies immer eine stark nationalstaatliche, politische Perspektive auf, die menschenrechtliche Ansprüche wenig beachtete. Dennoch weisen die verschiedenen Sozialstaatsregime potenziell eine unterschiedlich große Nähe oder Distanz zu den sozialen Grund- oder Menschenrechten auf.

Das „garantistische" Regime hebt Opielka (2004: 13, 50) zufolge die „legitimatorische, ethische Idee der Menschenrechte" und die Orientierung an sozialen Grundrechten besonders hervor. Auch das „nordische", sozialdemokratische Modell beruht vielen Autoren zufolge auf sozialen Rechten, auf die jeder einzelne Bürger Anspruch hat (so etwa Bossi 2007: 9) – obgleich nordeuropäische Verfassungen wie die schwedische selbst kaum soziale Grundrechte beinhalten. Über den Anspruch auf Sozialleistungen hinaus könnten aus sozialdemokratischer Sicht zudem staatliche Eingriffe in den Markt, etwa im Bereich der Arbeit und des Gesundheitsschutzes, leicht mit menschenrechtlichen Schutzansprüchen begründet werden. Menschenrechtliche Begründungen ließen sich auch in konservative Positionen einflechten, soweit diese im Sinne einer subsidiär ausgestalteten Schutz- und Leistungsfunktion des Staates gegenüber der Gemeinschaft darauf abzielen, die Würde der Menschen zu wahren. Selbst Vertreter liberaler Positionen könnten etwaige staatliche Eingriffe in die Berufsfreiheit oder die Privatschulfreiheit mit menschenrechtlich begründbaren Abwehransprüchen zurückweisen, also mit negativ-freiheitlichen Aspekten der Rechte auf Arbeit und Bildung. Doch wie gesagt, kommt hierzulande der sozialpolitische Diskurs weitestgehend ohne menschenrechtliche Bezüge aus. Selbst die grundrechtliche Ausgestaltung sozialrechtlicher Ansprüche blieb in Deutschland, wie auch in vielen anderen westlichen Demokratien, schwach ausgeprägt. Gleichwohl kam es zur Ausbildung eines hoch differenzierten Arbeits- und Sozialrechts, das vielfältige rechtliche Ansprüche begründet, die vor – inzwischen heillos überlasteten – Arbeits- und Sozialgerichten geltend gemacht werden können.

So ergibt sich aus menschenrechtlicher Perspektive ein – zumindest vorderhand – widersprüchliches Bild: Zum einen kommt der im 20. Jahrhundert ausgebaute Sozialstaat in Deutschland seinen menschenrechtlichen Pflichten in hohem Maße nach, zum anderen beruht die Sozialpolitik aus Sicht der politischen Entscheidungsträger nicht auf menschenrechtlichen Ansprüchen und Pflichten. Der menschenrechtliche Bezug wird oft sogar negiert. Dies gilt umso mehr, als deutsche Staatsrechtler zumeist keine subjektiven Rechtsansprüche aus den in völkerrechtlichen Verträgen verankerten sozialen Menschenrechten ableiten – und angesichts fehlender Durchsetzungsmechanismen auch die objektiven völkerrechtlichen Staatenpflichten offenbar nicht allzu ernst nehmen. Selbst die verfassungsrechtlichen Vorgaben bleiben vage und räumen dem Gesetzgeber bewusst einen großen Ermessens- und Handlungsspielraum ein. Sofern der „Kern" des Sozialstaates nicht berührt ist und die Menschenwürde (in der Lesart des Bundesverfassungsgerichts) nicht angetastet wird, besteht aus dieser Sicht nur bedingt eine grundrechtliche Absicherung sozialpolitischer Ansprüche, unabhängig von den jeweiligen politischen Mehrheiten und Machtverhältnissen.

Zu einem guten Teil erklärt ein ausgebauter Sozialstaat, wie wir ihn in Deutschland vorfinden, allerdings auch, warum die innenpolitische Diskussion um soziale Menschenrechte nur schleppend in Gang kommt. Angesichts weit reichender Sozialleistungen und weit weniger existenzieller Missstände als in Entwicklungsländern besteht hierzulande eine nicht ganz unberechtigte Scheu, die Überwindung sozialer Probleme und struktureller Benachteiligungen als menschenrechtliche Verpflichtungen auszuweisen. Selbst große Wohlfahrtsverbände nehmen bezeichnenderweise kaum auf soziale Menschenrechte Bezug, wenn sie ihre sozialen Anliegen vortragen. Offenbar vertrauen die relevanten Akteure auf die politische Dynamik des Sozialstaates und die bestehenden nationalen Gesetze. Demgemäß kommen der wiederbelebte Armutsdiskurs und die sozialpolitische Debatte in Deutschland weitgehend ohne Menschenrechtsbezüge aus, während entwicklungspolitisch die Zusammenhänge zwischen – allerdings extremer – Armut und Menschenrechten inzwischen ein hoch aktuelles Thema sind. Trotz aller Europäisierungs- und Internationalisierungstendenzen ist Sozialpolitik noch immer vornehmlich ein nationales Projekt. Bezeichnenderweise stoßen auch die Menschenrechtsberichte und Empfehlungen zu Deutschland, etwa seitens des UN-Ausschusses für wirtschaftliche, soziale und kulturelle Menschenrechte, einzelner UN-Sonderberichterstatter/innen oder des Europäischen Sozialrechtsausschusses, hierzulande weitgehend auf öffentliches Desinteresse oder, wie im Falle des UN-Sonderberichterstatters zum Recht auf Bildung (vgl. Overwien/Prengel 2007), auf Unverständnis und Kritik.

7.5.3 Die menschenrechtliche Bedeutung sozialer Problemlagen

Und doch gibt es auch in freiheitlichen Rechts- und Sozialstaaten fundamentale Problemlagen, welche die Menschenrechte betreffen und in denen der Staat, aber nicht nur dieser, menschenrechtlich gefordert ist. Hierzu gehören in Deutschland *beispielsweise* die schwierige Situation von Personen ohne legalen Aufenthaltsstatus, die prekäre Gesundheitsversorgung von Menschen ohne Krankenversicherung, die verminderten Bildungschancen für Kinder aus sozial benachteiligten Familien, Missstände in der Pflege älterer Menschen, die unzureichende Inklusion von Menschen mit Behinderung in Schule, Arbeit und vielen anderen Lebensbereichen, Probleme von Roma und Sinti beim Zugang zu Bildung, Arbeit und Wohnen, handfeste Diskriminierungen bei der Arbeits- und Wohnungssuche von Menschen fremder Herkunft oder Aussehens sowie das althergebrachte Thema der Chancengleichheit von Mann und Frau auf dem Arbeitsmarkt.

Immerhin nimmt sich die Politik der Probleme inzwischen an und ergreift Maßnahmen, um diese anzugehen. Zumindest einige dieser Probleme sind inzwischen auch in den Menschenrechtsberichten der Bundesregierungen ausgewiesen.[664] Nicht zuletzt aufgrund von Empfehlungen oder Forderungen internationaler Menschenrechtsvertragsorgane, aber auch des Bundestages und vieler NGOs griffen die Menschenrechtsberichte der Regierung ab 2002 neben den bürgerlich-politischen Menschenrechten auch die wirtschaftlichen, sozialen und kulturellen Menschenrechte auf, zunächst in Bezug auf die Entwicklungspolitik, sukzessive aber auch mit Blick auf Deutschland. So werden im innenpolitischen Teil des neunten Menschenrechtsberichts (2010) die Chancen(un)gleichheit von Frauen und Männern auf dem Arbeitsmarkt, die Gestaltung angemessener Arbeitsbedingungen, die Bekämpfung von Armut und sozialer Ausgrenzung, einzelne Gesichtspunkte der Gesundheitsversorgung und Pflege sowie die Bildung angesprochen. Zudem wird in den Abschnitten zu Frauen, Kindern, Menschen mit Behinderungen und Migrant/innen auf verschiedene Aspekte eingegangen, die aus dem Blickwinkel sozialer Menschenrechte relevant sind (etwa in Bezug auf die Rechte auf Gesundheit, Bildung und gesellschaftliche Teilhabe).

Um nur einige Beispiele zu nennen: Als menschenrechtspolitische Beiträge werden im Neunten Menschenrechtsbericht der Bundesregierung (2010), der den Berichtszeitraum vom 1. März 2008 bis 28. Februar 2010 umfasst, hinsichtlich der Gleichstellung von Frauen und Männern etwa das Elterngeld mit Partnermonaten, der Ausbau der Kindergartenbetreuung und verschiedene Programme und Initiativen zum beruflichen Wiedereinstieg und zur Förderung von Frauen genannt, in Bezug auf gerechte Arbeitsbedingungen der veränderte Rechtsrahmen für branchenbezogene Mindestlöhne. Bei der Bekämpfung der Arbeitslosigkeit wird auf die Analyse der Problemlage durch den nunmehr dritten Armuts- und Reichtumsbericht, flankiert durch den Nationalen Strategiebericht

664 Über die Menschenrechtspolitik der Bundesregierung geben die seit 1990 in unregelmäßigen Abständen veröffentlichten, inzwischen neun Menschenrechtsberichte der Bundesregierung an den Bundestag Aufschluss. Aus den anfänglich dünnen Broschüren sind, beginnend mit dem fünften Menschenrechtsbericht (2000), inzwischen ganze Bücher geworden. Seit dem sechsten Bericht (2002) werden über die Auswärtigen Beziehungen hinaus auch andere Politikbereiche systematisch erfasst. Zugleich wurden über die bürgerlich-politischen hinaus nunmehr auch wsk-Rechte thematisiert. Der neunte Bericht wurde dem Bundestag am 26. August 2010 vorgelegt und am 19. Januar 2011 in einer Öffentlichen Anhörung im Bundestagsausschuss für Menschenrechte und Humanitäre Hilfe behandelt. Der zehnte Bericht war bei Manuskriptabgabe noch in Bearbeitung.

Sozialschutz und soziale Eingliederung, verwiesen und auf den dort festgestellten Handlungsbedarf. In Bezug auf die Gesundheit werden rechtliche Änderungen benannt, die verbesserte Gesundheitsleistungen für Menschen mit Behinderungen und für chronische Kranke bewirken sollen, im Bereich der Pflege nunmehr überprüfte Qualitätsstandards von Pflegeheimen und Pflegediensten. In der Bildung wird die von der Kultusministerkonferenz beschlossene Förderstrategie für leistungsschwächere Schüler/innen, mit besonderer Beachtung von Kindern und Jugendlichen mit Migrationshintergrund, hervorgehoben oder auch der geplante Ausbau des gemeinsamen Lernens von behinderten und nicht-behinderten Schüler/innen, wie es die UN-Behindertenrechtskonvention vorsieht. Ein entsprechender Rechtsanspruch wird allerdings nicht ausgewiesen.

Der Menschenrechtsbericht zeigt, dass die Verbesserung sozialer Problemlagen in Deutschland inzwischen als Teil der Menschenrechtspolitik erachtet oder zumindest ausgewiesen wird, wenn auch selektiv und stellenweise in beschönigender Form. Allerdings verdeutlicht er auch, wie schwer es der Bundesregierung noch immer fällt, die – durchaus vorhandenen – menschenrechtlichen Bezüge arbeitsmarkt-, sozial- und bildungspolitischer Maßnahmen innerhalb Deutschlands klar herauszuarbeiten: Zum einen werden die Empfehlungen internationaler Menschenrechtsvertragsorgane in dem Menschenrechtsbericht zwar erwähnt, aber kaum dargelegt. Hier hat die interessierte Öffentlichkeit weiterhin die – bislang nur Expert/innen bekannten – Staatenberichte zu jenen Menschenrechtsverträgen zu konsultieren, die soziale Menschenrechte enthalten. Zum anderen lesen sich die Ausführungen wie Berichte zur Sozialpolitik, ohne ausdrücklichen Rückgriff auf menschenrechtliche Normen und Prinzipien. Hier müssten die Kernelemente einzelner sozialer Menschenrechte sowie einschlägige menschenrechtliche Prinzipien bei der Ausgestaltung entsprechender Politiken als Prüf- und Zielkriterien ausgewiesen und der menschenrechtliche Verpflichtungscharakter arbeitsmarkt-, sozial- und bildungspolitischer Maßnahmen stärker hervorgehoben werden. Ähnliches gilt für die Behindertenpolitik, bei der es sich eben nicht nur um Sozial- bzw. Gesundheitspolitik, sondern gerade auch um Menschenrechtspolitik handelt.[665] So bedürfte es letztlich auch eines Menschenrechtsansatzes bei der Ausgestaltung der Sozialpolitik, der mit einem Perspektivenwechsel einherginge: „*What was once seen as a matter of welfare (the care of vulnerable groups within society) is now seen as a matter of human rights*" (Nevile 2010: 1).

665 Siehe etwa Graumann (2011: 29 f.) oder auch die Stellungnahme des DIMR zum Nationalen Aktionsplan der Bundesregierung anlässlich der Anhörung im Deutschen Bundestag am 17. Oktober 2011.

Insgesamt kann die „Menschenrechtsbrille“ dazu beitragen, besondere Problem- und Gefährdungslagen zu erkennen, auch bei einem etwaigen Umbau bzw. Teilabbau des Sozialstaates.[666] Ein politisch erwirkter Sozialabbau stößt nämlich nicht nur dort an seine Grenzen, wo der grundgesetzliche Kern des Sozialstaates berührt ist, sondern auch dort, wo die sozialen Menschenrechte verletzt werden, zu deren Achtung, Schutz und Gewährleistung sich die Bundesrepublik in internationalen Verträgen verpflichtet hat und deren Gleichrangigkeit mit bürgerlich-politischen Menschenrechten sie betont. Wie gesagt: Beileibe nicht alles, was sozialpolitisch erwünscht ist, ist menschenrechtlich geboten. Dort aber, wo soziale Missstände eine menschenrechtliche Qualität annehmen und Abhängigkeiten schaffen, welche die Möglichkeiten eines selbstbestimmten, menschenwürdigen Lebens beschränken, lassen sich entsprechende sozialpolitische Ansprüche menschenrechtlich begründen und in der Sprache der Menschenrechte fassen.

Bleibt zu erwähnen, dass auch und gerade der *außen- und entwicklungspolitische Teil* des Menschenrechtsberichts der Bundesregierung Maßnahmen zum Schutz und zur Förderung einzelner wsk-Rechte im Ausland benennt, allen voran der Rechte auf Gesundheit, Ernährung, Wasser- und Sanitärversorgung, Bildung sowie der Rechte bei der Arbeit. Auch in den Abschnitten zum Menschenrechtsansatz in der deutschen Entwicklungspolitik, zur Zusammenarbeit mit den Vereinten Nationen, zu Frauen- und Kinderrechten und zum Thema Menschenrechte und Wirtschaft kommen einzelne Aspekte zu den wsk-Rechten zur Sprache. Wir werden im Kapitel zur internationalen Förderung der Menschenrechte darauf noch eingehen.

7.6 Vergleichende Bemerkungen zu Entwicklungsländern

Bereits an dieser Stelle sei jedoch darauf hingewiesen, dass die sozialen Probleme in Entwicklungsländern eine andere menschenrechtliche Brisanz aufweisen als in den Wohlfahrtstaaten des Nordens und dass zugleich die dortigen Möglichkeiten für sozialpolitische Interventionen weit beschränkter sind. In Ländern, in denen die soziale Problemlast groß und die nationale Sozialpolitik weit weniger entwickelt ist, kommt den sozialen Menschenrechten eine überaus wichtige Schutzfunktion zu. Nicht zuletzt dort, wo der Staat oder private Akteure die Menschen daran hindern, sich selbstständig zu ernähren, ein sicheres Wohnumfeld zu be-

666 So können beispielsweise mittelbedingte Qualitätseinbußen der medizinischen Versorgung, wie sie der Deutsche Ethikrat feststellt (BT-Drs. 17/4621), durchaus menschenrechtliche Fragen aufwerfen, selbst wenn die notwendige Behandlung schwerer Krankheiten gesichert ist.

wahren, sich angemessen zu bilden oder sich vor wirtschaftlicher Ausbeutung und Gesundheitsschäden zu schützen, ist es von enormer Bedeutung, dass soziale Menschenrechte international garantiert sind und vor Ort eingefordert werden können. Dabei ist die potenzielle Bedeutung menschenrechtlicher Forderungen umso größer, je existenzieller die sozialen Probleme, Bedrohungen und Risiken und je weniger entwickelt die entwicklungs- und sozialpolitischen Gegenmaßnahmen und Absicherungen sind.

Von Systemen sozialer Sicherheit nicht oder kaum erfasst sind in Entwicklungsländern typischerweise der ländliche Bereich und der informelle Sektor, in denen jedoch ein Gutteil der Bevölkerung beschäftigt ist. Aber auch im formellen, „modernen" Arbeitssektor herrschen mitunter noch Arbeitsbedingungen vor, die den frühkapitalistischen Missständen in westlichen Industriestaaten um nichts nachstehen: Hungerlöhne, überlange Arbeitszeiten, unbezahlte Überstunden, fehlende Pausen, mangelhafter Arbeitsschutz, massive Gesundheitsschädigungen, willkürliche Entlassungen bei gewerkschaftlicher Organisation, Krankheit oder Schwangerschaft oder die rigide Kontrolle von Arbeiterinnen und Arbeitern durch Aufseher. Bereits angesprochen wurde zudem die wirtschaftliche Ausbeutung von Kindern, bis hin zu gegenwärtigen Formen der Sklaverei und Zwangsarbeit. Hinzu kommen schließlich die anhaltenden und gravierenden sozialen Missstände in den Bereichen der Bildung, Gesundheit, Ernährung, Wasser- und Sanitärversorgung oder auch des Wohnens.

Die vielfältigen Ursachen für solche Missstände sind Bestandteil der komplexen Entwicklungsproblematik dieser Länder, die vielfältige interne wie externe Ursachen und Dimensionen aufweist und eine reichhaltige entwicklungstheoretische Debatte hervorgebracht hat.[667] Eine Mitverantwortung trifft dabei aber zweifelsohne auch uns. So lässt sich beispielsweise kritisch fragen, inwieweit der heute ausgeprägte Arbeitsschutz in westlichen Wohlfahrtsstaaten nicht auch der Tatsache geschuldet ist, dass erhebliche Teile der gefährlichen industriellen Billigproduktion in Entwicklungsländern mit niedrigen Herstellungskosten, aber auch unzureichenden Arbeits- und Sozialstandards ausgelagert wurden.[668] Pointiert formuliert, werden viele in Deutschland billig verkaufte Konsumgüter – ob Textilien, Sportartikel, Kinderspielzeug oder Blumen – auf Kosten der Gesundheit arbeitender Menschen in armen Weltregionen hergestellt. Zugleich bestimmen

667 Zu den historischen Wegmarken der Entwicklungsdebatte siehe: Nohlen/Nuscheler (1993), Nuscheler (2005), Fischer et al. (2007), Debiel et al. (2007), Andersen (2012) sowie in Bezug zu Afrika: Eberlei (2009).

668 Auf diesen Aspekt weist in der deutschsprachigen Sozialpolitikdebatte dankenswerterweise auch Döring (2004: 14) hin.

die Regierungen und Unternehmen der reichen Staaten in beachtlichem Maße die internationalen Rahmenbedingungen mit, unter denen die Regierungen armer Länder ihre Staatenpflichten bezüglich der sozialen Menschenrechte umzusetzen haben. Menschenrechtliche Probleme, die etwa mit globalen Märkten, Wirtschafts- und Finanzkrisen, Handels- und Patentrechten, Rohstoffsicherung, *land grabbing* und Umweltkrisen einhergehen, treten weltweit auf und betreffen nicht zuletzt Entwicklungsländer, und dort insbesondere arme, marginalisierte Gruppen. Längst ist die „soziale Frage" also zu einer „globalen sozialen" Frage und damit zu einem weltgesellschaftlichen Problem geworden (Fischer-Lescano/Möller 2012: 9). Dies führt über zum Schutz und der Förderung sozialer Menschenrechte auf internationaler Ebene.

8 Der internationale Menschenrechtsschutz

„Global human rights institutions not only articulate and interpret human rights standards, but seek to influence states to uphold these standards and attempt to hold them accountable if they fail to do so“ (Oberleitner 2007: 37). Die Institutionen des internationalen Menschenrechtsschutz halten die Staaten an, ihren völkerrechtlich verankerten Pflichten nachzukommen und auch die sozialen Menschenrechte vollumfänglich zu achten, zu schützen und zu gewährleisten. Zugleich bildet das internationale Menschenrechtsregime den Rahmen, in dem die Staaten ihre menschenrechtspolitische Verantwortung, vielfach über die reine Pflichterfüllung hinaus, wahrnehmen und sich für den Schutz und die Umsetzung der Menschenrechte in anderen Ländern oder Weltregionen einsetzen. In diesem Sinne ist der internationale Menschenrechtsschutz weit mehr als ein Substitut nationaler Menschenrechtsprozesse; vielmehr sind der nationale und internationale Menschenrechtschutz auf vielfältige Weise miteinander verwoben.

8.1 Die Kontrollverfahren der Vereinten Nationen

In den Vereinten Nationen befasst sich eine Vielzahl an Institutionen mit Menschenrechten. Das UN-Menschenrechtssystem im engeren Sinne besteht dabei zum einen aus den charta-gestützten Organen, allen voran aus dem UN-Menschenrechtsrat, dem UN-Hochkommissariat für Menschenrechte und den „Sonderverfahren“, also den thematischen oder länderbezogenen Sonderberichterstatter/innen und Arbeitsgruppen. Zum anderen umfasst es die vertragsgestützten Menschenrechtsorgane und -verfahren, mittels derer die UN-Menschenrechtsverträge überwacht werden. Im Folgenden geht es nicht darum, die Funktionsweise und Arbeit des UN Menschenrechtssystems, das in zahlreichen Publikationen detailliert und kenntnisreich beschrieben wurde,[669] einmal mehr in allen Facetten darzulegen. Vielmehr sollen die Organe und Verfahren des UN-Menschenrechtsschutzes einer knappen kritischen Würdigung unterzogen werden, und zwar hinsichtlich der Frage, inwieweit sie sich der sozialen Menschenrechte annehmen und ihnen Geltung verschaffen können.

---

669 Vgl. etwa: Opitz (2002), Hüfner/Reuther/Weiß (2004), Mertus (2005), Oberleitner (2007), Krause/Scheinin (2009), Rathgeber (2010a, 2010b), Hüfner/Siebers/Weiß (2012), Schmahl (2012) sowie die regelmäßige Berichterstattung in den Zeitschriften *„Vereinte Nationen“* und *„MenschenRechtsMagazin“*.

Dabei dürfen die Erwartungen von vornherein nicht überzogen werden. Ein „Weltgerichtshof für Menschenrechte“, der über Menschenrechtsverletzungen der Staaten urteilen könnte, besteht nicht und wird, obwohl verschiedentlich gefordert (Nowak 2008), wohl auf absehbare Zeit auch nicht eingerichtet werden. Auch verfügt der globale Menschenrechtsschutz über keine dem nationalen Recht vergleichbare Durchsetzungskraft und Zwangsmittel. Staaten, welche die Menschenrechte systematisch verletzen, können international nur bedingt zur Verantwortung gezogen werden. Zwar sind die Staaten verpflichtet, über ihr Tun und Lassen Rechenschaft abzulegen. Auch können gegen staatliche Menschenrechtsverletzungen mitunter Untersuchungen vor Ort eingeleitet oder Beschwerden vorgebracht werden. Doch münden die Kontrollverfahren des UN-Menschenrechtsschutzes nur in Stellungnahmen und Empfehlungen, zu deren Umsetzung die Staaten letztlich nicht gezwungen werden können.

Die Vereinten Nationen verfügen nun einmal über keine „Weltpolizei“ und können gemäß der UN-Charta nur dann Zwangsmaßnahmen gegen Staaten verhängen, wenn diese den Weltfrieden und die internationale Sicherheit bedrohen. Bislang wurden aber nur in wenigen Fällen schwerwiegende Menschenrechtsverletzungen innerhalb eines Staates als eine solche Bedrohung gewertet und mit wirtschaftlichen oder – was besonders problematisch ist – mit militärischen Zwangsmaßnahmen belegt (Stichwort: „humanitäre Intervention“).[670] Soweit „humanitäre“ militärische Interventionen mit schwerwiegenden, systematischen und groß angelegten Verletzungen grundlegender Menschenrechte gerechtfertigt wurden, waren zwar immer auch soziale Menschenrechte berührt, doch standen diese meist nicht im Vordergrund.[671]

Auch eine internationale strafrechtliche Verfolgung von Menschenrechtsverbrechern ist nur bedingt möglich. Abgesehen von etwaigen internationalen oder internationalisierten Ad-Hoc-Strafgerichtshöfen, besteht zwar seit 1998 ein Internationaler Strafgerichtshof, doch kann dieser bislang nur im Falle von Kriegsverbrechen, Völkermord und Verbrechen gegen die Menschlichkeit individuelle Strafurteile verhängen (Ambos 2011, NMRZ 2011). Immerhin fallen unter solche Straftatbestände auch schwerste Verletzungen sozialer Menschenrechte. So umfassen die systematischen oder großangelegten Verbrechen gegen die Mensch-

670 Zu „humanitären Interventionen“ und „humanitärer Interventionsethik“ siehe im deutschsprachigen Raum z.B. Beestermöller (2003), Meggle (2004), Hinsch/Janssen (2006), Janssen (2008), Münkler/Malowitz (2008).

671 Im Falle der Militärintervention *„Restore Hope“* in Somalia 1992 sollte allerdings ursprünglich die Sicherung der Hilfslieferungen an die hungernde Bevölkerung gewährleistet werden – in einem Land, das bereits damals von Chaos und Bürgerkrieg zerrissen war; vgl. Michler (1993), Janssen (2008).

lichkeit und die Tatbestände des humanitären Völkerrechts eben auch: Versklavung, Vertreibung und sexuelle Verbrechen (Vergewaltigung, sexuelle Sklaverei, Zwangsprostitution, erzwungene Schwangerschaft, Zwangssterilisation etc.), die Rekrutierung von „Kindersoldaten" oder auch das vorsätzliche Aushungern von Zivilpersonen.[672] Als Instrument der allgemeinen Durchsetzung der sozialen Menschenrechte ist die internationale Strafgerichtsbarkeit aber nicht ausgelegt.

8.1.1 Die Charta-gestützten Kontrollverfahren

Innerhalb des Charta-gestützten UN-Menschenrechtsregimes ist der UN-Menschenrechtsrat das wichtigste Organ. Er wurde im Jahre 2006 errichtet, löste die damalige UN-Menschenrechtskommission ab und setzt sich aus 47 in der UN-Vollversammlung gewählten Staatenvertretern zusammen, deren Zahl nach Regionalgruppen gestaffelt ist (Afrika und Asien: jeweils 13, Lateinamerika und Karibik: acht; „westeuropäische und andere Staaten": sieben; Osteuropa: sechs). Der Menschenrechtsrat soll ein Forum des weltweiten Dialogs über Menschenrechte bieten, in dem die Staaten den Schutz der Menschenrechte gemeinsam vorantreiben. Er arbeitet nicht nur an der Fortentwicklung internationaler Menschenrechtsinstrumente, sondern kann beispielsweise auch Bewertungen zur Menschenrechtslage in einzelnen Ländern vornehmen und spezifische Menschenrechtsthemen in den Blickpunkt der Weltöffentlichkeit rücken. Die Palette möglicher Maßnahmen ist groß, reicht inzwischen von Dringlichkeitsdebatten, Plenumsdiskussionen und Sondersitzungen über das Monitoring, die Berichte und die Vorlagen des OHCHR bis hin zur Einberufung und Berichterstattung von Sonderberichterstatter/innen oder der Einsetzung von Ad-hoc-Missionen zur Tatsachenermittlung.[673] Weiterhin verfügt der Menschenrechtsrat über einen Beschwerdemechanismus. Im Mittelpunkt steht jedoch das Allgemeine Prüfverfahren (*Universal Periodic Review*, UPR). Es stellt eine wesentliche Neuerung im Vergleich zur früheren Menschenrechtskommission dar und ist im neuen Menschenrechtsrat das zentrale Prüfverfahren, dem sich *alle* Mitgliedsstaaten der Vereinten Nationen unterziehen müssen.

---

672 Vgl. die ausführlichen und detaillierten Artikel 7 und 8 des Statuts über den Internationalen Strafgerichtshof. Zum Völkermord siehe Artikel 6.

673 Aufschlussreich sind hier die regelmäßigen Berichte des Beobachters des Forum Menschenrechte, Theodor Rathgeber, von den Sitzungen des Menschenrechtsrates in Genf; abrufbar unter: www.forum-menschenrechte.de (letzter Zugriff: 23. Juni 2012); vgl. auch Rathgeber (2011).

Universal Periodic Review

Auf Grundlage der UN-Charta, der Allgemeinen Erklärung der Menschenrechte und der jeweils ratifizierten Menschenrechtsabkommen wird im Rahmen des UPR-Verfahrens jeder Staat in einem Intervall ursprünglich von vier Jahren (nunmehr von viereinhalb Jahren) auf die Umsetzung der Menschenrechte hin geprüft. Die Überprüfung aller Staaten erfolgt durch eine Arbeitsgruppe des Menschenrechtsrates auf Grundlage eines Staatenberichts sowie zweier vom UN-Hochkommissariat für Menschenrechte erstellten Zusammenfassungen: zum einen der Empfehlungen der UN-Vertragsorgane, zum anderen der Stellungnahmen nichtstaatlicher Akteure *(relevant stakeholders)*. Hierzu findet im Rahmen eines – pro Land ursprünglich bis zu dreistündigen (inzwischen dreieinhalbstündigen) – „interaktiven Dialogs" eine Art Anhörung statt, in dessen Rahmen Staatenvertreter Fragen stellen und Empfehlungen aussprechen. Bei einem anschließenden, einstündigen „interaktiven" Dialog pro Land im Plenum des Menschenrechtsrates antwortet die jeweilige Regierung auf die Empfehlungen und können auch NGOs das Wort ergreifen. „Das Ergebnis des gesamten Verfahrens besteht im Abschlussbericht der Arbeitsgruppe, der vom MRR-Plenum angenommen worden ist, den Antworten der jeweiligen Regierung auf Empfehlungen und gegebenenfalls weitere, freiwillig von der Regierung zugesagte Initiativen" (Rathgeber 2010a: 160).

Das UPR-Verfahren zielt ausdrücklich auf die Zusammenarbeit mit den jeweiligen Staaten ab, ist also eher am Konsens orientiert. Dabei lässt die Qualität der Staatenberichte, des interaktiven Dialogs, der Empfehlungen von Delegationen anderer Staaten sowie der Antworten durch die Regierungen mitunter zu wünschen übrig, ganz zu schweigen von dem teils mangelnden Follow-Up in dem Zeitraum bis zur nächsten Überprüfung. Wertlos ist das Verfahren aber nicht: Zwar gehen die jeweiligen Länderdelegationen bisweilen über Menschenrechtsprobleme im eigenen Land hinweg oder lassen sich sogar von Vertretern befreundeter Staaten oder (wie im Falle Kubas) von regimetreuen nationalen „NGOs" gute Noten ausstellen, doch gibt es zahlreiche Fälle, in denen sich die Länderdelegationen als fähig zur Selbstkritik zeigen und kritischen Nachfragen ausgesetzt sind. Hinzu kommt, dass *alle* Staaten – also auch solche, die sich bislang keinem Menschenrechtsmonitoring unterworfen haben – gezwungen sind, einen Staatenbericht abzugeben und sich mit der Menschenrechtsthematik auseinanderzusetzen. Ebenso bietet sich nationalen wie internationalen NGOs die Möglichkeit, Stellungnahmen zur Menschenrechtslage zu erarbeiten und in das Prüfverfahren einzuspeisen. Ergänzt durch die Informationen der UN-Vertragsorgane, gibt die Dokumentation, die im Rahmen des UPR zu jedem Staat erstellt wird, letztlich einen fundierten Einblick in die Menschenrechtslage des jeweiligen Landes. Gleichzeitig ist sie ein wichtiger Referenzpunkt für die länderbezogenen Menschenrechtsdebatten, bei denen sich dann (selbst) die (mächtigen) Staaten in Menschenrechtsfragen positionieren müssen.

Hierunter fallen auch Fragen, welche die wsk-Rechte betreffen. Eine Durchsicht durch die öffentlich zugänglichen UPR-Dokumente zeigt, dass die wirtschaftlichen, sozialen und kulturellen Menschenrechte zwar nicht den Schwerpunkt der Debatten bilden, aber in geringem Umfang durchaus thematisiert und diskutiert werden. Die Datenbank der in der Schweiz ansässigen NGO *„UPR Info"* weist von der ersten bis zur zwölften Sitzung, also für den ersten Zyklus von April 2008 bis Oktober 2011, insgesamt 21.353 Empfehlungen von Regierungsdelegationen aus; davon betrafen 610 allgemein die wsk-Rechte, 875 das Recht auf Bildung, 504 das Recht auf Gesundheit (plus 164 HIV/AIDS), 445 den Bereich der Arbeit, 145 das Recht auf Nahrung, 104 das Recht auf Wohnen sowie 62 Empfehlungen das Recht auf Wasser.[674] Mehrheitlich wurden diese Empfehlungen auch von den betroffenen Staaten angenommen.

Nun wären Inhalt und Qualität der einzelnen Empfehlungen ebenso zu prüfen wie die Maßnahmen, welche die nationalen Regierungen im Nachgang des UPR-Verfahrens im eigenen Land ergriffen haben. Die Impulse, die von dem Verfahren auf den Schutz sozialer Menschenrechte ausgehen, hängen mutmaßlich davon ab, inwieweit das Follow-Up innerhalb der jeweiligen Staaten von der Zivilgesellschaft genutzt wird, um einen besseren Schutz der wsk-Rechte einzufordern, und inwieweit die jeweilige Regierung gewillt ist, sich der Diskussion zu stellen und die entsprechenden Forderungen und Empfehlungen, so weit sinnvoll, aufzugreifen. Bislang drängt sich zwar nicht der Eindruck auf, dass das Potenzial des UPR-Verfahren wirklich entfaltet wurde, um die Umsetzung der wsk-Rechte voranzubringen, aber für eine seriöse Beurteilung mangelt es noch an aussagekräftigen empirischen Untersuchungen.

Die zweite UPR-Runde (2012-2016) wird zumindest Anhaltspunkte dafür geben, inwieweit die Regierungen die von ihr akzeptierten Empfehlungen umgesetzt haben (oder glauben, dies getan zu haben). Deutschland ist im Mai 2013 an der Reihe. Direkt oder indirekt betrafen Empfehlungen der ersten UPR-Runde an Deutschland auch soziale Menschenrechte, etwa in den Bereichen der Rassismusbekämpfung, des Diskriminierungsschutzes, der inklusiven Bildung, des Zugangs von Migrant/innen (mit und ohne regulären Aufenthaltstitel) zu sozialen Dienstleistungen sowie der Gleichberechtigung von Mann und Frau. Empfohlen wurde auch die Ratifizierung des Zusatzprotokolls zur UN-Kinderrechtskonvention, das die Bundesregierung ohnehin ausdrücklich unterstützt.[675] Unter

674 Abrufbar unter: www.UPR-info.org (letzter Zugriff: 1. Oktober 2012).

675 Vgl. etwa: die Zusammenstellung *„Responses to Recommendations. Germany"*, welche

den Empfehlungen, welche die Bundesregierung 2009 zurückgewiesen hat, sind übrigens einige für den Schutz der wsk-Rechte relevant, so etwa die Empfehlung mehrerer Staaten an Deutschland, die UN-Wanderarbeiterkonvention zu ratifizieren, oder der Appell Marokkos, bei der Abschiebung von Menschen ohne regulären Aufenthaltstitel zugunsten sozialer und humanitärer Aspekte mehr Flexibilität walten zu lassen. Kritisch begleitet wird der UPR-Prozess in Deutschland vom *Forum Menschenrechte.*

Complaint-Procedures des UN-Menschenrechtsrates

Vergleichbar mit dem 1503-Verfahren der früheren Menschenrechtskommission (vgl. DIMR 2003: 30 ff.) verfügt auch der UN-Menschenrechtsrat über einen eigenen Beschwerdemechanismus (vgl. Rathgeber 2010b: 179 ff.). Bei schwerwiegenden und systematischen Verletzungen der Menschenrechte, so wie diese in der AEMR und UN-Menschenrechtsabkommen niedergelegt sind, können demnach Personen, Gruppen und NGOs Beschwerden gegen einen Staat vorbringen. Nicht unbedingt, aber vorzugsweise sollte zuvor der nationale Rechtsweg ausgeschöpft und die jeweilige nationale Menschenrechtsinstitution einbezogen worden sein. Eine Arbeitsgruppe aus fünf unabhängigen Experten, die *Working Group on Communications*, prüft, ob die Beschwerde nicht offensichtlich unbegründet ist und leitet diese vertraulich an den betreffenden Staat, um eine Stellungnahme einzuholen. Fällt diese nicht befriedigend aus, nimmt sich eine zweite fünfköpfige, mit Diplomaten besetzte Arbeitsgruppe, die *Working Group on Situations*, der Beschwerde an und berichtet später in nicht-öffentlicher Sitzung dem UN-Menschenrechtsrat über die Sachlage. Der Menschenrechtsrat kann das Verfahren beenden, weiterführen oder (bei fehlender Zusammenarbeit der betreffenden Regierung) in ein öffentliches Verfahren überführen, was einem „schwerwiegenden Imageverlust“ (ebd.: 179) der Regierung gleichkommt. Da die bisherigen Beschwerden an den UN-Menschenrechtsrat nicht-öffentlich abgeschlossen wurden, kann die Wirkung des Beschwerdeverfahrens für den Schutz sozialer Menschenrechte an dieser Stelle nicht eingeschätzt werden.

Die Sonderverfahren *(special procedures)*

Ein wichtiges Instrument des Charta-gestützten Menschenrechtsschutzes sind die Sonderverfahren (Sonderberichterstatter/innen, unabhängige Experten und Expertinnen, Arbeitsgruppen), die der Menschenrechtsrat einsetzt. Ende des Jahres 2012 bestanden neben zwölf länderbezogenen weitere 36 thematische Mandate.

UPR-Info.org nach der Überprüfung Deutschlands im Jahre 2009 erstellt hat, abrufbar unter: www.upr-info.org (letzter Zugriff: 1. Oktober 2012).

Viele widmen sich gezielt der wsk-Rechte oder behandeln diese im Rahmen ihres Mandates. Hier sind zuvorderst die Sonderberichterstatter/innen zu einzelnen wsk-Rechten zu nennen, etwa zu den Rechten auf Bildung, auf Gesundheit, auf Nahrung, auf angemessene Unterkunft sowie auf Wasser und Sanitärversorgung. Hinzu kommen die Sonderberichterstatterinnen zu gegenwärtigen Formen der Sklaverei und zu Menschenhandel, die unabhängigen Expertinnen zu kulturellen Rechten und zu extremer Armut und Menschenrechten sowie der unabhängige Experte zu den Folgen der Außenverschuldung für die Nutzung der wsk-Rechte. Auf wsk-Rechte gehen weiterhin etwa die Sonderberichterstatter zu indigenen Völkern, zu Rassismus und Fremdenfeindlichkeit, zu den Menschenrechten von Binnenvertriebenen und von Migranten sowie die unabhängigen Expertinnen zu Minderheiten und zu internationaler Solidarität ein. Nach Ablauf des Mandats des Sonderbeauftragten Ruggie im Jahre 2011 wurde schließlich eine Arbeitsgruppe zu transnationalen und anderen Unternehmen eingerichtet. Schließlich behandeln auch die Sonderberichterstatter/innen zu einzelnen Ländern, wie etwa Kambodscha (Subedi 2011), immer wieder wsk-Rechte. Die thematischen und länderbezogenen Berichte der Sonderberichterstatter/innen, unabhängigen Expert/innen und Arbeitsgruppen tragen nachweislich zu einem besseren Verständnis der jeweiligen Rechte bei und können öffentliche Debatten zu den wsk-Rechten anstoßen und befördern.

Gleichzeitig können die Mandatsträger, im Rahmen ihres jeweiligen Mandats und seit 2007 gebunden an einen Verhaltenskodex, auch Beschwerden annehmen und nachgehen, wobei der nationale Klageweg nicht ausgeschöpft sein muss (im Unterschied zu den Beschwerdeverfahren der UN-Menschenrechtsabkommen). Aufgrund seiner Unkompliziertheit wird das Verfahren häufig genutzt. In den Jahren 2010 und 2011 richteten die Sonderberichterstatter/innen allein oder gemeinsam jeweils rund 600 *communications* an die Regierungen von 110 bzw. 124 Staaten, von denen allerdings nur ein Teil beantwortet wurde (OHCHR 2011: 8 ff.; 2012: 9 ff.) – und dies mitunter nur unzureichend oder allzu schematisch. Dabei handelte es sich entweder um schriftliche Anfragen zur Sachklärung *(letter of allegations)* oder in dringenden Fällen um Appelle *(urgent appeals)*.

Die Sonderberichterstatterin zum Recht auf angemessene Unterkunft, Raquel Rolnik, verschickte beispielsweise im Zeitraum vom Dezember 2009 bis Dezember 2010 insgesamt 25 *communications* an 16 Staaten, von den acht beantwortet wurden. In vielen Fällen betrafen ihre *communications* Zwangsvertreibungen im Rahmen von Maßnahmen der Stadtsanierung, der Organisation von Großereignissen *(mega-events)* oder von Entwicklungsprojekten.[676] Vergleichsweise viele

676 A/HRC/16/42/Add.1, 14. Februar 2011.

communications verfasste auch der Sonderberichterstatter zum Recht auf Gesundheit, Anand Grover: zwischen März 2010 und März 2011 insgesamt 46 *communications* an 29 Vertragsstaaten. Er erhielt zwischen Mai 2010 und Mai 2011 wiederum 19 Antworten von Regierungen (und zwei von anderen Akteuren).[677] Hingegen entschied sich beispielsweise der UN-Sonderberichterstatter zum Recht auf Nahrung, Olivier de Schutter, die Zahl der *communications* (lediglich drei zwischen Dezember 2009 und Dezember 2010) zu verringern, sowohl um seine thematische Arbeit zu priorisieren als auch um Nachfragen zu fokussieren.[678]

Empirische Studien zum Wirken der Mandatsträger und den Auswirkungen ihres Handelns auf den Schutz sozialer Menschenrechte sind rar. Die Studie von Beate Rudolf (2000) zu den thematischen Berichterstattern und Arbeitsgruppen der vormaligen UN-Menschenrechtskommission behandelt noch keine wsk-Rechte bezogenen Mandate (die zumeist erst später eingerichtet wurden) und stellt auch keine Wirkungsanalyse im engeren Sinne dar. Immerhin widmeten sich in den vergangenen Jahren verschiedene Beiträge allgemein den Sonderverfahren.[679] Während recht gut belegt werden kann, dass Sonderberichterstatter/innen zu wsk-Rechten maßgeblich die (im zweiten Teil der Studie behandelte) Interpretation sozialer Menschenrechte mitprägten und in Einzelfällen ihre Empfehlungen, etwa nach Ländermissionen, von den Regierungen umgesetzt wurden (Golay/Mahon/Cismas 2011), sind die Beschränkungen des mit nur geringen Ressourcen ausgestatteten Ehrenmandats offenkundig: Die Mandatsträger können nur punktuell und exemplarisch vorgehen, bleiben in hohem Maße auf die Zusammenarbeit mit den Regierungen angewiesen und vermögen kaum, strukturelle Reformen zum Schutz betroffener Bevölkerungsgruppen anzuschieben. Allerdings können sie über ihre Ländermissionen und Berichte dazu beitragen, dass wsk-Rechte systematisch und länderbezogen thematisiert werden und dass sich „Aufmerksamkeits- und Gelegenheitsfenster“ öffnen (oder nicht schließen), um die Umsetzung sozialer Menschenrechte öffentlich einzufordern. Dabei können sie zivilgesellschaftliche Forderungen unterstützen und ihnen Legitimität verleihen.

---

677 A/HRC/17/25/Add.1, 12. April 2011.

678 A/HRC/16/49/Add.1, 20. Dezember 2010.

679 Vgl. etwa Alston (2011) oder auch die Schwerpunktausgabe des *International Journal of Human Rights,* Vol. 15, 2011, Nr. 2.

8.1.2 Die vertragsgestützten Kontrollverfahren

UN-Menschenrechtsschutz: Vertragsausschüsse und -verfahren (Auswahl)				
Vertrag	**Schwerpunkt**	**Kontrollorgan**	**Verfahren**	**Bemerkung**
Zivilpakt	bp-Rechte	Ausschuss für Menschenrechte (AMR)	Staatenberichte Staatenbeschwerde Individualbeschwerde	obligatorisch fakultativ (Art. 41) fakultativ (1. ZP)
Sozialpakt	wsk-Rechte	Ausschuss für WSK-Rechte (CESCR)	Staatenberichte Individualbeschwerde Untersuchungen	obligatorisch fakultativ (ZP)* fakultativ (ZP)*
Konvention gegen Rassendiskriminierung	Überwindung rassistischer Diskriminierung (bp- und wsk-Rechte)	Ausschuss für die Beseitigung von Rassendiskriminierung (CERD)	Staatenberichte Staatenbeschwerde Individualbeschwerde	obligatorisch obligatorisch fakultativ (Art. 14)
Konvention gegen Diskriminierung von Frauen	Überwindung frauenbezogener Diskriminierungen (bp- und wsk-Rechte)	Ausschuss für die Beseitigung der Diskriminierung von Frauen (CEDAW)	Staatenberichte Individualbeschwerde Untersuchungen	obligatorisch fakultativ (ZP) fakultativ/ opting out (ZP)
Anti-Folter-Konvention	Verbot der Folter	Ausschuss gegen Folter (CAT) Unterausschuss für Prävention	Staatenberichte Staatenbeschwerde Individualbeschwerde Untersuchungen Präventionsmaßnahmen	obligatorisch fakultativ (Art. 21) fakultativ (Art. 22) obligatorisch/ opting out (Art. 20) fakultativ (ZP)
Kinderrechtskonvention	bp- und wsk-Rechte in Bezug auf Kinder	Ausschuss für die Rechte des Kindes (CRC)	Staatenberichte Staatenbeschwerde Individualbeschwerde Untersuchungen	obligatorisch fakultativ (ZP)* fakultativ (ZP)* fakultativ (ZP)*
Wanderarbeiterkonvention	bp- und wsk-Rechte in Bezug auf Wanderarbeitnehmer/innen	Ausschuss für die Rechte der Wanderarbeitnehmer	Staatenberichte Staatenbeschwerde Individualbeschwerde	obligatorisch fakultativ (Art. 76) fakultativ (Art. 77)*
Behindertenrechtskonvention	bp- und wsk-Rechte in Bezug auf Menschen mit Behinderungen	Ausschuss für die Rechte von Menschen mit Behinderungen	Staatenberichte Individualbeschwerde Untersuchungen	obligatorisch fakultativ (ZP) fakultativ/opting out (ZP)
Übereinkommen zum Schutz gegen gewaltsames Verschwinden	„Verschwindenlassen" von Menschen	Ausschuss gegen das Verschwindenlassen von Personen	Staatenberichte Staatenbeschwerde Individualbeschwerde Untersuchungen	obligatorisch fakultativ (Art. 32) fakultativ (Art. 31) obligatorisch
Anmerkung: bp-Rechte: bürgerlich-politische Rechte; wsk-Rechte: wirtschaftliche, soziale und kulturelle Menschenrechte; ZP: Zusatzprotokoll; *noch nicht in Kraft				

Die UN-Menschenrechtsverträge und ihre Zusatzprotokolle sehen verschiedene Kontrollverfahren vor. Darunter fallen das Staatenberichtsverfahren, die Individual- und Staatenbeschwerden sowie eigenständige Untersuchungsverfahren oder (im Falle des Zusatzprotokolls zur UN-Antifolter-Konvention) auch Präventionsmaßnahmen. Die obige Tabelle gibt einen Überblick über die entsprechenden Fachausschüsse (Vertragskontrollorgane) und Verfahren der UN-Menschenrechtskernabkommen. Für den Schutz der wsk-Rechte war lange Zeit lediglich das Staatenberichtsverfahren nutzbar. Die Möglichkeiten, Individualbeschwerden auch wegen Verletzungen der sozialen Menschenrechte vorzubringen, wurden erst in den vergangenen Jahren geschaffen, die entsprechenden Bestimmungen sind aber zum Teil noch nicht in Kraft. Dasselbe gilt für Untersuchungsverfahren. Staatenbeschwerden wurden auf Grundlage der UN-Menschenrechtsverträge bislang noch nie genutzt, so dass das Verfahren an dieser Stelle vernachlässigt werden kann.

Die Berichtsverfahren der UN-Menschenrechtsabkommen

Das Staatenberichtsverfahren stellt das grundlegendste und am weitesten verbreitete Verfahren zur internationalen Überwachung von Menschenrechten dar. Es behandelt keine Einzelfälle, sondern nimmt die Rechtsordnung und politische Praxis des jeweiligen Vertragsstaates in den Blick. Zu diesem Zweck sehen alle UN-Menschenrechtskernabkommen – mit unterschiedlichen Fristen – Erst- und periodische Folgeberichte der Vertragsstaaten vor, die Auskunft darüber geben sollen, wie diese die Menschenrechtsabkommen umsetzen. Die jeweiligen Kontrollorgane haben eigens Leitlinien für die Erstellung der Staatenberichte entwickelt und prüfen die eingehenden Berichte. Im Falle des UN-Sozialpakts nimmt beispielsweise der UN-Ausschuss für wsk-Rechte den jeweiligen Staatenbericht entgegen, erstellt einen Katalog an Fragen und Themenschwerpunkten *(list of issues)*, die im anschließenden Dialog mit den Regierungsdelegationen behandelt werden, und verfasst nach der Berichtsprüfung und dem Dialog Schlussbemerkungen *(concluding observations)*. Diese enthalten Einschätzungen darüber, inwieweit die wirtschaftlichen, sozialen und kulturellen Rechte in dem jeweiligen Land umgesetzt werden, und Empfehlungen, wie sich diese Rechte besser verwirklichen lassen. Der Ausschuss zeigt sich gegebenenfalls „besorgt", „sehr besorgt", „ernstlich besorgt" oder gar „alarmiert" und „entsetzt" über die Lage der Menschenrechte in dem jeweiligen Land. Bei allen Unterschieden im Detail laufen die Berichtsverfahren der Vertragsausschüsse anderer UN-Menschenrechtsabkommen ähnlich ab (vgl. Hüfner/Siebers/Weiß 2012).

Die Staatenberichtsverfahren werden mitunter wegen ihres bürokratischen Aufwandes kritisiert (Oberleitner 2007: 95) oder – wie während der Diskussion um eine *treaty body reform* – wegen langer zeitlichen Verzögerungen, chronischer Überbelastung sowie eines unzureichenden Follow Up (Seidensticker 2005: 9 f.). Gemeinhin gelten sie als ein schwacher, wenn nicht sogar „sehr schwacher Kontrollmechanismus" (Engbruch 2008: 23). Dennoch stellen sie mehr als ein rein formales Prozedere dar. Der UN-Ausschuss für wirtschaftliche, soziale und kulturelle Menschenrechte hat gleich in seinem ersten Allgemeinen Kommentar von 1989[680] der Ansicht widersprochen, dass die Berichterstattung zum UN-Sozialpakt lediglich eine Verfahrensangelegenheit sei, allein dazu bestimmt, die formalen Berichtspflichten zu erfüllen. Vielmehr sollen die Berichte der Überprüfung, Darlegung und öffentlichen Kontrolle nationaler Bestimmungen und Politiken dienen.

Was sollen die Staatenberichte an den UN-Ausschuss für wsk-Rechte gewährleisten?

- dass die nationalen Gesetzgebung, Verwaltungsvorschriften, Verfahren und Praktiken, umfassend geprüft werden, um die größtmögliche Übereinstimmung mit dem Pakt sicherzustellen;
- dass die Einhaltung jedes einzelnen Rechts durch den Vertragsstaat durch ein entsprechendes Monitoring regelmäßig geprüft wird;
- dass die Regierung darlegt, welche Politik sie zur Umsetzung der Rechte betreibt, etwa auf Grundlage klar formulierter politischer Richtlinien, Prioritäten und Aktionspläne;
- dass die Öffentlichkeit die Regierungspolitik bezüglich der wsk-Rechte leichter kontrollieren kann und dass gesellschaftliche Gruppen ermutigt werden, sich an der Formulierung, Durchführung und Prüfung der betreffenden Maßnahmen zu beteiligten;
- dass sowohl dem Vertragsstaat als auch dem Ausschuss eine Grundlage zur Verfügung steht, die Verwirklichung der Paktverpflichtungen, etwa anhand formulierter Kriterien, Ziele und Zeitpläne zur „schrittweisen Verwirklichung" der Paktrechte, effektiv zu evaluieren;
- dass die Vertragsstaaten in die Lage versetzt werden, Probleme und Schwierigkeiten bei der Umsetzung der Paktrechte zu identifizieren;
- dass der Ausschuss und die Vertragsstaaten in die Lage versetzt werden, den Informationsaustausch zwischen den Staaten zu fördern, ein gemeinsames Problemverständnis zu entwickeln und Umsetzungsmaßnahmen eingehend zu bewerten.

Anmerkung: eigene Zusammenstellung in Anlehnung an: CESCR/E/1989/22, 24. Februar 1989

Die Aufgabenbeschreibung zeigt, dass dem Staatenberichtsverfahren zunächst eine potenziell wichtige Funktion der Selbstkontrolle zukommt, da die Staaten angehalten sind, selbst einen Bericht über die Umsetzung der Menschenrechtsabkommen zu verfassen. Zu diesem Zweck müssen sie darlegen, wie sich die Menschenrechtslage in dem Land darstellt und welche Maßnahmen sie ergreifen, um etwaige menschenrechtliche Probleme zu beheben oder um die Menschenrechte (besser) umzusetzen. Inwieweit diese Funktion erfüllt wird, hängt freilich von der Berichtsdisziplin der Vertragsstaaten, dem Modus der Berichtserstellung und der

680 CESCR E/1989/22, 24. Februar 2009.

Qualität der Staatenberichte ab. Auf der Website des UN-Hochkommissariats für Menschenrechte lässt sich nachhalten, inwieweit die jeweiligen Vertragsstaaten ihren Berichtspflichten aus den UN-Menschenrechtsabkommen nachkommen – oder eben nicht nachkommen. Unschwer ist zu erkennen, dass die Berichtsdisziplin zu wünschen übrig lässt. Etliche Staaten sind offenbar nicht willens oder fähig, ihre Berichte fristgerecht abzugeben und kommen ihren (allerdings auch vielfältigen) Berichtspflichten zu den unterschiedlichen internationalen Menschenrechtsabkommen nicht oder nur mit erheblicher Verspätung nach. Dies gilt auch für solche UN-Menschenrechtsabkommen, die soziale Menschenrechte beinhalten, wie den UN-Sozialpakt. Hinzu kommt, dass die Staatenberichte tendenziell beschönigend ausfallen bzw. bestimmte Problemlagen erst gar nicht ansprechen. Immerhin aber müssen sich die Staaten – und innerhalb der Länder unterschiedliche staatliche Stellen – im Rahmen des Berichtsverfahrens regelmäßig mit der Menschenrechtsthematik auseinanderzusetzen und soziale Menschenrechtsnormen als legitime Prüfkriterien der eigenen Politik anerkennen. Zudem gibt es auch fristgerecht abgegebene, gehaltvolle und aussagekräftige Staatenberichte.

Verstärken lässt sich der Selbstkontrolleffekt durch eine aktive Zivilgesellschaft. Zivilgesellschaftliche Gruppen und NGOs können beeinflussen, welche thematischen Bereiche der Staatenbericht abdeckt und welche inhaltlichen Aspekte er aufgreift – sei es direkt über Vorabfragen, Konsultationen und Eingaben, sei es indirekt über die öffentliche Thematisierung von Menschenrechtsproblemen. Die Kontrollausschüsse ermutigen die Staaten geradezu, bei der Berichtserstellung die Zivilgesellschaft einzubeziehen. Da es den Ausschüssen bei der Prüfung der offiziellen Staatenberichte frei steht, auch Informationen aus nichtstaatlichen Quellen zu berücksichtigen, haben die NGOs darüber hinaus die Möglichkeit, kritische Informationen, die von den offiziellen Staatenberichten abweichen oder diese ergänzen, direkt in das Verfahren einzuspeisen. Inzwischen wird dies häufig und gerne genutzt.[681] In einigen Ländern sind NGOs fast schon routinemäßig dazu übergegangen, Parallelberichte zu erstellen, die dem Ausschuss abweichende oder ergänzende Informationen zur Verfügung stellen.

Gerade im Falle der Einbindung unterschiedlicher staatlicher Stellen sowie der Mitwirkung bzw. kritischen Begleitung durch die Zivilgesellschaft enthält das Staatenberichtsverfahren ein „nicht zu unterschätzendes Sensibilisierungspotenzial“ (Kälin/Künzli 2008: 247). Wie die allgemeine Literatur zum Grundrechts- und Menschenrechtsmonitoring erkannt hat (z.B. Gusy 2011), können sich also

681 Zu den frühen Erfahrungen bei der Erstellung von Parallelberichten zum UN-Sozialpakt siehe etwa: Sandoval Terán 2002 (für Mexiko) und Gualberto 2002 (für Brasilien).

(Selbst-)Kontrolleffekte bereits einstellen, bevor der Sachverständigenausschuss den Staatenbericht prüft. Die eigentliche Fremdkontrolle besteht dann auf internationaler Ebene in einem formalisierten schriftlichen und mündlichen Dialog zwischen Ausschuss und Vertragsstaat, an dem auch die Öffentlichkeit und NGOs beteiligt sind. Dabei hat der Vertragsstaat relevante Sachverhalte und Maßnahmen darzulegen und zu begründen. Der Kontrollausschuss wiederum nimmt in seinen Abschließenden Bemerkungen Beurteilungen vor, würdigt Fortschritte, kritisiert Mängel und spricht Empfehlungen aus. Auf internationaler Ebene wirkt letztlich das Monitoring als „deliberativer Menschenrechtsschutz durch Kommunikationszwang, Erklärungs- und Rechtfertigungsdruck sowie im Extremfall durch öffentliches naming, blaming und shaming“ (Gusy 2011: 46). Idealiter ermöglicht das Verfahren, Problembereiche und Reformbedarf zu identifizieren und schärft den Blick für notwendige Maßnahmen und weiterführende Möglichkeiten zur Umsetzung der Menschenrechte. Zugleich bietet das Verfahren die Möglichkeit, sich über den Inhalt sozialer Menschenrechtsnormen und den Charakter von Staatenpflichten zu verständigen. In diesem Sinne kann das Staatenberichtsverfahren auch zur „weltweiten Rechtsharmonisierung“ (Kälin/ Künzli 2008: 248) beitragen.

Welche Wirkung das Monitoring dann tatsächlich entfaltet, hängt, erstens, vom Zeitpunkt und der Qualität der Überprüfung und der Ausschussempfehlungen ab. Selten erfolgt die Überprüfung zeitnah. Die Ausschüsse sind oft ausgelastet und schieben Stapel von Berichten mitunter jahrelang vor sich her. Unter der Arbeitslast der zwar kompetenten, aber ehrenamtlichen Sachverständigen leidet gelegentlich die Qualität der Überprüfung. Zweitens hängt die Wirkung von den politischen Verantwortlichen in dem Vertragsstaat ab, die sich gegenüber einem solchen Dialog mehr oder minder aufgeschlossen zeigen und in unterschiedlichem Maße um ihre internationale Reputation in diesem Bereich bemüht sind. Wenn die Regierungen auf menschenrechtskonformes Handeln und dessen öffentliche Würdigung Wert legen, dann könne sich ein solches Verfahren verstärkend auf den Menschenrechtsschutz auswirken, stellt Gusy (2011: 42) treffend fest. So scheinen die Berichtsverfahren vor allem in jenen Staaten zu Veränderungen beizutragen, in denen ohnehin eine gewisse Bereitschaft besteht, die sozialen Menschenrechte umzusetzen. In solchen Fällen können von den Diskussionen und Empfehlungen wichtige, ergänzende Impulse ausgehen.

Von großer Bedeutung ist, drittens, dass eine vernetzte nationale und transnationale Zivilgesellschaft den Prozess kritisch begleitet und diesen auch nach dem Abschlussbericht am Leben erhält. Oft verschleppen nämlich Staaten unliebsame Empfehlungen: „Abwarten nimmt dem Monitoring mehr Wirkung als Ablehnung des Berichts. Wer nicht ändern will, tut dies am besten geräuschlos“ (ebd.: 43). Gelingt es zivilgesellschaftlichen Organisationen das Verfahren zu nutzen, um in einen anhaltenden, kritischen Dialog mit den Regierenden zu treten und den sozialen Menschenrechten dauerhaft öffentliches Gehör zu verschaffen, dann entwickelt das Verfahren auch mittelfristige Wirkungen. Dabei kann das Staatenberichtsverfahren auch dazu führen, dass sich zivilgesellschaftliche Gruppen vernetzen, dass ihre Position in der Auseinandersetzung mit der Regierung gestärkt wird und dass sich belastbare Kommunikations- und Kooperationskanäle zwischen staatlichen und nicht-staatlichen Menschenrechtsakteuren entwickeln.

In Ansätzen lassen sich solche Effekte auch in Deutschland nachweisen, wobei allerdings die Kontakte zwischen der staatlichen Politik und nicht-staatlichen Menschenrechtsnetzwerken längst etabliert sind – das Berichtsverfahren zum UN-Sozialpakt aber nur bedingt auf öffentliches Interesse stößt. So griffen zwar einzelne Medien, NGOs, Gewerkschaftsorganisationen und Oppositionsparteien die im jüngsten Bericht des UN-Ausschuss für wsk-Rechte geäußerte Kritik gegenüber Deutschland auf,[682] eine sachkundige öffentliche Debatte um die sozialen Menschenrechte hierzulande hat daraufhin aber nicht stattgefunden. Abträglich war der Diskussion, dass einige (nicht alle!) Kritikpunkte und Empfehlungen des UN-Ausschusses nicht sachgerecht und ihrerseits kritisierbar waren,[683] was dazu führte, dass das Verfahren politisch und öffentlich an Glaubwürdigkeit einbüßte. Wie bereits zu den Staatenberichtsverfahren anderer UN-Menschenrechtsabkommen versuchte das *Deutsche Institut für Menschenrechte* auch im Falle der Empfehlungen des UN-Ausschusses für wsk-Rechte einen Follow-Up-Prozess anzustoßen; an einer entsprechenden Veranstaltung im Januar 2012 nahmen Vertreter/innen von Ministerien und NGOs teil.

Insgesamt lässt sich festhalten, dass Staatenberichtsverfahren der Umsetzung sozialer Menschenrechte kurz- und mittelfristig durchaus zuträglich sein können. Ebenso wie beim Zivilpakt (Liese 2006a) sollten jedoch keine allzu große Erwartungen an tiefgreifende, strukturelle Veränderungen an das Monitoring geknüpft werden, selbst wenn es vereinzelt zu Anpassungen rechtlicher Vorschriften und politischer Maßnahmen kommt. „Das Staatenberichtsverfahren ist kein Verfahren zur Erzwingung großer Reformen in den Mitgliedstaaten", schrieb Liese (2006a: 66) in Bezug auf den UN-Zivilpakt. Vielmehr müsse es als Instrument verstanden werden, das Vertragsstaaten bezüglich einer schrittweisen Realisierung

682 Vgl. etwa: *taz,* 22. Mai 2011; *Der Tagesspiegel,* 5. und 6. Juli 2011; *Zeit-Online,* 6. Juli 2011; *Der Standard,* 6. Juli 2011; *Süddeutsche Zeitung,* 7. Juli 2011; *Spiegel-Online,* 7. Juli 2011.

683 So etwa die Behauptung, ein Viertel der Kinder würden morgens ohne Frühstück zur Schule gehen und laufe Gefahr der Fehlernährung, weil nicht alle Schulen Mittagessen anböten; E/C.12/DEU/CO/5, 20. Mai 2011, Ziff. 28.

der Menschenrechte „sozialisiere". Dies trifft sicherlich auch für den UN-Sozialpakt zu. Dabei entwickelt das Verfahren seine Wirkkraft am ehesten in Bezug auf menschenrechtsfreundliche Staaten, die über eine aktive und vielfältige Zivilgesellschaft verfügen. Hingegen kann das Berichtsverfahren nur bedingt Wirkung auf jene Staaten entfalten, deren Regierungen keinerlei Neigung zeigen, soziale Menschenrechte umsetzen, und in denen keine starke, internationale vernetzte Zivilgesellschaft besteht, die dies einfordert. Solche Regierungen werden sich von dem Monitoring wenig beeindrucken lassen, selbst wenn die internationale Überprüfung der sozialen Menschenrechten ihnen lästig sein mag und es ihnen erschwert, völkerrechtliche Verpflichtungen zur Umsetzung der wsk-Rechte völlig zu ignorieren.

Individualbeschwerden

Im Unterschied zum Monitoring der Staatenberichte sind Beschwerdeverfahren einzelfallbezogen. Bei etlichen UN-Menschenrechtsabkommen können Einzelpersonen oder auch Personengruppen Individualbeschwerden aufgrund einer behaupteten Verletzung der dort verankerten Rechte anstrengen, wenn der nationale Rechtsweg ausgeschöpft oder nicht begehbar ist. Voraussetzung hierfür ist, dass die betreffenden Staaten das Übereinkommen ratifiziert und die Kompetenz des Vertragsorgans zur Annahme der Beschwerde anerkannt haben. Ein Individualbeschwerdeverfahren sieht bereits der Vertragstext der UN-Antirassismus-, der UN-Antifolter und der UN-Wanderarbeiterkonvention vor, bedarf dort aber einer gesonderten Anerkennung des entsprechenden Artikels durch die Vertragsstaaten, die bislang nur teilweise erfolgte. Mangels einer hinreichenden Mindestzahl an Anerkennungserklärungen hat dabei das Verfahren bei der UN-Wanderarbeiterkonvention noch keine Gültigkeit erlangt. Der UN-Zivilpakt, die UN-Frauenrechtskonvention und die UN-Behindertenrechtskonvention verfügen über freiwillige Zusatzprotokolle (Fakultativprotokolle), die ein Individualbeschwerdeverfahren vorsehen, und bislang ebenfalls nur von einem Teil der Vertragsparteien ratifiziert wurden. Im Falle des UN-Sozialpaktes wurde ein entsprechendes Zusatzprotokoll erst am 10. Dezember 2008 verabschiedet. Es liegt seit dem 24. September 2009 zur Zeichnung aus und tritt ab der Ratifikation von zehn Staaten in Kraft. Im Dezember 2012 lagen acht Ratifikationen (und 42 Unterzeichnungen) vor. Die vielfach geforderte Zeichnung und Ratifikation durch die Bundesrepublik Deutschland steht noch aus – und ist nicht so schnell zu erwarten.[684] Am 19. Dezember 2011 verabschiedete die UN-Vollversammlung

684 Auf eine Kleine Anfrage im Bundestag zum Ratifikationsstand internationaler Menschenrechtsabkommen und Zusatzprotokolle erklärte die damalige Große Koalition, dass

schließlich auch ein Zusatzprotokoll zur UN-Kinderrechtskonvention, das ein Individualbeschwerdeverfahren vorsieht. „Damit schließt die KRK verfahrensrechtlich endlich an das Niveau der anderen universellen Menschenrechtsverträge" (Löhr 2011: 127). Auch dieses Zusatzprotokoll tritt erst bei zehn Ratifikationen in Kraft.

Bei den Kontrollorganen der UN-Menschenrechtsabkommen, welche etwaige Beschwerden („Mitteilungen") annehmen, handelt es sich wohlgemerkt nicht um Gerichtsinstanzen, sondern um unabhängige Sachverständigenausschüsse, welche die Beschwerden allenfalls quasi-gerichtlich prüfen. Zu diesem Zweck nehmen sie etwaige Beschwerden an, erbitten von der fraglichen Regierung eine Stellungnahme, werten die vorliegenden Informationen aus und treffen eine Entscheidung. Die Empfehlungen *(„views")* der UN-Sachverständigenausschüsse, die am Ende solcher Individualbeschwerden stehen, entsprechen keineswegs gerichtlichen Feststellungsurteilen, werden aber mitunter von den Staaten so behandelt, als wenn sie solche wären (Riedel 2008: 76 f.). Für gewöhnlich sind sie „von erheblichem politischem Gewicht, weil von beträchtlichem Belang für das Image der Regierung und deren öffentlicher Selbstdarstellung", schreibt Theodor Rathgeber (2010: 3) und vertritt die These, dass alle Regierungen, selbst in Diktaturen, versuchen würden, solche Entscheidungen und Bewertungen zu vermeiden. Kälin/Künzli (2008: 265) zufolge gilt die Individualbeschwerde sogar „als wichtigste Errungenschaft des internationalen Systems der Menschenrechte" und werde teilweise mit der Durchsetzung der Menschenrechte gleichgesetzt.

Da die Individualbeschwerdeverfahren für den UN-Sozialpakt, die UN-Kinderrechtskonvention sowie die UN-Wanderarbeiterkonvention noch nicht in Kraft sind und im Falle der UN-Behindertenrechtskonvention noch keine Individualbeschwerden behandelt wurden, ist die Gesamtzahl der Beschwerden, welche wsk-Rechte unmittelbar betreffen, noch sehr gering. Beim CEDAW-Ausschuss wurden seit Inkrafttreten des Zusatzprotokolls im Dezember 2000 bis März 2011 lediglich 27 Beschwerden eingebracht, die vornehmlich aus Europa stammten und nur zum Teil angenommen wurden. Von den zugelassenen Beschwerden wurden in sechs Fällen bis dato abschließende *„views"* abgegeben, zehn

---

aufgrund der Einbeziehung zahlreicher innerstaatlicher Institutionen und Akteure eine entsprechende Prüfung zeitaufwändig sei (BT-Drs. 16/11693 vom 14. Januar 2009). Dieses Argument, das schon bei der jahrelangen Ausarbeitung des Zusatzprotokolls von der Bundesregierung bemüht worden war, wurde auch in den folgenden Jahren gebetsmühlenartig wiederholt. Nachdem der Prüfungsprozess im Jahre 2010 fast schon abgeschlossen schien, kam er – so Mahler (2011: 201) – 2011 wieder zum Erliegen. Der Eindruck drängt sich auf, dass die Bundesregierung erst abwarten möchte, wie sich die Spruchpraxis des Ausschusses entwickelt.

sind noch offen.[685] Einige davon betreffen immerhin soziale Menschenrechte.[686] Anhand der Follow-Up-Berichte der wenigen Entscheidungen lässt sich erkennen, dass auf Grundlage der Empfehlungen die entsprechenden Regierungen durchaus gesetzliche und administrative Maßnahmen ergreifen und – wie im Falle einer in Ungarn sterilisierten Roma-Frau – sogar Entschädigungen zahlen.[687] Die Frauenrechtsexpertin Jane Connors sprach in der *zeitschrift für menschenrechte* von *„excellent results"* des *Follow-Up*-Prozesses.[688] Allerdings bedauerte sie das geringe Beschwerdeaufkommen, vor allem aus Entwicklungsregionen.

Angesichts der geringen Zahl an Fällen ist die Bedeutung von Individualbeschwerden für den Schutz sozialer Menschenrechte bislang noch sehr begrenzt und liegt vor allem in ihrem Potenzial begründet. Letztlich bleibt abzuwarten, ob sich mit Inkrafttreten der Zusatzprotokolle zum UN-Sozialpakt und der UN-Kinderrechtskonvention und einer zunehmenden Zahl an entsprechenden Beschwerden zu CEDAW und zur UN-Behindertenrechtskonvention die Vorzüge einstellen werden, welche Befürworterinnen und Befürworter in den jahrelangen Diskussion zunächst um die Erarbeitung und Verabschiedung, später um die Zeichnung und Ratifikation der Zusatzprotokolle hervorgehoben haben.[689] Demnach bietet das Verfahren den Menschen, die sich in ihren wsk-Rechten verletzt fühlen, die Chance auf internationalen Schutz, wenn nationale Rechtsmittel ausgeschöpft sind bzw. nicht angewendet werden können – wobei die praktische Bedeutung des individuellen Rechtsschutzes allerdings dadurch gemindert wird, dass internationale Beschwerdeverfahren gemeinhin schwer zugänglich und angesichts der notwendigen Ausschöpfung des nationalen Rechts-

685 Siehe: CEDAW – Optional Protocol. Status of registered cases (as of 2 March 2011), abrufbar unter: www2.ohchr.org/english/bodies/complaints.htm (letzter Zugriff: 26. März 2012).

686 Etwa das Recht auf Gesundheit (Communication No. 4/2004, Communication No. 17/2008) oder, nicht zugelassen bzw. abschlägig entschieden, das Recht auf Arbeit (Communication No.3/2004; Communication No. 8/2005). Die Entscheidungen sind einsehbar unter: www2.ohchr.org/english/law/jurisprudence.htm (letzter Zugriff: 26. März 2012).

687 Communication No. 4/2004, *A.S. v. Hungary:* Die Sterilisierung einer Roma ohne informierte Zustimmung in einem öffentlichen Krankenhaus in Ungarn wurde als Verletzung gesundheitsbezogener Rechte interpretiert; siehe den Bericht des Ausschusses zu seiner 46. (2010) und 47. Sitzung (2011): A/66/38, Annex IX, 135 ff.

688 „The system is in place – now a visionary approach is needed", in: *zeitschrift für menschenrechte,* Jg. 4, 2010, Nr. 2, 154-164, hier: 158.

689 Vgl. hier etwa das von der OP-IESCR Coalition erstellte *„Toolkit for Action"* zum Zusatzprotokoll des Sozialpaktes, abrufbar unter: www.escr-net.org (letzter Zugriff: 15. September 2012).

weges langwierig sind, auch wenn vorläufige Maßnahmen zur Abwendung von Schäden möglich sind.

Wichtiger ist möglicherweise, dass Beschwerden einem spezialisierten Sachverständigenausschuss die Möglichkeit geben, anhand von Einzelfällen die wsk-Rechte quasi-gerichtlich auf justiziable Weise zu konkretisieren und die betreffenden Staaten auf konkrete Menschenrechtsverletzungen und Pflichten hinzuweisen. Eine solche Spruchpraxis ist weitaus griffiger als die allgemeine Bewertung der Menschenrechtslage im Rahmen des Staatenberichtsverfahrens. Zugleich wird erwartet, dass entsprechende Entscheidungen über den Einzelfall hinaus Wirkung entfalten und sich positiv auf die Ausgestaltung des nationalen Rechtsschutzes und die Umsetzung der wsk-Rechte auswirken können. Schließlich kommt dem Individualbeschwerdeverfahren – im Sinne der Unteilbarkeit der Menschenrechte – auch eine symbolische Bedeutung für eine Aufwertung der wsk-Rechte und ihrer Gleichrangigkeit mit bürgerlich-politischen Rechten zu.

Inwieweit das Potenzial von Individualbeschwerden auch in Bezug auf soziale Menschenrechte letztlich entfaltet werden wird, hängt zum einen von der Ratifikation der o.g. Zusatzprotokolle durch eine möglichst große Zahl an Staaten ab, zum anderen von der Nutzung des Verfahrens durch Betroffene. Angesichts der Tatsache, dass sich transnationale Menschenrechtsnetzwerke seit Jahren für entsprechende Zusatzprotokolle zum UN-Sozialpakt und zur UN-Kinderrechtskonvention einsetzen, ist zu erwarten, dass die Beschwerdeverfahren nach Inkrafttreten – mit Unterstützung von NGOs – auch genutzt werden. Da allerdings erst der nationale Rechtsweg ausgeschöpft werden muss, sind entsprechende internationale Beschwerden zum UN-Sozialpakt und der UN-Kinderrechtskonvention frühestens Mitte der Dekade zu erwarten.

Internationale Untersuchungsverfahren – ein wenig entfaltetes Potenzial

Eigenständige Untersuchungen bei schwerwiegenden oder systematischen Menschenrechtsverletzungen durch Staaten können die jeweiligen Kontrollausschüsse lediglich bei einigen Abkommen einleiten, und zwar nur bei fehlendem Vorbehalt des beschuldigten Staates (wie bei CEDAW) oder bei der Ratifikation eines Zusatzprotokolls (wie zur Behindertenrechtskonvention und neuerdings zum UN-Sozialpakt und zur UN-Kinderrechtskonvention). Das eigentlich große Potenzial des Untersuchungsverfahrens wurde bislang noch nicht entfaltet und spielt im Falle der wsk-Rechte bislang noch keine Rolle.

8.2 Die Berichts- und Beschwerdeverfahren der ILO

Außerhalb des UN-Menschenrechtsregimes im engeren Sinne sind die Berichts- und Beschwerdefahren der Internationalen Arbeitsorganisation (ILO) hervorzuheben, die eine Sonderorganisation der Vereinten Nationen darstellt. Die ILO verfügt über eine lange Erfahrung nicht nur der Normsetzung, sondern auch der Normenkontrolle.

Berichtsverfahren

Bei der Etablierung von Staatenberichten als Verfahren des „Menschenrechtsmonitorings" nahm die ILO eine Pionierrolle ein. Das inzwischen weiterentwickelte Verfahren diente späteren UN-Menschenrechtsabkommen als Vorbild (Müller 2011: 50). In einem vielschichtigen und mehrstufigen Berichtsverfahren legt heute jeder ILO-Mitgliedsstaat in festgelegten Zeitabständen Rechenschaft darüber ab, inwieweit innerstaatlich (und in abhängigen Gebieten) die Gesetzgebung und die Praxis mit jedem einzelnen ratifizierten ILO-Übereinkommen in Einklang steht und inwieweit die sich aus der ILO-Verfassung ergebenden Normenverpflichtungen erfüllt werden. Daneben können Staaten aufgefordert werden, darüber zu berichten, warum sie andere ILO-Konventionen noch nicht ratifiziert haben.

Die Überprüfung der periodischen Staatenberichte obliegt in einem ersten Schritt einem internationalen Sachverständigenausschuss aus unabhängigen Experten *(Committee of Experts on the Application of Conventions and Recommendations)*, der bei seiner Prüfung auch Kommentierungen nationaler Arbeitgeber- und Arbeitnehmerverbände[690] und weiterer verfügbarer Quellen einbezieht. Die Kommentare des Ausschusses nehmen die Form entweder von „direkten Anfragen" an, die dazu dienen, weniger bedeutsame Aspekte zu klären und zusätzliche Informationen einzuholen, oder von „Bemerkungen", die grundlegende und anhaltende Probleme bei der Anwendung der jeweiligen ILO-Konvention betreffen. Letztere finden Eingang in den Ausschussbericht, welcher der alljährlich zusammentretenden Allgemeinen Konferenz der ILO vorgelegt wird.

In einem zweiten Schritt prüft ein „Konferenzausschuss für die Durchführung der Übereinkommen und Empfehlung" *(Conference Committee on Application of Convention and Recommendations)*, wie die Staaten ihre normenbezogenen Verpflichtungen umsetzen. Entsprechend der dreigliedrigen Zusammensetzung der

---

690 Die Regierungsberichte sind diesen vorzulegen. In einem durchschnittlichen Jahr werden etwa 15% der Regierungsberichte von nationalen oder internationalen Arbeitgeber- und Arbeitnehmerorganisationen kommentiert, so Swepston (2009b: 330).

ILO-Organe setzt er sich aus Vertretern von Regierungen sowie von Arbeitgeber- und Arbeitnehmerorganisationen zusammen. Dabei behandelt der Konferenzausschuss Fälle gravierender Nichterfüllung sowohl der Pflicht, Berichte abzugeben, als auch der Verpflichtungen, die sich aus den ILO-Normen ergeben. Schließlich wählt er jährlich etwa 20 bis 25 wichtige Fälle aus, die zuvor vom Sachverständigenausschuss behandelt wurden und sich auf die Umsetzung ratifizierter ILO-Konventionen beziehen. Die betreffenden Regierungen werden dazu eingeladen, die jeweiligen Bemerkungen gemeinsam mit dem Ausschuss zu erörtern. Nach der Diskussion nimmt der Konferenzausschuss Schlussfolgerungen an und legt der Allgemeinen Konferenz seinen Bericht vor. Darin kann er die Staaten auch ersuchen, technische Unterstützung anzunehmen, und diese auffordern, in ihrem nächsten Bericht an den Sachverständigenausschuss bestimmte Informationen zu liefern oder bestimmte Fragen zu behandeln.[691]

Beschwerden und Klagen[692]

Die ILO-Verfassung unterscheidet zwischen *representations* und *complaints*, in der deutschen Übersetzung zwischen: Beschwerden und Klagen. Auf Grundlage des Art. 24 der ILO-Verfassung können Berufsverbände von Arbeitgebern und Arbeitnehmern eine Beschwerde einreichen, wenn ihrer Ansicht nach ein Mitgliedsstaat eine ratifizierte Konvention nicht in befriedigender Weise beachtet. Der ILO-Verwaltungsrat prüft die Beschwerde und fordert ggf. die betreffende Regierung zu einer Stellungnahme auf. Gibt die Regierung keine oder eine unbefriedigende Stellungnahme ab, kann der Verwaltungsrat die Beschwerde und ggf. die Antwort veröffentlichen. Bis zu den 1980er Jahren kam dem Beschwerdeverfahren „keine größere praktische Bedeutung" zu (Lörcher 1994: 80); es wurde dann aber gerade von Gewerkschaften genutzt.

Von den über 160 dokumentierten Beschwerden, welche die NORMLEX-Datenbank (beginnend mit einer Beschwerde gegen Japan 1924) aufführt, wurden die allermeisten seit den 1980er Jahren eingereicht. Vor allem in den 1990er Jahren nahm ihre Zahl sprunghaft zu. Zahlreiche Beschwerden auch jüngeren Datums betrafen dabei menschenrechtsrelevante Übereinkommen wie etwa die ILO-Konventionen über die Zwangsarbeit und deren Abschaffung (Nr. 29, Nr. 105), über

691 Das Verfahren ist in dem Bericht des Standverständigenausschusses für die Durchführung der Übereinkommen und Empfehlungen gut beschrieben; vgl. etwa den allgemeinen Teil des Berichts von 2011: ILC/100/III/1A.

692 Auf das vielfach genutzte Sonderverfahren für solche Beschwerden, die Verstöße gegen die Vereinigungsfreiheit betreffen, gehen wir im Rahmen dieser Studie nicht ein, da es nicht unmittelbar ein hier behandeltes wsk-Recht betrifft; siehe hierzu ILO (2011b).

die Vereinigungsfreiheit (Nr. 87), über den Lohnschutz (Nr. 95), über die Gleichheit des Entgelts (Nr. 100), über die Diskriminierung im Beruf (Nr. 111), über die Gleichbehandlung im Bereich sozialer Sicherheit (Nr. 118), über den Arbeitsschutz (Nr. 155) oder auch über die Beendigung des Arbeitsverhältnisses (Nr. 158). Auffällig ist die große Zahl an Beschwerden, die sich im vergangenen Jahrzehnt auf die Konvention über indigene Völker (Nr. 169) bezogen, vor allem in Lateinamerika, wo das Übereinkommen bisher am häufigsten ratifiziert wurde.[693]

Auf Grundlage des Art. 26 der ILO-Verfassung kann zudem jeder ILO-Mitgliedsstaat gegen ein anderes Mitglied klagen, das nach seiner Ansicht das – von beiden Seiten ratifizierte – ILO-Übereinkommen nicht einhält. Ebenso können der ILO-Verwaltungsrat sowie einzelne Delegierte der Internationalen Arbeitskonferenz, die sich aus Regierungs-, Arbeitgeber- und Arbeitnehmervertretern (im Verhältnis 2:1:1) zusammensetzt, eine solche Klage einreichen. Hält es der Verwaltungsrat nicht für nötig, der betreffenden Regierung die Klage mitzuteilen oder geht binnen einer angemessene Frist keine befriedigende Antwort der Regierung ein, dann kann der Verwaltungsrat einen Untersuchungsausschuss einsetzen, der nach gründlicher Prüfung einen umfassenden Bericht erstellt sowie abschließend Maßnahmen und Umsetzungsfristen empfiehlt. Der Bericht wird veröffentlicht und die betreffende Regierung ist aufgefordert, mitzuteilen, ob sie die Empfehlungen annimmt oder ob sie den Streitfall dem Internationalen Gerichtshof unterbreiten möchte (wobei letzteres bisher noch nie geschehen ist). Befolgt ein Mitgliedsstaat nicht binnen der gesetzten Frist die Empfehlungen des Untersuchungsausschusses (oder die Entscheidung des Internationalen Gerichtshofes) kann der Verwaltungsrat der Konferenz „Maßnahmen empfehlen, die ihm zur Sicherung der Ausführung dieser Empfehlungen zweckmäßig erscheinen" (Art. 33).

Klagen sind weitaus seltener als Beschwerden, aber von größerem politischem Gewicht. Zwischen 1961 und 2011 wurden zwölf Untersuchungskommissionen eingerichtet, die jeweils umfassende Berichte zu Klagen erstellten. Sie betrafen: das Verbot der Zwangsarbeit in Portugals Kolonien (1961), in Liberia (1962), der Dominikanische Republik/Haiti (1981) und Myanmar/Burma (1996); die Vereinigungsfreiheit und das Streikrecht in Griechenland (1968), der Dominikanischen Republik/Haiti (1981), Polen (1982), in Nicaragua (1987), Weißrussland (2003) und Zimbabwe (2008); den Schutz von Arbeitern und Arbeiterrechten in Chile (1974), den Diskriminierungsschutz beim Zugang zum öffentlichen Dienst (Stichwort: Berufsverbote) in der Bundesrepublik Deutschland (1985)

693 Die Beschwerden lassen sich auf der ILO-Datenbank NORMLEX (zuvor: ILOLEX) unter www.ilo.org abrufen.

und die Diskriminierung der ungarischen Minderheit in Rumänien u.a. beim Zugang zur Arbeit (1989).[694]

Die Wirkkraft der ILO-Kontrollverfahren

Die ILO-Kontrollverfahren sind Menschenrechtsaktivisten gemeinhin wenig bekannt. Dies hat zum einen mit der Vielfalt an Konventionen und der Komplexität der Prüfverfahren zu tun, zum anderen mit dem beschränkten Verfahrenszugang seitens nicht-staatlicher Menschenrechtsorganisationen, die nicht Bestandteil der dreigliedrigen Struktur der ILO-Organe sind. Zwar kooperieren die dort vertretenen Gewerkschaften mehr oder minder stark mit NGOs, doch handelt es sich bei diesen NGOs zumeist nicht um Menschenrechtsorganisationen im engeren Sinne. Dementsprechend werden ILO-Empfehlungen im öffentlichen Menschenrechtsdiskurs wenig wahrgenommen und diskutiert. Die geringe Aufmerksamkeit kontrastiert mit Einschätzungen, denen zufolge dem ausdifferenzierten ILO-Kontrollsystem innerhalb der „UNO-Familie" ein „beispielhafter Charakter" zukäme (Lörcher 1994: 76). Bis heute wird mitunter die Ansicht vertreten, dass es sich bei den Verabschiedungs-, Umsetzungs- und Überwachungsverfahren der ILO-Konventionen um „das effektivste System zum Schutz der Menschenrechte" innerhalb des Systems der Vereinten Nationen handle (Hüfner et al. 2012: 290).[695] Ob die Behauptung allgemein zutrifft, kann dahin gestellt werden, für den Schutz von arbeitsbezogenen Rechten jedoch kommt der ILO auf globaler Ebene tatsächlich eine zentrale Rolle zu. Allerdings ist auch hier eine abgewogene Bewertung vonnöten.

Zum einen lässt sich aus den Berichten des Sachverständigenausschusses „die Bereitschaft vieler Staaten ablesen, die Übereinkommen und die sich daraus ergebenden Verpflichtungen ernst zu nehmen und die nationalen Rechtsordnung(en) daran anzupassen" (Müller 2011: 74). Swepston (2009b: 341) verweist auf viele Situationen, in denen die ILO-Standards und die damit verbundene technische Hilfe die nationalen Arbeitsgesetze mitprägten und dazu beitrugen, Arbeitsmissstände zu überwinden. Auch bringt der Sachverständigenausschuss in seinen Berichten immer wieder die „Genugtuung" über Umsetzungsfortschritte zum Ausdruck (wobei die konstatierten Fortschritte nicht gleichbedeutend mit der Umsetzung der ILO-Konventionen sind). Entsprechende Fortschritte stellte der Ausschuss für 2010 in 40 Ländern fest, in denen in 63 Fällen entsprechende Maßnahmen ergriffen worden seien. Seit 1964 stieg damit die Gesamtzahl der

694 Siehe die vollständigen, umfassenden Berichte der Untersuchungskommissionen in der ILOLEX-Datenbank.

695 Vgl. auch Müller (2011: 53), bezugnehmend auf Ghebali (1989: 74).

Fälle, in denen der Ausschuss „seine Genugtuung über die im Anschluss an seine Bemerkungen erzielten Fortschritte machen konnte" auf 2.803 an.[696] Auch in den Gesamtberichten zur Zwangsarbeit, Menschenhandel und Kinderhandel (IAA 2005, 2007, 2009, 2010) legt die ILO dar, wie ihre Empfehlungen und ihre Unterstützung zu vielfältigen innerstaatlichen gesetzgeberischen und administrativen Maßnahmen führten.

Zum anderen verfügt auch die ILO über keine sanktionsbewehrten Durchsetzungsinstrumente und bleibt auf die Kooperation der Mitgliedsstaaten angewiesen. Ebenso wie bei anderen Berichtsverfahren sind etliche Staaten nicht willens oder fähig, fristgerecht Berichte abzugeben. Im Jahre 2010 wurden von den Regierungen 2.990 Berichte über die von den Mitgliedsstaaten ratifizierten Übereinkommen (einschließlich 245 Berichte zur Anwendung der Konventionen auf abhängige Gebiete) angefordert, davon sind 2.002 Berichte eingegangen; das entspricht ziemlich genau zwei Dritteln.[697] Damit pendelte sich der Anteil wieder auf die Werte von 2007 und 2008 ein, nachdem er 2009 zeitweise auf drei Viertel angestiegen war. Der Sachverständigenausschuss schrieb 2010 insgesamt 39 Mitgliedsstaaten wegen der Nicht-Erfüllung ihrer Berichtspflichten an (2009: 44, 2008: 55, 2007: 45, 2006: 49, 2005: 53). „In sieben Fällen äußerte der Ausschuss tiefe Sorge angesichts der Anzahl fälliger Berichte und des Andauerns einer gravierenden Nichterfüllung der Berichtspflicht und anderer normenbezogener Verpflichtungen."[698] In 669 Fällen, betreffend 51 Länder, erhielt der Ausschuss 2010 zudem keine oder keine hinreichende Antwort auf seine Kommentare (Bemerkungen, direkte Anfragen).[699] Hinzu kommt, dass mitunter selbst kooperationsbereite Regierungen abweichende Rechtsansichten vertreten, die sie nicht zu ändern bereit sind. Ein Beispiel dafür ist die unterschiedliche Beurteilung der Einschränkungen des Streikrechts im öffentlichen Dienst in der Bundesrepublik Deutschland (vgl. Müller 2011: 76).

Insgesamt legen die ILO-Berichte die Annahme nahe, dass auch die Wirkkraft der ILO-Kontrollverfahren maßgeblich von dem Kooperationswillen und, bei fehlender Kooperationsfähigkeit, auch von der technischen Unterstützung der ILO abhängt. In Staaten, die sich jeglicher Kooperation verweigern, bleibt der Einfluss der ILO hingegen eher gering.

---

696 ILC.100/III/1A, Ziff: 65.

697 ILC.100/III/1A, Ziff. 33. Anzahl und Umfang der „Berichte" sind nicht vergleichbar mit den Berichten von UN-Menschenrechtsverträgen, da sie sich jeweils auf einzelne ILO-Konventionen und Rechte beziehen.

698 ILC.100/III/1A, Ziff. 22.

699 ILC.100/III/1A, Ziff. 45.

Völlig wirkungslos müssen aber die ILO-Verfahren auch in solchen Fällen nicht bleiben, wie das Beispiel Myanmar (Burma) zeigt, bei dem das gesamte Spektrum der ILO-Kontrollmöglichkeiten ausgeschöpft wurde. Obwohl das dortige Regime sich jahrelang hartnäckig einer Kooperation verweigerte, wurde auf Grundlage einer Klage des Jahres 1996 ein Untersuchungsausschuss eingesetzt, der in Flüchtlingscamps und angrenzenden Regionen eine Untersuchung zur Zwangsarbeit in Myanmar durchführte (ILO 1998). *„The report of this Commission is one of the best extant examples of human rights investigations and findings by any international body"*, lobt Lee Swepston (2009b: 339) den Bericht, der systematische Verletzungen der Zwangsarbeiterkonvention (Nr. 29) in Myanmar feststellte (ILO 1998). Das Regime in Myanmar focht den Bericht nicht vor dem Internationalen Gerichtshof an, reagierte aber zunächst äußerst ablehnend (vgl. Maupain 2005).

Angesichts der anhaltenden Zwangsarbeiterpraktiken und der Missachtung der ILO-Empfehlungen durch das Regime in Myanmar wandte die ILO im Jahre 2000 das erste (und bisher einzige) Mal Art. 33 der ILO-Verfassung an und rief alle Mitgliedsstaaten, Arbeitgeber- und Arbeitnehmerverbände sowie andere internationale Organisationen auf, ihre Beziehungen zu dem Land überprüfen, um sicherzustellen, dass sie die Zwangsarbeit dort nicht unterstützen. Der Konferenzausschuss hielt fortan bei jeder seiner Tagungen eine Sondersitzung über die Durchführung der Zwangsarbeit-Konvention in Myanmar ab. Nach langjährigem Widerstand erlaubte das Regime der ILO schließlich, im Jahre 2007 ein Büro in Myanmar zu errichten, um dem Land dabei zu helfen, Zwangsarbeit zu beseitigen und „Beschwerden" (hier nicht im Sinne der ILO-Beschwerden) entgegenzunehmen. Trotz aller Behinderungen nahm das Büro seit 2007, so berichtete die *Neue Zürcher Zeitung* am 21. Juni 2011, 550 Beschwerden entgegen. Davon seien 200 von der Regierung abschließend untersucht worden – mit der Folge, dass 174 minderjährige Soldaten ihren Familien übergeben und etliche Armeeangehörige bestraft worden seien. Die neue, zivile Regierung (ehemaliger Militärs) habe der ILO inzwischen zugesagt, die Gesetzeslage zu ändern.

8.3 Die Kontrollverfahren der UNESCO

Wenig bekannt ist, dass auch die UNESCO über ein Beschwerde- und ein Berichtsverfahren verfügt. Bei der UNESCO können Beschwerden („Mitteilungen") durch einzelne Personen, Gruppen und NGOs vorgebracht werden, wenn sich diese etwa in ihren Bildungsrechten beeinträchtigt fühlen.[700] Für gewöhnlich handelt es sich bei den Betroffenen um Lehrkräfte, Schüler und Studierende,

700 Zu den Details siehe: Hüfner/Siebers/Weiß (2012: 279 ff.).

Künstler und Publizisten. Hier muss der innerstaatliche Rechtsweg *nicht* ausgeschöpft sein und die Beschwerde darf sogar Gegenstand einer anderen internationalen Untersuchung sein. Bei der nicht-öffentlichen Behandlung der Beschwerde, deren Zulässigkeit und Begründetheit von einem Ausschuss geprüft werden, werden dann einvernehmliche, vertrauliche Lösungen gesucht. Eine quasi-gerichtliche Beurteilung findet *nicht* statt. Insgesamt weist das Beschwerdeverfahren nur sehr bedingt einen Rechtscharakter auf und kann auch kaum politische Wirkkraft entfalten. Nach dem Höhepunkt in den 1980er Jahren wird es mit sinkender Tendenz genutzt.

Im Hinblick auf die wsk-Rechte nur von randständiger Bedeutung ist auch das Berichtsverfahren der UNESCO, in dem die Staaten Rechenschaft über die Umsetzung der UNESCO-Konventionen und Empfehlungen berichten, welche u.a. die Rechte auf Bildung und auf Teilhabe am kulturellen Leben betreffen.[701] Auch hier liegt die Berichtsmoral im Argen, sind die Rücklaufquoten niedrig, werden viele Berichte zu spät eingereicht und sind wenig aussagekräftig. Die Wirkkraft von Beratungen und Empfehlungen muss wohl als gering eingestuft werden (vgl. Hüfner 2012).

8.4 Die Kontrollverfahren des regionalen Menschenrechtsschutzes

Bei allen Unterschieden im Detail weisen die regionalen Menschenrechtsregime im Rahmen des Europarates, der OAS und der Afrikanischen Union – ähnlich wie im Falle des Menschenrechtsregimes der Vereinten Nationen – zum einen Menschenrechtsinstitutionen auf, die sich auf die Gründungsdokumente der Organisationen beziehen, zum anderen Vertragsorgane, welche gesondert abgeschlossene Menschenrechtsabkommen überwachen. Neben den vielfältigen weiteren Aktivitäten zum Schutz und zur Förderung der Menschenrechte bestehen auch hier Beschwerde-, Berichts- und Untersuchungsverfahren sowie präventive Besuchssysteme, die in den jeweiligen Ländern freilich nicht immer bekannt sind.[702] Welchen Beitrag leisten diese nun zum Schutz sozialer Menschenrechte?

8.4.1 Beschwerden vor dem Europäischen Gerichtshof für Menschenrechte

Während die UN-Menschenrechtsabkommen von unabhängigen Sachverständigenausschüssen überwacht werden, verfügen regionale Menschenrechtsregime in

701 Zu den Details des Verfahrens siehe: Hüfner/Siebers/Weiß (2012: 277 ff.)
702 Kritisch etwa in Bezug auf Brasilien: de Oliveira Mazzuoli (2010).

Europa, Amerika und Afrika auch über Gerichte, die Beschwerden entscheiden. Am stärksten gerichtsförmig ausgestaltet ist der Europäische Gerichtshof für Menschenrechte, der seit 1998 mit ständigen Richtern besetzt ist und seitdem auch direkt Beschwerden annimmt (vgl. Leach 2011). Mit Ausnahme des Rechts auf Bildung können zwar die wsk-Rechte meist nur mittelbar Gegenstand von Beschwerden werden, doch schützen EGMR-Urteile, wie bereits mehrfach in der Studie gezeigt wurde, mitunter indirekt die wsk-Rechte.[703] So konnte Nolan (2009: 243) feststellen: „*Certainly, European Convention rights have been used on numerous occasions to give effect to aspects of ESR, including the right to health, the right to social security, the right to housing and the right to work/livelihood*". Indirekt genutzt wurden dabei etwa das Recht auf Leben, das Verbot der Folter und der unmenschlichen oder erniedrigenden Strafe oder Behandlung, das Diskriminierungsverbot sowie die Rechte auf ein faires Gerichtsverfahren, auf Achtung des Privat- und Familienlebens oder auch des Eigentums. Eine umfassende, etablierte Spruchpraxis zu den wsk-Rechten hat sich allerdings noch nicht herausgebildet, schon gar nicht in Bezug auf etwaige „positive" Staatenpflichten.

Weiterhin ermöglicht die EMRK den Vertragsstaaten, einen anderen Vertragsstaat wegen Verletzung der EMRK zu verklagen, ganz unabhängig davon, ob eigene Staatsangehörige betroffen sind. Bislang wurden jedoch erst wenige Staatenbeschwerden beim EGMR eingereicht, mehrheitlich im Rahmen politischer Konflikte (Zypern, Nordirland, Georgien etc.). Obwohl oder gerade weil Staatenbeschwerden nur selten ergriffen werden[704], wird ihre politische Bedeutung mitunter umso größer eingeschätzt. Es handle sich, so Grabenwarter (2009: 43), „um ein bedeutendes Instrument im Rahmen des europäischen Menschenrechtsschutzes". Die Tatsache freilich, dass die Fälle so wenig in der Literatur diskutiert werden, lässt vermuten, dass ihre Bedeutung möglicherweise doch nicht so groß ist. Dies gilt schon gar für den mittelbaren Schutz sozialer Menschenrechte.

Soweit sich aber der EGMR indirekt der sozialen Menschenrechte annimmt, ist die Chance auf Umsetzung der rechtlich verbindlichen Urteile, deren Vollzug das Ministerkomitee des Europarates überwacht, groß.[705] Zwar ist der EGMR nicht befugt, nationale Gerichtsurteile aufzuheben, und fehlt dem EGMR sowohl eine „Durchsetzungskompetenz" als auch eine eigene Vollzugsbehörde

703 Vgl. Schneider (2004), Koch (2009), Iliopoulos-Strangas (2010a).

704 Erstaunlich hier die abweichenden Angaben zur Anzahl der eingereichten Staatenbeschwerden in einschlägigen Lehrbüchern, die von 13 (Kälin/Künzli 2008: 266) bis 22 (Grabenwarter 2009: 43) reichen.

705 Auf der Website des Europarates lässt sich der Vollzug der EGMR-Urteile nachhalten: www.coe.int/execution (letzter Zugriff: 1. August 2012); siehe auch die regelmäßigen Kurzberichte in dem *Human rights information bulletin* des Europarates.

(Weiß 2011: 81), doch unterliegen die Vertragsstaaten einer Befolgungspflicht, der sie weitgehend nachkommen. So wird das Gros der Urteile, wenn auch oft mit zeitlichen Verzögerungen, umgesetzt. Hinzu kommt eine rechtliche „Orientierungswirkung“ (Klein 2010: 653) der Urteile für vergleichbare Fälle.

8.4.2 Beschwerden und Staatenberichte zur Europäischen Sozialcharta

Die (Revidierte) Europäische Sozialcharta hingegen umfasst explizit die wsk-Rechte. Hier besteht die Möglichkeit einer – der ILO nachempfundenen – Kollektivbeschwerde, zumindest betreffend jenen 15 Vertragsstaaten, die bis 2012 ein entsprechendes Zusatzprotokoll (1995) ratifiziert oder das Verfahren bei der Annahme der Revidierten Europäischen Sozialcharta akzeptiert haben.[706] Beschwerdeführer können internationale und nationale Arbeitgeber- und Arbeitnehmerorganisationen sowie internationale NGOs mit Beobachterstatus beim Europarat sein. Zudem können Staaten allgemein nationalen NGOs ein Beschwerderecht einräumen, wie dies beispielsweise Finnland getan hat. Beschwerden werden vor dem Europäischen Ausschuss für Soziale Rechte untersucht und führen gegebenenfalls zu abschließenden Empfehlungen des Ministerkomitees, also des zentralen politischen Entscheidungsgremiums des Europarates.

Von 1998 bis 2011 wurden insgesamt 75 Kollektivbeschwerden eingereicht[707], beginnend mit der Beschwerde der *International Commission of Jurists* (ICJ) gegen Portugal zum Verbot von Kinderarbeit (Nr. 1/1998) bis hin zur Beschwerde der *International Federation of Human Rights* (FIDH) gegen Belgien (Nr. 75/2011), welche die unzureichende medizinische und soziale Unterstützung behinderter Menschen und ihrer Angehöriger zum Inhalt hat. Bis 9. August 2012 kamen bereits zwölf weitere Beschwerden hinzu. Bei der Untersuchung der Beschwerden, die seit 1998 eingegangen sind, stellte der Europäische Sozialrechtsausschuss häufig fest, dass Bestimmung der Sozialcharta verletzt seien, etwa hinsichtlich der Rechte auf und bei der Arbeit, auf Bildung (z.B. von Kindern mit Behinderungen), auf Gesundheitsversorgung sowie vielfach auf Wohnen. Da der nationale Klageweg nicht erschöpft sein muss, ist das Verfahren leicht zugänglich und mündet meist binnen ein, zwei Jahren nach Beschwerdeeingang in einer Entscheidung. Die häufige Inanspruchnahme der Kollektivbeschwerde deute darauf hin, „dass es einerseits ein entsprechendes Kontrollbedürfnis gibt und dass andererseits die Erwartungen der Beschwerdeberechtigten durch die bisherige Praxis

706 Deutschland und Österreich gehören nicht dazu, geschweige denn die Schweiz, die nicht einmal Vertragspartei der Europäischen Sozialcharta ist.

707 Eine Liste der Kollektivbeschwerden ist auf der Website des Europarates abrufbar. Siehe auch: European Committee on Social Rights (2010a), (2010b) und (2012).

nicht enttäuscht werden" (Hüfner/Siebers/Weiß 2012: 351). Wie gesagt, lassen aber nicht alle Vertragsstaaten der (Revidierten) Europäischen Sozialcharta Kollektivbeschwerden zu.

Hingegen müssen alle Vertragsstaaten regelmäßig Staatenberichte abgeben, in denen sie Rechenschaft darüber ablegen, inwieweit sie die jeweils angenommenen Artikel der Charta umsetzen. Dabei zeigen die jeweiligen „Stellungnahmen" zu den Staatenberichten, dass selbst ausgebaute Wohlfahrtsstaaten – zumindest aus Sicht des Europäischen Sozialrechtsausschusses – gelegentlich arbeits- und sozialrechtlich „nachbessern" müssen. Bezogen auf Deutschland wurden in der Vergangenheit etliche Punkte beanstandet, etwa: die starke Abhängigkeit ausländischer Arbeitskräfte vom Arbeitgeber, wenn bei einem etwaigen Jobverlust auch die Aufenthaltsgenehmigung gefährdet ist; der unzureichend regulierte Arbeits- und Gesundheitsschutz von Selbstständigen; die Entgeltungleichheit zwischen Frauen und Männern sowie das Verbot von Streiks, die nicht auf Tarifvereinbarungen abzielen. Auch im Falle Österreichs wurden einige Beispiele für die Non-Konformität mit der Sozialcharta benannt.[708] Nicht immer teilen indes die Regierungen die Ansicht des Sachverständigenausschusses und sehen sie sich verpflichtet, ihre Rechtslage oder Rechtspraxis zu ändern.

Angesichts der vagen rechtlichen Ausgestaltung und der schwachen Kontrollmechanismen wird der (Revidierten) Europäischen Sozialcharta gemeinhin keine große Wirkung auf das – in vielen Ländern allerdings auch gut ausgebaute – nationale Arbeits- und Sozialrecht bescheinigt. Norman Weiß (2002) zufolge sind die Impulse auf die Gesetzgebung der Vertragsstaaten eher gering; auch nähmen die nationalen Gerichte kaum auf die Sozialcharta Bezug. Allerdings ist das Bild einer weitgehend wirkungslosen Europäischen Sozialcharta zu korrigieren. *„We are far from the low-profile, bureaucratized, and almost invisible instrument the European Social Charter has been for the first 30 years of its existence"*, schreibt De Schutter (2009: 442) und betont, dass sich die Kollektivbeschwerden, im Unterschied zu vielen anderen Kontrollverfahren vor internationalen Menschenrechtsorganen, als erstaunlich effektiv erweisen und einen wichtigen Beitrag zum Verständnis der Justiziabilität und der Verletzung sozialer Menschenrechte leisten würden (ebd.: 436).

---

708 Department of the European Social Charter and of the European Code of Social Security: Germany and the European Social Charter, Factsheet – Germany, Februar 2012; Austria and the European Social Charter, Factsheet – Austria, Februar 2012, beide unter: www.coe.int/t/dghl/monitoring/socialcharter/CountryFactsheets/ (Zugriff: 1. Oktober 2012).

Das Schweizer Kampagnenportal „Pro Sozialcharta" listet einzelne Erfolge auf: Dank der Sozialcharta sei beispielsweise in Österreich das Mutterschaftsgesetz geändert worden, damit es auch für Angestellte in Privathaushalten gilt. In Italien wurde Kinderarbeit unter 15 Jahre verboten. Frankreich stellte eheliche und nichteheliche Kinder im Erbrecht gleich. In Belgien genießen Mütter inzwischen das Recht, während der Arbeitszeit zu stillen. Zypern erließ ein Verbot gesundheitsschädigenden Asbests am Arbeitsplatz. Irland hob die Einschränkung des Wahlrechts für Sozialhilfeempfänger auf.[709] Zu einer Reihe von Reformen kam es zudem in Portugal, als der Europäische Sozialrechtsausschuss dort 1998 eine Verletzung der Europäischen Sozialcharta feststellte, weil der Staat die Kinderarbeits(schutz)gesetze nicht durchsetzte (Gauri/Brinks 2008: 2). Auch die *Country Factsheets* des Europarates zur Sozialcharta weisen – neben Defiziten – Fortschritte bei der Anwendung der Charta durch die jeweiligen Vertragsstaaten aus. Allerdings wäre im Einzelnen zu prüfen, ob es sich hier um Fortschritte *infolge* oder nur *im Sinne* der Sozialcharta handelt. Die Einführung des Allgemeinen Gleichbehandlungsgesetzes (AGG) in Deutschland von 2006, die in dem *Factsheet* zu Deutschland als Fortschritt benannt wird, geht beispielsweise eindeutig auf verbindliche EU-Richtlinien zurück (und nicht auf Empfehlungen des Europarates).

Für die künftige Entwicklung entwirft De Schutter (2009: 442) ein überaus optimistisches Szenario: *„It can savely be asserted that, within the next few years, with the development of the collective complaints mechanism and the progressive ‚judicialization' of the monitoring performed by the European Committee of Social Rights, the importance of the European Social Charter will continue to grow"*. Das Verfahren werde nicht nur die Arbeits-, Sozial- und Bildungspolitik der Mitgliedsstaaten des Europarates beeinflussen, sondern auch die internationale und vergleichende Rechtsprechung im Bereich der sozialen Menschenrechte. Zumindest die letztgenannte Annahme ist plausibel: In dem Maße, wie sich weitere internationale Beschwerdeausschüsse den sozialen Menschenrechten annehmen und die nationalen Gerichte die Justiziabilität der wsk-Rechte anerkennen, wird die bereits etablierte, aber noch wenig bekannte Spruchpraxis zur Europäischen Sozialcharta an Bedeutung gewinnen und ihrerseits zum allgemeinen Rechtsverständnis von Verletzungen der sozialen Menschenrechte beitragen. Diese Einschätzung teilt auch Holly Cullen (2009: 93). Offen ist hingegen, ob die Europäische Sozialcharta wirklich nachhaltig die Arbeits-, Sozial- und Bildungspolitik der Staaten des Europarats zu beeinflussen vermag. Zumindest für die EU-Staaten wären entsprechende Veränderungen eher von einer Fortentwicklung des Europäischen Arbeits- und Sozialrechts zu erwarten.

---

709 Vgl. www.sozialcharta.ch (letzter Zugriff: 1. Oktober 2012).

8.4.3 Der Europäische Gerichtshof – Schutz für EU-Bürger

Obwohl die vorliegende Studie zu sozialen Menschenrechten das Recht der Europäischen Union nur am Rande erwähnt, sei ein kurzer Hinweis auf die Rechtsprechung des Europäischen Gerichtshofes (EuGH) erlaubt. Abhängig von europarechtlichen Regelungen im Arbeits- und Sozialbereich kann der EuGH subjektive Ansprüche der EU-Bürger schützen und die Nicht-Umsetzung objektiver Staatenpflichten der EU-Staaten gerichtlich prüfen. In unserem Zusammenhang relevant sind etwa: die Arbeitnehmerfreizügigkeit und Niederlassungsfreiheit, das Nicht-Diskriminierungsverbot wegen der Staatsangehörigkeit bei der Gewährung von Sozialleistungen oder auch die Gleichbehandlung von Frauen und Männern beim Zugang zu Beschäftigung, zur Berufsausbildung und beruflichem Aufstieg, beim Entgelt sowie im Bereich sozialer Sicherheit. Diesbezüglich gibt es bereits einschlägige Gerichtsurteile des EuGH (vgl. Eichenhofer 2010). „Der EuGH hat in mittlerweile mehr als eintausend Rechtssachen über Fragen der Gesundheits-, Arbeits- und Sozialpolitik entschieden", stellte Stefan Schieren (2012: 72) fest und gesteht dem Gerichtshof auf dem Gebiet der Sozialpolitik eine „erheblich wichtigere Rolle" als dem europäischen Gesetzgeber zu (ebd.). Allerdings bezieht sich der Schutz vornehmlich auf EU-Bürger. Die Gleichbehandlung von Drittstaatsangehörigen ist nicht (unbedingt) gewährleistet, was Probleme der Vereinbarkeit mit menschenrechtlichen Diskriminierungsverboten aufwerfen kann (vgl. Kugelmann 2010: 1004 ff.). Hinzu kommt, dass Urteile des EuGH auch nationale und internationale Arbeitnehmerrechte beschneiden können (vgl. Krupp et al. 2009). Gleichwohl ist zu erwarten, dass mit fortschreitender Rechtssetzung und Rechtssprechung im Bereich der Europäischen Arbeits- und Sozialpolitik der Schutz wirtschaftlicher und sozialer Rechte der EU-Bürger erheblich an Bedeutung gewinnen wird. Inwieweit davon auch Drittstaatsangehörige profitieren, wäre dabei jeweils zu prüfen.

8.4.4 Beschwerden und Berichte im Interamerikanischen Menschenrechtssystem

Während Staatenbeschwerden im Interamerikanische Menschenrechtssystem bislang keinerlei Rolle spielen,[710] sind Individualbeschwerden von großer Bedeutung für den Menschenrechtsschutz in der Region. Beschwerdeberechtigt sind nicht nur Einzelpersonen und Personengruppen, sondern auch registrierte NGOs, selbst wenn diese keine Rechtsverletzungen erlitten haben *(acto popula-*

710 Bislang wurde erst eine Staatenbeschwerde eingereicht, die jedoch nicht angenommen wurde: IACHR, Report no. 11/07, Interstate Case 01/06, *Nicaragua v. Costa Rica*, 8. März 2007.

ris). Anfänglich nur vereinzelt in Anspruch genommen, belief sich die Zahl der eingereichten Individualbeschwerden im Zeitraum von 2000 bis einschließlich 2010 auf 13.354 Beschwerden (zuzüglich der 3.783 Beschwerden des Jahres 2002 wegen der Notmaßnahmen der argentinischen Regierung im Rahmen der Bankenkrise sowie einer noch nicht bezifferten Zahl an Beschwerden aus dem Jahr 2009, welche den Staatsstreich in Honduras betrafen). Im Jahr 2011 kamen nochmals 1.658 eingereichte Beschwerden hinzu.

Die Beschwerden können nur bei der Interamerikanischen Menschenrechtskommission eingereicht werden, die dem Interamerikanischen Gerichtshof für Menschenrechte vorgeschaltet ist. Die Kommission kann Individualbeschwerden sowohl gegen Vertragsstaaten als auch gegen Nicht-Vertragsstaaten der Amerikanischen Menschenrechtskonvention annehmen. Sie prüft die Zulässigkeit der Beschwerden, klärt den Sachverhalt und bemüht sich um eine gütliche Einigung. Wenn diese nicht zustande kommt, nimmt sie eine rechtliche Bewertung des Falles vor und spricht ggf. Empfehlungen an die Streitparteien aus, welche binnen drei Monate zu erfüllen sind. Werden die Empfehlungen in der gesetzten Frist nicht umgesetzt, dann kann die Kommission ihren Bericht veröffentlichen. Für Nicht-Vertragsstaaten der AMRK ist damit das Verfahren abgeschlossen.

Der weitere Gang vor den Interamerikanischen Gerichtshof für Menschenrechte ist nur dann möglich, wenn sich die Beschwerden gegen die Vertragsstaaten der AMRK richten und diese sich der streitigen Gerichtsbarkeit des Gerichtshofs unterworfen haben oder diese *ad hoc* anerkennen. Zur Erinnerung: Bis 2012 hatten 25 der 35 OAS-Staaten die AMRK ratifiziert; davon hatten sich 21 der Jurisdiktion des Gerichtshofes unterworfen. Nur ein geringer Teil der ursprünglich eingegangenen Beschwerden gelangt tatsächlich vor den Gerichtshof. Dem Jahresbericht 2011 zufolge wurden an den Gerichtshof zwischen 1986 und 2011 insgesamt 174 Streitfälle überwiesen.[711] Bis Juni 2012 hat der Gerichtshof in strittigen Fällen insgesamt 245 Urteile gesprochen, von denen mehrere Urteile ein und denselben Fall betreffen können (etwa wenn es sich um interpretierende Urteile handelt, um Unstimmigkeiten bei der Urteilauslegung auszuräumen).[712] Etwa die Hälfte dieser Urteile befindet sich noch in der Phase der Überwachung der vollständigen Urteilsumsetzung.[713]

---

711 Annual Report of the Inter-American Court of Human Rights 2011: 13, abrufbar unter: www.corteidh.or.cr/informes/cfm (lezter Zugriff: 1. August 2012).

712 Eine Liste der Urteile, die allesamt abrufbar sind, findet sich unter: www.corteidh.or.cr/casos.cfm (letzter Zugriff: 1. August 2012).

713 Annual Report of the Inter-American Court of Human Rights 2011: 19, abrufbar unter: www.corteidh.or.cr/informes/cfm (lezter Zugriff: 1. August 2012).

Inwieweit lassen sich nun über Beschwerden soziale Menschenrechte geltend machen? Hier ist zunächst daran zu erinnern, dass auf Grundlage der Amerikanischen Konvention für Menschenrechte die wsk-Rechte – obwohl deren direkte Justiziabilität nachzuweisen versucht wurde (IIDH 2009) – für gewöhnlich nur mittelbar Gegenstand von Beschwerden vor dem Interamerikanischen Gerichtshof sein können. Unter den Rechten des Zusatzprotokolls von San Salvador wiederum bestehen lediglich für die Rechte auf Gewerkschaftsfreiheit und auf Ausbildungsfreiheit Beschwerdemöglichkeiten vor der Kommission und dem Gerichthof.[714] Dementsprechend spielen in der Rechtsprechung des Interamerikanischen Gerichtshofs für Menschenrechte die wsk-Rechte lediglich eine indirekte Rolle (vgl. Faúndez Ledesma 2005: 209). Dabei verfolgt der Interamerikanische Gerichtshof, so Nolan (2009: 233), einen *„canopy approach"*, indem er grundlegende wsk-Rechte beispielsweise in seiner Spruchpraxis zum Recht auf Leben berücksichtigt. Im Unterschied zu dem EGMR habe er dabei ein recht kohärente und begründete Doktrin zu positiven Schutzpflichten der Staaten entwickelt (ebd.: 251 f.). Weiterhin lassen sich die wsk-Rechte indirekt auch über das Diskriminierungsverbot, das Recht auf ein faires Verfahren oder über den Schutz andere Rechte geltend machen (vgl. IIDH 2009: 196). So kann eine beachtliche Zahl an Beispielen kann angeführt werden, welche die wsk-Rechte mittelbar betrafen (Salvioli 2007: 280 ff., Suárez Franco 2010: 177 ff.).

Besonders deutlich wird dies bei der progressiven Rechtssprechung des Gerichtshofes bezüglich indigener Rechte: Der Gerichtshof bekräftigte das Recht indigener Gruppen, an Entscheidungen, die sie betreffen, informiert teilzuhaben, und berücksichtigte in seinen Urteilen das Gewohnheitsrecht und die Werte indigener Gruppen. Weiterhin hob er die Bedeutung des traditionell bewohnten Landes für die Integrität, die Kultur und das wirtschaftliche Überleben indigener Gruppen hervor und legte das Recht auf Eigentum so aus, dass es nicht nur individuellen, sondern auch kollektiven Besitz von Indigenen schützt. Dabei forderte der Gerichtshof die Rückgabe von Ländereien oder alternativ die Vergabe gleichwertiger Landstücke bzw. Entschädigungen. Auch ordnete er – wie im Falle von Nicaragua und Paraguay – die Identifizierung, Markierung und rechtliche Anerkennung indigenen Landbesitzes seitens der betreffenden Staaten ein. Weiterhin

714 Allerdings kann die Interamerikanische Kommission nach wie vor die Amerikanische Erklärung über die Rechte und Pflichten der Menschen, die auch wsk-Rechte enthält, heranziehen, um Beschwerden gegenüber OAS-Staaten zu prüfen, und zwar auch gegenüber jenen, welche die AMRK nicht ratifiziert haben, so geschehen etwa im Falle der USA und Kanadas. Die USA bestreiten jedoch die Verbindlichkeit der Erklärung (Medina Quiroga 2009: 478).

behandelte er Konflikte um den Abbau bzw. die Kontrolle natürlicher Ressourcen und um Umweltverschmutzungen, welche indigene Gemeinschaften in ihrer Subsistenz und Integrität bedrohen.[715]

Während die Empfehlungen der Kommission, die ebenfalls dem Schutz der wsk-Rechte dienen können (Salvioli 2007: 260-268), vielfach nicht als rechtlich bindend anerkannt werden und in der Praxis nur selten umfassend umgesetzt werden, sind die Vertragsstaaten der AMRK verpflichtet, die bindenden Urteile des Gerichtshofs umzusetzen. Der Gerichtscharakter und die Öffentlichkeitswirksamkeit der Urteile begünstigen die tatsächliche Anerkennung der Entscheidungen des Gerichtshofes im Vergleich zu jenen der Kommission. Zwar wurde Ende 2011 immerhin noch die vollständige Umsetzung von 124 Urteilen der bis dahin 238 Urteile des Gerichtshofes überwacht, doch hebt der Gerichtshof in seinem Jahresbericht 2011 hervor, dass viele der noch überwachten Urteile bereits in wesentlichen Punkt befolgt wurden. Sofern Urteile des Interamerikanischen Gerichtshofes die wsk-Rechte – und sei es nur mittelbar – betreffen, sind sie daher bindend und ihre Umsetzung ist verpflichtend.

Über eine Sanktionsmacht, um die Befolgung seiner Urteile sicherzustellen, verfügt der Gerichtshof aber nicht. Er kann lediglich den Vollzug der Urteile beobachten und darüber Bericht erstatten. Regelmäßig fordert die Staaten auf, über die Umsetzung der Urteile zu berichten, und führt vertrauliche oder gar öffentliche Gespräche mit den Verfahrensbeteiligten durch, die der Umsetzung der Urteile dienen. Über den Vollzug der Urteile erstattet der Gerichtshof der OAS-Generalversammlung dann jährlich Bericht. Darüber hinaus kann aber lediglich politischer Druck aufgebaut werden, in diesem Fall über die Generalversammlung der OAS, damit die Urteile umgesetzt werden (Medina Quiroga 2009: 493 f.).

Ein Staatenberichtsverfahren, wie es bei UN-Menschenrechtsverträgen üblich ist, sieht die AMRK nicht vor. Erst das San Salvador-Protokoll von 1988 (seit 1999 in Kraft), das dem besonderen Schutz der wsk-Rechte dient, verpflichtet die Vertragsstaaten des Protokolls, „regelmäßig Berichte über die schrittweisen Maßnahmen vorzulegen, die sie ergriffen haben, um die gebührende Achtung der in diesem Protokoll niedergelegten Rechte sicherzustellen“ (Art 19 Abs. 1). Alle drei

715 Wichtige Urteile sind beispielsweise: *Comunidad Mayagna (Sumo) Awas Tingni v. Nicaragua* (1. Februar 2000, 31. August 2001); *Comunidad Indígena Yakye Axa v. Paraguay* (17. Juni 2005, 6. Februar 2006), *Yatama v. Nicaragua* (23. Juni 2005), *Comunidad Indígena Sawhooyamaya v. Paraguay* (29. März 2006), *Comunidad Indígena Xákmok Kásek v. Paraguay* (24. August 2010), *Pueblo Indígena Kichwa de Sarayaku v. Ecuador* (27. Juni 2012), alle abrufbar unter: www.corteidh.or.cr/casos.cfm (letzter Zugriff: 1. August 2012).

Jahre sollen die Vertragsstaaten Fortschrittsberichte erstellen, die anschließend in einer Arbeitsgruppe überprüft werden, unter Einbeziehung der Berichte der Interamerikanischen Kommission für Menschenrechte und anderer Organe im OAS-System. Die vorläufigen Schlussfolgerungen der Arbeitsgruppe werden den Staaten zur Stellungnahme zugeleitet, die abschließenden bekommen sie schriftlich und in einer Sitzung mit dem akkreditierten OAS-Vertreter des jeweiligen Landes mitgeteilt. 2008 legte die Interamerikanische Menschenrechtskommission Leitlinien für die Fortschrittskontrolle der wsk-Rechte vor (IACHR 2008). Da die Staatenberichte und die entsprechende Kommunikation mit den Regierungen öffentlich nicht verfügbar sind und auch keine entsprechenden Studien vorliegen, lässt sich die Bedeutung des Berichtsverfahrens nicht seriös bewerten. Offenkundig dienen die Leitlinien aber vor allem der Selbstkontrolle bei der Umsetzung der wsk-Rechte.

Öffentlichkeitswirksamer sind die eigenständigen Untersuchungsberichte der Interamerikanische Kommission über die Menschenrechtslage in einzelnen Staaten. Beginnend mit Kuba 1962 liegen bisher 62 Länderberichte vor, der jüngste zu Honduras von 2010. Wie im Falle Venezuelas (2009) können diese auch die wsk-Rechte behandeln. Fabián Salvioli (2007: 241-259) hat dies anhand der Berichte nochmals eigens nachgehalten. Auch hat die Kommission einige thematische Berichte vorgelegt, welche die wsk-Rechte betreffen (vgl. etwa IACHR 2007, 2011). Darüber hinaus ist zu betonen, dass etliche Gutachten des Gerichtshofes auf die wsk-Rechte Bezug nahmen (García Ramírez 2007: 320 ff.).

8.4.5 Beschwerden und Berichte im Afrikanischen Menschenrechtssystem

In Afrika kann die Afrikanische Menschenrechtskommission Beschwerden *(communications)* annehmen und behandeln – und diese seit 2010 ggf. an den Afrikanischen Gerichtshof[716] weiterleiten (was bis Ende 2012 erst zweimal geschehen ist).[717] Die Jurisdiktion des Gerichtshofes haben jedoch bislang nur 26 Staaten (der 54 Staaten der Afrikanischen Union) anerkannt. Zudem kann lediglich bei einer

716 Die Fusion des Afrikanischen Gerichtshofes für Menschen- und Völkerrechte und des Afrikanischen Gerichtshofes, der für die Auslegung von Verträgen und Abkommen der Afrikanischen Union (AU) zuständig ist, wurde zwar mit der Annahme des Protokolls über den „*African Court of Justice and Human Rights*" von der Afrikanischen Union beschlossen; die notwendige Anzahl an Ratifikationen des Protokolls liegt aber noch nicht vor.

717 Application 004/2011: *African Commission on Human and Peoples' Rights v. Great Socialist People's Libyan Arab Jamahiriya*, Application 006/2012: *African Commission on Human and Peoples' Rights v. The Republic of Kenya.*

entsprechenden Zustimmungserklärung, die bis 2012 nur fünf dieser Staaten abgegeben haben, der Gerichtshof direkt angerufen werden. Der direkte Zugang zum Gerichtshof bleibt den allermeisten Afrikaner/innen damit verschlossen. So musste die Mehrzahl der (bis Ende 2012) 19 direkten Klagen von Einzelpersonen und NGOs bereits wegen fehlender Klageberechtigung abgelehnt werden. Die Beschwerden können direkt die wsk-Rechte betreffen, da die Kommission und der Gerichtshof sowohl Verletzungen der (auch wsk-Rechte umfassenden) Banjul-Charta behandeln können als auch Verletzungen anderer regionaler wie globaler Menschenrechtsabkommen, welcher der beklagte Staat ratifiziert hat.

Angesichts der geringen Zahl an Urteilen des Gerichtshofes sind in unserem Zusammenhang vor allem aber die Entscheidungen der Afrikanischen Menschenrechtskommission relevant. Wie bei den UN-Vertragsausschüssen handelt es sich hier um eine Sachverständigenkommission, die allenfalls „quasi-gerichtliche" Entscheidungen trifft. Seit ihrem Bestehen hat die Kommission über 200 Beschwerden angenommen. Diese betreffen teils direkt, teils indirekt die wsk-Rechte.[718] Mitunter bezieht sich die Kommission dabei ausdrücklich auf die Pflichtentrias *„respect-protect-fulfill"* der Kommentierung des UN-Sozialpaktes. Auffällig ist zudem der weite Kreis der Beschwerdeberechtigten: *„Anybody, either on his or her own behalf or on behalf of someone else, can submit a communication to the commission denouncing a violation of human rights. Ordinary citizens, a group of individuals, NGOs, and state Parties to the Charter can all put in claims. The complainant or other of the communication need not be related to the victim of the abuse in any way, but the victim must be mentioned"*.[719]

Tatsächlich wurde die Mehrzahl der Beschwerden von NGOs eingereicht, sei es im Namen der Betroffenen oder im eigenen Namen. Die Kommission nahm sogar Beschwerden an, die ohne die ausdrückliche Zustimmung der Betroffenen eingereicht wurden. Ein bereits genanntes Beispiel für eine *actio popularis*, also eine Beschwerde im öffentlichen Interesse, stellt der *Ogoniland*-Fall dar (Viljoen 2009: 509). Während die Spruchpraxis der Kommission bezüglich der Justiziabilität der wsk-Rechte in rechtsdogmatischer Hinsicht bedeutsam ist, bleibt ihre rechtspraktische Relevanz bislang eher gering. In der Mehrheit der Fälle haben die betreffenden Staaten die Entscheidungen nicht oder nicht angemessen umgesetzt, wie

718 Die einzelnen Entscheidungen lassen sich auf der Website der Afrikanischen Menschenrechtskommission einsehen, abrufbar unter: www.achpr.org. Siehe auch Murray (2009b), Nolan (2009).

719 African Commission on Human and Peoples' Rights: Guidelines for Submission of Communications, abrufbar unter: www.achpr.org/english/_info/guidelines_communications_en.html (letzter Zugriff: 17. Februar 2012).

etwa die umfassende Studie von Vilkjoen/Louw (2007) über das entsprechende *state compliance* in den Jahren 1994 bis 2004 zeigt. Dem *International Service for Human Rights* (ISHR) zufolge haben bislang nur zehn Staaten die Entscheidungen und Empfehlungen der Kommission ganz oder teilweise implementiert.[720] Immerhin benennen Vilkjoen/Louw (2007: 8 ff.) auch einige positive Erfahrungen.

Als wenig wirksam erweist sich bisher das Staatenberichtsverfahren in Afrika. Die Berichtsdisziplin zur afrikanischen Banjul-Charta als dem zentralen afrikanischen Menschenrechtsabkommen ist nur schwach ausgeprägt (Viljoen 2007, Gawanas 2009). *„(T)hirty years after the Charter's establishment, only 12 states have regularly submitted their periodic reports, while 29 have submitted one report with more overdue, and 12 never submitted a report.“*[721] Ein Dutzend Staaten hat also bisher nicht einmal einen einzigen Bericht abgegeben, und die Berichte der meisten anderen Staaten waren viele Jahre überfällig oder deckten im Sinne von *„overdue reports“* lange Zeiträume ab.[722] Auch qualitativ lassen die Berichte zu wünschen übrig: Entsprechende Vorgaben zur Erstellung der Staatenberichte werden oft ignoriert und der Regierungsdialog zu den Berichten sowie die Schlussempfehlungen der Kommission weisen erhebliche Mängel auf (Murray 2009b: 21). Ein *Follow-Up* findet so gut wie nicht statt. Michelo Hansungule (2009: 255) kommt zu dem vernichtenden Ergebnis: *„State party reporting is a complete failure in the African human right system“*. Das Urteil von Rachel Murray (2009b: 21) fällt weniger vernichtend, aber doch sehr ernüchternd aus. Positiv hebt sie immerhin hervor, dass die Regierungen bei den Sitzungen mitunter hochrangig vertreten und angehalten seien, sich mit der Materie über längere Zeiträume auseinanderzusetzen. Ermunternd ist immerhin, dass sich inzwischen auch NGOs an einzelnen Berichtsverfahren beteiligen und mitunter alternative Berichte einreichen (vgl. etwa Mezmur/Sloth Nielsen 2008).

Soweit es die wenigen Ressourcen zulassen, kann die Afrikanische Kommission weiterhin Missionen in afrikanische Länder senden, um offenkundige Menschenrechtsprobleme zu untersuchen *(fact-finding mission)* oder um sich ein Bild von der Menschenrechtslage zu machen und die Umsetzung der Menschenrechte zu fördern *(promotion/protection missions)*. *Fact-finding Mission Reports* liegen bislang zu Zimbabwe (2002) und dem Sudan (2004) vor, *Promotion/Protection Mission Report* zu 16 Ländern, beginnend mit Burundi (2004) bis Namibia (2009).[723] Die

720 ISHR: *Human Rights Monitor Quarterly*, Issue 1, 2012, 33.

721 ISHR: *Human Rights Monitor Quarterly*, Issue 1, 2012, 33.

722 www.achrp.org/english/_info/statereport_considered_en.html (letzter Zugriff: 17. Februar 2012).

723 www.achpr.org/english/_info/reports_en.html (letzter Zugriff: 17. Februar 2012).

Berichte thematisieren mitunter auch wsk-Rechte. Hinzu kommen einige Berichte afrikanischer Sonderberichterstatter/innen zu Menschenrechten, deren Handlungsmöglichkeiten und Wirkkraft mangels Ressourcen und Kooperation jedoch sehr begrenzt bleiben. Auf *urgent appeals* erhalten sie nur selten eine Antwort der Regierungen.[724] Der mangelnde politische Wille afrikanischer Regierungen begrenzt insgesamt die Wirkkraft des Afrikanischen Menschenrechtssystems, das von zivilgesellschaftlichen Gruppen in Afrika zusehends in Anspruch genommen wird (vgl. Breutz 2012).

8.5 Die internationale Förderung der sozialen Menschenrechte

Insgesamt wird man feststellen müssen, dass sich die internationale Staatengemeinschaft bisher als nicht willens oder fähig erwiesen hat, den globalen und regionalen Menschenrechtsschutz mit effektiven, sanktionsbewehrten Durchsetzungsmechanismen auszustatten, schon gar nicht zum Schutz der sozialen Menschenrechte. Die Kontrollverfahren des internationalen Menschenrechtsschutzes sind zwar nicht völlig zahnlos, aber es reicht – selbst mit Unterstützung nichtstaatlicher *watchdogs* in Gestalt von NGOs – eher zum Bellen als zum kräftigen Beißen. Nutzlos sind die Verfahren allerdings nicht. Das ständige Überprüfen und Anmahnen menschenrechtlicher Staatenpflichten durch globale und regionale Kontrollgremien, unterstützt durch eine lebendige Zivilgesellschaft, kann Wahrnehmungen verändern, Problembewusstsein wecken, Diskurse anstoßen, Legitimationsdruck erzeugen und den Regierungen verdeutlichen, was ein Teil der internationalen Staatengemeinschaft hinsichtlich der Umsetzung der sozialen Menschenrechte erwartet. Auf Dauer können sich die Regierungen solchen Erwartungen nicht völlig entziehen, zumal dann nicht, wenn sie um ihre internationale Reputation bemüht sind. Beschwerde- und Berichtsverfahren öffnen zudem „Gelegenheitsfenster" für zivilgesellschaftliches Menschenrechtsengagement, können menschenrechtlichen Anliegen Legitimität verleihen und sind oft Anstoß für Vernetzungsprozesse auf nationaler und transnationaler Ebene. Zugleich können Regierungen anderer Staaten, internationale Organisationen und nicht-staatliche Akteure sowohl die Menschen vor Ort darin unterstützen, ihre Rechte kollektiv einzufordern, als auch die Pflichtenträger darin, ihren menschenrechtlichen Verpflichtungen nachzukommen. In beiderlei Hinsichten geschieht bereits viel.

So wird die Umsetzung der wsk-Rechte international auf vielfältige Weise gefördert. Selbst ausgesprochene Menschenrechtsorgane üben nicht nur Kontroll-

724 ISHR: *Human Rights Monitor Quarterly*, Issue 1, 2012, 34.

funktionen aus, um die sozialen Menschenrechte nötigenfalls gegen Widerstände durchzusetzen, sondern suchen die Kooperation und leisten auf vielfältige Weise Unterstützung bei der Umsetzung der Menschenrechte. Im Rahmen des UN-Menschenrechtsregimes nimmt beispielsweise das Hochkommissariat für Menschenrechte eine solche Funktion wahr, deutlich sichtbar in seinen *field activities*. In Kooperation mit den jeweiligen staatlichen Autoritären versucht es mittels Beratung und technischer Unterstützung dabei die nationalen Menschenrechtsschutzsysteme zu stärken.[725] Besonders deutlich verpflichtet sich auch die ILO zur Hilfe. Im Rahmen der technischen Zusammenarbeit unterstützt sie etwa die Regierungen und Sozialpartner bei der Ausarbeitung von rechtlichen Bestimmungen und Förderprogrammen in Bereichen der Arbeit und der sozialen Sicherheit. Die Berichte zu Zwangsarbeit (IAA 2001, 2005, 2009) und zur Kinderarbeit (IAA 2010) zeigen beispielsweise auf, welche große Bedeutung solchen Unterstützungsmaßnahmen für den Menschenrechtsschutz zukommen können. Auch viele weitere UN-Sonderorganisationen, wie FAO[726], WHO[727] oder UNESCO, sowie UN-Programme, wie UNDP, UNICEF oder UN-HABITAT[728], unterstützen – teils ausdrücklich orientiert an sozialen Menschenrechten und einem Menschenrechtsansatz verpflichtet – auf vielfältige Weise die Staaten, etwa in den Bereichen Ernährungssicherung, Gesundheit, Bildung, Wasser und Wohnen.

Nicht minder vielfältig ist die Förderung der Menschenrechte durch regionale Organisationen, im europäischen Kontext etwa seitens der EU, des Europarats und der OSZE.[729] Für die weltweite Förderung der sozialen Menschenrechte spielt hier die EU bereits aufgrund ihrer wirtschaftlichen Kapazitäten eine herausragende Rolle. Deren Menschenrechtsbericht weist summarisch entsprechende Maßnahmen zur Förderung der wsk-Rechte aus (Europäische Union 2011: 47 ff.). Dem Bericht zufolge kommt es zudem in den EU-Menschenrechtsdialogen und Konsultationen zu Aussprachen über die wsk-Rechte. Darüber hinaus betreffen die eigens ausgewiesenen Maßnahmen zum Schutz und zur Förderung der

---

725 Siehe hier den *OHCHR Plan of Action* und den *Strategic Management Plan 2010-2011*, beide abrufbar unter: www.ohchr.org (letzter Zugriff: 19. Februar 2012).

726 Siehe z.B. FAO (1998, 2006a, 2006b, 2011), FAO et al. (2007) sowie das *Right to Food-Portal* (www.fao.org/righttofood) mit zahlreichen weiteren Studien und Trainingsmaterial zum Recht auf Nahrung.

727 Vgl. WHO (2002), OHCHR/WHO (2008a, 2008b) sowie die WHO-Website zu Gesundheit und Menschenrechten: www.who.int/hhr/en (letzter Zugriff: 19. Februar 2012).

728 Siehe etwa UN-Habitat/OHCHR (2003), UN-Habitat (2005, 2007), UN-Habitat et al. (2010), Global Land Tool Network/UN-Habitat (2011).

729 Siehe die einführenden Beiträge im „Handbuch der Menschenrechtsarbeit" der FES: www.fes.de/handbuchmenschenrechte (letzter Zugriff: 1. Oktober 2012).

Rechte von Kindern (ebd.: 35 ff.), von Frauen (ebd.: 37 ff.) und von Menschen mit Behinderungen (ebd.: 54 ff.) die sozialen Menschenrechte. Maßnahmen gegen den Menschenhandel (ebd.: 50) zielen wiederum auf die Bekämpfung von Sklaverei und Zwangsarbeit ab. Eigenangaben zufolge setzt sich die EU auch im Rahmen ihrer Handelspolitik „nachdrücklich dafür ein, dass Kernarbeitsnormen und menschenwürdige Arbeit für alle Menschen gefördert werden" (ebd.: 48) – was zwar stimmt, aber angesichts vieler negativer Auswirkungen europäischer Handelspolitik auch zu problematisieren wäre (Paasch 2011). Das Europäische Instrument für Demokratie und Menschenrechte (EIDHR) wiederum unterstützt als unabhängiges Finanzierungsinstrument der EU zwar mehrheitlich Projekte zu Rechtsstaatlichkeit und Demokratie (ebd.: 21), doch jene Projekte, die dem Schutz von Kindern oder auch Minderheiten dienen, sind auch im Hinblick auf die sozialen Menschenrechte bedeutsam, betreffen etwa das Recht auf Bildung oder Gesundheit (ebd.: 20 ff.).

Hinzu kommt schließlich die schier unübersehbare Vielfalt an bilateralen Kooperationsmaßnahmen, die direkt oder indirekt die sozialen Menschenrechte fördern. Im Falle Deutschlands behandelt beispielsweise der außen- und entwicklungspolitische Teil des Neunten Menschenrechtsberichts der Bundesregierung von 2010[730] eigens die Förderung der wsk-Rechte – und hier vor allem der Rechte auf Gesundheit, Nahrung, Wasser- und Sanitärversorgung, Bildung sowie Rechte bei der Arbeit. Auch in den Abschnitten zum Menschenrechtsansatz in der deutschen Entwicklungspolitik, zur Zusammenarbeit mit den Vereinten Nationen, zu Frauen- und Kinderrechten und zu Menschenrechten und Wirtschaft kommen einzelne Aspekte zu den wsk-Rechten zur Sprache.

Nun ist es im Rahmen der vorliegenden Studie nicht möglich, die Vielfalt der bilateralen und multilateralen Fördermaßen auf nationaler, regionaler oder globaler Ebene darzustellen oder gar hinsichtlich ihrer – kurz- und mittelfristigen, direkten und indirekten, erwarteten und unvorhergesehenen, erwünschten und unerwünschten – Wirkungen zu bewerten, zumal sich diese oft nicht eindeutig und stets nur kontextbezogen nachweisen lassen. Immerhin handelt es sich nicht um einfache Wirkungsketten, sondern um komplexe Wirkungsgefüge. Doch ist deutlich darauf hinzuweisen, dass es bereits gute Praxis bilateraler wie multilateraler Kooperation ist, in Form politischer, technischer und finanzieller Zusammenarbeit die Umsetzung der sozialen Menschenrechte in anderen Ländern zu unterstützen. Dementsprechend hat die Förderung der wsk-Rechte gerade in der Entwicklungspolitik, auf die wir im Folgenden nochmals gesondert eingehen möchten, erheblich an Bedeutung gewonnen.

---

730 BT-Drs. 17/2840., 26. August 2010.

8.5.1 Soziale Menschenrechte in der Entwicklungspolitik

In großen Teilen der Welt stellen sich die sozialen Probleme weitaus gravierender dar als in Westeuropa – und sind als solche Teil umfassender Entwicklungsprobleme von Entwicklungs- und Schwellenländern. Entwicklungsländer weisen nicht nur eine geringe ökonomische Leistungskraft und binnen- wie außenwirtschaftliche Probleme auf. Charakteristisch sind auch gravierende soziale Missstände, beispielsweise ein hohes Maß an extremer Armut, Hunger und Unterernährung, eine ungenügende Trinkwasserversorgung und Abwasserentsorgung, eine prekäre Gesundheitslage und unzureichende Bildung für große Teile der Bevölkerung. Zugleich wird die Lösung der sozioökonomischen Probleme ggf. erschwert durch demographische Faktoren wie hohes Bevölkerungswachstum und Migration, schwerwiegende Umweltprobleme oder auch durch eine nicht abgeschlossene Nationenbildung, schwache Staatlichkeit, politische Instabilität und gewaltsame Konflikte. Je nach Region, Staat, Landesteil und Bevölkerungsgruppen stellt sich die Entwicklungsproblematik als eine je eigene Gemengenlage unterschiedlicher Probleme dar. Vor allem die wirtschaftlichen und sozialen Dimensionen der Entwicklungsproblematik hängen dabei eng mit den sozialen Menschenrechten zusammen.

Ohne Zweifel kommt einem nachhaltigen, menschenrechtlich verträglichen Wirtschaftswachstum oder auch nur einer ausreichenden Wirtschaftskraft eine wichtige substanzielle wie instrumentelle Bedeutung für die Umsetzung sozialer Menschenrechte zu. Die ökonomische Entwicklung eines Landes erweist sich für die Menschenrechtslage bereits insofern als bedeutsam, als die Menschen entsprechende wirtschaftliche Bedingungen vorfinden müssen, um sich und ihre Familien ernähren und ein selbst bestimmtes Leben führen zu können. Ein ausreichendes Einkommen, sei es über selbstständige Tätigkeit, lohnabhängige Arbeit oder Finanztransfers, spielt hier eine zentrale Rolle. Zugleich muss der Staat über ein Mindestmaß an Ressourcen verfügen, um die wirtschaftlichen, sozialen und kulturellen, aber auch die bürgerlich-politischen Menschenrechte umzusetzen.

In der öffentlichen Debatte tritt freilich die ökonomische Bedingtheit des Schutzes und der Umsetzung der Menschenrechte gegenüber menschenrechtlich problematischen Aspekten wirtschaftlichen Handelns zurück. Wirtschaftliche Interessen und menschenrechtliche Ansprüche werden oft als Gegensätze wahrgenommen, zumal dann, wenn der wirtschaftliche Wohlstand – trotz aller Beschwörungen ökonomischer *Trickle-down*-Effekte[731] und eines *Pro-poor*-Wachs-

731 *Trickle-down*-Effekte beruhen auf der Annahme, dass wirtschaftliche Wachstumserfolge „durchsickern" und so den Lebensstandard nicht nur gesellschaftlicher Eliten, sondern auch der breiten Bevölkerung verbessern.

tums – bei armen Bevölkerungsschichten nicht ankommt oder sogar auf deren Kosten erwirtschaftet wird. Wie bereits dargelegt wurde, herrschen in Entwicklungsländern mitunter noch ausbeuterische Arbeitsverhältnisse vor. Zugleich ist die Marktwirtschaft sozialpolitisch oft nur ungenügend abgestützt. Bei aller notwendigen Differenzierung werfen zudem wirtschaftliche Deregulierungs- und Privatisierungsprozesse, bestehende internationale Handels- und Patentregeln, ökonomische Großprojekte, Finanzspekulationen oder auch nur das Geschäftsgebaren und die Einkaufpolitik manch' transnationaler oder nationaler Unternehmen immer wieder menschenrechtliche Probleme auf. In diesem Sinne werden gerade soziale Menschenrechte auch als Schutzmechanismen für ein menschenwürdiges Leben und Arbeiten unter den Bedingungen kapitalistischer Produktionsverhältnisse, deregulierter Märkte und eines massiven wirtschaftlichen Wettbewerbs- und Globalisierungsdrucks in Entwicklungsländern verstanden.

Zugleich weisen die sozialen Dimensionen von Entwicklung eine große Nähe zu sozialen Menschenrechten auf. Hier sei etwa an die Grundbedürfnisstrategie der 1970er Jahre erinnert, die auf die Befriedung von Grundbedürfnissen *(basic needs)* möglichst aller Menschen abzielte. UN-Sonderorganisationen entwarfen damals bereits Aktionsprogramme wie „Nahrung für alle" (FAO), „Gesundheit für alle" (WHO), „Bildung für alle" (UNESCO) oder auch „Arbeit für alle" (ILO), die in die Praxis allerdings kaum umgesetzt werden konnten. Dennoch fand die Grundbedürfnisstrategie gerade in nicht-staatlichen Hilfsorganisationen großen Anklang, da sie die Entwicklungsproblematik konsequent aus der Sicht bedürftiger Menschen anging. Freilich sollte es noch drei weitere Jahrzehnte dauern, bis im Rahmen von Menschenrechtsansätzen in der Entwicklungszusammenarbeit der Schritt von *basic needs* zu *basic rights* vollzogen und bedürftige Menschen nicht mehr als Bittsteller, sondern als Rechteinhaber anerkannt wurden.

Der ursprüngliche Fokus der in den 1970er und 1980er Jahren einsetzenden Menschenrechtsförderung in der Entwicklungspolitik westlicher Geberländer lag zunächst nicht etwa auf den – thematisch eng mit der sozioökonomischen Entwicklungsproblematik verknüpften – wirtschaftlichen, sozialen und kulturellen Menschenrechten, sondern auf den bürgerlichen und politischen Menschenrechten, die vor allem ab den 1990er Jahren in den Zusammenhang mit der Errichtung und Konsolidierung entwicklungsfördernder demokratischer und rechtsstaatlicher Strukturen gestellt wurden. In diesem Sinne wurde die Förderung der Menschenrechte noch in den 1990er Jahren vor allem als Demokratieförderung verstanden. Die wsk-Rechte hingegen waren zunächst kein fester Bestandteil der Entwicklungspolitik. „Es ist nicht übertrieben", schrieb Hermann Sautter (1996: 185) noch Mitte der 1990er Jahre, „wenn man davon spricht, dass die Existenz und der Inhalt des Sozialpaktes den Geberorganisationen der bilateralen und multilateralen EZ lange Zeit unbekannt waren". Ähnlich lautete seinerzeit der

Tenor von Michael Windfuhr (1997: 80), der im Auftrag der Arbeitsgemeinschaft Kirchlicher Entwicklungsdienst (AG KED) eine Studie zu eben diesem Thema erstellt hatte und resümierte: „Soziale Menschenrechte sind bislang kein Thema der Entwicklungszusammenarbeit". Seinerzeit wurden die wsk-Rechte allenfalls indirekt, im Rahmen allgemeiner Entwicklungsprojekte, gefördert, zumeist ohne klares Verständnis über den Inhalt dieser Rechte und ohne Bezug auf entsprechende Menschenrechtsnormen.

Seitdem hat sich jedoch viel getan. Die wsk-Rechte sind heute fester Bestandteil der bilateralen und multilateralen Entwicklungszusammenarbeit.[732] Binnen kürzester Zeit wurden die wirtschaftlichen, sozialen und kulturellen Rechte derart populär, dass Entwicklungspolitiker die Ansicht vertraten, die gesamte Entwicklungszusammenarbeit diene doch (schon immer) der Verwirklichung dieser Rechte. Doch greift eine solche „Gleichsetzungsthese" zu kurz, denn beileibe nicht jedes Entwicklungsprojekt ist ein Menschenrechtsprojekt. Bereits in seinem Allgemeinen Kommentar Nr. 2 von 1990 weist der UN-Ausschuss für wsk-Rechte darauf hin, dass Maßnahmen der Entwicklungszusammenarbeit nicht automatisch dazu beitragen, die Achtung der wirtschaftlichen, sozialen und kulturellen Rechte zu fördern. „Viele Maßnahmen, die unter dem Namen „Entwicklung" ergriffen wurden, haben sich anschließend als schlecht durchdacht und sogar kontraproduktiv für die Menschenrechte erwiesen".[733] Im schlimmsten Falle können Entwicklungsvorhaben sogar gegen die Menschenrechte verstoßen (vgl. auch Drillisch/Hausmann/Herre 2012). So sei nur daran erinnert, dass Abermillionen Menschen von entwicklungsbedingten Zwangsumsiedlungen betroffen sind, deren Durchführung vielfältige menschenrechtliche Probleme aufwirft (Roos 2005). Damit von einer expliziten Förderung der sozialen Menschenrechte in der Entwicklungszusammenarbeit gesprochen werden kann, muss zudem deutlich auf menschenrechtliche Normen und Prinzipien abgehoben werden, müssen die Menschen in der Wahrnehmung und Durchsetzung ihrer Rechte aktiv unterstützt und müssen gerade staatliche Akteure in die Pflicht genommen werden, die Menschenrechte umzusetzen.

Die menschenrechtliche Bedeutung der Millenniumsentwicklungsziele

Freilich soll nicht unterschlagen werden, dass viele Aspekte und Prinzipien der allgemeinen Entwicklungszusammenarbeit eine menschenrechtliche Relevanz aufweisen. Dies gilt nicht zuletzt für die Millenniumsentwicklungsziele (*Millennium Development Goals*, MDGs) mit ihrem überwölbenden Ziel der Armutsbe-

732 Vgl. Selchow/Hutter (2004), Krennerich (2008).

733 CESCR E/1990/23, 2. Februar 1990, Ziff. 7, gemäß Übersetzung in: DIMR (2005: 180).

kämpfung, an der sich die internationale Entwicklungszusammenarbeit in den vergangenen Jahren stark ausrichtete.[734] Das ehrgeizige (beim näheren Hinsehen aber auch ernüchternde) Versprechen der MDGs, die extreme Armut auf der Welt bis zum Jahre 2015 zu halbieren, war und ist aus menschenrechtlicher Sicht hoch bedeutsam. Auch die weiteren Ziele haben menschenrechtliche Bezüge: Die Verwirklichung produktiver Vollbeschäftigung und menschenwürdiger Arbeit weisen einen engen Zusammenhang zu den Rechten auf Arbeit und gerechte Arbeitsbedingungen auf, das Ziel der Bekämpfung des Hungers einen zum Recht auf Nahrung. Die Ziele der Verwirklichung der allgemeinen Grundschulbildung und der Förderung der Geschlechtergleichheit auf allen Bildungsebenen sind Bestandteile menschenrechtlicher Forderungen der Umsetzung des Rechts auf Bildung. Zielvorgaben zur Verringerung der Kindersterblichkeit, zur Verbesserung der Gesundheit von Müttern, zur Bekämpfung von HIV/AIDS und zur Bereitstellung erschwinglicher, unentbehrlicher Medikamente im Rahmen der Entwicklungszusammenarbeit haben wiederum unmittelbaren Bezug zum Recht auf Gesundheit. Das Ziel, den nachhaltigen Zugang der Menschen zu sauberem Trinkwasser zu ermöglichen, ist eine wichtige Forderung zur Umsetzung der Rechte auf Gesundheit, Nahrung und Wasser. Die angestrebten Verbesserungen der Lebensbedingungen von Slumbewohnern fügen sich in Forderungen zum Recht auf angemessenes Wohnen ein.

Indes: So eng der implizite inhaltliche Zusammenhang auch sein mag, sind die Millenniumsentwicklungsziele nicht mit Menschenrechten identisch. Warum nicht? Zunächst einmal fehlt den MDGs der explizite Bezug auf international verankerte Menschenrechte und menschenrechtliche Pflichten der Staaten und der Staatengemeinschaft. Auch bleiben die MDGs inhaltlich hinter den menschenrechtlichen Verpflichtungen der Staaten zurück. Die Staaten haben also über die Millenniumsentwicklungsziele hinaus gehende menschenrechtliche Verpflichtungen. So ignoriert beispielsweise das MDG-Ziel der Primarschulbildung die menschenrechtlich verbindliche Verpflichtung, den Primarschulunterricht allen *unentgeltlich* und *verpflichtend* zugänglich zu machen. Auch umfasst das Recht auf Bildung nicht nur den Primarschulbereich. Das Recht auf Nahrung wiederum beschränkt sich nicht darauf, die Zahl der Hungernden, die trotz aller Versprechungen im Jahre 2009 ein geschätztes Rekordhoch von rund einer Milliarde Menschen umfasste, zu halbieren. Menschenrechtliche Verpflichtungen erstrecken sich auch auf die verbleibende Hälfte der Hungernden, wobei es nicht nur darum geht, den Hunger zu stillen, sondern vor allem darum, den Menschen

734 Vgl. etwa VENRO (2004), UNDP, Oslo Governance Centre (2007), OHCHR (2008). Siehe auch BMZ (2011).

zu ermöglichen, sich selbst zu ernähren. Auch die angestrebte Verbesserung der Lebensbedingungen von 100 Millionen „Slumbewohnern“ bis zum Jahre 2020 (nicht etwa bis 2015 wie bei anderen Ziele) ist angesichts einer Milliarde in Armutsvierteln lebender Menschen aus der Perspektive des Rechts auf angemessene Unterkunft unzureichend.

Weiterhin erfassen die quantitativen Zielvorgaben, so wichtig sie sind, nicht qualitative Aspekte bei der Umsetzung der Menschenrechte. So geht es etwa bei dem Recht auf Bildung auch darum, dass die Bildung fachliche und pädagogische Mindeststandards erfüllt, kulturell angemessen und an die Bedürfnisse der Menschen angepasst ist. Ähnliches gilt für andere soziale Menschenrechte wie die Rechte auf Gesundheit, Nahrung oder Wohnen. Da die Millenniumsentwicklungsziele vor allem auf quantifizierbare Ergebnisse abheben, besteht weiterhin die Gefahr, dass wichtige menschenrechtliche Prinzipien wie Nicht-Diskriminierung, Partizipation und Rechenschaftspflicht bei der Umsetzung der Ziele vernachlässigt werden. Die menschenrechtlich bedeutsame prozessuale Frage, wie die Ziele erreicht und von wem sie überprüft werden, bleibt nämlich weitgehend ausgeblendet. So geraten durch die Fixierung auf quantitative Zielvorgaben möglicherweise diskriminierende oder benachteiligte Bevölkerungsgruppen aus dem Blick, die statistisch nicht ins Gewicht fallen. Menschenrechtlich bedeutsam ist in diesem Zusammenhang also nicht nur die Frage, wer von den Fortschritten der MDGs profitiert, sondern auch die Frage, wer *nicht* davon profitiert und außen vor bleibt – und ob dies möglicherweise in Machtstrukturen oder Diskriminierungen begründet liegt, die es zu überwinden gilt. Salopp gesprochen: Ob Dalits, die so genannten „Unberührbaren“, von der Senkung der Armutsquote in Indien profitieren, ist noch längst nicht ausgemacht. Nicht immer verbessert sich dort, wo die Verminderung der Armut gemäß national aggregierten Daten zu gelingen scheint, auch die Lage besonders „verletzlicher“, benachteiligter und diskriminierter Gruppen, die uns menschenrechtlich besonders interessieren.

Ebenso so wenig ist die menschenrechtlich gebotene Beteiligung der Betroffenen an der Armutsbekämpfung und an der Prüfung des Entwicklungsprozesses *per se* gewährleistet. Die gesellschaftlichen und machtpolitischen Verhältnisse stehen einer solchen Beteiligung mitunter entgegen. Menschenrechts- und Entwicklungsorganisationen beklagen immer wieder, dass Betroffene, die sich in den Prozess der Umsetzung der Millenniumsziele einbringen möchten oder auch nur Rechenschaftspflicht einfordern, mitunter bedroht oder verfolgt werden. So bleibt die menschenrechtliche Verpflichtung, gegen Diskriminierung von einzelnen Bevölkerungsgruppen anzugehen, in den MDGs unterbelichtet, ebenso wie die Verpflichtung, die Menschenrechte zu achten und die in Armut lebenden Menschen zu schützen, wenn sie sich für ihre Rechte stark machen. Auch erfolgt keine Prüfung des Entwicklungsprozesses durch diejenigen, um deren Rechte es geht. Dies alles soll wohlgemerkt kein Plädoyer gegen die Millenniumsentwicklungsziele sein – wohl aber dafür, einen Menschenrechtsansatz stärker in die Erreichung dieser Ziele zu integrieren und über die MDGs hinaus dem Rechtscharakter der sozialen Menschenrechte Rechnung zu tragen.

Wie sich die Armutsbekämpfung an Menschenrechten ausrichten kann, legen beispielsweise die *„Guiding Prinicpleses on extreme poverty and human rights"* der UN-Sonderberichterstatterin zu extermer Armut und Menschenrechte, Magdalen Sepúlveda Carmona dar[735], die vom UN-Menschenrechtsrat am 27. September 2012 verabschiedet wurden.

Menschenrechtsansätze in der Entwicklungszusammenarbeit

Die Menschenrechtsförderung in der Entwicklungszusammenarbeit hat sich in dem vergangenen Jahrzehnt nicht nur thematisch-inhaltlich ausgeweitet, indem sie den wsk-Rechten verstärkt Bedeutung beimaß. Es wuchs auch die Bereitschaft, über ausgewiesene Menschenrechtsprojekte hinaus die Menschenrechte als Querschnittsthema der gesamten Entwicklungszusammenarbeit stärker und systematischer zu berücksichtigen. Einige Staaten und Organisationen verfolgen seit einigen Jahren einen expliziten Menschenrechtsansatz in der Entwicklungszusammenarbeit, der die Menschenrechte zu einem vornehmlichen oder gar zum zentralen Referenzrahmen der Entwicklungszusammenarbeit erhebt.[736] Die gesamte Entwicklungszusammenarbeit soll demnach konsequent auf die Umsetzung von Menschenrechten abzielen, die Menschen in Entwicklungsländern befähigen, ihre Rechte einzufordern und gesellschaftspolitische Entscheidungsprozesse aktiv mitzugestalten. Weiterhin sollen sie die Staaten dabei unterstützen, ihren völkerrechtlich fixierten menschenrechtlichen Pflichten nachzukommen.

Viele Geber gehen nicht so weit, ihre Ziele und ihr entwicklungspolitisches Handeln derart rigoros in Funktion der Menschenrechte zu stellen, wie es strikte Verfechter eines solchen Ansatzes ursprünglich forderten.[737] Immerhin treten aber mittlerweile etliche internationale Organisationen, Regierungen und NGOs dafür ein, Menschenrechte umfassender und konsequenter in der staatlichen wie

735 Vgl. A/HRC/21/39, 18. Juli 2012.

736 Vgl. Hamm (2001), United Nations (2003), Krennerich (2003d, 2008), Selchow/Hummer (2004), OHCHR (2006), UNDP (2007), Kämpf/Würth (2010), BMZ (2011). Vgl. auch die öffentliche Anhörung „Menschenrechte und Entwicklungszusammenarbeit" am 14. November 2007 im Ausschuss für Menschenrechte und Humanitäre Hilfe des Deutschen Bundestages.

737 Vgl. Human Rights Council of Australia (1995), Derksen (2002).

nicht-staatlichen, bilateralen wie multilateralen Entwicklungszusammenarbeit zur Geltung zu bringen und bekennen sich zu einem „weichen", „undogmatischen", „pragmatisch gehandhabten" Menschenrechtsansatz in der Entwicklungszusammenarbeit. Hierzu gehören nicht zuletzt verschiedene Sonderorganisationen der Vereinten Nationen, die bereits 2003 einen menschenrechtsbasierten Ansatz in ihren Entwicklungsprogrammen festschrieben.[738] Auch die im OECD-Entwicklungsausschuss vertretenen bilateralen Geberstaaten verpflichteten sich 2007 erstmals zu einer systematischen Verankerung und Stärkung der Menschenrechte in der EZ.[739]

Die gegenwärtige Menschenrechtsförderung in der deutschen Entwicklungspolitik

Auch die Bundesrepublik Deutschland verfolgt offiziell einen Menschenrechtsansatz in der Entwicklungszusammenarbeit. Nachdem die beiden Entwicklungspolitischen Aktionspläne für Menschenrechte des Bundesministeriums für wirtschaftliche Zusammenarbeit und Entwicklung (BMZ 2004, 2008) bereits auf eine querschnittsmäßige menschenrechtliche Ausrichtung der EZ abzielten, erhebt das Konzept „Menschenrechte in der Entwicklungspolitik" (2011) die Menschenrechte zu einem verbindlichen Leitprinzip für die Gestaltung der deutschen staatlichen Entwicklungszusammenarbeit. Dabei verfolgt das BMZ eine duale Strategie: zum einen die Förderung spezifischer Menschenrechtsvorhaben, zum anderen die Querschnittsverankerung des Menschenrechtsansatzes in allen Sektoren der Zusammenarbeit (BMZ 2011: 2). Das Konzept enthält erstmals ministeriumsintern[740] „verbindliche, entscheidungsrelevante Vorgaben für die Gestaltung der deutschen Entwicklungspolitik" (BMZ 2011: 3) und muss demgemäß bei der Entwicklung von Regionalkonzepten, Länderkonzepten und Schwerpunktstrategiepapieren der bilateralen Entwicklungszusammenarbeit berücksichtigt werden – sowie auch bei der Positionierung der deutschen Entwicklungspolitik in der multilateralen Kooperation. Zugleich stellt es eine „Entscheidungshilfe für die Identifizierung, Prüfung, Planung, Durchführung, Steuerung und Evaluierung menschenrechtsrelevanter entwicklungspolitischer Vorhaben dar" (ebd.).

---

738 Vgl. Lingnau (2003), BMZ (2004, 2008).

739 Grundlage hierfür ist u.a. das *„Action-oriented Policy Paper on Human Rights and Development"* von 2007.

740 Bereits vor einem solchen bindenden Konzept des BMZ waren selbstverständlich alle staatlichen Organe, einschließlich der Institutionen der staatlichen Entwicklungszusammenarbeit, verbindlich an die Menschenrechte gebunden.

Für die Umsetzung der Menschenrechte spielt dabei die Frage der politischen Konditionalisierung der Entwicklungszusammenarbeit nach wie vor eine Rolle. „Menschenrechte werden dann als Konditionalität für staatliche EZ eingesetzt, wenn staatliche Akteure in Partnerländern gravierende und systematisch Menschenrechtsverletzungen begehen", heißt es in dem Konzept. Laut Minister Dirk Niebel können in akuten Fällen die Streichung von Geldern oder zumindest deren Androhung ein wirksames Mittel sein.[741] Zugleich erkennt er an, dass ein Ministerium, das Entwicklungsprozesse unterstützt, sich auch dort engagieren muss, wo die Menschenrechte nicht vollständig umgesetzt sind. Entscheidend ist dann die Frage, ob die Mindestbedingungen für eine sinnvolle Entwicklungszusammenarbeit (fort)bestehen, welche Kooperationspartner innerhalb dieser Länder ausgewählt werden und wie die Kooperation ausgestaltet wird. Hier gilt es Reformkräfte und Institutionen zu unterstützen, die menschenrechtliche Anliegen voranbringen können. „Wo konstruktive Arbeit mit staatlichen Pflichtenträgern nicht möglich ist, verfolgt Entwicklungspolitik ihr Ziel vor allem durch strategische Arbeit mit Menschenrechtsorganisationen und den Schutz von Menschenrechtsverteidiger/-innen" (BMZ 2011: 5). Oder in den Worten Niebels: „In Ländern, wo wir aufgrund hoher Korruption oder schlechter Regierungsführung keine Möglichkeiten der staatlichen Zusammenarbeit sehen, nutzen wir die Möglichkeit, über die lokale Zivilgesellschaft zu wirken."[742]

Nicht minder wichtig ist es, die menschenrechtlichen Folgen des eigenen entwicklungspolitischen Handelns seriös zu erfassen und menschenrechtliche Probleme, die mit Entwicklungsvorhaben einhergehen können, zu vermeiden oder (im Rahmen der bestehenden Möglichkeiten staatlicher Entwicklungszusammenarbeit) anzugehen und zu beheben. Bislang waren jedoch weder die personellen noch die institutionellen Voraussetzungen gegeben, um die staatliche EZ konsequent an den Menschenrechten auszurichten und alle Entwicklungsmaßnahmen, wie angekündigt, einem „Menschenrechts-TÜV" zu unterziehen. Um die Umsetzung des Menschenrechtskonzepts durch die Durchführungsorganisationen anzustoßen und anzuleiten, hat das BMZ im Laufe des Jahres 2012 einen „Leitfaden zur Berücksichtigung von menschenrechtlichen Standards und Prinzipien, einschl. Gender, bei der Erstellung von Programmvorschlägen der deutschen staatlichen technischen und finanziellen Zusammenarbeit" erstellt. Nach wie vor gilt es, Widerstände innerhalb des Ministeriums und der staatlichen Durchführungsorganisationen der EZ zu überwinden und weitere Kapazitäten aufzubauen, etwa

741 Interview des Autors mit Dirk Niebel in: *zeitschrift für menschenrechte*, Jg. 5, 2011, Nr. 2, 184-195.

742 Ebd.: 188.

für *Human Rights Impact Assessments* (gerade in menschrechtlichen Risikobereichen), für die interne Kommunikation über menschenrechtliche Probleme (etwa mit Hilfe eines Help-Desks) sowie für die Annahme von Beschwerden durch Betroffene (etwa durch die Einführung einer Beschwerdestelle).[743]

Weiterhin ist zu bedenken, dass selbst die beste Menschenrechtsförderung in der Entwicklungszusammenarbeit an ihre Grenzen stößt, wenn nicht auch die internationalen Rahmenbedingungen menschenrechtskonform ausgestaltet werden. Die Politik muss sich daher auch solcher menschenrechtlichen und entwicklungspolitischen Probleme annehmen, die beispielsweise aus unzureichend geregelten, globalen Märkten, Wirtschafts- und Finanzkrisen, Handels- und Patentrechten, Investitionsprojekten und -abkommen, Rohstoffabbau, Ressourcenkonflikten, *land grabbing*, Nahrungsmittelkrisen und Umweltzerstörungen resultieren. Dies verweist auf den Querschnittscharakter ein jeder Politik, welche die Menschenrechte hierzulande und in anderen Ländern fördern möchte.

8.5.2 Von einer Menschenrechtspolitik hin zu einer Politik der Menschenrechte

Menschenrechtliche Probleme treten – im Kleinen wie im Großen – meist nicht isoliert auf, sondern sind Teil umfassender Lebens- und Problemlagen. Die Politik ist daher angehalten, Menschenrechtspolitik als eine Querschnittsaufgabe zu begreifen, die ganz unterschiedliche Politikfelder betrifft. Ein solcher Anspruch geht über etwaige Menschenrechtsansätze der staatlichen Entwicklungszusammenarbeit hinaus und bezieht sich auf die gesamte Politik. Erforderlich ist also ein umfassender menschenrechtsbasierter Politikansatz, der die Menschenrechte zu einem verbindlichen Referenzrahmen der gesamten Politik und damit zu einer Querschnittsaufgabe erhebt. Die staatliche Politik soll demnach menschenrechtliche Normen und Prinzipien in den verschiedenen außen- wie innenpolitischen Politikbereichen mit ihren je eigenen Willensbildungs-, Entscheidungs- und Umsetzungsprozessen zur Geltung bringen. Zugleich hat die Politik die Voraussetzungen dafür zu bewahren oder zu schaffen, dass die Menschen ihre berechtigten menschenrechtlichen Ansprüche einfordern und menschenrechtsrelevante Entscheidungsprozesse mitgestalten können. Ferner sollen die Staaten nicht nur ihre eigenen menschenrechtlichen Pflichten erfüllen, sondern auch darauf hinwirken, dass andere Staaten, internationale Organisationen sowie nicht-staatliche

743 Ein entsprechender Vorschlag für eine Beschwerdestelle wurde innerhalb des *Forum Menschenrechte*, gemeinsam mit Partnerorganisationen in den Ländern des globalen Südens, im Jahr 2012 entwickelt und diskutiert. Auch fanden 2012 bereits zwei Fachgespräche im *Deutschen Institut für Menschenrechte* zu dem Thema statt.

Akteure, einschließlich Wirtschaftsunternehmen, ihrer Verpflichtung oder Verantwortung nachkommen (können), die Menschenrechte zu achten, zu schützen und zu fördern.

Nicht zuletzt an der Frage der Anerkennung und Umsetzung extraterritorialer Staatenpflichten und einer effektiven menschenrechtlichen Bindung internationaler Organisationen und transnationaler Unternehmen entscheidet es sich letztlich, ob die sozialen Menschenrechte dazu beitragen können, die gewaltigen sozialen Probleme zu bewältigen, die gerade mit wirtschaftlichen Globalisierungsprozessen einhergehen und von den einzelnen Nationalstaaten alleine nicht mehr gelöst werden können. Noch aber zielt das internationale Menschenrechtsregime vornehmlich darauf ab, die einzelnen Nationalstaaten dazu anzuhalten oder dabei zu unterstützen, die wsk-Rechte im eigenen Land umzusetzen. Hingegen regulieren soziale Menschenrechte bislang kaum die internationalen und transnationalen Beziehungen und haben sich in diesem Sinne noch nicht wirklich als „globale soziale Rechte" (Fischer-Lescano/Möller 2012) etabliert. Bei der Regulierung weltwirtschaftlicher Abläufe und im internationalen Wirtschaftsrecht spielen soziale Menschenrechte bisher kaum eine Rolle, während hingegen die Handels-, Investitions-, Eigentums- und Patentrechte der Unternehmen in hohem Maße geschützt sind und gerichtlich durchgesetzt werden können. Ein umfassender Menschenrechtsansatz verlangt daher von den Staaten und der internationalen Staatengemeinschaft eine globale Politik zu betreiben, die dazu beiträgt, dass die sozialen Menschenrechte auch im Rahmen wirtschaftlicher Globalisierungsprozesse zum Tragen kommen. Letztlich geht es um nichts Geringeres, als um den menschenrechtskonformen Umbau der globalen Wirtschaftsordnung und des transnationalen Rechts.

Merkmale eines Menschenrechtsansatzes in der staatlichen Politik

Menschenrechte fungieren als zentraler Referenzrahmen und Querschnittsaufgabe der staatlichen Politik.

Die staatliche Politik richtet sich ausdrücklich und konsequent an Menschenrechtsnormen und an menschenrechtliche Prinzipien (wie Nicht-Diskriminierung, Transparenz, Partizipation, Rechenschaftspflicht) aus.

Die staatliche Politik anerkennt, schützt und unterstützt menschenrechtliche Ansprüche der Menschen in ihrer Eigenschaft als Träger der Menschenrechte.

Die staatliche Politik anerkennt ihre Pflichten, die Menschenrechte zu achten, zu schützen und zu gewährleisten, und setzt diese um.

Die staatliche Politik fördert die Menschenrechte auch über die eigenen menschenrechtlichen Pflichten hinaus.

Die staatliche Politik zielt auf die menschenrechtskonforme Ausgestaltung internationaler und transnationaler Beziehungen.

9 Nicht-staatlicher Menschenrechtsschutz: Zivilgesellschaftliches Engagement für soziale Menschenrechte

9.1 Zivilgesellschaft und Menschenrechte

Der schillernde und nicht einheitlich verwendete Begriff der Zivilgesellschaft bezieht sich auf den intermediären Bereich des öffentlichen Lebens zwischen der individuellen Privatsphäre und dem Staat. Die jüngere politikwissenschaftliche Diskussion zur Zivilgesellschaft greift zum einen liberale Traditionslinien auf, indem sie unter der Zivilgesellschaft einen Bereich autonomer gesellschaftlicher Selbstorganisation freier Bürger versteht, der durch einen Pluralismus an freiwilligen Vereinigungen, Organisationen und Netzwerken gekennzeichnet und vor dem Zugriff des Staates geschützt ist. Stärker in der republikanischen Tradition stehen zum anderen pluralistisch-partizipative Vorstellungen einer aktiven Bürgerbeteiligung, des gesellschaftlichen Engagements und einer öffentlichen Sphäre der Meinungs- und Willensbildung, die neben der institutionalisierten (demokratischen) Politik besteht und diese ergänzt.[744]

Gemeinhin wird eine lebendige Zivilgesellschaft als immens wichtig für den Menschenrechtsschutz angesehen. Im Idealfall können zivilgesellschaftliche Gruppen, Organisationen und Netzwerke dazu beitragen, dass die Menschen den Staat, die internationale Staatengemeinschaft sowie nicht-staatliche Akteure in die Pflicht oder die Verantwortung nehmen, die Menschenrechte zu achten, zu schützen und umzusetzen. Sie kann weiterhin darauf hinwirken, dass sich innerhalb und zwischen Gesellschaften eine „Kultur der Menschenrechte" entwickelt, in der menschenrechtliche Normen und Prinzipien gelebt, habitualisiert und geschützt werden. Zugleich kann sie dazu beitragen, dass eine kritische Öffentlichkeit entsteht und erhalten bleibt, die auch Raum bietet für die Artikulation gesellschaftspolitischer Anliegen schwer organisierbarer, bedrohter oder marginalisierter Bevölkerungsgruppen. Kurzum: Im Idealfall nimmt die Zivilgesellschaft eine wichtige menschenrechtliche Schutz-, Sozialisierungs- und Artikulationsfunktion wahr und kann zudem gemeinschaftsbildend und integrierend wirken bzw. zur gleichwertigen Anerkennung kultureller Diversität beitragen.

744 Zu Begriffen, Konzepten und Theorien der Zivilgesellschaft siehe statt vieler: *International Encyclopedia of Civil Society* (Anheier/Toepler 2010).

All diese Funktionen können zivilgesellschaftliche Gruppen, Organisationen und Bewegungen erfüllen, müssen sie aber nicht. Gerade in vielen armen und autokratisch regierten Ländern ist „die" Zivilgesellschaft erst schwach entwickelt und agiert nicht wirklich autonom. Die zivilgesellschaftliche Sphäre ist zudem nicht frei von Vermachtung, Korruption und autoritären Praktiken und spiegelt die vielfältigen Probleme der Gesellschaft wider, bis hin zu manifesten ethnischen und religiösen Konflikten. Demgemäß zeichnen sich beileibe nicht alle nichtstaatlichen Gruppen, Initiativen, Bewegungen und Aktionen, die inzwischen unter dem Sammelbegriff der Zivilgesellschaft gefasst werden, durch menschenrechtskonforme und demokratische Einstellungen, Handlungen und Strukturen aus. Die nach Ländern und Regionen sehr unterschiedlichen Zivilgesellschaften sind daher differenziert zu betrachten. Möglicherweise ist auch der Begriff der Zivilgesellschaft normativ enger zu fassen und auf jene Gruppen, Organisationen und Bewegungen zu beschränken, die einen – wie auch immer definierten – normativen Grundkonsens teilen.[745] Eine diesen Namen verdienende Zivilgesellschaft, schrieb der mexikanische Sozialwissenschaftler Luis Salazar (1999: 29 f.), bedürfe einer „hohen Dosis an staatsbürgerlicher Verantwortlichkeit" der jeweiligen Organisationen sowie einer Umgebung und Regeln, die den „Korruptions-, Manipulations- und politischen oder antipolitischen Pervertierungschancen" solcher Organisationen Paroli biete.

Wenn wir also nach dem Beitrag der Zivilgesellschaft für die Umsetzung sozialer Menschenrechte fragen, müssen wir gezielt jene Organisationen, Netzwerke, Koalitionen und Bewegungen auf nationaler und transnationaler Ebene in den Blick nehmen, die sich tatsächlich für die wsk-Rechte einsetzen, und die – oft einschränkenden – Bedingungen untersuchen, unter denen sie agieren. In mehr oder minder starkem Maße bestehen hier bereits auf struktureller Ebene eine Reihe von Restriktionen *(constraints)*, also Bedingungen, die dem zivilgesellschaftlichen, mithin dem menschenrechtlichen Engagement der Betroffenen abträglich sein können. Ohne eine Diskussion über den Erklärungswert allgemeiner, vor allem anhand westlicher Industrieländer entwickelter organisationstheoretischer Ansätze aufgreifen zu wollen, deren unkritische Übertragung auf Entwicklungsländer zu einer verkürzten und wohl auch elitistischen Sichtweise der

745 In der politikwissenschaftlichen Transitionsforschung fassten beispielsweise Croissant/Lauth/Merkel (2000) nur solche Gruppen, Bewegungen und Organisationen als Teil der Zivilgesellschaft, die einen normativen Grundkonsens teilten, der auf dem prinzipiellen Bekenntnis zur Gewaltfreiheit sowie zur weltanschaulichen, religiösen und politischen Toleranz beruhte. Die Eingrenzung ist diskussionsbedürftig und wurde beispielsweise für Zentralamerika als zu eng kritisiert (Bendel/Krennerich 2000).

Organisationsproblematik führen würde, ist davon auszugehen, dass die Organisation gerade marginalisierter Bevölkerungsgruppen mit erheblichen Schwierigkeiten verbunden sein kann. So verfügen diese oft nur über begrenzte Ressourcen, um kollektives Handeln zu organisieren. Ein hohes Maß an Armut und ein geringer Bildungsstand verhindern zwar nicht eine effektive Organisation der Betroffenen, sind dieser aber eher abträglich als zuträglich. Hinzu kommt, dass so manch' bedrohte Bevölkerungsgruppe in Entwicklungsländern auf ihre räumlich begrenzte Lebenswelt mit ihren traditionellen Wertvorstellungen bezogen bleibt und in einer historisch bedingten Autoritätshörigkeit verharrt, die sich politisch möglicherweise in Konformismus oder Apathie ausdrückt. In den schnell wachsenden Städten der Entwicklungsländer wiederum erschweren ein entwicklungstypisch großer informeller Sektor und die prekären Arbeits- und Lebensbedingungen die Fähigkeiten und Möglichkeiten benachteiligter Bevölkerungsgruppen, beispielsweise von Gelegenheitsarbeiter/innen, Arbeitsmigrant/innen oder Hausangestellten, sich zu organisieren und gemeinsam für ihre sozialen Rechte, etwa bei der Arbeit, effektiv einzutreten.

Weiterhin beeinflussen, so zeigt die Literatur zu sozialen Bewegungen, gerade auch *„political opportunity structures"* Art und Erfolg kollektiven Handelns. Darunter versteht Sidney Tarrow (1998: 18): *„consistent – but not necessarily formal, permanent or national – dimensions of the political environment that either encourage or discourage people from using collective action"*. Zweifelsohne kann der *politische* Kontext dem menschenrechtlichen Engagement zivilgesellschaftlicher Gruppen, Organisationen und Bewegungen mehr oder minder stark zu- oder abträglich sein. Auf nationaler Ebene spielt dafür nicht zuletzt der politische Regimetyp eine wichtige Rolle, denn demokratische und autokratische Regime unterscheiden sich bereits *per definitionem* ganz erheblich darin, inwieweit sie politische Artikulations-, Beteiligungs- und Mitgestaltungmöglichkeiten eröffnen und ob die „politischen Gelegenheitsstrukturen" eher offen oder geschlossen sind. Selbst die verschiedenen „Subtypen" demokratischer oder autokratischer Systeme weisen diesbezüglich erhebliche Unterschiede auf, wie die Demokratie- und Autoritarismusforschung unschwer erkennen lässt (vgl. einführend: Merkel 2010).

In Staaten also, in denen gesellschaftliche und politische Partizipation unterdrückt, eingeschränkt oder von oben zu steuern versucht wird, in denen – *de jure* oder *de facto* – Meinungs-, Vereinigungs- und Versammlungsfreiheiten beschnitten sowie Proteste, Demonstrationen und Streiks unterbunden oder erst gar nicht ermöglicht werden, ist der zivilgesellschaftliche Einsatz für Menschenrechte besonders schwierig und oft gefährlich. Dies gilt auch für Menschen, die sich für ihre sozialen Menschenrechte einsetzen, und für zivilgesellschaftliche Organisationen, die sie dabei unterstützen. Die weltweiten Beispiele staatlicher und nichtstaatlicher Gewalt gegenüber Menschenrechtsverteidiger/innen verdeutlichen, wie sehr das Leben und die körperliche Unversehrtheit auch jener Menschen bedroht oder verletzt sein können, die sich für die wsk-Rechte einsetzen, und welche großen Nachteile die Menschen und ihr soziales Umfeld infolge eines solchen Engagements erleiden können (vgl. Forum Menschenrechte 2012). Besonders groß ist die Gefährdung in solchen Situationen, in denen handfeste Interessen mächtiger wirtschaftlicher, gesellschaftlicher, politischer oder militärischer Akteure berührt sind. Dies kann beispielsweise dann der Fall sein, wenn sich an ausbeuterischen Arbeitsverhältnissen, an willkürlichen Landnahmen oder an großen Wirtschafts- und Infrastrukturprojekten, die menschenrechtliche Probleme aufwerfen, Proteste der Betroffenen festmachen, die dann zu unterdrücken versucht werden.

Dennoch: Auch unter widrigen Bedingungen setzten sich unterdrückte Menschen, organisiert in oder unterstützt durch zivilgesellschaftliche Organisationen und Bewegungen, für ihre Menschenrechte ein. Inzwischen finden sie dabei oft über die Landesgrenzen hinaus Gehör und werden von einer aktiven transnationalen Zivilgesellschaft des globalen Südens und Nordens unterstützt. So können selbst bei „geschlossenen", repressiven Kontexten durchaus Handlungsspielräume für transnationales Handeln bestehen. Bereits die chilenische Menschenrechtsbewegung, die nach dem Putsch von 1973 entstand und erstarkte, suchte außerhalb des Landes erfolgreich Unterstützung für ihre Anliegen, während das Pinochet-Regime entsprechendes Handeln innerhalb Chiles verfolgte und repressiv unterband (vgl. Hawkins 2002). Der Putsch in Chile, dessen Folgen weit über das Andenland hinausreichten, wird bezeichnenderweise als die Geburtsstunde der modernen, grenzüberschreitenden Menschenrechtsbewegungen in Lateinamerika angesehen, die gegen repressive Herrschaftspraktiken aufbegehrten, je nach Land in unterschiedlichem Maße bei der Überwindung autoritärer Regime in der Region mitwirkten und später eine wichtige Korrektivfunktion auf die sich neuerlich etablierenden demokratischen Regime in der Region ausübten. Ab den 1990er Jahren nahm sich die lateinamerikanische Menschenrechtsbewegung dabei verstärkt auch der sozialen Menschenrechte an.

In offenen, demokratischen Kontexten bietet das internationale Menschenrechtsregime nicht-staatlichen Menschenrechtsorganisationen ebenfalls vielfältige Gelegenheitsstrukturen, durch transnationales Handeln auf einen besseren Schutz der Menschenrechte vor Ort hinzuwirken, zumal wenn diese in advokatorischen Netzwerken, Koalitionen oder Bewegungen agieren. Bei geringer Responsivität auf nationaler Ebene stoßen entsprechende Forderungen international mitunter auf mehr Gehör als innerhalb der jeweiligen Staaten. *„For example, feminist groups and groups of indigenous peoples have often found the international arena to be more receptive to their demands than domestic political institutions are"* (Khagram et al. 2002: 19). Auch für Forderungen nach einer besseren Umsetzung wirtschaftlicher, sozialer und kultureller Rechte, die auf nationaler Ebene vielfach noch ungehört verklingen, findet sich inzwischen ein großer internationaler und transnationaler „Resonanzboden", der von zivilgesellschaftlichen Organisationen, Netzwerken, Koalitionen und Bewegungen gezielt zum Klingen gebracht wird. Teilweise werden die Forderungen auch erst auf transnationaler Ebene in der globalen Sprache der Menschenrechte gefasst. *„The reframing of campaigns for labor or indigenous rights as human rights is a good example"* (Tarrow 2005: 147). Dies gilt gerade in solchen Fällen, in denen offenkundige Menschenrechtsverletzungen vorliegen oder Menschenrechtsverteidiger/innen auch in demokratisch regierten Staaten drangsaliert, kriminalisiert und verfolgt werden.

Allerdings kann die Verlagerung menschenrechtlich relevanter Politiken auf inter- oder supranationalen Organisationen auch dazu führen, dass die zivilgesellschaftlichen Einflussmöglichkeiten verringert, die Töne also leiser werden, weil – trotz aller gestiegenen Beteiligungsmöglichkeiten zivilgesellschaftlicher Gruppen – die Willensbildungs- und Entscheidungsprozesse internationaler Organisationen eben nicht wirklich partizipativ ausgestaltet sind. Zudem mangelt es NGOs trotz Vernetzung mitunter schlicht an Ressourcen, um die bereits bestehenden Beteiligungsmöglichkeiten der regionalen und globalen Menschenrechtsregime umfänglich zu nutzen.

9.2 Der Einsatz von NGOs für die sozialen Menschenrechte

Als Teil der Zivilgesellschaft und advokatorischer Netzwerke, Koalitionen und Bewegungen sind nicht-staatliche Organisationen wichtige lokale, regionale und globale Akteure. Von den weltweit unzähligen NGOs, die sich für die sozialen Menschenrechte einsetzen, sind freilich die wenigsten einer breiten Öffentlichkeit bekannt. Am ehesten noch erregen jüngere Kampagnen von *Amnesty International* die öffentliche Aufmerksamkeit, obwohl sich das „Flagschiff" unter den Menschenrechtsorganisationen erst vor einigen Jahren den wsk-Rechten zuwandte, und dies auch erst nach zähem innerorganisatorischem Ringen (und bis heute mitunter gegen interne Widerstände). Andere international bedeutsame NGOs, die sich seit langem für einzelne oder mehrere wsk-Rechte stark machen – etwa *COHRE* oder *FIAN International* – sind hingegen oft nur Insidern ein Begriff. Während sich Anfang der 1990er Jahre nur wenige Menschenrechtsorganisationen der wirtschaftlichen, sozialen und kulturellen Menschenrechte angenommen hatten (vgl. Steiner 1991: 41), gibt es inzwischen in fast jedem Land und in jeder Weltregion NGOs, die zu wsk-Rechten arbeiten. Allein dem ESCR-Net waren im September 2012 insgesamt 192 Organisationen und 41 Einzelpersonen aus 67 Ländern angeschlossen (www.escr-net.org/members), und dieses Netzwerk umfasst nur einen Teil der globalen „Menschenrechtsszene" in Bereich der wsk-Rechte.

Von den Menschenrechtsorganisationen im engen Sinne sind jene nicht-staatlichen Entwicklungsorganisationen zu unterscheiden, die sich im vergangenen Jahrzehnt der wsk-Rechte annahmen und diese inzwischen ausdrücklich fördern. So verfolgen etliche nicht-staatliche Entwicklungsorganisationen einen menschenrechtsorientierten Ansatz und arbeiten in Netzwerken zu sozialen Menschenrechten mit. Hierzu gehören in Deutschland auch die großen kirchlichen Hilfswerke *Misereor* und *Brot für die Welt,* die sich in der vergangenen Dekade der Thematik öffneten.[746] Michael Windfuhr (2012: 124) hebt in einem aktuellen Beitrag die skandinavischen protestantischen Hilfswerke und einige katholische europäische Hilfswerke hervor sowie große international tätige Organisationen wie *CARE, Action Aid* oder das *Internationale Komitee des Roten Kreuzes.*

Interessanterweise nehmen die großen Wohlfahrtsverbände in Deutschland (und anderen westlichen Industriestaaten) – außer vielleicht in den Bereichen Migration, Flucht und Asyl – kaum auf Menschenrechte Bezug (ebd.: 125). Meist tragen sie ihre sozialen Forderungen nicht in der Sprache der Menschenrechte vor und lassen sich nur schwer in Menschenrechtsnetzwerke einbinden.[747] Dies hat zum einen damit zu tun, dass Deutschland über ein ausgebautes Sozialrecht verfügt, auf das sich die Wohlfahrtsverbände berufen können, so dass eine Referenz auf den Sozialpakt nicht nötig erscheint (ebd.). Zum anderen sind die Wohlfahrtsverbände selbst Anbieter sozialer Dienstleistungen und verfügen über längst etablierte korporatistische Zugänge zur Politik, die ihnen ohnehin großen politischen Einfluss sichern.

Und die Gewerkschaften? Sie beziehen sich in ihrem Kampf für gerechte Arbeitsbedingungen- und soziale Sicherheit bis heute vorrangig auf Arbeits- und Sozialstandards der ILO, weit seltener jedoch auf einschlägige Instrumente des internationalen Menschenrechtsschutzes wie den UN-Sozialpakt. Die ist insofern verständlich, als die ILO-Normen in den Bereichen der Arbeit und der sozialen Sicherheit in einem weit höheren Maße konkretisiert sind. Zudem sei daran erinnert, dass die Gewerkschaften über einen privilegierten Zugang zum dreigliedrigen ILO-System aus Regierungs-, Arbeitgeber- und Arbeitnehmervertretungen verfügen, der im UN-Menschenrechtsregime nicht besteht. Umgekehrt sind die Mitwirkungsmöglichkeiten für nicht-staatliche Menschenrechtsorganisationen

746 Siehe Krennerich (2003d), Brot für die Welt (2005), Misereor (2006).

747 Bezeichnenderweise wirkten die großen Wohlfahrtsverbände auch nicht an dem Parallelbericht zum UN-Sozialpakt der Allianz für wirtschaftliche, soziale und kulturelle Rechte in Deutschland (2011) mit.

im ILO-System weit geringer als im Rahmen globaler und regionaler Menschenrechtsinstitutionen. Da jedoch die international verankerten Menschenrechte die Rechte auf Arbeit, auf gerechte Arbeitsbedingungen und auf soziale Sicherheit beinhalten und die ILO-Konventionen und ILO-Empfehlungen die Menschenrechte in diesen Bereichen erheblich konkretisieren, wäre es für die nicht-staatliche Menschenrechtsarbeit hilfreich, dass Gewerkschaften, Sozialverbände und Menschenrechtsorganisationen stärker zusammenarbeiteten. In Lateinamerika beispielsweise sind der Kampf der Gewerkschaften und der Einsatz für wsk-Rechte weit stärker miteinander verbunden als hierzulande.

Auf welche Weise fördern NGOs aber die wirtschaftlichen, sozialen und kulturellen Rechte? Gemeinhin weit stärker gesellschaftspolitisch als juristisch. Dabei organisieren sich die Betroffenen entweder selbst in NGOs oder sie werden von NGOs in ihrem Einsatz für die Menschenrechte unterstützt, wobei nationale NGOs vor Ort ihrerseits wiederum Unterstützung von internationalen NGOs erfahren können.[748] Die Menschenrechtsarbeit von NGOs, die zu wsk-Rechten arbeiten, ist inzwischen vielschichtig. Verschiedene Handlungsfelder lassen sich unterscheiden, auch bei der Arbeit hiesiger Menschenrechts- und Entwicklungsorganisationen, die sich für die sozialen Menschenrechte einsetzen.

9.2.1 Menschenrechtsbeobachtung

Ein traditionell wichtiger Bereich nicht-staatlicher Menschenrechtsarbeit ist die regelmäßige Beobachtung, wie es um die Menschenrechte in einem Land oder einer Region bestellt ist, und die Dokumentation von Menschenrechtsverletzungen. Zahlreiche Menschenrechtsorganisationen und -netzwerke erheben Daten, bereiten Informationen zur Menschenrechtslage auf und verbreiten diese. Am bekanntesten sind die Berichte von *Amnesty International*, die seit Jahrzehnten öffentlichkeitswirksam und weltweit gerade Fälle von Folter, „Verschwindenlassen", extralegalen Hinrichtungen und politischen Inhaftierungen dokumentieren, mittlerweile aber auch auf Verletzungen einzelner wsk-Rechte, wie etwa des Rechts auf angemessene Unterkunft, eingehen. Weniger bekannt, aber nicht minder wichtig sind die Berichte der zahlreichen nationalen und transnationalen NGOs und NGO-Netzwerke, die teils schon seit vielen Jahren die Lage der wsk-Rechte beobachten. „Seit Mitte der 1980er Jahre half die fallbezogene Dokumentation von Verletzungen von wsk-Rechten mit, ein Verständnis für Verletzungstatbestände und von staatlichen Umsetzungspflichten zu bekommen" (Windfuhr 2012: 117). Allerdings handelt es bei dem NGO-Monitoring der wsk-Rechte oft

748 In Deutschland beispielsweise unterstützten die großen kirchlichen Hilfswerke *Misereor* und *Brot für die Welt* ihre Partner, meist NGOs, vor Ort.

„nur“ um eine exemplarische und keine flächendeckende Menschenrechtsbeobachtung.

Auch beschränkt sich das „Monitoring“[749] für gewöhnlich nicht auf den engen, justiziablen Kern der wsk-Rechte, sondern benennt auch einen darüber hinaus gehenden menschenrechtlichen Handlungs- und Optimierungsbedarf. Da den zivilgesellschaftlichen Akteuren nicht vornehmlich an rechtsdogmatischer Trennschärfe gelegen ist, wenn sie ihre Kritik und ihre Forderungen vorbringen, ist stets zu prüfen, inwieweit das dargelegte Verständnis der jeweiligen Menschenrechte etwa der vom UN-Ausschuss für wsk-Rechte entwickelten Rechtsdogmatik entspricht – oder aber darüber hinausgeht. Dasselbe gilt für die Beanstandung von Menschenrechtsverletzungen und die Einforderung staatlicher oder nicht-staatlicher Pflichten. Ungeachtet dessen sind die vielfältigen NGO-Berichte, welche die wsk-Rechte (mit)behandeln, unerlässliche Hilfsquellen, um die Lage sozialer Menschenrechte in den jeweiligen Ländern und Regionen zu erfassen – und den Betroffenen auch über die Landesgrenzen hinweg eine Stimme zu verleihen. Dabei nehmen sich die Berichte inzwischen gezielt auch der extraterritorialen Staatenpflichten an, die sich aus den sozialen Menschenrechten ergeben. Das im Jahre 2007 gegründete *ETO-Consortium* unterhält sogar eigens eine Datenbank, in der Verletzungen extraterritorialer Staatenpflichten im Bereich der wsk-Rechte dokumentiert sind (vgl. Coomans/Künnemann 2012).

Mitunter haben NGOs selbst Monitoring-Instrumente entwickelt, die ihnen und ihren Partnern erlauben, die Menschenrechte systematisch zu beobachten. Als Beispiel lässt sich das Monitoring-Tool *„Screen state action against hunger“* (Welthungerhilfe/FIAN International 2007) nennen – eine praxisorientierte Anleitung dafür, wie die Freiwilligen Leitlinien zum Recht auf Nahrung systematisch zur Beobachtung staatlicher Politik genutzt werden können. Auch die Handbuch-Serie *„Haki Zetu – ESCR Rights in Practice“* (Haki Zetu: Swahili für „Unsere Rechte“) von *Amnesty International* enthält Prüfkriterien und -listen zu einzelnen wsk-Rechten.

Ein frühes Beispiel dafür, wie ein koordiniertes Monitoring auf nationaler Ebene aussehen kann, stammt aus Brasilien: Dem Modell der UN-Sonderberichterstattung nachempfunden, wurden dort 2002 nationale Berichterstatter für einzelne wirtschaftliche, soziale und kulturelle Rechte (Ernährung, Gesundheit,

---

749 Im engeren Sinn meint Menschenrechtsmonitoring ein „rechtsverbindlich institutionalisiertes und organisiertes Verfahren“, das im internationalen Recht von Internationalen Organisationen getragen wird (Gusy 2011: 12). Der Begriff wird aber auch für die unverbindliche, wenig institutionalisierte Menschenrechtsbeobachtung durch NGOs verwendet.

Bildung, Wohnen etc.) eingesetzt. Die Rapporteure wurden von nicht-staatlichen, staatlichen und internationalen Organisationen gemeinsam ernannt, arbeiteten unabhängig und betrieben in enger Zusammenarbeit mit der Zivilgesellschaft ein exemplarisches Monitoring der Menschenrechtslage in Brasilien.[750] Ein jüngerer Bericht aus Brasilien hob die große Bedeutung der nationalen Berichterstatter im Falle des Rechts auf Nahrung hervor (Burity et al. 2011: 42 ff.).

Noch wenig entwickelt ist schließlich das Menschenrechtsmonitoring von Staatsausgaben, obwohl das zivilgesellschaftliche Haushaltsmonitoring in den vergangenen Jahren an Bedeutung gewonnen hat (für Afrika: GKKE 2009a, 2009b) und einzelne NGOs eine Art *human rights budgeting* betreiben (vgl. Felner 2009: 408). Dabei stehen den NGOs inzwischen konzeptionelle Vorarbeiten zum *human rights budgeting* auch im Bereich der wsk-Rechte zur Verfügung (z.B. Steenbergen 2011a, 2011b).

9.2.2 Öffentlichkeits-, Informations- und Bildungsarbeit

Über Presseerklärungen, öffentliche Statements und vielfältige Informationsveranstaltungen beteiligen sich Betroffenen-, Menschenrechts- und Entwicklungsorganisationen, kirchliche Gruppen, politische Stiftungen etc. an öffentlichen Diskussionen zum Thema der sozialen Menschenrechte und bemühen sich ein entsprechendes Verständnis und Bewusstsein zu den wsk-Rechten zu vermitteln. In Deutschland gab es in den vergangenen Jahren eine Vielzahl an öffentlichen Informationsveranstaltungen zu wirtschaftlichen, sozialen und kulturellen Rechten, die von NGOs (mit)organisiert wurden, um dem Thema Auftrieb und Substanz zu verleihen. Sie alle tragen *potenziell* dazu bei: für Menschenrechtsbelange zu sensibilisieren *(awareness-rising)*, ein Menschenrechtsbewusstsein zu wecken, Handlungsmöglichkeiten aufzuzeigen und Handlungsbereitschaft zu wecken. Inwieweit dieses Potenzial entfaltet wird, hängt dann freilich von der – stark variierenden – Qualität der Angebote, vom öffentlichen Interesse und nicht zuletzt von der Empfänglichkeit der Zielgruppen ab.

Zugleich wird die Expertise von Menschenrechtsorganisationen bezüglich der wsk-Rechte von anderen Organisationen, den Medien oder auch der Politik gezielt abgefragt. Dabei können NGOs zu verlässlichen, glaubwürdigen und weithin genutzten Informationsquellen zu wsk-Rechten avancieren, zumal dann, wenn sie selbst oder ihre Partnerorganisationen vor Ort auf seriöse Weise Fakten

---

750 Vorgestellt wurde das Projekt von Jayme Benvenuto Lima Jr., dem damaligen Koordinator der brasilianischen Plattform für wsk-Rechte, im Rahmen eines internationalen Politikdialogs „*Human Rights in Developing Countries*", Köln, 29.-30. September 2003 (InWent 2003).

ermitteln, zusammentragen oder überprüfen. Von der Verlässlichkeit der Informationen hängt dabei in hohem Maße die Glaubwürdigkeit der NGOs ab. Eine professionelle Öffentlichkeitsarbeit versteht es, Informationen zum richtigen Zeitpunkt von sich aus strategisch zur Geltung zu bringen. Mitunter führen NGOs auch gezielt Beratungen unterschiedlicher Zielgruppen durch.

Von der allgemeinen Öffentlichkeits- und gezielten Informationsarbeit unterscheidet sich die Menschenrechtsbildung im engeren Sinne. Stärker didaktisch angeleitet, bemühen sich NGOs, ein Verständnis von Inhalt und Bedeutung der Menschenrechte zu vermitteln, anhand menschenrechtlicher Normen und Prinzipien moralisches Urteilsvermögen zu fördern und/oder Handlungskompetenzen zum Schutz der Menschenrechte zu stärken. Obwohl die Menschenrechtbildung vielfach nicht den Schwerpunkt der Tätigkeit ausmacht, erstellen NGOs mitunter Bildungs- und Trainingsmaterialien, führen Weiterbildungsseminare und Schulungen zu Menschenrechten durch, sowohl mit der allgemeinen Öffentlichkeit als auch mit spezifischen Zielgruppen (vgl. Mahler/Mihr 2004). Nicht selten nehmen sie sogar eine Vorreiterrolle in der Menschenrechtsbildung ein, so auch in Afrika: *„NGOs were at the forefront of human rights education in a field not covered by African government programmes“* (Horn 2009: 69). Insgesamt haben die sozialen Menschenrechte zusehends Eingang in Bildungsmaterialien und Bildungsveranstaltungen gefunden, auch im deutschsprachigen Raum.[751] Allerdings gilt es kritisch zu prüfen, inwieweit die vielen Menschenrechtsbildungsveranstaltungen von NGOs neben ihrem pädagogischen Anliegen auch tatsächlich ein sachgerechtes Verständnis von Menschenrechten und Menschenrechtsverletzungen vermitteln, gerade auch im Bereich der wsk-Rechte.

9.2.3 Empowerment – die Befähigung, sich für Menschenrechte einzusetzen

Für die nicht-staatliche Menschenrechtsarbeit ist die Handlungsfähigkeit von Menschen, Gruppen und Organisationen, die von Menschenrechtsverletzungen betroffen oder bedroht sind, von zentraler Bedeutung. Gerade die nicht-staatliche Menschenrechtsarbeit ist auf das *„enablement“*, das *„empowerment“* und die Partizipation vor allem benachteiligter und in ihren Rechten verletzter oder bedrohter Menschen ausgerichtet – und befördert diese zugleich: Sie weist die Betroffenen als Inhaber einforderbarer sozialer Rechte aus und zielt im Idealfall darauf ab, die Menschen in die Lage zu versetzen und sie dabei zu unterstützen, ihre Rechte selbstständig einzufordern, wahrzunehmen und zu überwachen sowie menschen-

751 Erneut sei der Überblick über deutschsprachige Materialien der Menschenrechtsbildung von Pehm (2009) empfohlen.

rechtsrelevante Entscheidungsprozesse aktiv mitzugestalten. Da die Durch- und Umsetzung sozialer Menschenrechte ganz entscheidend davon abhängt, dass die Betroffenen nicht in der Opferrolle verharren, sondern als Subjekte ihrer Rechte aktiv in Erscheinung treten und die ihnen verwehrten oder nicht gewährten Rechtsansprüche geltend machen, ist die Bedeutung des *empowerment* kaum zu überschätzen.

Allerdings müssen die Betroffenen – die oft (mit gutem Grund) wenig Vertrauen in das Rechtssystem haben – zu der Überzeugung gelangen, dass menschenrechtliche Forderungen auch von praktischem Nutzen für die Verbesserung ihrer Lebens- und Arbeitsbedingungen sind. Ungeachtet akademischer und politischer Debatten über die Bedeutung sozialer Menschenrechte haben diese also den „Praxistext" zu bestehen, damit die Menschen ihre Anliegen auch tatsächlich in der Sprache der Menschenrechte vortragen. Zugleich bedarf es nicht nur eines entsprechenden Menschenrechtsbewusstseins und eines gemeinsamen Willens, aktiv zu werden. Zielgerichtetes kollektives Handeln setzt immer auch ein Mindestmaß an Organisation, Ressourcen und Training voraus. Die Herausforderung ist dabei, dass Selbsthilfegruppen, soziale Bewegungen und NGOs vor Ort nachhaltig ihre Fähigkeit ausbilden und die Möglichkeiten erhalten, ihre menschenrechtlichen Forderungen und Anliegen selbst wirksam vorzutragen und nationale wie internationale Instrumente des Menschenrechtsschutzes zu nutzen.

Dies gilt gerade auch für jene verletzlichen und unterprivilegierten Gruppen, denen es besonders schwer fällt, sich zu organisieren und kollektiv zu handeln. Im Falle von Frauen, Schwulen und Lesben sowie indigenen Minderheiten hat sich diesbezüglich in den vergangenen Jahrzehnten sehr viel getan. Laut vernehmbar sind seit den 1990er Jahren auch HIV/AIDS-Aktivistinnen und Aktivisten. Ebenso hat die Behindertenrechtsbewegung erheblich an Fahrt aufgenommen, und zwar inzwischen auch im Bereich der Entwicklungszusammenarbeit.[752] Vergleichsweise schwach organisiert sind beispielsweise noch Wanderarbeitnehmer/innen, Hausangestellte, ältere Menschen und Kinder, obwohl letztere viel Unterstützung erfahren. Auch Kinder bedürfen jedoch nicht nur der Fürsprache, sondern müssen darin unterstützt werden, ihr Lebensumfeld selbst aktiv mitzugestalten. So fördern beispielsweise Kinderrechtsorganisationen wie *terre des*

752 Vgl. etwa die Broschüre „Menschen mit Behinderung als Akteure in der Entwicklungszusammenarbeit" (2009), herausgegeben von: *Behinderung und Entwicklungszusammenarbeit* (bezev), *Christoffel-Blindenmission Deutschland* (CBM), *Deutsche Lepra- und Tuberkulosehilfe* (DAHW), *Interessenvertretung Selbstbestimmt Leben in Deutschland* (ISL) sowie dem *Bischöflichen Hilfswerk Misereor.* Siehe auch das „Handbuch" für inklusive Entwicklung von VENRO (2010).

hommes gezielt die Selbstorganisation arbeitender Kinder. Hinzu kommen Gruppen, wie etwa intersexuelle Menschen (Inter*), die erst in den vergangenen Jahren die öffentliche Tabuisierung ihres fremdbestimmten Leidens durchbrechen konnten.

9.2.4 Die Bildung wirkkräftiger Netzwerke

Ein nicht zu vernachlässigender Teil nicht-staatlicher Menschenrechtsarbeit besteht im Auf- und Ausbau schlagkräftiger Menschenrechtsnetzwerke auf nationaler, regionaler und globaler Ebene. Seit der Weltmenschenrechtskonferenz von 1993 ist die Vernetzung von NGOs, die (auch) zu sozialen Menschenrechten arbeiten, sowohl im Nord-Süd- als auch im Süd-Süd-Verhältnis erheblich vorangeschritten. Ein frühes Beispiel für die internationale Vernetzung im Bereich der wsk-Rechte ist die altehrwürdige, bereits 1922 gegründete *Féderation Internationale des Ligues des Droits de l'Homme* (FIDH) sowie die 1976 gegründete *Habitat International Coalition* (HIC) zur Förderung des Rechts auf angemessene Unterkunft. Jüngere Beispiele sind das bereits genannte *International Network for Economic, Social and Cultural Rights* (ESCR-Net), die *International NGO Coalition for an Optional Protocol to the ICESCR* oder auch das *ETO-Consortium* zur Stärkung extraterritorialer Staatenpflichten im Bereich der wsk-Rechte. In Lateinamerika wäre etwa die *Plataforma Interamericana de Derechos Humanos, Democracia y Desarollo* (PIDHDD) zu nennen, ein regionales Netzwerk, das sich wiederum in nationale Netzwerke untergliedert und schwerpunktmäßig zu den wsk-Rechten arbeitet.

Gruppen- und themenbezogen haben sich zusätzlich unzählige Netzwerke herausgebildet, die etwa Frauenrechte, Kinderrechte, Lesben- und Schwulenrechte oder Behindertenrechte als Menschenrechte einfordern oder die sich, wie u.a. die *People's Health Movement*, für den Zugang aller Menschen zur Gesundheitsversorgung stark machen. Im Bereich des Rechts auf Nahrung ließe sich das *Right to Food and Nutrition Watch Consortium* nennen, dem selbst wieder Netzwerke wie etwa das *African Network on the Right to Food* angehören. Die Liste an Beispielen großer und kleiner Netzwerke, die (auch) zu den wsk-Rechten arbeiten, ist lang. Auch innerhalb Deutschlands haben sich zahlreiche NGOs zusammengetan, um neben den bürgerlich-politischen die sozialen Menschenrechte zu fördern, sei es in institutionalisierter Form wie etwa im Rahmen des *Forum Menschenrechte*, sei es kampagnen- und themenbezogen. Etliche dieser nationalen Zusammenschlüsse sind wiederum Teil internationaler Aktionsbündnisse.

Auf die große Bedeutung advokatorischer Netzwerke im Einsatz für die sozialen Menschenrechte sind wir bereits eingegangen. Solche Netzwerke ermöglichen oder erleichtern es, Informationen austauschen, Fach- und Verfahrenskompetenzen zu bündeln sowie menschenrechtliches Handeln abzustimmen und zu koordinieren. Das gemeinsame Auftreten kann Öffentlichkeit erzeugen und die Legitimations- und Wirkkraft öffentlich artikulierter Menschenrechtsforderungen erheblich verstärken. Zugleich kann über advokatorische Menschenrechtsnetzwerke transnationales Handeln organisiert werden und stattfinden. Der Netzwerkbildung und -pflege kommt daher für die Durchsetzung sozialer Menschenrechte eine immens große Bedeutung zu. Dies zeigt sich nicht nur im Vorfeld großer Weltkonferenzen, sondern gerade auch in der alltäglichen Arbeit von NGOs.

9.2.5 *Naming, shaming and blaming* – öffentliche Proteste und Kampagnen

Weithin wahrgenommen werden Proteste und Kampagnen, mit denen Menschenrechtsanliegen in die Öffentlichkeit getragen werden. Sie werden teils von einzelnen NGOs, teils von Menschenrechtsnetzwerken und -bewegungen initiiert und dienen dazu, drohende oder bestehende Menschenrechtsverletzungen anzuprangern, die Verantwortlichen öffentlich zu benennen *(naming)* und diese im Sinne eines Beschämens *(shaming)* und Bedrängens *(blaming)* unter gesellschaftspolitischen Legitimations- und Handlungsdruck zu setzen. Das Instrumentarium reicht von kleineren Informations-, Eil- und Protestaktionen bis hin zu groß angelegten, transnationalen Kampagnen, mittels derer die Weltöffentlichkeit alarmiert und gesellschaftspolitische Unterstützung im Kampf für die Menschenrechte mobilisiert oder unter Beweis gestellt wird. Dabei verschränken sich in der Regel völkerrechtliche, politische und moralische Argumente, die im Kampf für die Menschenrechte ins Feld geführt werden.

Von großer Bedeutung ist, dass *Amnesty International* ihre Kampagnenarbeit auf einzelne soziale Menschenrechte ausgedehnt hat. So wurden beispielsweise im Rahmen der *Demand Dignity*-Kampagne die Zwangsvertreibungen und Lebensbedingungen in Slums zahlreicher Länder kritisiert (z.B. Amnesty International 2009a, 2009b). Darüber hinaus ließen sich unzählige kleine wie große Kampagnen anderer Organisationen aufzählen, zumal, da sich die Kampagnenarbeit zu wsk-Rechten nicht nur auf Menschenrechtsorganisationen beschränkt. Auch soziale, kirchliche und entwicklungspolitische Organisationen beteiligten sich an solchen Kampagnen oder initiieren diese sogar. So fasst eine Vielzahl jüngerer entwicklungspolitischer Kampagnen ihre Forderungen offensiv in der Sprache der Menschenrechte. Als Beispiele seien nur die zahlreichen Kampagnen genannt, die den Zugang zu Wasser als ein Menschenrecht ausweisen oder gegen menschenunwürdige Arbeits- und Lebensbedingungen in den Ländern des Südens protestieren. Dabei richten sich die Protestkampagnen nicht nur gegen staatliche Akteure, sondern auch gegen transnationale Unternehmen, sichtbar etwa an den vielfältigen Protestaktionen gegen die Preispolitik von Pharmaunternehmen, gegen Menschenrechtsverletzungen bei der Förderung und dem Handel von Rohstoffen (Erdöl, Diamanten etc.) oder auch gegen die Arbeitsbedingungen in Produktionsstätten oder Lieferbetrieben transnationaler Konzerne in Entwicklungsländern.

Beispiele für kleine und große Kampagnen zu sozialen Menschenrechten

- Im UN-Jahr des Wassers 2003 startete *Brot für die Welt* die Kampagne „MenschenRecht-Wasser" und fungierte so als Impulsgeber für eine öffentliche Debatte über dieses Menschenrecht im kirchlichen und nicht-kirchlichen Umfeld und im Partnernetzwerk der Entwicklungsorganisation. Ende 2006 übergab *Brot für die Welt* die Kampagne an ein neues Wasser-Netzwerk unter dem Dach des Weltkirchenrates.
- Mit Briefkampagnen reagierten *FIAN Deutschland* und *FIAN Österreich* in den vergangenen Jahren auf akute Menschenrechtsverletzungen weltweit. Entsprechende Eilaktionen betrafen Verletzungen des Rechts auf Nahrung sowie die Gewalt gegenüber Menschen, die sich für die sozialen Menschenrechte einsetzen (www.fian.de; www.fian.at).
- Der Verein *„Für die Rechte illegalisierter Kinder"* begann am Kinderrechtstag 2008 eine gesamtschweizerische Kampagne „Kein Kind ist illegal". Zu den Forderungen zählte u.a. die umfassende Umsetzung des Rechts auf Bildung für Kinder von *Sans-Papiers* (www.sans-papiers.ch).
- Aufgrund internationaler Proteste und Kampagnen verschiedener Menschenrechts- und Umweltschutzorganisationen stoppten Deutschland, Österreich und die Schweiz im Juli 2009 ihre Expertkreditversicherungen (Hermesbürgschaften) für den Bau des Ilisu-Staudamms in der Türkei. Der Bau droht zehntausenden Menschen ihrer Existenzgrundlage zu berauben (www.stopilusu.com; www.evb.ch/ilisu; www.gegenstroemung.org).
- Im Rahmen der *„Demand Dignity campaign"* („Mit Menschenrechten gegen Armut") rückte *Amnesty International* für mehrere Jahre die Themen: menschenwürdiges Wohnen in Slums und informelle Siedlungen („Wohnen. In Würde"), Gesundheitsversorgung von Müttern („Mutter werden. Ohne zu sterben"), unternehmerische Verantwortung für Menschenrechte („Wirtschaften. Mit Verantwortung") und als Querschnittsthema die Einklagbarkeit der wsk-Rechte in den Mittelpunkt ihrer Kampagnenarbeit (www.amnesty.de).
- *Survival International*, die *Gesellschaft für bedrohte Völker* und *Rettet den Regenwald* protestierten am 22. August 2011 gegen den Bau des Belo-Monte-Staudamms im brasilianischen Regenwald, durch den die Lebensgrundlage vieler traditioneller und indigener Gemeinschaften zerstört werden würde. Der brasilianischen Botschaft in Berlin übergaben sie 40.000 gesammelte Protestunterschriften (Regenwald Report 3/2011).
- Das *Aktionsbündnis zum Equal Pay Day* sammelte vom 1. Januar bis zum 25. März 2011 insgesamt 16.000 Unterschriften, die dem Bundestag übergeben wurden. Die Unterzeichner/innen forderten konkrete Maßnahmen zum Abbau von Entgeltunterschieden zwischen Männer und Frauen, wie etwa den flächendeckenden Ausbau von Kindertagesstätten, die gleichmäßige Aufteilung der Elternzeit sowie Reformen im Steuer- und Sozialversicherungsrecht (www.frauenrat.de).
- Mit der Petitionen-Kampagne „Rechte für Menschen, Regeln für Unternehmen" forderten die *European Coalition for Corporate Justice* (ECCJ) und das *CorA-Netzwerk für Unternehmensverantwortung* die Staats- und Regierungschefs der EU und die Europäische Kommission öffentlich auf, in der EU ansässige Unternehmen für weltweite Auswirkungen ihrer Geschäftstätigkeit auf Menschen und Umwelt gesetzlich haftbar zu machen (www.rightsforthepeople.de).

- Ein Jahr vor dem UN-Gipfel für Nachhaltigkeit in Rio de Janeiro (2012) läutete *terres des hommes* im Mai 2011 eine Kampagne für ökologische Kinderrechte ein, um sich für das Recht der Kinder auf eine intakte Umwelt stark zu machen und konkrete Maßnahmen gegen Umweltzerstörungen und Umweltverschmutzungen einzufordern, die weltweit Kinder schädigen oder das Leben kosten (www.tdh.de).
- Am 1. Juni 2011 starteten über 40 Organisationen gemeinsam die bundesweite Kampagne „Jetzt erst Recht(e) für Flüchtlingskinder", die darauf abzielte, mit kreativen Aktionen, Öffentlichkeitsarbeit und politischem Druck Gesetzesänderungen und konkrete Verbesserungen für Flüchtlingskinder in Deutschland zu erreichen, u.a. bei der Gesundheitsversorgung, bei der Schul- und Berufsausbildung und hinsichtlich von Arbeitsmöglichkeiten (www.jetzterst-recht.de).
- Anlässlich der Frauen-Fußballweltmeisterschaft vom 26. Juni bis 17. Juli 2011 in Deutschland versuchte *terre des femmes,* mit der Kampagne „Frau in Bewegung" die Solidarität unter Frauen stärken und zugleich auf Diskriminierungen im Sport und in der Gesellschaft hinweisen (www.frauenrechte.de).
- „Soziale Menschenrechte: Machen Sie den Weg zur UNO frei" forderten 2011 *FIAN* und *Amnesty International* von der Bundesministerin für Arbeit und Soziales. Das BMAS steht seit Jahren einem Zusatzprotokoll zum UN-Sozialpakt skeptisch gegenüber und verzögert dessen Ratifizierung durch Deutschland. Zur Unterstützung der Petition wurden Unterschriften gesammelt (www.fian.de).
- „beHandeln statt verwalten!" lautet der Titel einer deutschlandweiten Kampagne zur Sicherung der Gesundheitsversorgung von besonders vulnerablen Flüchtlingen. Träger sind die *Bundesweite Arbeitsgemeinschaft der Psychosozialen Zentren für Flüchtlinge und Folteropfer* sowie *IPPNW – Ärzte in sozialer Verantwortung* (www.behandeln-statt-verwalten.de).
- Die Kampagne „Recht ohne Grenzen. Klare Regeln für Schweizer Konzerne. Weltweit" fordert vom Schweizer Bundesrat und Parlament gesetzliche Bestimmungen zu erlassen, damit Firmen mit Sitz in der Schweiz weltweit die Menschenrechte und die Umwelt achten müssen und Betroffene von Menschenrechts- und Umweltverstößen durch in der Schweiz ansässige Firmen, Niederlassungen oder Zulieferer in der Schweiz auf Wiedergutmachung klagen können. (www.rechteohnegrenzen.ch)
- Im Rahmen der Kampagne „Flucht ist kein Verbrechen" von 2012 setzt sich *PRO ASYL* u.a. für die menschenwürdige Aufnahme, ein faires Asylverfahren und gegen die Inhaftierung von Asylsuchenden in Lagern ein – und kritisiert hierbei scharf die Bedingungen, unter denen Asylsuchende in europäischen Ländern leben müssen (www.flucht-ist-kein-verbrechen.de).
- Am 18. Oktober 2012, dem 6. Europäischen Tagen gegen Menschenrecht, startet *terres des femmes* die Kampagne „Aufenthaltsrecht für Opfer von Zwangsprostitution, jetzt!". Die Aktion soll bis Mitte März 2013 laufen (www.frauenrechte.de/frauenhandel).

Anmerkung: kleine Auswahl von Kampagnen im deutschsprachigen Raum. Zugriff auf die Internetseiten – zum Zeitpunkt der jeweiligen Kampagnen

Vieles deutet daraufhin, dass Menschenrechtskampagnen insbesondere dann Aufmerksamkeit erregen, wenn sie sich auf eindeutige Menschenrechtsverletzungen beziehen, die rechtlich, politisch und/oder moralisch offenkundig untragbar sind, und wenn sich Verantwortlichkeiten eindeutig benennen lassen. In dieser Hinsicht eignen sich die sozialen Menschenrechte nicht in all' ihren Aspekten und Dimensionen gleich gut für Kampagnen. Ausbeuterische Kinderarbeit und brutale Landvertreibungen weisen sicherlich mehr „Aufmerksamkeitspotenzial" auf als der geringe Deckungsgrad von Sozialversicherungssystemen. Vergleichsweise schwierig ist die Kampagnenarbeit, wenn sich Interpretationsdifferenzen beim Verständnis der sozialen Menschenrechte auftun, wenn sich die kritisierten Sachverhalte komplex darstellen und wenn sich Verantwortlichkeiten nicht eindeutig klären lassen. In einem solchen Fall muss mitunter erst ein Bewusstsein dafür geschaffen werden, dass es sich um ein menschenrechtliches Problem handelt und menschenrechtlicher Handlungsbedarf besteht.

9.2.6 Beeinflussen und überzeugen: Lobby- und Advocacyarbeit

Ein zunehmend wichtiges menschenrechtliches Betätigungsfeld ist die Lobby- und Advocacyarbeit, die NGOs auf nationaler und internationaler Ebene inzwischen verstärkt betreiben. Dabei geht es um eine zielgerichtete Beeinflussung der rechtlich-institutionellen Ausgestaltung der internationalen und nationalen Menschenrechtsregime sowie um die Einflussnahme auf menschenrechtsrelevante Politiken und Entscheidungen, vom *agenda-setting* bis zur Umsetzung entsprechender *policies*. NGOs mit gut recherchierten Fakten und großer Expertise können den politischen Willensbildungs- und Entscheidungsprozess erheblich beeinflussen, da entsprechende Gremien auf fundierte Informationen und Sachkenntnis angewiesen sind, um auf die Gestaltung menschenrechtsrelevanter Politiken Einfluss zu nehmen. Eine professionelle Lobbyarbeit setzt dabei fundierte Sach- und Verfahrenskompetenz, den Zugang zu wichtigen Entscheidungsforen und -trägern sowie wirksame Strategien, Verhandlungsmacht und Überzeugungskraft voraus. Um gegenüber Regierungen oder auf dem internationalen Parkett effektive Lobby- und Advocacyarbeit zu betreiben, agieren NGOs häufig im Rahmen nationaler und transnationaler advokatorischer Netzwerke und Koalitionen, die über längere Zeit hinweg zum gleichen Thema arbeiten. Die *NGO-Coalition for the Adoption of a Facultative Protocol to IPESCR* beispielsweise koordinierte jahrelang in Genf (und von Genf aus) die Lobbyarbeit für die Ausarbeitung und Verabschiedung des Zusatzprotokolls zum UN-Sozialpakt – und setzt sich nunmehr für dessen Ratifikation ein.[753]

Nationale Adressaten der Lobby- und Advocacyarbeit sind für gewöhnlich Regierungen, Parlamente und staatliche Stellen, die nach wie vor die Hauptverantwortung für die Menschenrechtslage und die Menschenrechtspolitik des jeweiligen Landes tragen. Auf internationaler Ebene bemühen sich NGOs, die Arbeit der Gremien des globalen und regionalen Menschenrechtsschutzes zu beeinflussen, da

753 www.escrprotocolnow.org (letzter Zugriff: 20. August 2012).

diese wiederum internationale Standards setzen und überprüfen. Bei den Vereinten Nationen sind insbesondere der Menschenrechtsrat sowie die Vertragsorgane der jeweiligen UN-Menschenrechtsabkommen relevant, vor allem jene, die sich ausdrücklich mit wsk-Rechten beschäftigen. Hinzu kommen verschiedene UN-Sonderprogramme (z.B. UNDP, UNHCR, UNICEF) und UN-Sonderorganisationen (z.B. FAO, ILO, WHO), die direkt oder indirekt die Umsetzung der wsk-Rechte fördern. So sind die *Freiwilligen Leitlinien zum Recht auf Nahrung* der FAO (2004) auch auf die beharrliche Lobbyarbeit von Menschenrechts- und Entwicklungsorganisationen (wie *FIAN* und die *Welthungerhilfe*) zurückzuführen. Mitunter werden sogar internationale Handels- und Finanzorganisationen (und die dort vertretenen Regierungen) zu lobbyieren versucht, die direkt oder indirekt die Menschenrechte beeinflussen. Innerhalb Europas ist weniger der Europarat als die Europäische Union der Adressat. Da Lobby- und Advocacyarbeit für gewöhnlich nicht auf der lokalen, sondern auf der nationalen und internationalen Interventionsebene ansetzt und vorderhand den Betroffenen von Menschenrechtsverletzungen nicht direkt zu nutzen scheint, ist sie bei Spendern nicht immer beliebt und steht bei spendenabhängigen Menschenrechts- und Entwicklungsorganisationen unter Rechtfertigungsdruck. Um strukturelle Veränderungen anzustoßen, die über Einzelfälle hinaus dem Schutz und der Umsetzung sozialer Menschenrechte dienen, ist sie jedoch unabdingbar und überaus bedeutsam.

9.2.7 Den nationalen Rechtsweg ausschöpfen – Klagen vor nationalen Gerichten

Klagen gegen Menschenrechtsverletzungen sind hingegen einzelfallbezogen, können aber im Sinne von Leiturteilen weit über den Einzelfall hinaus Wirkungen entfalten. Dabei muss in der Regel erst der innerstaatliche Rechtsweg erschöpft sein, bevor die Beschwerdeverfahren des globalen und regionalen Menschenrechtsschutzes überhaupt greifen können. NGOs bieten vielfach Rechtsberatungen an oder unterstützen Rechtshilfezentren, leisten juristischen Beistand und helfen den Menschen dabei, die bestehenden nationalen Rechtsmittel zu nutzen, um Verletzungen auch der wsk-Rechte geltend zu machen und entsprechende Unterlassungs-, Beseitigungs-, Schutz- und Gewährleistungspflichten einzufordern, einschließlich etwaiger Entschädigungen. Dies ist insbesondere dann nötig, wenn bei den Betroffenen kein klares Verständnis von gerichtlich einklagbaren und belastbaren Verletzungstatbeständen besteht und wenn sich noch keine entsprechende Spruchpraxis der Gerichte etabliert hat. Mit dem Ausbau rechtsstaatlicher Strukturen in den Ländern des Ostens und des globalen Südens sowie der wachsenden Anerkennung der Justiziabilität sozialer Grund- und Menschenrechte wird dieses Handlungsfeld zusehends an Bedeutung gewinnen.

Ein bereits genanntes Beispiel stellt die am 10. Dezember 1998, also dem 50. Jahrestag der AEMR, gegründete Nichtregierungsorganisation *Treatment Action Campaign* (TAC) dar. Sie setzte sich nicht nur – gegen massive Widerstände und Anfeindungen – für eine wirksame HIV/Aids-Aufklärung und Behandlung in Südafrika ein, wo die Problematik trotz alarmierend hoher Infektionsraten lange Zeit öffentlich tabuisiert und von Regierungsseite zeitweise sogar negiert worden war (vgl. Robins 2008). Sie unterstützte auch den Rechtsstreit mit Pharmakonzernen für den Zugang zu billigen Nachahmermedikamenten (Generika) und erstritt gegen die Regierung auf dem gerichtlichen Klageweg die medikamentöse Behandlung von HIV-positiven, schwangeren Frauen im staatlichen Gesundheitssystem, um die Übertragung des Virus von den Müttern auf Neugeborene zu verhindern. Ein weniger bekanntes (ebenfalls schon angeführtes) Beispiel aus Südafrika ist die Klage des 150 Organisationen umfassenden *Forum for Intellectual Disability* gegen den südafrikanischen Staat und die Provinzregierung von Western Cape, welche die Bildungsansprüche von Kindern mit geistiger Behinderung vernachlässigt hatten.

Auch in Deutschland unterstützen NGOs Klagen, die direkt oder indirekt die wsk-Rechte betreffen. Ausgestattet mit einem eigenen Rechtshilfefonds unterstützt beispielsweise *Pro Asyl* – im Rahmen vielseitiger Handlungsfelder (vgl. Pelzer 2011) – seit vielen Jahren Klagen von Asylsuchenden, um einzelne Personen zu schützen und/oder Musterverfahren anzustrengen. So hat *Pro Asyl* aus seinem Rechtshilfefonds auch die Klagen eines 35-jährigen irakischen Flüchtlings und eines 12-jährigen aus Liberia stammenden Mädchens unterstützt, die dem Urteil des Bundesverfassungsgerichts zu den unzureichenden Leistungen des Asylbewerberleistungsgesetz vom 18. Juli 2012 zugrunde lagen. Gezielt den Klageweg beschreitet auch der 2007 gegründete *European Center for Constitutional and Human Rights* (ECCHR) mit Sitz in Berlin, der mittels „strategischer Klagen" die juristische Diskussion beeinflussen und Präzedenzfälle schaffen möchte – und bewusst auf Skandalisierung setzt (ECCHR 2010: 9). Hinsichtlich der wsk-Rechte reichte der ECCHR beispielsweise Klagen gegen Unternehmen ein, „die unter höchst problematischen Arbeitsbedingungen Kleidung produzieren lassen (Bangladesch) oder Baumwolle einführen, die unter Einsatz von Kinderarbeit geerntet wurde (Usbekistan)" (ebd.: 4). Ein anderes Beispiel stellt das 2009 gegründete *Büro zur Umsetzung von Gleichbehandlung* (BUG) dar. Es bietet Betroffenen, die sich gegen Diskriminierungen u.a. im Bereich Wohnen, Gesundheit, Bildung und Beschäftigung vor Gericht zur Wehr setzen wollen, juristischen Beistand an. Auch BUG setzt auf „strategische Klagen" und Präzendenzfälle, deren Bedeutung über den Einzelfall hinausreichen.[754]

754 Vgl. www.ecchr.eu; www.bug-ev.org (letzter Zugriff: 15. September 2012).

9.2.8 Die Nutzung internationaler Kontrollverfahren

Weiterhin bringen sich NGOs auf vielfältige Weise in die Verfahren ein, die international zum Schutz der sozialen Menschenrechte zur Verfügung stehen. Bereits dargelegt wurde, dass sie kritische Informationen und Nachfragen in das Allgemeine Prüfverfahren des UN-Menschenrechtsrats einspeisen und sowohl die Kontrollausschüsse der jeweiligen Menschenrechtsverträge als auch die UN-Sonderberichterstatter/innen mit Informationen „füttern". NGOs sind für diese eine wichtige, zusätzliche Informationsquelle und sie weisen auf offene Fragen, kritische Punkte und Probleme bei der Umsetzung sozialer Menschenrechte hin.

Ebenso wurde bereits dargelegt, dass NGOs seit Ende der 1990er Jahre dazu übergegangen sind, im Rahmen von Staatenberichtsverfahren eigene Parallelberichte zu erarbeiten, die alternativ oder ergänzend zu offiziellen Regierungsberichten der Staaten erstellt und den entsprechenden Ausschüssen zugeleitet werden. Wie einflussreich ein solcher „Schattenbericht" sein kann, zeigte schon früh das Beispiel Brasilien. Über einen Alternativbericht zu den wsk-Rechten, der 1999 auf Grundlage öffentlicher Veranstaltungen und Konsultationen im ganzen Land erstellt und beim UN-Ausschuss für wsk-Rechte im Jahre 2000 eingereicht worden war, konnte Druck auf die brasilianische Regierung ausgeübt werden, ihrer diesbezüglichen Berichtspflicht gemäß dem UN-Sozialpakt nachzukommen – was schließlich 2001 erstmals geschah (vgl. Gualberto 2002). Inzwischen sind NGO-Berichte fester Bestandteil des Staatenberichtsverfahrens der Menschenrechtsausschüsse (Seidensticker 2005: 7 f.). Zusehends geben NGOs koordinierte Schattenberichte ab, die von „Koalitionen" oder „Allianzen" gemeinsam getragen werden, auch in Deutschland oder der Schweiz.[755] Bei der Überprüfung der Staatenberichte an die Vertragsstaaten greifen die Menschenrechtsvertragsorgane immer wieder Kritikpunkte der NGOs auf, teils deutlich erkennbar beim Vergleich zwischen den Parallelberichten und den Abschließenden Bemerkungen der Ausschüsse. Gezielt nutzen NGO-Netzwerke – in Österreich etwa die von der *Österreichischen Liga für Menschenrechte* koordinierte Initiative *„menschenrechte. jetzt"*[756] – mittlerweile auch das vergleichsweise neue UPR-Verfahren des UN-Menschenrechtsrates zur Eingabe von Parallelberichten.

755 Abrufbar unter: www.humanrights.ch (Umsetzung UNO Abkommen) (letzter Zugriff: 15. September 2012).

756 www.menschenrechte-jetzt.at (letzter Zugriff: 15. September 2012).

Parallelberichte an UN-Menschenrechtsvertragsorgane mit Bezug zu wsk-Rechten (Deutschland)			
Jahr	**UN-Abkommen**	**Parallelbericht**	**Inhalt**
1995	UN-Kinderrechtskonvention, anlässlich des 1. Berichts der Bundesrepublik (1994)	Koordinierungsgruppe der National Coalition (Stellungnahme)	Menschenrechte von Kindern
2001	UN-Sozialpakt, anlässlich des 4. Staatenberichts der Bundesrepublik (2000)	Forum Menschenrechte (FIAN)	wsk-Rechte
		Brot für die Welt, EED, FIAN	extraterritoriale Staatenpflichten (am Beispiel des Rechts auf Nahrung)
		Forum zur Verbesserung der Situation pflegebedürftiger alter Menschen in Deutschland (eingereicht von FIAN)	Lage in Altenpflegeheimen
		GBM (Stellungnahme)	wsk-Rechte in Ostdeutschland
2002	UN-Kinderrechtskonvention, anlässlich des 2. Staatenberichts der Bundesrepublik (2001)	National Coalition	Menschenrechte von Kindern
2003	CEDAW, anlässlich des 5. Staatenberichts der Bundesrepublik (2002)	agira, KOL, terre de femmes (und viele weitere NGOs)	Diskriminierung der Frau
2007	CERD, anlässlich des 16.-18. Staatenberichts der Bundesregierung (2006)	Forum Menschenrechte	Rassistische Diskriminierung
2009	CEDAW, anlässlich des 6. Staatenberichts der Bundesrepublik (2007)	Allianz von Frauenorganisationen in Deutschland	Diskriminierung der Frau
		Deutscher Juristinnenbund (ergänzender Bericht)	Diskriminierung der Frau
		Intersexuelle Menschen e.V./ XY-Frauen	Lage von Inter*
		Menschenrecht und Transsexualität (Interessengemeinschaft)	Lage von Trans*
		Wunschkind e.V.	Diskriminierung unfreiwillig kinderloser Paare; Recht auf Familie u.a.

NGOs verfügen inzwischen auch über Erfahrungen und Verfahrenskompetenz, um internationale Beschwerden wegen Menschenrechtsverletzungen auf den Weg zu bringen, und sie unterstützen Personen, die sich wohl allein kaum an internationale Vertragsorgane oder Beschwerdestellen gewandt hätten. Im Falle des UN-Sozialpaktes und der UN-Kinderrechtskonvention ging bereits die Einführung eines solchen Beschwerdeverfahrens maßgeblich auf den nationalen und internationalen Druck von NGOs zurück, die über Jahre hinweg eine massive Lobbyarbeit für ein Zusatzprotokoll betrieben hatten. Von Gewerkschaften weithin genutzt werden zudem die Kollektivbeschwerdemöglichkeiten der ILO, von NGOs jene der Europäischen Sozialcharta. Auch im Interamerikanischen und im Afrikanischen Menschenrechtssystem wird das Gros der Beschwerden, die bei den jeweiligen Menschenrechtskommissionen eingehen, von NGOs eingebracht.

Parallelberichte an UN-Menschenrechtsvertragsorgane mit Bezug zu wsk-Rechten (Deutschland)			
Jahr	UN-Abkommen	Parallelbericht	Inhalt
2010/ 2011	UN-Sozialpakt, anlässlich des 5. Staatenberichts Deutschlands (2008)	Allianz für die wirtschaftlichen, sozialen und kulturellen Rechte in Deutschland	wsk-Rechte
		Brot für die Welt, FIAN Deutschland, GegenStrömung, Deutsche Kommission Justitia et Pax, MISEREOR, urgewald	Extraterritoriale Staatenpflichten
		Gewerkschaft Erziehung und Wissenschaft (GEW)	Nicht-Diskriminierung, Streikrecht, Bildung
		ATME, Aktion Transsexualität und Menschenrechte	Lage von Trans*
		Intersexuelle Menschen e.V.; XY-Frauen	Lage von Inter*
		Attac München; Forum-Pflege-Aktuell	Armut und Unterernährung von Kindern
		Bundesverband Psychiatrie Erfahrener	Zwangsbehandlung
		court against gmos; Aktion GEN-Klage	Gen-manipulierte Landwirtschaft (Rechte auf Nahrung und Gesundheit)
		GBM	Hartz IV, (Ost-)Renten, Gesundheitsreform, Kultur (Ostdeutschland)
		International Disability Alliance	Menschen mit Behinderung
		Sexworker Forum Wien	Sexarbeiter
2010/ 2011	UN-Kinderrechtskonvention, anlässlich 3. und 4. Staatenbericht der Bundesrepublik	Arbeitsgemeinschaft für Kinder- und Jugendhilfe (AGJ) – unter Beteiligung von 3.500 Kindern	Menschenrechte von Kindern
		National Coalition	Menschenrechte von Kindern
		terres des hommes, missio, Kindernothilfe, Deutsches Komitee für UNICEF	Kindersoldaten
i.V.	UN-Behindertenrechtskonvention, anlässlich des 1. Staatenberichts durch Deutschland (2011)	Gründung einer „BRK-Allianz" am 19. Januar 2012, die einen koordinierten Parallelbericht erstellen wird.	Rechte von Menschen mit Behinderungen

Zugleich nehmen NGOs nicht nur die Staaten in die Pflicht, sondern auch Wirtschaftskonzerne in die menschenrechtliche Verantwortung. In Ermangelung verbindlicher völkerrechtlicher Regeln für Unternehmen bemühen sich NGOs beispielsweise, die seit dem Jahre 2000 bestehenden Beschwerdemöglichkeiten der freiwilligen OECD-Richtlinien für multinationale Unternehmen (1976) auszuschöpfen und in Wert zu setzen. Bis November 2012 reichten NGOs insgesamt 148 Beschwerden bei den jeweiligen nationalen Kontaktstellen ein. Ein beträchtlicher Teil davon betraf auch soziale Menschenrechte.[757] Allerdings unterscheidet sich die Unabhängigkeit und Qualität der Arbeit der nationalen Kontaktstellen doch erheblich (ECCHR 2011). Letztlich werden viele Beschwerden abgelehnt, blockiert oder ohne Stellungnahme abgeschlossen. Trotz einiger positiver Beispiele fällt die Gesamtbilanz daher ernüchternd aus: *„(T)o date the OECD Guidelines have had a poor track record in dealing with the social, environmental and economic problems that matter most to communities and workers whose rights have been harmed by the actions of MNEs"* (multinational enterprises) (OECD Watch 2010: 7).

9.2.9 Der Schutz von Menschenrechtsverteidiger/innen

Ein weiterer, klassischer Bereich der Menschenrechtsarbeit ist der individuelle Schutz von Menschen vor staatlicher Verfolgung. Aus diesem Grund entstanden überhaupt erst einige nichtstaatliche Menschenrechtsorganisationen und Menschenrechtsstellen in Hilfsorganisationen. Das Referat Menschenrechte im *Diakonischen Werk der Evangelischen Kirche in Deutschland* (EKD) hat beispielsweise seinen Ursprung im Referat für politisch Verfolgte und Flüchtlinge, das 1977 eingerichtet und bald darauf in das Referat „Hilfe für Opfer von Menschenrechtsverletzungen" umbenannt worden war (vgl. Lottje 1996). Obwohl sich die Menschenrechtsarbeit von Menschenrechts- und Entwicklungsorganisationen inzwischen erheblich ausdifferenziert hat, ist der Schutz von Menschenrechtsverteidiger/innen nach wie vor ein wichtiges Handlungsfeld, das in den vergangenen Jahren wieder verstärkt an Bedeutung gewonnen hat. Gemeinsam mit ihren Partnerorganisationen vor Ort setzen sich von Deutschland aus zahlreiche Menschenrechts- und Entwicklungsorganisationen für den Schutz von Menschenrechtsverteidiger/innen ein; sie bringen Einzelschicksale an die Öffentlichkeit, weisen auf aktuelle und strukturelle Gefährdungslagen hin und fordern bessere Schutzmaßnahmen ein. *Peace brigades international* bietet seit vielen Jahren sogar eigens eine internationale Schutzbegleitung für bedrohte Organisationen und Menschen an, die durch ihren gewaltfreien Einsatz für die Menschenrechte gefährdet sind.

Dabei geht es inzwischen verstärkt auch um den Schutz von Menschen, die sich für wirtschaftliche, soziale und kulturelle Menschenrechte stark machen. In einem an den Bundesaußenminister gerichteten AIDE-Memoire aus dem Jahr 2010 stellten verschiedene Mitgliedsorganisationen des *Forum Menschenrechte* mit Sorge fest, dass insbesondere jene Menschen, die sich im Rahmen von Großprojekten gegen Zwangsvertreibungen, für eine angemessene Entschädigung der

757 Vgl. OECD Watch: *Quarterly Case Update*, November 2012, Vol. 7, Issue 3.

Betroffenen, für Achtung, Schutz und Erfüllung des Rechts auf Nahrung, auf Gesundheit, auf menschenwürdiges Wohnen und für die Umsetzung des *„free, prior and informed consent"* einsetzten, oft selbst – im wahrsten Sinne des Wortes – zur „Zielscheibe" würden. Das *Forum Menschenrechte* (2012) legte inzwischen eigens eine Broschüre zur Thematik vor. Auch die Sonderberichterstatterin zur Situation von Menschenrechtsverteidigern, Margaret Sekaggya, weist in ihren Berichten[758] ausdrücklich auf die bedrohliche Lage der zu wsk-Rechten arbeitenden Menschenrechtsverteidiger/innen hin, die schon allein deswegen verwundbar sind, weil ihr Einsatz nicht immer als (schützenswerte) Menschenrechtsarbeit angesehen wird. Immer wieder kommt es zu Diffamierungen, Verleumdungen und Unterstellungen, die darauf abzielen, Menschenrechtsverteidiger/innen mit kriminellen Banden, nicht-staatlichen bewaffneten Gruppen, Drogengeschäften oder der Unterschlagung von Finanzmitteln öffentlich in Verbindung zu bringen. Nicht selten werden rechtliche Möglichkeiten geschaffen oder willkürlich genutzt, um soziale Proteste zu kriminalisieren und Menschenrechtsverteidiger/innen strafrechtlich zu verfolgen.

Zivilgesellschaftliche Forderungen nach Schutz von Menschenrechtsverteidiger/innen können inzwischen auch an Versprechen der internationalen Staatengemeinschaft anknüpfen. Zum Schutz von Menschenrechtsverteidiger/innen haben die Vereinten Nationen im Jahre 1998 beispielsweise eine Erklärung zu Menschenrechtsverteidigern verabschiedet;[759] zwei Jahre später setzten sie eine UN-Sonderberichterstatterin zur Lage von Menschenrechtsverteidigern ein (bis 2008: Hina Jilani, seither: Margaret Sekaggya).[760] Dem Beispiel folgend erließ die Afrikanische Kommission für Menschenrechte im Jahre 2004 eine Resolution zum Schutz von Menschenrechtsverteidiger/innen in Afrika und ernannte eine/n Sonderberichterstatter/in zu dem Thema.[761] Die Interamerikanische Menschenrechtskommission, die seit 2001 über einen entsprechenden Arbeitsbereich zu Menschenrechtsverteidiger/innen verfügte, wandelte diesen 2011 in ein Sonderberichterstattungsteam um.[762] Die Europäische Union verabschiedete ihrerseits im Jahre 2004 Leitlinien zum Schutz von Menschenrechtsverteidiger/innen, die 2008 nochmals aktualisiert wurden.[763] Ebenso nahm sich die OSZE des Themas

758 Allesamt abrufbar auf der Website des UN-Hochkommissariats für Menschenrechte: www2.ohchr.org (letzter Zugriff: 26. März 2012).

759 A/RES/53/144, 9. Dezember 1998.

760 Abrufbar unter: www2.ohchr.org (Special Procedures of Human Rights Council).

761 www.achpr.org/mechanisms/human-rights-defenders/ (letzter Zugriff: 26. März 2012).

762 www.oas.org/es/cidh/defensores/ (letzter Zugriff: 26. März 2012).

763 www.consilium.europa.eu/uedocs/cmsUpload/16332-re02.de08.pdf (letzter Zugriff: 26. März 2012).

an. Auch die Bundesregierung setzt sich Eigenangaben zufolge seit Jahren für den Schutz von Menschenrechtsverteidiger/innen ein. Im „Aktionsplan Menschenrechte der Bundesregierung 2010 bis 2012" hat sie sich dazu verpflichtet, ihre Unterstützung fortzuführen. Eng mit dem Schutz von Menschenrechtsverteidigern einher geht die Bekämpfung der Straflosigkeit für Verbrechen an Menschen, die sich für die wsk-Rechte stark machen.

9.2.10 Rehabilitation – Hilfe für Betroffene und Hinterbliebene

Zahlreiche NGOs kümmern sich vor Ort oder außer Landes um Betroffene von Menschenrechtsverletzungen oder auch um deren Angehörige und Hinterbliebene. Sie leisten medizinische oder psycho-soziale Betreuung und unterstützen die Reintegration der Betroffenen in die Gesellschaft. Hier wären etwa von NGOs geführte oder unterstützte Rehabilitationszentren für sexuell missbrauchte und ausgebeutete Kinder in Thailand, für befreite Kindersklaven in Indien oder für ehemalige Kindersoldaten in Liberia oder dem Kongo zu nennen, um nur einige wenige Beispiele aus der kinderrechtsbezogenen Projektarbeit früherer Jahre von NGOs anzuführen, in diesem Fall von Partnerorganisationen des *Bischöflichen Hilfswerks Misereor* (vgl. Krennerich 2003). Andere Organisationen und Netzwerke unterstützen auf vielfältige Weise beispielsweise kriegstraumatisierte Frauen (z.B. *medica mondiale*), Minenopfer (*landmine.de, Handicap International* etc.) oder Betroffene von Folter und anderen schweren Menschenrechtsverletzungen (z.B. www-baff-zentren.org). Dabei unterscheiden sich die Organisationen darin, inwieweit sie bei ihrem Handeln einen menschenrechtsbasierten Ansatz verfolgen.

Nachstehend sind nochmals die genannten Handlungsfelder der Menschenrechtsarbeit von NGOs aufgelistet, die auch die wsk-Rechte betreffen. Auch wenn die Qualität und Wirkkraft der Menschenrechtsarbeit der jeweiligen Organisation erheblich differiert, lassen sich in allen Bereichen Professionalisierungstendenzen erkennen.

Was tun nicht-staatliche Menschenrechtsorganisationen? (Auswahl)	
Menschenrechtsbeobachtung	Beobachtung der Menschenrechtslage und der Menschenrechtspolitik; Dokumentation von Menschenrechtsverletzungen.
Öffentlichkeits-, Informations- und Bildungsarbeit	Informationen zu Menschenrechten; Thematisierung von Menschenrechtsproblemen; Vermittlung von Menschenrechtskenntnissen; Stärkung eines verantwortungs- und handlungsorientierten Menschenrechtsbewusstseins, Aufbau einer „Kultur der Menschenrechte" etc. durch Bildungsmaterialien, Info-Veranstaltungen, Workshops, Projekttage, Seminare usw.
Empowerment	Stärkung der Organisations- und Handlungsfähigkeit betroffener Menschen und Gruppen durch gezielte Beratung, Schulung und finanzielle Unterstützung, damit die Menschen ihre Rechte selbstständig einfordern, wahrnehmen und überwachen können – und fähig sind, menschenrechtlich relevante Entscheidungsprozesse aktiv mitzugestalten.
Vernetzung von Menschenrechtsaktivitäten	Auf- und Ausbau schlagkräftiger Menschenrechtsnetzwerke auf nationaler, regionaler und globaler Ebene.
Öffentliche Proteste und Kampagnen	Proteste und Kampagnen gegen drohende oder bestehende Menschenrechtsverletzungen, um die Öffentlichkeit „wach zu rütteln" und um Druck etwa auf Regierungen, Parlamente oder auch Unternehmen auszuüben, die Menschenrechte zu achten und zu schützen.
Lobby- und Advocacy-Arbeit	Gezielte Einflussnahme auf menschenrechtlich bedeutsame Entscheidungen (Abkommen, Gesetze, Verordnungen, Maßnahmen etc.), z.B. nationaler Regierungen und Parlamente oder internationaler Organisationen.
Ausschöpfung nationaler Rechtsmittel	Rechtsberatung und Unterstützung von Betroffenen bei Klagen und Verfassungsbeschwerden vor nationalen Gerichten.
Nutzung internationaler Instrumente zum Schutz der Menschenrechte	Kritische Begleitung staatlicher Menschenrechtsberichte, Erstellung von Parallelberichten, Unterstützung von Beschwerden vor internationalen Menschenrechtsausschüssen und Gerichten usw.
Schutz von Menschenrechtsverteidiger/innen	Individueller Schutz für verfolgte oder bedrohte Menschenrechtsverteiger/innen durch Appelle, Eilaktionen, vorübergehende Aufnahme der Verfolgten etc.
Hilfe für Betroffene und Hinterbliebene	Betreuung der Betroffenen von Menschenrechtsverletzungen (z.B. Opfer von Folter, Vergewaltigungen, Menschenhandel, ausbeuterischer Kinderarbeit, Kindersoldaten), Trauma-Arbeit, Rehabilitationsprogramme, finanzielle Hilfe, Hinterbliebenenversorgung etc.

10 Die Durchsetzung sozialer Menschenrechte zwischen Selbstverpflichtung, Druck, Anreizen, Routine und Überzeugung

Dass mit der Normsetzung noch lange nicht die Normdurchsetzung gewährleistet ist, liegt auf der Hand. Menschenrechtsabkommen alleine verändern die Menschenrechtslage selbstredend nicht. Die Beobachtung, dass zahlreiche Staaten wichtige Menschenrechtsabkommen ratifiziert haben, aber die Menschenrechte weiterhin verletzen, ist daher nur vorderhand erstaunlich. Was veranlasst aber Staaten, soziale Menschenrechte umsetzen? Die entsprechenden Antworten hängen nicht zuletzt von empirisch-theoretischen Grundannahmen ab.

10.1 Völkerrechtliche Bindungskraft

Zunächst stellt sich die Frage, ob und inwieweit das Völkerrecht gewissermaßen „aus sich selbst heraus" wirkt. Wenn Staaten internationale Menschenrechtsabkommen ratifizieren, entwickeln die völkerrechtlichen Regelungen, vor allem die Staatenpflichten, so die Annahme, Selbstbindungskraft. Tatsächlich gibt es eine Reihe von Staaten, welche die internationalen Menschenrechtsnormen ins nationale Recht inkorporieren oder transformieren, effektive Rechtsmittel bereitstellen, um diese geltend zu machen, und die Menschenrechte achten, schützen und gewährleisten. Die Umsetzung sozialer Menschenrechte hängt, so betrachtet, ganz entscheidend davon ab, dass die Staaten ihren diesbezüglichen völkerrechtlichen Verpflichtungen nachkommen wollen und können, dass sie über anschlussfähige und effektive Rechtssysteme verfügen und dass die dann auch eine entsprechende Menschenrechtspolitik betreiben. Klare Interpretationsvorgaben erleichtern dabei mutmaßlich die Umsetzung. In diesem Sinne hält beispielsweise der UN-Ausschuss für wsk-Rechte die Vertragsstaaten des UN-Sozialpaktes an, den sozialen Menschenrechten nationale Rechtskraft zu verleihen, und er bietet Orientierungshilfen für die Interpretation und Umsetzung dieser Rechte. Selbst in „menschenrechtsfreundlichen" Staaten treten dabei mitunter aber Implementierungsprobleme auf, insbesondere dann, wenn menschenrechtlich oder grundrechtlich begründete Sozialansprüche juristisch wie gesellschaftspolitisch eher auf Skepsis stoßen. Die Annahme, dass liberale Demokratien aus sich heraus die Menschenrechte achten, muss in Bezug auf die sozialen Menschenrechte zumindest eingeschränkt werden, da gegenüber diesen Rechte auch in Demokratien noch immer erhebliche Vorbehalte bestehen.

Weit schwieriger jedoch ist die Umsetzung sozialer Menschenrechte in Unrechtsstaaten, deren Regierungen trotz der Ratifikation internationaler Menschenrechtsabkommen unwillig sind oder zumindest keine Anstalten machen, ihren völkerrechtlichen Pflichten nachzukommen. Gerade dort kommt es zu der vieldiskutierten „Entkoppelung" von Normanerkennung und Normeinhaltung. Oder korrekter: Die „Koppelung" hat dort möglicherweise erst gar nicht stattgefunden. Hier können zwar die Kontrollverfahren der UN-Menschenrechtsverträge zur Anwendung kommen, doch letztlich besteht gegen grob normverletzende Staaten völkerrechtlich nur bedingt eine Handhabe. Wie gezeigt wurde, fehlt dem internationalen Menschenrechtsregime ein wirkkräftiges Sanktionsinstrumentarium, um Normkonformität zu erzwingen. Die Nicht-Befolgung von Menschenrechtsnormen liegt, so betrachtet, auch und gerade in der mangelnden Bindungs- und Durchsetzungskraft des Völkerrechts begründet, die im Falle sozialer Menschenrechte besonders schwach ausgeprägt ist. Solange keine effektiven völkerrechtlichen Verfahren der Normdurchsetzung bestehen, ist und bleibt der völkerrechtliche Schutz in hohem Maße auf die freiwillige Regelbefolgung durch die Vertragsstaaten angewiesen.

10.2 Sanktionen und Anreize

Die Vorstellung, dass menschenrechtsverletzende Staaten, wenn überhaupt, nur über Zwang dazu gebracht werden können, die Menschenrechte zu achten oder zumindest weniger stark zu verletzen, ist weit verbreitet und geht oft einher mit einer ausgeprägten Skepsis gegenüber dem internationalen Menschenrechtsregime, das über keine dem nationalen Recht vergleichbare Zwangsmittel verfügt. Die Skepsis verbindet sich in der politikwissenschaftlichen Theoriediskussion oft mit „realistischen" Ansätzen in den Internationalen Beziehungen. Anstelle der durchsetzungsschwachen Regelungskapazität des Völkerrechts tritt dann die reale Macht in den internationalen Beziehungen, welche die Bedeutung internationaler Verrechtlichung minimiert oder überdeckt. Sehe man die internationalen Beziehungen von reinen Machtkonstellationen bestimmt, so schreibt Oeter (2008: 91), könne das Recht nichts anderes als ein „leidiger Tröster" sein, ein „ideologisches Ablenkungsmanöver." Aus der Machtperspektive lässt sich menschenrechtskonformes Verhalten der Staaten, wenn es überhaupt erwirkt werden soll, allenfalls erzwingen. Zugleich sind die Menschenrechte macht- und sicherheitspolitischen Gesichtspunkten untergeordnet – und laufen Gefahr, instrumentalisiert zu werden.

In das politische Handlungsschema des Zwangs passen politische, wirtschaftliche oder gar militärische Sanktionen gegenüber menschenrechtsverletzenden Staaten. Diese können Sanktionen einzelner, mächtiger Staaten sein, wie etwa der USA, die sich allerdings bislang nicht für soziale Menschenrechte einsetzten.[764] Oder es kann sich um Sanktionen regionaler oder internationaler Organisationen handeln, wie etwa seitens der Europäischen Union oder der Vereinten Nationen, dort sogar bis hin zu „humanitären" militärischen Interventionen und der in jüngerer Zeit diskutierten *„responsibility to protect"*. In der Regel kommen solche Sanktionen jedoch nur bei besonders schwerwiegenden, systematischen und großangelegten Menschenrechtsverletzungen zur Anwendung. Hiervon sind in der Regel zwar auch soziale Menschenrechte betroffen, doch allein aufgrund der Verletzung der wsk-Rechte werden entsprechende Zwangsmaßnahmen in der Regel nicht eingeleitet.[765] In den Sozialwissenschaften wird das Interventionsverhalten von Demokratien demgemäß auch nicht an die Verletzung sozialer Menschenrechte rückgebunden.[766] Auch das internationale Strafrecht erweist sich bislang nur in extremen und exemplarischen Fällen als ein wirksames Sanktionsmittel.

Im Sinne eines interessengeleiteten, rationalen Handelns ist freilich anzunehmen, dass positive Anreize, etwa Wirtschafts- und Entwicklungshilfe oder die politische Unterstützung auf anderen Politikfeldern, das Kosten-Nutzen-Kalkül und damit das Verhalten der Staaten dahingehend ändern können, die Menschenrechte besser zu achten und umzusetzen. Auch solche Anreize können von einzelnen Staaten oder regionalen und internationalen Organisationen ausgehen. Ein potenzieller EU-Beitritt ist beispielsweise ein solcher Anreiz, werden doch auf Grundlage der Kopenhagener Kriterien die Menschenrechte in den Bewerberländern aufmerksam beobachtet (vgl. Europäische Kommission 2011: 77 ff.). Allgemein können sich durch menschenrechtskonformes Verhalten und eine entsprechende Zusammenarbeit auf bilateraler und multilateraler Ebene durchaus Kooperationsvorteile für die jeweiligen Staaten ergeben, wenn entsprechende Anreize bestehen.

Auch die positive Konditionalisierung der Entwicklungszusammenarbeit folgt einer Anreiz-Logik, stellt sie doch bei menschenrechtskonformem Verhal-

---

764 Allgemein zur US-Menschenrechtspolitik siehe etwa: Liang-Fenton (2004), Apodaca (2006).

765 Die Aberkennung beispielsweise von EU-Zollpräferenzen gegenüber Myanmar (1997) und Weißrussland (2007) wurde freilich auch mit der Verletzung von Arbeitsrechten begründet; vgl. Paasch (2011).

766 Bezeichnenderweise auch nicht in einer jüngeren Studie von Petersohn (2009).

ten Entwicklungsgelder in Aussicht. So ist beispielsweise die Achtung, der Schutz und die Gewährleistung aller Menschenrechte fester Bestandteil des Kriterienkatalogs des BMZ, auf dessen Grundlage das Governance-Niveau und die Entwicklungsorientierung der Partnerländer deutscher Entwicklungszusammenarbeit beurteilt wird und der mit darüber entscheidet, ob und in welcher Form die Bundesregierung mit einem Land entwicklungspolitisch zusammenarbeitet. Darüber hinaus werden in der staatlichen Entwicklungszusammenarbeit vielfältige Maßnahmen durchgeführt und positive Anreize gesetzt, die direkt oder mittelbar auf eine Förderung auch der sozialen Menschenrechte in den jeweiligen Ländern abzielen. Inwieweit solche Fördermaßnahmen etwas bewirken (können), muss jedoch gerade in Ländern, in denen die Menschenrechte verletzt oder unzureichend umgesetzt werden, sorgfältig ausgelotet und untersucht werden.

Wo hingegen eine konstruktive Zusammenarbeit mit staatlichen Partnern nicht möglich ist, konzentriert sich selbst die staatliche Entwicklungszusammenarbeit stärker auf die Unterstützung der Zivilgesellschaft, teils vermittelt über NGOs, die ohnehin mit nicht-staatlichen Partnerorganisationen vor Ort zusammenarbeiten. In solchen Fällen geht es allerdings nicht darum, menschenrechtsverletzenden Regierungen Anreize zu geben, die Menschenrechte einzuhalten, sondern um die Verbesserung der Lebensumstände der Menschen und um die Stärkung oder den Schutz jener Reformkräfte *(drivers of change)* im Land, die Menschenrechtsreformen voranbringen könn(t)en. Gerade die Menschenrechtsförderung nicht-staatlicher Organisationen und Netzwerke zielt auf das *empowerment* der Menschen ab, sich für ihre Rechte einzusetzen. Strenggenommen geht es dann aber um die Stärkung der Menschen und um die Bildung von „Gegenmacht". Sanktionen und Anreize zielen hingegen auf Verhaltensänderungen seitens staatlicher Funktionsträger ab, die eher dem sozialen Handlungsmodus „strategischen Handelns" und „instrumenteller Anpassung" (Risse et al. 2002: 20) und damit einer *rational choice*-Logik folgen.

10.3 Proteste und öffentlicher Druck

Die „mittlerweile gängigste Form internationaler und transnationaler Menschenrechtspolitik", so schreibt Andrea Liese (2006a: 14), sei das „Anprangern staatlichen Fehlverhaltens". Wie gezeigt wurde, werfen nicht-staatliche Menschenrechtsorganisationen, aber auch Regierungen sowie regionale und globale Organisationen einzelnen Staaten immer wieder Verletzungen von Menschenrechtsnormen und die Nicht-Erfüllung staatlicher Menschenrechtspflichten vor.

Zwar stehen traditionell Verletzungen der bürgerlich-politischen Menschenrechte im Vordergrund[767], doch ist inzwischen auch die Kritik an Verletzungen sozialer Menschenrechte weithin vernehmbar.

Öffentliche Kritik, selbst wenn sie wie im Falle der Menschenrechte normgeleitet ist, stellt letztlich ein Druckmittel dar. So sollen die Veröffentlichung und das Anprangern staatlicher Menschenrechtsverletzungen im Sinne eines „Beschämens" und „Bedrängens" Wirkung entfalten, denn kaum eine Regierung der Welt möchte offen als Unrechtsregime dastehen. Auch ein solch' öffentlicher und sozialer Druck folgt – darauf hat Nicole Deitelhoff (2006: 19) deutlich hingewiesen – einer rationalistischen Logik: Indem sich die Kosten für Normverletzungen erhöhen, sollen Staaten(vertreter) als rationale Nutzenmaximierer ihr Verhalten ändern. In diesem Sinne geht es also hier noch nicht um „Überzeugungsarbeit" im sozialkonstruktivistischen Sinne, sondern zunächst und vorrangig um die Bildung von Gegenmacht mittels der verfügbaren, vor allem auch moralischen Ressourcen und Legitimationsquellen.

Damit öffentlicher Druck und Gegenmacht entfaltet werden, sind wirkkräftige Menschenrechtsorganisationen und -netzwerke nötig, die nationale wie internationale Foren nutzen, um Normverletzungen anzuprangern. Selbst quantitative Studien, welche nur bedingt einen Zusammenhang zwischen Menschenrechtsabkommen und Menschenrechtslage ausmachen, kommen zu dem Ergebnis, dass sich die Ratifikation von Menschenrechtsabkommen umso positiver auswirkt, je stärker die Zivilgesellschaft ist.[768] Qualitative Studien zu den Ländern des globalen Südens, die autoritär regiert werden oder Demokratisierungsprozesse durchliefen, belegen dies und weisen einmal mehr auf die hohe Bedeutung transnationaler Netzwerke, Koalitionen und Bewegungen für die Durchsetzung internationaler Menschenrechtsnormen im Innern normverletzender Staaten hin.[769] Der „Transnationalismus" sieht dementsprechend in transnationalen advokatorischen, normbasierten Netzwerken „die treibenden Kräfte des internationalen Menschenrechtsschutzes" (Schimmelfennig 2010: 284). Internationale Menschenrechtsnormen haben demnach dann eine vergleichsweise große Chance auf Durchsetzung, wenn es transnationalen Menschenrechtsnetzwerken gelingt, die

767 Die häufigsten Themen etwa der öffentlichen Erklärungen und Demarchen der Europäischen Union im Jahre 2010 waren: „Schutz von Menschenrechtsverteidigern, illegale Inhaftierung, gewaltsames Verschwinden von Personen, Todesstrafe, Folter, Schutz von Kindern, Flüchtlinge und Asylbewerbern, außergerichtliche Hinrichtungen, Rechte auf freie Meinungsäußerung und Vereinigungsfreiheit, Recht auf gerechtes Gerichtsverfahren und Abhaltung von Wahlen" (Europäische Union 2011: 17).

768 Vgl. etwa Neumayer (2005), Hafner-Burton/ Tsutsui (2005, 2007).

769 Vgl. etwa Sikkink (1993), Risse (2007).

internationale Staatengemeinschaft und die innenpolitische Opposition bzw. Zivilgesellschaft zu mobilisieren und so die Regierung sowohl „von oben" als auch „von unten" unter Druck zu setzen.

Sowohl das so genannte „Bumerang-Modell" (Keck/Sikkink 1998) als auch das darauf aufbauende „Spiralmodell" (Risse/Sikkink 1999), die im politikwissenschaftlichen Teilbereich der Internationalen Beziehungen entwickelt wurden, versuchen auf theoretisch-konzeptioneller Ebene eine solche Interaktion einzufangen, die sich aus der *„combination of a closed domestic opportunity structure and an open international opportunity structure"* ergeben kann (Khagram et al. 2002: 19). Zu einem „Bumerang"-Effekt kommt es demnach, wenn es den national unterdrückten Oppositionsgruppen gelingt, „Verbindungen zu transnationalen Menschenrechtsnetzwerken, zu westlichen Staaten und zu internationalen Menschenrechtsorganisationen aufzunehmen, damit diese von außen auf die repressive Regierung Druck ausüben" (Risse et al. 2002: 32). Das „Spiralmodell" besteht gewissermaßen aus mehreren „Bumerang-Würfen" und beschreibt einen mehrphasigen Reformprozess, der von Repression und Leugnen über taktische Konzessionen bis hin zu ernsthaften Reformen und normgeleitetem Verhalten seitens der Regierenden führt (ebd.: 34 ff.). Inwieweit sich ein solches Modell auch auf die Durchsetzung von wsk-Rechten und auf den Menschenrechtsschutz in westlichen Demokratien übertragen lassen, bleibt – bei aller Plausibilität – im Einzelfall empirisch zu prüfen.

In entsprechenden qualitativen Studien, die auf dem Modell aufbauten, wurden die sozialen Menschenrechte nicht berücksichtigt und auch nur vereinzelt Demokratien einbezogen. Dabei vertrat Liese (2006a) die These, dass die Taktik des Beschämens und Anprangerns durch transnationale Menschenrechtsnetzwerke umso effizienter sei, je demokratischer der Staat und je höher Grad der Unterwerfung eines Staates unter schon bestehende internationale Kontrollmechanismen ist. Folgt man solchen Überlegungen, dann müssten in der Bundesrepublik Deutschland – angesichts des demokratischen und rechtsstaatlichen Charakters des politischen Systems und einer festen Einbindung in internationale und regionale Menschenrechtsregime – transnationale advokatorische Menschenrechtsnetzwerke günstige Bedingungen vorfinden, um auf die deutsche Politik Druck auszuüben, wenn diese internationalen Standards (oder auch nur entsprechenden Erwartungen) nicht entsprechen sollte.

10.4 Routine und Internalisierung

Regierungen handeln nicht immer als „Nutzenmaximierer". Mitunter übernehmen sie auch bestimmte Verhaltensweisen und institutionelle Vorgaben, weil diese im internationalen Umfeld bereits bestehen oder als angemessen gelten. Die

Anerkennung und Befolgung von Menschenrechtsnormen durch die jeweiligen Regierungen stellen sich nach dieser Lesart als eine sozialisations- und rollenbedingte Übernahme, Internalisierung oder routinenhafte Habitualisierung menschenrechtlicher Normen, Prinzipien und Standards dar, die bereits in der „Weltkultur" verankert sind und der sich kein Staat einfach entziehen kann, der zur Weltgemeinschaft gehört oder gehören will. Diese Annahmen verbinden sich mit Ansätzen eines soziologischen Institutionalismus (Jetschke 2006: 40 ff.) und einer *„logic of appropriateness"* (March/Olsen 1998), also einer politischen „Logik der Angemessenheit" anstatt der Zweckrationalität (Liese 2006a: 275): Während letztere auf das Kosten-Nutzen-Kalkül der Befolgung oder Missachtung von Menschenrechtsnormen abhebt, betont die „Logik der Angemessenheit" die unhinterfragte Anpassung an Normen und an formulierte Verhaltenserwartungen. Auch in der Rechtswissenschaft spielen im Rahmen transnationaler Rechtstheorien Prozesse der Interaktion und der Internalisierung für die Normbefolgung eine wichtige Rolle. Im Unterschied zu Theorien, die auf Macht und Zwang, auf das Eigeninteresse von Staaten oder auf die Überzeugung von der Richtigkeit der jeweiligen Norm abstellten, rücken sie das „immer stärkere Eingebundensein in transnationale Rechtskommunikationen bzw. die verdichteten und sich permanent wiederholenden Interaktionen" in den Mittelpunkt, die zur Internalisierung und Beachtung von völkerrechtlicher Normen führen (Hanschmann 2009: 388).

Indem die Umsetzung sozialer Menschenrechte ganz selbstverständlich durch die Staatengemeinschaft kontrolliert und gefördert wird, wächst die potenzielle Sozialisationswirkung, die von solchen Prozessen auf das Verhalten der Akteure ausgeht. Hierin liegt denn auch die große Bedeutung der ständigen, unermüdlich wiederholten Erklärungen, Berichte und Empfehlungen internationaler Menschenrechtsgremien, die verdeutlichen, dass soziale Menschenrechte zum internationalen Menschenrechtskanon gehören, den Mitglieder der Staatengemeinschaft zu respektieren haben. Bereits die Einbeziehung der Staaten in die globalen und regionalen Kontrollverfahren zum Schutz der wsk-Rechte ist wichtig, damit die Kontrollgremien institutionalisierte Möglichkeiten haben, menschenrechtliche Standards auch in Bezug auf die Umsetzung der wsk-Rechte zu formulieren und den Staatenvertretern (sowie auch der Zivilgesellschaft) zu vermitteln. Transportiert werden solche Verhaltenserwartungen und -standards auch durch technische und finanzielle Hilfsprogramme, die darauf abzielen, die Staaten etwa bei der Erfüllung ihrer Berichtspflichten, der Erarbeitung nationaler Menschenrechtsaktionspläne oder auch der Errichtung nationaler Menschenrechtsinstitutionen zu beraten und zu unterstützen. Im Idealfall entsteht oder besteht in dem Land selbst eine – den sozialen Menschenrechten aufgeschlossene – „Menschenrechtskultur", die das Verhalten der politischen Akteure ganz selbstverständlich und unhinterfragt mitprägt.

10.5 Lernprozesse und Überzeugung

Staatliche Menschenrechtspolitik folgt nicht nur zweckrationalen Gründen und einer Logik der Angemessenheit, sondern kann auch in nicht-instrumentellen Überzeugungen begründet liegen und ein „echtes Anliegen“ staatlicher Akteure sein. Selbstredend achten Regierungen auch deswegen die Menschenrechte, weil eine solche Politik den grundlegenden Wertvorstellungen der politisch verantwortlichen Akteure entspricht. Dies beeinflusst auch das Verhalten nicht-staatlicher Menschenrechtsorganisationen. So verfolgen sie eben nicht nur *„naming, shaming and blaming“*-Strategien, sondern stehen auch mit *„like-minded persons“* in Regierungen und Parlamenten im engen inhaltlichen Austausch, um Erfahrungen, Sichtweisen und Strategien der Menschenrechtspolitik abzustimmen, Überzeugungsarbeit zu leisten und ggf. Lernprozesse anzustoßen. Getragen von einem gemeinsamen Set an politischen Wertvorstellungen, Problemwahrnehmungen und Kausalannahmen *(belief systems)* bauen advokatorische Menschenrechtsnetzwerke und -koalitionen eben nicht nur eine „Gegenmacht“ auf, sondern versuchen zugleich, ein menschenrechtliches Problembewusstsein zu schaffen, kraft ihrer Argumente zu überzeugen und Veränderungen argumentativ anzustoßen – beispielsweise indem sie aufzeigen, dass bestimmte Missstände aus der Sicht sozialer Menschenrechte unhaltbar sind und bestimmtes Handeln menschenrechtlich geboten ist, oder indem sie sogar die Grundlagen und Ziele politischen Handelns im Sinne der Menschenrechte verändern möchten.

Soweit die entsprechenden Akteure grundsätzliche Wertvorstellungen teilen, können sich solche Verständigungsprozesse beispielsweise auf die Frage beziehen, was zur Umsetzung sozialer Menschenrechte allgemein und in konkreten Fällen getan werden muss und unternommen werden kann. Tatsächlich lassen sich in der Praxis vielfältige Beispiele für einen konstruktiven Austausch zwischen staatlichen und nicht-staatlichen Akteuren bei der Einschätzung von Menschenrechtsproblemen, der Umsetzung eines Menschenrechtsansatzes oder der Förderung einzelner sozialer Menschenrechte ausmachen, auch in der deutschen Entwicklungszusammenarbeit. Hierzu gehört beispielsweise das gemeinsame Lernen anhand von *„best practices“*. Im Wesentlichen handelt es sich dabei jedoch „lediglich“ um instrumentelles Lernen, etwa bezüglich der Auswahl politischer Strategien und Maßnahmen zur effektiven Umsetzung sozialer Menschenrechte, und zwar von Akteuren, die ähnliche oder gemeinsame Zielsetzungen und Interessen verfolgen.

Dort aber, wo sich grundlegende Wertvorstellungen (etwa hinsichtlich der Bedeutung „individueller Freiheit“ und „sozialer Gleichheit“) unterscheiden oder politische Handlungsziele grundlegend anders gewichtet und priorisiert werden, sind Verständigungs- und Lernprozesse schwieriger zu erreichen, bleibt politischer Wandel – darauf weisen allgemeine Erkenntnisse zu politischen Lernprozessen hin[770] – weit stärker darauf angewiesen, dass sich die Rahmenbedingungen politischen Handelns verändern, oder dass sich „Gelegenheitsfenster" öffnen, die von den jeweiligen Akteuren genutzt werden können. Bislang haben selbst schwere Hungersnöte, massive Landvertreibungen, Berichte über ausbeuterische Kinderarbeit oder handfeste Unternehmensskandale nur bedingt Lernprozesse unter jenen Akteuren angestoßen, die in sozialen Menschenrechten vor allem wirtschaftliche Wettbewerbsnachteile und immense Kostenfaktoren sehen. Ohnehin ist anzunehmen, dass Lernprozesse schwerer fallen, wenn die zugrunde liegenden Empfehlungen mit den jeweiligen politischen Interessen nicht kompatibel sind und unmittelbare, weitreichende Umverteilungen nach sich ziehen – was im Falle der sozialen Menschenrechte vielfach gegeben sein dürfte.

Im Falle menschenrechtsverletzender Unrechtsregime stoßen Verständigungs-, Überzeugungs- und Lernprozesse ohnehin rasch an ihre Grenzen. Hier kann sich die Kraft der „besseren Argumente" allenfalls im Lichte der Öffentlichkeit und indirekt entfalten. Globale Menschenrechtsinstitutionen und transnationale Menschenrechtsnetzwerke ermöglichen es, ihre Argumente einer Weltöffentlichkeit vorzutragen und die internationale Gemeinschaft beispielsweise davon zu überzeugen, dass Menschenrechte im konkreten Fall verletzt werden und zu schützen sind. Vorausgesetzt, dass dies auch im Falle von Verletzungen sozialer Menschenrechte gelingt, kann sich von dort aus – etwa im Sinne der bereits genannten „Bumerang"- oder „Spiral"-Modelle – gegebenenfalls Druck auf die menschenrechtsverletzenden Regierungen entwickeln. Der eigentliche Prozess der Verständigung und des Überzeugens bezieht sich dann aber vor allem auf die internationale Gemeinschaft und nur indirekt auf die unter Legitimationsdruck gesetzten Regierungen menschenrechtsverletzender Staaten.

Inwieweit die „Macht der Überzeugung" und die „Kraft des besseren Arguments" zu verändernden Einsichten und zu Verhaltensänderungen seitens staatlicher und nicht-staatlicher Akteure führt, bleibt im Einzelfall jeweils empirisch zu prüfen. Nicht weniger spannend ist die Frage, ob auch die Befürworter/innen sozialer Menschenrechte offen sind für Gegenargumente und bereit sind, gegebenenfalls auch ihre eigenen kausalen Annahmen und normativen Ansichten diskursiv zu hinterfragen. Erst dies ermöglicht ein gegenseitiges argumentatives, verständigungsorientiertes Lernen.

770 Einführend zu politischem Lernen aus Sicht der Policy-Forschung siehe im deutschsprachigen Raum etwa Bandelow (2009).

10.6 Vielfältige Einflussmöglichkeiten und Herausforderungen

Die vorangegangenen Überlegungen lassen erkennen, dass bei der Umsetzung oder Nicht-Umsetzung sozialer Menschenrechte je nach Kontext vielfältige und unterschiedliche Bestimmungsgründe eine Rolle spielen können, die sich auf ebenso vielfältige Weise beeinflussen lassen. Im Detail bliebe also zu untersuchen, inwiefern in den jeweiligen Situationen und Kontexten eben Selbstverpflichtungen, Sanktionen, Druck, Anreize, Sozialisation und/oder Überzeugungsarbeit entsprechende Wirkungen zeitigen. Angesichts der bisherigen Schwäche völkerrechtlicher Durchsetzungsinstrumente und der mangelnden Bereitschaft der Staatengemeinschaft, bei der Verletzung sozialer Menschenrechte Sanktionen auszusprechen, scheinen argumentativ gestützte Kritik, Proteste und öffentlicher Druck seitens nationaler und transnationaler advokatorischer Netzwerke, Koalitionen und Bewegungen nach wie vor unerlässlich, um Verletzungen sozialer Menschenrechte zu beenden und die Umsetzung der wsk-Rechte zu befördern. Darüber hinaus wirken nicht-staatliche wie staatliche Akteure, die sich für die Achtung, den Schutz und die Gewährleistung sozialer Menschenrechte einsetzen, auch auf die Veränderungen struktureller Bedingungen in den jeweiligen Staaten hin – sei es indem sie auf die Herausbildung einer „Menschenrechtskultur" und auf das *empowerment* der Menschen abzielen, ihre sozialen Rechte einfordern; oder sei es, dass sie die Staaten nachhaltig dabei unterstützen, ihren völkerrechtlichen Pflichten aus den sozialen Menschenrechten nachzukommen. So bleibt der soziale Menschenrechtsschutz auf eine starke, international vernetzte Zivilgesellschaft und die rechtsstaatliche Bindung staatlicher Akteure angewiesen.

Auch eine demokratische Regierungsform scheint für die Umsetzung der sozialen Menschenrechte von großer Bedeutung zu sein. Ein Bericht der UN-Entwicklungsorganisation aus dem Jahre 2000 bezeichnete die Demokratie sogar als die einzige Regierungsform, die mit allen fünf Kategorien von Menschenrechten – den bürgerlichen, politischen, wirtschaftlichen, sozialen und kulturellen Rechten – vereinbar sei (UNDP 2000: 69). Dem ist grundsätzlich zuzustimmen. Gerade im Hinblick auf eine lebendige und vielfältige Zivilgesellschaft, die eine treibende Kraft des Menschenrechtsschutzes ist, bieten offene und partizipative Demokratien günstige Rahmenbedingungen. Damit die sozialen Menschenrechte jedoch auch in sozial ungleichen Gesellschaften effektiv zur Geltung kommen, ist die politische Mitwirkung unterprivilegierter Bevölkerungsgruppen sicherzustellen und die soziale Responsivität der Demokratien zu stärken. Nach wie vor schöpfen viele demokratische Regierungen nicht ihre – seien es auch begrenzten – Möglichkeiten und Ressourcen aus, gravierende soziale Missstände zu beheben und die sozialen Menschenrechte so weit wie möglich umzusetzen. Hinzu kommt, dass liberale Demokratievorstellungen, wie in den USA, sozialen Menschen- und Bürgerrechten auch ablehnend gegenüber stehen können. So spielt das Verständnis von Wohlfahrtsstaatlichkeit eine entscheidende Rolle für die Frage, wie Demokratien soziale Rechte anerkennen und umsetzen. Stark marktliberale Ordnungsvorstellungen weisen offenkundig erhebliche Schwächen und Leerstellen auf.

Nicht minder wichtig wäre die menschenrechtskonforme Ausgestaltung globalen politischen und wirtschaftlichen Handelns. Hier lässt sich erheblicher Reformbedarf erkennen. Letztlich hilft die beste Menschenrechtspolitik nichts, wenn die übergeordneten politischen, wirtschaftlichen und sozialen Bedingungen der Umsetzung der sozialen Menschenrechte abträglich sind. Die gegenwärtigen Globalisierungsprozesse schaffen so viele „soziale Verlierer", die dem Globalisierungsdruck nicht gewachsen sind, dass der menschenrechtliche Handlungs- und Regulierungsbedarf gewaltig ist. Gerade vor dem Hintergrund extremer Macht- und Ressourcenungleichheiten innerhalb und zwischen den Staaten wirft das (noch immer) weithin praktizierte marktliberale Credo immense menschenrechtliche Probleme auf und stellt jedwede *Global Governance*-Bemühungen vor gewaltige menschenrechtliche Herausforderungen. Der Verweis auf die internationalen Verpflichtungsebenen der sozialen Menschenrechte würde hier weitestgehend verpuffen, wenn nicht transnationale Akteure, Netzwerke, Koalitionen und Bewegungen entsprechende Forderungen aufgriffen und artikulierten.

Teil IV

Abschlussbemerkungen

11 Verrechtlichung der Politik durch soziale Menschenrechte?

Die vorliegende Studie hat aufgezeigt, dass die wirtschaftlichen, sozialen und kulturellen Menschenrechte in den vergangenen beiden Jahrzehnten erheblich an Bedeutung gewonnen haben und dass ihr Schutz und ihre Umsetzung zusehends eingefordert werden. Abschließend sei daher nochmals kurz darauf eingegangen, wie weit im Bereich sozialer Menschenrechte die Verrechtlichung nationaler und internationaler Politik vorangeschritten ist und wie sich dies bewerten lässt. Eine „Verrechtlichung" der Politik bezieht sich dabei nicht nur auf die Generierung neuer Rechtsnormen (einen Prozess, der selbst unterschiedlich stark verrechtlicht und legitim ausgestaltet sein kann) für solche politischen Bereiche, die bislang nicht oder wenig rechtsförmig geregelt waren; sie umfasst auch die Auslegung und Durchsetzung der bereits bestehenden Rechtsnormen. Die offensichtlichste Form der Verrechtlichung sei, so schreiben Zangl/Zürn (2004: 23), die gerichtliche Rechtsprechung. Für stark verrechtlichte Verfahren seien Klagemöglichkeiten auch der Betroffenen vor unabhängigen Gerichten charakteristisch sowie institutionalisierte, effektive Verfahren der Rechtsdurchsetzung und die zuverlässige Sanktionierung von Rechtsbrüchen (ebd.: 23 ff., 28 ff.). Die Verrechtlichung der Politik bezieht sich in diesem (engen) Sinne vor allem darauf, dass gerichtliche Instanzen dem Recht, nötigenfalls auch gegen gesellschaftspolitische Widerstände, Geltung verleihen und auch die politischen Institutionen und Akteure effektiv an Rechtsnormen binden. Ein weites Begriffsverständnis stellt darüber hinaus darauf ab, dass rechtliche Normen, Regeln und Verfahren allgemein Eingang in die politische Arena finden und rechtsbezogene Diskurse und Argumente in der politischen Auseinandersetzung an Bedeutung gewinnen. Dabei schwingen in dem Begriff „Verrechtlichung" nicht nur wohlklingende, sondern durchaus auch kritische Untertöne mit. Ist nicht zu befürchten, dass sich das Recht auf solche Bereiche erstreckt, die nicht oder zumindest nicht über Maßen rechtlich geregelt werden sollen?

11.1 Verrechtlichung auf nationaler Ebene

Auf nationaler *Ebene* hat die *„judicialization of politics"* viel mit der Modernisierung und der Ausdifferenzierung von Gesellschaften, mit der Ausweitung staatlicher Funktionen, dem Ausbau demokratischer Rechts- und Sozialstaaten, einem wachsenden Rechtsbewusstsein und der Verbreitung rechtlicher Unterstützungsstrukturen zu tun (Hirschl 2008: 136). Im Laufe des 20. Jahrhunderts wurde in den heutigen Wohlfahrtsstaaten das nationale Recht gerade auch in sozialer Absicht ausgebaut, deutlich sichtbar in einer umfassenden und ausdifferenzierten Arbeits- und Sozialgesetzgebung. Die Verrechtlichung sozialer Ansprüche, die vor nationalen Gerichten heute in großer Zahl eingeklagt werden, verlief in Deutschland und anderen entwickelten Wohlfahrtsstaaten dabei vollkommen unabhängig von etwaigen Pflichten, die sich aus internationalen Menschenrechtsabkommen ergeben. Sie war der politischen Dynamik des demokratischen Sozialstaates geschuldet, den über Jahrzehnte hinweg Volksparteien aus politischen Gründen mit Hilfe des Rechts ausbauten. Dabei ist die Verrechtlichung im Bereich des Sozialrechts und der Arbeit in Deutschland (und anderen Wohlfahrtsstaaten) in vielen Bereichen umfassender, ausdifferenzierter und dichter als dies die sozialen Menschenrechte vorschreiben können. Die Kritik am Sozialstaat[771], insbesondere jene an einer „Gesetzesflut" oder einer überbordenden Verrechtlichung, lässt sich also nicht einfach auf soziale Menschenrechte übertragen. Vielmehr wäre jeweils zu prüfen, ob es sich bei der kritisierten Flut an Gesetzen und Gerichtsurteilen um solche Normen handelt, die für die Umsetzung der sozialen Menschenrechte auch wirklich notwendig sind.

Dennoch: Wer für eine stärkere Beachtung sozialer Menschenrechte in ausgebauten Wohlfahrtsstaaten plädiert, wie dies etwa seit einigen Jahren das *Forum Menschenrechte* und etliche Menschenrechtsorganisationen in Deutschland tun, muss sich die Frage gefallen lassen, inwiefern der Bezug auf soziale Menschenrechte nötig und sinnvoll ist. Wo liegt – neudeutsch gesprochen – der „Mehrwert"? Mit Nachdruck ist zu betonen, dass auch in Staaten mit einem ausgebauten und ausdifferenzierten Sozial- und Arbeitsrecht aus Sicht der sozialen Menschenrechte Schutzlücken und Verbesserungsmöglichkeiten bestehen können. Selbst eine weit vorangeschrittene Verrechtlichung garantiert nicht zwangsläufig, dass das nationale Recht tatsächlich alle menschenrechtlich wichtigen Bereiche abdeckt bzw. allen menschenrechtlichen Anforderungen genügt. Wenn die Um-

771 Zur vielstimmigen Kritik am Sozialstaat in Deutschland siehe etwa Butterwege (2006: 75-115), der zwischen „prinzipieller" und eine „populärer" Kritik unterscheidet. Erstere umfasse etwa die neoliberale Kritik an einer Bürokratisierung des Staates und der Behinderung freier Marktkräfte, die kommunitaristische Kritik an der Dominanz des Marktes und der Entmündigung der Zivilgesellschaft sowie die feministische Kritik an der zu geringen Berücksichtigung und der Benachteiligung von Frauen. Letztere beziehe sich etwa auf eine übertriebene Großzügigkeit des Wohlfahrtsstaates („soziale Hängematte"), auf die Gefahr des Leistungsmissbrauchs („Sozialschmarotzer"), auf die Überlastung der Sozialsysteme aufgrund des demographischen Wandels („Vergreisung") oder die übermäßige Belastung des Wirtschaftsstandortes („Standortschwäche").

setzung sozialer Menschenrechte beispielsweise im Rahmen internationaler Kontrollverfahren, unterstützt durch Informationen aus der Zivilgesellschaft, seriös überprüft wird (was nicht immer der Fall ist), lässt sich im Rahmen der damit verbundenen Selbst- und Fremdkontrolle klären, inwiefern das nationale Recht und die nationale Politik menschenrechtlichen Normen und Prinzipien genügen und in welchen Hinsichten gegebenenfalls Handlungsbedarf besteht. Der schlichte Hinweis, in Wohlfahrtsstaaten würden die sozialen Menschenrechte umgesetzt, ist nicht haltbar.

Aus der Perspektive menschenrechtlicher Normen und Prinzipien treten – auch in Deutschland – immer wieder besondere Problem- und Gefährdungslagen hervor, die einen Handlungs- und Regulierungsbedarf begründen. Selbst bei einem hohen Grad an Verrechtlichung kann also ein Nachholbedarf an einer Verrechtlichung bestehen. Als Beispiel sei hier nur das Allgemeine Gleichbehandlungsgesetz genannt, das den Diskriminierungsschutz u.a. im Bereich der Arbeitsbeziehungen oder auch auf dem privaten Wohnungsmarkt stärkt. Ebenso wird die Umsetzung der Behindertenrechtskonvention die Gesetzgeber und die Gerichte in Deutschland noch beschäftigen. Auch die sozialen Notlagen und Diskriminierungen von Nicht-Staatsangehörigen, Flüchtlingen, „Menschen ohne Papiere" oder von Angehörigen bestimmter Minderheiten wie der Roma in Europa werden verstärkt unter menschenrechtlichen Gesichtspunkten betrachtet und erfordern gegebenenfalls gesetzgeberisches und juristisches Handeln. Zugleich gewinnen die sozialen Menschenrechte dann an Bedeutung, wenn empfindliche Einschnitte in das soziale Netz vorgenommen werden. Ein politisch erwirkter und begründeter Sozialabbau hat eben nicht nur verfassungsrechtliche Vorgaben zu beachten, sondern auch jeweils zu konkretisierende und zu prüfende menschenrechtliche Verpflichtungen, die sich aus internationalen Menschenrechtsabkommen ergeben. An seine Grenzen stößt er eben dort, wo den Menschen grundlegende, menschenrechtlich verbürgte Freiheits-, Gleichheits- und Teilhabeansprüche verwehrt oder nicht mehr gewährt werden.

Außerhalb westlicher Wohlfahrtsstaaten stellt sich die Ausgangssituation nochmals anders dar. Hier sind sozialrechtliche Ansprüche weniger umfassend im nationalen Recht verankert oder zumindest schwieriger gerichtlich durchsetzbar. Bereits die Probleme schwacher, prekärer Staatlichkeit, insbesondere das Fehlen eines demokratischen Verfassungsstaates, der Rechtssicherheit in sozialen Bereichen garantiert, setzen der rechtlichen Durchsetzung sozialer Forderungen vielerorts Grenzen. Ausgehend von einem niedrigeren Niveau, lassen sich aber auch in Entwicklungs- und Schwellenländern gegenwärtig Prozesse der *„judicialization of politics"* ausmachen, die soziale Menschenrechte betreffen (können): Zum einen gewinnen Gerichtsverfahren zu wsk-Rechten an rechtspraktischer Bedeutung, zum anderen lässt sich eine Verrechtlichung gesellschaftspolitischer Debatten und Forderungen erkennen. Dies lässt sich etwa für Lateinamerika zeigen:

Anknüpfend an eine inzwischen umfangreiche Literatur zur *judicialization of politics* in der Region, stellen Huneeus et al. (2010: 9 ff.) für Lateinamerika allgemein fest, dass sich Sprache und Institutionen des Rechts in immer weitere Bereiche des gesellschaftlichen und politischen Lebens ausdehnen, dass mehr nationale und internationale Rechtsinstrumente für politische Auseinandersetzungen zur Verfügung stehen und dass dem Rückgriff auf Rechtsnormen und -instrumente eine wachsende strategische Bedeutung auch in jenen politischen Auseinandersetzungen zukommt, in denen bereits früher das Recht und die Gerichte bemüht wurden. Die Prozesse der Verrechtlichung in Lateinamerika betreffen dabei gerade auch die wirtschaftlichen, sozialen und kulturellen Menschenrechte. *„Perhaps the most notable is the tendency to dress the claims of social justice in the language of social, economic and cultural rights, and to hitch them to legal texts subject to judicial review"* (Huneeus et al. 2010: 10). Inzwischen werden beispielsweise der Zugang zu HIV/AIDS-Medikamenten, zur Gesundheitsversorgung, zu Trinkwasser und sauberer Umwelt, zu Bildung oder auch die Anerkennung indigener Rechte in Lateinamerika als verfassungs- oder menschenrechtliche Verpflichtungen ausgewiesen und mitunter vor Gerichten geltend gemacht. Auch besteht eine klare Tendenz zur Verrechtlichung von Arbeits-, Land- und Umweltkonflikten – allerdings nicht immer zu Gunsten der Betroffenen, die sich auf soziale Menschenrechte berufen. So ermöglichen neu erworbene Eigentumsrechte beispielsweise finanzkräftigen Investoren, Landkonflikte zu ihren Gunsten zu entscheiden. Zudem werden Sicherheitsgesetze genutzt, um Gewerkschaftler/innen, Kleinbauernvertreter/innen und Umweltaktivist/innen zu „kriminalisieren", zivilrechtlich zu belangen und strafrechtlich zu verfolgen. Zugleich ist die Anrufung von Gerichten gerade für sozial benachteiligte Bevölkerungsgruppen nicht immer leicht und erfolgversprechend.

Vor allem in solchen Staaten, in denen soziale Missstände politisch nicht angegangen werden, ist es dennoch wichtig, dass menschenrechtlich begründbare Rechtsansprüche und Staatenpflichten die staatlichen Funktionsträger formal binden. Dies gilt besonders dann, wenn die politischen Eliten berechtigte soziale Ansprüche abblocken oder nur selektiv gewähren oder wenn ganze Bevölkerungsgruppen diskriminiert, unterdrückt und ausgebeutet werden. Gerade in sozial heterogenen und konfliktiven Gesellschaften können die sozialen Menschenrechte dazu genutzt werden, den politischen Eliten rechtliche Garantien auch zum Schutz sozial benachteiligter Menschen abzuringen und einen fehlenden sozialpolitischen Konsens zu ergänzen bzw. auf diesen hinzuwirken. Zugleich kann die emanzipatorische Aneignung verbindlicher sozialer Menschenrechte zum *Empowerment* von Menschen und Gruppen beitragen, um mithilfe des Rechts Bedingungen zu erkämpfen, die ein selbstbestimmtes, menschenwürdiges Leben erst ermöglichen.

Mit einem Bedeutungszuwachs rechtlicher Normen besteht, zugegebenermaßen, die Gefahr, dass politische (im Idealfall: demokratische) Entscheidungen auf die Judikative verlagert werden. So kann die Einklagbarkeit sozialer Menschenrechte das Primat der Politik gerade dann beeinträchtigen, wenn Gerichte über die Ausgestaltung ressourcenintensiver Aspekte der Sozialpolitik (mit-)entscheiden. „Eine Überbetonung wirtschaftlicher und sozialer Rechte beschwört die Gefahr herauf", so Tomuschat (2009: 164), „dass der Gesetzgeber seiner politischen Gestaltungsaufgabe enthoben wird und dass stattdessen weichenstellende Entscheidungen mit nachhaltigen Auswirkungen auf den Staatshaushalt durch die Gerichte oder auf der internationalen Ebene durch keiner demokratischen Rechenschaftspflicht unterliegenden Kontrollorgane getroffen werden". Diese Gefahr wird auch in Lateinamerika gesehen (Krennerich/Góngora 2005: 176 f.).

Das Problem verweist grundsätzlich auf die Frage, inwiefern soziale Menschenrechte den Gesetzgeber binden (sollen), und zwar selbst dann, wenn es sich hierbei um demokratische Mehrheitsentscheidungen handelt (und nicht um autoritäre Willkürakte). In Demokratien ist damit gerade das Spannungsverhältnis zwischen demokratischem Mehrheitsprinzip und Minderheitenschutz angesprochen. „Alle Menschenrechte sind ein Stück weit antidemokratisch, indem sie die menschliche Person in ihrer Würde und ihren Rechten gegen die Mehrheit schützen", schreibt der kolumbianische Rechtsphilosoph Rodolfo Arango (2001: 63) und plädiert für eine „aktive, rational begründbare Verfassungsgerichtsbarkeit" zum Schutze auch der sozialen Menschenrechte (ebd.).[772] Die große Bedeutung der Verfassungsgerichtsbarkeit betont auch Alexy (1998: 263), da er in dem demokratischen Mehrheitsprinzip eine „permanente Bedrohung dauernder, schwer organisierbarer und am Rande lebender Minderheiten" sieht (ebd.: 263). Um die Gefahren eines „verfassungsrechtlichen Paternalismus" zu vermeiden, sei allerdings die Verfassungsgerichtsbarkeit in einen demokratischen Reflexionsprozess über menschen- und grundrechtliche Maßstäbe mit der Öffentlichkeit und dem Gesetzgeber einzubinden. Dabei beschränkt Alexy die Gegenstände der Menschenrechte auf das, „was für die Existenz und die Autonomie des Menschen

772 Dabei greift er eine Unterscheidung von Robert Alexy auf zwischen einem „demokratischen Rechtsstaat", in dem der Gesetzgeber ausschließlich durch den demokratischen Prozess kontrolliert wird, und einem „demokratischen Verfassungsstaat", in dem darüber hinaus eine Kontrolle durch eine Verfassungsgerichtsbarkeit erfolgt (vgl. Alexy 1998: 260 f.). Treffend weist Arango (2001) darauf hin, dass moderne Demokratien demokratische Verfassungsstaaten seien.

fundamental" ist (ebd.: 251 f.). Ob und inwieweit soziale Menschenrechte einen verfassungsrechtlichen Schutz genießen (sollen), welchen Handlungsspielraum der demokratische Gesetzgeber hat und wann die Gerichte eingreifen, gehört sicherlich zu den Fragen, die in einer lebendigen Demokratie immer wieder kontextbezogen diskutiert werden müssen. Sofern aber aus den sozialen Menschenrechten keine sozialpolitischen Maximalforderungen, sondern grundlegende Freiheits-, Gleichheits- und Teilhabeansprüche der einzelnen Menschen abgeleitet werden, lassen sich m.E. Beschränkungen des demokratischen Mehrheitsprinzips ebenso rechtfertigen wie die diesbezügliche verfassungsrechtliche Kontrolle, die entweder über ordentliche Gerichte oder über besondere Verfassungsgerichtsorgane wahrgenommen werden kann.[773] Dies sieht offenbar auch der UN-Ausschuss für wsk-Rechte so, wenn er die Vertragsstaaten des UN-Sozialpaktes auffordert, soziale Grundrechte in die Verfassungen aufzunehmen und die Einklagbarkeit sozialer Menschen- und Grundrechte sicherzustellen.

Bei der Auslegung der positiv-rechtlich verankerten sozialen Menschen- und Grundrechte kommt es dann auf die konkrete Spruchpraxis der Gerichte an. *„Courts should, of course, tread carefully in these waters, but in other areas of the law, too, courts have properly recognized that political organs are better situated to analyze and weigh the relevant factors and granted deference to those bodies"*, schreibt Hestermeyer (2007: 92) bezugnehmend auf eine entsprechende Argumentation des südafrikanischen Verfassungsgerichts und fährt fort: *„A correct interpretation of economic, social, and cultural rights has to give some deference to the executive and the legislature"* (ebd.). Gefordert wird also die viel-diskutierte *judicial self-constraint*, hier in Bezug auf die wsk-Rechte. Gerichte sollen sich demnach in Zurückhaltung üben und sich nicht als Ersatzgesetzgeber gerieren. Sinnvollerweise nimmt daher eine gerichtliche Prüfung vor allem eindeutige Verletzungstatbestände in den Blick *(violations approach)*. So sind gerichtliche Einmischungen am ehesten dann zulässig, wenn der Staat nachweislich die sozialen Menschenrechte verletzt. Wie in den Maastricht-Leitlinien zur Verletzung der wsk-Rechte dargelegt, kann es sich bei den Verletzungen um staatliches Handeln oder staatliches Unterlassen handeln (vgl. Kap. 5.1). Letztlich ist die Frage, ob Gerichte unzulässig in die Kompetenzen von Exekutive und Legislative eingreifen, stets fallbezogen zu prüfen.

Dabei sollte die unmittelbare, praktische Gefahr für die Gewaltenbalance durch zu starke Gerichte nicht überschätzt werden, schon gar nicht in den vielen Staaten weltweit, die nicht annähernd über eine so starke Verfassungsgerichtsbarkeit verfügen wie Deutschland (vgl. KAS 2010). Zwar zeitigten einzelne Leitur-

773 Zu den verschiedenen institutionellen Formen der Verfassungsgerichtsbarkeit im weltweiten Vergleich siehe: KAS (2010).

teile zu sozialen Grundrechten – über den Einzelfall hinaus – Auswirkungen auf die Politikformulierung und -umsetzung (vgl. Gauri/Brinks 2008b), doch in den allermeisten Entwicklungs- und Transformationsländern ist die Judikative schwach; sie gilt es eher zu stärken und vor dem Zugriff übermächtiger Exekutiven zu schützen, als dass befürchtet werden muss, dass sich die dortigen Gerichte zu mächtigen politischen Akteuren aufschwingen würden, welche die Gestaltungsfreiheiten der gesetzgebenden und ausführenden Gewalten unzulässig beschneiden. Auch und gerade in Lateinamerika, wo jüngere Verfassungen stellenweise zu einem „menschenrechtsbasierten Aktivismus der Verfassungsgerichte und Ombudsstellen" führten (Schilling-Vacaflor/Barrera 2011: 6), sind Befürchtungen vor einer übermächtigen Justiz kaum begründet. Problematisch sind dort eher die Instrumentalisierung des Rechts und die Politisierung der Justiz durch autoritär-populistische Machthaber, die einem effektiven Menschenrechtsschutz abträglich sind. Und selbst in Ländern mit gut funktionierenden und starken Gerichten gibt es keine Belege dafür, dass die gerichtliche Erzwingung von wsk-Rechten *„a death blow to the separation of powers"*[774] gleich komme. Vielmehr fungieren diese – wie nicht zuletzt das Bundesverfassungsgerichtsurteil zum Asylbewerberleistungsgesetz aus dem Jahre 2012 zeigte – als wichtiges Korrektiv der Politik.

Ohnehin wird die Umsetzung sozialer Menschenrechte bislang weniger gerichtlich erzwungen als vielmehr gesellschaftspolitisch erkämpft und erstritten. Im Sinne einer Verrechtlichung der Politik im *weiten* Sinne lässt sich inzwischen in etlichen Ländern ein Trend erkennen, im öffentlichen und politischen Diskurs zunehmend auf soziale Menschenrechte Bezug zu nehmen. Ganz unabhängig von der Frage der gerichtlichen Einklagbarkeit (wenn auch bestärkt durch die rechtliche Verbindlichkeit) fungieren die sozialen Menschenrechte dort zunehmend als „gesellschaftliche Berufungsgrundlage" (Bielefeldt 2012: 162) für sozialpolitische Forderungen. Gerade zivilgesellschaftliche Gruppen wirken darauf hin, dass sich Regierungen und Parlamente sozialer Problemlagen annehmen und heben auf staatliche Verpflichtungen ab, die sich aus sozialen Menschenrechten ergeben. Dabei geht es sowohl um Forderungen, Verletzungen sozialer Menschenrechte zu unterlassen oder zu unterbinden, als auch um Forderungen, die sozialen Menschenrechte (besser) zu gewährleisten und (umfänglich) umzusetzen. Da der gesellschaftspolitische Diskurs um die sozialen Menschenrechte tendenziell umfassender ist als der juristische, besteht zugegebenermaßen die Gefahr, dass die Diskussionen ausufern und dass die sozialen Menschenrechte ihr rechtliches Profil

774 Hestermeyer (2007: 90). Siehe auch Ssenyonjo (2009: 161 f.), der auf die ablehnende Haltung der britischen Regierung gegenüber den wsk-Rechten verweist.

einbüßen. Umso wichtiger ist, dass auch gesellschaftspolitische Akteure sich vergewissern, wie aus juristischer Sicht die sozialen Menschenrechte interpretiert werden, welche „objektiven“ Rechtspflichten und welche „subjektiven“ Rechtsansprüche sich aus sozialen Menschenrechten jeweils ergeben und inwieweit sich die eigenen politischen und moralischen Forderungen mit juristischen Interpretationen des Rechts decken – oder eben darüber hinausgehen.

Dabei ersetzt der Rechtsdiskurs mitnichten den politischen oder den moralischen Diskurs. Mit Nachdruck ist darauf hinzuweisen, dass die Umsetzung sozialer Menschenrechte nicht nur eine Frage positiver Rechtsansprüche ist, die der Staat verbürgt, sondern entscheidend von gesellschaftlichen Einstellungen und Verhaltensweisen abhängt, die moralischen Begründungen und Interpretationen zugänglich sind. Die mit den sozialen Menschenrechten verbundenen Freiheits-, Gleichheits- und Teilhabeansprüche erschöpfen sich daher nicht im positiven Recht und dessen Befolgung, sondern bedürfen auch der moralischen Geltung und einer Fundierung in sozialen Einstellungen, Praktiken und Gesinnungen. Auch aus diesem Grund ist zu begrüßen, dass die sozialen Menschenrechte im öffentlichen Diskurs an Bedeutung gewinnen. Dies gilt umso mehr, als ohne öffentlichen, zivilgesellschaftlichen Druck der soziale Menschenrechtsschutz auf der Strecke bliebe.

11.2 Verrechtlichung auf internationaler Ebene

Wenn auch längst nicht in dem Maße wie auf nationaler Ebene, sind rechtliche Strukturen inzwischen auch für die internationale Politik von wachsender Bedeutung, werden die „Verrechtlichung“ (Zangl/Zürn 2004), die *„globalization of the law“* (Garth 2008) und das Entstehen einer „internationalen Rechtsherrschaft“ (Zangl 2009) weithin diskutiert.[775] Tatsächlich hat sich das Völkerrecht, gemessen an der Zahl völkerrechtlicher Verträge, erheblich ausgeweitet; zugleich ist es „zu einem wichtigen Modus der Interaktion und Koordination in den internationalen Beziehungen geworden“ (Oeter 2008: 90). Fraglich ist jedoch, inwieweit „internationales Regieren“ heute effektiv an die Menschenrechte und die Prinzipien der Rechtsstaatlichkeit gebunden ist (vgl. Zangl 2009a: 21 ff.). Zwar herrscht weitgehend Einvernehmen darüber, dass die Menschenrechte in den internationalen Beziehungen erheblich an Bedeutung gewonnen haben. Bereits die Herausbildung und der Ausbau globaler und regionaler Menschenrechtsregime lassen sich als Verrechtlichungsprozesse verstehen. Vor allem dem Europarat wird bescheinigt, einen effektiven internationalen Rechtsschutz herausgebildet zu ha-

775 Siehe statt vieler die Sammelbände von Kreide/Niederberger (2008) und Zangl (2009).

ben; der Europäische Gerichtshof für Menschenrechte gilt geradezu als „Erfolgsmodell“ von Justizialisierungsprozessen im Menschenrechtsbereich, die neben der Normsetzung auch die Rechtsprechung und Rechtsdurchsetzung umfassen (Blome/Kocks 2009: 262, 229 f.). Doch belässt selbst der EGMR den Staaten große Beurteilungsspielräume *(margin of appreciation)* bei der Umsetzung der Menschenrechte. „Begründet wird diese richterliche Zurückhaltung mit dem subsidiären Charakter der Konventionsgarantien sowie der grösseren Nähe und dem Vertrautsein der nationalen Behörden mit der konkret zu beurteilenden Situation“ (Kälin/Künzli 2008: 527).

Noch ist es völlig verfrüht, in Bezug auf die Menschenrechte international von einer Herrschaft des Rechts zu sprechen. So kommt dem globalen und dem regionalen Menschenrechtsschutz weit geringere Bedeutung zu als es die Vielzahl an Menschenrechtsabkommen sowie die menschenrechtlichen Verpflichtungen der Staaten und der internationalen Staatenorganisationen nahe legen. „Der nicht nur in der Rechts-, sondern auch in der Politikwissenschaft weithin ausgeprägte Wunsch nach stärkerer Verrechtlichung im Bereich der Menschenrechte, vor allem hinsichtlich Überwachung und Sanktionierung tendiert dazu, die Wirkung menschenrechtlicher Überwachungssysteme zu überschätzen“ (Liese 2011: 104). Trotz der bestehenden gerichtlichen und quasi-gerichtlichen Kontrollverfahren des regionalen und globalen Menschenrechtsschutzes bleiben Menschenrechtsverletzungen vielfach (noch) ohne Rechtsfolgen. Dies gilt schon gar für soziale Menschenrechte, deren Justiziabilität teils noch immer bestritten wird und die bislang auf internationaler Ebene (meist) nur mittelbar über regionale Gerichtshöfe gerichtlich geltend gemacht werden können. Selbst die quasi-gerichtlichen Beschwerdemöglichkeiten vor internationalen Sachverständigenausschüssen waren im Falle sozialer Menschenrechte bislang sehr beschränkt, während das Instrument der Staatenbeschwerden so gut wie nie zur Anwendung kam. Insofern kann bislang beileibe nicht von einer fortgeschrittenen internationalen Verrechtlichung sozialer Menschenrechte (im engen Sinne) die Rede sein, die von Gerichten getragen wird. In diesem Sinne ist der soziale Menschenrechtsschutz international noch viel zu wenig verrechtlicht. Hingegen haben sich die *Global Player* der Weltökonomie längst das transnationale Recht zueigen gemacht und bedienen sich, gestützt auf weltumspannende Verträge, ausgiebig internationaler „Rechtssetzungs- und Rechtsanwendungsmaschinerien“ (Fischer-Lescano/Möller 2012: 36), nicht selten auf Kosten sozialer Menschenrechte.

Während im Falle sozialer Menschenrechte die Verrechtlichung im engen (auf die gerichtliche Normdurchsetzung zielenden) Sinne also erst schwach entwickelt ist, hat zumindest die Verrechtlichung im weiten Sinne erheblich an Bedeutung gewonnen. Längst haben soziale Menschenrechte Eingang in internationale und transnationale politische Diskurse gefunden, wird die Umsetzung menschenrechtlicher Pflichten von dortigen Akteuren politisch eingefordert und wird ein „am Recht orientiertes juristisches Argumentieren" (Zangl/Zürn 2004: 17) in internationalen Institutionen und transnationalen Arenen gepflegt. Mit ihren Interpretationsvorgaben und Empfehlungen spielen dabei internationale Menschenrechtsorgane vor allem bei der Norminterpretation eine wichtige Rolle und haben maßgeblich dazu beigetragen, dass die lange Zeit „vernachlässigten" sozialen Menschenrechte an Profil und Gewicht gewannen.

Angetrieben und unterstützt werden sie hierbei von transnational agierenden NGOs und Bewegungen, die menschenrechtlich begründbare Rechtsansprüche nutzen, um öffentlich Gegenmacht aufzubauen und der (vor allem wirtschaftlichen) Globalisierung Grenzen zu setzen oder Paroli zu bieten. Wie die Maastrichter Grundsätze zu den extraterritorialen Staatenpflichten im Bereich der wirtschaftlichen, sozialen und kulturellen Rechte (2011) zeigen, haben sich inzwischen breite Menschenrechts-Advocacy-Koalitionen herausgebildet, welche die Globalisierungsprozesse und die internationalen Beziehungen aus menschenrechtlicher Sicht umgestalten möchten – und zwar gegen mannigfache Widerstände aus den Reihen der OECD-Staaten. Verfolgt wird hier also eine „gegenhegemoniale Agenda", die in Forderungen nach „globalen sozialen Rechten" mündet (Fischer-Lescano/Möller 2012: 11). Trotz der Gefahr einer Instrumentalisierung des Rechts (und selbst der Menschenrechte) treten Fischer-Lescano/Möller dafür ein, transnationale soziale Anliegen in Gestalt globaler Rechtsforderungen zu formulieren und so ein „globales Gegenrecht" zu etablieren. Zu diesem Zweck sollen die bestehenden Menschenrechte in einem emanzipatorischen Sinne interpretiert und in den „Kampf um globale soziale Rechte" eingebunden werden (ebd.: 26 f.). Auch (andere) Verfechter globaler sozialer Rechte plädieren für eine „emanzipatorische Aneignung universaler Menschenrechte" (Klauthke/Oehrlein 2008), wobei das jeweilige Verhältnis zwischen den bestehenden Menschenrechten und globalen sozialen Rechten ebenso zu klären wäre wie die jeweiligen Formen der „Aneignung".

In dem Maße, wie es zu einer stärkeren transnationalen Verrechtlichung auch im Bereich der sozialen Rechte kommen sollte, treten zugleich altbekannte Probleme auf. Zwar wird *grosso modo* eine „Verrechtlichung" internationaler Beziehungen zumeist als wünschenswerte, wenn nicht gar als notwendige Entwicklung angesehen; sie gilt als ein Baustein beim Aufbau einer *„global governance"*, bei der nationalstaatliches Regieren *(governance by governments)* durch internationales Regieren *(governance with governments)* und transnationales Regieren *(governance without governments)* jenseits des Nationalstaates ergänzt oder gar ersetzt wird (Zangl/Zürn 2004: 13 ff.). Doch weisen internationale Verrechtlichungen auch „Ambivalenzen" (Kreide 2008b) und „blinde Flecken" (Oeter 2008) auf. So mangelt es beispielsweise den exekutivlastigen politischen Willensbildungs- und Entscheidungsprozessen des internationalen Menschenrechtsregimes an demokratischer Legitimation. Auch sind die Mitwirkungsmöglichkeiten auf internationaler und transnationaler Ebene strukturell und institutionell beschränkt bzw. erweisen sich als enorm voraussetzungsreich. Die Legitimationslücke lässt sich nicht allein durch offene, transparente und deliberative Verfahren schließen (vgl. Kreide 2008b), selbst dann nicht, wenn eine effektive Einbindung internationaler NGOs oder eine Ex-post-Beteiligung nationaler Parlamente gewährleistet wird. Die Legitimitätsanforderungen, die an demokratisches Regieren in Nationalstaaten gestellt werden, sind für das Regieren jenseits des Nationalstaates, soweit sie überhaupt als wünschenswert gelten, schwerlich umzusetzen. Auch eine globale Menschenrechtspolitik leidet zwangsläufig unter demokratischen Legitimationsdefiziten, die mit dem Regieren jenseits des Nationalstaates einhergehen.

Dennoch: Indem die Staaten internationale Menschenrechtsabkommen ratifizieren und sich zur Umsetzung der Menschenrechte (selbst-)verpflichten, stehen den internationalen und transnationalen Akteuren zumindest legitime Verfahren zur Verfügung, um die jeweiligen Regierungen unter Kommunikations-, Erklärungs- und Rechtfertigungsdruck zu setzen. Die eigentlichen, gesellschaftspolitischen Legitimationsquellen und Schubkräfte des Menschenrechtsschutzes sind dabei die Betroffenen selbst. Indem sich die Menschen, allein oder gemeinsam mit anderen, gegen Unterdrückung, Diskriminierung und Ausbeutung zur Wehr setzen und für ihre Rechte eintreten, ermöglichen, aktivieren und rechtfertigen sie transnationale Menschenrechtspolitik.

12 Ausblick

Die vorliegende Schrift hat sich mit den sozialen Menschenrechten einer kontroversen Thematik angenommen, die in den vergangenen Jahren erheblich an Bedeutung gewonnen hat. Sie hat dargelegt, inwieweit wsk-Rechte rechtlich verankert sind, wie sie interpretiert werden und auf welche Weise sie umgesetzt werden können, und führte rechtswissenschaftliche und politikwissenschaftliche Sichtweisen zusammen, um die Prozesse der Normbildung, der Norminterpretation und der Normdurchsetzung zu erfassen. Dabei konnte gezeigt werden,

- dass die sozialen Menschenrechten über eine solide völkerrechtliche Grundlage verfügen und dass die – gesellschaftspolitisch beeinflussten – Prozesse der Normbildung zwar weit vorangeschritten, aber noch nicht abgeschlossen sind;
- dass das Verständnis und die Interpretation der sozialen Menschenrechte einem grundlegenden Wandel unterliegen, der sowohl auf der rechtlich-institutionellen als auch auf der gesellschaftspolitischen Ebene vorangetrieben wird;
- dass für die Durchsetzung der sozialen Menschenrechte zwar kaum Zwangsmittel zur Verfügung stehen, dafür aber eine Vielfalt an Möglichkeiten auf nationaler, internationaler und transnationaler Ebene besteht, die wsk-Rechte zur Geltung zu bringen und zu fördern.

Indem die Thematik der sozialen Menschenrechte in ihrer Breite entfaltet wurde, zeigten sich im Verlauf der Studie eine Reihe offener und kontroverser Fragen, zu der sich Studie positionierte, die aber sicherlich im Detail noch weiteren Klärungs- und Diskussionsbedarf nach sich ziehen. So sind viele Fragen bezüglich des Inhalts, des Geltungsbereichs und der Umsetzung der wsk-Rechte umstritten. Zugleich wurde deutlich, vor welch großen Herausforderungen der Schutz und die Umsetzung sozialer Menschenrechte stehen, und wie wichtig es ist, sich auch akademisch mit der Problematik zu befassen.

Um der Gefahr zu begegnen, dass die Diskussion um die sozialen Menschenrechte ausufert und damit die Menschenrechtsidee überspannt oder gar trivialisiert wird, ist es nötig, dass Forderungen nach der Umsetzung sozialer Menschenrechte ein klares Verständnis von den sozialen Menschenrechten in ihrer Eigenschaft als Freiheits-, Gleichheit- und Solidarrechte zugrunde liegt. So ist stets die Frage zu klären, was aus menschenrechtlicher Sicht gefordert werden kann – und wann Ansprüche darüber hinausgehen und anders begründet werden müssen.

Damit einher geht die Notwendigkeit, das rechtliche Profil der sozialen Menschenrechte weiter zu schärfen. Die vorliegende Studie hat versucht, auf umfassende Weise ein zeitgemäßes Grundverständnis der wsk-Rechte zu vermitteln, ersetzt aber nicht eine juristische Kommentierung. Letztlich ist es unabdingbar, dass gerade Juristinnen und Juristen den materiellen Gehalt der sozialen Menschenrechte stärker konkretisieren und rechtliche Graubereiche ausleuchten. Auch ist eine fundierte Diskussion der Schrankenproblematik nötig, also der Frage, unter welchen Bedingungen Eingriffe in soziale Menschenrechte zulässig sind. Mit einer wachsenden Zahl an Gerichtsverfahren und einem anwachsenden Fundus an *case law* werden die Rechte weiter konkretisiert werden und wird die Diskussion um den Inhalt und die justiziablen Bestandteile der wsk-Rechte gewiss Auftrieb erhalten.

Zugleich müssen das Recht und die rechtswissenschaftliche Debatte offen bleiben für gesellschaftspolitische Impulse. So wichtig es ist, nationale und internationale Rechtssysteme vor überzogenen Ansprüchen zu bewahren, so notwendig ist es, dass sich das Recht und die Rechtsdogmatik weiterentwickeln, um neue (oder neu artikulierte und manifestierte) gesellschaftliche Probleme und Konflikte aufzugreifen, die einen rechtlichen Regulierungs- und Handlungsbedarf begründen. Dies gilt gerade auch im Hinblick auf die sozialen Menschenrechte und die Frage, wen diese auf welche Weise berechtigen und verpflichten. Große Schutzlücken bestehen etwa hinsichtlich der Lage von Migrant/innen, Flüchtlingen, „Menschen ohne Papiere", Staatenlosen oder den unzähligen Menschen weltweit, die unter den Bedingungen absoluter Armut, gesellschaftlicher Marginalisierung, informellen Arbeitens und prekärer Staatlichkeit leben. Auch gilt es, das emanzipatorische und sozialkritische Potenzial der bestehenden sozialen Menschenrechte zur Geltung zu bringen.

Die Staaten sind völkerrechtlich verpflichtet, die sozialen Menschenrechte zu achten, zu schützen und zu gewährleisten. Um festzustellen, inwieweit die Staaten ihren Verpflichtungen nachkommen, bedarf es aussagekräftiger Wirkungsanalysen, die mit profunder Sach- und Landeskenntnis die jeweilige Politik untersuchen. Dabei geht es nicht nur um die Menschenrechtspolitik im engeren Sinne, sondern auch um andere Politikfelder, die sich auf die Nutzung der sozialen Menschenrechte in den jeweiligen Ländern und länderübergreifend auswirken. Wenn der Schutz und die Umsetzung der Menschenrechte eine Querschnittsaufgabe darstellen, bedürfen sie einer Querschnittspolitik und politikfeldübergreifender Analysen.

Auch müssen die menschenrechtlichen Folgen globaler Zusammenhänge stärker problematisiert werden. Die internationale Staatengemeinschaft und die transnationale Zivilgesellschaft stehen vor der gewaltigen Herausforderung, die globalen Rahmenbedingungen rechtlichen, politischen und wirtschaftlichen Handelns menschenrechtskonform auszugestalten. Die Diskussion um extraterritoriale Staatenpflichten und die menschenrechtliche Bindung von internationalen Organisationen und transnationalen Unternehmen wird daher an Bedeutung gewinnen müssen. Weiterführend ist die Debatte über „globale soziale Rechte" zu führen.

Da es sich bei Normbildung, der Norminterpretation und der Normdurchsetzung von Menschenrechten immer auch um politische Prozesse handelt, in der neben politischen Funktionsträger/innen nicht zuletzt zivilgesellschaftliche Akteure eine wichtige Rolle spielen, ist es insbesondere der Politikwissenschaft aufgegeben, auch im Bereich der wsk-Rechte solche Prozesse näher zu untersuchen. Die vorliegende Studie hat etliche Anknüpfungspunkte an empirischen Theorien und Modelle aufgezeigt, welche die Untersuchung leiten können. Wenn es nicht vorrangig um eine Überprüfung und Weiterentwicklung einzelner empirischer Theoriemodelle geht, sondern um ein angemessenes Verständnis der vielschichtigen Prozesse der Genese, der Interpretation und der Durch- und Umsetzung der sozialen Menschenrechte, dann bietet es sich an, ekklektizistisch zu verfahren und mehrere theoretische Sichtweisen zu verbinden. Voraussetzung hierfür ist aber, dass sich (auch) die Politikwissenschaft ernsthaft der sozialen Menschenrechte annimmt.

Zugleich bietet sich für eine Auseinandersetzung mit den sozialen Menschenrechten ein interdisziplinärer Zugriff an, der über die Rechts- und die Politikwissenschaft hinaus auch weitere Disziplinen einschließt: zuvorderst die Philosophie, die hinsichtlich menschenrechtlicher Begründungsfragen eine zentrale Rolle spielt und die Rechtsdogmatik wie den öffentlichen, interkulturellen Diskurs über die sozialen Menschenrechte bereichern kann. Zu nennen wären aber auch andere Disziplinen, die sich den sozialen Menschenrechten zuwenden, wie etwa die Geschichts- und die Kulturwissenschaften, die Pädagogik mit ihren unterschiedlichen Fachrichtungen oder das Studium der sozialen Arbeit. Die unterschiedlichen Fachdiskurse mit ihren je eigenen Sichtweisen und Erfahrungen zusammenzubringen, ist eine lohnende Herausforderung für die wissenschaftliche Beschäftigung mit den sozialen Menschenrechten.

Dabei ist die akademische Debatte stets rückzubinden an konkrete Menschenrechtsprobleme vor Ort. Ohne Bezug zu den Lebenswelten und Unrechtserfahrungen der Menschen, ohne Rekurs auf die gesellschaftspolitischen Emanzipationsbestrebungen und Konflikte, die mit der Inanspruchnahme und Durchsetzung der Menschenrechte einhergehen, lässt sich das Studium der sozialen Menschenrechte letztlich nicht sinnvoll betreiben. Theorie und Praxis gehören im Bereich der Menschenrechte untrennbar zusammen.

Literatur

ACHRP (African Commission on Human and Peoples' Rights) 2005: Report of the African Commission's Working Group of Experts on Indigenous Populations/Communities, Banjul/Copenhagen.

Adam, Erfried/von Hauff, Michael/John, Marei (Hrsg.) 2002: Social Protection in Southeast and East Asia, Singapore: FES.

Adler, Emanuel/Haas, Peter 1992: Conclusion: Epistemic Communites, World Order and the Creation of a Reflective Research Program, in: International Organization, Jg. 46, No. 1, 367-390.

ADS (Antidiskriminierungsstelle des Bundes) 2011a: Ausgewählte Entscheidungen deutscher Gerichte zum Antidiskriminierungsrecht, Berlin.

ADS 2011b: Zusammenfassung ausgewählter EuGH-Entscheidungen zum Antidiskriminierungsrecht ab dem Jahr 2000, Berlin.

Agisra/KOK/Terre des Femmes (Hrsg.) 2003: Schattenberichte zum 5. Staatenbericht der Bundesrepublik Deutschland, 2003, zum Übereinkommen der Vereinten Nationen zur Beseitigung jeder Form der Diskriminierung der Frau (CEDAW) (abrufbar unter: www.frauenrechte.de).

Ahmadou, Nadia 2007: The African Union and human rights in Africa, Pretoria: The Institute for Security Studies.

Ahrens, Helen 2011: Die Zukunft als Herausforderung des Rechts – Gedanken zur (Menschen-)Rechtspolitik in Lateinamerika, in: zeitschrift für menschenrechte, Jg. 5, Nr. 2, 26-35.

Aichele, Valentin 2003: Nationale Menschenrechtsinstitutionen: ein Beitrag zur nationalen Implementierung von Menschenrechten, Frankfurt/M.

Aichele, Valentin 2004: Nationale Menschenrechtsinstitutionen in Europa, Berlin: DIMR.

Aichele, Valentin 2006: Die nationale Menschenrechtsinstitution. Eine Einführung, Berlin: DIMR.

Aichele, Valentin 2008: Die UN-Behindertenrechtskonvention und ihr Fakultativprotokoll, Berlin: DIMR.

Alber, Jens 1982: Vom Armenhaus zum Wohlfahrtsstaat. Analysen zur Entwicklung der Sozialversicherung in Westeuropa, Frankfurt a.M./New York.

Albisa, Catherina 2009: Economic and Social Rights in the United States: Six Rights, One Promise, in: Soohoo, Cynthia et al. (eds.): Bringing Human Rights Home. A History of Human Rights in the United States, Philadelphia, 173-197.

Alexy, Robert 1995: Theorie der Grundrechte, Frankfurt/M.

Alexy, Robert 1998: Die Institutionalisierung der Menschenrechte im demokratischen Verfassungsstaat, in: Gosepath, Stefan/Lohmann, Georg (Hrsg.): Philosophie der Menschenrechte, Frankfurt/M., 244-264.

Alexy, Robert 2004: Menschenrechte ohne Metaphysik, in: Deutsche Zeitschrift für Philosophie, Jg. 52, H. 1, 15-24.

Alfredsson, Gudmundur/Eide, Asbjørn (Hrsg.) 1999: The Universal Declaration of Human Rights: A Common Standard of Achievement, Den Haag u.a.

Allianz für wirtschaftliche, soziale und kulturelle Rechte in Deutschland 2011: Parallelbericht der Allianz für wirtschaftliche, soziale und kulturelle Rechte in Deutschland zum fünften Staatenbericht der Bundesrepublik Deutschland zum Internationalen Pakt über wirtschaftliche, soziale und kulturelle Rechte, Berlin.

Alston, Philip (ed.) 2005: Labour Rights as Human Rights, Oxford.

Alston, Philip 2011: Hobbling the Monitors: Should U.N. Human Rights Monitors be Accountable? in: Harvard International Law Journal, Vol. 52, No. 2, 561-649.

Ambos, Kai 2011: Internationales Strafrecht, München, 3. Auflage.

Amnesty International 2008a: Rights Razed: Forced Evictions in Cambodia, London.

Amnesty International 2008b: Cambodia: A Risky Business. Defending the Right to Housing, London.

Amnesty International 2008c: Amnesty macht Schule. Bildung ist der Schlüssel zur Freiheit, Bonn.

Amnesty International 2009a: Wohnen. In Würde. Eine Milliarde Menschen weltweit leben in Slums, Berlin.

Amnesty International 2009b: Wohnen. In Würde. Slums in Kenia und Kambodscha, Berlin.

Amnesty International 2010a: Keine Toiletten, keine Sicherheit. Erfahrungen von Frauen in den Slums von Nairobi, Berlin.

Amnesty International 2010b: Deadly Delivery. The Maternal Health Care Crisis in the USA, London.

Amnesty International 2011a: Right to Education without Discrimination. Policy brief to the Slovakian Government, London.

Amnesty International 2011b: Left Behind. The Impact of Zimbabwe's Mass Forced Evictions on the Right to Education, London.

Amnesty International/FIAN 2010: Haki Zetu. ESC rights in Practice: The Right to Adequate Food, Amsterdam.

Amnesty International India/Housing and Land Rights Network/Youth Unity for Voluntary Action 2008: A Handbook on UN Basic Principles and Guidelines on Development-based Evictions and Displacement, New Delhi/Mumbai.

Amos, Jennifer 2010: Unterstützen und Unterlaufen. Die Sowjetunion und die Allgemeine Erklärung der Menschenrechte, 1948-1958, in: Hoffmann, Stefan-Ludwig (Hrsg.): Moralpolitik. Die Geschichte der Menschenrechte im 20. Jahrhundert, Göttingen, 142-168.

Andersen, Uwe (Hrsg.) 2012: Entwicklungspolitik. Standortbestimmung, Kritik und Perspektiven, Schwalbach/Ts.

Anheier, Helmut K./Toepler, Stefan (eds.) 2010: International Encyclopedia of Civil Society, New York.

Apodaca, Clair 2006: Understanding U.S. Human Rights Policy. A Paradoxical Legacy, New York/London.

Arambulo, Kitty 1999: Strengthening the Supervision of the International Covenant on Economic, Social and Cultural Rights. Theoretical and Practical Aspects, Antwerpen u.a.

Arango, Rodolfo 2001: Regionaler und internationaler Schutz sozialer Menschenrechte. Von der Philosophie zur Kodifizierung, in: Frank, Thomas/Jenichen Anne/Rosemann, Nils (Hrsg.): Soziale Menschenrechte – die vergessenen Rechte?, Berlin, 43-64.

Arend, Jean-Michael 2008: Wirtschaftliche, soziale und kulturelle Rechte, in: Hinze, Daniela

(Hrsg.): Für Freiheit und Menschenwürde. 60 Jahre Allgemeine Erklärung der Menschenrechte, Berlin: FES, 16-45.

Arendt, Hannah 1949: Es gibt nur ein einziges Menschenrecht, in: Die Wandlung, Jg. 4, 754-770; wieder abgedruckt in: Menke, Christoph/Raimondi, Francesca (Hrsg.) 2011: Die Revolution der Menschenrechte. Grundlegende Texte zu einem neuen Begriff des Politischen, Berlin, 394-410.

Asche, Helmut 1995: Rwanda. Die Produktion eines ethnischen Dramas, Fokus Afrika, IAK-Diskussionsbeiträge 4, Hamburg.

ASEAN Intergovernmental Commission on Human Rights 2009: Terms of Reference, Jakarta.

ATME (Aktion Transsexualität und Menschenrecht) 2010: Transsexual People in Germany/Transsexuelle Menschen in Deutschland. A Human Rights Report/ein Menschenrechtsbericht, Ludwigsburg.

Auswärtiges Amt 2011: 9. Bericht der Bundesregierung über ihre Menschenrechtspolitik, Berlin.

Auth, Günther 2008: Theorien der Internationalen Beziehungen kompakt, München.

Bacia, Jürgen/Leidig, Dorothée 2008: „Kauft keine Früchte aus Südafrika!". Geschichte der Anti-Apartheid-Bewegung, Frankfurt/M.

Bandelow, Nils C. 2009: Politisches Lernen: Begriffe und Ansätze im Vergleich, in: Schubert, Klaus/Bandelow, Nils C. (Hrsg.): Lehrbuch der Politikfeldanalyse 2.0, München, 313-347.

Baski, Boro 2012: Schluss mit Hunger, in: Entwicklung und Zusammenarbeit (E+Z), Jg. 55, März, 117-119.

Batarilo, Katarina 2010: Menschenrechte – ein „way of (school) life"? Evaluation schulischer Menschenrechtsbildung in Kroatien, Heidelberg, Diss.

Becerra Moro, María José 2011: Engendering Social Security and Protection: The Case of Latin America, FES, International Policy Analysis, Juni 2011, Berlin.

Bechle, Karsten 2010: Neopatrimonialism in Latin America: Prospects and Promises of a Neglected Concept. GIGA Working Papers, Nr. 153, Hamburg.

Beck, Ulrich 2009: Macht und Gegenmacht im globalen Zeitalter, Frankfurt/M.

Beestermöller, Gerhard (Hrsg.) 2003: Die humanitäre Intervention – Imperativ der Menschenrechtsidee?, Stuttgart.

Beisheim, Marianne et al. 2011: Einleitung: Der staatliche Beitrag zu Governance in Räumen konsolidierter und begrenzter Staatlichkeit, in: Beisheim, Marianne et al. (Hrsg.): Wozu Staat? Governance in Räumen begrenzter und konsolidierter Staatlichkeit, Baden-Baden, 11-34.

Bello, Walden 2010: Politik des Hungers, Berlin/Hamburg.

Bendel, Petra 2004: Flüchtlingsrechte und Menschenrechte in der Europäischen Union, in: Bendel, Petra/Fischer, Thomas (Hrsg.): Menschenrechte und Bürgerrechte: Ideengeschichte und Internationale Beziehungen, Erlangen, 213-234.

Bendel, Petra/Croissant, Aurel/Rüb, Friedbert W. (Hrsg.) 2003: Demokratie und Staatlichkeit, Wiesbaden.

Bendel, Petra/Krennerich, Michael 2000: Zivilgesellschaft und demokratische Transformation in Zentralamerika, in: Merkel, Wolfgang (Hrsg.): Systemwechsel 5. Zivilgesellschaft und Transformation, Opladen, 273-294.

Benedek, Wolfgang (Hrsg.) 2009: Menschenrechte verstehen. Handbuch zur Menschenrechtsbildung, Berlin/Wien.

Benford, Robert D./Snow, David A. 2000: Framing Processes and Social Movements: An Overview and Assessment, in: Annual Review of Sociology, 26, 611-639.

Benhabib, Seyla 2008: Die Dämmerung der Souveränität oder das Aufstreben kosmopolitischer Normen? Eine Neubewertung von Staatsbürgerschaft in Zeiten des Umbruchs, in: Kreide, Regina/Niederberger, Andreas (Hrsg.): Transnationale Verrechtlichung, Frankfurt/M., 209-239.

Benz, Arthur/Lütz, Susanne/Schimank, Uwe/Simonis, Georg (Hrsg.) 2007: Handbuch Governance. Theoretische Grundlagen und empirische Anwendungsfelder, Wiesbaden.

Berger, Jonathan 2008: Litigating for Social Justice in Post-Apartheid South Africa: A Focus on Health and Education, in: Gauri, Varun/Brinks, Daniel M. (eds.): Courting Social Justice, Cambridge, 38-99.

von Bernstorff, Jochen 2010: Die völkerrechtliche Verantwortung für menschenrechtswidriges Handeln transnationaler Unternehmen. Unternehmensbezogene menschenrechtliche Schutzpflichten in der völkerrechtlichen Spruchpraxis, INEF Forschungsreihe Menschenrechte, Unternehmensverantwortung und Nachhaltige Entwicklung 05/2010, Duisburg.

von Bernstorff, Jochen 2011a: Anmerkung zur innerstaatlichen Anwendbarkeit ratifizierter Menschenrechtsverträge: Welche Rechtswirkungen erzeugt das Menschenrecht auf inklusive Schulbildung aus der UN-Behindertenrechtskonvention im deutschen Sozial- und Bildungsrecht?, in: Recht der Jugend und des Bildungswesens, H. 2, 203-217.

von Bernstorff, Jochen 2011b: Extraterritoriale menschenrechtliche Staatenpflichten und Corporate Social Responsibility: Wie weit geht die menschenrechtliche Verantwortung des Staates für das Verhalten eigener Unternehmer im Ausland?, in: Archiv des Völkerrechts, 49, 34-63.

Besson, Samantha/Bourke-Martignoni, Joanna 2009: Children's Convention (Convention on the Rights of the Child), in: Forsythe, David P. (ed.): Encyclopedia of Human Rights, Volume 1, Oxford, 300-308.

Biedermann, Reinhard 2007: Sozialstandards durch Private Governance. Zwei-Stufen-Kooperation in der globalen Spielzeugbranche, Baden-Baden.

Bielefeldt, Heiner 1998: Philosophie der Menschenwürde. Grundlagen eines weltweiten Freiheitsethos, Darmstadt.

Bielefeldt, Heiner 2008a: Menschenrechtlicher Universalismus ohne eurozentrische Verkürzung, in: Nooke, Günter/Lohmann, Georg/Wahlers, Gerhard (Hrsg.): Gelten Menschenrechte universal? Freiburg u.a., 98-141.

Bielefeldt, Heiner 2008b: „… in the spirit of brotherhood“: Die kommunitäre Dimension in den Menschenrechten, in: Bielefeldt, Heiner et al. (Hrsg.): MenschenrechtsFragen, Karlsruhe, 154-168.

Bielefeldt, Heiner 2009: Zum Innovationspotenzial der UN-Behindertenrechtskonvention, Berlin: DIMR, 3. Auflage.

Bielefeldt, Heiner 2010: Menschenrecht auf inklusive Bildung, in: Vierteljahresschrift für Heilpädagogik und ihre Nachbargebiete, Jg. 79, Nr. 1, 66-69.

Bielefeldt, Heiner 2011a: Auslaufmodell Menschenwürde? Warum sie in Frage steht und warum wir sie verteidigen müssen, Freiburg u.a.

Bielefeldt, Heiner 2011b: Menschenrechte „irregulärer" Migrantinnen und Migranten, in: Mylius, Maren/Bornschlegl, Wiebke/Frewer, Andreas (Hrsg.): Medizin für „Menschen ohne Papiere", Göttingen, 19-32.

Bielefeldt, Heiner 2011c: Zur Funktion nationaler Menschenrechtsinstitutionen – Erfahrungen aus der Arbeit des Deutschen Instituts für Menschenrechte, in: Gusy, Christoph (Hrsg.): Grundrechtsmonitoring. Chancen und Grenzen außergerichtlichen Menschenrechtsschutzes, Baden-Baden, 135-151.

Bielefeldt, Heiner 2012: Inklusion als Menschenrechtsprinzip: Perspektiven der UN-Behindertenrechtskonvention, in: Moser, Vera/Horster, Detlef (Hrsg.): Ethik der Behindertenpädagogik. Menschenrechte, Menschenwürde, Behinderung. Eine Grundlegung, Stuttgart, 149-166.

Bierweiler, Alexia 2007: Soziale Sicherheit als Grundrecht in der Europäischen Union, Stuttgart.

Bissio, Roberto 2007: Auf dem Weg zu einem neuen globalen Sozialvertrag. Eine Einführung, in: Social Watch Deutschland Report 2007: Würde und Menschenrechte wahren. Das Recht auf soziale Sicherheit für alle verwirklichen, Bonn u.a., 8-12.

Blanke, Hermann-Josef (Hrsg.) 2003: Deutsche Verfassungen, Paderborn.

Blome, Kerstin/Kocks, Alexander 2009: Justizialisierungsprozesse im Menschenrechtsbereich. Erfolgsmodell EGMR, in: Zangl, Bernhard (Hrsg.): Auf dem Weg zu internationaler Rechtsherrschaft?, Frankfurt/M., 229-266.

Blume, Georg 2011: Indiens sterbende Kinder. Warum das reiche Schwellenland sein Hungerproblem nicht löst, in: Die Zeit, 14. April 2011, 21 f.

BMZ 2004: Entwicklungspolitischer Aktionsplan für Menschenrechte 2004-2007. Menschen haben ein Recht auf Entwicklung, Bonn.

BMZ 2008: Entwicklungspolitischer Aktionsplan für Menschenrechte 2008-2010, Berlin.

BMZ 2011: Menschenrechte in der deutschen Entwicklungspolitik, Bonn/Berlin.

Bobbio, Norberto 1999: Das Zeitalter der Menschenrechte. Ist Toleranz durchsetzbar? Berlin.

Böckenförde, Ernst-Wolfgang 1991: Staat – Verfassung – Demokratie. Studien zur Verfassungstheorie und zum Verfassungsrecht, Frankfurt/M.

Böckenförde, Ernst-Wolfgang 1999: Ist Demokratie eine notwendige Forderung der Menschenrechte?, in: Gosepath, Stefan/Lohmann, Georg (Hrsg.): Philosophie der Menschenrechte, Frankfurt/M., 233-243.

Böhm, Otto/Katheder Doris 2012: Grundkurs Menschenrechte, Band 1, Würzburg.

Boekle, Henning 1998: Die Vereinten Nationen und der internationale Schutz der Menschenrechte, in: Aus Politik und Zeitgeschichte, B 46-47/98, 3-17.

Boli, John/Thomas, George M. 1997: Word Culture in the World Polity: A Century of International Non-Governmental Organisation, in: American Sociological Review, Vol. 62, No. 2, 171-190.

Borde, Theda/David, Matthias/Papies-Winkler, Ingrid (Hrsg.) 2009: Lebenslage und gesundheitliche Versorgung von Menschen ohne Papiere, Frankfurt/M.

Borgwart, Elizabeth 2009: FDR's Four Freedoms and Wartime Transformations in America's Discourse of Rights, in: Soohoo, Cynthia et al. (Hrsg.): Bringing Human Rights Home. A History of Human Rights in the United States. Abridged Edition, Philadelphia, 40-67.

Borries, Bodo von 2011: Menschenrechte im Geschichtsunterricht, Schwalbach/Ts.

Bösl, Anton 2007: Good Governance als Paradigma moderner Entwicklungspolitik, in: KAS-Auslandsinformationen, Nr. 2/07, 6-34.

Bösl, Anton/Diescho, Joseph (Hrsg.) 2009: Human Rights in Africa. Legal Perspectives on their Protection and Promotion, Windhoek.

Bothe, Michael 2007: Wasser – ein Menschenrecht, eine Verteilungsfrage, ein Problem von Frieden und Sicherheit, in: Breitenmoser, Stephan et al. (Hrsg.): Human Rights, Democracy and the Rule of Law. Liber amicorum Luzius Wildhaber, Baden-Baden, 103-117.

van Boven, Theo et al. (eds.) 1998: The Maastricht Guidelines on Violations of Economic, Social and Cultural Rights, Utrecht.

Bratton, Michael/van de Walle 1994: Neopatrimonial Regimes and Political Transitions in Africa, in: World Politics, Vol. 46, No. 4, 453-489.

Bratton, Michael/van de Walle 1997: Democratic Experiments in Africa. Regime Transitions in Comparative Perspectives, Cambridge.

Breen, Claire 2003: The Role of the NGOs in the Formulation of and Compliance with the Optional Protocol to the Convention on the Rights of the Child on Involvement of Children in Armed Conflict, in: Human Rights Quarterly, 25, 453-481.

Brems, Eva 2009: Human Rights: Minimum and Maximum Perspectives, in: Human Rights Law Review, Vol. 9, Nr. 3, 349-372.

Brett, Rachel 2009a: Rights of the Child, in: Krause, Catarina/Scheinin, Martin (eds.): International Protection of Human Rights: A Textbook, Turku, 227-246.

Brett, Rachel 2009b: Non-Governmental Organizations and Human Rights, in: Krause, Catarina/Scheinin, Martin (eds.): International Protection of Human Rights: A Textbook, Turku, 621-635.

Breutz, Iris 2012: Das afrikanische Menschenrechtsschutzsystem, in: Utz, Britta (Hrsg.): Handbuch der Menschenrechtsarbeit (www.fes.de/handbuchmenschenrechte).

Brinkmann, Gisbert 1994: Der Anfang des internationalen Arbeitsrechts: Die Berliner Internationale Arbeiterschutzkonferenz von 1890 als Vorläufer der Internationalen Arbeitsorganisation, in: Bundesministerium für Arbeit und Sozialordnung/Bundesvereinigung der Deutschen Arbeitgeberverbände/Deutscher Gewerkschaftsbund (Hrsg.): Weltfriede durch soziale Gerechtigkeit. 75 Jahre Internationale Arbeitsorganisation, Baden-Baden, 13-26.

Brock, Andrea/Paasch, Armin 2009: Hungerkrise weltweit. Hat die internationale Staatengemeinschaft versagt, Köln: FIAN.

Brock, Lothar (Hrsg.) 1996: Menschenrechte und Entwicklung, Hannover/Frankfurt.

Brot für die Welt 2005: Policy Paper zur Menschenrechtsorientierung des Entwicklungsansatzes von Brot für die Welt, Stuttgart.

Brot für die Welt/EED/FIAN 2001: Parallelbericht Menschenrechte. Deutschlands Erfüllung seiner internationalen Verpflichtungen gemäß dem Internationalen Pakt für wirtschaftliche, soziale und kulturelle Menschenrechte (IPWSKM), Bonn u.a.

Brot für die Welt/FIAN/EED 2007a: Deutschlands menschenrechtliche Verpflichtungen in multilateralen Entwicklungsbanken. Einführung und Fallstudie von drei Projekten in Tschad, Ghana und Pakistan, Stuttgart etc.

Brot für die Welt/FIAN/EED 2007b: Deutschlands extraterritoriale Staatenpflichten. Einführung und sechs Fallstudien, Stuttgart u.a.

Brot für die Welt/FIAN Deutschland/GegenStrömung/Deutsche Kommission Justitia et Pax/MISEREOR/urgewald 2011: Submission to the UN Committee on Economic, Social and Cultural Rights. Extraterritorial State Obligations. Parallel report in response to the 5th Periodic Report of the Federal Republic of Germany on the implementation of the International Covenant on Economic, Social and Cultural Rights, Köln. (abgerufen unter: www2.ohchr.org/english/bodies/cescr/cescrs46.htm, Zugriff: 20. März 2011).

Brot für die Welt/Misereor/ECCHR 2011: Transnationale Unternehmen in Lateinamerika: Gefahr für die Menschenrechte? Stuttgart u.a.

Brügel, J.W. 1949: Die allgemeine Erklärung der Menschenrechte, in: Europa-Archiv, Jg. 4, 2529-2534.

Brummer, Klaus 2008: Der Europarat. Eine Einführung, Wiesbaden.

Brunkhorst, Hauke/Köhler, Wolfgang R./Lutz-Bachmann, Matthias (Hrsg.) 1999: Recht auf Menschenrechte. Menschenrechte, Demokratie und internationale Politik, Frankfurt/M.

Brunner, Georg 1979: Vergleichende Regierungslehre, Band 1, Paderborn u.a.

Buckel, Sonja/Fischer-Lescano, Andreas 2008: Emanzipatorische Gegenhegemonie im Weltrecht, in: Kreide, Regina/Niederberger, Andreas (Hrsg.): Transnationale Verrechtlichung, Frankfurt/M., 114-133.

Bueno de Mesquita, Judith/Hunt, Paul/Khosla, Rajat 2010: The Human Rights Responsibility of International Assistance and Cooperation in Health, in: Gibney, Mark/Skogly, Sigrun (eds.): Universal Human Rights and Extraterritorial Obligations, Philadelphia/Pennsylvania, 104-129.

Bundeszentrale für politische Bildung (Hrsg.) 2004: Menschenrechte. Dokumente und Deklarationen, Bonn, 4. Auflage.

Bungarten, Pia 1994: Die UN-Menschenrechtskonferenz von 1993, in: Internationale Politik und Gesellschaft, Nr. 1/1994, 72-83.

Büntrup, Michael 2011: Antworten auf den Fragenkatalog des Ausschusses für Ernährung, Landwirtschaft und Forsten zur öffentlichen Anhörung zum Thema „Welternährung". Deutscher Bundestag, Ausschussdrucksache 17(10)451-D zur öffentlichen Anhörung am 4. April 2011.

Burghardt, Diana 2009: Documentation on the Workshop: Scaling Up Voluntary Standards for Human Rights – The Challenge of Measuring Impact, Duisburg/Essen.

Burghardt, Diana/Hamm, Brigitte/Scheper, Christian 2010: Wirtschaft und Menschenrechte, in: Utz, Britta (Hrsg.): Handbuch der Menschenrechtsarbeit, Edition 2010/2011 (www.fes.de/handbuchmenschenrechte)

Burity, Valéria/Cruz, Luisa/Franceschini, Thaís 2011: Exigibilidade: Mechanisms to claim the human right to adequate food in Brazil, Rom: FAO.

Butterwegge, Christoph 2006: Krise und Zukunft des Sozialstaates, Wiesbaden, 3. Auflage.

Cahill, Amanda 2010: Protecting Rights in the Face of Scarcity: The Right to Water, in: Gibney, Mark/Skogly, Sigrun (eds.): Universal Human Rights and Extraterritorial Obligations, Philadelphia/Pennsylvania, 194-216.

Cardenas, Sonia 2005: Constructing rights? Human rights education and the State, in: International Political Science Review, Vol. 26, No. 4, 363-379.

Cardenas, Sonia 2007: Conflict and Compliance. State Responses to International Human Rights Pressure, Philadelphia.

Carozzo, Paolo G. 2003: From Conquest to Constitutions: Retrieving a Latin American Tradition of the Idea of Human Rights, in: Human Rights Quarterly, Vol. 25, No. 2, 281-31.

Carver, Richard 2010: A New Answer to an Old Question: National Human Rights Institutions and the Domestication of International Law, in: Human Rights Law Review, Vol. 10, No. 1, 1-32.

Castel, Robert 2009: Die Wiederkehr der sozialen Unsicherheit, in: Castel, Robert/Dörre, Klaus (Hrsg.) 2009: Prekarität, Abstieg, Ausgrenzung. Die soziale Frage am Beginn des 21. Jahrhunderts, Frankfurt/M., 21-34.

Castel, Robert/Dörre, Klaus (Hrsg.) 2009: Prekarität, Abstieg, Ausgrenzung. Die soziale Frage am Beginn des 21. Jahrhunderts, Frankfurt/M.

Cichon, Michael/Behrendt, Christina/Wodsak, Veronika 2011: The UN Social Protection Floor Initiative. Turning the Tide at the ILO Conference 2011. FES, International Policy Analysis, January 2011, Berlin.

CIDSE 2010: Protect, Respect and Remedy. Keys for implementation and follow-up of the mandate. 3rd submission to the UN Special Representative on Business and Human Rights, Brussels.

Clapham, Andrew 2006: Human Rights Obligations of Non-State-Actors, Oxford.

Clapham, Andrew 2007: Human Rights. A Very Short Introduction, Oxford.

Clark, Ann Marie 2009: Human rights NGOs at the United Nations: developing an optional protocol to the Convention against Torture, in: Joachim, Jutta/Locher, Birgit (eds.): Transnational Acticvism in the UN and the EU, London/New York, 44-60.

Cleary, Edward 2007: Mobilizing for Human Rights in Latin America, Bloomfield.

Cohen, Cynthia Price 1990: The Role of Non-Governmental Organizations in the Drafting of the Convention on the Rights of the Child, in: Human Rights Quarterly, Vol. 12, No. 1, 137-147.

COHRE 2007a: In Search of Equality: A Survey of Law and Practice Related to Women's Inheritance Rights in the Middle East and North Africa (Mena) Region, Geneva.

COHRE 2007b: Fair Play for Housing Rights: Mega-Events, Olympic Games, and Housing Rights, Geneva.

COHRE 2008: Title through possession or title through position? Cambodia. Respect for Housing, Land and Property Rights in Cambodia. Occasional Paper No. 1, Geneva.

COHRE 2009: Shelter from the Storm. Women's Housing Rights and the Struggle against HIV/AIDS in Sub-Saharan Africa, Geneva.

COHRE/Amnesty International 2010: Haki Zetu – ESC rights in Practice. The Right to Adequate Water and Sanitation, Amsterdam.

Coomans, Fons 2011: The Extraterritorial Scope of the International Covenant on Economic, Social and Cultural Rights in the Work of the United Nations Committee on Economic, Social and Cultural Rights, in: Human Rights Law Review, Vol. 11, No. 1, 1-35.

Coomans, Fons/Kamminga, Menno T. (eds.) 2004: Extraterritorial Application of Human Rights Treaties, Antwerpen.

Coomans, Fons/Künnemann, Rolf (eds.) 2012: Cases and Concepts on Extraterritorial Obligations in the Aera of Economic Social and Cultural Rights, Maastricht.

Corte Interamericana de Derechos Humanos 2011: Informe Anual 2010, San José (Costa Rica).

Council of Europe 2011a: The European Court of Human Rights in facts and figures, Strasbourg.

Council of Europe 2011b: The European Social Charter, Strasbourg.

Council of Europe 2011c: Discrimination on grounds of sexual orientation and gender identity in Europe, Strasbourg.

Council of Europe 2011d: Combating discrimination on grounds of sexual orientation or gender identity. Council of Europe standards, Strasbourg

Courtis, Christian/Heidel, Klaus 2007: Ist das Recht auf soziale Sicherheit einklagbar? in: Social Watch Deutschland Report 2007: Würde und Menschenrechte wahren. Das Recht auf soziale Sicherheit für alle verwirklichen, Bonn u.a., 13-15.

Couso, Javier A./Huneeus, Alexandra/Sieder, Rachel (eds.) 2010: Cultures of Legality. Judicialization and Political Activism in Latin America, Cambridge.

Craven, Matthew 1995: The International Convent on Economic, Social, and Cultural Rights. A Perspective on its Development, Oxford.

Cremer, Hendrik 2009a: Das Recht auf Bildung für Kinder ohne Papiere. Empfehlungen zur Umsetzung, Berlin: DIMR.

Cremer, Hendrik 2009b: Doch nicht ganz ernst gemeint? Staatenvorbehalte bei der Ratifikation der Kinderrechtskonvention der Vereinten Nationen, in: Bielefeldt, Heiner et al. (Hrsg.): Jahrbuch Menschenrechte 2010, Wien u.a., 26-36.

Croissant, Aurel/Lauth, Hans-Joachim/Merkel, Wolfgang 2000: Zivilgesellschaft und Transformation: ein internationaler Vergleich, in: Merkel, Wolfgang (Hrsg.): Systemwechsel 5. Zivilgesellschaft und Transformation, Opladen, 9-49.

Cullen, Holly 2009: The Collective Complaints System of the European Social Charter: Interpretative Methods of the European Committee of Social Rights, in: Human Rights Law Review, Vol. 9, Nr. 1, 61-93.

Cyrus, Norbert 2005: Menschenhandel und Arbeitsausbeutung in Deutschland, Genf: IAO.

Da Silvia, José Graziano et al. (eds.) 2011: The Fome Zero (Zero Hunger) Program. The Brazilian Experience, Brasília.

de Beco, Gauthier 2007: National Human Rights Institutions in Europe, in: Human Rights Law Review, Vol. 7, No. 2, 331-370.

Debiel, Tobias et al. 2007: „Stay engaged" statt „Let Them Fail". Ein Literaturbericht über entwicklungspolitische Debatten in Zeiten fragiler Staatlichkeit, INEF Report 90, Duisburg.

de Búrca, Grainne/de Witte, Bruno 2005: Social Rights in Europe, Oxford.

Degener, Theresia 2003: Eine UN-Menschenrechtskonvention für Behinderte als Beitrag zur ethischen Globalisierung, in: Aus Politik und Zeitgeschichte, H. 8, 37-45.

Degener, Theresia 2006: Menschenrechtsschutz für behinderte Menschen: Vom Entstehen einer neuen Menschenrechtskonvention der Vereinten Nationen, in: Vereinte Nationen, Bd. 3, 104-110.

Degener, Theresia 2008: Zur Erforderlichkeit der Ausdifferenzierung des Diskriminierungsverbotes, in: Klein, Eckart/Menke, Christoph (Hrsg.): Universalität – Schutzmechanismen – Diskriminierungsverbote, Berlin, 373-395.

Degener, Theresia 2009: Welche legislativen Herausforderungen bestehen in Bezug auf die nationale Implementierung der UN-Behindertenrechtskonvention in Bund und Ländern, in: Behindertenrecht, Nr. 2/2009, 34-52.

Degener, Theresia 2010: Die UN-Behindertenrechtskonvention: Grundlage für eine inklusive Menschenrechtstheorie, in: Vereinte Nationen, Jg. 58, Nr. 2, 57-63.

Deitelhoff, Nicole 2006: Überzeugung in der Politik, Frankfurt/M.

Deile, Volkmar 1998: Die Menschenrechte – eine unvollendete Revolution, in: Köhne, Gunnar (Hrsg.): Die Zukunft der Menschenrechte. 50 Jahre UN-Erklärung: Bilanz eines Aufbruchs, Reinbek bei Hamburg, 236-264.

Deile, Volkmar 2008: 60 Jahre Allgemeine Erklärung der Menschenrechte. Unsere Erwartungen und unsere Aufgaben, www.menschenrechte.org/land/de/verstehen/allgemeine-erklärung.

De la Vega, Connie/Mehra, Amol 2009: International Legal Accountability over Non-State Actors: An Analysis of the Report of the Special Representative of the Secretary General, in: zeitschrift für menschenrechte, Jg. 3, Nr. 2, 26-40.

De la Vega, Connie/Mehra, Amol/Wong, Alexandra 2011: Holding Businesses Accountable for Human Rights Violations. Recent Developments and Next Steps, FES: International Policy Analysis, Berlin.

DeNavas-Walt, Carmen/Proctor, Bernadette D./Smith, Jessica C. 2011: Income, Poverty, and Health Insurance Coverage in the United States: 2010, United States Census Bureau, Washington D.C.

Derksen, H. 2002: Human Rights: A Matter of Decency and Dignity. Human Rights Principles in ICCO's development work, Zeist.

De Schutter, Olivier 2010: International Human Rights Law, Cambridge.

De Schutter, Olivier 2011: The European Social Charter, in: Krause, Catarina/Scheinin, Martin (eds.): International Protection of Human Rights: A Textbook, Turku/Åbo, 425-442.

De Schutter, Olivier et al. 2012: Commentary to the Maastricht Principles on Extraterritorial Obligations of States in the Area of Economic, Social and Cultural Rights, in: Human Rights Quarterly, Vol. 34, 1084-1169.

Deutsche Kommission Justitia et Pax 2006: Organisieren – Nicht Resignieren. Armutsbekämpfung durch die Umsetzung des Rechts auf Vereinigungsfreiheit in der informellen Wirtschaft, Bonn.

Deutsche UNESCO-Kommission/BMZ 2011: Weltbericht Bildung für alle 2011 (Kurzfassung), Bonn.

Dicke, Klaus (Hrsg.) 2004: Zur Wirkungsgeschichte der Allgemeinen Erklärung der Menschenrechte in Verfassungsrecht und Politik, Bonn.

Dienel, Christiane/Overkämping, Sabine 2010: Der Vertrag von Lissabon und die europäische Sozialpolitik, in: Leiße, Olaf (Hrsg.): Die Europäische Union nach dem Vertrag von Lissabon, Wiesbaden, 176-193.

DIMR (Deutsches Institut für Menschenrechte) 2003: Menschenrechtsschutz, Vereinte Nationen, Individualbeschwerdeverfahren, Berlin.

DIMR (Hrsg.) 2005: Die „General Comments" zu den VN-Menschenrechtsverträgen, Baden-Baden.

DIMR (Hrsg.) 2007: Prävention von Folter und Misshandlung in Deutschland, Baden-Baden.

Dinokopila, Bonolo Ramadi 2011: The right to water in Botswana. A review of the Matsipane Mosetlhanyane case, in: African Human Rights Law Journal, Nr 1, 282-295.

Dobner, Petra 2010: Wasserpolitik, Frankfurt/M.

Döring, Diether 2004: Sozialstaat, Frankfurt/M.

Dolowitz, David P./Marsh, David 1996: Who learns what from whom: a review of the policy transfer literature, in: Political Studies, 44, 343-357.

Dolowitz, David P./Marsh, David 2000: Learning from Abroad: The role of Policy Transfer in Contemporary Policy Making, in: Governance, Vol. 13, No. 1, 5-24.

Dormann, Peter 2007: Worker Rights and Economic Development: The Cases of Occupational Safety and Health and Child Labor, in: Hertel, Shareen/Minkler, Lanse (eds.): Economic Rights. Conceptual, Measurement, and Policy Issues, Cambridge, 363-377.

Drillisch, Heike/Hausmann, Ute/Herre, Roman 2012: Extraterritoriale Staatenpflichten in der Außenwirtschaftsförderung. FIAN Fact Sheet 2012/2, Köln.

Druba, Volker 2006: Menschenrechte in Schulbüchern, Frankfurt/M.

Dünnweller, Barbara 2009: 20 Jahre Kinderrechtskonvention: Zeit für ein Individualbeschwerderecht!, in: Bielefeldt, Heiner et al. (Hrsg.): Jahrbuch Menschenrechte 2010, Wien u.a., 113-124.

Dworkin, Ronald 1977: Taking Rights Seriously, Cambridge, Mass.

Eberlei, Walter 2009: Afrikas Wege aus der Armutsfalle, Frankfurt/M.

ECCHR (European Center for Constitutional and Human Rights) 2010: Menschenrechte mit juristischen Mitteln durchsetzen. Jahresbericht 2009/2010,

ECCHR 2011a: ECCHR Positionspapier: Nationale Kontaktstellen im Vergleich – Best Practice im OECD-Beschwerdeverfahren, Berlin.

ECCHR 2011b: SRGS John Ruggie's Draft Guiding Principles for the implementation of the United Nations "protect, respect, and remedy framework". Position Paper, Berlin.

Ecert, Andreas 2010: Afrikanische Nationalisten und die Frage der Menschenrechte von den 1940er bis zu den 1970er Jahren, in: Hoffmann, Stefan-Ludwig (Hrsg.): Moralpolitik. Geschichte der Menschenrechte im 20. Jahrhundert, Göttingen, 312-336.

Ehlers, Dirk (Hrsg.) 2009: Europäische Grundrechte und Grundfreiheiten, Berlin, 3. Auflage.

Eichenhofer, Eberhard 2010: Soziale Rechte in: Merten, Detlef/Papier, Hans-Jürgen (Hrsg.): Handbuch der Grundrechte in Deutschland und Europa. Band VI/1: Europäische Grundrechte I, Heidelberg u.a., 825-857.

Eide, Asbjørn 2008: The Right to Food and the Impact of Liquid Biofuels (Agrofuels), Rome.

Eide, Asbjørn et al. (Hrsg.) 1995: Economic, Social and Cultural Rights. A Textbook. Dortrecht u.a.

Ekardt, Felix/Hyla, Anna 2010: Menschenrechte, Welthandel und das Recht auf Nahrung, in: zeitschrift für menschenrechte, Jg. 4, Nr. 2, 73-97.

Engbruch, Katharina 2008: Das Menschenrecht auf einen angemessenen Lebensstandard. Ernährung, Wasser, Bekleidung, Unterbringung und Energie als Elemente des Art. 11 (1) IPWSKR, Frankfurt/M. u.a.

Engels, Markus 2001: Soziale Grundrechte in der Europäischen Grundrechtecharta, in: Frank, Thomas et al. (Hrsg.): Soziale Menschenrechte – die vergessenen Rechte?, Berlin, 77-89.

Erdmann, Gero 1999: Demokratie- und Menschenrechtsförderung in der Dritten Welt, Bonn.

Erdmann, Gero 2002: Neopatrimoniale Herrschaft – oder: Warum es in Afrika so viele Hybridregime gibt, in: Bendel, Petra/Croissant, Aurel/Rüb, Friedbert W. (Hrsg.): Zwischen Demokratie und Diktatur. Zur Konzeption und Empirie demokratischer Grauzonen, Opladen, 323-342.

Ernst, Tanja 2011: (Post)koloniale Kulturen der Ungleichheit. Zum Zusammenhang von Ethnizität, Ungleichheit und Demokratie in Lateinamerika, in: Wehr, Ingrid/Burchardt, Hans-Jürgen (Hrsg.): Soziale Ungleichheiten in Lateinamerika, Baden-Baden, 45-69.

Eser, Albin 2011: Titel VI Justizielle Rechte, in: Meyer, Jürgen (Hrsg.): Charta der Grundrechte der Europäischen Union, Baden-Baden, 3. Auflage, 569-627.

Esping-Andersen, Gøsta 1990: The Three Worlds of Welfare Capitalism, Cambridge.

EuropAfrica 2012: (Bio)Fueling Injustice? Europe's responsibility to counter climate change without provoking land grabbing and compounding food insecurity in Africa. the EuropAfrican 2011 Monitoring Report on EU Policy Coherence for Food Security, Rom.

Europäische Union 2011: EU-Jahresbericht. Menschenrechte und Demokratie in der Welt 2010, Brüssel.

Europarat (Hrsg.) 2002: Die Europäische Sozialcharta. Ein Leitfaden, Heidelberg.

European Committee of Social Rights 2010a: Collective Complaint Procedures: Summaries of Decisions on Admissibility: 1998-2010, Strasburg.

European Committee of Social Rights 2010b: Collective Complaint Procedures: Summaries of Decisions on the Merits: 1998-2010, Strasburg.

European Committee of Social Rights 2012: Activity Report 2011, Strasburg.

Evans, Malcolm D./Murray, Rachel (eds.) 2008: The African Charter on Human and Peoples' Rights: The System in Practice, 1986-2006, New York, 2. Auflage

FAO (Food and Agriculture Organization) 1998: The Right to Food in Theory and Practice, Rom.

FAO 2006a: The Right to Food Guidelines. Information Papers and Case Studies, Rom.

FAO 2006b: The Right to Food in Practice. Implementation at the National Level, Rom.

FAO 2009: The State of Food Insecurity in the World 2009: Economic Crisis – Impacts and Lessons Learned, Rom.

FAO 2011: Right to Food Making it Happen. Progress and Lessons Learned through Implementation, Rom.

FAO et al. 2007: Handbook on Housing and Property Restitution for Refugees and Displaced Persons. Implementing the "Pinheiro Principles", Rom u.a.

Fassbender, Bardo 2009: Die Menschenrechteerklärung, München.

Faúndez Ledesma, Héctor 2005: The Validity of Economic, Social and Cultural Rights in the Inter-American System, in: Windfuhr, Michael (ed.): Beyond the Nation State. Human Rights in Times of Globalization, Uppsala, 192-210.

Fay, Derick/James, Deborah 2010: Giving Land Back or Righting Wrongs? Comparative Issues in the Study of Land Restitution, in: Walker, Cherryl et al. (eds.): Land, Memory, Reconstruction, and Justice. Perspectives on Land Claims in South Africa, Athens, Ohio, 41-60.

Federal Republic of Germany 2007: Human Rights and Access to Water. Comments by the Federal Republic of Germany, pursuant to op.1 of Decision 2/104 of the United Nations Human Rights Council, Berlin, 04.05.2007.

Felner, Eitan 2008: A New Frontier in Economic and Social Rights Advocacy? Using Quantitative Data for Human Rights Accountability, Madrid: Center for Economic and Social Rights.

Felner, Eitan 2009: Closing the "Escape Hatch": A Toolkit to Monitor the Progressive Realization of Economic, Social, and Cultural Rights, in: Journal of Human Rights Practice, Vol. 1, No. 3, 402-435.

Ferber, Natalie 2010: Argumentation & Persuasion statt Blaming & Shaming. Die Advocacy-Arbeit bundesdeutscher Menschenrechtsorganisationen während des Entstehungsprozesses des Zusatzprotokolls zum UN-Sozialpakt, Diplomarbeit, Friedrich-Alexander-Universität Erlangen-Nürnberg.

Ferber, Natalie 2011: Überzeugen statt anprangern! Advocacy-Arbeit für das Fakultativprotokoll zum UN-Sozialpakt, in: zeitschrift für menschenrechte, Jg. 5, Nr. 1, 118-133.

FIAN Deutschland 2011a: Klimawandel in Kenia. Wie falsche Klimaschutzmaßnahmen das Recht auf Nahrung bedrohen, FIAN Fact Sheet 2011/1, Köln.

FIAN Deutschland 2011b: Pestizide – Eine Gefahr für die Umsetzung des Rechts auf Nahrung, Köln.

FIAN International 1996: Höchste Zeit für die wirtschaftlichen Menschenrechte, Heidelberg.

FIAN International 1998: Food First. Mit Menschenrechten gegen den Hunger, Bonn.

FIAN International/Brot für die Welt o.J.: ¿Cómo identificar y tratar las violaciones del derecho humano al agua? Aplicación del enfoque de derechos humanos, Heidelberg/Stuttgart.

Filzmaier, Peter et al. 2006: Internationale Politik, Wien.

Fischer, Karin et al. 2007: Entwicklung und Unterentwicklung, Wien.

Fischer-Lescano, Andreas/Möller, Kolja 2012: Der Kampf um globale soziale Rechte, Berlin.

Follmar-Otto, Petra/Rabe, Heike 2009: Menschenhandel in Deutschland. Die Menschenrechte der Betroffenen stärken, Berlin: DIMR.

Foodwatch 2011: Die Hungermacher, Berlin.

Forum Menschenrechte (Hrsg.) 2011: Menschenrechte und frühkindliche Bildung in Deutschland. Empfehlungen und Perspektiven, Berlin.

Forum Menschenrechte (Hrsg.) 2012: Schützen statt verfolgen! Die schwierige Lage von Verteidiger/innen wirtschaftlicher, sozialer und kultureller Menschenrechte, Berlin.

Frank, Thomas/Jenichen, Anne/Rosemann, Nils (Hrsg.) 2001: Soziale Menschenrechte – die vergessenen Rechte? Zur Unteilbarkeit der Menschenrechte – ein interdisziplinärer Überblick, Berlin.

FRA (European Union Agency for Fundamental Rights) 2009a: Child Trafficking in the European Union. Challenges, perspectives and good practices, Wien.

FRA 2009b: Housing conditions of Roma and Travelers in the European Union – Comparative Report, Wien.

FRA 2010a: Annual report 2010 – Conference edition, Wien.

FRA 2010b: National Human Rights Institutions in the EU Member States (Strengthening the fundamental rights architecture in the EU I), Wien.

FRA 2010c: Racism, ethnic discrimination and exclusion of migrants and minorities in sport: the situation in the European Union, Wien.

FRA 2011a: Fundament rights: challenges and achievements in 2010, Wien.

FRA 2011b: Migrants in an irregular situation: access to healthcare in 10 European Union Member States, Wien.

FRA 2011c: The legal protection of persons with mental health problems under non-discrimination law, Wien.

FRA 2012a: Ungleichbehandlung und Mehrfachdiskriminierung im Gesundheitsbereich, Wien.

FRA 2012b: Die Grundrechte von Migranten in einer irregulären Situation, Wien.

Freeman, Marsha A./Chinkin, Christine/Rudolf, Beate (eds.) 2012: The UN Convention on the Elimination of All Forms of Discrimination Against Women: A Commentary, Oxford.

Frerich, Johannes/Frey, Martin 1996: Geschichte der Sozialpolitik in Deutschland, 3 Bände, München/Wien, 2. Auflage.

Fritz, Tobias 2008: Dem Weltmarkt misstrauen. Die Nahrungskrise nach dem Crash, Berlin: FDCL.

Fritzsche, Karl-Peter 2005: Die Macht der Menschenrechte und die Schlüsselrolle der Menschenrechtsbildung, in: Der Bürger im Staat, Jg. 55, H. 1/2, 64-70.

Fritzsche, Karl-Peter 2009: Menschenrechte, Paderborn u.a, 2. Auflage.

Fuchs, Maximilian (Hrsg.) 2010: Europäisches Sozialrecht, Baden-Baden, 5. Auflage.

Fuchs, Michael et al. 1987: Soziale Sicherheit, in: Nohlen, Dieter/Waldmann, Peter (Hrsg.): Dritte Welt. Pipers Wörterbuch zur Politik, Bd. 6, München, 510-525.

Fukuyama, Francis 2006: Staaten bauen. Die neue Herausforderung internationaler Politik, Berlin.

García Ramírez, Sergio: La tutela des los derechos humanos ante la Corte Interamericana: de los derechos civiles y políticos a los derechos económicos, sociales y culturales, in: IIDH (ed.): IV Curso Interamericano de Sociedad Civil y Derechos Humanos. Derechos económicos, sociales y culturales. Un debate urgente en democracia, San José, 301-374.

Garth, Bryant G. 2008: The Globalization of the Law, in: Whittington, Keith E. et al. (eds.): The Oxford Handbook of Law and Politics, Oxford, 245-264.

Gauri, Varun 2004: Social Rights and Economics: Claims to Health Care and Education in Developing Countries, in: World Development, Vol. 32, No. 3, 465-477.

Gauri, Varun/Brinks, Daniel M. 2008a: Introduction: The Elements of Legalization and the Triangular Shape of Social and Economic Rights, in: diess. (eds.): Courting Social Justice, Cambridge, 1-37.

Gauri, Varun/Brinks, Daniel M. (eds.) 2008b: Courting Social Justice. Judicial Enforcement of Social and Economic Rights in the Developing World, Cambridge.

Gawanas, Bience 2009: The African Union: Concepts and implementation mechanisms relating to human rights, in: Bösl, Anton/Diescho, Joseph (eds.) 2009: Human Rights in Africa, Windhoek, 135-162.

Geißler, Nils 2002: Einfluss und Rolle der Nichtregierungsorganisationen beim Schutz der Menschenrechte, in: Müller, Erwin/Schneider, Patricia/Thony, Kristina (Hrsg.): Menschenrechtsschutz. Politische Maßnahmen, zivilgesellschaftliche Strategien, humanitäre Interventionen, Baden-Baden, 62-78.

Gerstetter, Christiane/Kamieth, Alexander 2010: Unternehmensverantwortung – Vorschläge für EU-Reformen. Eine juristische Analyse der Auslandstätigkeit zweier deutscher Unternehmen, Berlin: Germanwatch.

Ghai, Yash 2009: Understanding Human Rights in Asia, in: Krause, Catarina/Scheinin, Martin (eds.): International Protection of Human Rights: A Textbook, Turku/Åbo, Finland, 546-574.

Ghebali, Victor-Yves 1989: The International Labour Organisation. A Case Study on the Evolution of U.N. Specialised Agencies, Dordrecht u.a.

Gibney, Mark/Skogly, Sigrun (eds.) 2010: Universal Human Rights and Extraterritorial Obligations, Philadelphia.

Gibson, James L. 2009: Overcoming Historical Injustices. Land Reconciliation in South Africa, Cambridge.

GKKE (Gemeinsame Konferenz Kirche und Entwicklung) 2009a: Good Governance und demokratische Haushaltspolitik. Beitrag zur Debatte um Budgethilfe, GKKE-Schriftenreihe Nr. 50, Bonn/Berlin.

GKKE 2009b: Good Governance and Democratic Budget Policies. New tasks for parliaments and civil society, GKKE-Schriftenreihe Nr. 49, Bonn/Berlin.

Gladen, Albin 1974: Geschichte der Sozialpolitik in Deutschland, Wiesbaden.

Glendon, Mary Ann 2001: A World Made New: Eleanor Roosevelt and the Universal Declaration of Human Rights, New York.

Glendon, Mary Ann 2003: The Forgotten Crucible: The Latin American Influence on the Universal Human Rights Idea, in: Harvard Human Rights Journal, Vol. 16, 27-39.

Global Land Tool Network/FAO 2010: Securing Land Rights for Indigenous Peoples in Cities, Nairobi.

Global Rights 2004: Using the Inter-American System for Human Rights. A Practial Guide for NGOs <abrufbar unter: www.globalrights.org>.

Golay, Christophe/Mahon, Claire/Cismas, Iona 2011: The impact of the UN Special Procedures on the development and implementation of economic, social and cultural rights, in: International Journal of Human Rights, Vol. 15, No. 2.

Gómez Méndez, María Paula 2006: El derecho a la alimentación, en la Constitución, la jurisprudencia y los instrumentos internacionales, Defensoría del Pueblo, Bogotá.

Gondek, Michal 2009: The Reach of Human Rights in a Globalizing World: Extraterritorial Application of Human Rights Treaties, Antwerp.

Góngora Mera, Manuel Eduardo 2003: El derecho a la educación, en la Constitución, la jurisprudencia y los instrumentos internacionales, Defensoría del Pueblo, Bogotá.

Goodwin-Gill, Guy S./McAdam, Jane 2007: The Refugee in International Law. Third edition, Oxford.

Goodhart, Michael 2009: Human Rights. Politics and Practice, Oxford.

Gosepath, Stefan 1998: Zu Begründungen sozialer Menschenrechte, in: Gosepath, Stefan/Lohmann, Georg: (Hrsg.): Philosophie der Menschenrechte, Frankfurt/M., 146-187.

Gosepath, Stefan 2001: Soziale Menschenrechte, in: Frank, Thomas et al. (Hrsg.): Soziale Menschenrechte – die vergessenen Rechte?, Berlin, 15-42.

Gould, Charles W. 2009: The Right to Housing Recovery After Natural Disasters, in: Harvard Human Rights Journal, Vol. 22, Nr. 2, 169-204.

Gostin, Lawrence O. et al. 2011: The Joint Action and Learning Initiative: Towards a Global Agreement on National and Global Responsibilities for Health, in: PLoS Medicine, Vol. 8, Issue 5, 1-5.

Govender, Venitia 2002: Economic, Social and Cultural Rights in South Africa: Entitlements, Not Mere Policy Options, in: Klein Goldewijk, Berma et al. (eds.): Dignity and Human Rights. The Implementation of Economic, Social and Cultural Rights, Antwerb u.a., 75-90.

Grabenwarter, Christoph 2009: Europäische Menschenrechtskonvention, München, 4. Auflage.

Grant, Kevin 2010: Die Menschenrechte und die staatliche Abschaffung der Sklaverei, 1885-1956, in: Hoffmann, Stefan-Ludwig (Hrsg.): Moralpolitik. Die Geschichte der Menschenrechte im 20. Jahrhundert, Göttingen, 199-225.

Graumann, Sigrid 2011: Assistierte Freiheit. Von einer Behindertenpolitik zu einer Politik der Menschenrechte, Frankfurt/M.

Griffey, Brian 2011: The „Reasonableness" Test: Assessing Violations of State Obligations under the Optional Protocol to the International Covenant on Economic, Social and Cultural Rights, in: Human Rights Law Review, Vol. 11, 275-327.

Grimsditch, Mark/Henderson, Nick 2009: Untitled. Tenure Insecurity and Inequality in the Cambodian Land Sector, Phnom Penh u.a.: Bridges Across Borders Southeast Asia/COHRE/Jesuit Refugee Service.

Grohs, Gerhard 2004: Menschenrechtsschutz durch die Afrikanische Charta der Menschenrechte und Rechte der Völker, in: Ferdowski, Mir A. (Hrsg.): Afrika – ein verlorener Kontinent, München, 249-261.

Groni, Christian 2008: Das Menschenrecht auf Teilnahme am kulturellen Leben, Stuttgart u.a.

GTZ 2009: The Human Right to Water and Sanitation. Translating Theory into Practice, Eschborn.

Gualberto, Marcio Alexandre 2002: The Brazilian Experience of the Civil Society Report on State Compliance with the International Covenant on Economic, Social and Cultural Rights, in: Klein Goldewijk, Berma et al. (eds.): Dignity and Human Rights. The Implementation of Economic, Social and Cultural Rights, Antwerb u.a., 141-145.

Gundert, Stefanie/Hohendanner, Christian 2011: Leiharbeit und befristete Beschäftigung: Soziale Teilhabe ist eine Frage von stabilen Jobs, IAB-Kurzbericht, Nr. 4/2011, Nürnberg.

Gusy, Christoph 2011: Grundrechtsmonitoring: Wirksamkeitsbedingungen und -grenzen, in: Gusy, Christoph (Hrsg.): Grundrechtsmonitoring. Chancen und Grenzen außergerichtlichen Menschenrechtsschutzes, Baden-Baden, 11-48.

Haas, Peter M. 1989: Do Regimes Matter? Epistemic Communities and Mediterranean Pollution, in: International Organization, Vol. 43, No. 3, 377-403.

Haas, Peter 1992: Introduction: Epistemic Communities and International Policy Coordination, in: International Organization, Jg. 46, H. 1, 1-35.

Haase, Marianne/Bendel, Petra: 2010: Land unter? (Menschen-)Rechtliche Konsequenzen des Klimawandels für Migrantinnen und Migranten, in: zeitschrift für menschenrechte, Jg. 4, Nr. 2, 28-47.

Haász, Veronika 2011: Die Nationalen Menschenrechtsinstitutionen als Grundsteine starker innerstaatlicher Rechtsschutzsysteme, in: zeitschrift für menschenrechte, Jg. 5, Nr. 2, 130-144.

Hafner-Burton, Emilie M./Tsutsui, Kiyoteru 2005: Human rights in a Globalizing World: The Paradox of Emprty Promises, in: American Journal of Sociology, Vol. 110, No. 5, 1371-1411.

Hafner-Burton, Emilie M./Tsutsui, Kiyoteru 2007: Justice Lost! The Failure of International Human Rights Law to Matter Where Needed Most, in: Journal of Peace Research, Vol. 44, No. 4, 407-425.

Hamm, Brigitte 2001: A Human Rights Approach to Development, in: Human Rights Quarterly, Vol. 23, No. 4, 1005-1031.

Hamm, Brigitte 2003: Menschenrechtsansatz in der Entwicklungszusammenarbeit. Ansätze und Erfahrungen von UNICEF und UNDP, Bonn: DIE.

Hamm, Brigitte 2006: Good Governance und Menschenrechte – Bad Governance und Korruption, in: Stiftung Entwicklung und Frieden (Hrsg.): Globale Trends 2007, Frankfurt/M., 225-246.

Hamm, Brigitte/Koch, Hannes 2010: Soziale und ökologische Verantwortung. Zur Umsetzung des Global Compact in deutschen Mitgliedsunternehmen. Eine Studie der Otto Brenner Stiftung, Frankfurt/M.

Hamm, Brigitte/Scheper, Christian 2011: Human Rights Impact Assessments zur Umsetzung der menschenrechtlichen Verantwortung von Unternehmen. Konzeptionelle Herausforderungen und praktische Ansätze, Duisburg-Essen: INEF.

Hamm, Brigitte/Scheper, Christian/Schölmerich, Maike 2011: Menschenrechtsschutz und deutsche Außenwirtschaftsförderung. Ein Plädoyer für konsequente Reformen, Duisburg-Essen: INEF.

Hanschmann, Felix 2009: Theorie transnationaler Rechtsprozesse, in: Buckel, Sonja/Christensen, Ralph/Fischer-Lescano, Andreas (Hrsg.): Neue Theorien des Rechts, Stuttgart, 2. Auflage.

Hansungule, Michelo 2009: African Courts and the African Commission on Human and Peoples' Rights, in: Bösl, Anton/Diescho, Joseph (eds.) 2009: Human Rights in Africa, Windhoek, 233-271.

Haratsch, Andreas 2010: Grundrechtsschutz durch den Europäischen Gerichtshof, in: Merten, Detlef/Papier, Hans-Jürgen (Hrsg.): Handbuch der Grundrechte in Deutschland und Europa, Band VI/1: Europäische Grundrechte 1, Heidelberg, 1205-1239.

Harnisch, Sebastian 2010: Sozialer Konstruktivismus, in: Marsala, Carlo/Sauer, Frank/Wilhelm, Andreas (Hrsg.): Handbuch der Internationalen Politik, Wiesbaden, 102-116.

Harris Rimmer, Susan 2010: Assessing the relevance of the international legal framework in claiming economic and social rights, in: Nevile, Ann (ed.): Human Rights and Social Policy. A Comparative Analysis of Values and Citizenship in OECD Countries, Cheltenham u.a., 20-46.

Harrison, James 2007: The Human Rights Impact on the World Trade Organization, Oxford.

Hartung, Fritz 1954: Die Entwicklung der Menschen- und Bürgerrechte von 1776 bis zur Gegenwart, Göttingen, 2. Auflage.

Harvey, Philip 2007: Benchmarking the Right to Work, in: Hertel, Shareen/Minkler, Lanse (eds.): Economic Rights. Conceptual, Measurement, and Policy Issues, Cambridge, 115-141.

Haßkamp, Dorothee 2007: Keine Almosen, sondern Rechte. Ein entwicklungspolitisches Arbeitspapier zu den wirtschaftlichen, sozialen und kulturellen Menschenrechten, Bonn: EED.

Hathaway, Oana A. 2007: Why Do countries Commit to Human Rights Treaties, in: Journal of Conflict Resolution, Vol. 51, No. 4, 588-621.

Hausmann, Ute 2006: Soziale Menschenrechte auf dem lange Weg in die Zentralen der Wirtschaftsmächte, in: Deutsches Institut für Menschenrechte et al. (Hrsg.): Jahrbuch Menschenrechte 2007, Frankfurt/M., 78-86.

Hawkins, Darren 2002: Human Rights Norms and Networks in Authoritarian Chile, in: Khagram, Sanjeev/Riker, James V./Sikkink, Kathryn (eds.): Restructuring World Politics. Transnational Social Movements, Networks, and Norms, Minneapolis/London, 47-70.

Hayer, Maarten A. 1993: Discourse Coalitions and the Institutionalization of Practices: The Case of Acid Rain in Great Britain, in: Fischer, Frank/Forester, John (eds.): The Argumentative turn in policy analysis and planning, Durham, 43-76.

Heidel, Klaus 1998: Hintergründe: Kinderarbeit und der Global March, Heidelberg.

Heidelmeyer, Wolfgang 1968: Die Menschenrechte – Idee, Gestalt und Wirklichkeit, in: Aus Politik und Zeitgeschichte, B 49/68, 3-31.

Heinz, Wolfang 2006: Menschenrechtsrelevanz in der Arbeit der KfW. Eine Portfolioanalyse ausgewählter Projekte, Berlin.

Heinz, Wolfgang 2007: Der interamerikanische Menschenrechtsschutz, in: Janz, Nicole/Risse, Thomas (Hrsg.): Menschenrechte. Globale Dimensionen eines universellen Anspruchs, Baden-Baden, 81-99.

Herrmann, Axel 2000a: Menschenrechte im demokratischen Rechtsstaat, in: Informationen zur politischen Bildung, Nr. 210: Menschenrechte (Neudruck), 11-14.

Hermann, Axel 2000b: Menschenrechte in der internationalen Politik, in: Informationen zur politischen Bildung, Nr. 210: Menschenrechte (Neudruck), 32-35.

Hertel, Shareen/Minkler, Lase (Hrsg.) 2007: Economic Rights. Conceptual, Measurement, and Policy Issues, Cambridge.

Heselhaus, Sebastian M./Nowak, Carsten (Hrsg.) 2006: Handbuch der Europäischen Grundrechte, München u.a.

Hessel, Stéphane 2011: Empört Euch!, Berlin.

Hestermeyer, Holger 2007: Human Rights and the WTO. The Case of Patents and Access to Medicines, Oxford.

Heywood, M. 2003: Preventing mother-to-child-HIV transmission in South Africa: Background, strategies and outcomes on the Treatment Campaign case against the Minister of Health, in: South African Journal on Human Rights, 19, 278-315.

Higuera, Molina Angélica 2005: Contenido y alcance del derecho individual al trabajo. Marco para la evaluación de la política pública del derecho al trabajo desde una perspectiva de derechos humanos, Defensoría del Pueblo, Bogotá.

Higuera, Molina Angélica 2005a: El derecho humano al agua en la Constitución. La jurisprudencia y los instrumentos internacionales, Defensoría del Pueblo, Bogotá.

Hinsch, Wilfried/Janssen, Dieter 2006: Menschenrechte militärisch schützen. Ein Plädoyer für humanitäre Interventionen, Bonn.

Hinz, Manfred O. 2009: Human Rights between universalism and cultural relativism? The need for anthropological jurisprudence in the globalising world, in: Bösl, Anton/Diescho, Joseph (eds.) 2009: Human Rights in Africa, Windhoek, 3-32.

Hinze, Daniela (Hrsg.) 2008: Für Freiheit und Menschenwürde. 60 Jahre Allgemeine Erklärung der Menschenrechte, Berlin: FES.

Hirschl, Ran 2008: The Judicialization of Politics, in: Whittington, Keith E. et al. (eds.): The Oxford Handbook of Law and Politics, Oxford, 119-141.

Hobbins, John 2009: John Humphrey, in: Forsythe, David P. (ed.): Encyclopedia of Human Rights, Vol. 2, Oxford, 503-506.

Hobe, Stephan 2004: Der Einfluss der Allgemeinen Erklärung der Menschenrechte vom 10. Dezember 1948 auf das Grundgesetz und die verfassungsrechtliche Staatenpraxis der Bundesrepublik Deutschland, in: Dicke, Klaus (Hrsg.): Zur Wirkungsgeschichte der Allgemeinen Erklärung der Menschenrechte in Verfassungsrecht und Politik, Bonn, 7-26.

Hodgkin, Rachel/Newell, Peter 2002: Implementation Handbook for the Convention of the Rights of the Child. Fully revised edition, prepared for UNICEF, New York.

Hoffmann, Florian F./Bentes, Fernando R. N. M. 2008: Accountability for Social and Economic Rights in Brazil, in: Gauri, Varun/Brinks, Daniel M. (eds.): Courting Social Justice, Cambridge, 100-145.

Hoffmann, Josef 2010: Das Menschenrecht, sich der Künste zu erfreuen, nach Art. 27 der Allgemeinen Erklärung der Menschenrechte der Vereinten Nationen, Frankfurt/M.

Hoffmann, Stefan-Ludwig 2012: Das „lange“ 19. Jahrhundert und der Erste Weltkrieg, in: Pollmann, Arnd/Lohmann, Georg (Hrsg.): Menschenrechte. Ein interdisziplinäres Handbuch, Stuttgart/Weimar, 106-110.

Hoffmann, Ulrich 2011: Stellungnahme, öffentliche Anhörung zum Thema „Welternährung" des Ausschusses für Ernährung, Landwirtschaft und Verbraucherschutz des Deutschen Bundestages am 4. April 2011; Ausschussdrucksache 17(10)451-A.

Hohendanner, Christian 2009: Befristet Beschäftigte: öffentlicher Dienst unrühmlicher Spitzenreiter, in: Gewerkschaft Erziehung und Wissenschaft (Hrsg.): Bildung ist Mehrwert. Tarif- und Besoldungsrunde 2009, Frankfurt/M., 41-45.

Holland, Sean 2008: Ranking Rights: Problems and Prospects for a Quantitative Global Human Rights Index, in: Measurement Human Rights, Vol. 1, Issue 4.

Hollis, Aidan/Pogge, Thomas 2008: The Health Impact Fund: Making New Medicines Accessible to All. Incentives for Global Health, Yale.

Holmes, Stephen/Sunstein, Cass R. 1999: The Costs of Rights: Why Liberty Depends on Taxes, New York.

Holness, David 2010: The Constitutional Right to Food in South Africa, Durban.

Holoubek, Michael 2005: Der Grundrechtseingriff – Überlegungen zu einer grundrechtsdogmatischen Figur im Wandel, in: Merten, Detlef/Papier, Hans-Jürgen (Hrsg.): Grundsatzfragen der Grundrechtsdogmatik, Heidelberg, 17-34.

Holzleithner, Elisabeth 2011: Intersektionen von Gender und Religion im Menschenrechtsdiskurs: Der Fall sexueller Orientierung, in: zeitschrift für menschenrechte, Jg. 5, Nr. 1, 22-40.

Honecker, Martin 1996: Universalität und Unteilbarkeit der Menschenrechte? in: Brock, Lothar et al. (Hrsg.): Menschenrechte und Entwicklung, Hannover/Frankfurt, 20-30.

Honneth, Axel 2011. Das Recht der Freiheit, Frankfurt/M.

Hörmann, Saskia 2010: WTO und Menschenrechte, in: Hilf, Meinhard/Oeter, Stefan (Hrsg.): WTO-Recht. Rechtsordnung des Welthandels, Baden-Baden, 2. Auflage, 596-615.

Horn, Nico 2009: Human rights education in Africa, in: Bösl, Anton/Diescho, Joseph (eds.) 2009: Human Rights in Africa, Windhoek, 53-78.

Housing and Land Rights Network 2009: Discrimination Everywhere: Housing and Land Rights Violations in 2007-09, Cairo, 5 October 2009.

Howard-Hassmann, Rhoda E./Welch, Claude E Jr. (eds.) 2006: Economic Rights in Canada and the United States, Philadelphia.

Hüfner, Klaus 2010: How to File Complaints on Human Rights Violations. A Manual for Individuals and NGOs, Berlin.

Hüfner, Klaus 2012: UNESCO und der Schutz der Menschenrechte – Sonderweg oder Sackgasse, in: MenschenRechtsMagazin, Jg. 17, H. 1.

Hüfner, Klaus/Reuther, Wolfgang/Weiß, Norman 2004: Menschenrechtsverletzungen: Was kann ich dagegen tun? Menschenrechtsverfahren in der Praxis, DGVN-Texte 48, Bonn.

Hüfner, Klaus/Siebers, Anne/Weiß, Norman 2012: Menschenrechtsverletzungen: Was kann ich dagegen tun? Menschenrechtsverfahren in der Praxis, Berlin.

Huhle, Rainer 2008: Droht durch die Globalisierung der Abschied vom Konzept des menschenrechtsschützenden Staates?, in: Bielefeldt, Heiner et al. (Hrsg.): MenschenrechtsFragen, Karlsruhe, 106-119.

Huhle, Rainer 2009: Die lateinamerikanische Menschenrechtsbewegung, Nürnberg <abrufbar unter: www.menschenrechte.org>

Huhle, Rainer/Krennerich, Michael 2008: Die Allgemeine Erklärung der Menschenrechte: eine grundlegende Antwort auf historisches Unrecht, in: transit Nürnberg. Zeitschrift für Politik und Zeitgeschichte, Nr. 2, 4-10. <abrufbar unter: www.menschenrechte.org>

Hulchanski, J. David/Leckie, Scott 2000: The Human Right to Adequate Housing 1945 to 1999: Chronology of United Nations Activity, Geneva.
Human Rights Council of Australia 1995: The Rights Way to Development: A human rights approach to development assistance, Australia.
Human Rights Watch 2008a: A Decade under Chávez. Political Intolerance and Lost Opportunities for Advancing Human Rights in Venezuela, New York.
Human Rights Watch 2008b: On the Margins of Profit, Rights at Risk in the Global Economy, New York.
Human Rights Watch Deutschland 2011: Global Challenge. Jahresbericht 2010, Berlin.
Hummer, Waldemar/Karl, Wolfram (Hrsg.) 2009a: Regionaler Menschenrechtsschutz. Dokumente samt Einführungen. Band I: Allgemeiner Schutzbereich, Teilband I/1: Europa, Baden-Baden.
Hummer, Waldemar/Karl, Wolfram (Hrsg.) 2009b: Regionaler Menschenrechtsschutz. Dokumente samt Einführungen. Band I: Allgemeiner Schutzbereich, Teilband I/2: Amerika, Afrika, Islamisch-Arabischer Raum, Asiatisch-Pazifischer Raum, Baden-Baden,
Humphrey, John 1984: Human Rights and the United Nations. A Great Adventure.
Huneeus, Alexandra/Causo, Javier/Sieder, Rachel 2010: Cultures of Legality: Judicialization and Political Activism in Contemporary Latin America, in: Causo, Javier/Huneeus, Alexandra/Sieder, Rachel (eds.): Cultures of Legality: Judicialization and Political Activism in Latin America, Cambridge, 3-23.
Huntington, Samuel 1991: The Third Wave: Democratization in the Late Twentieth Century, Oklahoma.
Hutter, Franz-Josef 2003: No rights. Menschenrechte als Fundament einer funktionierenden Weltordnung, Berlin.
Hutter, Franz-Josef 2008: Staatliche Menschenrechtsschutzpflicht stärken, in: Bielefeldt, Heiner et al. (Hrsg.): MenschenrechtsFragen, Karlsruhe, 120-125.
IAA 2001: Schluss mit der Zwangsarbeit. Gesamtbericht im Rahmen der Folgemaßnahmen zur Erklärung der IAO über grundlegende Prinzipien und Rechte bei der Arbeit, Bericht I(B), Internationale Arbeitskonferenz, 89. Tagung, Genf.
IAA 2005: Eine globale Allianz gegen Zwangsarbeit. Gesamtbericht im Rahmen der Folgemaßnahmen zur Erklärung der IAO über grundlegende Prinzipien und Rechte bei der Arbeit, Bericht I(B)(Rev.), Internationale Arbeitskonferenz, 93. Tagung, Genf.
IAA 2009: Die Kosten des Zwangs. Gesamtbericht im Rahmen der Folgemaßnahmen zur Erklärung der IAO über grundlegende Prinzipien und Rechte bei der Arbeit, Bericht I(B), Internationale Arbeitskonferenz, 98. Tagung, Genf.
IAA 2010: Das Vorgehen gegen Kinderarbeit. Gesamtbericht im Rahmen der Folgemaßnahmen zur Erklärung der IAO über grundlegende Prinzipien und Rechte bei der Arbeit, Bericht I(B), Internationale Arbeitskonferenz, 99. Tagung 2010, Genf.
IACHR (Inter-American Commission on Human Rights) 2007: Access to Justice as a Guarantee of Economic, Social, and Cultural Rights, OEA/Ser.L/V/II. 129 Doc. 4.
IACHR 2008: Guidelines for Preparation of Progress Indicators in the Area of Economic, Social and Cultural Rights, OEA/Ser.L/V/II.132 Doc. 14.
IACHR 2011: The Work, Education and Resources of Women: The Road to Equality in Guaranteeing Economic, Social and Cultural Rights, OEA/Ser.L/V/II.143 Doc. 59.

ICHRP (International Council on Human Rights Policy) 2005: Assessing the Effectiveness of National Human Rights Institutions, Versoix (Schweiz).

ICHRP 2008 (Hrsg.): Climate Change and Human Rights: A Rough Guide, Versoix (Schweiz).

IDMC (International Displacement Monitoring Centre) 2009a: International Displacement. Global Overview of Trends and Developments in 2008, Geneva (abrufbar unter: www.internal-displacement.org).

IDMC 2009b: Protacted internal displacement in Europe. Current Trends and Ways Forward, Geneva (abrufbar unter: www.internal-displacement.org).

IIDH (Instituto Interamericano de Derechos Humanos) 1999: La justiciabilidad de los derechos económicos, sociales y culturales: un desafío impostergable, San José (Costa Rica).

IIDH (ed.) 2007: IV Curso Interamericano de Sociedad Civil y Derechos Humanos. Derechos económicos, sociales y culturales. Un debate urgente en democracia, San José (Costa Rica).

IIDH 2009: La justiciabilidad directa de los derechos económicos, sociales y culturales, San José.

Iliopoulos-Strangas, Julia (Hrsg.) 2010a: Soziale Grundrechte in Europa nach Lissabon. Eine rechtsvergleichende Untersuchung der nationalen Rechtsordnungen und des Europäischen Rechts, Baden-Baden.

Iliopoulos-Strangas, Julia 2010b: Soziale Grundrechte, in: Merten, Detlef/Papier, Hans-Jürgen (Hrsg.): Handbuch der Grundrechte in Deutschland und Europa, Band VI/1: Europäische Grundrechte 1, Heidelberg, 299-348.

ILO 1998: Forced Labour in Myanmar (Burma). Report of the Commission of Inquiry appointed under article 26 of the Constitution of the International Labour Organization to examine the observance by Myanmar of the Forced Labour Convention, 1930 (No. 29), Official Bulletin (Geneva), Vol. LXXXI, B.

ILO 2010: World Social Security Report. Providing coverage in times of crisis and beyond, Geneva.

ILO 2011a: International Labour Conference, 100th Session, 2011. Report of the Committee of Experts on the Application of Conventions and Recommendations (articles 19, 22 and 35 of the Constitution). ILC.100/III/1A-1B, Geneva (www.ilo.org/ilolex/gbe/ceacr2011.htm)

ILO 2011b: 362nd Report of the Committee on Freedom of Association, Governing Body 312th session, Geneva, November 2011, GB.312/INS/9.

inwent (Hrsg.) 2003: Human Rights in Developing Countries. How can development cooperation contribute to furthering their advancement? Berlin: inwent.

Jaichand, Vinodh/O'Connell, Ciara 2010: Bringing it home: The Inter-American System and State Obligations Using a gender Approach Regionally to Adress Women's Rights, in: Inter-American and European Human Rights Journal, Vol. 3, No. 1-2, 49-69.

Janda, Constanze 2012: Migranten im Sozialstaat, Tübingen.

Janssen, Dieter 2008: Menschenrechtsschutz in Krisengebieten. Humanitäre Interventionen nach dem Ende des Kalten Krieges, Frankfurt/New York.

Jellinek, Georg 2006 (1892): System der subjektiven öffentlichen Rechte, Freiburg.

Jetschke, Anja 2006: Weltkultur versus Partikularismus. Die Universalität der Menschenrechte im Lichte der Ratifikation von Menschenrechtsverträgen, in: Die Friedens-Warte, Jg. 81, H. 1, 25-49.

Joseph, Sarah 2011: Blame it on the WTO? A Human Rights Critique, Oxford.

Kaelble, Hartmut 2000: Verankerung sozialer Grundrechte in der Europäischen Charta der

Grundrechte 2000. Das Pro überwiegt ein beachtenswertes Contra, in: Das Parlament, Nr. 31-32, 7.
Kaleck, Wolfgang/Saage-Maaß, Miriam 2008: Transnationale Unternehmen vor Gericht. Über die Gefährdung der Menschenrechte durch europäische Firmen in Lateinamerika, Berlin.
Kälin, Walter/Künzli, Jörg 2008: Universeller Menschenrechtsschutz, Basel, 2. Auflage.
Kämpf, Andrea/Würth, Anna 2010: Mehr Menschenrechte in die Entwicklungspolitik, Berlin: DIMR.
von Kardoff, Ernst 2012: Stigmatisierung, Diskriminierung und Exklusion von Menschen mit Behinderungen, in: Moser, Vera/Horster, Detlef (Hrsg.): Ethik der Behindertenpädagogik. Menschenrechte, Menschenwürde, Behinderung. Eine Grundlegung, Stuttgart, 118-134.
KAS (Konrad Adenauer Stiftung) 2010: Der Beitrag der Verfassungsgerichtsbarkeit zur Sicherung von Grundrechten, Demokratie und Entwicklung, Sankt Augustin.
Katui Katua, Munguti/Khalfan, Ashfaq/Langford, Malcolm/Lüke, Monika 2007: Kenyan-German development cooperation in the water sector. Assessment from a human rights perspective, Eschborn.
Kaufmann, Franz-Xaver 2003: Die Entstehung sozialer Grundrechte und die wohlfahrtsstaatliche Entwicklung. Nordrhein-Westfälische Akademie der Wissenschaften, Vorträge G 387, Paderborn.
Kaye, Mike 2005: 1808-2007: Over 200 years of campaigning against slavery, London: Anti-Slavery International.
Keck, Margaret E./Sikkink, Kathryn 1998: Activists Beyond Borders. Advocacy Networks in International Politics, Ithaca/London.
Keetharuth, Sheila B. 2009: Major African legal instruments, in: Bösl, Anton/Diescho, Joseph (Hrsg.) 2009: Human Rights in Africa, Windhoek, 163-231.
Keller, Martina 2008: Straßburg – 50 Jahre danach: Rechtsschutzeffektivität trotz Beschwerdeflut? Wie sich der EGMR neuen Herausforderungen stellt, in: Europäische Grundrechte-Zeitschrift, H. 12-15, 359-369.
Kenna, Padraic/Uhry, Marc 2008: Feantsa v. France. Collective complaint on housing rights at Council of Europe, in: Housing and ESC Rights Law Quarterly, Vol. 5, No. 3, 1-4.
Kent, George 2005: Freedom from Want. The Human Right to Adequate Food, Washington D.C.
Khagram, Sanjeev/Riker, James V./Sikkink, Kathryn (eds.) 2002: Restructuring World Politics. Transnational Social Movements, Networks, and Norms, Minneapolis/London.
Khalfan, Ashfaq 2005: Implementing General Comment No. 15 on the Right to Water in National and International Law and Policy, Discussion Paper, Brot für die Welt/COHRE, Stuttgart.
Kingreen, Thorsten 2010: Soziale Rechte und Migration, Baden-Baden.
Kirchmeier, Felix 2006: The Right to Development – where do we stand? FES Dialogue on Globalization, Occasional Papers, Nr. 23, Genf.
Kjaerum, Morten 2003: National Human Rights Institutions Implementing Human Rights, Denmark: Danish Institute for Human Rights.
Klautke, Robert/Oehrlein, Brigitte (Hrsg.) 2008: Globale Soziale Rechte. Zur emanzipatorischen Aneignung universaler Menschenrechte, Hamburg.
Klee, Kristina 2000: Die progressive Verwirklichung wirtschaftlicher, sozialer und kultureller Menschenrechte, Stuttgart u.a.

Klein, Eckart 2010: Der Schutz der Grund- und Menschenrechte durch den Europäischen Gerichtshof für Menschenrechte, in: Merten, Detlef/Papier, Hans-Jürgen (Hrsg.): Handbuch der Grundrechte in Deutschland und Europa. Band VI/1: Europäische Grundrechte I, Heidelberg u.a., 593-660.

Kleinbooi, Katrin 2010: South Africa, in: dies. (ed.): Review of Land Reforms in Southern Africa, Cape Town, 42-49.

Kleinert, Uwe 2010: Faire Einkaufspraktiken als Element einer glaubwürdigen CSR-Strategie. Diskussionspapier der Aktion fair spielt, Heidelberg/Aachen.

Kleinert, Uwe/Strohscheidt, Elisabeth 2009: Langer Anlauf. Diskussionspapier der Aktion Fair spielt zum ICTI CARE-Prozess, Heidelberg/Aachen.

Klingebiel, Ruth 1996: Weltkonferenz über die Menschenrechte in Wien 1993. Universalismus auf dem Prüfstand, in: Messner, Dirk/Nuscheler, Franz (Hrsg.): Weltkonferenzen und Weltberichte, Bonn, 186-194.

Klus, Sebastian/Rausch, Günter/Reyers, Anne (Hrsg.) 2007: Bürgerinitiative Wohnen ist Menschenrecht. Ein erfolgreicher Bürgerentscheid in Freiburg, Freiburg.

Koch, Ida Elisabeth 2009: Human Rights as Indivisible Rights. The Protection of Socio-Economic Demands under the European Convention on Human Rights, Leiden.

Kocher, Eva/Klose, Alexander/Kühn, Kerstin/Wenckebach, Johanna 2012: Verantwortung braucht Transparenz. Die rechtliche Verankerung unternehmerischer Pflichten zur Offenlegung von Arbeits- und Beschäftigungsbedingungen, Berlin: FES.

Koebele, Michael 2009: Corporate Responsibility under the Alien Tort Statute, Leiden.

Köhler, Peter A. 1987: Sozialpolitische und sozialrechtliche Aktivitäten der Vereinten Nationen, Baden-Baden.

KOK – Bundesweiter Koordinierungskreis gegen Frauenhandel und Gewalt an Frauen im Migrationsprozess (Hrsg.) 2011: Studie: Entwicklung tragfähiger Unterstützungsstrukturen für die Betroffenen von Menschenhandel zur Arbeitsausbeutung, Berlin.

Kolping Chile 2003: Seminario Internacional sobre Economía y Normas Fundamentales del Trabajo en el Sector Informal, Santiago de Chile.

Kolping Uruguay 2003: La Humanización del Trabajo, las Normas y la Economía Informal, Seminario Taller Regional, Montevideo.

Körner, Marita 2004: Das internationale Menschenrecht auf Arbeit. Völkerrechtliche Anforderungen an Deutschland, Berlin: DIMR.

Knuth, Lidija/Vidar, Margret 2011: Constitutional and Legal Protection to the Right to Food around the World, Rom: FAO.

Krajewski, Markus 2010a: Rechtliche Steuerung transnationaler Unternehmen. Schriftliche Fassung eines Vortrags an der Christian-Albrechts-Universität Kiel, <abrufbar unter: www.rph1.jura.uni-erlangen.de/material/prof/Krajewski_Rechtliche Steuerung_Kiel.pdf>

Krajewski, Markus 2010b: Ein Menschenrecht auf integrativen Schulunterricht – Zur innerstaatlichen Wirkung von Art. 24 der UN-Behindertenrechtskonvention, JZ, 120-125.

Krajewski, Markus 2012: Die Menschenrechtsbindung transnationaler Unternehmen, in: MenschenRechtsMagazin, Jg. 17, 16-31.

Krajewski, Markus/Bernhard, Thomas 2012: Art. 24 – Bildung, in: Welke, Antje (Hrsg.): UN-Behindertenrechtskonvention mit rechtlichen Erläuterungen, Berlin, 164-175.

Krappmann, Lothar et al. (Hrsg.) 2009: Bildung für junge Flüchtlinge – ein Menschenrecht. Erfahrungen, Grundlagen und Perspektiven, Bielefeld.

Krása, Kerstin 2008: Der ethische und rechtliche Umgang mit weiblicher Genitalverstümmelung in Deutschland im Vergleich zu anderen westeuropäischen Ländern, in: MenschenRechtsMagazin, Jg. 13, H. 2, 168-183.

Kraus, Hans-Christof 2011: Neue deutsche Verfassungstheorie, in: Gerhardt, Volker et al. (Hrsg.): Politisches Denken. Jahrbuch 2011, Berlin, 25-54

Krause, Catarina/Scheinin, Martin (eds.) 2009: International Protection of Human Rights: A Textbook, Turku/Åbo.

Kreide, Regina 2008a: Globale Politik und Menschenrechte. Macht und Ohnmacht eines politischen Instruments, Frankfurt/New York.

Kreide, Regina 2008b: Ambivalenz der Verrechtlichung – Probleme legitimen Regierens im internationalen Kontext, in: Kreide, Regina/Niederberger, Andreas (Hrsg.): Transnationale Verrechtlichung, Frankfurt/M., 260-294.

Kreide, Regina 2012: Menschenrechte und globale Gerechtigkeit, in: Pollmann, Arnd/Lohmann, Georg (Hrsg.): Menschenrechte. Ein interdisziplinäres Handbuch, Stuttgart/Weimar, 383-389.

Kreide, Regina/Niederberger, Andreas (Hrsg.) 2008: Transnationale Verrechtlichung. Nationale Demokratien im Kontext globaler Politik, Frankfurt/M.

Kreide, Regina/Krennerich, Michael 2010: Das Menschenrecht auf Wasser und Sanitärversorgung: Vereinbar mit Privatisierungen im Wassersektor?, in: zeitschrift für menschenrechte, Jg. 4, Nr. 2, 166-175.

Krell, Gert 2009: Weltbilder und Weltordnung. Einführung in die Theorie der Internationalen Beziehungen, Baden-Baden, 4. Aufl.

Krennerich, Michael 2003a: Weder Fisch noch Fleisch? Klassifikationsprobleme zwischen Diktatur und Demokratie, in: Bendel, Petra/Croissant, Aurel/Rüb, Friedbert W. (Hrsg.): Zwischen Demokratie und Diktatur, Opladen, 55-70.

Krennerich, Michael 2003b: Menschenrechte in Lateinamerika. Schutz mit sozialer Schieflage. Brennpunkt Lateinamerika, Nr. 7, Hamburg: Institut für Iberoamerika-Kunde.

Krennerich, Michael 2003c: Demokratie in Lateinamerika. Eine Bestandsaufnahme nach der Wiedergeburt vor 25 Jahren, in: Aus Politik und Zeitgeschichte, B 38-39, 6-13.

Krennerich, Michael 2003d: Menschenrechtsansatz für die deutsche Entwicklungszusammenarbeit – Ansätze und Erfahren der Kirchen, Bonn: DIE.

Krennerich, Michael 2005: Was Sie schon immer über Menschenrechte wissen wollten. Kurze Antworten zu häufig gestellten Fragen, Nürnberg <abrufbar unter: www.menschenrechte.org>.

Krennerich, Michael 2006: Soziale Menschenrechte sind Freiheitsrechte! Plädoyer für ein freiheitliches Verständnis wirtschaftlicher, sozialer und kultureller Menschenrechte, in: Deutsches Institut für Menschenrechte et al. (Hrsg.): Jahrbuch Menschenrechte 2007, 57-66.

Krennerich, Michael 2008: Entwicklung und Menschenrechte, in: Hinze, Daniela (Hrsg.): Für Freiheit und Menschenwürde. 60 Jahre Allgemeine Erklärung der Menschenrechte, Berlin: FES, 48-82.

Krennerich, Michel 2009: Die Universalisierung der Menschenrechte – die rechtlichen und politischen Dimensionen im Fokus, in: Zeitschrift für Politik, Jg. 56, Nr. 1, 51-74.

Krennerich, Michael 2010a: Defekte Demokratie, in: Nohlen, Dieter/Schultze, Rainer-Olaf (Hrsg.): Lexikon der Politikwissenschaft, Bd. 1, München, 4. Auflage, 127-129.

Krennerich, Michael 2010b: Die staatliche Menschenrechtspolitik der Bundesrepublik Deutschland: Grundlagen, Akteure und thematische Schwerpunkte, in: Politische Bildung, Nr. 3, 82-100.

Krennerich, Michael 2010c: Wider Hierarchien, Verdrossenheit und Lamento – ein Streifzug durch den aktuellen Menschenrechtsdiskurs, in: zeitschrift für menschenrechte, Jg. 4, Nr. 1, 190-203.

Krennerich, Michael/Góngora Mera, Manuel 2005: Soziale Menschenrechte in Lateinamerika, Brennpunkt Lateinamerika, Nr. 15, Hamburg: Institut für Iberoamerika-Kunde.

Krupp, Gotthard/Schuster, Heinz-Werner/Boulboullé, Carla 2009: Urteile des Europäischen Gerichtshofes gegen nationale und internationale Arbeitnehmerrechte, Berlin.

Kugelmann, Dieter 2010: Gleichheitsrechte und Gleichheitsgrundsätze, in: Merten, Detlef/ Papier, Hans-Jürgen (Hrsg.): Handbuch der Grundrechte in Deutschland und Europa. Band VI/1: Europäische Grundrechte I, Heidelberg u.a., 979-1029.

Kunig, Philip 2004: Der Einfluss der Allgemeinen Erklärung der Menschenrechte auf die Verfassungen dekolonisierter Staaten, in: Dicke, Klaus (Hrsg.): Zur Wirkungsgeschichte der Allgemeinen Erklärung der Menschenrechte in Verfassungsrecht und Politik, Bonn, 27-48.

Künnemann, Rolf 1999: Food and Freedom. A Text Book for Human Rights Education, Madurai (India).

Kurze-Maasmeier, Stefan/Schonecke, Wolfgang 2010: Land Grabbing und das Menschenrecht auf Nahrung. Politisch-ethische Analysen und Handlungsempfehlungen, ICEP Arbeitspapier 1/2010, Berlin.

Lampert, Heinz/Althammer, Jörg 2007: Lehrbuch der Sozialpolitik, Berlin u.a., 8. Auflage.

Landmann, Todd 2006: Studying Human Rights, London/New York.

Landman, Todd/Carvalho, Edzia 2010: Measuring Human Rights, London/New York.

Langenfeld, Christine 2008: Der staatliche Schutz kultureller Besonderheiten von zugewanderten (neuen) Minderheiten und die Freiheit von Minderheitsangehörigen, in: Klein, Eckart/Menke, Christoph (Hrsg.): Universalität – Schutzmechanismen – Diskriminierungsverbote, Berlin, 451-477.

Langford, Malcolm 2010: A Sort of Homecoming: The Right to Housing, in: Gibney, Mark/ Skogly, Sigrun (eds.): Universal Human Rights and Extraterritorial Obligations, Philadelphia/Pennsylvania, 166-193.

Lauga, Martín 1999: Demokratietheorie in Lateinamerika, Opladen.

Leach, Philip 2011: Taking a Case to the European Court of Human Rights, Oxford, 3. Auflage.

Leckie, Scott/Huggins, Chris 2011: Conflict and Housing, Land and Property Rights: A Handbook on Issues, Frameworks and Solutions, Cambridge.

Lenhart, Volker 2006: Pädagogik der Menschenrechte, Wiesbaden, 2. Auflage.

Lenia, Samuel 2002: Fundamental social rights. Case law of the European Social Charter, Strasbourg, 2. Auflage.

Le Vine, Victor T. 1980: African Patrimonial Regimes in Comparative Perspective, in: Journal of Modern African Studies, Vol. 18, No. 4, 657-673.

Lewis, Hope 2009: „New“ Human Rights? U.S. Ambivalence Toward the International Economic and Social Rights Framework, in: Soohoo, Cynthia et al. (eds.): Bringing Human Rights Home. A History of Human Rights in the United States. Abridged Edition, Philadelphia, 100-141.

Lewis, Hope/Rosenbloom, Rachel E. 2011: The Boston Principles: An Introduction, in: Notre Dame Journal of International, Comparative and Human Rights Law, 145-156.

Liang-Fenton, Debra (Hrsg.) 2004: Implementing U.S. Human Rights Policy. Agendas, Policies, and Practices, Washington D.C.

Liebel, Manfred 2010: Ein Recht auf Arbeit. Ein generelles Verbot der Kinderarbeit hilft armen Kindern und Jugendlichen nicht, in: Welt-Sichten, Nr. 6, 22-25.

Liese, Andrea 1998: Menschenrechtsschutz durch Nichtregierungsorganisationen, in: Aus Politik und Zeitgeschichte, B 46-47/98, 36-42.

Liese, Andrea 2006a: Staaten am Pranger. Zur Wirkung internationaler Regime auf innerstaatliche Menschenrechtspolitik, Wiesbaden.

Liese, Andrea 2006b: Epistula (non) erubescit. Das Staatenberichtsverfahren als Instrument internationaler Rechtsdurchsetzung, in: Die Friedens-Warte, Bd. 91, H. 1, 51-69.

Liese, Andrea 2011: Neue Entwicklungen im regionalen Menschenrechtsschutz: eine politikwissenschaftliche Betrachtung des institutionellen Designs und der Dynamik des derzeitigen menschenrechtlichen Regionalismus, in: MenschenRechtsMagazin, H. 2, 95-107.

Lindner, Christoph 2010: Anspruch auf umfassenden Schutz vor Menschenhandel nach Art. 4 EMRK, in: Zeitschrift für Ausländerrecht und Ausländerpolitik, Jg. 30, Nr. 4, 137-142.

Lingnau, Hildegard 2003: Menschenrechtsansatz für die deutsche EZ, Bonn: DIE.

Lober, Johanna 2011: Im Spannungsfeld von Beratung und Kontrolle – Wirksamkeitsfaktoren von nationalem Menschenrechtsmonitoring am Beispiel des österreichischen Menschenrechtsbeirates, in: Gusy, Christoph (Hrsg.): Grundrechtsmonitoring. Chancen und Grenzen außergerichtlichen Menschenrechtsschutzes, Baden-Baden, 77-104.

Locher, Hans Ulrich 2011: Menschenrechtliche Kommunikation und lebendes Recht, Berlin.

Loewe, Markus 2010: Soziale Sicherung in den arabischen Ländern, Baden-Baden.

Lohmann, Georg 2000: Soziale Menschenrechte und die Grenzen des Sozialstaates, in: Kersting, Wolfgang (Hrsg.): Politische Philosophie des Sozialstaates, Weilerwist, 351-371.

Lohrenscheit, Claudia 2004: Das Recht auf Menschenrechtsbildung. Grundlagen und Ansätze einer Pädagogik der Menschenrechte, Frankfurt a.M.

Lohrenscheit, Claudia/Trisch, Oliver 2007: Unterrichtsmaterialen für die Menschenrechtsbildung an Schulen. Für Schülerinnen und Schüler ab Jahrgangsstufe 8, Berlin: DIMR.

Löhr, Tillmann 2011. Die Individualbeschwerde zur Kinderrechtskonvention, in: MenschenRechtsMagazin, H. 2, 115-128.

Lohse, Oliver 2005: Das Recht auf Wasser als Verpflichtung für Staaten und nichtstaatliche Akteure, Art. 11 Abs.1, Art. 12 Internationaler Pakt über wirtschaftliche, soziale und kulturelle Rechte, Hamburg (Dissertation Universität Mannheim).

Lörcher, Klaus 1994: Die Normenkontrolle in der IAO – Aktueller Stand und neue Entwicklungen, in: Bundesministerium für Arbeit und Sozialordnung et al. (Hrsg.): Weltfriede durch soziale Gerechtigkeit, Baden-Baden, 77-86.

Lottje, Werner 1996: Die Arbeit des Referats Menschenrechte im Diakonischen Werk der EKD, in: Brock, Lothar (Hrsg.): Menschenrechte und Entwicklung, Hannover u.a., 204-222.

Luchterhand, Otto 1983: Die Menschenrechte in den Ost-West-Beziehungen und die Bürgerrechtsbewegungen in Osteuropa, in: Aus Politik und Zeitgeschichte, B 48/83, 11-22.

Luchterhand, Otto 1988: Zum Stand der Freiheitsrechte in den Warschauer-Pakt-Staaten, in: Aus Politik und Zeitgeschichte, B 49/88, 25-34.

MacKay, Fergus 2002: A Guide to Indigenous Peoples' Rights in the Inter-American Human Rights System, Copenhagen.

Macklem, Patrick 2005: The Right to Bargain Collectively in International Law: Workers' Right, Human Right, International Right?, in: Alston, Philip (ed.): Labour Rights as Human Rights, Oxford, 61-84.

Magerstein, Willy 1953: Der rechtliche Charakter der Bestimmungen zum Schutze der Menschenrechte in der Satzung der Vereinten Nationen, in: Juristische Blätter, Jg. 75, Nr. 13, 333-339.

Mahler, Claudia 2011: Deutschland sollte das Fakultativprotokoll zum UN-Sozialpakt bald ratifizieren, in: Vereinte Nationen, Jg. 59, Nr. 5, 201.

Mahler, Claudia/Mihr, Anja (Hrsg.) 2004: Menschenrechtsbildung. Bilanz und Perspektiven, Wiesbaden.

von Mangoldt/Klein, Friedrich/Starck, Christian (Hrsg.) 2005: Kommentar zum Grundgesetz, München, 5. Auflage.

Marshall, Thomas H. 1992: Bürgerrechte und soziale Klassen. Zur Soziologie des Wohlfahrtsstaates, Frankfurt a.M./New York.

Martens, Jens 2009: Prekärer Pragmatismus: Die Arbeit des UN-Sonderbeauftragten für Wirtschaft und Menschenrechte, in: zeitschrift für menschenrechte, Jg. 3, Nr. 2, 42-64.

Martin, David L. 1998: The Limburg Principles Turn Ten: An Impact Assessment, in: von Boven, Theo C. et al. (eds.): The Maastricht Guidelines on Violations of Economic, Social and Cultural Rights. SIM special no. 20, Studie- en Informatiecentrum Mensenrechten (SIM), Universiteit Utrecht, 191-205

Masala, Carlos/Sauer, Frank/Wilhelm, Andreas (Hrsg.) 2010: Handbuch der Internationalen Politik, Wiesbaden.

Matthies, Volker 1980: Die Neue Weltwirtschaftsordnung. Hintergründe, Positionen, Argumente, Opladen.

Maul, Daniel 2007: Menschenrechte, Sozialpolitik und Dekolonisation. Die Internationale Arbeitsorganisation (IAO) 1940-1970, Essen.

Maul, Daniel 2010: Die ILO und die Globalisierung der Menschenrechte, 1944-1970, in: Hoffmann, Stefan-Ludwig (Hrsg.): Moralpolitik. Die Geschichte der Menschenrechte im 20. Jahrhundert, Göttingen, 285-311.

Maupain, Francis 2005: Is the ILO effective in Upholding Workers' Rights? Reflections on the Myanmar Experience, in: Alston, Philip (ed.): Labour Rights as Human Rights, Oxford, 85-142.

McBeth, Adam 2010: International Economic Actors and Human Rights, London/New York.

McChesney, Allan 2000: Promoting and Defending Economic, Social & Cultural Rights. A Handbook, Washington D.C.

medico international (Hrsg.) 2007: "Was tun?" Kritische Kampagnenarbeit in Zeiten der Globalisierung, Frankfurt/M.

medico international (Hrsg.) 2008: Patienten, Patente und Profite. Globale Gesundheit und geistiges Eigentum, Frankfurt/M.

Medina Quiroga, Cecilia 2009: The Inter-American System for the Protection of Human Rights, in: Krause, Catarina/Scheinin, Martin (eds.): International Protection of Human Rights: A Textbook, Turku/Åbo, 475-501.

Meggle, Georg (Hrsg.) 2004: Humanitäre Interventionsethik, Paderborn.

Mégret, Fréderic 2011: The Human Rights of Older Persons: A Growing Challenge, in: Human Rights Law Review, Vol. 11, No. 1, 37-66.

Mekonnen, M.M./Hoekstra, A.Y. 2011: National Water Foodprint Accounts: The Green, blue and Grey Water Footprint of Production and Consumption, Vol. 1: Main Report. Value of Water Research Report Series No. 50, Delft: UNSECO-IHE.

Melo, Mario 2006: Recent advances in the justiciability of indigenous rights in the Inter-American system of human rights, in: Sur – international journal on human rights, Vol. 3, No. 4, 31-49.

Menge, Jonathan/Scheper, Christian/Schölmerich, Maike 2011: ALLES WAS RECHT IST: Menschen – Staaten – Unternehmen. Konferenzdokumentation, Duisburg: INEF.

Menke, Christoph/Pollmann, Arnd 2007: Philosophie der Menschenrechte zur Einführung, Hamburg.

Merkel, Wolfgang (Hrsg.) 2000: Systemwechsel 5: Zivilgesellschaft und Transformation, Opladen.

Merkel, Wolfgang 2010: Systemtransformation: Eine Einführung in die Theorie und Empirie der Transformationsforschung, Wiesbaden, 2. Auflage.

Merkel, Wolfgang et al. 2003: Defekte Demokratie, Bd. 1: Theorie, Opladen.

Mertus, Julie A. 2005: The United Nations and Human Rights. A Guide for a New Area, London/New York.

Mesa-Lago, Carmelo (ed.) 1978: Social Security in Latin America. Pressure Groups, Stratification, Inequality, Pittsburgh.

Meyer, Jürgen (Hrsg.) 2011: Kommentar zur Charta der Grundrechte der Europäischen Union, Baden-Baden, 3. Auflage.

Mezmur, Benyam D. 2008: The African Children's Charter versus the UN Convention on the Rights of the Child: A zero-sum game?, in: SA Public Law, Vol. 23, 1-28.

Mezmur, Benyam D./Sloth-Nielsen, Julia 2008: An ice-breaker: State party reports and the 11th session of the African Committee of Experts on the Rights and Welfare of the Child, in: African Human Rights Law Journal, Vol. 8, 596-616.

Michler, Walter 1993: Somalia. Ein Volk stirbt. Der Bürgerkrieg und das Versagen des Auslands, Bonn.

Michler, Walter 1998: Somalias Clanwirtschaft: Pfründesicherung ohne Staat, in: Betz, Joachim/Brüne, Stefan (Hrsg.): Jahrbuch Dritte Welt 1999, München, 85-99

Mihr, Anja 2008: Die Vereinten Nationen und die Menschenrechtsbildung, in: Aus Politik und Zeitgeschichte, Nr. 26, 33-38.

Misereor 2006: Menschenrechte in der kirchlichen Entwicklungsarbeit. Orientierungsrahmen für den Förderbereich Menschenrechte – Entwicklung, Aachen.

Misereor 2010: Die Chance zur Überarbeitung der OECD-Leitsätze nutzen. Policy Brief Nr. 5, September, Aachen.

Moermann, Jochen 2010: A Critical Analysis of the Prohibition of Slavery and Forced Labour Under Article 4 of the European convention on Human Rights, in Inter-American and European Human Rights Journal, Vol. 3, Nr. 1-2, 86-114.

Moosdorf, Kathrin 2007: Das Recht auf Wasser. Die Entstehung eines neuen Menschenrechts, Marburg.

Morgenstern, Inga 2006: Häuserzerstörung und Vertreibung in Simbabwe, in: Deutsches Institut für Menschenrechte et al. (Hrsg.): Jahrbuch Menschenrechte 2007, Frankfurt/M., 175-182.

Morsink, Johannes 1999: The Universal Declaration of Human Rights. Origins, Drafting, and Intent, Philadelphia, Pennsylvania.

Müller, Amrei 2009: Limitations and Derogations from Economic, Social and Cultural Rights, in: Human Rights Law Review, Vol. 9, Nr. 4, 521-556.

Müller, Clemens/Franzen, Kristine 2010: Der Klimawandel und das Menschenrechtssystem der Vereinten Nationen, in: zeitschrift für menschenrechte, Jg. 4, Nr. 2, 7-27.

Müller, Harald 2008: Parlamentarisierung der Weltpolitik – Ein skeptischer Warnruf, in: Kreide, Regina/Niederberger, Andreas (Hrsg.) 2008: Transnationale Verrechtlichung, Frankfurt/M., 137-159.

Müller, Sebastian 2011: Menschenrechtsmonitoring, Frankfurt/M.

von Münch, Ingo/Kunig, Philip (Hrsg.) 2001: Grundgesetz-Kommentar, Band 2, München, 4./5. Auflage.

Münkler, Herfried/Malowitz, Karsten (Hrsg.) 2008: Humanitäre Intervention, Wiesbaden.

Murray, Rachel 2004: Human rights in Africa. From the OAU to the African Union, Cambridge.

Murray, Rachel 2007: National Human Rights Institutions. Criteria and Factors for Assessing their Effectiveness, in: Netherlands Quarterly of Human Rights, Vol. 25, No. 2, 189-220.

Murray, Rachel 2009a: African Union Banjul Charter, in: Forsthye, David P. (ed.): Encyclopedia of Human Rights, Vol. 1, Oxford, 12-18.

Murray, Rachel 2009b: African Union Commission and Court on Human Rights, in: Forsthye, David P. (ed.): Encyclopedia of Human Rights, Vol. 1, Oxford, 19-25.

Mylius, Maren/Bornschlegl, Wiebke/Frewer, Andreas (Hrsg.) 2011: Medizin für „Menschen ohne Papiere", Göttingen.

Nakuta, John 2007: The justiciability of social, economic and cultural rights, in: Horn, Nico/ Bösl, Anton (eds.): Human Rights and the Rule of Law in Namibia, Windhoek, 89-100.

Nee, William 2011: Closing Governance Gaps: How best to improve workers' rights in China, China Labour Bulletin, Aachen: Misereor.

Neß, Oliver 2004: Das Menschenrecht auf Entwicklung. Sozialpolitisches Korrektiv der neoliberalen Globalisierung, Münster.

Nettesheim, Martin 2009: Die Allgemeine Erklärung der Menschenrechte und ihre Rechtsnatur, in: Merten, Detlef/Papier, Hans-Jürgen (Hrsg.): Handbuch der Grundrechte in Deutschland und Europa. Band VI/2: Europäische Grundrechte II, Universelle Menschenrechte, Heidelberg, 191-236.

Netzwerk Artikel 3 (Hrsg.) 2010: Schattenübersetzung. Übereinkommen über die Rechte von Menschen mit Behinderungen, Berlin.

Neuhoff, Katja i.E.: Das Menschenrecht auf Bildung in Deutschland, Erlangen-Nürnberg, Diss.

Neumayer, Eric 2005: Do International Human Rights Treaties Improve Respect for Human Rights?, in: Journal of Conflict Resolution, Vol. 49, No. 6, 925-953.

Nevile, Ann 2010: Values, rights and concepts of citizenship, in: dies. (Hrsg.): Human Rights and Social Policy. A Comparative Analysis of Values and Citizenship in OECD Countries, Cheltenham u.a., 1-19.

Nicholson, Simon/Chong, Daniel 2011: Jumping on the Human Rights Bandwagon: How Rights-based Linkages can refocus Climate Politics, in: Global Environmental Politics, Vol. 11, No. 3, 121-136.

NMRZ (Nürnberger Menschenrechtszentrum) 2011: Von Nürnberg nach Den Haag. Der lange Weg zum Internationalen Strafgerichtshof, Nürnberg.

Nohlen, Dieter 1987: Autoritäre Regime, in: Nohlen, Dieter/Waldmann, Peter (Hrsg.): Dritte Welt, München/Zürich, 64-85.

Nohlen, Dieter 2002: Soziale Gerechtigkeit? Probleme demokratischen Regierens in der dritten Transition, in: Bendel, Petra/Krennerich, Michael (Hrsg.): Soziale Ungerechtigkeit. Analysen zu Lateinamerika, Frankfurt/M., 177-193.

Nohlen, Dieter/Fernández Baeza, Mario 1988: Wirtschaft, Staat und Sozialpolitik in Lateinamerika, in: Schmidt, Manfred G. (Hrsg.): Staatstätigkeit, PVS-Sonderheft 19/1988, 406 ff.

Nohlen, Dieter/Nuscheler, Franz (Hrsg.) 1993: Handbuch der Dritten Welt. Bd. 1: Grundprobleme, Theorien, Strategien, Bonn.

Nohlen, Dieter/Zilla, Claudia 2000: Demokratie, Staat und soziale Gerechtigkeit in Lateinamerika. Konzepte und Daten in den 1990er Jahren, in: Ibero-Amerikanisches Archiv, Jg. 26, Nr. 3-4, 267-286.

Nolan, Aoife 2009: Addressing Economic and Social Rights Violations by Non-state Actors through the Role of the State: A Comparison of Regional Approaches to the "Obligation to Protect", in: Human Rights Law Review, Vol. 9, No. 2, 225-255.

Nolan, Aoife 2011: „Aggravated Violations", Roma Housing Rights and Forced Expulsions in Italy: Recent Developments under The European Social Charter Collective Complaints System, in: Human Rights Law Review, Vol. 11, No. 2, 343-361.

Nolte, Detlef/Horn, Philipp 2009: Verfassungspopulismus und Verfassungswandel in Lateinamerika. GIGA Focus Lateinamerika, Nr. 2, Hamburg.

Nowak, Manfred 2008: Ein Weltgerichtshof für Menschenrechte. Eine utopische Forderung, in: Vereinte Nationen, Nr. 5, 205-211.

Nuscheler, Franz 2005: Entwicklungspolitik, Bonn.

Nuscheler, Franz/Roth, Michèle (Hrsg.) 2006: Die Millennium-Entwicklungsziele, Bonn.

Nussbaum, Martha 2006: Frontiers of Justice, Harvard.

Nußberger, Angelika 2012: Normenbestand zu sozialen Menschenrechtsstandards im gegenwärtigen internationalen Recht, in: Hoppe, Thomas/Knapp, Manfred (Hrsg.): Soziale Menschenrechte und katholische Soziallehre, Bonn, 86-109.

Oberleitner, Gerd 2007: Global Human Rights Institutions, Cambridge.

Obinger, Herbert 2007: Soziale Sicherung jenseits des Staates – Reiche OECD-Demokratien im Vergleich, in: Schmidt, Manfred G. et al. (Hrsg.): Der Wohlfahrtsstaat, Wiesbaden, 277-290.

Odinkalu, Chidi Anselm 2008: The Impact of Economic and Social Rights in Nigeria: An Assessment of the Legal Framework for Implementing Education and Health as Human Rights, in Gauri, Varun/Brinks, Daniel M. (eds.): Courting Social Justice, Cambridge, 183-223.

OECD Watch 2010: 10 Years On. Assessing the contribution of the OECD Guidelines for Multinational Enterprises to responsible business conduct, (Niederlande).

Oehrlein, Brigitte 2008: Politische Bedeutung des Konzepts Globale Soziale Rechte, in: Klautke, Roland/Oehrlein, Brigitte (Hrsg.): Globale Soziale Rechte. Zur emanzipatorischen Aneignung universaler Menschenrechte, Hamburg, 10-29.

Oeter, Stefan 2008: Prekäre Staatlichkeit und die Grenzen internationaler Verrechtlichung, in: Kreide, Regina/Niederberger, Andreas (Hrsg.): Transnationale Verrechtlichung, Frankfurt/M., 90-113.

OHCHR 2004: Human Rights and Poverty Reduction. A Conceptual Framework, Genf.
OHCHR 2005: Economic, Social and Cultural Rights. Handbook for National Human Rights Institutions, New York/Genf.
OHCHR 2006: Frequently Asked Questions on a Human Rights-Based Approach to Development Cooperation, Genf.
OHCHR 2007: Consultation on Human Rights and Access to Safe-Drinking Water and Sanitation. Summary of Discussions, Geneva, 11.05.2007.
OHCHR 2008a: Claiming the Millennium Development Goals. A human rights approach, New York/Genf.
OHCHR 2008b: Frequently Asked Questions on Economic, Social and Cultural Rights, Fact Sheet No. 33, Genf.
OHCHR 2010: The Right to Adequate Food, Fact Sheet No. 34, Genf.
OHCHR 2011: United Nations Special Procedures. Facts and Figures 2010, Genf.
OHCHR 2012: United Nations Special Procedures. Facts and Figures 2011, Genf.
OHCHR/UN-Habitat 2009: The Right to Adequate Housing, Fact Sheet No. 21 (Rev.1), Genf.
OHCHR/UN-Habitat/WHO 2010: The Right to Water, Fact Sheet No. 35, Genf.
OHCHR/WHO 2008a: The Right to Health, Fact Sheet No. 31, Genf.
OHCHR/WHO 2008b: Human Rights, Health and Poverty Reduction Strategies, Genf.
OHCHR Europa Regional Office 2011: Protection against Racial Discrimination in Europe. The work of the UN Committee on the Elimination of Racial Discrimination, Genf.
Okafor-Obasi, Obasi 2001: Völkerrechtlicher Schutz der Frauen und Kinder unter besonderer Berücksichtigung der Rechtslage in Afrika südlich der Sahara, Berlin.
de Oliveira Mazzuoli, Valerio 2010: The Inter-American Human Rights Protection System: Structure, Functioning and Effectiveness in Brazilian Law, in: Interamerican and European Human Rights Journal, Vol. 3, No. 1-2, 175-199.
O'Neal, Nicole 2008: Corporal punishment in public schools: A call for legal reform, in: African Human Rights Law Journal, 8, 60-78.
Opielka, Michael 2004: Sozialpolitik. Grundlagen und vergleichende Perspektiven, Reinbek bei Hamburg.
Opitz, Peter J. 2002: Menschenrechte und internationaler Menschenrechtsschutz im 20. Jahrhundert, München.
Orwin, Clifford/Pangle, Thomas 1984: The Philosophical Foundation of Human Rights, in: Plattner, Marc F. (ed.): Human Rights in Our Time, Boulder, 1 ff.
Osei-Boateng, Clara 2011: Engendering Social Security and Protection: The Case of Africa, FES, International Policy Analysis, Juni 2011, Berlin.
Overwien, Bernd/Prengel, Annedore (Hrsg.) 2007: Recht auf Bildung. Zum Besuch des Sonderberichterstatters der Vereinten Nationen in Deutschland, Opladen.
OXFAM 2010: Fighting Hunger in Brazil. Much Achieved, More to Do, Boston.
Paasch, Armin 2008a: Weltagrarhandel und Menschenrechte – Fallstudien zu Verletzungen des Rechts auf Nahrung von Kleinbauern, in: zeitschrift für menschenrechte, Jg. 2, Nr. 2, 100-116.
Paasch, Armin 2008b: Verheerende Fluten – politisch gemacht. EU-Handelspolitik verletzt Recht auf Nahrung in Ghana. Die Beispiele Hühnchen und Tomaten, hrsg. von Germanwatch, FIAN, Both Ends und UK Food Group, Bonn.

Paasch, Armin 2011: Menschenrechte in der EU-Handelspolitik – zwischen Anspruch und Wirklichkeit, in: zeitschrift für menschenrechte, Jg. 5, Nr. 2, 146-162.

Paasch, Armin/Garbers, Frank/Hirsch, Thomas 2007: Die Auswirkungen der Liberalisierung des Reismarktes auf das Recht auf Nahrung. Fallstudien aus Ghana, Honduras und Indonesien, hrsg. von Brot für die Welt in Zusammenarbeit mit FIAN und Globales Ökumenisches Aktionsbündnis, Stuttgart.

Packer, John 2005: Realizing Economic, Social and Cultural Rights, in: Human Rights Tribune, Vol. 11, No. 3, 2-3.

Paech, Norman 2003: Die sozialen, ökonomischen und kulturellen Menschenrechte im Rechtssystem der internationalen Wirtschafts- und Handelsordnung, Bonn: FES.

Papier, Hans-Jürgen 2006: Grundrechte und Sozialordnung, in: Merten, Detlef/Papier, Hans-Jürgen (Hrsg.) 2006: Handbuch der Grundrechte in Deutschland und Europa. Band II: Grundrechte in Deutschland. Allgemeine Lehren I, Heidelberg, 253-290.

Papier, Hans-Jürgen 2007: Die Mühsal der Ebene. Zur Beschränkbarkeit von Grund- und Menschenrechten, in: Breitenmoser, Stephan et al. (Hrsg.): Human Rights, Democracy and the Rule of Law. Liber amicorum Lusius Wildhaber, Baden-Baden, 523-535.

Parra Vera, Oscar 2003: El derecho a la salud en la Constitución, la jurisprudencia y los instrumentos internacionales, Defensoría del Pueblo, Bogotá.

Patnaik, Biraj 2011a: Implementation of Judicial Decisions on the Right to Food: A Review, in: Right to Food and Nutrition Watch 2011: Claiming Human Rights: The Accountability Challenge, Stuttgart u.a.: Brot für die Welt/FIAN International/Interchurch Organisation for Development Cooperation, 30-31.

Patnaik, Biraj 2011b: The Right to Food Campaign in India, in: Right to Food and Nutrition Watch 2011: Claiming Human Rights: The Accountability Challenge, Stuttgart u.a.: Brot für die Welt/FIAN International/Interchurch Organisation for Development Cooperation, 37-38.

Pawelka, Peter 1985: Herrschaft und Entwicklung im Nahen Osten: Ägypten, Heidelberg.

Pehle, Heinrich 2009: Das Lissabon-Urteil des Bundesverfassungsgerichts: Verteidigung staatlicher Souveränität, Stärkung parlamentarischer Demokratie und Ausweitung verfassungsgerichtlicher Kontrollansprüche im Dreierpack?, in: Gesellschaft, Wirtschaft, Politik, H. 4, 501-513.

Pehm, Raimund 2009: Menschenrechtsbildung. Deutschsprachige Materialien im Überblick, Innsbruck: Tiroler Institut für Menschenrechte und Entwicklungspolitik.

Pelzer, Marei 2011: Grundrechtsmonitoring als Teil der praktischen Menschenrechtsarbeit aus Sicht von PRO ASYL, in Gusy, Christoph (Hrsg.): Grundrechtsmonitoring. Chancen und Grenzen außergerichtlichen Menschenrechtsschutzes, Baden-Baden, 152-160.

Pérez, Michael Vicente 2011: Human rights and the rightless: the case of Gaza refugees in Jordan, in: The International Journal of Human Rights, Vol. 15, No. 7, 1031-1054.

Peters, Anne 2003: Einführung in die Europäische Menschenrechtskonvention, München.

Peters, Stefan 2011: Bildung als Privileg: Bildungspolitik in Lateinamerika, in: Wehr, Ingrid/ Burchardt, Hans-Jürgen (Hrsg.): Soziale Ungleichheiten in Lateinamerika, Baden-Baden, 201-225.

Petersohn, Ulrich 2009: Selektiver Schutz universaler Menschenrechte. Eine multikausale Erklärung des Interventionsverhaltens von Demokratien, Baden-Baden.

Pfahl, Lisa/Powell, Justin J.W. 2009: Menschenrechtsverletzung im deutschen Schulsystem:

behindert werden durch Sonderbeschulung, in: Müller-Heidelberg, Till et al. (Hrsg.): Grundrechtereport. Zur Lage der Bürger- und Menschenrechte in Deutschland, Frankfurt/M., 95-99.

PIDHDD (Plataforma Interamericana de Derechos Humanos, Democracia y Desarrollo) 2004: Para exigir nuestros derechos. Manual de exigilibidad en DESC, Bogotá.

Pieroth, Bodo/Schlink, Bernhard 2007: Grundrechte. Staatsrecht II, Heidelberg u.a.

Pilz, Franz 2004: Der Sozialstaat, Bonn.

Pogge, Thomas 2009: Warum die Menschenrechte die Einrichtung des Health Impact Fund verlangen, in: zeitschrift für menschenrechte, Jg. 3, Nr. 2, 124-160.

Pohanka, Reinhard (Hrsg.) 2009: Dokumente der Freiheit, Wiesbaden.

Pollmann, Arnd 2007: Soziale Menschenrechte und soziale Gerechtigkeit, in: MenschenRechts-Magazin, Jg. 12, Nr. 2, 147-155.

Pollmann, Arnd 2008: Von der philosophischen Begründung zur demokratischen Konkretisierung. Wie lassen sich Inhalte und Umfang der Menschenrechte bestimmen, in: zeitschrift für menschenrechte, Jg. 2, H. 1, 9-25.

Pollmann, Arnd 2012: Menschenrechte, Grundrechte, Bürgerrechte, in: Pollmann, Arnd/Lohmann, Georg (Hrsg.): Menschenrechte. Ein interdisziplinäres Handbuch, Stuttgart, 129-136.

Pollmann, Arnd/Lohmann, Georg (Hrsg.) 2012: Menschenrechte. Ein interdisziplinäres Handbuch, Stuttgart.

Poscher, Ralf/Rux, Johannes/Langer, Thomas 2008: Von der Integration zur Inklusion: Das Recht auf Bildung aus der Behindertenrechtskonvention der Vereinten Nationen und seine innerstaatliche Umsetzung, Baden-Baden.

Přibáň, Jiří 2005: Political Dissent. Human Rights, and Legal Transformations: Communist and Post-Communist Experiences, in: East European Politics and Societies, Vol. 19, No. 4, 553-572.

Puth, Sebastian/Stranz, Kathleen 2010: WTO und Sozialstandards, in: Hilf, Meinhard/Oeter, Stefan (Hrsg.): WTO-Recht. Rechtsordnung des Welthandels, Baden-Baden, 2. Auflage, 616-626.

Rabe, Heike 2011: Die Ratifikation der Europaratskonvention gegen Menschenhandel, in: Deutsches Institut für Menschenrechte, aktuell 03/2011.

Ramírez Lemus, María C. et al. 2005: Colombia: A Vicious Circle of Drugs and War, in: Youngers, Coletta A./Rosin, Eileen (eds.): Drugs and Democracy in Latin America. The Impact of U.S. Policy, Boulder, Col., 99-142.

Rathgeber, Theodor 2008: Wie werden ertrinken, aber weichen werden wir nicht! Narmada Bachao Andolan – die Bewertung zur Rettung der Narmada, in: FoodFirst, Nr. 3, 14.

Rathgeber, Theodor 2009: Klimawandel verletzt Menschenrechte. Über die Voraussetzungen einer gerechten Klimapolitik, Berlin: Heinrich Böll Stiftung.

Rathgeber, Theodor 2010a: Menschenrechtssystem der Vereinten Nationen in Genf, in: Utz, Britta (Hrsg.): Handbuch der Menschenrechtsarbeit 2010/2011, Berlin <www.fes.de/handbuchmenschenrechte>.

Rathgeber, Theodor 2010b: Beschwerdeverfahren bei den Vereinten Nationen, in: Utz, Britta (Hrsg.): Handbuch der Menschenrechtsarbeit 2010/2011, Berlin <www.fes.de/handbuchmenschenrechte>.

Rathgeber, Theodor 2011: Verharren auf dem Unfertigen. Die Ergebnisse des ersten Überprüfungsprozesses des UN-Menschenrechtsrates sind mager, in: Vereinte Nationen, Jg. 59, Nr. 5, 215-220.

Ravlich, Anthony George 2009: Freedom from our Social Prisons. The Rise of Economic, Social, and Cultural Rights, Lanham u.a.

Razavi, Shahra 2011: Engendering Social Security and Protection. Challenges for Making Social Security and Protection Gender Equitable, FES, International Policy Analysis, Juni 2011, Berlin.

Reichert, Tobias 2011: Wer ernährt die Welt? Die europäische Agrarpolitik und Hunger in Entwicklungsländern, Aachen: Misereor.

Riedel, Eibe 1986. Theorie der Menschenrechtsstandards. Funktion, Wirkungsweise und Begründung wirtschaftlicher und sozialer Menschenrechte mit exemplarischer Darstellung der Rechte auf Eigentum und Arbeit in verschiedenen Rechtsordnungen, Berlin.

Riedel, Eibe 1989: Menschenrechte der dritten Dimension, in: Europäische Grundrechte-Zeitschrift, 9-21.

Riedel, Eibe 2003: Die Universalität der Menschenrechte. Philosophische Grundlagen – Nationale Gewährleistungen – Internationale Garantien, Berlin.

Riedel, Eibe 2004: Der internationale Menschenrechtsschutz. Eine Einführung, in: Bundeszentrale für politische Bildung (Hrsg.): Menschenrechte. Dokumente und Deklarationen, Bonn, 11-40.

Riedel, Eibe 2005: The Human Right to Water, in: Dicke, Klaus et al. (Hrsg.): Weltinnenrecht. Liber amicorum Jost Delbrück, Berlin, 585-606.

Riedel, Eibe 2008: Zur Durchsetzung wirtschaftlicher, sozialer und kultureller Rechte im Völkerrecht, in: Giegerich, Thomas/Zimmermann, Andreas (Hrsg.): Wirtschaftliche, soziale und kulturelle Rechte im globalen Zeitalter, Berlin, 71-93.

Riedel, Eibe 2009: Economic, Social and Cultural Rights, in: Krause, Catarina/Scheinin, Martin (eds.): International Protection of Human Rights: A Textbook, Turku/Åbo, 129-149.

Riedel, Eibe 2010: Zur Wirkung der internationalen Konvention über die Rechte von Menschen mit Behinderung und ihres Fakultativprotokolls auf das deutsche Schulsystem. Gutachten erstattet der Landesarbeitsgemeinschaft Gemeinsam Leben, Gemeinsam Lernen und dem Sozialverband Deutschland (SoVD), Mannheim/Genf, 15. Januar.

Riedel, Eibe 2011: Kapitel IV, Solidarität, in: Meyer, Jürgen (Hrsg.): Kommentar zur Charta der Grundrechte der Europäischen Union, Baden-Baden, 3. Auflage, 396-501.

Riedel, Eibe/Rothen, Peter (Hrsg.) 2006: The Human Right to Water, Berlin.

Riedel, Eibe/Söllner, Sven 2006: Studiengebühren im Lichte des UN-Sozialpaktes, in: Juristen Zeitung, Nr. 6, 270-277.

Rishmawi, Mervat 2010: The Arab Charter on Human Rights and the League of Arab States: An Update, in: Human Rights Law Review, 169-178.

Risse, Thomas 2007: Menschenrechte als Grundlage der Weltvergemeinschaftung? Die Diskrepanz zwischen Normanerkennung und Normeinhaltung, in: Janz, Nicole/Risse, Thomas (Hrsg.): Menschenrechte – Globale Dimensionen eines universellen Anspruchs, Baden-Baden, 17-37.

Risse, Thomas/Jetschke, Anja/Schmitz, Hans Peter 2002: Die Macht der Menschenrechte. Internationale Normen, kommunikatives Handeln und politischer Wandel in den Ländern des Südens, Baden-Baden.

Risse, Thomas/Lehmkuhl, Ursula (Hrsg.) 2007: Regieren ohne Staat? Governance in Räumen begrenzter Staatlichkeit, Baden-Baden.

Risse, Thomas/Leibfried, Stephan 2011: Wie viel Staat braucht Governance? Ein kritischer Kommentar, in: Beisheim, Marianne et al. (Hrsg.): Wozu Staat? Governance in Räumen begrenzter und konsolidierter Staatlichkeit, Baden-Baden, 267-279.

Risse, Thomas/Ropp, Stephen C./Sikkink, Kathryn (eds.) 1999: The Power of Human Rights. International Norms and Domestic Change, Cambridge.

Ritter, Gerhard 1991: Der Sozialstaat. Entstehung und Entwicklung im internationalen Vergleich, München, 2. Auflage.

Robins, Steven L. 2008: From Revolution to Rights in South Africa. Social Movements, NGOs and Popular Politics after Apartheid, Pietermaritzburg.

Rodrigues de Lima, Jônia 2011: Enforceability of the Right to Food in Brasil, in: Right to Food and Nutrition Watch 2011: Claiming Human Rights: The Accountability Challenge, Stuttgart u.a.: Brot für die Welt/FIAN International/Interchurch Organisation for Development Cooperation, 33-34

Roos, Stefanie Ricarda 2007: Der internationale Menschenrechtsschutz vor entwicklungsbedingten Zwangsumsiedlungen und seine Sicherstellung durch Recht und Praxis der Weltbank, Berlin.

Rose, Richard 1991: What is Lesson-Drawing?, in: Journal of Public Policy 11, 1, 3-30.

Rose, Richard 1993: Lesson-Drawing in Public Policy, Chatham, N.Y.

Rosemann, Nils 2001: Die Entwicklung der wirtschaftlichen, sozialen und kulturellen Rechte und ihre Bedeutung in der Bundesrepublik Deutschland, in: Frank, Thomas/Jenichen Anne/Rosemann, Nils (Hrsg.): Soziale Menschenrechte – die vergessenen Rechte?, Berlin, 91-125.

Rossi, Ingrid 2010: Legal Status of Non-Governmental Organizations in International Law, Antwerp u.a.

Rudolf, Beate 2010: Das Recht auf Wasser und Sanitärversorgung: Eine internationale Anerkennung mit Folgen, in: Vereinte Nationen, Jg. 58, Nr. 10, 204.

Rüfer, Wolfgang 2006: Leistungsrechte, in: Merten, Detlef/Papier, Hans-Jürgen (Hrsg.): Handbuch der Grundrechte in Deutschland und Europa. Band II: Grundrechte in Deutschland: Allgemeine Lehren I, Heidelberg, 679-708.

Saage-Maaß, Miriam 2009: Transnationale Unternehmen im nationalen und internationalen Recht, in: zeitschrift für menschenrechte, Jg. 3, Nr. 2, 102-122.

Saage-Maaß, Miriam 2011: Arbeitsbedingungen in der globalen Zulieferkette. Wie weit reicht die Verantwortung deutscher Unternehmen, Berlin: FES

Sabatier, Paul A. 1993: Advocacy-Koalitionen, Policy-Wandel und Policy-Lernen: Eine Alternative zur Phasenheuristik, in: Héritier, Adrienne (Hrsg.): Policy-Analyse. Kritik und Neuorientierung, Baden-Baden, 116-148.

Sabatier, Paul A. (ed.) 1999: Theories of the policy process, Boulder/Col.

Salazar, Luis 1999: Vom Gebrauch und Missbrauch des Begriffs Zivilgesellschaft, in: Hengstenberg, Peter et al. (Hrsg.): Zivilgesellschaft in Lateinamerika, Frankfurt/M., 23-32.

Salvioli, Fabián 2007: La protección de los derechos económicos, sociales y culturales en el Sistema Interamericano de Derechos Humanos, in: IIDH (ed.): IV Curso Interamericano de Sociedad Civil y Derechos Humanos. Derechos económicos, sociales y culturales. Un debate urgente en democracia, San José, 191-300.

Samad, Ziad Abdel/Zeidan, Diana 2007: Soziale Sicherheit in der arabischen Region: Konzeptionelle Herausforderungen und harsche Realität, in: Social Watch Deutschland Report

2007: Würde und Menschenrechte wahren. Das Recht auf soziale Sicherheit für alle verwirklichen, Bonn u.a., 31-35.
Sánchez Dionis, Marta 2012: Spain's struggle for human rights. A human rights approach to the consequences of the economic crisis in Spain and the demands of the Indignados movement, Nürnberg (abrufbar unter: www.menschenrechte.org).
Sandoval Terán, Areli 2002: The Mexican Experience of Elaborating and Lobbying the Alternative Report on Economic, Social and Cultural Rights, in: Klein Goldewijk, Berma et al. (eds.): Dignity and Human Rights. The Implementation of Economic, Social and Cultural Rights, Antwerb u.a., 129-139.
Sauer, Arn/Chebout, Lucy 2011: Menschenrechte fördern! Deutsche Unterstützung für lesbische, schwule, bisexuelle, trans* und inter* (LSBTI) Menschenrechtsarbeit im Globalen Süden und Osten. Hamburg: Dreilinden/Berlin: DIMR.
Sautter, Hermann 1996: Soziale Menschenrechte und Entwicklungszusammenarbeit: Von der Kongruenz der Ziele zur Komplementarität der Mittel, in: Brock, Lothar (Hrsg.): Menschenrechte und Entwicklung, Hannover/Frankfurt, 181-193.
Schäferhoff, Marco 2011: Die Bereitstellung von Gesundheitsleistungen in Räumen begrenzter Staatlichkeit. Wie viel Staat ist zur effektiven Erbringung von Governance-Leistungen notwendig? in: Beisheim, Marianne/Börzel, Tanja A/Genschel, Philipp/Zangl, Bernhard (Hrsg.): Wozu Staat? Governance in Räumen begrenzter und konsolidierter Staatlichkeit, Baden-Baden, 117-141.
Schellberg, Michael 2009: Wirtschaftliches Handeln vor dem Hintergrund zivilgesellschaftlicher Ansprüche und Standards, in: zeitschrift für menschenrechte, Jg. 3, Nr. 2, 196-217.
Scheper, Christian/Feldt, Heidi 2010: Außenwirtschaftsförderung und Menschenrechte. Eine Bestandsaufnahme deutscher Investitions- und Exportkreditdeckungen aus menschenrechtlicher Perspektive, INEF Forschungsreihe Menschenrechte, Unternehmensverantwortung und Nachhaltige Entwicklung 04/2010, Duisburg.
Schieder, Siegfried/Spindler, Martin (Hrsg.) 2010: Theorien der Internationalen Beziehungen, Opladen, 3. Aufl.
Schilling-Vacaflor, Almut 2010: Recht als umkämpftes Terrain. Die neue Verfassung und indigene Völker in Bolivien, Baden-Baden.
Schilling-Vacaflor, Almut/Barrera, Anna 2011: Lateinamerikas neue Verfassungen: Triebfedern für direkte Demokratie und soziale Rechte? GIGA Focus Lateinamerika, Nr. 2, Hamburg.
Schimmelfennig, Frank 2010: Internationale Politik, Paderborn, 2. Auflage.
Schlichte, Klaus/Wilke, Boris 2000: Der Staat und einige seiner Zeitgenossen, in: Zeitschrift für internationale Beziehungen, Jg. 7, Nr. 2, 359-384.
Schlothfeldt, Stephan 2000: Ein Recht auf der Beteiligung an der Erwerbsarbeit, in: Kersting, Wolfgang (Hrsg.): Politische Philosophie des Sozialstaates, Weilerwist, 372-403.
Schmahl, Stefanie 2012: Internationales Menschenrechtsregime, in: Pollmann, Arnd/Lohmann, Georg (Hrsg.): Menschenrechte. Ein interdisziplinäres Handbuch, Stuttgart/Weimar, 390-397.
Schmidt, Manfred G. 2005: Sozialpolitik in Deutschland. Historische Entwicklung und internationaler Vergleich, Wiesbaden, 3. Auflage.
Schmidt, Manfred G. et al. (Hrsg.) 2007: Der Wohlfahrtsstaat. Eine Einführung in den historischen und internationalen Vergleich, Wiesbaden.

Schmidt, Thomas M. 2008: Diskursive Verpflichtungen und ethisch-religiöse Überzeugungen. Zur moralischen und politischen Geltung der Menschenrechte, in: Nooke, Günter/Lohmann, Georg/Wahlers, Gerhard (Hrsg.): Gelten Menschenrechte universal? Begründungen und Infragestellungen, Freiburg u.a., 142-164.
Schmidt-Bleibtreu, Bruno/Klein, Franz/Hofmann, Hans/Hopfauf, Axel (Hrsg.) 2008: GG – Kommentar zum Grundgesetz, Köln.
Schneckener, Ulrich 2006: „States at Risk" zwischen Stabilität und Scheitern, Baden-Baden.
Schneider, Jakob 2004: Die Justiziabilität wirtschaftlicher, sozialer und kultureller Menschenrechte, Berlin: DIMR.
Schneider, Jakob 2006: Menschenrechtlicher Schutz geistigen Eigentums, München.
Schneider, Rafaël 2011: Stellungnahme des sachverständigen Verbandes Deutsche Welthungerhilfe e.V. für die 43. Sitzung des Ausschusses für Ernährung, Landwirtschaft und Verbraucherschutz zur öffentlichen Anhörung zum Thema „Spekulationen mit agrarischen Rohstoffen verhindern", 27. Juni 2011; Ausschussdrucksache 17(10)512-C.
Schrammel, Walter/Winkler, Gottfried 2010: Europäisches Arbeits- und Sozialrecht, Wien.
Schuster, Jennifer 2011: Gleiche Bildung für alle? Die südafrikanische Schulbildung 17 Jahre nach dem Ende der Apartheid, in: KAS-Auslandsinformationen, Nr. 7, 43-60.
Seidensticker, Frauke 2005: Examination of State Reporting by Human Rights Treaty Bodies: An Example for Follow-Up at the National Level by National Human Rights Institutions, Berlin: DIMR.
Seifert, Achim 2009: Globalisierung und Schutz von Arbeitnehmerrechten durch die Internationale Arbeitsorganisation (IAO), in: zeitschrift für menschenrechte, Jg. 3, Nr. 2, 84-101.
Seifert, Karsten 2008: Das interamerikanische System zum Schutz der Menschenrechte und seiner Reformierung, Frankfurt/M.
Selchow, Ulla/Hutter, Franz-Josef (Hrsg.) 2004: Menschenrechte und Entwicklungszusammenarbeit. Anspruch und politische Wirklichkeit, Wiesbaden.
Sen, Amartya 1999: Development as Freedom, Oxford.
Sen, Gita 2011: Engendering Social Security and Protection: The Case of Asia, FES, International Policy Analysis, August 2011, Berlin.
Shankar, Shylashri/Mehta, Pratap Bhanu 2008: Courts and Socioeconomic Rights in India, in: Gauri, Varun/Brinks, Daniel M. (eds.): Courting Social Justice, Cambridge, 146-182.
Shelton, Dinah 2008: Regional Protection of Human Rights, Oxford.
Shue, Henry 1980: Basic Rights, Subsistence, Affluence, and U.S. Foreign Policy, Princeton, N.J.
Sieghart, Paul 1983: The International Law of Human Rights, Oxford.
Sigwart, Hans-Jörg 2010: We and the People: Selbstverständnis und politische Rolle des U.S. Supreme Court, in: Zeitschrift für Politik, Jg. 57, Nr. 4, 363-388.
Silva-Santisteban, Alvaro Bedoya et al. 2005: El Trabajo Forzoso en la Extracción de la Madera en la Amazonia Peruana, ILO.
Skinner, Benjamin 2008: Menschenhandel. Sklaverei im 21. Jahrhundert, Bergisch-Gladbach.
Skogly, Sigrun 2006: Beyond National Borders: States Human Rights Obligations in International Cooperation, Antwerpen.
Sloth-Nielsen, Julia/Mezmur, Benyam D. 2008: Win some, lose some: The 10th ordinary session of the African Committee of Experts on the Rights and Welfare of the Child, in: African Human Rights Law Journal, Vol. 8, 207-220.

Snow, David et al. 1986: Frame Alignment Processes, Micromobilization, and Movement Participation, in: American Sociological Review, 51, 464-481.
Snow, David/Benford, Robert D. 1988: Ideology, Frame Resonance, and Participant Mobilization, in: Klandermans, Bert et al. (Hrsg.): From Structure to Action: Social Movement Participation across Cultures, Greenwich.
von Soest, Christian/Cholet, Jérôme 2006: Südafrika: Enteignungen als neuer Weg in der Landreform? GIGA Focus, Nr. 7, Hamburg.
Söllner, Sven 2007: Studiengebühren und das Menschenrecht auf Bildung, Stuttgart u.a.
Sommermann, Karl Peter 2005: Propädeutische Überlegungen zur Grundrechtsvergleichung, in: Merten, Detlef/Papier, Hans-Jürgen (Hrsg.): Grundfragen der Grundrechtsdogmatik, Heidelberg, 149-172.
Soohoo, Cynthia/Albisa, Catherine/Davis, Martha F. (Hrsg.) 2009: Bringing Human Rights Home. A History of Human Rights in the United States. Abridged Edition, Philadelphia.
Sottoli, Susanna 1999: Sozialpolitik und entwicklungspolitischer Wandel in Lateinamerika, Opladen.
Spieß, Katharina 2009: Anmerkungen zur menschenrechtlichen Verantwortung des Staates im Rahmen der staatlichen Außenwirtschaftsförderung, in: zeitschrift für menschenrechte, Jg. 3, Nr. 2, 66-83.
Spöttl, Regina 2008: Zur Lage der Religionsfreiheit in den Staaten des Nahen Ostens und des Maghrebs, in: Bielefeldt, Heiner et al. (Hrsg.): Jahrbuch Menschenrechte 2009, Wien, 166-180.
Ssenyonjo, Manisuli 2009: Economic, Social and Cultural Rights in International Law, Oxford.
Steenbergen, Victor 2011a: Frontloading Human Rights: A Conceptual Framework for Building Budgets and Realising Rights, The Hague: Equalinrights.
Steenbergen, Victor 2011b: A Guide to Costing Human Rights, The Hague: Equalinrights.
Steiner, Christian/Leyers, Simone 2010: Impulsgeber für einen effektiven Grundrechtsschutz: Der Interamerikanische Gerichtshof für Menschenrechte, in: KAS-Auslandsinformationen, Nr. 7, 7-25.
Steiner, Henry S. 1991: Diverse Partners. Non-Governmental Organisations in the Human Rights Movement, Cambridge (M.A.)/Ottowa.
Stillschweig, Kurt 1949: Die Deklaration der Menschenrechte vor der Generalversammlung der Vereinten Nationen, in: Die Friedenswarte, Jg. XLIX, 7-19.
Stolleis, Michael 2003: Geschichte des Sozialrechts in Deutschland. Ein Grundriß, Stuttgart.
Stork, Joe 2011: Three Decades of Human Rights Activism in the Middle East and North Africa, in: Beinin, Joe/Vairel, Frédéric (eds.): Social Movements, Mobilization, and Contestation in the Middle East and North Africa, Stanford, 83-106.
Sturm, Roland 2004: Die Menschenrechtscharta, Grundrechtecharta und Menschenrechtspolitik der Europäischen Union, in: Bendel, Petra/Fischer, Thomas (Hrsg.): Menschen- und Bürgerrechte: Perspektiven der Regionen. Zentralinstitut für Regionalforschung, Arbeitspapier Nr. 7, Erlangen-Nürnberg, 479-492.
Sturm, Roland/Pehle, Heinrich 2012: Das neue deutsche Regierungssystem, Wiesbaden, 3. Auflage.
Suárez Franco, Ana Maria 2010: Die Justiziabilität wirtschaftlicher, sozialer und kultureller Menschenrechte. Eine Untersuchung über den aktuellen Zustand in Lateinamerika, unter Beachtung der völkerrechtlichen Mindeststandards. Kolumbien als Beispiel, Frankfurt/M. u.a.

Subedi, Sury P. 2011: The UN human rights mandate in Cambodia: the challenge of a country in transition and the experience of the special rapporteur for the country, in: The International Journal of Human Rights, Vol. 15, No. 2, 249-264.

Sunstein, Cass R. 2001: Designing Democracy: What Constitutions do, Oxford.

Swepston, Lee 2009a: The International Labour Organization and Human Rights, in: Krause, Catarina/Scheinin, Martin (eds.): International Protection of Human Rights: A Textbook, Turku/Åbo, 321-341.

Swepston, Lee 2009b: International Labour Organization, in: Forsythe, David P. (ed.): Encyclopedia of Human Rights, Volume 3, Oxford, 144-150.

Tarrow, Sidney 1998: Power in Movement: Social Movements, Collective Action, and Politics, Cambridge, 2. Auflage.

Tarrow, Sidney 2005: The New Transnational Activism, Cambridge.

TCHRD (Tibetan Centre for Human Rights and Democracy) 2011: Human Rights Situation in Tibet. Annual Report 2010, Dharamsala (Indien).

Teschner, Klaus 2008: Wohnen, Fact Sheet 7, Internationale Fachtagung „Armut und Menschenrechte in der internationalen Entwicklungszusammenarbeit" am 3. und 4. April 2008, Berlin.

The Danish Institute for Human Rights 2006: Human Rights Compliance Assessment (HRCA) Quick Check, Copenhagen.

Thiery, Peter 2002: Demokratie und defekte Demokratien. Zur notwendigen Revision des Demokratiekonzepts in der Transformationsforschung, in: Bendel, Petra et al. (Hrsg.): Zwischen Demokratie und Diktatur, Opladen, 71-91.

Thompson, Brown 2002: Women's rights are human rights, in: Khagram, Sanjeev/Riker, James W./Sikkink, Kathryn (Hrsg.): Restructuring World Politics. Transnational Social Movements, Networks, and Norms, Minneapolis/London, 96-122.

Tietje, Christian 2012: Individualrechte im Menschenrechts- und Investitionsschutzbereich – Kohärenz von Staaten- und Unternehmensverantwortung. Beiträge zum Transnationalen Wirtschaftsrecht Heft 120, Halle-Wittenberg.

Tigerstrom, Barbara von 2001: Implementing Economic, Social, and Cultural Rights: The Role of National Human Rights Institution, in: Merali, Isfahan/Oosterveld, Valerie (eds.): Giving Meaning to Economic, Social, and Cultural Rights, Philadelphia, 139-159.

Tilly, Charles 1995: Globalization Threatens Labor's Rights, in: International Labor and Working Class History, 47, 1-23.

Tittor, Anne 2011: Institutionalisierte Ungleichheit im Gesundheitswesen. Zu den politischen Gründen für die Beibehaltung fragmentierter Gesundheitssysteme, in: Wehr, Ingrid/Burchardt, Hans-Jürgen (Hrsg.): Soziale Ungleichheiten in Lateinamerika, Baden-Baden, 227-256.

Toebes, Birgit C.A. 1999: The Right to Health as a Human Right in International Law, Antwerpen u.a.

Toggenburg, Gabriel N./Rautz, Günther 2010: ABC des Minderheitenschutzes in Europa, Wien u.a.

Tomaševski, Katharina 2003: Education denied. Costs and Remedies, London u.a.

Tomaševski, Katharina 2006: The State of the Right to Education Worldwide. Free or Fee: 2006 Global Report, Copenhagen.

Tomuschat, Christian 1988: Die Vereinten Nationen und die Menschenrechte, in: Aus Politik und Zeitgeschichte, B 49/88, 14-24.

Tomuschat, Christian 2007: Social Rights under the European Convention on Human Rights, in: Breitenmoser, Stephan et al. (Hrsg.): Human Rights, Democracy and the Rule of Law. Liber amicorum Luzius Wildhaber, Baden-Baden, 837-863.

Tomuschat, Christian 2008: Human Rights: Between Idealism and Realism, Oxford, 2. Auflage.

Tomuschat, Christian 2009: Die Einheit von liberalen Freiheitsrechten und sozialen Rechten, in: Gander, Hans-Helmuth (Hrsg.): Menschenrechte. Philosophische und juristische Positionen, Freiburg/München, 140-165.

Transparency International 2006: Global Corruption Report 2006. Corruption and Health, London.

Transparency International 2008: Global Corruption Report 2008. Corruption in the Water Sector, Cambridge.

TRC 1998: Truth and Reconciliation Commission of South Africa Report, Volume 1, Cape Town.

Tschampa, Friederike 2008: Zur kommunitär-solidarischen Komponente der Menschenrechte, in: Bielefeldt, Heiner et al. (Hrsg.): MenschenrechtsFragen, Karlsruhe, 169-175.

Turner, Caroline 2009: Art and Images, in: Forsythe, David P. (ed.): Encyclopedia of Human Rights, Vol. 1, Oxford, 104-113.

UNDP (United Nations Development Programme) 2000: Human Development Report 2000, New York u.a.

UNDP 2007: Operationalizing Human-Rights-Based-Approaches to Poverty Reduction. Interim Pilot Project Report, New York.

UNDP, Oslo Governance Centre 2007: Human Rights and the Millennium Development Goals. Making the Link, Oslo.

UNESCO 2011: EFA Global Monitoring Report 2011. The Hidden Crisis: Armed Conflict and Education, Paris.

UN-Habitat 2003: Monitoring Housing Rights, Nairobi.

UN-Habitat 2005: Forced Evictions – Towards Solution. First Report of the Advisory Group on Forced Evictions to the Executive Director of UN-Habitat, Nairobi.

UN-Habitat 2007: Forced Evictions – Towards Solutions? Second Report of the Advisory Group on Forced Evictions to the Executive Director of UN-Habitat, Nairobi.

UN-Habitat 2009: Housing Indigenous Peoples in Cities: Policy Guide to Housing for Indigenous Peoples in Cities, Nairobi.

UN-Habitat et al. 2010: A Training Course on Land, Property and Housing Rights in the Muslim World, Nairobi.

UNHCR (United Nations High Commissioner for Refugees) 2011: 60 years and still counting. UNHCR Global Trends 2010, Geneva.

UNHRP (United Nations Housing Rights Programme) 2002: Housing rights legislation. Review of international and national legal instruments. Report No. 1, Nairobi.

UNHRP 2005: Indigenous peoples' right to adequate housing. A global overview. Report No. 7, Nairobi.

United Nations 2003: The Human Rights-Based Approach to Development Cooperation. Towards a Common Understanding Among UN-Agencies, New York.

Utz, Britta (Hrsg.) 2010: Handbuch der Menschenrechtsarbeit 2010/2011, Berlin: FES. <www. fes.de/handbuchmenschenrechte>.

Utz, Britta 2011: Update oder Upgrade? Eine Bilanz zur Revision der OECD-Leitsätze für multinationale Unternehmen, in: FES Internationale Politikanalyse, Juni 2011, Berlin.

Vandenbogaerde, Arne/Vandenhole, Wouter 2010: The Optional Protocol to the International Covenant on Economic, Social and Cultural Rights: An Ex Ante Assessment of its Effectiveness in Light of the Drafting Process, in: Human Rights Law Review, Vol. 10, No. 2, 207-237.

Vasak, Karel 1972: Le droit international des droits de l'homme, in: Revue de Droits de l'Homme, V/1.

Vasak, Karel 1977: Human Rights: A Thirty-Year-Struggle: the Sustained Efforts to give Force of Law to the Universal Declaration of Human Rights, in: UNESCP Courier, 30/11, 29-32.

Vedder, Christoph 2009: Die allgemeinen UN-Menschenrechtspakte und ihre Verfahren, in: Merten, Detlef/Papier, Hans-Jürgen (Hrsg.): Handbuch der Grundrechte in Deutschland und Europa. Band VI/2: Europäische Grundrechte II, Universelle Menschenrechte, Heidelberg, 237-302.

VENRO 2004: Wie kommen die Armen zu ihren Rechten? Armutsbekämpfung und Menschenrechte, Bonn/Berlin.

VENRO 2010: Gewusst wie – Menschen mit Behinderung in Projekte der Entwicklungszusammenarbeit einbeziehen. Handbuch für inklusive Entwicklung, Bonn.

Viljoen, Frans 2007: International human rights law in Africa, Oxford.

Viljoen, Frans 2009: The African Regional Human Rights System, in: Krause, Catarina/Scheinin, Martin (eds.): International Protection of Human Rights: A Textbook, Turku/Åbo, 503-527.

Viljoen, Frans/Louw, Lirette 2007: State Compliance with the Recommendations of the African Commission on Human and Peoples' Rights, 1994-2004, in: The American Journal of International Law, Vol. 101, No. 1, 1-34.

Vogel, Berthold 2007: Die Staatsbedürftigkeit der Gesellschaft, Hamburg.

Walker, Cherryl et al. (eds.) 2010: Land, Memory, Reconstruction and Justice. Perspectives on Land Claims in South Africa, Athens, Ohio.

Waltz, Susan 1995: Human Rights and Reform: Changing the Face of North African Politics, Berkeley.

Weber, Albrecht 2004: Menschenrechte. Texte und Fallbeispiele, München.

Weber, Antje 2009: Die rechtliche und politische Dimension von extraterritorialen Staatenpflichten bei Menschenrechtsverstößen durch transnationale Konzerne. Ein Literaturbericht, INEF Forschungsreihe Menschenrechte, Unternehmensverantwortung und Nachhaltige Entwicklung 02/2009, Duisburg.

Wehr, Ingrid 2011: Einleitung. Zur problematischen Koexistenz von Demokratie und eklatanter sozialer Ungleichheit in Lateinamerika, in: Wehr, Ingrid/Burchardt, Hans-Jürgen (Hrsg.): Soziale Ungleichheiten in Lateinamerika, Baden-Baden, 9-28.

Weingärtner, Lioba/Trentmann, Claudia 2011: Handbuch Welternährung, hrsg. von Deutsche Welthungerhilfe, Frankfurt/New York.

Weinreich, Sonja 2008: Gesundheit, Fact Sheet 5, Internationale Fachtagung „Armut und Menschenrechte in der internationalen Entwicklungszusammenarbeit" am 3. und 4. April 2008, Berlin.

Weiß, Norman 2002a: Wirkung und Mängel der Europäischen Sozialcharta, in: von Arnim, Gabriele et al. (Hrsg.): Jahrbuch Menschenrechte 2003, Frankfurt/M., 305-312.

Weiß, Norman 2002b: Für eine bessere Durchsetzung wirtschaftlicher, sozialer und kultureller Menschenrechte – braucht der Sozialpakt ein Fakultativprotokoll?, in: MenschenRechtsMagazin, Themenheft „25 Jahre Internationale Menschenrechtspakte", Potsdam, 151-160.

Weiß, Norman 2008: Die Rolle der Zivilgesellschaft für den Schutz der Menschenrechte, in: Klein, Eckart/Menke, Christoph (Hrsg.): Universalität – Schutzmechanismen – Diskriminierungsverbote, Berlin, 232-257.

Weiß, Norman 2011: Der Schutz von Sprachenrechten im Menschenrechtssystem des Europarates, in: Recht der Jugend und der Bildung, Nr. 1, 78-92.

Weiss, Stefanie/Schmierer, Joschka (Hrsg.) 2007: Prekäre Staatlichkeit und internationale Ordnung, Wiesbaden.

Weissbrodt, David 2006: International Law of Economic, Social, and Cultural Rights. A U.S. Perspective, in: Howard-Hassmann, Rhoda E./Welch, Claude E. Jr. (eds.): Economic Rights in Canada and the United States, Philadelphia, 41-54.

Weissbrodt, David 2008: The Human Rights of Non-Citizens, Oxford.

Weissbrodt, David 2009: National Human Rights Institutions, in: Forsythe, David P. (ed.): Encyclopedia of Human Rights, Vol. 4, 58-61.

Weller, Marc (ed.) 2007: Universal Minority Rights. A Commentary of the Jurisprudence of International Courts and Treaty Bodies, Oxford.

Weltbank 1997: Weltentwicklungsbericht 1997: Der Staat in einer sich ändernden Welt, Bonn.

Werle, Raymund 2007: Pfadabhängigkeit, in: Benz, Arthur et al. (Hrsg.): Handbuch Governance, Wiesbaden, 119-131.

Wesson, Murray 2011: Reasonableness in Retreat? The Judgement of the South African Constitutional Court in Mazibuko v City of Johannesburg, in: Human Rights Law Review, 2, 390-405.

Whelan, Daniel J. 2010: Indivisible Human Rights: A History, Pennsylvania.

WHO (Worth Health Organization) 2003: The Right to Water, Geneva.

WHO 2008: Eliminating Female Genital Mutilation. An Interagency Statement, OHCHR, UNAIDS, UNDP, UNECA, UNESCO, UNFPA, UNHCR, UNICEF, UNIFEM, WHO, Washington D.C.

Windfuhr, Michael 1997: Soziale Menschenrechte in der Entwicklungszusammenarbeit. Eine Herausforderung für die Kirchen, Hamburg.

Windfuhr, Michael 2004: Die Bedeutung sozialer Menschenrechte in der Arbeit internationaler Menschenrechtsorganisationen, in: Selchow, Ulla/Hutter, Franz-Josef (Hrsg.): Menschenrechte und Entwicklungszusammenarbeit, Opladen, 127-138.

Windfuhr, Michael 2010: The World Food Crisis and the Right to Adequate Food, in: Gibney, Mark/Skogly, Sigrun (eds.): Universal Human Rights and Extraterritorial Obligations, Philadelphia/Pennsylvania, 130-156.

Windfuhr, Michael 2012: Unterstützungsmöglichkeiten von Nichtregierungsorganisationen bei der Implementierung sozialer Menschenrechte, in: Hoppe, Thomas/Knapp, Manfred (Hrsg.): Soziale Menschenrechte und katholische Soziallehre, Bonn, 110-148.

Winkler, Inga 2011a: Lebenselixier und letztes Tabu, Berlin: DIMR.

Winkler, Inga 2011b: Die Leitprinzipien zu Wirtschaft und Menschenrechten – Fortschritt oder Rückschritt im Bereich der menschenrechtlichen Verantwortung von Unternehmen?, in: zeitschrift für menschenrechte, Jg. 5, Nr. 2, 164-182.

Wolf, Hubert 2011: Die Zukunft in Malawi fängt ganz klein an, in: Kindernothilfe Magazin, 198. Ausgabe, 1/2011, 4-8.

Würth, Anna 2006: Monitoring and Measuring Human Rights – A Brief Survey, in: Die Friedens-Warte, Jg. 81, Nr. 1, 71-86.

Wyttenbach, Judith 2012: Soziale Sicherheit, in: Pollmann, Arnd/Lohmann, Georg (Hrsg.): Menschenrechte. Ein interdisziplinäres Handbuch, Stuttgart/Weimar, 280-282.

Zacher, Hans F. 1985: Verrechtlichung im Bereich des Sozialrechts, in: Kübler, Friedrich (Hrsg.): Verrechtlichung von Wirtschaft, Arbeit und sozialer Solidarität. Vergleichende Analysen, Frankfurt/M., 11-72.

Zangl, Bernhard (Hrsg.) 2009: Auf dem Weg zu internationaler Rechtsherrschaft? Streitbeilegung zwischen Politik und Recht, Frankfurt/M.

Zangl, Bernhard/Zürn, Michael (Hrsg.) 2004: Verrechtlichung – Baustein für Global Governance?, Bonn.

Zenker, Heinz-Jochen 2011: Europäische Strukturen der Gesundheitsversorgung von irregulären Migrantinnen und Migranten, in: Mylius, Maren/Bornschlegl, Wiebke/Frewer, Andreas (Hrsg.): Medizin für „Menschen ohne Papiere", Göttingen, 83-99.

Ziegler, Jean 2009: Wie kommt der Hunger in die Welt? Ein Gespräch mit meinem Sohn, München, 6. Auflage.

Zimbabwe Human Rights NGO Forum 2009: The right to health in Zimbabwe, Human Rights Bulletin, Nr. 41, Harare.

Zimmermann, Andreas/Bäumler, Jelena 2011: Das erste Urteil des Afrikanischen Gerichtshofs für Menschen- und Völkerrechte – zugleich eine Einführung in die Funktionen und Arbeitsweisen des Gerichtshofes, in: MenschenRechtsMagazin, Jg. 16, H. 1, 27-37.

Zippelius, Reinhold 2004: Rechtsphilosophie, München.

Zwingel, Susanne 2007: Welchen Staat brauchen internationale Frauenrechte? Umsetzungspraktiken am Beispiel der Convention on the Elimination of All Forms of Discrimination Against Women (CEDAW), in: zeitschrift für menschenrechte, Jg. 1, Nr. 2, 95-110.

Zwingel, Susanne 2011: Menschenrechte made in USA, in: zeitschrift für menschenrechte, Jg. 5, Nr. 1, 156-163.

Zwingel, Susanne 2012: How Do Norms Travel? Theorizing International Women's Rights in Transnational Perspective, in: International Studies Quarterly, Vol. 56, Issue 1, 115-129.

Der Autor

Michael Krennerich, Studium und Promotion in den Fächern Politikwissenschaft, Öffentliches Recht und Philosophie an der Universität Heidelberg; Habilitation an der Philosophischen Fakultät der Universität Erlangen-Nürnberg; Privatdozent am dortigen Lehrstuhl für Menschenrechte und Menschenrechtspolitik, Institut für Politische Wissenschaft; Vorsitzender des Nürnberger Menschenrechtszentrums und Mit-Herausgeber der „Zeitschrift für Menschenrechte. Journal for Human Rights".